运动生理学（第二版）

《运动生理学》编写组 编

北京体育大学出版社

北京体育大学高等教育体育学精品教材编委会

教材编写组

组　长： 王瑞元

副组长： 周　越

成　员： （以姓氏笔画为序）

于　亮　王　艳　石丽君　朱　荣

刘　阳　许寿生　孙君志　李　丽

严　翊　何　辉　汪　军　张　缨

赵　丽　曾凡星　廖　鹏　熊开宇

序

人才培养是高等学校的根本任务，对处于学校工作中心地位的教学工作来说，其质量建设是高等学校的永恒主题。作为传授知识、掌握技能、提高素质的载体，教材在人才培养过程中起着非常重要的作用，是高等学校提高教学质量，促进内涵发展的有力抓手。

一本好的教材，不仅要充分体现教材应有的基础性、示范性和权威性，还要正确把握教学内容和课程体系的改革和创新方向，充分反映学科的教育思想观念、人才培养模式以及教学科研的最新成果，集中展现教材体系的创新，教材内容的更新和教学方法、手段的革新，善于处理理论与实践、继承与创新、广度与深度、知识与技能、利学与利教的关系，成为开拓学生视野、引导学生探索、鼓励学生奋进的学业与人生兼备的“工具书”。

从中央体育学院到北京体育学院再到北京体育大学，这 60 年的办学历程，是继承发展的 60 年，是改革创新的 60 年，也是教材建设硕果累累的 60 年。学校不断探索教材建设的内在规律，引领高等体育教育教材建设的创新之路，发展了具有自身特色的教材体系，形成了特色鲜明的 3 个发展阶段。第一阶段是在 20 世纪 50 年代至 60 年代，我校教师在苏联专家的指导下，制定和编写了各专业的教育计划、大纲和主要教材。这批教师在主持和参与 1961 年国家体委组织的体育院校 18 门课程教材编著工作中发挥了重要作用，而这批教材也成为我国独立编写的、对苏联教材模式有所突破的第一批体育院校教材。第二阶段是 20 世纪 70 年代末至 90 年代，我校教师在大量承担第二次重编体育院校教材牵头组织工作的同时，针对学校“三结合”的办学目标和人才培养模式，开始了多学科、多专业的自编教材建设。第三阶段是进入 21 世纪以后，特别是国家体育总局于 2002 年下拨教材建设专款 480 万元之后，我校教材建设在数量和质量上都取得了重大突破。至 2010 年，共立项建设了涵盖我校各专业课程的 187 项教材，其中有 4 项教材获得国家级优秀（精品）教材称号，14 项教材获得北京市精品教材称号。可以说上述 3 个阶段的发展，使我校教材建设水平达到了一个空前的高度，为高等体育人才的培养发挥了重要的作用。

为全面提高高等体育教育质量，深化高等体育教育教学改革，继续加强体育学精品教材建设，2012 年年初，在北京体育大学教学指导与教材建设委员会的具体指导下，我们启动了高等教育体育学精品教材建设工程。学校遴选教育部新颁布的体育学类所属的体育教育、运动训练、社会体育指导与管理、武术与民族传统体育、休闲体育、运动康复、运动人体科学7个本科专业的部分基础课程和主干课程开展精品教材建设。我们整合了全校的优质资源，组织专家、教授全程参与教材的规划、编写、初审、终审等过程。按照精品教材的要求，以优秀的教学团队编写优质的教材，出精品、出人才为建设思路，编委会优选学术水平与教学水平兼备、具有创新精神的专家、教授担任教材主编，组织优秀教学团队成员参与教材编写；精确定位教材适用对象，准确把握专业知识结构、能力结构和综合素质要求，深刻领会课程内涵，简洁精练地表达知识点、能力点和素质点；融入最新的教改成果和科研成果，吸收国外优秀教材的先进理念和成果，创新利于学生自学和教师讲授的教材体例；学校还投入专项资金，对教材进行一体规划、一体设计、一体编审，并采用多色印刷技术增加教材的可读性；为全力保证教材编写质量，北京体育大学出版社资深编辑深度介入教材编写的所有环节。当这批教材展现在读者面前时，我们充满了期待。

岁月如流，薪火相传。60年的教材建设成绩斐然，推动着体育学教材建设步入新的起点，站在新的高度。展望未来，一批批体育学精品教材将随世界一流体育大学的建设进程应运而生，不仅在学校内涵式发展的改革进程中发挥重要作用，而且在全国高等体育院校人才培养中作出积极贡献，在高等教育教材建设中留下浓墨重彩的一笔。

北京体育大学校长

校教学指导与教材建设委员会主任

2013年9月

前　言

为适应体育院校运动人体科学、运动康复等专业运动生理学教学和学习需要，编写了本教材。学习本教材首先需要学习人体生理学。在掌握了人体正常的生理功能的基础上，才能较好地学习和掌握运动条件下人体生理活动的基本规律。

本书可作为体育院校运动人体科学、运动康复等专业运动生理学的教学和学习的教材，也可作为体育学领域研究生学习以及生理学工作者的参考用书。

本教材编写经过了认真调研和论证。在明确了体育学领域运动人体科学、运动康复等专业人才培养定位和需求的基础上，组织了以北京体育大学运动生理学教研室教师为骨干，广泛吸纳了相关领域优秀的教学和科研人员，经过充分讨论和反复修订，编写了本教材。本教材坚持了“三基”（基础理论、基本知识、基本技能）、“五性”（思想性、科学性、先进性、启发性、适用性）、“三特定”（特定的对象、特定的要求、特定的限制）的原则，在完整呈现运动生理学内容的前提下，对传统的运动生理学理论和知识体系进行了有机调整。本教材改变了重视运动训练，轻视运动健身的做法，增加了大量与运动健身有关的生理学内容，做到了运动训练和运动健身并举。

新教材分为三部分。第一部分，运动生理学基础，介绍了运动生理学的基本理论和基本知识。第二部分，运动训练生理学，介绍了与运动训练关系比较密切的运动生理学理论和知识。掌握本部分内容，可使学生更好地运用运动生理学的理论和知识指导体育教学和运动训练。第三部分，运动健身生理学，本部分主要由与运动健身相关的章节组成。学习这部分内容，可使学生掌握运动健身的一般原理和健身方法，更好地指导大众进行健身运动。

为了使学生更好地了解运动训练提高运动能力，以及运动锻炼促进身体健康、防治某些疾病的生理学原理，教材不但在章节和内容上有创新性调整，同时也及时补充了一些新的研究成果，吸纳了许多新的知识点，丰富了教材内容。

本教材由王瑞元教授主编并统稿。参加编写的人员有王瑞元（绪论、第二章），朱荣（第一章），周越（第三章、第十三章），严翊（第四章），张缨（第五章），赵丽（第六章、第十六章），孙君志（第七章），曾凡星、廖鹏（第八章），熊开宇、何辉（第九章），汪军（第十章、第十一章、第十二章），刘阳、于亮（第十四章），许寿生（第十五章），王艳、石丽君、汪军、李丽（第十七章）。

北京体育大学出版社佟晖副编审对本教材的编辑出版工作给予了极大的支持和帮助；另外，编写过程中何辉、刘阳、孙君志、于亮等不仅参与了有关章节的编写工作，还在资料收集、初稿审校等方面做了大量的工作，在此向他们表示衷心的感谢。

为了编出一本理论体系和知识框架完整、结构合理、内容丰富的运动生理学教材，我们一直在努力探索。但书成之后，仍感离愿望甚远，鉴于水平和时间有限，书中难免存在错误或不当之处，恳请广大师生及读者提出批评及改进意见。

《运动生理学》编写组

2013年8月

目录 CONTENTS

绪论

在线课程　扫码学习

第一部分　运动生理学基础

第一章　运动与骨骼机能

第二章　运动与骨骼肌机能

第三章　运动与氧摄取和运输

第三部分　运动健身生理学

第十四章　儿童青少年的生长发育与体育运动

第十五章　女性的生理特点与体育运动

第十六章　老年人的生理特点与体育运动

第十七章　运动促进健康的生理学

绪论

本章学习提示

通过本章的学习，要求学生了解运动生理学的起源与发展，以及运动生理学理论体系和知识框架的形成历程；掌握运动生理学的概念、研究对象和任务，以及当前运动生理学研究状况和研究的热点课题；通过本章的引导为学习运动生理学的理论和知识打下良好基础。

运动生理学概述

第一节　运动生理学概述

一、运动生理学的概念、研究对象和任务

人体生理学（human physiology）是一门研究人体生命活动现象和规律的科学。它主要研究正常状态下，人体内各细胞、器官和系统的功能，以及在整体情况下，各器官、系统和身体部分之间的相互协调，以使人体适应外界环境变化的过程、规律和机理。

运动生理学（exercise and sport physiology）是人体生理学的一个分支，是研究人体的运动能力和对运动的反应与适应过程的科学，主要研究在运动过程中，人体各细胞、器官、系统的机能变化和它们的协同工作的能力和机理，进而观察在整体水平上人体的运动能力，以及人体的形态和机能对运动产生适应性变化。运动生理学是体育科学中一门重要的应用基础理论学科。

运动生理学的任务是在对人体生命活动规律有了基本认识的基础之上，揭示运动时人体机能变化规律及其机理，阐明运动训练、体育教学和运动健身过程中的生理学原理，指导不同年龄、性别和训练程度的人群科学地进行运动训练和体育锻炼，以达到提高运动能力和运动技术水平、提高工作效率、增强体质、延缓衰老和改善生活质量的目的。

运动生理学不仅是研究人体短期一次性运动所产生的形态学和功能变化，以及人体如何维持内环境稳定，即所谓人体对一次性运动的实时适应或短期适应，同时研究人体对长期重复运动所产生的长期而深刻的适应性变化是运动生理学更重要的任务。

运动生理学可根据研究的对象和任务不同分为运动锻炼生理学（exercise physiology），环境运动生理学（environmental exercise physiology），运动训练生理学（sport physiology）。

运动锻炼生理学是研究运动健身时人体各器官、系统产生的适应性机能变化，以及长期从事运动锻炼人体产生的形态学和生理学适应性变化；研究这些适应性变化的机制，进而阐明运动健身的原理，制定运动健身的方法，以达到运动健身的目的。环境运动生理学研究在特殊环境（低氧、低温、高温、高压等）中运动锻炼和运动训练时人体产生生理适应的规律和机理，以便在特殊环境中进行运动锻炼和运动训练时更好地适应环境，达到运动健身和运动训练的目的。运动训练生理学研究运动员在运动训练过程中产生的形态学和生理学适应的机制，制定合理的运动训练方案，以达到提高运动员竞技能力的目的。正是由于运动生理学研究对象和任务不同，运动生理学的研究内容丰富多彩。

二、运动生理学研究的基本方法与研究水平

（一）运动生理学研究的基本方法

实验研究法是运动生理学研究的基本方法。通过实验观察和分析人体在运动过程中机能活动的变化过程及其因果关系。

1. 动物实验法

根据生物进化观点，人同动物特别是哺乳动物，有许多结构和功能相似之处。因此，可用动物实验的研究结果间接地探讨人体的生理功能变化及其机制。

动物实验一般分为慢性实验和急性实验两类。慢性动物实验是指在完整、清醒、健康的动物体上进行各种生理实验研究的方法，如摘除或破坏动物的某个器官，以观察其生理功能及活动规律。急性动物实验又可分为在体实验和离体实验两种。所谓在体实验是指在麻醉或破坏神经中枢高级部位的条件下，解剖动物并对某个器官的功能进行观察。离体实验是指从活的或刚被处死的动物体内摘取器官、组织或细胞，置于人工控制的实验环境中，测试其组成成分，观察其生理功能。

应当指出的是，相当多的生理学和运动生理学的知识是从动物实验中获得的。动物实验是研究生理学和运动生理学不可缺少的手段。但是应用动物实验所得到结论时，应充分考虑人与动物之间的差异，不可简单地生搬硬套。

2. 人体实验法

在运动生理学研究中，人体实验是常用的研究方法。运动生理学中的人体实验法分为实验室测试法和运动现场测试法。

实验室测试法是指让受试者在实验室进行按照一定的研究目的而设计的运动方案运动（如在跑台、功率自行车和各种力量练习器上进行运动）时，利用各种仪器设备测试运动员在运动过程中的各种生理指标变化，以了解不同运动强度和运动形式的运动对人体某些生理机能的影响。

运动现场测试法是指在运动现场直接监测运动员运动前、运动中和运动后的恢复过程中，某些生理机能变化，借以了解不同运动项目的生理特点，或不同人群在完成同一运动项目时的生理反应。例如，用心率遥测仪测定运动时运动员的心率变化，就是典型的运动现场测试法。这种方法的特点是符合运动的实际情况。但在运动实践中往往受实验仪器设备的限制，以及测试条件不易控制等因素使其难以实现。随着实验仪器设备的改进和测试手段的提高，运动现场测试法在运动生理学研究中的应用越来越广泛。

运动生理学的各种理论和观点绝大部分是从实验中获得并总结出来，又不断在实践中受到检验。

（二）运动生理学的研究水平

运动生理学研究根据研究任务和实验对象不同可分为：整体水平、器官和系统水平、细胞和分子水平。整体、器官和系统水平的研究属于宏观研究，细胞和分子水平的研究属于微观研究。

1. 整体水平研究

整体水平研究是指在整体水平上研究人体在一定的环境条件下运动时的机能变化，人体各器官、系统之间的相互关系，以及人体各器官、系统对运动的适应过程。例如，研究人体运动时心血管系统的机能、呼吸系统的机能、内分泌机能、物质和能量代谢、肌肉组织利用氧能力等的变化，以及它们对运动的适应等都属于整体水平的研究。整体水平的研究是运动生理学研究的一个重要方面。

2. 器官、系统水平研究

人体运动时的整体机能表现，是建立在各器官、系统机能水平和机能活动的密切协调配合基础之上的。探讨人体运动时的机能变化，必须对各器官、系统的机能进行研究。器官、系统水平研究是指研究每个器官、系统在运动中的机能有何变化，这种变化是怎样发生、发展的，变化的条件是什么，受哪些因素制约，以及这种变化对运动中的整体机能变化将产生什么影响等。例如，在运动中心血管系统的机能会发生较大的变化，表现为心率、血压、心输出量升高。探讨引起这些指标升高的因素及变化特点的研究就是器官、系统水平研究。

3. 细胞、分子水平研究

器官是由一些具有特殊功能的细胞群所组成。各器官、系统的生理机能取决于这些具有特殊功能的细胞群。而每个细胞的生理功能又依赖于构成细胞的生物分子（biomolecule）。细胞、分子水平的研究主要是研究运动时细胞内各亚微结构的机能，以及各生物分子的特殊理化变化过程。目前，研究大负荷后骨骼肌超微结构变化，收缩蛋白和骨架蛋白的组成变化，以及线粒体、生物膜、酶系统等功能变化，均属于细胞、分子水平的研究。

（三）宏观研究和微观研究的关系

1. 从宏观水平研究深入到微观水平研究

从宏观水平研究深入到微观水平研究，是运动生理学发展的要求和必然趋势。只停留在宏观水平的研究无法了解运动导致的人体机能和形态学适应的机制。因此，运动生理学研究必须从宏观研究深入到微观研究，以探讨运动训练和健身的生理学机制。

2. 宏观研究指导微观研究

进行细胞、分子水平研究的优点是可直接、客观地研究分析某一局部生理现象的机制。但是，在微观水平上采用某个或某几个指标，只能解释一些孤立的微观生理现象，或揭示一些相互独立的生理机能的成因。这样就难免存在一定程度上的片面性或不完整性。因此，在运动生理学研究中，只重视微观水平的研究是不够的，必须在宏观研究的指导下，开展深入的微观研究，然后将微观研究的结果进行综合分析，在整体水平分析人体的机能。例如，对运动性疲劳的研究，当人们发现在整体水平上不能对运动性疲劳的产生原因提出令人满意的解析时，就把研究深入到细胞、分子水平。对细胞的物质能量代谢、酶活性、肌纤维类型组成、生物膜功能、细胞内亚细胞结构的功能、细胞内功能蛋白质分子的结构变化以及胞浆内离子动力学等进行研究，从不同角度探讨运动性疲劳的产生原因，为在整体水平上阐明运动性疲劳的成因提供依据。

在运动生理学研究中，一方面宏观研究对微观研究具有指导作用，另一方面微观研究的结果可为宏观研究提供理论依据，二者相辅相成，不能偏废。

第二节　运动生理学的历史沿革

在运动生理学发展的历程中，许多杰出的学者终其一生，致力于运动生理学的研究工作，取得了辉煌的研究成果。现今运动生理学的概念和理论体系均是由这些几乎被人们遗忘的科学家们所建立起来的。我们作为运动生理学的晚辈却源源不断地从先辈的研究成果中汲取营养。我们认为的新发现或所谓的“原创理论”，也都是基于先前运动生理学的科学基础。我们作为运动生理学的继承人要继承、发扬前辈献身科学的精神，弘扬、丰富运动生理学的理论和知识，更好地为运动健身和运动训练服务。

一、运动生理学的起源

运动生理学起源于解剖学和生理学。最早叙述人体解剖学与生理学的书出版于公元1世纪，作者为克劳迪斯·盖伦（Claudius Galen），希腊书名为*De Fascius*。盖伦所建立的解剖学与生理学理论广为世人接受达1400多年，这期间几乎没有任何有关人体结构和功能的具体研究或书籍出版。直到1543年，另一本重要的著作为Andreas Vesalius所著的《人体结构》（*Structure of the Human Body*）问世，此书清楚地叙述了作者对人体各种器官解剖结构的发现，当然也对其功能进行了简单论述。英国有位历史学家迈克•佛斯特（Michael Foster）曾说过：“这本书不只是现代解剖学，也是现代生理学的开端，它终结了14个世纪以来的混沌状态而开启了现代医学。”

早期的生理学碍于只用肉眼观察生物体，所以有些知识比较局限，甚至也有许多是错误的。例如，解释肌肉如何收缩产生力量时，只有叙述肌肉形状及长度改变等这些肉眼可见的变化。这样的观察曾使赫若尼默•菲比西斯（Hieronymus Fabricius）错误地认为肌肉收缩所产生的力量是源自于纤维结缔组织–肌腱（tendon）。直到1660年，荷兰科学家安东尼·菲利普斯·范·列文虎克（Antonie Philips van Leeuwenhoek）发明显微镜后，解剖学家才知道了肌纤维的存在，但肌纤维如何缩短产生力量的谜团，则直到20世纪中期电子显微镜被发明之后，科学家观察到肌纤维内其他蛋白细丝的运动，谜底才被解开。正是这些解剖学和生理学知识的不断积累为运动生理学的产生与发展奠定了坚实的基础。

二、运动生理学萌芽

运动生理学是在医学和生理学的基础上发展起来的较年轻的一门学科。运动生理学的萌芽出现在19世纪末20世纪初的欧洲。Seguin和Lavoisier于1793年曾研究了年轻男性在安静状态和15 min内连续举起7.3 kg重物时的耗氧量（举重总高度达200 m）。研究发现，在休息状态下受试者每小时约消耗24 L的氧气，而运动时增加到63 L/h。Lavoisier认为氧气的利用和二氧化碳的产生都在肺脏，当时此理论虽然受到许多生理学家的怀疑，但仍然广为接受。直到17世纪80年代中期，一群德国生理学家证明氧气消耗及利用是发生在全身的组织细胞中，才推翻了前者的理论。在这一时期，尽管循环与呼吸生理学知识正迅速积累，但与运动相关的生理学研究依然相当罕见。

1889年法国的费尔南德·拉格朗日（Fernand • LaGrange）出版了《人体运动生理学》（*Physiology of Bodily Exercise*）。这是运动生理学的第一本教科书。作者在书中所定的标题，如肌肉的工作、疲劳、工作习惯以及运动中大脑的角色等，都相当引人入胜。由于局限于有限的观察方法及认识，这些早期试图解释人体对运动所产生反应的理论，有时与事实相距甚远。

在这一时期，欧洲许多生理学家在运动生理学研究方面做出了辉煌的成就。1907年，沃尔特·莫利·弗莱彻（Walter Morley Fletcher）等研究了肌肉活动与乳酸生成之间存在着密切关系。这一研究成果使人们认识到肌肉活动的能量源自于肌糖原分解为乳酸；德国的内森·赞兹（Nathan Zuntz）（1906）研究了登山与高地对人体影响的生理学；意大利学者安杰罗·莫索（Angelo Mosso）（1890）研制出了肌肉功能描记器，并利用此仪器对肌肉疲劳进行了研究，描记出肌肉疲劳曲线；英国的班布里奇（F. A. Bainbridge）（1919）出版了《肌肉运动生理学》一书，该书论述了运动时能量变化过程，能量代谢在肌肉中是怎样进行的，肌肉活动时氧及营养物质供应的调节机制，以及肌肉收缩的机械装置等内容，他的论著奠定了肌肉运动生理学理论基础。

著名运动生理学家
阿奇博尔德·维维安·希尔
（Archibald Vivian Hill，1886—1977）

对运动生理学有突出贡献的首推英国伦敦大学的阿奇博尔德·维维安·希尔（Archibald Vivian Hill）、德国基尔大学的奥托·弗里兹·梅耶霍夫（Otto Fritz Meyerhof）和丹麦哥本哈根大学的沙克·奥古斯特·史丁伯格·柯劳格（Schack August Steenberg Krogh）三位科学家。希尔研究了肌肉收缩与舒张过程中热量的产生；梅耶霍夫则研究了肌肉工作时耗氧量与乳酸产生之间的关系。他们因此分享了1922年的诺贝尔生理学或医学奖。柯劳格因发现了毛细血管的活动调节机理，而获得了1920年诺贝尔生理学或医学奖。他们的研究为运动生理学的形成与发展奠定了基础。

在进行运动生理学研究的同时，希尔出版了他的三部运动生理学名著，即《肌肉活动》［*Muscular Activity*（*1926*）］、《人类的肌肉运动》［*Muscular Movement in Man*（1927）］、《有生命的机械》［*Living Machinery*（1927）］。这些书中的有关论点，特别是有关肌肉工作的论点至今仍为生理学工作者所引用。为此，希尔被誉为"运动生理学之父"。

三、哈佛疲劳实验室对运动生理学发展的贡献

在运动生理学发展历史上，哈佛疲劳实验室（Harvard Fatigue Laboratory）的建立具有里程碑的意义。该实验室建立于1927年，于1947年关闭。

哈佛疲劳实验室的创立应归功于世界著名的生物化学家亨德森（L.J.Henderson）。当时他非常敏锐地觉察到研究受不同环境影响人体生理学变化的重要性。他指定了一位年轻的生物化学家迪尔（D.B.Dill）担任实验室主任。迪尔不负众望，虽然缺乏应用生理学方面的经验，但他运用自己创造性的思维与凝聚力，团结了一批年轻的科学家，创造了一个良好的研究环境。

哈佛疲劳实验室在建立初期将研究重点置于运动、营养与健康问题。例如，鲁滨逊（S.Robinson）1939年所进行的运动与衰老的研究。他的研究对象的年龄跨度为6～91岁。通过研究，他描述了衰老对最大心率和摄氧量的影响。他们还研究了耐力运动的生理学，描述了长跑等运动项目的生理需求。其中一些最成功的实验并非完成于实验室，而是跋涉于内华达沙漠、密西西比河三角洲、加利福尼亚雪山顶。他们的研究成果为现代运动和环境生理学奠定了基础。我们不能用今日的思路去理解过去，否则我们根本无法理解他们的工作与他们的时代。当时由于测试手段落后，测定人体在运动中的摄氧量需要很长时间，需要道格拉斯气袋收集运动员在运动中呼出的气体，人工操作何尔登气体分析器分析运动员呼出气中的氧气与二氧化碳的含量，手工计算出运动员的摄氧量。因此，每一次实验研究人员都要付出艰辛的劳动。而今天的我们完成与之同样的实验是轻而易举的事。我们不能不为运动生理学先驱者的献身精神而折服，并由衷地表示深深的敬意。

在20年的时间里，哈佛疲劳实验室主要在以下两个方面为运动生理学的发展做出了突出贡献：第一，该实验室是培养国际运动生理学杰出人才的摇篮，培养了一批年轻的运动生理学精英。20年间先后有15个国家的运动生理学学者在该实验室工作过。他们是运动生理学的种子，从哈佛疲劳实验室撒向世界各地，并开花结果，在世界范围内为运动生理学的发展做

出了重要贡献。第二，该实验室的研究广泛、深入，其研究内容构成了现代运动生理学的框架和基础，有些研究领域仍然是当今的热点问题。

哈佛疲劳实验室重要研究领域包括：研究了运动员最大摄氧量（图0-1）、氧债与长时间运动中的碳水化合物和脂肪代谢；探讨了高原、干燥、湿热以及寒冷对运动能力的影响；观察了运动员运动时血液的酸碱平衡、血氧饱和度、氧分压、二氧化碳和一氧化碳等指标的变化及其生理学作用；制定了各种营养素的评价方法，并阐明了各种营养素的生理作用；发明了著名的用于间接测量最大摄氧量的哈佛台阶试验等。

哈佛疲劳实验室的贡献，在世界范围内快速推动了运动生理学的发展。1927—1947年期间，哈佛疲劳实验室被称作运动生理学的“圣地”。

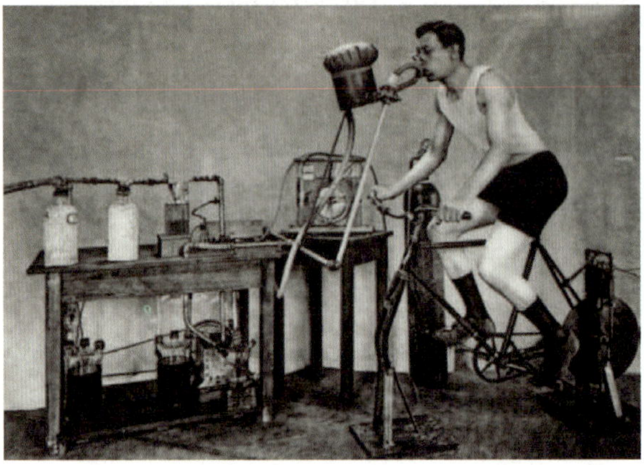

图0-1　哈佛疲劳实验室测试运动员在运动过程中的摄氧量

四、北欧对运动生理学的发展的引领作用

20世纪30年代，在丹麦科学家、诺贝尔生理学或医学奖获得者柯劳格与迪尔的帮助下三位年轻的北欧生理学家埃里克·赫乌·克里斯汀森（Erik Hohwu Christensen）、阿斯姆森（E. Asmussen）以及马吕斯·尼尔森（Marius Nielson）来到美国哈佛疲劳实验室工作。三位年轻人学成回国后，均确定了自己的研究方向，继续从事运动生理学研究，并培养了一批运动生理学工作者。

阿斯姆森研究肌肉的力学特征，尼尔森研究体温调控，而克里斯汀森则致力于运动营养学研究。20世纪30年代末期，克里斯汀森的有关运动期间糖与脂肪代谢的研究成果，被称作先驱性的运动营养研究，至今仍不断被引用。他对运动生理学的另一贡献是将奥斯特兰德（P.O.Åstrand）引进运动生理学大门。奥斯特兰德在20世纪50年代与60年代，进行了大量的有关耐力运动及身体素质方面的研究，制定了间接测定最大摄氧量的标准和方法。本特·萨尔庭（Bengt Saltin）在研究运动时骨骼肌能量代谢方面颇有建树。1966年由伯格斯特龙（J.Bergstron）将肌肉活检技术引入运动生理学研究领域。这项技术被公认是促进人类肌肉生物学研究和肌肉营养研究快速发展的关键技术，可使运动生理学家在运动前、运动中以及运动后随时方便地进行组织学和生物化学研究。奥斯特兰德和罗达尔（K. Rodahl）所著的《运动生理学》（*Textbook of Work Physiology*）于1970年出版。该书是近代运动生理学的代表作。

哈佛疲劳实验室关闭后，斯堪的纳维亚的运动生理学实验室引领了运动生理学的发展。

五、运动生理学蓬勃发展时代

20世纪特别是20世纪后半叶，在哈佛疲劳实验室的影响下，以及北欧运动生理学先驱的引领下，在世界范围内运动生理学得到蓬勃发展。在北美、苏联、亚洲等地也有一些学者为运动生理学的发展做出了贡献。

苏联学者在著名生理学家伊万・彼得洛维奇・巴甫洛夫（Ivan Petrovich Pavlov）及其条件反射理论的影响下，在运动条件反射建立和运动技能形成等方面做出了杰出的工作。巴甫洛夫创立的大脑高级神经活动学说和条件反射理论对研究运动器官的协调活动有着指导意义。其指导意义主要体现在如下几个方面：① 解释了肌肉协调活动的机制；② 运动技能的本质是运动性条件反射的形成；③ 中枢疲劳是运动性疲劳的重要因素等。被称为苏联运动生理学奠基人的阿・恩・克列斯朵夫尼科夫以巴甫洛夫的高级神经活动学说为理论基础，与他的同事们通过大量的研究，发展了运动技能形成的理论，丰富了运动训练的生理学基础理论和知识，确定了评价运动训练效果的指标体系，把运动生理学知识系统化地运用到体育教学和运动训练实践中。克列斯朵夫尼科夫于1938年出版了由他主编的《人体生理学》，成为第一本苏联高等体育院校教材。他还于1939 年出版了《运动生理学》《身体练习的生理学特点》和《运动生理学论文集》三本著名的专著，这三本专著对苏联乃至世界运动生理学的发展产生了积极影响。特别是《运动生理学论文集》汇集了大量的实验资料，阐述了各项运动的生理学特点，对运动员科学训练起了重要的促进作用。

到了20 世纪的中叶，苏联的运动生理学进入到广泛积极探索的阶段。苏联运动生理学学者过去和现在的成就，对世界范围内在学科的交流与借鉴中起到积极的作用。其中对中国运动生理学发展影响最深的两位苏联专家是吉潘来特尔和柏琴科，他们对中国运动生理学的初期创建做出了突出的贡献。

氧债学说是希尔、梅耶霍夫和玛格丽娅（Margria）等提出并完善的，曾是运动生理学的知识框架和理论支柱。然而20世纪中后期，一些运动生理学家对氧债学说产生了质疑。为了从理论上弄清乳酸与氧债的关系，塞格尔（Seeger）、瑞特（Rvder）、哈尔玛（Holme）、布鲁克斯（Brooks）等学者进行了全面的研究，对氧债学说进行了挑战。布鲁克斯等研究表明：人体在从事短时间大强度的力竭性运动之后的恢复早期，血乳酸浓度是持续升高的，而此时的耗氧量却已恢复到安静时的水平；而从事长时间力竭性运动过程中血乳酸就已经达到峰值，并且在随后的运动过程中渐趋降低，在运动之后的恢复期继续降低到安静时的水平，而此时的耗氧量却高于安静时的水平。从而证明了，氧债概念的不正确性，并提出了运动后过量氧耗（EPOC）的概念。

20世纪60年代，沃塞曼（Wasserman）和麦克艾曼提（Mecimot）首次提出了无氧阈的概念，并在1973年正式使用了无氧阈这个术语。他们给无氧阈的定义：在持续递增负荷运动时机体从有氧供能向无氧供能过渡拐点称为无氧阈（Threshold）。在此拐点血乳酸浓度会非线性升高，这一点通常是由血乳酸浓度在4 mmol / L时来表示。

20世纪80年代布鲁克司等提出了废除氧债的概念，建立了运动后过量氧耗的新概念。作为无氧阈概念建立的基础，就是在亚极量运动时肌肉组织由于缺氧而产生乳酸。然而，迄今为止已有很多证据表明，在极量运动时，缺氧并不是肌肉内产生乳酸的真正原因。

如果说肌肉在负荷中由于缺氧而产生乳酸，那么，经过训练后，在同样负荷下乳酸产生减少了，就意味着肌肉的缺氧状态有所改善，因此耗氧应当是增加的。但事实并非如此，许多实验证明，经过系统训练以后，当乳酸减少时而耗氧量并未增加，这就说明乳酸必有其他通路，肌肉也并未发生缺氧现象。

华盛顿大学的海勃（Hagberg）及其同事指出，证明无氧阈理论的谬误莫过于对麦克阿特尔病（McArdLe）患者的研究。因为这类患者遗传性地缺失磷酸化酶，所以这类患者不可能分解糖原生成乳酸。虽然如此，用通气无氧阈检查这类患者，即使他们的乳酸并无变化但是其通气无氧阈也都落在了通常乳酸出现拐点的位置上了。由此可见通气无氧阈并不依赖于血乳酸的增加，这就否定了沃塞曼的无氧阈理论。为了把在运动过程中血乳酸值的变化描述得更客观、更科学一些，学者们认为称其为“个体乳酸阈”更合理些。

正是由于许多运动生理学工作者科学严谨的工作，及时修正了曾经是运动生理学理论支柱的氧债和无氧阈两个学说，使运动生理学的知识和理论体系发展到一个新的高度。

六、中国运动生理学的发展历程

程翰章是我国运动生理学的先驱，他所著的《运动生理》是我国最早的运动生理学教科书，此书于1929年由上海商务印书馆出版。书中从运动对血液系统、呼吸系统、循环系统、骨、关节和肌肉系统、泌尿系统、中枢神经系统以及运动对皮肤散热和体温调节的影响等方面一一作了阐述；提出了各系统的科学运动方式以及运动中的注意事项；对某些简单动作（比如跳跃）也从生物力学的角度作了分析；并且对于不同肌肉、肌群的锻炼方式方法以及如何预防不良姿势等给予了科学的指导；还特别阐述了儿童心血管系统生理特点以及在运动中注意事项。其涉及面之广及内容之详尽、全面不得不令人叹服。

继程翰章之后，我国著名的生理学家蔡翘于1940年出版了侧重劳动生理学的《运动生理学》一书，以及赵敏学1951年编著的《实用运动生理学》都是主要的运动生理学教学参考书。

直到20世纪50年代初期，中国有关运动生理学的教学与研究工作还进行得甚少。1954年苏联派两位专家吉潘来特尔和柏琴科来北京体育学院进行运动生理学的教学和科研指导工作。他们与北京体育学院的王义润教授一起培养了29名运动生理学研究生。1957年这批研究生毕业后奔赴全国各地开展运动生理学的教学、科研和学科建设工作。他们就像种子一样在全国各地生根发芽开花，为我国运动生理学发展做出了重要贡献。这是我国运动生理学第一次飞跃性的发展。20世纪70年代末至80年代，是我国运动生理学第二次飞跃发展时期。全国体育院系的运动生理学的教学和科研工作从“十年浩劫”的废墟中恢复起来，相继开展了运动生理学研究生培养工作，使我国的运动生理学教学、科研和人才培养工作得到了蓬勃发展。

新千年伊始，运动生理学的发展又遇到了新的契机。在中国生理学会关怀下，中国生理学会运动生理学专业委员会于2001年成立，为运动生理学的发展开辟了新天地。这是中国运动生理学发展史上的一个里程碑。为了加强全球华人运动生理学及体适能学者的学术交流，2002年12月在香港成立了华人运动生理及体适能学者学会。这些运动生理学工作者的学会组织的成立，将会大大推动我国运动生理学的发展。

经过半个多世纪的发展，我国的运动生理学研究在探讨人体生命活动规律、运动健身的理论与方法、运动训练提高运动员运动能力的理论与方法等方面取得了飞跃性的进展，形成了一支人员素质较高的研究队伍，一些知名专家在国际学术界享有一定声望，在某些研究领域，接近、达到甚至超过了世界先进水平，这一切为未来我国运动生理学继续发展奠定了良好的基础。

第三节　运动生理学研究现状

一、微观研究不断深入

随着研究的不断深入和研究手段的不断提高，运动生理学研究从宏观水平研究深入到细胞和分子的微观水平。例如，在对骨骼肌的研究中，已经深入到通过观察骨骼肌纤维在大负荷运动后超微结构、蛋白代谢、细胞内离子浓度等变化以及骨骼肌蛋白代谢的信号转导等。

二、宏观研究备受重视

虽然进行细胞、分子水平研究的优点是可直接、客观地研究分析某一生理现象的机制，但是只能得到一些零散的生理生化指标，解释一些孤立的微观生理现象，或揭示一些相互独立的生理机能的成因。然而，揭示在运动中人体的整体机能变化和运动对整个人体的影响是运动生理学研究的最终任务。因此，在运动生理学研究中，必须在宏观研究的指导下，开展深入的微观研究，然后再将微观研究的结果进行综合分析，在整体水平上分析人体的机能变化及其规律，已成为运动生理学研究的必经之路。

三、研究方法日益创新

随着科学技术的发展，许多新仪器、新技术和新的研究方法被应用到运动生理学的研究中。如生物质谱分析技术、放射免疫分析技术、高效液相色谱分析技术、超声诊断技术、膜片钳技术、核磁共振成象技术、核磁共振光谱技术、核酸及蛋白质的提取技术、核酸分子探针标记技术、基因克隆技术、基因干预技术、核酸分子杂交技术、激光扫描共聚焦显微镜活细胞分析技术等先进仪器和实验技术在运动生理学研究中发挥重要作用。

计算机技术在运动生理学研究中被应用对运动生理学的发展起到了巨大的推动作用。计算机图像分析处理技术的应用，使生物学图像的处理更加精确和方便，计算机模拟技术等也为运动生理学研究提供了新方法、开辟了新领域。而互联网技术的发展，为运动生理学工作者获取信息、进行学术交流提供了极大的方便。

四、研究范围、规模扩大

由于运动对人体的刺激是全面的，因此运动生理学的研究范围包括了几乎所有生理学研究领域。从运动对骨骼肌形态和机能的影响、运动对心肺功能的影响、运动时血流动力学的变化、运动对神经系统功能的影响、运动对能量代谢的影响、运动对内分泌功能的影响，到运动对免疫功能的影响等，涉及了生理学研究的各个领域。

在研究范围不断扩展的同时，运动生理学的研究规模也在扩大。早期的运动生理学研究，主要是科研人员单枪匹马作战，主要抓住一个研究方向，逐步深入。这种“个人作坊式”的研究规模，无法满足生理科学发展的需要。现代运动生理学研究，一般不局限于研究单个指标或少数指标在运动过程中的变化，而是注重探索不同机能的变化以及变化之间的相互关系。因此，扩大研究规模，建立综合性的研究团队，对某一运动生理学课题，制定完整、可行的技术路线，确定完善的指标体系，采用综合性的研究方法，开展全面、系统、深入的研究是当今运动生理学研究的特点。

五、应用研究倍受重视

运动生理学应用研究的规模和范围不断扩大，运动生理学研究属于应用基础研究。运动生理学在基础理论研究不断深入的同时，必须把基础理论的研究成果应用于运动训练的实践中去，为运动训练实践服务。运动生理学在为运动实践服务的同时，也在积极地加强运动健身的基础理论和应用的研究。

六、学科交叉广泛深入

近代自然科学的发展趋势是：一方面学科的划分有越来越细的趋向；另一方面各学科的相互渗透和交错在学科发展上相互促进。运动生理学这门年轻的学科从一诞生起就与医学、生物化学、解剖学、遗传学、生物学以及其他自然学科有着密切联系，而且这种联系正在日益加强。

研究运动对人体生理机能的影响以及人体对运动的适应是运动生理学的任务。而寻求其变化机理时，总是要从分子水平、离子水平、基因水平着手找原因，这就进入了生物化学、细胞生物学、分子生物学、遗传学等研究领域。现代运动生理学研究在许多情况下，学科之间界限特别模糊，学科互相交叉、互相渗透、互相补充现象非常普遍，新的边缘学科不断出现。可见，学科之间相互交叉与覆盖，是现代运动生理学研究的显著特征。

第四节　运动生理学研究的热点

一、运动时物质与能量代谢

虽然研究运动时的能量代谢是早期运动生理学的主要研究领域，目前研究不同项目运动员在运动训练中的能量代谢仍然是运动生理学研究的重要课题。研究表明，最大摄氧量是评价耐力运动员身体机能的重要指标，两者有着极大的正相关。在运动生理学发展早期，直接测量运动员运动过程中的摄氧量是十分困难的。20世纪50年代，瑞典著名运动生理学家奥斯特兰德首创了间接测定最大摄氧量的列线图法，使得这一指标的应用具有简易、经济、快速等特点。自动气体分析仪的出现，使得在运动实践中用直接法测定最大摄氧量成为现实，也使得最大摄氧量这一指标在运动科研和实践中的应用更加广泛和深入。随着研究的逐步深入，发现运动员在运动中乳酸阈能更好地反映其有氧代谢能力，在运动训练中采用乳酸阈能更好地指导运动训练。

目前，运动员最大摄氧能力研究，运动时的乳酸动力学研究，运动员在运动过程中的个体乳酸阈的研究，以及如何利用乳酸阈指导运动训练的研究，已成为运动生理学的重要研究课题。另外，研究健身运动时的能量代谢，对指导运动控制体重和体成分具有重要意义。

二、运动性疲劳产生机理及其消除方法

在运动生理学发展的早期，运动性疲劳就是运动生理学研究的核心课题。从有关运动性疲劳的定义（详见第十章）中可以看出，疲劳是一种机体的整体机能水平或工作效率降低的生理现象，应同疾病和运动训练中的过度训练相区别。运动性疲劳是一个特别复杂的生理过程，它是由运动引起的，全身多器官、系统机能变化的综合结果，因此，必须从整个机体的角度来考虑这一问题。

运动性疲劳可分为中枢疲劳和外周疲劳。从中枢到骨骼肌细胞再到细胞内的物质代谢过程，中间任何一个环节或这些过程综合变化，都可造成疲劳。近年来提出的疲劳控制链或运动性疲劳突变理论，都力图从多方面说明运动性疲劳的发生原因，使运动性疲劳的理论更完善，以便更科学地掌握消除疲劳的方法。

目前，对运动性疲劳产生机制的认识从单纯的能量消耗或代谢产物的堆积，向多因素综合作用的认识发展。研究水平已由细胞、亚细胞的结构与功能变化，深入到生物分子或离子水平。

运用高新技术探讨运动性疲劳产生的机制，仍然是运动生理学的重点研究领域。继续从整体、器官和系统、细胞和分子水平探讨不同运动项目运动员在运动训练中产生疲劳的特征和机制，仍然是运动生理学的重要课题，特别是对运动导致的中枢神经系统的疲劳的研究目前受到广泛重视。同时，根据不同运动项目产生运动性疲劳的机理，寻找消除运动性疲劳方法的研究越来越广泛。

三、运动与氧化应激

1956年，哈曼（Harman）在分子生物学的基础上提出了自由基学说，他认为在生物体内进行的新陈代谢过程中会产生一些副产品，这些副产品称为自由基。自由基又称为游离基，系指外层轨道上含有一个或一个以上未配对电子的分子、原子、离子或基团。

随着自由基理论在运动生理学领域受到关注，运动与自由基的研究已经成为运动生理学研究领域一个备受关注的研究课题。研究证实，剧烈运动可使体内自由基的浓度增加，引起体内氧自由基代谢失衡而产生氧化应激。自由基增加可能同下列几个因素有关：一是剧烈运动时体内的代谢过程加强，氧自由基的生成增加；二是剧烈运动时乳酸等代谢产物的堆积抑制了清除自由基酶的活性，使自由基清除率下降；三是运动时体内有些物质可自动氧化而生成自由基，如儿茶酚胺类、还原型细胞色素C、血红蛋白、肌红蛋白等物质在剧烈运动时均可自动氧化而生成自由基。

运动引起的氧化应激，会导致脂质过氧化反应加强，而对组织和细胞造成损伤。这些损伤主要包括以下几个方面：①破坏核酸和染色体，引起碱基修饰，DNA链断裂，碱基缺失和染色体变异等; ② 破坏蛋白质和酶，使蛋白质变性，酶活性改变；③使黏多糖解聚，引起结缔组织的炎性变化；④ 破坏脂类分子和生物膜，自由基可使生物膜脂质双层结构中的不饱和

脂肪酸产生过氧化反应，进一步又可以引起分子间的连锁聚合，使聚合部位的生物膜失去正常机能。

生物体内的抗氧化机制包括两大方面，抗氧化酶机制和非酶防御机制。研究表明，有氧运动可提高体内的抗氧化酶的活性，可有效地清除运动过程中产生的过量自由基；另外可以补充外源性的抗氧化剂，如维生素E、维生素C及一些中药也可有效地提高人体的抗氧化能力。

四、运动对骨骼肌形态和机能的影响

超过习惯负荷的运动训练或体力劳动能引起骨骼肌延迟性酸痛、僵硬、收缩和伸展功能下降及运动成绩降低，因而受到生理学家和运动生理学研究人员的高度重视。他们对运动后骨骼肌延迟性酸疼产生机制进行了深入的研究，并提出了许多假说（详见第二章）。进一步的研究表明，运动后产生肌肉酸痛与肌肉损伤或肌纤维的结构改变有关。

卢鼎厚等还针对大负荷运动后骨骼肌超微结构改变，尝试用针刺和静力牵张促进超微结构变化的恢复和缓解肌肉酸痛。为了探讨大负荷运动后骨骼肌超微结构变化的机理，运动生理学家还对大负荷运动后骨骼肌收缩蛋白、骨架蛋白代谢以及蛋白代谢的信号转导等进行了较广泛的研究，同时也研究了肌肉损伤的变化阶段和损伤后的肌肉修复与再生等问题。

目前，利用各种先进的实验仪器和技术，通过观察大负荷运动后肌细胞内Ca^{2+}等离子浓度、自由基水平、酶活性、生物膜的机能、亚细胞结构和功能、收缩蛋白的代谢和基因表达等指标的变化，分析研究大负荷运动后骨骼肌机能变化，以及促进骨骼肌机能恢复的生理机制，将运动对骨骼肌机能影响的研究提高到一个崭新的阶段。

五、运动与骨骼肌纤维类型

朗维埃（Ranvier）用电刺激法证明红肌、白肌的收缩机能不同。之后人们用组织学、生理学、组织化学及生物化学等方法，对动物骨骼肌纤维的结构、机能和代谢特征等进行了较为全面的研究。在组织化学、超微结构观察与分析技术广泛应用于体育科研的基础上，伯格斯特龙（Bergstrom）将组织活检技术应用于运动生理学研究中，使得对运动员骨骼肌的肌纤维类型的研究有了长足进展，对运动员骨骼肌快肌、慢肌纤维的分布、机能及代谢特点等进行了较为广泛的研究。而且这些研究的结果被广泛地应用到运动实践中。例如，结合运动项目特点，根据不同类型肌纤维在运动中的募集程度指导运动训练；开创了无损伤测定肌纤维类型的方法；在了解各种运动项目运动员的肌纤维组成特点的基础上，为运动选材服务等。

目前，在肌纤维类型研究方面的主要任务是继续深入地研究快肌与慢肌纤维的机能和代谢特征，运动对运动员肌纤维类型组成的影响，不同类型肌纤维在运动中的参与程度以及肌纤维类型这一指标在运动选材中的应用等。

六、运动对心脏形态和机能的影响

1975年德国学者罗斯特（Rost）首先把超声心动图应用于运动人体科学的研究中，将对运动员心脏功能的研究提高到一个新的阶段。用超声心动图研究运动员的心脏功能具有操作简单、安全、无损伤、重复性好等优点。因此，国内外许多运动生理学学者都采用此法对各类运动员的心脏功能进行了研究。特别是对超声心动图图形分析的计算机系统的出现，使得对运动员心脏形态结构的研究、心脏泵血功能的研究以及心脏运动过程中心肌血液供应的研究更加依靠超声心动图。

1984年，心钠素的发现，从分子水平内分泌方面改变了人们对心脏的传统认识，证明心脏不仅是一个循环器官，而且还是人体内一个重要的内分泌器官，心脏所分泌的心钠素，具有利钠、利尿、舒张血管等作用。近年来发现，心脏不仅是心钠素的分泌器官，同时也是心钠素作用的靶器官之一，长时间耐力性训练所导致的心率减慢、血压降低都与心钠素的作用有关。

研究运动对心脏活动的调节、运动对心脏形态和机能的影响、运动时血流动力学的变化、运动与心血管疾病的发生与发展的关系等仍是运动生理学的研究的热点。

七、运动健身的理论与方法

随着社会经济的高速发展，人们的生活水平有了明显提高，注重生活质量，促进健康成为人们共同追求的目标。因而体育锻炼成为提高大众健康水平不可或缺的重要手段。运动对人体免疫机能的影响，运动的抗衰老作用，运动改善身体成分的作用，运动防止某些慢性疾病，如与心血管疾病、糖尿病等方面的基础理论研究日益增多。在研究运动健身基础理论的同时，运动处方等运动健身方法的研究也备受关注。可以预见，运动健身的理论与方法的研究将是运动生理学的重要任务。

八、运动与控制体重

目前，肥胖已经成为影响人类健康的世界性问题。有关运动与控制体重的研究越来越受到运动生理学工作者的重视。有关运动控制体重的研究主要集中于引起肥胖的机理、肥胖的评价方法、运动减肥方法和运动减肥机理等方面。

近年来，运动生理学界对肥胖机制以及运动减肥机理的研究较多，研究内容也日益加深，主要集中在肥胖的中枢调定点机制和神经内分泌机制方面。

九、运动与免疫机能

运动对人体免疫机能的影响是近年来运动生理学十分关注的课题之一。虽然人们习惯地认为运动员抗病能力高于一般人，但科学研究却显示，运动员和非运动员安静状态下的免疫机能没有显著差异。大量的研究表明，适当的运动对免疫机能有良好的的影响。中等强度运动能提高人体的免疫机能，增强抗病能力。

尽管适当的中等强度运动可以提高人体的免疫机能，但越来越多的研究表明，大负荷运动后，人体的免疫机能却下降。而且，运动强度越大，持续时间越长，人体的免疫机能下降越明显。大负荷运动后，由于人体的免疫机能下降，病毒和细菌易侵入人体而发病。因此有学者提出了运动后免疫机能变化的“开窗（Open Windows）”理论。

由于运动形式的多种多样，而且影响人体免疫机能的因素很多，造成运动对人体免疫机能的影响的多样性。可以预言，在相当长的时间内，运动对人体免疫机能的影响仍然是运动生理学要研究的重要课题。

对免疫系统的研究主要涉及运动训练对免疫机能的影响、有氧健身运动对免疫机能的影响、神经－内分泌－免疫调节网络、运动时神经内分泌变化对免疫机能的影响、免疫机能变化对神经内分泌系统的反作用、运动性免疫机能低下及其机理等。

十、运动时神经系统的支配与调控

对神经系统的研究主要涉及运动时的神经调节作用、运动条件反射与运动技能学习、运动时神经递质与调质的变化与作用、运动与恢复时交感与副交感神经的相互影响与整合作用等。其在运动生理研究中占有重要位置。

十一、基因技术在运动生理学研究中的应用

利用基因探针技术对运动员进行科学选材已经受到重视。研究表明某些身体素质，如力量、速度和耐力的发展潜力具有相当高的遗传度，它们可能受一个或几个基因的调节和控制。利用基因探针技术检测运动员所具有的身体素质的基因特性，同时建立优秀运动员基因库，进而进行运动员选材。

利用基因调控工程防止运动性疲劳的发生，加快恢复过程。随着对运动性疲劳及恢复过程研究的深入，人们会发现通过某些手段，如药物等，抑制导致运动性疲劳的基因表达或诱发恢复的基因表达，从而防止运动性疲劳的发生，加快恢复过程。

基因技术在运动生理学研究中的应用日趋增多，逐渐成为运动生理学的热点课题。

我国运动生理学工作者应立足本职，面向世界，面向体育运动实践这个主战场，把握机遇，迎接挑战，努力创新，不断开拓，进一步提高研究水平，相信我国的运动生理学研究在不远的将来一定能跻身于世界的前列，为促进体育事业的发展做出更大的贡献。

思考题

1. 运动生理学的研究对象和任务分别是什么？
2. 运动生理学的研究方法有哪些？
3. 目前运动生理学研究的主要热点有哪些？

主要参考文献

1. 王瑞元, 苏全生.运动生理学[M].北京:人民体育出版社，2011.
2. 杨锡让.实用运动生理学[M].北京:北京体育学院出版社,1986.
3. FOX E L. *Sports Physiology* [M]. Boston: W.B. Saunders Company,1979.

第一部分

运动生理学基础

第一章
运动与骨骼机能

本章学习提示

通过本章的学习，要求学生掌握骨代谢和钙化，骨的基本生理过程，以及制动和运动对骨骼系统的影响。

第一节　骨代谢与骨钙化

人体正常的骨代谢是一个复杂过程，受到体内许多因素的调节，钙、磷、镁、内分泌激素和维生素等多种因素均起着至关重要的作用。当这些因素发生异常时，可造成骨代谢的紊乱。

一、骨代谢

骨是体内钙、磷的最大储存库，骨通过骨吸收和骨形成不断与细胞外液进行钙、磷交换。同时，钙、磷代谢既是相互作用，又能保持相互平衡的两个系统。

（一）钙代谢

钙是人体内重要的元素之一，钙有两种存储方式，一是离子化与活性代谢池，含钙数量虽少，但功能却极为重要；二是非活性离子钙的储存器，即骨。体内的钙含量随年龄增长而逐渐增加，成人体内钙含量约为1 kg，其中细胞外液与肌肉中的钙含量不超过10 g，其余均以磷酸盐、碳酸盐和氢氧化物的形式存在于骨组织中。

1. 钙的吸收

钙吸收部位在小肠上段。奶和奶制品中含有丰富的钙，每天成人摄入0.6～1.0 g，但仅200～500 mg被吸收，其余经粪便排出。钙在肠道内经特殊机制摄取，其吸收依赖于维生素D、甲状旁腺激素和降钙素。由于内源性分泌的钙大部分被重吸收，因而吸收机制就更为复杂。由肠分泌作用从粪便中排出的为内源性钙丢失。净吸收与实际吸收的区别在于净吸收是指摄入量和粪便中排出量之间的差值，实际吸收是将内源性分泌的钙吸收也包括在内，所以净吸收低于实际吸收。

2. 钙的排泄

钙的排泄主要通过肾，小部分通过肠道。排泄量个体差异很大，受每个人的饮食和其他多种因素影响。成人24 h经肾排泄量为50～250 mg，儿童一般情况下为4～6 mg/kg，高于或低于这个范围均属异常。测定正常值时，应事先细致地控制数日食入钙。钙离子由肾小球滤过，约99%在肾小管被重吸收，重吸收率取决于维生素D和PTH的水平。

3. 骨在维持血钙平衡中的作用

在普通饮食后，大约6 h内肠钙吸收可以完成，但吸收入血的钙输送到骨和肾，并从尿排出。再需要6 h左右，这样晚餐提供的钙可以在12 h内维持血钙，而不从骨骼吸收。当机体需要钙量增加，而饮食摄入不足时，骨就不断释放钙，使之入血以供急需。有人证实骨有直接调节血钙的作用，而且这种作用先于PTH作用，但其作用较弱。离体试验也已证实骨钙摄取与血钙浓度相关，细胞外液钙浓度越大，骨钙摄取量就越大。

（二）磷代谢

磷在体内存在的形式也有两种，一是以离子状态的无机磷酸盐方式存在于血液中，二是在骨内和钙结合成羟磷灰石。骨内磷酸盐和血中离子状磷酸盐保持着动态平衡。

正常成人每天磷最低需要量是0.88 g，生长期儿童和孕妇稍多。奶、蛋、肉类和谷类食物是磷的主要来源，磷全部在小肠吸收。食物中的磷大部分是有机结合磷，在胃中PH值呈酸性时并不释放出来；而在适当的肠磷酸酶活性和PH值为9.0～10.0时，结合磷于回肠发生分解，小肠即可吸收大部分磷，吸收过程受维生素D控制。摄入血液中磷约60%经尿排出，正常情况下，每天磷排泄量为350～1000 mg，平均800 mg。

血清钙磷比值保持一种动态平衡，摄入钙过多，会使磷酸盐在小肠内变为不可溶性，使磷的摄入减少，导致低磷性佝偻病或骨软化。摄入钙量少，血清磷水平增加，会引起代偿性PTH增多，出现骨吸收、尿磷酸盐排泄增加。在PTH作用下，肾小管磷的重吸收减少，钙的重吸收增加，使血钙水平趋于正常。

（三）骨代谢的调节

三种亲骨性内分泌激素，甲状旁腺激素、降钙素、1,25-二羟维生素D_3［$1,25(OH)_2D_3$］调节着骨代谢平衡，又称为钙调激素。

甲状旁腺激素具有促进骨吸收和骨形成的双重作用。在高浓度PTH作用时，增加破骨细胞数量和活性超过成骨细胞，使骨吸收大于骨形成，动员骨钙释出入血；在低浓度PTH作用时，则成骨细胞数量和活性超过破骨细胞，使骨形成大于骨吸收，血钙储存于骨内。

降钙素通过降低破骨细胞的活性和减少破骨细胞数量来抑制骨吸收。在降钙素作用下，数分钟内破骨细胞与骨基质表面接触的刷状缘皱缩，破骨细胞的溶骨作用受抑制，从而促进骨形成和骨钙化，这种作用不依赖PTH和$1,25(OH)_2D_3$。降钙素抑制骨吸收时存在一种“逃逸现象”，即抑制骨吸收有一过性，随着时间延长，抑制作用减弱，骨吸收作用重新出现并有所增强。对于“逃逸现象”的原因，一种解释是破骨细胞对降钙素受体的下降以及新补充的破骨细胞可能缺乏降钙素受体。

$1,25(OH)_2D_3$是维生素D的活性代谢产物，作为一种激素，其靶组织和靶细胞分布广泛，包括骨与软骨组织（骨细胞和软骨细胞）、腺体组织等。其作用也广泛，与骨代谢关系密切的有：①促进小肠吸收钙、磷；②促进肾小管对钙、磷的重吸收，减少尿钙与尿磷，升高血钙和血磷，促进骨形成；③对骨吸收和骨形成均有作用。$1,25(OH)_2D_3$可使破骨细胞活性和数量增加，增加破骨细胞酸性磷酸酶合成能力，使骨吸收增加；另外也可直接激活成骨细胞，促使血液和骨中的枸橼酸与钙螯合成复合物，有利于钙盐沉积，并促进成骨细胞分化和蛋白质合成，促进成骨。缺乏维生素D的佝偻病患儿，表现为成骨细胞仍能合成骨基质和胶原纤维，但是不能钙化，积聚大量未钙化的类骨质。

除这三种激素外，其他激素如甲状腺素、性激素、肾上腺皮质激素、生长激素、泌乳素、胰岛素等对骨钙的调节也有一定影响。

二、骨钙化

骨钙化是指骨骺、骨膜、骨内膜以及新形成的哈佛氏管骨的有机基质中类似羟基磷灰石的难溶无机物有序的沉积过程。对哺乳动物来说骨钙化和矿化是同义语，因为这里主要的无机物是钙化合物。

（一）骨钙化过程

骨钙化主要发生在骨基质，而与骨基质相似的结缔组织中却不发生钙化。骨钙化过程极为复杂，它涉及细胞内外生物化学和物理学过程。首先成骨细胞合成并分泌骨的有机成分，包括骨胶原、少量的骨钙素蛋白、多糖类等；其次钙离子、磷离子结合形成晶体形式的羟基磷灰石；然后无机质再与有机质螯合形成螯合物，最后形成正常骨质。

（二）影响骨钙化的因素

1. 胶原

骨胶原含有丝氨酸和甘氨酸，大量的丝氨酸以磷酸丝氨酸盐的形式存在，在胶原基质的纤维上、纤维内与钙离子结合或与磷离子结合，形成羟基磷灰石结晶。

2. 黏多糖类

黏多糖是大分子的蛋白多糖类物质，这种蛋白多糖复合物和钙化作用有关。软骨开始钙化时，蛋白多糖的浓度有所增加；当钙化进行时，则浓度明显下降。酸性蛋白多糖的游离阴离子可选择性结合钙离子，减少羟基磷灰石结晶的形成，从而抑制钙化作用。当蛋白多糖被酶分解后，就解除了这种抑制作用。

3. 基质小泡

基质小泡内有高脂质和一些酶，如碱性磷酸酶、焦磷酸酶等，参与钙化作用的主要脂质成分是磷脂、丝氨酸和肌苷磷酸。基质小泡出现时，可增加磷酸钙的沉淀。磷酸丝氨酸在有磷存在时，对钙具有强大的亲和力，使钙在小泡或膜上蓄积。

基质小泡中所含的各种酶可通过下列途径促进软骨钙化：

（1）水解焦磷酸盐，减低其浓度。焦磷酸盐有抑制钙化的作用，被水解后就为钙盐结晶沉积创造了有利条件。

（2）增加局部正磷酸盐的浓度，从而促进钙化。

（3）参与输送钙与磷酸盐。

（4）水解三磷酸腺苷，为钙及磷酸盐的摄入提供能量。

第二节　骨的基本生理过程

生命过程中骨有生长、塑造、再造、修复、与血液进行物质交换五个重要过程，在机体的生长发育及种属和个体生存中起着重要作用。

一、生长

生长主要是增加组织容积，受内分泌的控制。某些因素，全身性的，如营养、性别、气候，或是局部因素，如局部外力、机械牵拉、局部血流改变等，会影响内分泌的作用，使生长加速或减退。

因原发性骨骼生长的失调或某些疾病的影响，可出现矮小症。如垂体性侏儒症是因缺乏促进软骨生长的激素（生长激素等）而造成。软骨生长缺乏症是一种遗传性缺陷，这类病人的软骨细胞对正常的刺激不能产生正常的反应。一些获得性佝偻症，是由于软骨细胞对正常内分泌的刺激的反应受到损害所致。

二、塑造

人从出生后到发育成熟一直进行着骨的塑造，以及贯穿人一生的骨再造，骨正是通过不断塑造和再造达到并保持功能所需要的结构和形状。

骨的塑造是外形的建造，像泥塑一样，在外力（包括自身体重、负重、肌肉的牵拉等）的作用下改变生长模式或组织和器官的结构组成，从而在宏观上改变结构的外形。尽管塑造在胚胎期已经开始，但它主要是在出生后进行。在整个生长发育过程中，通过塑造对骨进行着连续不断的再形成，成熟后塑造停止。骨的长度生长、骨的径向生长、骨髓腔的扩充、生理曲度的建立、肌肉附着点的建造等都属于塑造过程。

骨的塑造和再造都包括破骨细胞的骨吸收和成骨细胞的骨形成，但骨塑造过程中两者不是耦联发生的，无论在空间上还是时间上彼此均无联系。骨吸收和骨形成在不同区域进行，活动彼此无关，调节机制也不相同。

生长过程中，骨的横径和长度发生变化的同时，骨的横切面的形状在不同水平上也发生着连续的变化，骨皮质慢慢地移动，使骨发生正常的弯曲，这一过程是通过骨的一边发生沉积，另一边发生吸收来实现的，称为“骨的漂移”。

对塑造的影响包括机械压力和形变，即所谓的“功能决定结构”。另外，局部电学及相关作用、局部血液和离子扩散的变化，以及局部细胞外液成分的变化，对骨塑造都有影响。塑造影响板层骨、纤维组织、筋骨软骨和纤维软骨以及骨的修复。在婴儿期塑造进行得很快，在以后的生长期有所下降，在骨髓成熟后塑造接近于零。全部脊柱动物，包括灭绝了的，都存在着骨塑造过程。

三、再造

骨的再造是指骨组织在微观上的周转，即骨组织局部由骨基本多细胞单位进行的骨转换活动，使骨的吸收与形成达到一种动态平衡，以适应力学环境的改变。再造过程不影响骨组织的整体成分，不影响总的质和量以及外形。骨的再造发生在整个生命活动过程中，是维持骨组织代谢和力学功能的重要机制。（图1–1）

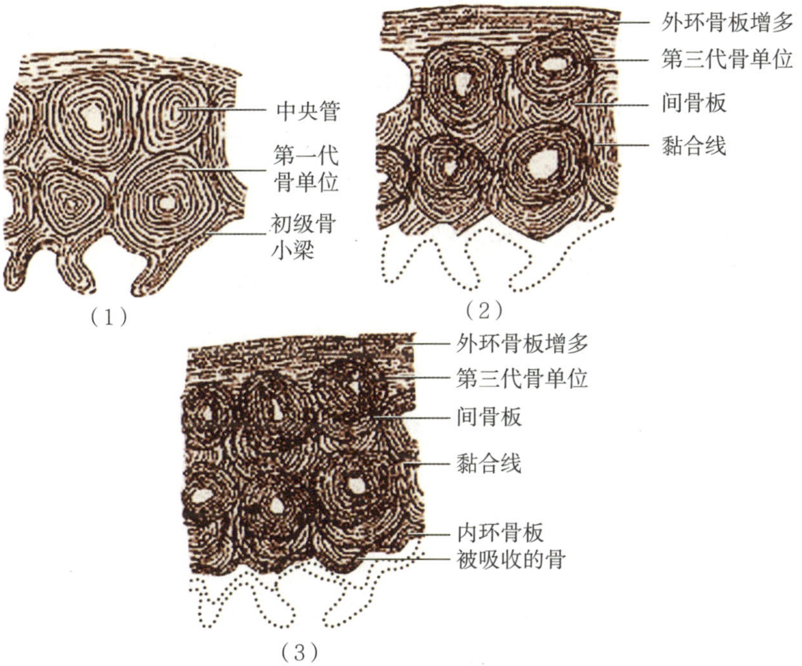

图1–1　骨的再造示意图

骨的再造在骨外膜表面、哈弗氏管内表面、骨小梁内表面以及骨内膜表面进行，不仅有破骨细胞、成骨细胞、衬细胞和骨细胞参与，存在于骨微环境中的单核性吞噬细胞，如单核细胞和巨噬细胞以及某些因子，如淋巴细胞释放的破骨细胞激活因子也积极参与这一过程。这些细胞组成显微大小的功能单位，称为骨再造成单位或骨结构单位。发生在正常成年骨中的再造按下列五个时期循序进行。

（一）静止期

此期发生于骨表面，即骨外膜、骨内膜骨（包括位于骨小梁表面的骨内膜）以及皮质骨内管腔表面。在成年骨骼中，60%～80%的骨小梁表面和70%～95%的皮质骨表面处于静止期。电镜下，静止期厚度1～2 μm，由五层结构组成，界膜层、未矿化结缔组织层、衬细胞层、无特殊结构的结缔组织层、鳞状囊细胞或脂肪细胞层。正常成年骨骼静止期持续时间较长。据估计，在小鼠和人类小梁骨中正常骨再造率每年20%～30 %。由此推算，同一部位骨表面再次发生骨再造需要经过数年时间。

（二）激活期

破骨细胞激活是骨再造的第一步，包括破骨细胞集聚、趋化和附着骨表面等一系列细胞活动过程，其激活机理存在着各种解释。研究发现，淋巴细胞释放的破骨细胞激活因子可诱导单核性吞噬细胞融合成多核性破骨细胞。另外，成骨细胞也可释放一种可溶性因子而激活破骨细胞，以及坏死骨基质中的骨胶原和骨钙素可诱导破骨细胞增殖。也有研究指出，破骨细胞激活与机械应力有关，应力可使骨基质中的蛋白质、局部离子介质或表面电荷发生改变，从而影响骨组织细胞的生物学活性。目前已知破骨细胞可向准备骨再造的特定骨表面趋化和附着，而不向脱钙的骨表面移动，提示破骨细胞具有特异的识别能力。破骨细胞向骨表面移动受化学趋化因子的引导，而其附着则与骨基质成分有关，推测破骨细胞膜上存在着这种化学趋化性和附着性因子的受体，而破骨细胞与骨表面相互作用的质膜凹陷和质膜突起可能是这些受体的所在区域。

破骨细胞激活时间可因实验方法不同而有差异。给小鼠注射PTH 12 h后，其多核性破骨细胞的出现达到高峰。而采用机械性应力刺激则需数天后才达到高峰。这是因为前者可直接作用于靶细胞，而后者需经一系列细胞活动间接作用于靶细胞。

（三）吸收期

一旦破骨细胞与骨基质表面相接触，其与骨质相接触的细胞膜经特殊分化而形成的褶皱缘，后者与周围的清亮区共同形成一个密封的骨吸收装置。

皱褶缘由质膜凹陷和突起构成，能显著地增加破骨细胞与骨基质接触的表面积。在皱褶缘与骨基质之间以及皱褶缘突起之间，可见由糖蛋白构成的结晶体以及ATP酶和酸性磷酸酶，而这些酶在其他部位的质膜附近是不存在的。在这些酶的作用下，骨质常被溶解吸收而形成吸收腔，此处不再存在板层结构。

清亮区是紧贴骨质表面且环绕皱褶缘的细胞质。此处一般无细胞器，与清亮区相接触的骨质表面有完整的板层。该区的电子密度低，含有大量的微丝，主要由肌动蛋白微丝构成。这些微丝常伸入骨表面的凹陷中，使清亮区紧密地与骨表面相接触，从而在皱褶缘周围形成一封闭的间隙，造成骨吸收微环境。溶酶体酶由细胞内分泌到此间隙中，为骨吸收溶解提供必要的酸性环境。在皱褶缘的深部含有大小不等，电子密度不同的液泡，它们的形态特征提示是细胞吞饮而来，曾有人观察到在液泡内可见有骨盐结晶及胶原纤丝。当破骨细胞与骨基质脱离后，皱褶缘和清亮区也即消失。

骨矿物质从骨基质中释放与氢离子浓度有关。骨矿物质吸收先于骨胶原降解，因为降解骨胶原的胶原酶并不能降解钙化的骨基质，胶原的降解是继骨矿物质释放之后进行的。根据破骨细胞在骨小梁和皮质骨所形成的骨吸收腔形状和空间位置的不同，前者称为Howship陷窝，后者称为圆锥状吸收腔。当骨吸收在骨小梁表面达60～100 μm，在皮质骨表面达400～10000 μm深度时便停止。这种控制骨吸收腔的形状、大小和深度的机理仍不清楚，可能与衬细胞释放的调整因子有关，后者具有激活和终止破骨细胞活性的双重功能。

骨细胞通过骨细胞性溶骨作用也参与骨吸收过程，其所处的环境不同，功能状态也不同。

骨吸收期一般持续1～3 d。

（四）逆转期

逆转期的组织学特征为吸收腔内无破骨细胞存在，而仅存在一种单核性细胞。由多核性破骨细胞在完成骨吸收之后，部分移向骨表面，经细胞内溶解或通过分裂而形成单核性细胞。单核性细胞具有两种功能：①清除破骨细胞残留物质，故有时被称为“后破骨细胞”；②合成构成黏合线的某些物质。黏合线在光镜下经苏木染色后呈蓝色，如波浪状，厚1～2 μm，于新旧骨质之间，其矿物质成分较高，而胶原成分相对较低。黏合线为新的骨单位提供骨沉积表面，扫描电镜下其表面平滑光柔。当吸收腔被黏合线完全覆盖之后，幼稚的成骨细胞呈单层排列于吸收腔内。

与骨吸收相耦联的骨形成需要在吸收腔内有足够的成骨细胞，其来源于间充质细胞及骨生成细胞。成骨细胞的集聚和附着于吸收腔受到破骨细胞释放的某些因子的调节，如破骨细胞能在吸收腔表面合成和沉积含有氨基葡聚糖类的物质，以及黏合线物质。

逆转期持续时间与年龄成正比，而与骨转换率成反比。

（五）成骨期

成骨细胞在吸收腔内出现，标志着成骨期开始。成骨细胞外形丰满，胞质呈强嗜碱性，含有丰富的粗面内质网、发达的高尔基体和线粒体。成骨细胞合成的类骨质在吸收腔内不断地沉积，并调节胶原纤维排列方向与成骨细胞的形状和排列相平行。成骨细胞的骨形成量在开始时最快，每天2～3 μm，以后逐渐下降。而类骨质的钙化在最初较慢，每天1～2 μm，以后进行性加快。虽然骨基质的合成与矿物质的沉积在瞬间不是同步的，但最终骨基质将完全发生钙化。成骨细胞合成骨基质终止后，骨基质钙化仍缓慢进行，直至完全钙化。一些被骨基质包埋的成骨细胞演变为骨细胞，另一些位于骨表面的成骨细胞从形态和功能上转化为衬细胞，此时骨表面又恢复到静止期，唯一不同的是骨质经再造而更新。

由于50～100个成骨细胞的骨形成量仅等于1个破骨细胞的骨吸收量，故成骨期持续时间较长，一般需要2～3个月。

骨再造是一个复杂而有序的漫长过程，完成一个骨再造周期一般需要3～5个月。正常生理状态下，骨再造处于骨吸收与骨形成互相耦联的动态平衡之中，骨吸收和骨形成在空间和时间上紧密相联，以维持骨的生理功能和形态结构高度统一性，并为骨转换和矿物质动态平衡提供有效的物质基础，并可以完成机械损伤的修复。

四、修复

再造过程是微观上修复组织的损伤，修复过程是宏观上修复组织和器官。骨愈合是骨折断端间的组织修复过程，是一个复杂的生理过程。与软组织修复过程不同的是，软组织主要通过纤维肉芽组织完成愈合过程，最终形成与原来组织不相同的瘢痕组织；而骨愈合后不留瘢痕，通过组织重建可基本恢复其原有结构和力学性能。骨愈合分四个阶段，血肿及肉芽组织修复期、原始骨痂形成期、成熟骨板期、塑形期。

（一）血肿及肉芽组织修复期

骨内和髓腔血管断裂形成血肿，凝血后血小板聚集，炎症反应和凝血系统激活，释放出许多生化介质，如白介素-1（IL-1），转化生长因子（TGF），血小板衍生生长因子。炎性细胞浸入骨坏死区，逐步清除骨折断端间的坏死软组织。单核细胞浸入骨坏死区，融合而成破骨细胞，清除死骨。血小板和炎症细胞释放的生长因子联合作用，不仅导致巨噬细胞化学趋化，还可促使血管增生和间充质细胞增殖。正常骨内的成骨细胞非常稀少，细胞增殖对于成功的骨折愈合是必需的。因此，血肿对骨折愈合是有利的。开放性骨折手术清创后或因使用肝素抗凝而无血肿时，骨痂形成就减少，结果会发生延迟连接或不连接。

随着大量毛细血管内皮细胞和成纤维细胞的增生，血肿逐渐清除、机化（由新生的肉芽组织吸收取代坏死组织、血栓、异物的过程），形成富含毛细血管的幼稚结缔组织，形成肉芽组织。

（二）原始骨痂形成期

细胞侵入血肿后当即形成称为骨痂的组织。骨痂由纤维组织、软骨和幼稚未成熟的编织骨组成。骨折断端间形成的纤维骨痂经软骨内化骨过程成骨，断端骨的骨膜经膜内化骨过程成骨，于是骨折周围逐渐形成原始骨痂。

（三）成熟骨板期

随着钙化活动的继续进行，骨痂中的骨量逐渐增加。钙化由细胞活动产生，钙化组织的内部结构高度规整有序。钙化的第一步是成骨细胞产生原胶原，原胶原由细胞内迁移至细胞外并聚合而成胶原纤丝。纤丝内有称为孔隙区的空间。由于钙、磷酸盐亚稳态溶液与某些氨基酸侧链基团相互作用，最初的钙化晶体即出现于这些孔隙内，最后聚集成团形成羟基磷灰石钙晶体。

新生骨小梁逐渐增粗，排列渐趋规则。骨折断端死骨经新生血管、破骨细胞和成骨细胞的浸入而逐步被吸收，完成死骨清除和新骨爬行替代过程。原始骨痂形成期形成的编织骨渐被破骨细胞吸收，并被排列规则的板层骨替代，以及伴有哈佛氏管系统的重建，新的骨单位逐渐形成，从而骨折断端形成坚硬的骨性连接。

（四）塑形期

成熟骨板期形成的骨虽然已具有一定的强度，但在空间结构上尚不符合机体生物力学的需要，与周围正常骨组织不协调。根据Wolff定律，骨的机械强度取决于骨的结构，正常与异常骨结构可随功能需要而发生变化。骨折部位的塑形可持续很长时间，如人胫骨骨折后，骨折部位的塑形再造活动常持续6～9年之久。在骨痂形成成熟骨板后，破骨细胞与成骨细胞协同作用在应力强的位置，成骨细胞相对活跃，合成和分泌骨基质，局部有更多的新骨沉积，并最终形成坚强骨板层骨；而机械功能不需要的多余骨痂内破骨细胞相对活跃，骨吸收增强，多余骨痂被吸收。

影响骨愈合的原因很多，包括生物学因素（血供、生长激素、细胞因子）、营养因素（维生素、吸烟）、物理因素（力学、超声、电场）以及遗传因素等，一般而言，骨折不愈合的原因不是单纯的，而是多个因素综合作用的结果。

1.性别与年龄

男性骨不连的概率是女性的4倍，但肥胖和绝经后女性中，肱骨骨不连的概率比男性高。骨愈合随年龄增加而减慢，这可能是随年龄增长，骨膜细胞层发生了变化。儿童骨外膜富含血管和细胞性结构；而成人的骨外膜则多为纤维结缔组织，仅有一层处于休眠状态的成骨细胞层，骨损伤后这些细胞有丝分裂增加不大，一方面是进入有丝分裂的细胞数减少，另一方面是单个细胞分裂所需时间延长，因此，可用于骨修复的成骨性干细胞减少。

2.营养不良与贫血

单纯长骨干骨折会使机体对营养的需求增加25%，如果复合其他损伤或感染，机体对营养的需求会增加55%。钙和磷是骨痂基质钙化的主要元素，缺乏钙和磷将延迟骨痂形成，从而影响骨愈合。适当补锌也可促进骨愈合，补充蛋白质可增加骨痂的强度。而贫血的骨不愈合的概率高达33%，其软骨质矿化较差。

3.全身性疾病

糖尿病患者愈合常延迟，这与营养和神经血管有关。生长激素缺乏会导致骨延迟连接，用替代疗法治疗该类患者以保持体内正常激素水平，可促进愈合。

4.骨折局部情况

许多力学因素可影响骨愈合，诸如骨折类型、骨折的几何形状及骨折断端相对活动的大小、方向等，这些因素决定骨折部位的局部应变分布，提供力学-生物学信号，激发细胞反应，从而调节骨愈合过程。其中，骨折类型和间隙大小对骨愈合影响很大。

5.神经损伤

骨组织中有肽能神经、含降钙素基因相关肽和小肠血管活性肠肽的神经分布于骨膜，而骨髓腔则由P物质（SP）和降钙素基因相关肽（CGRP）免疫阳性神经支配。神经系统可通过这些递质调节细胞功能，增加骨折局部血供。

6.其他因素

氢化可的松类、抗凝血类、非甾体抗炎药及化疗药物均影响骨愈合，导致骨延迟愈合和骨不连。在骨修复早期，经予环丙氟沙星之类的抗生素也会阻碍骨愈合。香烟中的尼古丁直接抑制骨细胞增殖及其功能，使血管收缩，从而使愈合延迟。

五、血液与骨的物质交换

血液与骨之间一直进行着电解质和酸碱的交换。骨组织中的矿物质含量很高，为机体提供了储存库。通过血液在骨中的流动可使机体的内环境达到稳定，否则将面临生命危险。这种危险包括急性和慢性酸或碱中毒、某些无机离子的急性缺乏或过剩。

第三节　制动和运动对骨骼系统的影响

肢体制动是骨科疾病和创伤中常用的治疗或辅助治疗方法。虽然正常人体在日常生活及职业活动中或多或少保持着一定的运动，运动不足的影响不易显现，但是持续制动和长期卧床会导致所涉及的骨关节结构新的损伤。在制动所造成的组织损伤中因制动部位、方式以及时间不同，所造成组织的损伤程度以及解除制动后损伤组织恢复原有形态和功能的程度也不同。了解制动所造成组织损伤的机制对临床上合理选择制动时间、预防损伤等具有重要意义。

一、制动和运动对骨结构的影响

1884年，沃尔夫（Wolff）指出骨的结构包括其外形、内部孔隙度、矿物质含量、结构排列等经常按其所受的应力而改变。后来的研究发现长期运动可使骨皮质增厚，骨小梁排列更合理，骨隆突更发达，并且应力刺激能加速骨折后骨痂形成。相反，制动则引起骨钙、磷流失，使骨强度显著下降。在骨松质及肌腱、韧带的骨附着处由于代谢率较高，骨吸收增加及强度下降更显著，易发生再次骨折或撕脱骨折。例如，将猕猴全身用石膏固定60 d，其椎体的破坏载荷下降至原来的1/3。正常人卧床2～3 d，即有尿钙流失增加，主要是由于脊柱、骨盆以及下肢的应力负荷丧失所致。每日累计2～3 h的站立或步行才能防止这种尿钙流失的增加。有报道双子星4号宇宙飞船中的宇航员在4 d的失重飞行后，跟骨骨密度平均下降9%；而在双子星7号宇宙飞船中由于保持运动，14 d飞行后仅下降3%。

可见，运动对骨结构有良好影响，其机制是：①运动使骨组织血流增加，同时促使成骨细胞活动增强，DNA和骨胶原合成增加，使骨重量增加；②运动使血流量增加，预防血液酸化，防止钙溶解流失；③运动及负重时应力负荷使含有结晶结构的骨组织因压电效应而产生微弱的负电位，使带正电的钙离子易于结合沉着。

二、制动和运动对关节的影响

制动使关节结构诸多成分的改变，会对关节的稳定性和灵活性造成深刻的影响。

（一）对关节韧带的影响

制动对关节韧带的影响可以从强度和长度两方面来分析。

1. 韧带强度的变化

不少实验证明关节固定数周后，韧带的强度及刚度减弱。Noyes等发现猴下肢固定8 wk后，股骨—前交叉韧带—胫骨复合标本强度下降39%。恢复较慢，停止制动后20 wk仍降低21%。Newton等认为制动造成前交叉韧带组织中成纤维细胞发生以梭形、囊状为主的形变，细胞内溶酶体及粗面内质网数量增多，胶原分解率增加，胶原总量下降，造成前交叉韧带组织萎缩。

吴毅等固定兔膝关节9 wk后，其外侧韧带横断面积及胶原纤维束直径分别缩小8%和5%，并且胫骨韧带附着点骨膜下破骨细胞增多，出现骨吸收，韧带抗张强度下降42%。停止制动自行活动14 wk，或加做连续被动运动9 wk，以上变化虽未完全恢复，但与对照组无明显差别，提示连续被动运动有促进韧带恢复的作用。徐明等观察到人体力量训练后，肌腱、韧带、骨组织变化较慢，但也可增生肥大。

2. 韧带长度的变化

制动后韧带等纤维组织基质中水及氨基多糖含量减少，使组织的黏弹性减弱，并降低了纤维之间的润滑作用，同时纤维与纤维之间的距离因之缩小，互相接触的机会增多，接触时间延长，便于化学键的形成，造成纤维之间的黏连。横键的增多和增密妨碍了纤维之间的滑动及纤维组织的变形，使制动时处于松弛的韧带渐固定于缩短位，发生关节挛缩。制动下特别是存在组织炎症肿胀时，常有新生细纤维形成，其数量可能不多，但影响很大，可任意与原有纤维黏连，限制其相对滑动，从而加速及加重关节的挛缩。应注意，关节虽未作严格制动，但长期只在受限的运动幅度内运动，同样也可发生如上述的变化。

（二）对关节软骨的影响

在动物实验中，关节制动后第4 d即发生关节软骨接触部退行性改变，自表层渐渐侵入各层次，继以软骨细胞死亡，软骨表层纤维化，由原始成纤维细胞组织取代。制动引起的关节软骨变化，主要是软骨的营养障碍引起。而运动不仅促进关节液的更新与流转，还可交替挤压关节软骨，使软骨基质与关节滑液进行交换，保持关节软骨的营养，排除代谢产物。

思考题

1. 简述骨钙化过程及影响因素。
2. 阐述骨再造过程。
3. 阐述骨代谢调节。
4. 阐述骨愈合的生理过程。
5. 制动和运动对骨骼分别有何影响?

主要参考文献

[1] 王振宇, 毕树雄. 制动对骨关节影响的研究现状[J]. 医学综述, 2012, 18（7）: 1066-1068.

[2] 汪媛, 金永堂. 肌力和体力活动与骨密度关系研究进展[J]. 卫生研究, 2003, 32（2）: 169-171.

[3] 沈志祥, 刘翠鲜. 游泳运动对老年雌性小鼠骨生物力学性能的影响[J]. 中国运动医学杂志, 2007, 26（1）: 83-85.

第二章
运动与骨骼肌机能

本章学习提示

通过本章的学习，要求学生掌握骨骼肌的超微结构，神经肌肉传递原理和骨骼肌收缩机制；了解骨骼肌的物理和生理特性，骨骼肌不同收缩形式的生理特点和力学表现，不同类型肌纤维的理化特性，肌电图在体育科研中的应用，以及运动导致骨骼肌损伤的机理和防治措施等内容。运用所掌握的运动对骨骼肌形态和机能影响的理论和知识，指导运动员和健身者进行运动训练和运动健身。

肌肉收缩是完整机体的主要活动形式之一，许多生理功能都借此得以实现。人体内的肌肉组织包括骨骼肌、心肌和平滑肌三种。骨骼肌是体内最多的组织，约占体重的40%。在运动过程中，骨骼肌收缩是人体运动的动力，人体各种形式的运动，主要是靠骨骼肌收缩活动来完成的。

肌纤维的结构和兴奋收缩耦联

第一节　肌纤维的结构

肌细胞又称肌纤维，是肌肉的基本结构和功能单位。成人肌纤维直径约60 μm，长度为数毫米到数十厘米。每条肌纤维外面包有一层薄的结缔组织膜，称为肌内膜。许多肌纤维排列成束（肌束），表面被肌束膜包绕。许多肌束聚集在一起构成一块肌肉，外面包以结缔组织膜，称为肌外膜。（图2-1）

每一块肌肉的中间部分一般膨大而称为肌腹，两端为没有收缩功能的肌腱。肌腱直接附着在骨骼上。骨骼肌收缩时通过肌腱牵动骨骼而产生运动。

一、肌原纤维和肌小节

每个肌细胞含有数百至数千条与肌纤维长轴平行排列的肌原纤维。肌原纤维的直径1～2 μm，纵贯肌细胞全长。每条肌原纤维的全长都由暗带（A带）和明带（I带）呈交替规则排列，在显微镜下呈现有规律的横纹排列，因此骨骼肌也称横纹肌。（图2-1、图2-2）

肌原纤维由粗、细两种肌丝按一定规律排列而成。实际上由于粗肌丝的存在而形成了A带。细肌丝连接于Z线，纵贯I带全长，并伸入A带部位，与粗肌丝交错对插。在一个肌小节中，来自

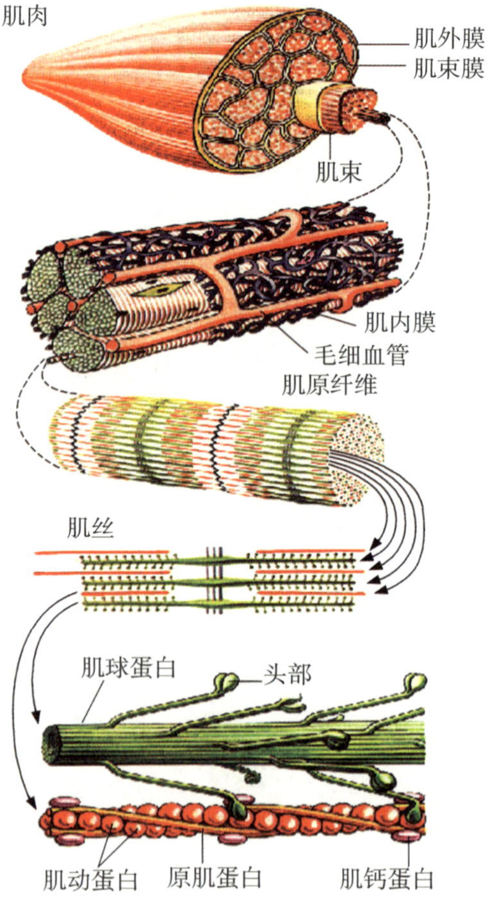

图2-1 骨骼肌超微结构示意图

两侧Z线的细肌丝在A带中段未相遇而隔有一段距离，即为H区，此时H区的肌丝成分只有粗肌丝，而H区以外的A带中，粗、细肌丝并存，当肌肉被动拉长时，肌小节长度增大，此时细肌丝从暗带重叠区拉出，使I带长度增大，H区也相应增宽。（图2-2）

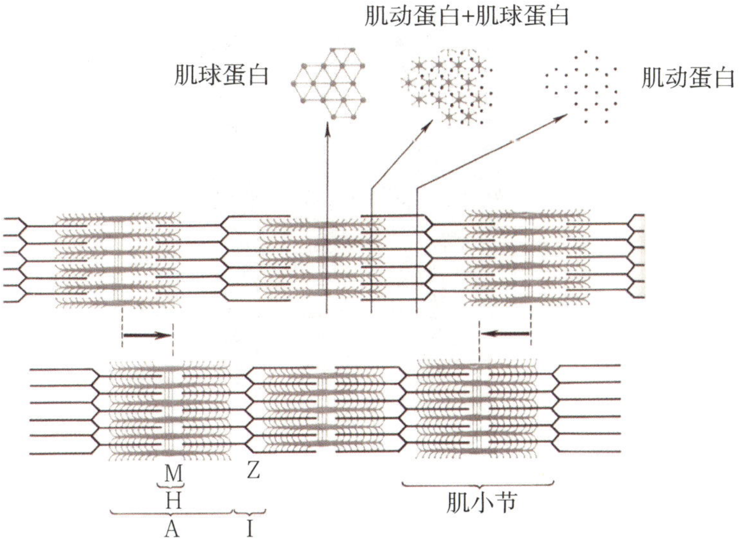

A表示A带，A带由粗肌丝和细肌丝组成；I表示I带，I带只有细肌丝而没有粗肌丝；H表示H区，H区只有粗肌丝而没有细肌丝；M表示M线；Z表示Z线。

图2-2　肌原纤维结构示意图

两条Z线之间的结构是肌纤维最基本的结构和功能单位，称为肌小节（Sarcomere）。肌小节的长度变化范围为1.5～3.3 μm，肌肉收缩时肌小节较短，舒张时较长，肌肉安静时肌小节的长度为2.0～2.2 μm。（图2-2）

粗、细肌丝相互重叠时，在空间上呈现严格的规则排列，每一根粗肌丝被六根细肌丝所包围。粗、细肌丝间这种密切的空间关系，为肌细胞收缩时粗、细肌丝的相互作用创造了条件。（图2-2）

二、肌管系统

肌原纤维间有两种不同的小管系统，即横小管系统和纵小管系统。这些肌管系统是骨骼肌兴奋引起收缩耦联过程的形态学基础。横小管系统是肌细胞膜从表面横向伸入肌纤维内部的膜小管系统。纵小管系统，即肌质网系统。细胞内肌质网常围绕每条肌原纤维，形成花边样的网，其走行方向和肌纤维纵轴平行。肌质网在接近横小管处形成特殊的膨大，称为终末池。每一个横小管和来自两侧的终末池构成复合体，称为三联管结构。横小管与纵小管的膜在三联管结构处并不接触，中间有约12 nm的间隙，所以这两种小管的内腔并不相通。（图2-3）

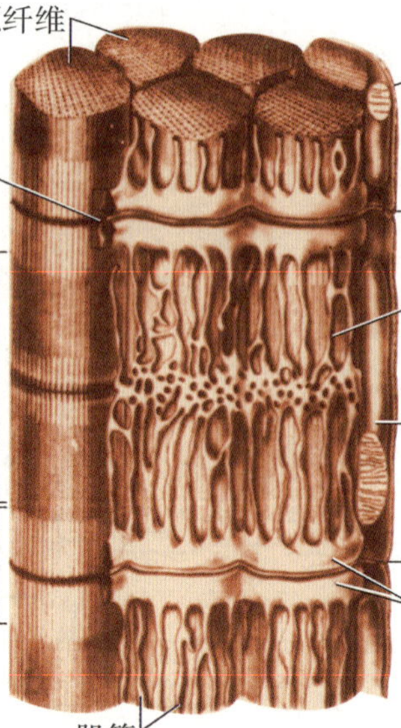

图2-3 肌管系统结构示意图

三、肌丝的分子组成

蛋白质占肌肉干重的75%～80%，与收缩机制有关的蛋白质占肌肉蛋白质的50%～60%。肌细胞收缩的物质基础是粗、细蛋白质肌丝。

（一）粗肌丝

粗肌丝主要由肌球蛋白（又称肌凝蛋白）组成。一条粗肌丝中约有200个肌球蛋白分子。肌球蛋白是构成肌肉肌原纤维粗丝的基本组成蛋白，是横纹肌细胞表达最丰富的蛋白，约占其总蛋白库的25%。是一个六聚体的蛋白质大分子，由两条分子量约为220 kDa的肌球蛋白重链（Myosin Heavy Chain，MHC）和两对分子量为16～27 kDa的肌球蛋白轻链组成。每条重链包括一完整的球状头部（N-末端）及一长的纤维状的α-螺旋尾部（C-末端）。两条重链大部分以双股α-螺旋盘绕，形成长约150 nm的长棒状，其余部分则和轻链一起构成球形头，即粗丝侧旁突起的横桥，长约20 nm，直径约7nm。许多肌球蛋白的杆状部分集束构成粗肌丝的主干，其头部向外突出，形成横桥，如图2-4所示。横桥部具有ATP（三磷酸腺苷）酶活性，可分解ATP而获得能量，用于横桥的运动。在一定条件下，头部可与细肌丝上的肌动蛋白呈可逆结合，并产生粗、细肌丝的相对滑行，而导致肌肉收缩。

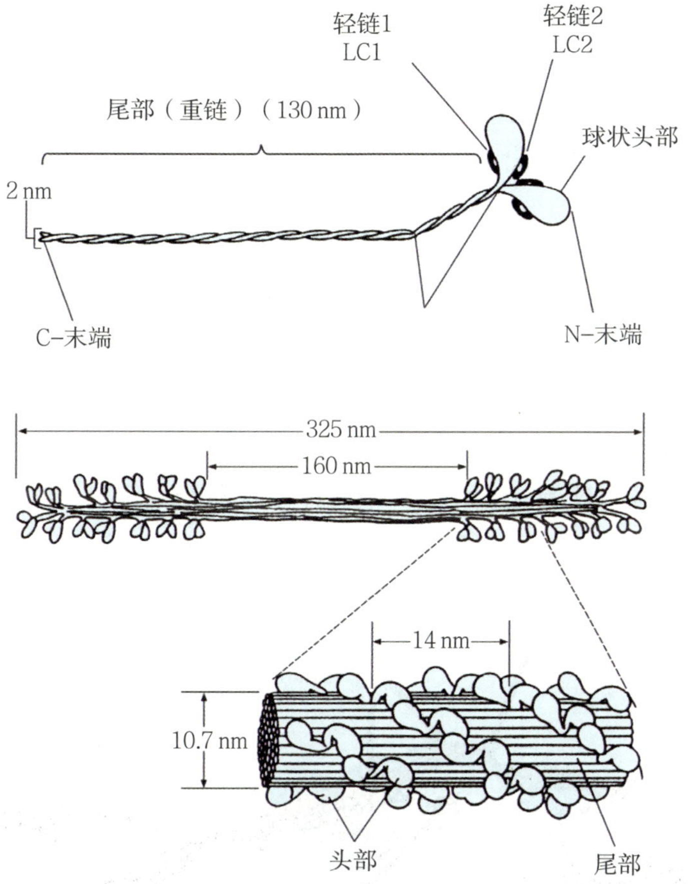

图2–4　细肌丝与粗肌丝结构示意图

研究证明，不同来源的骨骼肌纤维由于肌球蛋白重链和肌球蛋白轻链分子组成上存有差异，因而肌球蛋白分子本身具有多种不同的组成形式，表现出多型性的结构特点，这种具有相似生物学功能和作用而具有不同组成形式的肌球蛋白称为肌球蛋白亚型（Isoforms）。

（二）细肌丝

细肌丝主要由肌动蛋白（又称肌纤蛋白）、原肌球蛋白（又称原肌凝蛋白）和肌钙蛋白组成。（图2–5）

1. 肌动蛋白

肌动蛋白是单一多肽链的球状蛋白质，由374～375个氨基酸组成，分子量为42 kDa。在脊椎动物中至少已经分离出六种不同类型的肌动蛋白，包括两种横纹肌型肌动蛋白（骨骼肌型α–actin和心肌型α–actin），两种平滑肌型Actin（内脏型或称小肠型、胃型和血管型或称主动脉型），两种非肌型Actin（β–actin和γ–actin）。它们含有较多的酸性氨基酸，其等电点约为5.5，α–actin的等电点最低（pI=5.4）。等电点不同是氨基端氨基酸N端的变化引起的。肌动蛋白的氨基酸序列比较分析显示，它在序列和长度上具有高度的保守性。

通过接受细胞外信号的作用，肌动蛋白可发生聚合或解聚，因而肌动蛋白存在两种形式：呈球状的单体肌动蛋白和纤维状的肌动蛋白聚合体。G-肌动蛋白和F-肌动蛋白的相互转变受细胞内多种肌动蛋白结合蛋白质和各种离子的调控。许多G-肌动蛋白单体以双螺旋聚合成纤维状肌动蛋白，构成细肌丝的主干。（图2-5）

2. 原肌球蛋白

原肌球蛋白是细肌丝中与肌动蛋白的结合蛋白，由两条平行的多肽链组成α螺旋构型。每条多肽链分子量为35 kDa，长为41 nm。每条原肌球蛋白首尾相接形成一条连续的链与肌动蛋白细肌丝结合，正好位于双螺旋的沟中。每一条原肌球蛋白有7个肌动蛋白结合位点。因此，原肌球蛋白同肌动蛋白细肌丝中7个肌动蛋白亚基结合。

在安静状态下，原肌球蛋白分子位于肌动蛋白的活性位点之上，阻碍横桥与肌动蛋白结合。每个原肌球蛋白分子大约掩盖7个活性位点。（图2-5）

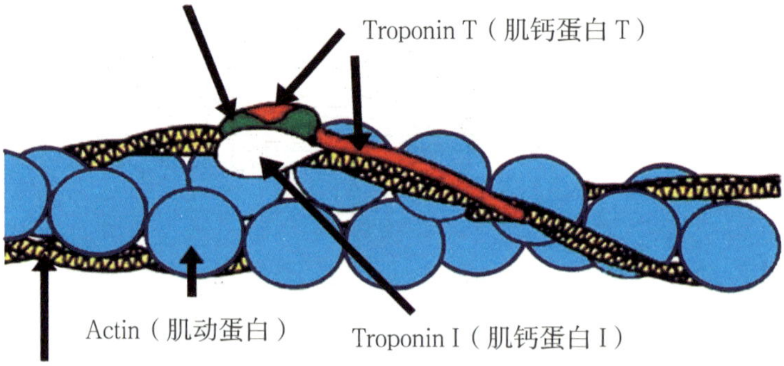

图2-5　细肌丝结构示意图

3. 肌钙蛋白

肌钙蛋白是含有三个亚单位的复合体。亚单位I（Troponin I，TnI，或称肌钙蛋白I）分子量为23000，是肌动蛋白抑制亚基。它有三种亚型，即快骨骼肌亚型、慢骨骼肌亚型和心肌亚型。亚单位T（Troponin T，TnT，或称肌钙蛋白T）分子量为37000，是原肌球蛋白结合亚基。TnT也有三种亚型，即快骨骼肌亚型、慢骨骼肌亚型和心肌亚型。亚单位C（Troponin C，TnC，或称肌钙蛋白C）分子量为18000，呈晶体结构，是肌钙蛋白的Ca^{2+}结合亚基。肌钙蛋白I、肌钙蛋白T和肌钙蛋白C分别对肌动蛋白、原肌球蛋白和Ca^{2+}具有高亲和力。肌钙蛋白的作用之一是把原肌球蛋白附着于肌动蛋白上。（图2-5）

当细胞内Ca^{2+}浓度增高时，肌钙蛋白亚单位C与Ca^{2+}结合，引起整个肌钙蛋白分子构型改变，进而引起原肌球蛋白分子变构，暴露肌动蛋白分子上的活性位点使肌动蛋白与横桥得以结合，最终导致肌纤维收缩。

四、运动终板及其兴奋传递

神经冲动通过神经–肌肉接头（Neuromuscular Junction）的结构传递到肌纤维，并最终引起肌纤维产生兴奋和收缩。

（一）运动终板的结构

神经–肌肉接头结构又称为运动终板（Motor end-plate）。运动神经的末梢发出许多细小分支，并且在终末处形成膨大。此处的神经细胞膜较正常部位要厚些，称为接头前膜（也称终板前膜），与之相对应的骨骼肌细胞膜称为终板膜，又称接头后膜或终板后膜。接头后膜往往形成许多小皱褶，以增加接头后膜表面积。接头前膜与接头后膜之间的间隙称为接头间隙（也称终板间隙），此间隙约为20 nm，其中充满了细胞外液。在神经末梢的轴浆内含有许多直径约50 nm的囊泡，囊泡内含乙酰胆碱。神经末梢兴奋时乙酰胆碱以囊泡为单位批量地向接头间隙内释放，这种形式的释放称为量子式释放。在终板后膜上存在乙酰胆碱受体，能与乙酰胆碱发生特异性结合。在接头间隙和终板后膜的皱褶中同时存在大量的胆碱酯酶，它可以将乙酰胆碱水解使其失活。（图2–6）

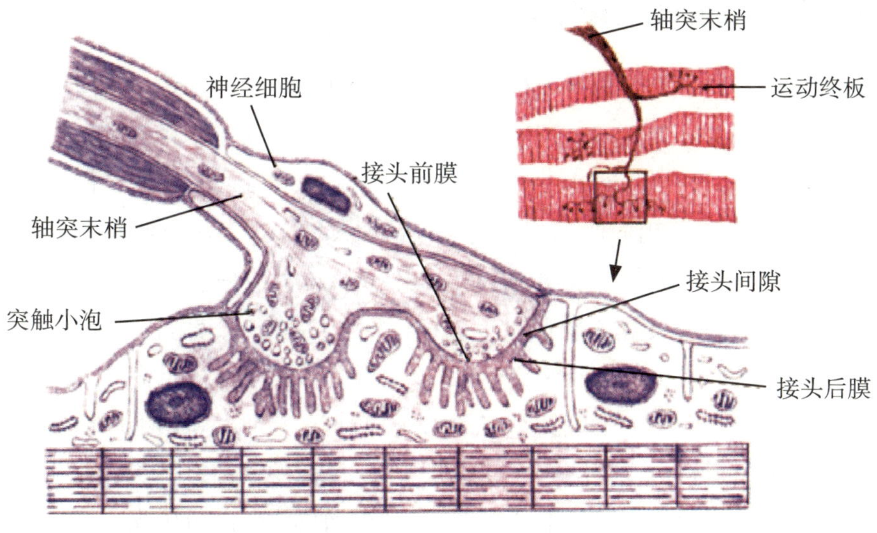

图2–6　神经–肌肉接头结构示意图

（二）运动终板的兴奋传递

如图2–7所示，当动作电位沿神经纤维传到轴突末梢时，引起轴突末梢处的接头前膜上的钙离子通道开放，Ca^{2+}从细胞外液进入轴突末梢，促使轴浆中含有乙酰胆碱的突触小泡向接头前膜移动。当突触小泡到达接头前膜后，突触小泡膜与接头前膜融合进而破裂，并将乙酰胆碱释放到接头间隙。乙酰胆碱通过接头间隙到达接头后膜后和接头后膜上的特异性的乙酰胆碱受体结合，引起接头后膜上的Na^+、K^+通道开放，使Na^+内流，K^+外流，结果使接头后膜处的膜电位幅度减小，即去极化。这一电位变化称为终板电位。当终板电位达到一定幅度（肌细胞的阈电位）时，可引发肌细胞膜产生动作电位，从而使骨骼肌细胞产生兴奋。

第二节　肌纤维的收缩过程

一、肌丝滑行学说

Huxley等发现，肌肉缩短时A带的长度不变，而I带和H区变窄。在肌肉被拉长时，A带的长度仍然不变，I带和H区变宽。Huxley等同时发现，无论肌小节缩短或被拉长时，粗肌丝和细肌丝的长度都不变，但两种肌丝的重叠程度发生了变化。根据以上发现，Huxley等提出了骨骼肌收缩的滑行学说。滑行学说认为：肌肉的缩短是肌小节中细肌丝在粗肌丝之间滑行造成的，即当肌肉收缩时，由Z线发出的细肌丝在某种力量的作用下向A带中央滑动，结果相邻的各Z线互相靠近，肌小节的长度变短，从而导致肌原纤维以至整条肌纤维和整块肌肉的缩短。

二、肌纤维收缩的分子机制

当运动神经上的神经冲动（动作电位）到达神经末梢时，通过神经–肌肉接头处的兴奋传递，使肌细胞膜产生兴奋。肌细胞膜产生兴奋之后，肌质网向肌浆中释放Ca^{2+}（肌质网中的Ca^{2+}浓度远远高于肌浆中的Ca^{2+}浓度），使肌浆中的Ca^{2+}浓度瞬时升高。Ca^{2+}浓度升高后，肌钙蛋白亚单位C与Ca^{2+}结合，引起肌钙蛋白的分子结构改变，进而导致原肌球蛋白的分子结构改变，原肌球蛋白滑入F–肌动蛋白双螺旋沟的深部，肌动蛋白分子上的活性位点暴露。一旦肌动蛋白分子上的活性位点暴露，粗肌丝上的横桥即与之结合。横桥与肌纤蛋白结合后会产生两种作用：①激活了横桥上的ATP酶，使ATP迅速分解并产生能量供横桥摆动之用；②激发横桥的摆动，拉动细肌丝向A带中央移动。然后，横桥自动与肌动蛋白上的活性位点分离，并与新的活性位点结合，横桥再次摆动，拖动细肌丝又向A带中央前进一步。如此，横桥头部前后往复地运动，一步一步地在细肌丝上“行走”，拖动细肌丝向A带中央滑行。肌纤维收缩时形成的横桥数目越多，所产生的收缩力也就越大。（图2–7）

当肌浆中的Ca^{2+}浓度升高时，肌质网膜上的钙泵被激活。在钙泵的作用下把Ca^{2+}泵入肌质网内，使肌浆中Ca^{2+}浓度降低，Ca^{2+}与肌钙蛋白亚单位C分离，肌钙蛋白和原肌球蛋白恢复原来的构型，原肌球蛋白再次掩盖肌动蛋白上的活性位点，阻止横桥与肌纤蛋白的相互作用，细肌丝回至肌肉收缩前的位置，肌肉舒张。

三、肌纤维的兴奋-收缩耦联

通常把以肌细胞膜电变化为特征的兴奋过程和以肌丝滑行为基础的收缩过程之间的中介过程称为兴奋-收缩耦联。兴奋-收缩耦联过程包括以下三个主要步骤。

（1）兴奋（动作电位）通过横小管系统传导到肌细胞内部。横小管是肌细胞膜的延续，动作电位可沿着肌细胞膜传导到横小管，并深入到三联管结构。

（2）三联管结构处的信息传递。横小管膜上的动作电位可引起与其邻近的终末池膜及肌质网膜上的大量Ca^{2+}通道开放，Ca^{2+}顺着浓度梯度从肌质网内进入胞浆，肌浆中Ca^{2+}浓度升高后，Ca^{2+}与肌钙蛋白亚单位C结合时，导致一系列蛋白质的构型发生改变，最终导致肌丝滑行。

（3）肌质网对Ca^{2+}再回收。肌质网膜上存在的钙泵（Ca^{2+}-Mg^{2+}依赖式ATP酶），当肌浆中的Ca^{2+}浓度升高时，钙泵将肌浆中的Ca^{2+}逆浓度梯度转运到肌质网中储存，从而使肌浆中Ca^{2+}浓度保持较低水平，由于肌浆中的Ca^{2+}浓度降低，Ca^{2+}与肌钙蛋白亚单位C分离，肌肉舒张。

第三节　骨骼肌特性

肌肉舒张时原肌球蛋白掩盖了肌动蛋白上的结合位点，横桥不能与之结合；当Ca^{2+}与肌钙蛋白亚单位C结合时，肌钙蛋白和原肌球蛋白的构型发生改变，使肌动蛋白上被原肌球蛋白掩盖的结合位点暴露出来，横桥与之结合，并拉动细肌丝滑行，肌肉表现为收缩。

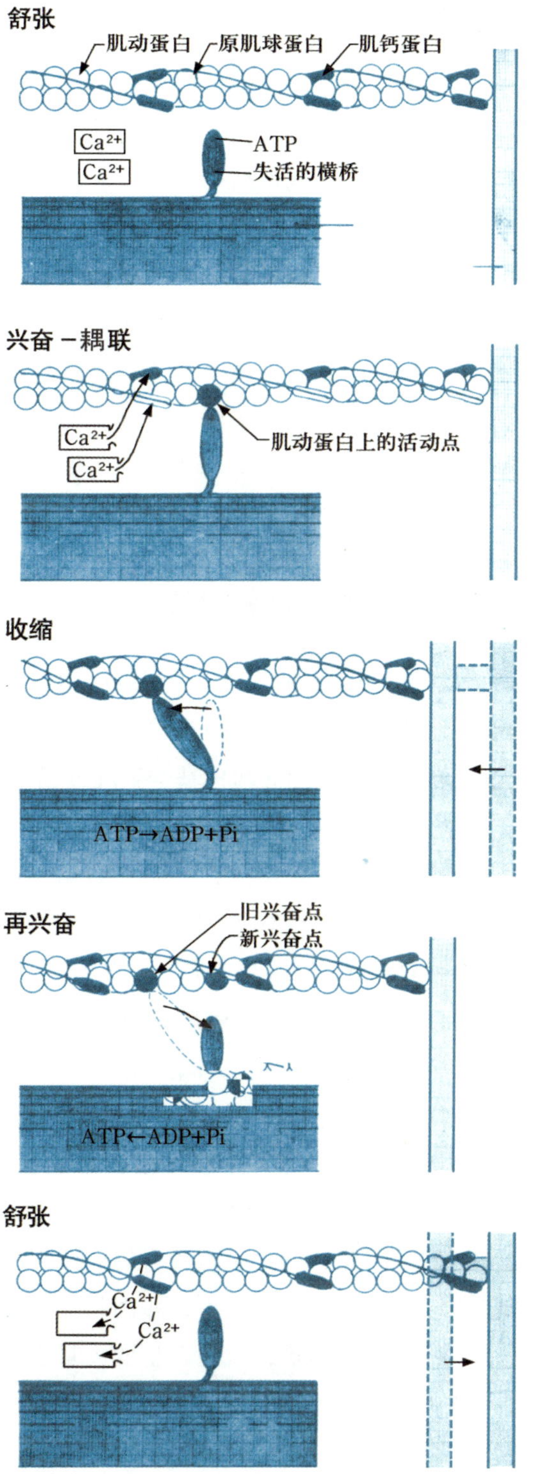

图2-7　肌丝滑行原理示意图

一、骨骼肌的物理特性

骨骼肌在受到外力牵拉或负重时可被拉长，这种特性称为伸展性。而当外力或负重取消后，肌肉的长度又可恢复，这种特性称为弹性。虽然骨骼肌具有伸展性和弹性，但肌肉的伸展程度和所受外力或负荷并不呈线性关系，而是当外力或负荷逐渐增大时，其长度增加幅度逐渐降低；而且，当外力或负荷取消后肌肉的长度也不是立即恢复。这种现象是骨骼肌在被拉长或回缩时肌浆内各分子间的摩擦力造成的。因此，除上述两种物理特性外，骨骼肌还具有黏滞性。黏滞性是肌浆内各分子之间的相互摩擦所产生的。可见骨骼肌不是一个完整的弹性体，而是一个黏弹性体。骨骼肌的物理特性受温度影响。当温度下降时，肌浆内各分子间的摩擦力加大，肌肉的黏滞性增加，伸展性和弹性下降；当温度升高时，肌肉黏滞性下降，伸展性和弹性增加。在运动实践中，做好充分准备活动，使肌肉温度升高，降低黏滞性，提高肌肉的伸展性和弹性，有利于运动员提高运动成绩。

二、骨骼肌的生理特性

骨骼肌是可兴奋组织，受到刺激后可产生兴奋（动作电位），这种特性称为兴奋性。肌肉受到刺激产生兴奋后，立即产生收缩反应，这种特性称为收缩性。肌肉的兴奋性和收缩性是紧密联系而又不同的两种基本生理过程。

（一）骨骼肌的兴奋性

要引起骨骼肌兴奋必须给予适当的刺激。刺激应满足以下条件。

1.刺激强度

要使肌肉产生兴奋，刺激必须达到一定强度。引起肌肉兴奋的最小刺激强度称为阈刺激。大于阈刺激强度的刺激称为阈上刺激；低于阈刺激强度的刺激称为阈下刺激。阈刺激可以作为评定组织兴奋性高低的指标。阈刺激小表示组织的兴奋性高，阈刺激大则表示兴奋性低。

用阈下刺激刺激单个肌纤维，不能引起肌纤维收缩。而用阈刺激或阈上刺激刺激肌纤维，可以引起肌纤维收缩。由于一块肌肉是由许多肌纤维组成的，而且每条肌纤维的兴奋性是不同的，因此，给予肌肉较小的刺激强度，只能引起那些兴奋性较高的肌纤维兴奋。这时参加收缩的肌纤维数量较少，肌肉收缩力量也较小。如果逐渐加大刺激强度，兴奋并参加收缩的肌纤维逐渐增多，肌肉产生的力量也越来越大。当刺激强度适宜时，整块肌肉中兴奋并参与收缩的肌纤维数目达到最大（一般情况下，不能使整块肌肉中所有的肌纤维都发生收缩），肌肉将产生最大的收缩力量。

2.刺激的作用时间

无论刺激强度多大，要使可兴奋组织兴奋，刺激必须持续足够时间。在一定范围内，刺激强度越小，需要刺激的作用时间就越长；相反，刺激强度越大，需要刺激的作用时间就越短。

3.刺激强度变化率

要使可兴奋组织兴奋，刺激必须有足够的变化率。如果用恒定的电流刺激组织，只有通电和断电的瞬间可以引起组织兴奋。而在继续通电的过程中，由于电流强度没有发生变化，组织不产生兴奋。所谓刺激强度变化率是指刺激电流由无到有或由小到大的变化速率。同样的电流强度，变化速率越大越容易引起组织兴奋。

（二）骨骼肌的收缩性

整块骨骼肌或单个肌细胞受到一次刺激时，先产生一次动作电位，紧接着出现一次机械收缩，称为单收缩。

在一次单收缩过程中，从施加刺激开始到肌肉开始收缩需要一定的时间。在这段时间内，肌肉无明显的缩短，这一段时间称为潜伏期；从肌肉收缩产生张力到张力最大所经历时间为收缩期；从张力最大到张力恢复到最低水平所经历时间为舒张期。（图2-8）

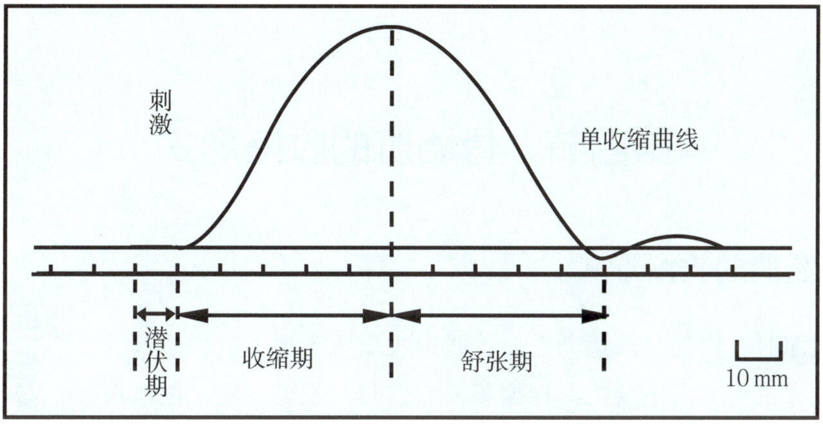

图2-8　骨骼肌单收缩示意图

如果给肌肉以连续电脉冲刺激，则肌肉的收缩情况将随刺激的频率而有所不同。若刺激的频率过低，每一次新的刺激到来时，由前一次刺激引起的收缩和舒张过程已结束，于是产生一连串各自分开的单收缩。如果增加刺激频率，则各次刺激所引起的单收缩可以相互融合。若后一次刺激均在前一次收缩的舒张期结束之前，则形成不完全强直收缩。如果刺激频率继续增加，后一次刺激落在前一次收缩的收缩期内，形成新的收缩，于是各次收缩的张力变化或长度缩短完全融合或叠加，肌肉处于更强的持续收缩状态，这种收缩称为完全强直收缩。（图2-9）

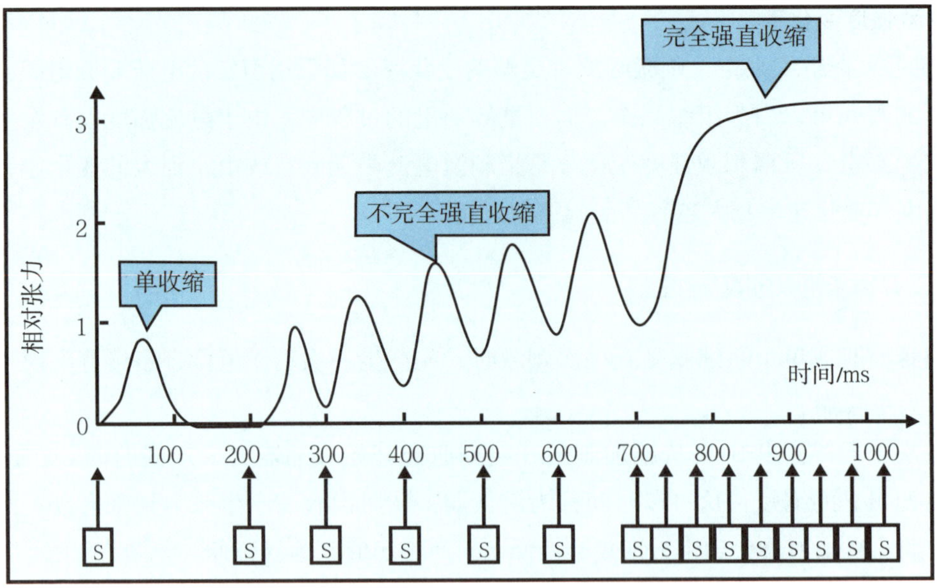

图2-9　骨骼肌强直收缩示意图

第四节　骨骼肌的收缩形式

一、骨骼肌的收缩形式

当肌肉收缩时，根据身体运动需要，肌肉收缩可表现为整块肌肉的长度发生变化，也可不发生变化。根据肌肉收缩时的长度变化，把肌肉收缩分为以下几种收缩形式。

骨骼肌的收缩形式

（一）缩短收缩

肌肉收缩时，长度缩短的收缩称为缩短收缩，又称向心收缩。向心收缩时肌肉长度缩短、起止点相互靠近，因而引起身体运动。而且，肌肉张力增加出现在前，长度缩短发生在后。向心收缩是骨骼肌主动用力的收缩形式。肌肉向心收缩时，是做功的，其数值为负荷重量与负荷移动距离的乘积。

向心收缩又分为等张收缩和等动收缩。

1. 等张收缩

肌肉张力在肌肉开始缩短后即不再增加，直到收缩结束。这种收缩形式又称为等张收缩，有时也称为动力性或时相性收缩。

在向心收缩过程中，所谓的等张收缩是相对的，尤其是在在体情况下，更是如此。由于在肌肉收缩过程中，往往是通过骨的杠杆作用克服阻力做功。在负荷不变的情况下，要使肌肉在整个关节活动范围内以同样的力量收缩是不可能的。如当肌肉收缩克服重力垂直举起杠铃时，随着关节角度变化，肌肉做功的力矩也会发生变化。因此，需要肌肉用力的程度也不同。在整个关节运动范围内，肌肉用力最大的一点称为“顶点”。出现“顶点”主要是因为在此关节角度下杠杆效率最差，加上肌肉缩短损失一部分力量，而促成了“顶点”的产生。当肱二头肌收缩使肘关节屈曲举起某一恒定负荷时，它产生的张力随着关节角度变化而变化。肱二头肌收缩时所产生的张力，在关节角度为120° 时最大（即所谓的“顶点”），而在30° 时最小。因此，在整个关节的运动范围内，只有在“顶点”肌肉才能有可能达到最大力量收缩，这是等张训练的不足之处。

2. 等动收缩

在整个关节运动范围内肌肉以恒定的速度，且外界的阻力与肌肉收缩时产生的力量始终相等的肌肉收缩称为等动收缩。由于在整个收缩过程中收缩速度是恒定的，等动收缩有时也称为等速收缩。在运动实践中，自由泳的划水动作就具有等动收缩的特点。

等动收缩和等张收缩具有本质的不同。肌肉进行等动收缩时在整个运动范围内都能产生最大的肌张力，等张收缩则不能。此外，等动收缩的速度可以根据需要进行调节。因此，理论和实践证明，等动练习是增加肌肉力量的有效手段。

通常要让肌肉做等动收缩必须有专门的仪器设备（即等动练习器）才能实现。等动练习器的主要部件是一个速度控制器。速度控制器可以保证无论参与工作的肌肉在收缩时产生多大的张力，其收缩速度都不变，同时速度可调。在练习中可根据不同的目的和要求选择适当的速度。另外还有力量的测试和记录装置，用来评定运动时的肌肉力量。

（二）等长收缩

肌肉在收缩时其长度不变，这种收缩称为等长收缩，又称为静力收缩。肌肉等长收缩时由于长度不变，因而不能克服阻力做机械功。

等长收缩有两种情况：其一，肌肉收缩时对抗不能克服的负荷，如试图拉起根本不可能拉起的杠铃时，肱二头肌所进行的收缩就是等长收缩。其二，当其他关节由于肌肉离心收缩或向心收缩发生运动时，等长收缩可使某些关节保持一定的位置，为其他关节的运动创造适宜的条件。要保持一定的体位，某些肌肉就必须做等长收缩。如做蹲起动作时，肩带和躯干的某些肌肉发生等长收缩以保证躯干的垂直姿势，同时腿部和臀部的某些肌肉做向心收缩。当蹲下时，肩带和躯干的某些肌肉同样发生等长收缩以保证躯干的垂直姿势，但腿部和臀部的某些肌肉做离心收缩。在更复杂的运动中，身体姿势不断发生变化，因此肌肉的收缩形式也不断发生变化。在体育运动中，如体操中的十字支撑、直角支撑和武术中的站桩，参加工作的肌肉就是进行等长收缩。

（三）离心收缩

肌肉在收缩产生张力的同时被拉长的收缩称为离心收缩（Eccentric Contraction）。如下蹲时，股四头肌在收缩的同时被拉长，以控制重力对人体的作用，使身体缓慢下蹲，起缓冲作用。因此，肌肉做离心工作也称为退让工作。再如搬运重物时，将重物放下，以及下坡跑和下楼梯等也需要肌肉进行离心收缩。肌肉离心收缩可防止运动损伤。如从高处跳下时，脚先着地，通过反射活动使股四头肌和臀大肌产生离心收缩。由于肌肉离心收缩的制动作用，减缓了身体的下落速度，不全于使身体造成损伤。离心收缩时肌肉做负功。

（四）超等长收缩

超等长收缩是指骨骼肌工作时先做离心式拉长，继而做向心式收缩的一种复合式收缩形式。

超等长收缩的优点在于，在做离心收缩工作时，肌肉先被迅速拉长，在肌肉被拉长过程中，肌肉中的牵张感受器受到刺激并产生兴奋，导致肌肉产生牵张反射性收缩。当肌肉被拉长后所产生的弹性势能，拉长后产生的牵张反射性收缩，以及主动向心收缩所产生的力量形成合力时，肌肉将产生较大收缩力。跳深练习时股四头肌进行的就是一种典型的超等长收缩。

超等长练习与其他力量练习相比，更接近比赛时人体的运动形式，肌肉发力突然，技术结构相似，传递速度快，因而可得到更好的训练效果。

完成超等长练习时，肌肉最终收缩力量的大小是由肌肉在离心收缩中被拉长的速度和被拉长的长度所决定的，而且肌肉被拉长的速度比被拉长的长度更为重要。

（五）向心收缩、等长收缩和离心收缩的比较

1. 力量

肌肉最大收缩时产生张力的大小取决于肌肉收缩的类型和收缩速度。同一块肌肉，在其他条件相同的情况下，离心收缩产生的张力最大，等长收缩次之，向心收缩最小。离心收缩产生的力量比向心收缩大50%左右，比等长收缩大25%左右。

关于肌肉离心收缩为何能产生较大的张力，一般认为有如下两个方面的原因：首先是牵张反射，肌肉受到外力的牵张时会反射性地引起收缩。在离心收缩时肌肉受到强烈的牵张，因此会反射性地引起肌肉强烈收缩。其次是离心收缩时肌肉中的弹性成分被拉长而产生阻力，同时肌肉中的可收缩成分也产生最大阻力。而向心收缩时，只有可收缩成分肌纤维产生克服阻力的肌肉张力。肌肉在向心收缩时，一部分张力在作用于负荷之前，先要拉长肌肉中的弹性成分。只有肌肉中的弹性成分被充分拉长，肌肉收缩产生的张力才会作用于外界负荷上。因此肌肉收缩产生的张力，有一部分是用来克服弹性阻力的，这就使实际表现出来的张力小于实际肌肉收缩产生的张力。

2. 肌电

在等速向心收缩和离心收缩时，肌电与肌张力在一定范围内呈直线关系。积分肌电（IEMG）值与肌肉张力成正比。在负荷相同的情况下，离心收缩的积分肌电较向心收缩低。这是因为在克服同样的负荷时，离心收缩动员的运动单位少于向心收缩所致。

3. 代谢

在输出功率相同的情况下，肌肉离心收缩时所消耗的能量低于向心收缩，其耗氧量也低于向心收缩。肌肉离心收缩时其他与代谢有关的生理指标的反应（如心率、心输出量、肺通气量、肺换气效率、肌肉的血流量和肌肉温度等）均低于向心收缩。这同样是因为在克服同样的负荷时，离心收缩动员的运动单位少于向心收缩，因此，肌肉进行离心收缩时其代谢水平较低。

4. 肌肉酸疼

很早就发现，肌肉做退让工作时容易引起肌肉酸疼和损伤。近来研究表明，肌肉大负荷离心收缩引起肌肉酸疼和肌纤维超微结构改变以及收缩蛋白代谢的变化最显著，等长收缩次之，向心收缩最不显著。由于在完成同样的工作时，离心收缩参与的运动单位数量较少，每条肌纤维所承受的负荷较大，因而更容易引起肌纤维损伤。

二、骨骼肌收缩的力学表现

人体所有的运动都是在对抗阻力的情况下产生的， 因此， 肌肉力量在运动中具有至关重要的作用。运动员在其他条件相同的情况下，肌肉力量的大小是决定运动成绩的主要因素。

（一）绝对力量与相对力量

某一块肌肉做最大收缩时所产生的张力为该肌肉的绝对肌力。肌肉的绝对肌力和肌肉的横断面大小有关，肌肉的横断面越大，其绝对肌力越大。而肌肉横断面的大小又取决于组成该肌肉的肌纤维数量和每条肌纤维的粗细。

绝对肌力只能反映肌肉力量的大小，而不能反映肌肉每条肌纤维力量的大小。因此，引入了相对肌力的概念。相对肌力是指肌肉单位横断面积（一般为1 cm^2肌肉横断面积）所具有的肌力。如果某一块肌肉的绝对肌力为60 kg，肌肉横断面积为20 cm^2，则相对肌力为60/20=3（kg/cm^2）。

在整体情况下，一个人所能举起的最大重量称为该人的绝对力量。绝对力量的大小和体重有关，在一般情况下，体重越大，绝对力量越大。如果将某人的绝对力量除以他的体重，可得到此人的相对力量，即每千克体重的肌肉力量。如有甲、乙两名受试者的绝对力量都是150 kg，甲的体重为75 kg，乙的体重为60 kg。则甲的相对力量为每kg体重2 kg（150/75=2）。乙的相对力量为每kg体重2.5 kg（150/60=2.5）。因此，相对力量可更好地评价运动员的力量素质。

（二）肌肉力量与运动

1. 力量–速度曲线

肌肉收缩的快慢和所克服的外部阻力相关。当负荷较小时，肌肉收缩速度加快；当负荷较大时，肌肉收缩速度减慢。实验证明，逐渐增加负荷量时，肌肉收缩力量也逐渐增加，而收缩速度则逐渐降低。当负荷量刚好超过极限负荷时，肌肉张力达到最大值，但此时的收缩速度为零，肌肉所做的外功为零。如果逐渐减小负荷量，肌肉的收缩速度逐渐加快。当负荷量为零时，肌肉的收缩速度达到最大值，此时肌肉所做的功从理论上讲也是零（图2–10）。肌肉收缩时产生的张力大小，取决于活化的横桥数目，收缩速度则取决于能量释放速率和肌球蛋白ATP酶活性，而与活化的横桥数目无关。

图2–10表示的是在离体情况下所测得的肌肉收缩时的力量–速度曲线。在离体情况下，由于受其他因素的影响，肌肉收缩时的力量–速度曲线的表现有所不同。

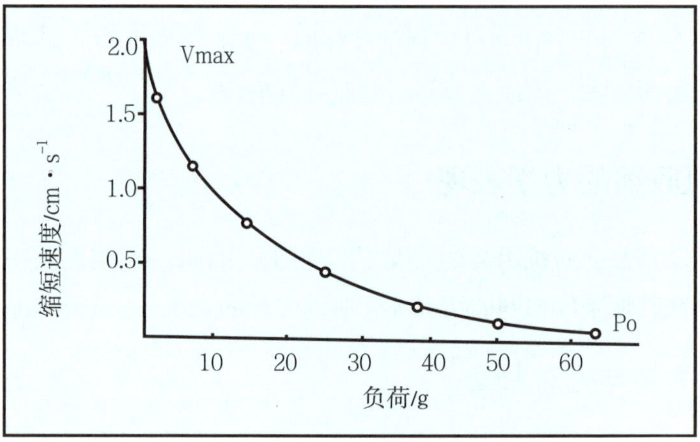

图2–10　力量–速度曲线（离体肌肉）

图2–11表示的是受试者在进行伸膝运动时产生的力量与速度之间的关系曲线。当受试者在等动练习器上，以每秒从0°/s～180°/s的速度伸膝时，记录下参与伸膝工作肌肉的力量–速度曲线。当伸膝速度为每秒0°/s时，此时肌肉产生的张力最大。这就是所谓的等长收缩。当伸膝速度增加时，肌肉产生的张力下降。当伸膝速度达到最大时，此时的肌肉力量最小。

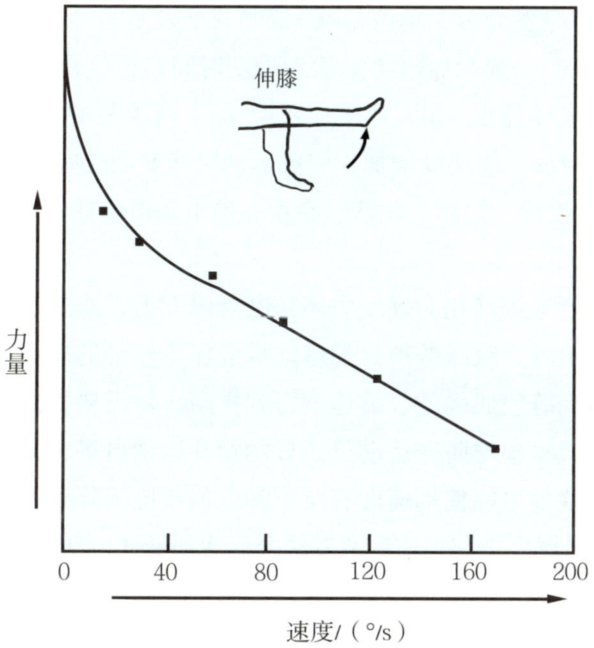

图2-11　力量-速度曲线（在体肌肉）

从力量-速度曲线上可以看出，在其他因素相同的情况下，要想得到较快的收缩速度，就必须降低负荷量。如果要克服更大的负荷阻力，肌肉的收缩速度就要减慢。通过不同负荷量的训练，可得到不同的训练效果。小负荷训练可使肌肉的收缩速度得到提高。用大负荷进行训练，虽然可使肌肉力量得到较好的发展，但无助于收缩速度的提高。如果要达到最大的输出功率，得到最佳的训练效果，就必须采用最适合的负荷和速度。

2. 肌肉力量与运动速度

肌肉力量增加可以提高运动速度。一个人的力量从100 kg增加到120 kg，那么他克服100 kg负荷的速度就会比力量增加前快。当负荷量依次下降到90 kg、80 kg、70 kg和60 kg，运动速度会越来越快。最大等长力量与肢体运动速度相关的研究显示，力量越大的人动作速度越快。在负荷相同的条件下，力量越大的人动作速度越快。当以同样的速度运动时，力量大者能克服更大的负荷。

3. 肌肉力量与爆发力

人体运动时所输出的功率，实际上就是运动生理学中所说的爆发力，是指人体单位时间内所做的功。

爆发力的计算公式为：

$$P = \frac{F \times D}{t} \tag{1}$$

由于

$$F = m \times a \tag{2}$$

所以公式(1)又可以写成：

$$P = \frac{m \times a \times D}{t} \tag{3}$$

式中：P表示功率（爆发力），单位是kg·m／s；F表示力，单位是kg；D表示位移的距离，单位是m；m表示质量；a表示加速度；t表示做功时间，单位是s。

在运动中使器械或人体体重（m）产生加速度（a）所需要的力（F）来自肌肉收缩。肌肉收缩使力量和加速度增加。加速度增加，完成运动所需要的时间（t）减少，从而使运动的输出功率（P）增加。在投掷、短跑、跳跃、举重、拳击和橄榄球等项目中，运动员必须有较大的爆发力。

在训练中是极大限度地提高相对爆发力还是绝对爆发力，取决于在所从事的运动项目中哪种素质更为重要。如短跑、跳跃等项目的运动员应保持较轻的体重，使肌肉的相对力量得到提高，同时又要通过训练使肌肉的收缩速度得到提高。对需要提高绝对爆发力的运动员，如投掷项目运动员、美式橄榄球防守运动员及日本相扑运动员等，应增加肌肉的体积，提高运动员的绝对爆发力。这样可能使加速度有所下降，但不应下降到引起绝对爆发力下降的水平。问题在于找到使绝对爆发力与加速度两者结合能达到最佳运动能力的那一点。

在机体中，爆发力的产生还与神经系统对骨骼肌的控制有关，如神经冲动的发放频率，运动单位的募集，主动肌、拮抗肌、固定肌之间的协调配合等。

三、运动单位的动员

（一）运动单位

一个α-运动神经元和受其支配的肌纤维所组成的最基本的肌肉收缩单位称为运动单位。

根据生理功能的不同，可将运动单位分为两类，即运动性运动单位和紧张性运动单位。运动性运动单位的肌纤维兴奋时发放的冲动频率较高，收缩力量大，但容易疲劳，氧化酶的含量较低，属于快肌运动单位；紧张性运动单位的肌纤维兴奋时发动的冲动频率较低，但发放可持续较长的时间，氧化酶的含量较高，属于慢肌运动单位。

运动单位的大小是不同的。一个运动单位中的肌纤维数目因肌肉不同而有所差别。眼外直肌每个运动单位只有5～7条肌纤维，而腓肠肌有200多条肌纤维。一般说来，一个运动单位中的肌纤维数目越少就越灵活，但产生的力量小；而一个运动单位中的肌纤维数目越多则产生的张力越大，但灵活性差。每个运动单位又可分成许多亚单位，每个亚单位由10～30条肌纤维组成。

在同一运动单位中的肌纤维的兴奋与运动是同步的，而同一肌肉不同运动单位中的肌纤维的活动则不一定是同步的。

（二）运动单位动员

肌肉收缩时产生张力的大小与兴奋的肌纤维数目有关。肌肉收缩时参与的肌纤维数目越多，产生的张力就越大。由于肌肉中所有的肌纤维都属于不同的运动单位，因此同时兴奋的运动单位数目决定了张力的大小。张力不但与兴奋的运动单位数目有关，而且也与运动神经元传到肌纤维的冲动频率有关。参与活动的运动单位数目与兴奋频率的结合，称为运动单位动员（Motor Unit Involvement，MUI）。运动单位动员也可称为运动单位募集。

当肌肉做持续最大收缩时，运动单位动员可以达到最大水平，肌肉力量会随收缩时间的延长而下降，但运动单位动员基本保持不变。这说明在最大力量收缩时，肌肉运动单位动员已经达到了最大值，随着疲劳程度的增加不会有新的运动单位再参与工作。由于肌纤维动作电位的产生和传导是相对不疲劳的，因此，在整个肌肉收缩过程中，运动单位动员始终保持最大水平（图2-12上）。但由于肌肉疲劳时每个运动单位的收缩力量相对下降，因此在持续最大用力收缩过程中，肌肉张力逐渐下降。（图2-12下）

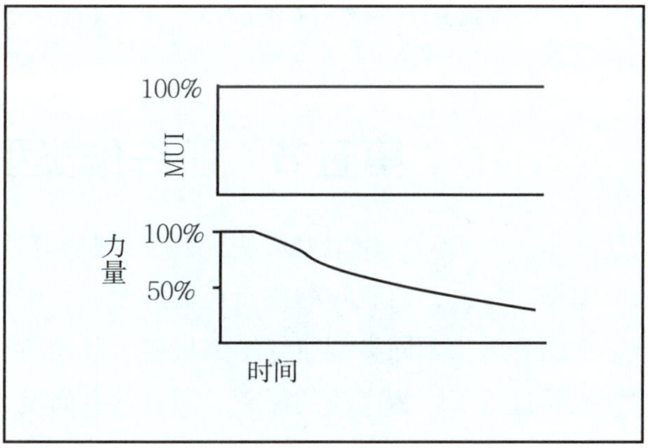

图2-12　肌肉用最大力量收缩时肌力与运动单位动员的关系

当肌肉做持续最大收缩时运动单位的动员达到最大水平，肌肉力量会随时间延长而下降，运动单位的动员基本保持不变。

如果让肌肉保持次最大力量（50%最大力量）收缩至疲劳，可以发现，在持续的收缩过程中，肌肉的张力可以基本保持不变（图2-13下），但运动单位动员却逐渐增加（图2-13上）。这是因为在次最大用力的收缩中，在开始阶段只需要动员较少数量的运动单位就可以产生足够的力量，随着疲劳程度增加，参与工作的每个运动单位的收缩力量会有所下降。为了维持肌肉力量，就必须动员较多的运动单位参与工作，因此在一定范围内，肌肉力量可以得到维持，但运动单位动员却随着疲劳程度的增加而增加。

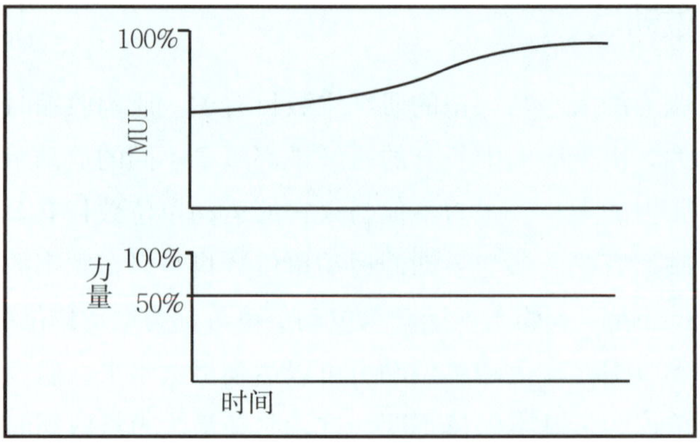

图2-13　肌肉用50%最大力量持续收缩时肌力与运动单位动员的关系

当肌肉以50%最大力量工作时，随着收缩时间的延长参与工作的运动单位会发生疲劳，要保持力量不变就需要动员更多的运动单位，因而运动单位的动员会逐渐增加。

第五节　肌纤维类型与运动能力

让威尔（Ranvier）用电刺激法证明了红肌、白肌的收缩机能不同。红肌收缩慢而持久，白肌收缩快而短暂。之后，人们对运动员骨骼肌肌纤维类型的分布，不同类型肌纤维的机能、代谢特点，运动对肌纤维类型的影响等进行了较为广泛的研究。而且这些研究的结果被广泛应用到运动实践中。

肌纤维类型与运动能力

一、肌纤维类型的划分

历史上在不同时期人们对骨骼肌纤维的类型有不同程度的认识。因而，许多种划分肌纤维类型的方法也随着对肌纤维类型的认识和技术、手段的改进而产生，根据不同分类方法，可将肌纤维划分为不同的类型。有如下几种划分肌纤维类型的方法。

（一）根据肌肉的色泽划分

最初人们发现肌肉的色泽不同其肌肉的收缩特性也不同。根据肌肉的色泽可将肌纤维划分为红肌和白肌两种肌纤维。如果再结合肌肉的收缩速度，可将肌纤维划分为快缩白、快缩红和慢缩红三种类型。

（二）根据肌纤维的收缩速度划分

在人体中不同的肌肉其收缩速度是不同的。根据肌纤维的收缩速度可将其划分为快肌纤维和慢肌纤维。

（三）根据肌纤维的收缩速度及代谢特征划分

后来人们发现具有不同收缩特性的肌纤维其代谢特性是不同的。因此，利用肌原纤维ATP酶、琥珀酸脱氢酶或α磷酸甘油脱氢酶染色法，将肌纤维划分为快缩、糖酵解型（Fast Glycolytic，FG），快缩、氧化、糖酵解型（Fast Oxidative Glycolytic，FOG）和慢缩、氧化型（Slow Oxidative，SO）。

（四）根据肌球蛋白重链同功型划分

肌球蛋白由两条分子量约为220 kDa的重链和两对分子量为16–27 kDa的轻链组成。研究发现，肌球蛋白重链决定着肌球蛋白性状和肌纤维类型。运用肌球蛋白重链单克隆抗体进行免疫组化实验、原位杂交实验、单个肌纤维MHC SDS PAGE电泳和基因克隆等技术可对肌纤维类型进行划分。成年啮齿动物一般骨骼肌纤维可分为MHC-Ⅰ、MHC-Ⅱa、MHC-Ⅱx（或MHC-Ⅱd）和MHC-Ⅱb型肌纤维。研究同时发现，在骨骼肌中除了含有纯的MHC-Ⅰ、MHC-Ⅱa、MHC-Ⅱx（或MHC-Ⅱd）和MHC-Ⅱb肌纤维外，还含有大量的MHC异构体共存的混合纤维。其共存形式多为MHC-Ⅱa/MHC-Ⅱx、MHC-Ⅱx/ MHC-Ⅱb、MHC-Ⅰ/ MHC-Ⅱa。对192根人体股外肌肌纤维分析发现：只含有MHC-Ⅰ的肌纤维占37%，只含有MHC-Ⅱa的肌纤维占16%，只含有MHC-Ⅱb的肌纤维占10%，MHC Ⅰ/Ⅱa共存的肌纤维占10%，MHC Ⅱa/Ⅱb共存的肌纤维占27%。对224根人体肱二头肌肌纤维分析发现：只含有MHC-Ⅰ的肌纤维占36 ± 5%，只含有MHC-Ⅱa的肌纤维占12 ± 2%，只含有MHC-Ⅱb的肌纤维占12 ± 1%，MHC Ⅰ/Ⅱa共存的肌纤维占6 ± 2%，MHC Ⅱa/Ⅱb共存的肌纤维占34 ± 2%。在共存型纤维中存在有利于功能需求时MHC类型转换。肌纤维表现型的变化和肌纤维组成的变化，形成了肌肉功能对环境适应性的基础。某些因素或者特殊环境如运动、衰老、电刺激、微重力环境、模拟失重、肌肉激素水平的变化等因素均可引起MHC表型的变化。

目前，人们发现肌纤维存在十种以上MHC蛋白异构体，MHC蛋白异构体组成已成为区分肌纤维类型和研究肌适应性的分子标志。（表2–1）

表2–1 肌纤维分类对应表

快肌纤维	白肌纤维	MHC-Ⅱ	MHC-Ⅱb	快缩白	FG
			MHC-Ⅱa	快缩红	FOG
慢肌纤维	红肌纤维	MHC-Ⅰ		慢缩红	SO

二、不同类型肌纤维的形态、机能及代谢特征

（一）不同肌纤维的形态特征

不同的肌纤维其形态学特征也不同。快肌纤维的直径较慢肌纤维大，含有较多收缩蛋白。快肌纤维的肌浆网也较慢肌纤维的发达。慢肌纤维周围的毛细血管网较快肌纤维丰富，并且，慢肌纤维含有较多的肌红蛋白，因而导致慢肌纤维通常呈红色。与快肌纤维相比，慢肌纤维含有较多的线粒体，并且线粒体的体积较大。在神经支配上，慢肌纤维由较小的运动神经元支配，运动神经纤维较细，传导速度较慢，一般为2～8 m/s；而快肌纤维由较大的运动神经元支配，运动神经纤维较粗，其传导速度较快，可达8～40 m/s。

（二）生理学特征

1. 肌纤维类型与收缩速度

快肌纤维收缩速度快，慢肌纤维收缩速度慢。

在人体的骨骼肌中，快肌运动单位与慢肌运动单位是相互混杂的，一般不存在单纯的快肌与慢肌。但每块肌肉中快肌与慢肌运动单位的分布比例是不同的。通过肌肉收缩时所表现出的力量–速度曲线（图2–14A）可以看出，肌肉中如果快肌纤维的百分比较高，肌肉的收缩速度较快，力量－速度曲线向右上方转移。

2. 肌纤维类型与肌肉力量

肌肉收缩的力量与单个肌纤维的直径和运动单位中所包含的肌纤维数量有关。由于快肌纤维的直径大于慢肌纤维，而且快肌运动单位中所包含的肌纤维数量多于慢肌运动单位。因此，快肌运动单位的收缩力量明显地大于慢肌运动单位。

在人体中快肌纤维百分比较高的肌肉收缩时产生的张力较大。让受试者进行最大力量伸膝时发现，股外肌快肌纤维百分比较高的人，最大伸膝力量也较大；最大伸膝力量与快肌纤维百分比成正比关系。

由于收缩力量和速度均与肌肉中快肌纤维百分比有关。快肌纤维百分比较高的肌肉的收缩力量和速度均大于慢肌纤维百分比较高的肌肉，故快肌纤维百分比较高的肌肉的力量－速度曲线向右上方转移（图2–14A）。因此，运动员在完成某一动作时，如果参与工作的肌肉中快肌纤维百分比较高，则在同样的运动速度下能发挥较大的力量，当肌肉力量相同时能产生较高的收缩速度。

图2–14B表示的是不同项目运动员的力量－速度曲线。可以看到，快肌纤维百分比越高的运动员，其力量－速度曲线在图中的位置越靠近右上方。那些从事需要发挥较大爆发力的运动项目（如短跑、跳跃及投掷等项目）的运动员，比其他运动员能在更高的运动速度下发挥更大的力量。也可以看到，快肌纤维百分比最低的耐力项目（如越野跑）的运动员，其力量－速度曲线甚至低于无训练者。

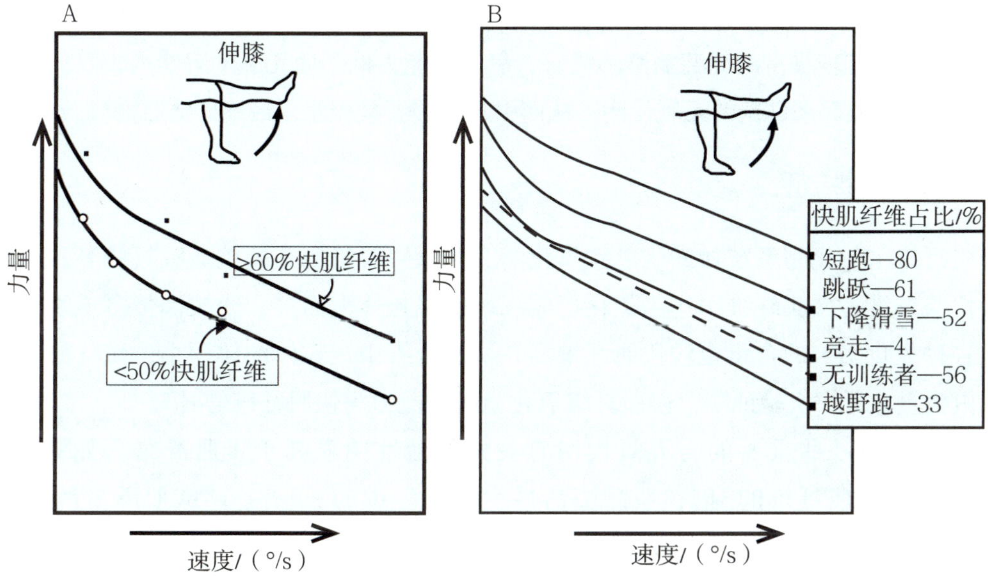

图2-14 无训练者A和快肌纤维百分比不同的运动员B的力量-速度曲线

快肌纤维百分比高者，力量-速度曲线向右上方转移。

从图2-14B中也可看出，尽管无训练者的快肌纤维百分比仅稍低于短跑和跳跃项目的运动员（56%对61%），但是由于缺乏训练，其肌肉的收缩力量较大，速度较低，甚至低于快肌纤维百分比分别为52%和41%的下降滑雪和竞走项目的运动员。说明运动训练可以对肌肉的收缩力量和速度均有明显的影响。运动员通过运动训练可以使力量-速度曲线向右上方转移。

3. 肌纤维类型与疲劳

不同类型的肌纤维抗疲劳能力不同。图2-15比较了人的快肌纤维和慢肌纤维的抗疲劳特性。当以180°/s的角速度重复完成最大用力伸膝运动时，在开始阶段股外肌中快肌纤维百分比为61%的受试者，其伸膝时股外肌的肌肉力量远远大于快肌纤维百分比为38%的受试者。而当继续进行重复收缩时，快肌纤维百分比为38%的受试者的力量下降速度较慢，而快肌纤维百分比为61%的受试者的力量下降速度较快，并且很快低于快肌纤维百分比较低的受试者。由此可以认为和慢肌纤维相比，快肌纤维在收缩时能产生较大的力量，但容易疲劳。

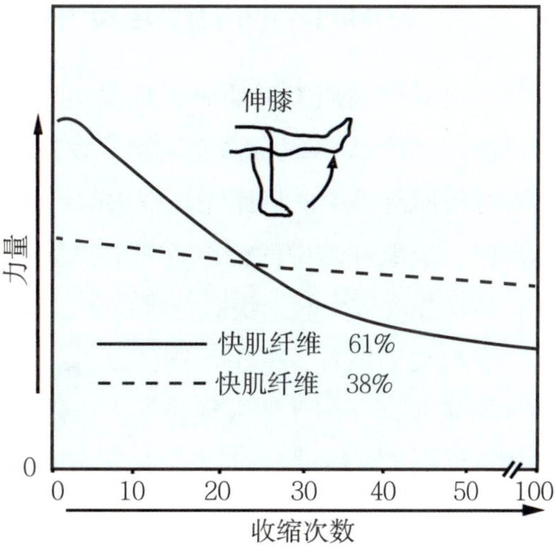

图2-15 快肌纤维和慢肌纤维与疲劳的关系

慢肌纤维抵抗疲劳的能力比快肌纤维强得多。这是因为慢肌纤维中的线粒体体积大而且数目多，线粒体中有氧代谢酶活性较高，肌红蛋白的含量也比较高，毛细血管网较为发达，因而慢肌纤维的有氧代谢潜力较大。快肌纤维比较容易疲劳，这与快肌纤维的有氧代谢能力较低有关。快肌纤维含有较丰富的葡萄糖酵解酶，有氧代谢能力低，而无氧酵解能力较高。所以在收缩时所需的能量大都来自糖的无氧代谢，从而引起乳酸大量积累，最终导致肌肉疲劳。

（三）代谢特征

慢肌纤维中氧化酶系统如细胞色素氧化酶、苹果酸脱氢酶和琥珀酸脱氢酶等的活性都明显高于快肌纤维。慢肌纤维中作为氧化反应场所的线粒体大而多，线粒体蛋白（线粒体蛋白主要是各种氧化酶）的含量也较快肌纤维高；快肌纤维中线粒体的体积小，而且数量少，线粒体蛋白含量也低。实验证明，慢肌纤维氧化脂肪的能力为快肌纤维的4倍。

快肌纤维中一些重要的与无氧代谢有关酶的活性明显高于慢肌纤维。如镁-三磷酸腺苷酶活性为慢肌纤维的3倍；肌激酶活性为慢肌纤维的1.8倍；磷酸肌酸激酶活性为慢肌纤维的1.3倍；乳酸脱氢酶的活性为慢肌纤维的2～2.5倍。可见快肌纤维的无氧代谢能力较慢肌纤维高。快肌纤维和慢肌纤维的一些不同的特性如表2-2所示。

表2-2　快肌纤维和慢肌纤维运动单位的比较

特性	快肌纤维	慢肌纤维
有氧能力	低	高
无氧能力	高	低
毛细血管密度	低	高
收缩时间	快	慢
收缩力量	大	小
动员模式	速度类活动	耐力类活动
在运动员中的分布	高（非耐力运动员）	高（耐力运动员）
疲劳性	快	慢

三、运动时不同类型运动单位的动员

在运动中不同类型的肌纤维参与工作的程度依运动强度而定。高耐克（Gollnick）等让受试者以2/3最大摄氧量强度运动，发现慢肌纤维中的糖原首先被消耗，继而转向快肌纤维。甚至当慢肌纤维中的糖原完全空竭时，快肌纤维中还有糖原剩余。而以150%最大摄氧量强度运动时，快肌纤维中的糖原首先被消耗。说明，在以较低的强度运动时，慢肌纤维首先被动员；运动强度较大时，快肌纤维首先被动员。（表2-3）

在运动训练时，采用不同强度的练习，可以发展不同类型的肌纤维。为了增强快肌纤维的代谢能力，训练计划必须包括大强度的练习；如果要提高慢肌纤维的代谢能力，训练计划就要由低强度、持续时间较长的练习组成。

四、肌纤维类型与运动项目

一般人上下肢肌肉的慢肌纤维百分比平均为40%～60%。但肌纤维组成的个体差异较大，慢肌纤维百分比最低的为24%，最高的为74.2%。说明在一般人中肌纤维的百分比很大。

研究发现，运动员的肌纤维组成具有项目特点。参加时间短、强度大的项目的运动员，其骨骼肌中快肌纤维百分比较从事耐力项目的运动员和一般人高；相反，从事耐力项目的运动员的慢肌纤维百分比却高于从事非耐力项目的运动员和一般人。既需要耐力又需要速度的项目（如中跑、自行车等）的运动员，其肌肉中快肌纤维和慢肌纤维百分比相当。（图2-16、图2-17）

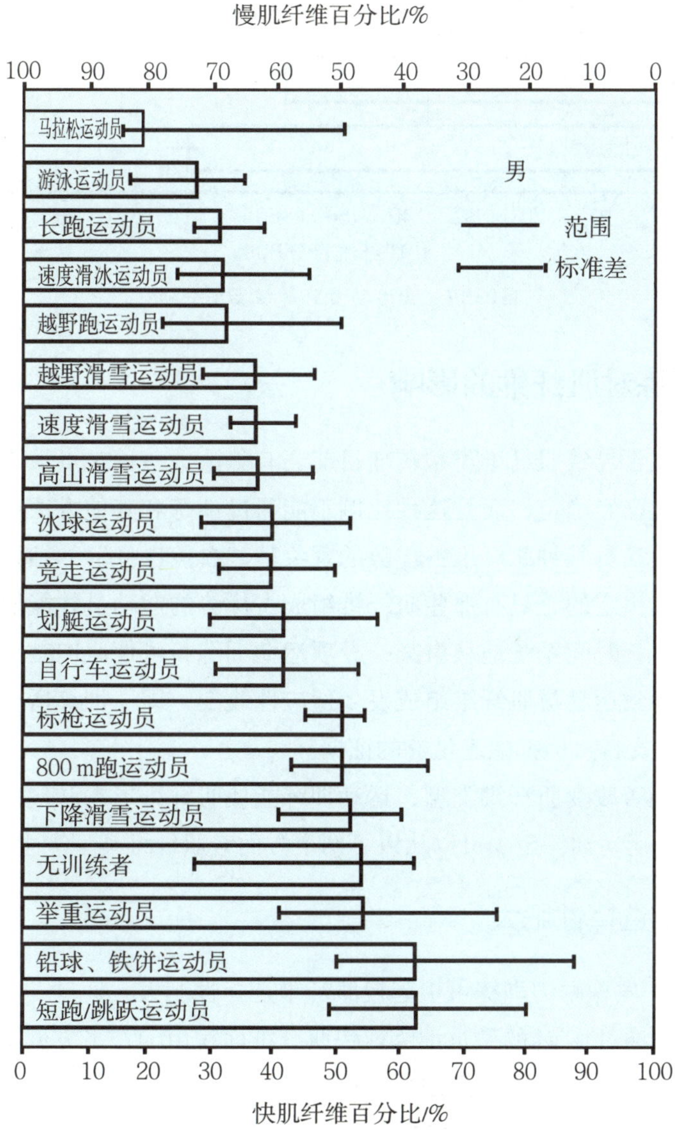

图2-16　男运动员肌纤维类型分布

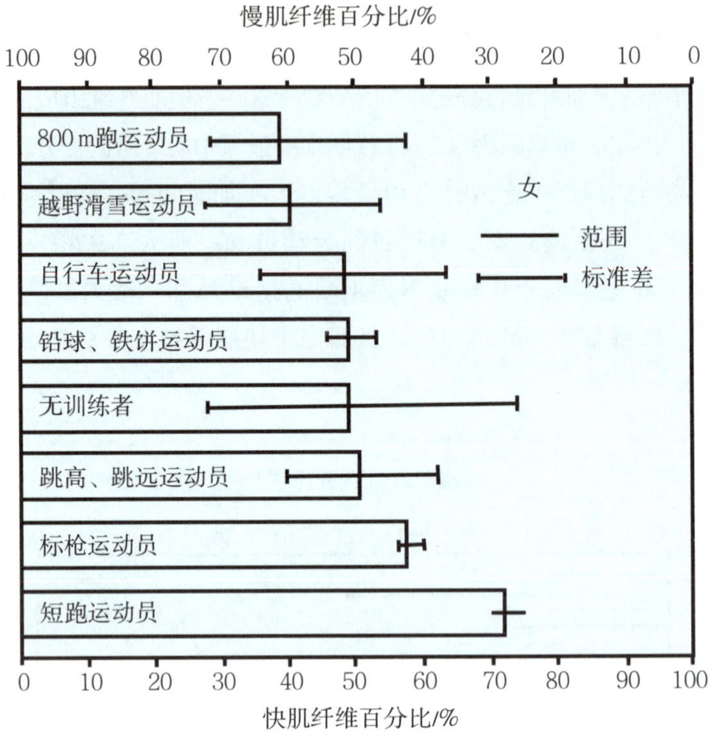

图2-17　女运动员肌纤维类型分布

五、运动训练对肌纤维的影响

关于运动训练能否导致肌纤维类型转变目前还有争论。一种观点认为，每个人生来肌纤维类型的分布比例就已经确定，而且这种比例不能通过训练和其他方法得到改变。持这种观点的人认为，优秀运动员某种肌纤维占优势的现象是“自然选择”的结果，也就是说人的肌纤维类型组成是先天决定的，只有那些肌纤维组成占优势的运动员才能取得好成绩。另一种观点则认为，运动员长时间系统地从事某一专项运动训练，可使肌肉结构和机能产生适应性变化，通过训练可导致运动员肌纤维组成发生适应性改变，即“训练适应”的观点。上述两种观点各有一些实验支持，但都缺乏足够的证据。

不论运动训练能否改变肌纤维类型，运动训练能使肌纤维形态和代谢特征发生较大的变化都是毋庸置疑的。运动训练至少可以从以下两个方面对肌纤维类型产生较大的影响。

（一）肌纤维选择性肥大

萨尔庭（Saltin）发现耐力训练可引起慢肌纤维选择性肥大，速度、爆发力训练可引起快肌纤维选择性肥大。通过10 wk的举重训练，快肌纤维面积由5473平方微米增加到7140平方微米（$P<0.05$）。考斯特尔（Costil）发现长跑运动员慢肌纤维的相对面积要比快肌纤维的相对面积大22%（$P<0.05$）。不同项目的赛跑运动员慢肌纤维相对面积如表2-3所示。

表2-3　赛跑运动员慢肌纤维相对面积

项目	性别	例数	慢肌纤维的相对面积/%
短跑运动员	男	2	22.7
	女	2	28.6
中跑运动员	男	18	62.1
	女	7	60.4
长跑运动员	男	14	82.9

萨尔庭（Saltin）对6名成年男受试者进行了5个月的长跑训练。在训练前后测定了受试者的最大摄氧量、慢肌纤维百分比、慢肌纤维面积、琥珀酸脱氢酶活性和磷酸丙糖激酶等指标后发现，受试者的最大摄氧量、慢肌纤维面积、琥珀酸脱氢酶活性和磷酸丙糖激酶在训练后都显著提高了，但慢肌纤维百分比却没有明显提高，如表2-4所示。

表2-4　长跑训练对肌纤维的影响

指标	训练前	训练后	*P*
最大摄氧量 / L・min^{-1}	3.9	4.5	<0.01
慢肌纤维百分比 / %	32	36	>0.05
慢肌纤维面积 / %	27.9	38.1	<0.001
琥珀酸脱氢酶活性 / mg分子/（g・min）$^{-1}$	4.7	9.1	<0.001
磷酸丙糖激酶 / μg分子/（g・min）$^{-1}$	27.1	58.8	<0.01

（二）肌纤维中酶活性选择性改变

肌纤维对训练的适应还表现为肌肉中有关酶活性的有选择性增强（表2-4、表2-5）。考斯特尔研究了不同项目赛跑运动员和无训练者腿肌中琥珀酸脱氢酶、乳酸脱氢酶及磷酸化酶的活性，发现在长跑运动员的肌肉中，与氧化供能有密切关系的琥珀酸脱氢酶活性较高，而与糖酵解及磷酸化供能有关的乳酸脱氢酶及磷酸化酶则活性最低。短跑运动员则相反，乳酸脱氢酶和磷酸化酶活性较高，而琥珀酸脱氢酶活性较低。中跑运动员居短跑和长跑运动员之间。

表2-5　短、中、长跑运动员肌肉中酶活性的差异

项目/例数	性别	琥珀酸脱氢酶	乳酸脱氢酶	磷酸化酶
短跑运动员/2	男	12.9	1287	15.3
中跑运动员/7	男	14.8	868	8.4
长跑运动员/5	男	16.6	767	8.1
无训练者/11	男	7.4	822	7.6

（三）运动诱导的骨骼肌纤维转换

骨骼肌可通过转换肌纤维类型来适应运动刺激。在对运动训练的适应过程中，骨骼肌纤维通常转向它们“最近的毗邻类型”，遵循下列路径是：MHC-I⟷MHC-I/ MHC-Ⅱa⟷MHC-Ⅱa⟷MHC-Ⅱa/ MHC-Ⅱx⟷MHC-Ⅱx⟷MHC-Ⅱx/ MHC-Ⅱb⟷MHC-Ⅱb。动物实验证实，通过交叉运动神经元支配和不同的电刺激均可诱导成年动物骨骼肌纤维类型的改变。将支配快肌纤维的神经元用来支配慢肌纤维，或用高频电刺激慢肌纤维可诱导骨骼肌纤维由慢肌纤维向快肌纤维转变；将支配慢肌纤维的神经元用来支配快肌纤维，或用低频电刺激快肌纤维则可诱导骨骼肌纤维由快肌纤维向慢肌纤维转变。

1. 耐力训练对骨骼肌纤维类型的影响

多数研究显示，进行耐力训练一般不能引起骨骼肌纤维类型转变。但是在研究耐力运动对骨骼肌MHC异构体的影响时发现，一定强度和持续时间的耐力运动可引起骨骼肌纤维MHC异构体改变，通常改变的方向是：MCH-Ⅱb→MCH-Ⅱx→MCH-Ⅱa→MCH-Ⅰ。例如6 wk耐力训练诱导股外侧肌MCH-I增加，而MHC-Ⅱa 和MHCⅡx下降。13 wk马拉松运动则诱使腓肠肌MHC-Ⅰ型纤维从48%增至56%，而混合纤维则从24%减至13%。

2. 力量训练对骨骼肌纤维类型的影响

多数研究显示，力量训练会造成类似于耐力运动的MHC异构体沿MCH-Ⅱb→MCH-Ⅱd/x→MCH-Ⅱa的转变，但通常不会影响MCH-Ⅰ型肌纤维比例。也有研究显示抗阻力训练不引起骨骼肌纤维比例改变，却能导致骨骼肌MCH异构体表达呈双向转换，即MCH-Ⅰ→MCH-Ⅱa/MCH-Ⅱx←MCH-Ⅱb。研究结果可能与MHC分析技术、受试者以及负荷强度和持续时间等因素不同而异。

3. 骨骼肌废用和失重对肌纤维类型的影响

骨骼肌废用和失重可导致肌纤维类型由慢肌向快肌转换。处于失重环境下的啮齿动物摸拟太空飞行4～16 d，引起肌萎缩和MHC类型的明显转变，即MHC-I下降而MHC-IIx升高。这些转变在发挥克服重力功能的慢肌中尤为明显。在这种情况下会导致更多的混合型肌纤维（同时表达多种MHC异构体的肌纤维）形成。

4. 运动致骨骼肌纤维类型转换的信号机制

目前研究表明有多个信号通路涉及运动致骨骼肌纤维类型转换。一是在骨骼肌收缩过程中，细胞内Ca^{2+}浓度上升，会激活下游Ca^{2+}敏感信号分子通路，进而导致所谓的兴奋转录耦联。二是在运动过程中伴随骨骼肌收缩时能量代谢变化如ADP、AMP代谢产物增加，可激活能量感受信号。三是机械刺激以及其他代谢产物如游离脂肪酸、活性氧自由基等增多，也可激活相关信号。上述信号最后由一系列的转录因子调节相关基因表达，最终致骨骼肌纤维的类型发生适应性变化。

第六节　肌电的测试与应用

一、肌电图的概念

肌电的测试与应用

骨骼肌在兴奋时，会由于肌纤维动作电位的传导和扩布，而发生电位变化，这种电位变化称为肌电。用适当的方法将骨骼肌兴奋时发生的电位变化引导记录所得到的图形，称为肌电图（Electromyogram，EMG）。

二、肌电图的记录方法

骨骼肌收缩时的肌电活动通过电极引导，生物电放大器放大，显示器显示，计算机数据采集等过程，转变成为可通过计算机进行计算、处理的数据，然后用适当的计算机软件进行分析处理，为医学诊断和科学研究提供可靠的依据。利用肌电研究骨骼肌的机能是运动生理学、运动医学常用的方法之一。

三、肌电的引导

用适当的方法将肌肉的电活动引导出来是肌电测量的第一步。引导肌电的电极可分为两大类，一类是针电极，另一类是表面电极。

（一）针电极

由于记录肌电的目的不同，针电极又分为许多种，即同心针电极、双心针电极、单针电极、多道针电极。

用针电极可以引导肌肉运动单位甚至单个肌纤维的电位变化。且由于测试的区域较小，只能研究肌肉深部某一束肌纤维的功能，不能反映整块肌肉的机能状态。另外，应用针电极会造成一定程度的损伤，并会产生疼痛，因而不适合测量运动时的肌电变化。针电极一般应用于医学领域。在体育科研中表面电极的应用更为广泛。

（二）表面电极

一般的表面电极是由两片Ag-AgCl金属片组成的。测试时一般将电极置于肌腹处。将电极沿肌纤维走行方向平行放置，两电极间隔2～3 cm，进行双极引导。

用表面电极引导肌电虽然不能像针电极那样引导记录肌肉深部的电活动，但可以引导记录较大范围乃至整块肌肉的电活动，而且不会造成肌肉损伤，因而较广泛地应用于体育科研中（图2-18）。

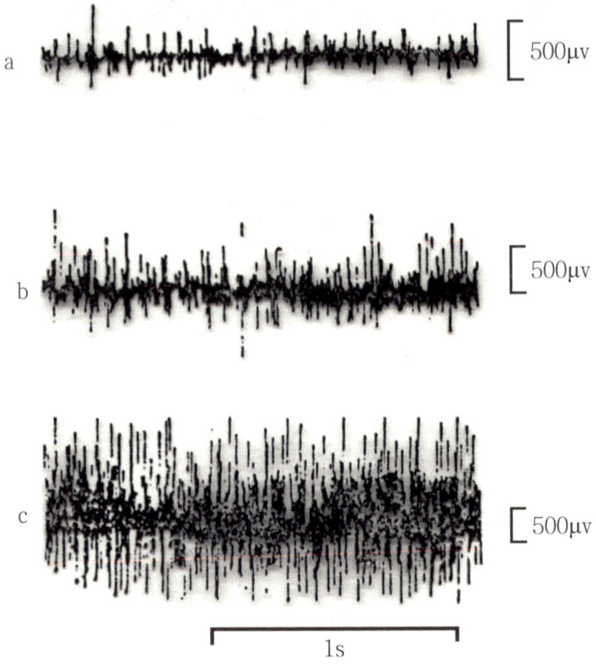

a：轻度用力收缩（单纯相） b：中等用力收缩（混合相） c：重度用力收缩（干扰相）

图2-18 用表面电极记录的不同程度收缩时骨骼肌运动单位电位

四、肌电信号的分析

通常用表面电极引导记录的肌电信号称为表面肌电信号，是由许多不同频率和幅度的正弦波按一定时序组合而成的组合波，是在时间和幅度上均连续的电信号。表面肌电信号的幅值为100～5000μv，其峰-峰值约为0～6000μv，有效的信号频率成分在500 Hz范围内，主频介于50～150 Hz之间。信号的振幅和频率特征取决于被测肌肉的肌纤维类型组成、肌肉的机能状态、肌肉的用力程度和运动单位同步化等生理学因素以及探测电极的位置、方向、大小等测量性因素的共同作用。表面肌电信号不能选择性地反映单个运动单位的活动，也不能引导记录到深部肌肉活动时的电位变化，而是表面电极所触及的多个运动单位活动时所产生的生物电变化在时间和空间上的总和。

肌电信号分析可分为时域分析和频域分析两种方法。时域分析指标包括积分肌电、均方根振幅等指标；频域分析常用的指标有平均功率频率和中心频率。

积分肌电是指在一定时间内肌肉中参与活动的运动单位放电总量，即在时间不变的前提下，其值的大小在一定程度上反映参加工作的运动单位的数量多少和每个运动单位的放电大小。

均方根振幅是指肌肉放电的有效值，其大小决定于肌电幅值变化，一般认为与运动单位募集和兴奋节律的同步化有关。均方根振幅往往用来描述数据静态特性，反映的是在一定时间内的肌肉放电的平均水平。

平均功率频率表示的是通过功率谱曲线重心的频率。

中心频率表示的是在能量谱中将能量谱的总能量一分为二的频率。

五、肌电在体育科研中的应用

在体育科学研究中肌电图也被广泛地应用，其应用主要在以下几个方面。

（一）评价神经与肌肉损伤

肌电图可用于区别神经源性、肌源性和废用性肌萎缩。在神经源性肌萎缩中，对区别脊髓前角、神经根、周围神经损伤以及神经根的定位也有一定作用。肌电图也可用于观察神经再生进程，可作为神经吻合移植术后的客观观察指标。

神经电图包括运动、感觉神经传导速度、H反射、F波、瞬目反射等项目。运动、感觉神经传导速度测定，可结合肌电图将神经损伤分度，从而用于估计其预后；对神经损害可提示主要病理改变。

（二）利用肌电图测定神经的传导速度

如果在神经通路的两个或两个以上的点给予电流刺激，从该神经所支配的肌肉上记录诱发电位。然后根据下列公式计算出神经的传导速度。

$$V=S/t$$

式中：V为神经传导速度，单位为m / s；t为两刺激点从刺激开始到肌肉开始收缩的时间差，单位为s；S为两刺激点之间的距离，单位为m。

（三）利用肌电评定神经和肌肉的机能状态

肌肉疲劳时其肌电活动也会发生变化，因此可以用肌电评定骨骼肌的机能状态。

1. 肌肉工作过程中肌电幅值的变化

肌电幅值是指肌电的信号的振幅大小。在肌电研究过程中，反映肌电幅值的指标有积分肌电和均方根振幅。

在肌肉等长收缩至疲劳的研究过程中发现，在一定的范围内，肌电幅值随着肌肉疲劳程度的加深而增加。帕特甫斯基（Petrofsky）在让受试者的抓握肌以20%～70%最大肌力的五种不同力量做等长收缩至疲劳程度的过程中，发现均方根振幅呈线性增加。70%最大肌力以上的等长收缩至疲劳时，虽然均方根振幅在整个收缩过程中也随疲劳程度的加深而增大，但增大的幅度逐渐减小。

以最大强度以下的肌力进行等长收缩时，肌电的幅值随着时间的延长而增加；而用最大强度的肌力进行等长收缩时，随着肌力的下降肌电的幅值也逐渐下降。伴随疲劳而出现的肌电幅值变化，是运动时运动单位的募集数量和运动单位兴奋的频率发生变化而引起的。

疲劳时肌电幅度升高可能是由于肌肉在持续的工作过程中，先参与工作的运动单位发生疲劳。为了维持工作，必须动员其他的新的运动单位参与工作。这就是所谓的运动单位的募集。由于运动单位的数量的增加，积分肌电增加。

2. 肌肉工作过程中肌电频谱变化

研究表明，在肌肉工作过程中，肌电的频率特性可随着肌肉的机能状态的改变而发生变化。反映肌电的频率特性的指标有平均功率频率和中心频率。

在研究肌肉持续工作至疲劳过程中发现，随着疲劳程度的加深，肌电的频谱左移，即平均功率频率降低。肌肉工作的负荷强度越大，疲劳的程度越深，平均功率频率和中心频率的减小越明显。

（四）利用肌电评价肌力

当肌肉以不同的负荷进行收缩时，积分肌电同肌力成正比关系，即肌肉产生的张力越大积分肌电越大。柯米（Komi）让受试者以4.5 cm/s的速度做匀速的屈肘运动。肌肉的收缩形式分别为向心收缩和离心收缩。不论是疲劳前还是疲劳后，肱桡肌在工作中的积分肌电都随着肌张力的加大而增大，并存在线性关系。

（五）利用肌电进行动作分析

在运动过程中可用多导肌电记录仪将肌电记录下来。然后，根据运动中每块肌肉的放电顺序和肌电幅度，结合高速摄像等技术，对运动员的动作进行分析诊断。

目前，肌电分析技术在运动技术分析和评价中的应用越来越广泛。如利用肌电技术对田径、体操、举重、摔跤、足球、排球、篮球、乒乓球、网球、滑冰等诸多项目中的一些基本动作和技术进行分析和评价。有效而及时地纠正运动员的错误动作，促进运动员的运动技能的形成及运动成绩的提高。

第七节　运动对骨骼肌形态和机能的影响

运动生理学起源于对骨骼肌收缩能力和代谢特征的研究。之后，从宏观水平深入到微观水平，对运动导致骨骼肌的形态和机能的改变进行了广泛而深入的研究。

一、运动导致的延迟性肌肉酸痛

无论是普通人还是优秀运动员，从事不适应的运动负荷或大负荷运动，运动停止后24～72 h，运动肌会产生不同程度的酸痛，并伴随僵硬、肿胀和肌力下降等症状。肌肉酸痛不发生在运动期间或运动后即刻，而是在运动后24 h逐渐加剧，因而称为延迟性肌肉酸痛。延迟性肌肉酸痛一般持续1～4 d，5～7 d后消失。现普遍认为：延迟性肌肉酸痛是不适应的运动方式尤其是离心运动诱发的一种亚临床疼痛症状，一般不用经过临床治疗，可自行治愈。在运动后如果给予参与工作的肌肉针刺、静力牵张、按摩、理疗等手段进行处理，延迟性肌肉酸痛的症状会减轻，持续时间会缩短。

肌肉酸痛可直接影响运动员的运动成绩，还可能引发运动损伤。

二、运动导致的骨骼肌纤维超微结构改变

骨骼肌在发生延迟性酸痛的同时，会伴随着骨骼肌纤维超微结构发生变化，这种变化在离心运动后更明显。研究表明，运动导致的骨骼肌纤维超微结构改变主要表现为肌节缩短，Z带扭曲、增宽、部分或全部消失，M线模糊、扭曲或消失，肌丝排列改变，粗、细肌丝相互位置紊乱，部分肌丝断裂或消失等。（图2-19、图2-20）

和延迟性肌肉酸痛一样，运动性骨骼肌纤维超微结构变化也具有延迟性特点，因此也称为延迟性骨骼肌纤维超微结构改变。延迟性骨骼肌超微结构改变的特点是：运动后即刻结构变化程度较小，运动后24～72 h变化程度逐渐加深，5～7 d恢复正常。

在运动后骨骼肌出现的延迟性肌肉酸痛、骨骼肌纤维超微结构改变的同时，还会伴随着肌肉僵硬、肿胀和收缩力量下降等症状。

运动后即刻骨骼肌纤维的超微结构基本正常；运动后24 h，骨骼肌纤维的超微结构发生改变，肌丝排列开始出现紊乱，肌节的长短不一；运动后48 h，骨骼肌纤维的超微结构发生严重改变，肌丝排列紊乱，肌节机构消失；运动后72 h，骨骼肌纤维超微结构改变开始恢复。（图2-20）

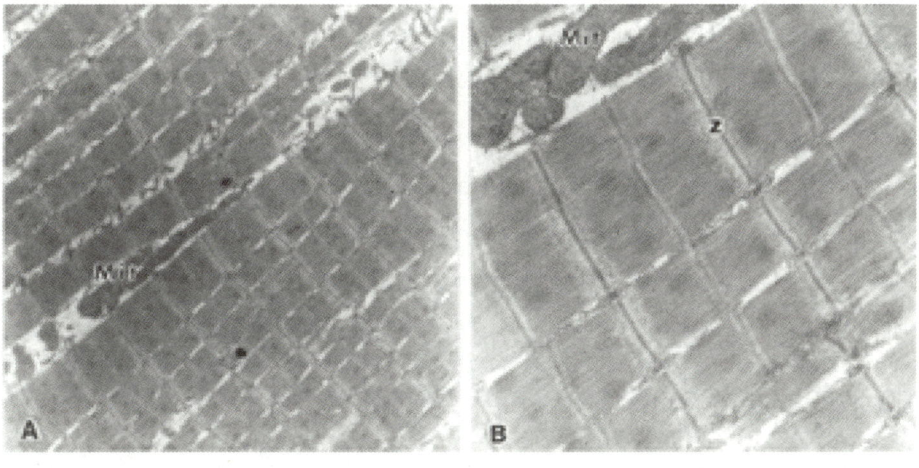

图2-19　正常骨骼肌纤维的超微结构的电镜图片

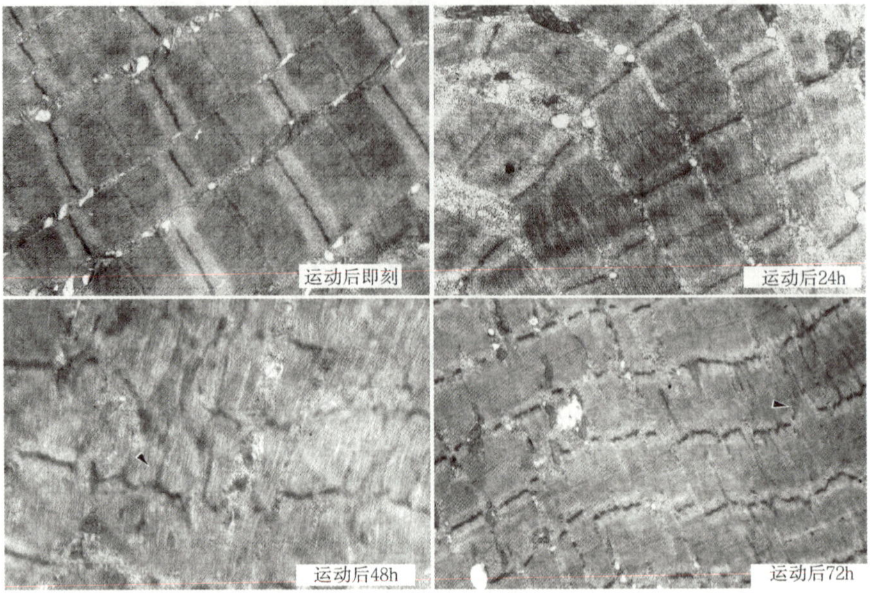

图2-20 运动导致的延迟性骨骼肌纤维超微结构改变的电镜图片

三、延迟性肌肉酸痛和运动性骨骼肌纤维超微结构改变的机理

研究证明，延迟性肌肉酸痛和超微结构改变是一个事物的两个方面。当骨骼肌承受了不适应的运动负荷或大负荷后，必然会在功能上出现收缩能力下降，在主观感觉上受试者感觉到肌肉酸痛，在形态学方面，从宏观上肌肉表现出僵硬，而在微观上则会发生某种程度的肌纤维超微结构改变。当骨骼肌产生延迟性超微结构改变时必然伴有延迟性肌肉酸痛发生，而当骨骼肌有延迟性酸痛症状时，也或多或少有超微结构改变。一般说来，能解释延迟性肌肉酸痛的学说也能解释延迟性骨骼肌纤维超微结构改变的产生机理。

（一）肌肉痉挛学说

肌肉痉挛学说首先由德·佛里斯（De Vries）根据骨骼肌大负荷运动后，肌肉激活程度仍在加强，推测运动导致运动肌局部发生痉挛，肌纤维中的微血管因肌纤维痉挛而受到挤压以至局部肌肉缺血，导致P物质等酸痛物质积累，这又反过来进一步刺激疼痛神经末梢，反射性地加剧了肌肉痉挛和局部缺血状态，进而形成恶性循环，最后导致延迟性肌肉酸痛。

（二）肌肉损伤学说

肌肉损伤学说首先由霍夫（Hough）提出，该学说认为，延迟性肌肉酸痛是骨骼肌纤维损伤造成的。支持肌肉损伤学说的证据是大负荷运动后骨骼肌纤维会发生超微结构改变，认为既然骨骼肌的结构都发生了改变就是损伤。有的学者称之为运动性肌肉损伤。也有人将运动导致的骨骼肌纤维超微结构改变定义为骨骼肌微损伤。

根据肌肉损伤学说，骨骼肌中某些酶，如肌酸激酶和乳酸脱氢酶等，可因运动导致骨骼肌细胞膜的通透性增大而由细胞内进入血液。因此，除了把骨骼肌纤维超微结构变化作为骨骼肌直接损伤的证据外，血液中的某些肌肉蛋白酶如肌酸激酶、乳酸脱氢酶等也通常作为肌肉损伤的间接指标。这些肌肉蛋白酶在血液中浓度增加，意味着骨骼肌细胞膜损伤或通透性增加，肌肉存在某种程度的损伤。

（三）急性炎症学说

急性炎症学说是由史密斯（Smith）和Cheung等在系统地分析了延迟性肌肉酸痛与肌肉炎症反应，如肿胀、炎症因子浸润之间的关系之后提出的。该学说的主要论点是：骨骼肌中含多种蛋白水解酶，肌肉损伤后，这些蛋白水解酶降解损伤的脂质和蛋白结构，导致除了缓激汰、组胺、前列腺素在损伤区域堆积外，也诱发单核细胞和中性细胞浸润到肌肉损伤部位。同时，骨骼肌小血管通透性增加，导致蛋白含量丰富的体液扩散至肌肉内部造成水肿。最终炎症因子、升高的渗透压激活Ⅳ类神经感受器受体，引起肌肉酸痛。

（四）骨骼肌细胞蛋白降解学说

该学说由王瑞元等提出，认为运动导致的延迟性肌肉酸痛和骨骼肌纤维超微结构改变，是运动导致骨骼肌收缩细胞蛋白和骨架细胞蛋白降解，使骨骼肌骨架细胞解体，最终导致骨骼肌超微结构改变。研究表明，大负荷运动会导致骨骼肌的收缩蛋白（如肌球蛋白、肌动蛋白）和骨架细胞蛋白降解或解聚过程加强而合成过程降低。由于收缩蛋白和骨架细胞蛋白的降解或解聚，使维持骨骼肌正常收缩功能的骨骼肌骨架细胞受到破坏，从而在形态上表现出骨骼肌纤维超微结构改变，在功能上表现出收缩能力下降，骨骼肌细胞蛋白的降解导致骨骼肌的炎症过程发生，因而也会诱发延迟性肌肉酸痛。

根据骨骼肌细胞蛋白降解学说，运动导致的骨骼肌纤维超微结构改变是生理性的、一过性的，是骨骼肌中蛋白代谢、重组的生理过程，而不是肌肉损伤，在正常情况下可自行恢复。但如果当骨骼肌纤维的超微结构发生了改变，在没有得到恢复时就进行下一次大负荷运动，久而久之就会使骨骼肌纤维的超微结构改变发生积累，当这种积累达到一定程度时就会发生运动损伤。

（五）钙离子损伤学说

该学说认为，大负荷运动产生的高张力使细胞膜受牵拉，激活Ca^{2+}通道，Ca^{2+}顺浓度差进入细胞内。另外细胞膜的损害也可造成Ca^{2+}内流，其次运动后肌浆网功能下降，摄钙能力下降也可导致胞浆内高钙。肌细胞内异常高钙可通过以下途径对肌纤维造成损伤：① 高Ca^{2+}水平激活了钙依赖性蛋白酶，使肌纤维内结构蛋白质降解；②线粒体为了缓冲肌浆内高钙而摄取了超量的Ca^{2+}，抑制了细胞内呼吸和ATP生成，使ATP的再合成能力降低；③Ca^{2+}是肌肉收缩的起动因子，肌细胞内Ca^{2+}浓度增高，使肌纤维收缩丧失控制，处于痉挛状态。

四、运动导致的延迟性肌肉酸痛和骨骼肌纤维超微结构改变的防治

（一）热疗

研究表明，热休克蛋白可对运动所造成的延迟性肌肉酸痛和骨骼肌纤维超微细结构改变有一定的保护作用。在运动前（一般为24 h）对受试者进行高温预处理（受试者被置于43℃的高温环境约30 min，使直肠温度达到42℃），可导致肌肉中的热休克蛋白浓度增加，热休克蛋白的保护作用可减轻骨骼肌延迟性酸痛和骨骼肌纤维超微结构改变。

运动后对肌肉进行热敷可减轻延迟性肌肉酸痛和骨骼肌纤维超微结构改变，其原因是：①肌组织温度增加，加大结缔组织伸展性和关节活动范围，导致肌组织抗损伤能力加强；②热疗加快了血液流动速度，进而加快了肌组织性炎性介质的清除速率。

（二）静力牵张

在大负荷运动后，对参加工作的肌肉进行静力牵张，可有效地减轻延迟性肌肉酸痛和骨骼肌纤维超微结构改变。关于静力牵张促进运动导致的延迟性肌肉酸痛和超微结构改变的恢复的机理还有待于进一步研究。

（三）按摩

与静力牵张一样，在大负荷运动后，对参加工作的肌肉进行按摩，可有效地促进延迟性肌肉酸痛和骨骼肌纤维超微结构改变的恢复。按摩治疗延迟性肌肉酸痛的机理可能是按摩产生的机械压力导致血流加快、肌肉张力减少和神经兴奋性改变。Zainuddin等让受试者双臂利用等动测力仪做60次最大肘屈曲离心运动，运动后3 h，发现经过按摩的运动臂较未经按摩的运动臂疼痛极大减轻，且上臂肿胀减轻，表明按摩加快了肿胀消除。

（四）针刺

卢鼎厚用斜刺针法治疗肌肉损伤获得很好的疗效。随后研究发现针刺和静力牵张能显著地促进离心运动导致的骨骼肌纤维超微结构变化的恢复。在对大负荷运动后的骨骼肌进行针刺后发现，和对照组相比，针刺3 h后骨骼肌只有少数肌节可见超微结构改变；针刺24 h后骨骼肌纤维的超微结构恢复正常。

思考题

1. 试述骨骼肌纤维的收缩原理。
2. 试述在神经-肌肉接头处动作电位是如何进行传递的。
3. 骨骼肌有几种收缩形式？它们各有什么生理学特点？
4. 为什么在最大用力收缩时离心收缩产生的张力比向心收缩大？
5. 试述绝对力量、相对力量、绝对爆发力和相对爆发力在运动实践中的应用及其意义。
6. 骨骼肌纤维类型是如何划分的？不同类型肌纤维的形态学、生理学和生物化学特征是什么？
7. 从事不同项目运动员的肌纤维类型的组成有什么特点？
8. 运动时不同类型肌纤维是如何被动员的？
9. 运动训练对肌纤维类型组成有什么影响？
10. 试述肌电图在体育科研中有何意义。

主要参考文献

[1] 王瑞元, 苏全生. 运动生理学（第2版）[M].北京:人民体育出版社，2012年.
[2] 王瑞元, 汪军. 运动生理学[M].北京:北京体育大学出版社，2011.
[3] 朱大年.生理学（第7版）[M].北京:人民卫生出版社, 2008.
[4] 姚泰.生理学（第5版）[M].北京: 人民卫生出版社, 2003.
[5] 王瑞元.运动生理学（第1版）[M].北京:人民体育出版社，2002.
[6] 杨锡让.实用运动生理学[M].北京:北京体育学院出版社,1986.
[7] FOX E L. *Sports Physiology* [M]. Boston: W. B. Saunders Company, 1979.

第三章
运动与氧摄取和运输

本章学习提示

通过本章的学习，要求学生了解运动对呼吸机能影响的规律和运动时合理呼吸的原则；掌握应用血红蛋白变化指导科学训练的方法，机体维持酸碱平衡的机理，以及运动员心脏的结构和功能特点；应用心电图评价运动员心脏机能的方法。

人体在进行新陈代谢过程中所需的能量，都是通过氧化体内的营养物质而获得。为此，人体必须从外界不断地摄取氧（O_2），同时不断地将体内所产生的二氧化碳（CO_2）排出体外。体内的氧和二氧化碳是通过血液为载体来运输的，而心血管系统则是运输的动力和通道。呼吸系统、血液和心血管系统是限制人体运动能力的非常重要的因素。

第一节　运动与呼吸系统

肺通气机能评价

人体与外界环境之间进行的气体交换，称为呼吸。呼吸的功能是包含着外呼吸、气体运输和内呼吸这三个环节的生理过程，通过血液循环和组织细胞的协调活动，来实现人体对氧的摄取和二氧化碳的排出。

氧离曲线及其影响因素

一、运动对呼吸机能的影响

运动时机体代谢加强，呼吸系统也将发生一系列变化，以适应机体代谢的需求和保证技术动作的顺利完成。

（一）运动时通气机能的变化

运动时随着运动强度的增大，机体为适应代谢的需求，需要消耗更多的氧和排出更多的二氧化碳。为此，通气机能将发生相应的变化。

运动时机体表现为呼吸加深加快，肺通气量增加。潮气量可从安静时的500 mL上升到2000 mL以上，呼吸频率也随运动强度而增加，可由每分钟12～18次增加到每分钟40～60次。结合潮气量与呼吸频率的变化，运动时的每分通气量可从安静时的每分钟6～8 L增加到80～150 L，较安静时可增大10～12倍。（图3-1）

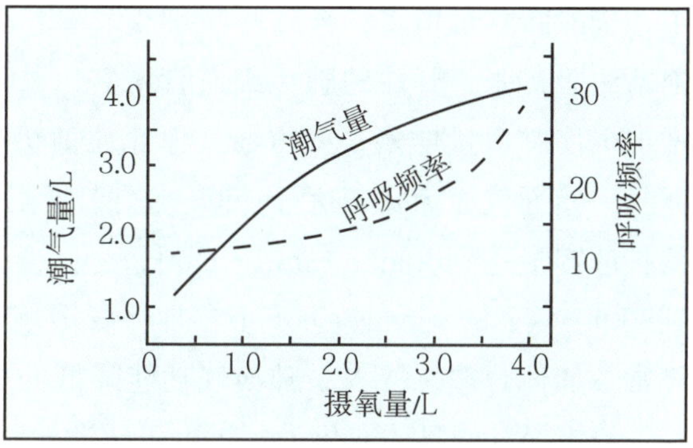

图3-1　不同强度运动时，潮气量和呼吸频率的变化

运动过程中肺通气量的变化时相：运动开始后，通气量立即快速上升，随后在前一时相升高的基础上，出现持续缓慢上升；运动结束时，肺通气量同样是先出现快速下降，随后缓慢地恢复到安静时的水平。通气

量迅速升、降的时相，称为快时相；缓慢升、降的时相称为慢时相。在中等强度运动中，肺通气量的增加主要是靠呼吸深度的增加。而在进行剧烈运动时，肺通气量的增加则主要是靠呼吸频率的增加来实现的。呼吸深度和呼吸频率的增加，意味着呼吸运动的加剧，因此用于通气的氧耗也将增加。据研究人体安静时，用于通气的耗氧量只占总耗氧量的1%～2%，剧烈运动时则可增加到8%～10%。

通气是为了氧的摄入和二氧化碳的排出，尤以氧的摄入更为重要。一定氧的摄入是需要一定的通气量的保证。呼吸当量是指每分钟的通气量（V_E）与摄氧量（$\dot{V}O_2$）的比值，安静时的呼吸当量为20～25（每分通气量约为500×12＝6000 mL，每分摄氧量约为250 mL，所以呼吸当量为6000/250＝24），这也就是说，机体必须从24 L的通气量中才能摄取到1 L 的氧。研究表明，人体在从事不超过50%最大摄氧量（$\dot{V}O_2max$）的运动时，呼吸当量保持恒定不变；若从事超过50%$\dot{V}O_2max$的运动，每分通气量的增加将明显大于每分摄氧量的增加，即呼吸当量增加到30～35，这时，机体要从30～35 L的通气量中才能摄取1 L的氧。显然，运动强度增加到50%$\dot{V}O_2max$以上时氧摄取效率降低。呼吸当量越小，氧的摄取效率越高。运动生理学上把呼吸当量最小的一点称为最佳呼吸效率点。已有材料表明，50%$\dot{V}O_2max$的运动负荷时呼吸当量最小，有训练的耐力性运动员甚至可以低于20。当呼吸当量增大至30～35时，标志着氧的摄取效率已十分低下，无训练者已坚持不了较长时间的运动，但有高度训练水平的运动员，呼吸当量达40～60时仍能奋力运动。在运动负荷相同时，优秀的耐力项目运动员的呼吸当量较非耐力项目运动员为小。

肺的通气功能与肺容量紧密相关，横向研究表明，有训练者的肺容量的各个指标（主要是深吸气、补呼气）都比无训练者的高。这是呼吸功能良好适应运动训练的结果。

（二）运动时换气机能的变化

运动时换气机能的变化，主要是通过氧的扩散和交换来体现。

肺换气的具体变化为：①人体各器官组织代谢的加强，使流向肺部的静脉血中氧分压（PO_2）比安静时低，从而使呼吸膜两侧的PO_2差增大，氧在肺部的扩散速率增大；②血液中儿茶酚胺含量增多，导致呼吸细支气管扩张，使通气肺泡的数量增多；③肺泡毛细血管前括约肌扩张，开放的肺毛细血管增多，从而使呼吸膜的表面积增大；④右心室泵血量的增加也使肺血量增多，使得通气血流比值仍维持在0.84左右。但剧烈运动也会造成过度的通气，使通气血流比值大于0.84。这些因素的变化，使得耗氧量为4L/min的运动时，肺的氧扩散容量达到60mL/（min·mmHg）；当运动使耗氧量为6L/min时，氧扩散容量可增加到80 mL/（min·mmHg）。不参加体育锻炼的人，20岁以后，肺换气功能将日趋降低；而经常参加体育锻炼的人，肺换气功能降低的自然趋势将推迟。

组织换气的具体变化为：①由于活动的肌肉组织需利用较多的氧来氧化能量物质以重新合成ATP，所以活动的肌肉组织耗氧量增加，组织的PO_2下降迅速，使组织和血液间的PO_2差增大，氧在肌肉组织部位的扩散速率增大；②活动组织毛细血管开放数量增多，增大了组织血流量，增大了气体交换的面积；③组织中二氧化碳积累二氧化碳分压（PCO_2）的升高和局部温度的升高使氧离曲线发生右移，促使氧合血红蛋白（HbO_2）解离进一步加强。运动时组织的这些变化，促使肌肉的氧利用率的提高，肌肉的代谢率可较安静时增高达100倍。

（三）运动时呼吸的调节

运动时呼吸（肺通气量）的调节是属于多因素的调节，包括神经调节机制和体液调节机制两个方面的因素，其中神经调节机制起着主导作用。

1. 神经调节

（1）条件反射的影响

很多实验证明，在准备运动时呼吸功能即已加强，这种现象是在经常运动过程中所形成的条件反射。进行运动时，与运动有关的语言信号和周围环境中的各种因素经常与肌肉活动时呼吸的变化相联系，多次重复即可形成条件。以后当有相应的刺激出现时，即可引起呼吸功能的相应变化。比赛开始前出现呼吸加深加快的赛前反应，就是大脑皮质对环境条件变化作出的反应，从而为即将开始的运动提前做好准备。

（2）大脑皮质呼吸中枢的影响

运动时肺通气量的增加是由大脑皮质运动区的神经冲动刺激呼吸中枢所引起的，即大脑皮质在发出神经冲动使肌肉收缩的同时，也发出冲动到达脑干呼吸中枢，使之产生兴奋，从而增强呼吸。

（3）本体感受性反射的影响

动物实验发现，为排除肌肉主动收缩带来的其他调节因素的影响，给予动物肢体被动运动也可使肺通气量立即增大，如切断肢体的传入神经或背根，则这一反应消失。以上现象说明这是一种反射活动，即当肢体在做活动时，位于肌肉和关节的本体感受器受到牵拉刺激，产生的冲动传到呼吸中枢，从而可引起肺通气量的增加。

2. 体液调节

体液调节机制是指由血液中一些化学成分的改变刺激周围或中枢化学感受器，而引起的呼吸增强。但大量实验说明，这种二氧化碳、H^+增加和氧减少的刺激，对加强运动时通气的作用较神经调节的小。

（1）二氧化碳增加对呼吸的影响

当健康人在不断增加工作负荷时，通气量可以5倍、10倍或15倍地增加，而动脉血PCO_2却无任何改变。这说明如果动脉血PCO_2没有相当数量的改变，那么二氧化碳就不可能是引起运动时呼吸增加的主要刺激因素。

（2）缺氧对呼吸的影响

关于缺氧对呼吸的刺激作用问题也有很多实验研究。通过测量在运动期间平均动脉血的

PO_2，发现仅有很小的变化，而颈动脉体和主动脉体中氧的化学感受器对这些很小的变化是不敏感的，所以认为运动时的呼吸增强不会是由低氧刺激所引起的。但也有实验发现，在轻度运动期间，呼吸增强和氧的消耗之间具有显著的相关；在稳定运动期间，以吸入纯氧代替吸入空气时，通气量减少10%～15%。这些现象是否与氧的变化刺激了化学感受器而引起呼吸的改变有关联，还待进一步证实。

（3）H^+增加对呼吸的影响

当进行轻度或中等强度运动时，机体由有氧代谢供给能量，此时通气量的增加可以满足氧需要的增加，代谢终产物为CO_2和H_2O，pH值保持正常稳定，这时H^+很低，对化学感受器的刺激可忽略不计；当进行强度大的运动时，通气量的增加不能满足机体对氧的需求，有一部分能量需靠糖的酵解来供给，这就造成酸性终产物（乳酸）的积累。但血液中的碱性缓冲物质可在一定的范围内将乳酸中和缓冲。只有在进行剧烈运动过程中，即储备的碱性缓冲物质过多地消耗后，H^+上升，血液的pH值才有所下降。因此，动脉血H^+增加只能看作是剧烈运动时呼吸增强的因素之一。

此外，运动时体液温度的升高，通过体温调节机制，在促使肺通气量的增加中可能也有较重要的作用。运动时静脉血回流量的增加，腔静脉和右心房的传入冲动对呼吸也有一定刺激作用。

综上所述，运动时呼吸的变化，可能是多种因素共同调节的结果。其中神经调节机制起主要作用，而体液调节机制和其他因素则起辅助和调整作用。

二、运动时的合理呼吸

运动时的合理呼吸

运动时进行合理的呼吸，有利于保持内环境的基本恒定，有利于提高训练效果和充分发挥人体的机能能力，以创造优异的运动成绩。以下是几种改善呼吸方法的原则。

（一）减小呼吸道阻力

正常人安静时由呼吸道实现通气。通过呼吸道的呼吸，达到空气净化、湿润、温暖或冷却（当气温高于体温时）的作用。但在剧烈运动时，为减少呼吸道阻力，人们常采用以口代鼻，或口鼻并用的呼吸。

（二）提高肺泡通气效率

增加肺通气量的方法，有增加呼吸频率和增加呼吸深度两种方式。据研究，呼吸频率是随着运动强度的增加而增加，并经2～4 min达到稳定状态。而呼吸深度和肺通气量则须经3～5 min才达到稳定状态。剧烈运动时，呼吸频率和肺通气量迅速增加，而呼吸深度反而变浅。运动（尤其是耐力运动）时，期望在吸气时肺泡腔中有更多的含氧的新鲜空气，呼气时能呼出更多的含二氧化碳的代谢气体，因此，增加肺泡通气量比提高肺通气意义更大。

运动中有效减少肺泡腔内功能余气的方法是尽可能地做深呼气（有时也叫做深吐气）动作，从而保证机体有更多氧的摄入。因此，运动时（特别是在感到呼吸困难、缺O_2严重的情况下），采用节制呼吸频率、在适当加大呼吸深度的同时注重深呼气的呼吸方法，更有助于增加机体的肺泡通气量。

（三）与技术动作相适应

呼吸的形式、时相、节奏等，必须适应技术动作的变换，必须随运动技术动作而进行自如的调整，这不仅为提高动作的质量、为配合完成高难度技术提供了保障，同时也能推迟疲劳的发生。这对于从事投掷、体操、技巧、武术、跳水、花样滑冰等专项的运动员来说，尤显重要。

1. 呼吸形式与技术动作的配合

呼吸的主要形式有胸式呼吸和腹式呼吸。运动时采用何种形式的呼吸，应根据有利于技术动作的运用而又不妨碍正常呼吸为原则，灵活转换。

通常有些技术动作需要胸肩带部的固定，才能保证造型，那么呼吸形式应转为腹式呼吸，如体操中的手倒立、肩手倒立、头手倒立、吊环十字悬垂、下桥动作等这些需胸肩带部固定的技术动作，采用了腹式呼吸，就会消除身体重心不稳定的影响；而另一些技术动作需要腹部的固定的，则要转为胸式呼吸，如上固定或下固定时的屈体静止造型动作、两头起的静止造型动作等，采用胸式呼吸有助于腹部动作的保持和完成。

2. 呼吸时相与技术动作的配合

通常非周期性的运动要特别注意呼吸的时相，应以人体关节运动的解剖学特征与技术动作的结构特点为转移。

一般在完成两臂前屈、外展、外旋、扩胸、提肩、展体或反弓动作时，采用吸气比较有利；在完成两臂后伸、内收、内旋、收胸、塌肩、屈体或团身等动作时，采用呼气比较顺当。如：卧躺推杠铃练习，杠铃放下过程（臂外展、扩胸）应采用吸气，杠铃推起过程（臂内收、收胸）应采用呼气；仰卧起坐练习，仰卧过程（展体）采用吸气，起坐过程（屈体）采用呼气；俯卧撑练习，俯卧过程（两臂外展、胸扩展）采用吸气，撑起过程（两臂内收、胸内收）采用呼气。但有例外时（如杠铃负重蹲起时的展体，改为呼气较好），以立足完成技术动作为基础，然后再考虑吸气与呼气的时相协调。

3. 呼吸节奏与技术动作的配合

通常周期性的运动采用富有节奏的、混合型的呼吸，将会使运动更加轻松和协调，更有利于创造出好的运动成绩。如周期性的跑步运动，长跑宜采用2～4个单步一次吸气、2～4个单步一次呼气的方法进行练习；短跑常采用憋气与断续性急促呼吸相结合，即每憋气2～12个单步（或更多）后，做一次1 s以内完成的急骤深呼吸。周期性游泳运动的呼吸节奏，蛙泳可采用一次划手、一次蹬腿、一次头出水面呼吸的组合；爬泳可采用两侧呼吸，即三次划臂（打腿多少次数以个人特点定），完成一次侧换气的组合。

（四）合理运用憋气

或深或浅的吸气后，紧闭声门，做尽力呼气动作，称为憋气。通常在完成最大静止用力的动作时，需要憋气来配合。如大负荷的力量练习、举重运动、角力、拔河、扳手腕等。

憋气对运动有利有弊。有些时候需要通过奋力和憋气才能取得最后的胜利，那么这样的憋气是有必要的，是不可避免的。正确合理的憋气方法应该是：①憋气前的吸气不要太深；②结束憋气时，为避免胸内压的骤减，使胸内压有一个缓冲、逐渐变小的过程，呼出气应逐步少许地、有节制地从声门中挤出，即采用微启声门、喉咙发出“嗨”声的呼气；③憋气应用于决胜的关键时刻，不必每一个动作、每一个过程都憋气。如跑近终点的最后冲刺、杠铃举起、摔跤制服对手的一刹那，可运用憋气。对运动员和健康人来说，一般的憋气也属于生理现象，如排便动作。有时还可以把采用适当的憋气作为提高心肺功能的手段之一，只是要遵守循序渐进的规律而已。

三、呼吸肌训练与运动能力

呼吸肌活动是呼吸运动的原动力，20世纪90年代发现，呼吸肌会疲劳，并在一定条件下引起通气能力下降。通气限制了运动成绩，一直以来被认为只是对高强度训练的运动员进行最大有氧做功时是重要的，但最近的研究发现在一定的工作强度下，呼吸肌的疲劳对健康人的非最大强度运动成绩的限制也有着重要的作用。

呼吸肌疲劳是指呼吸肌在承担负荷时所产生的收缩力和（或）收缩速度的能力降低，这种降低可以经休息而恢复。呼吸肌疲劳分中枢疲劳和外周疲劳，中枢疲劳是一种保护性机制。外周疲劳可以是神经肌肉兴奋传导障碍或由于肌肉本身的兴奋收缩耦联障碍所致，另外供氧不足、乳酸增加等代谢因素影响也可导致呼吸肌的疲劳。

国外涉及呼吸肌专门训练的项目有田径、自行车等，且结果显示其有助于竞技能力的提高。呼吸肌专门训练主要通过提高呼吸肌群力量和耐力改善最大自主通气、推迟运动中呼吸肌疲劳，从而提高有氧竞技水平。如斯宾格勒（Spengler）等对20 名经过4 周呼吸肌训练的健康人进行持续功率自行车耐力测试发现其乳酸值下降，耐力运动时间延长。

呼吸肌的训练分类主要是进行肌力训练和耐力训练。具体训练呼吸肌的方法有：①借助呼吸肌训练仪（如瑞士生产的一种训练仪）进行。通过调整仪器中的呼气吸气阻力、呼吸深度频度等参数值，并根据仪器的提示指引，达到提高呼吸肌肌力和耐力的目的；②通过运动训练进行。进行长时间的耐力训练（如跑步、骑车、游泳），是训练呼吸肌有效、简便的方法。此外，较常用的还有简单的呼吸操，比如缩唇呼吸（类似于吹口哨的半闭嘴型呼气）和膈呼吸（深慢腹式呼吸），传统的气功也对呼吸肌的训练起到一定作用。

第二节　运动与血液

运动训练可使血液的性状发生一系列适应性变化，如纤维蛋白溶解作用增加，血容量增加，红细胞变形能力增加，血黏度下降等。这种变化在运动训练停止后也可以恢复。

运动对血液的影响　　心脏泵血功能评定

一、运动对血量的影响

血容量即人体循环血量的总量，包括血浆容量和血细胞容量。运动员血液会由于长期的训练适应表现为血容量增加，这种血容量增加包括血浆容量和血细胞容量都增加，但是由于血浆容量增加相对于血细胞容量增加更显著，所以形成红细胞压积减少和单位容积中的红细胞数和血红蛋白含量减少，血液相对稀释变薄。桑尼（Sanny）等认为，运动训练使人体血浆容量相对增加更多的机制是因为血浆蛋白总量增多，尤其是白蛋白总量增多。由于血浆蛋白增加也伴随着水分的相应增加，所以虽然总血浆容量增加，但单位体积中的血浆蛋白浓度仍与一般人相似。

一次性运动对血容量的影响，取决于运动的强度、持续时间、项目特点、环境温度、环境湿度、热适应和训练水平等。从事短时间大强度运动时，血浆容量和血细胞容量都明显增加，而血细胞容量增加较明显。短时间运动时总血容量增加，主要是由于储血库里的血被动员入循环，使循环血量增加。在长时间耐力性运动时，血容量的改变，主要是由血浆水分转移情况决定。根据科伊尔（Coyle）报道，耐力训练引起血容量的适应性变化是可逆的，停训1个月左右运动员血容量减少9%。

二、运动对红细胞的影响

红细胞内的蛋白质主要是血红蛋白（Hb）。红细胞携带氧和二氧化碳这一机能是靠红细胞内的血红蛋白来完成的。血红蛋白中的亚铁（Fe^{2+}）在氧分压高时（肺内），易与氧结合，生成氧合血红蛋白，这种现象称为氧合作用；在氧分压低时（组织内），与氧容易分离，把氧释放出来，供细胞代谢之需要，这种现象称为氧离作用。

血红蛋白也能与二氧化碳结合成氨基甲酸血红蛋白，又称碳酸血红蛋白，在组织内（PCO_2高）与二氧化碳结合，到肺内（PCO_2低）放出二氧化碳。血红蛋白如此不断地运输氧和二氧化碳，进行吐故纳新。血红蛋白不仅有运输氧和二氧化碳的作用，还有保持血液酸碱度的作用。

由于血红蛋白指标相对稳定，又能较敏感地反映身体机能状态，所以运动训练中经常利用这一指标评定运动员机能状态、训练水平，预测运动能力。正常情况下血红蛋白的变化与红细胞的变化是一致的，运动中凡能影响红细胞的因素都能影响血红蛋白。

（一）运动对红细胞数量的影响

红细胞数目因运动而发生变化，其数量变化与运动的种类、运动强度和持续时间有关。

1.一次性运动对红细胞数量的影响

一般认为，进行短时间大强度快速运动比进行长时间耐力运动红细胞增加得更明显。在同样时间的运动中，运动量越大，红细胞增加越多。不过这种增多在很大程度上是与血浆的相对或绝对减少有关，不能以单位容积血中红细胞的绝对数值作为评定红细胞数量变化的依据。

运动后即刻观察到的红细胞数增多，主要是血液重新分布的变化所引起。运动中红细胞数量的暂时性增加，在运动停止后便开始恢复，1～2h后可恢复到正常水平。

2.长期运动训练对红细胞数量的影响

经过长时间、系统的运动训练，尤其是耐力性训练的运动员在安静时，其红细胞数和红细胞压积并不比一般人多，有的甚至低于正常值，这种下降具有一定的意义，因为它降低了血黏度，减少血循环的阻力，减轻了心脏负荷。而在肌肉运动时，血浆的水分丧失使血液比安静时相对浓缩，保证血红蛋白含量的相应提高，但又不至于明显影响血液的流变性，所以优秀的运动员运动中血黏度、红细胞压积等没有明显变化。这表明，他们能承受血液中较大幅度的工作性变化而使血液能维持在正常状态，并且对于提高氧的运输能力仍有较大的机能潜力。

由上述原因造成的红细胞数量偏少或血红蛋白含量下降而诊断为运动性贫血者，我们称之为假性贫血，是红细胞机能性稀释的反映，是一种适应及健康的表现，不能误认为“贫血”。

（二）运动对红细胞压积的影响

运动时红细胞数量的变化直接影响到红细胞压积的变化。其红细胞压积值的变化基本与红细胞数的变化相一致。

运动中红细胞数量和红细胞压积的变化与训练水平和运动种类有关。对我国自行车运动员定量负荷前后红细胞压积的测定表明，优秀运动员运动前后红细胞压积没有明显变化。而训练水平较低的运动员红细胞压积在运动后即刻明显增加。因此，红细胞压积的变化和血黏度可作为评定耐力性训练的运动员机能的参考指标。

（三）运动对红细胞流变性的影响

1.红细胞流变性

正常情况下红细胞各自呈分散状态存在于流动的血液中，并在切应力作用下很容易变形，即被动地适应于血流状况而发生相应的改变，以减少血流的阻力。红细胞的这一特性称为细胞的流变性。红细胞的高度变形能力使它能顺利通过小于自身直径的微血管和狭窄部位。因此，红细胞的流变性是影响血液流动的重要因素，也是影响体内红细胞寿命和微循环有效灌注的重要因素。此外，红细胞膜的不断变形运动还有助于促进细胞内成分的充分扩散转运，大大增加氧气的转运效率。

2.运动时红细胞流变性的变化

运动时红细胞流变性依运动强度不同、运动持续时间不同和训练水平不同而有所差别。一次性极限强度运动也会使红细胞滤过率下降、悬浮黏度增加、变形性降低，并且这种变化可持续1 h以上。对马拉松跑等超长距离项目运动员血液流变学研究发现，运动员跑后红血球滤过能力降低（10%～20%），血浆渗透压升高。

红细胞变形性降低可使血液流变性降低，并影响组织供氧和使心脏负荷加重，使运动成绩下降，对运动后恢复也有不良影响。运动后心血管意外的发生可能与此有关。因此，无训练者不宜进行一次性高强度的极限运动。

经过系统训练的运动员安静时红细胞变形能力增加。有人认为，这是因为运动加快了对衰老红细胞的淘汰，代替以年轻的红细胞，降低了红细胞膜的刚性，增加了红细胞膜的弹性。

（四）血红蛋白与运动

1.运动员血红蛋白正常值的评定

血红蛋白是红细胞内主要的蛋白质。血红蛋白过低或过高都会影响运动员的运动能力。血红蛋白值低于正常值，即出现贫血，氧和营养物质供给不足，必然导致工作能力下降。血红蛋白值过高时，血液中红细胞数量和压积也必然增多。这样，血流的黏滞性增大，造成血流阻力增加和心脏负担加重，使血液动力学改变，也会引起身体一系列的不适应和紊乱。因此，保持血红蛋白值在最适程度范围，可使运动员达到最佳机能状态，这也是科学地进行训练的有效途径之一。

由于运动员血红蛋白值存在个体差异，应针对每一个体情况进行测定和分析运动员血红蛋白含量。通过观察和分析运动员血红蛋白含量的变动，掌握运动员机能状态情况，有的放矢地调整运动员身体机能达最佳状态。还可通过测定运动员的Hb值预测运动成绩。

2.血红蛋白指标与运动员选材

实践证明，按每个运动员的血红蛋白平均值，可将其分为三个类型：偏高型、正常型和偏低型。每一个基本类型中又可分为二个亚型，即按标准差大于10 g/L为波动大者，小于10 g/L为波动小者。因此，理论上可以把运动员的血红蛋白分为六个类型。但在实际工作中经常遇到的只有四个类型，即偏高波动小者、正常波动大者、正常波动小者和偏低波动小者。运动训练实践证明，以血红蛋白值高、波动小者为最佳。这种类型运动员能耐受大负荷运动训练，从事耐力性项目运动较好。而以血红蛋白值偏低波动小者为较差。

在运动员训练期间，每周或每隔一周测定一次血红蛋白，1～2个月就可以基本判定运动员属哪种类型。但也要注意，分析时应根据运动训练的实际情况综合分析，并与同队的其他队员进行横向比较才较为客观。这个指标在耐力性项目或速度耐力性项目运动员选材时可做参考。

三、运动时体液酸碱平衡的维持

人体的酸碱平衡是依靠血液的缓冲作用以及呼吸和肾脏的作用共同进行调节的。

（一）血液在维持体液酸碱平衡中的作用

正常人血浆的pH值约为7.35～7.45，平均值为7.4。人体生命活动所能耐受的最大PH值变化范围为6.9～7.8。血浆PH值经常维持相对恒定，是由于血浆是缓冲溶液。血液中含有数对具有抗酸和抗碱作用的物质（称为缓冲对），统称为缓冲体系。缓冲体系中每一个缓冲对是由一种弱酸与该种弱酸的盐组成的。血液中的缓冲对如下：

血浆中的主要缓冲对有：碳酸氢钠（$NaHCO_3$）/碳酸（H_2CO_3）；蛋白质钠盐/蛋白质；磷酸氢二钠（Na_2HPO_4）/磷酸二氢钠（NaH_2PO_4）。

红细胞中的主要缓冲对有：碳酸氢钾（$KHCO_3$）/碳酸（H_2CO_3）；血红蛋白钾盐/血红蛋白；氧合血红蛋白钾盐/氧合血红蛋白；磷酸氢二钾（K_2HPO_4）/磷酸二氢钾（KH_2PO_4）。

血液中的缓冲对以血浆H_2CO_3与$NaHCO_3$这一对缓冲对最为重要。在正常情况下$NaHCO_3$/H_2CO_3的比值为20：1。若要保持这一正常比值，需要通过呼吸功能调节血浆中H_2CO_3浓度和通过肾脏调节血浆中的$NaHCO_3$浓度，以及代谢等方面的配合作用。

例如，组织代谢所产生的酸性物质进入血浆，与血浆中的$NaHCO_3$发生作用，形成H_2CO_3（弱酸）。在碳酸酐酶（CA）作用下H_2CO_3又解离为CO_2由呼吸器官排出，从而减低酸度，保持血液的酸碱度。又如，肌肉运动时的代谢产物——乳酸（HL）等进入血液后，部分被肝脏重新合成为肝糖原，另一部分在血浆中与碳酸盐类结合形成碳酸，缓冲血液的酸度，其反应如下：

$$HL + NaHCO_3 \longrightarrow NaL + H_2CO_3$$

$$H_2CO_3 \xrightarrow{CA} CO_2 + H_2O$$

当碱性物质（主要来自食物）进入血浆后与弱酸发生作用，形成弱酸盐，降低碱度。经过这两方面的调节，血液的酸碱度就能维持相对恒定。体内产生酸性物质大大胜于碱性物质，所以，血液中的缓冲物质抗酸的能力远远大于抗碱的能力。

血液酸碱度的相对恒定，对生命活动有重要意义。如果血液pH值的变动超过正常范围，就会影响各种酶的活性，从而引起组织细胞的新陈代谢、兴奋性及各种生理机能的紊乱，甚至会出现酸或碱中毒现象。

血液中缓冲酸性物质的主要成分是碳酸氢钠，通常以每100 mL血浆的碳酸氢钠含量来表示碱储备量。常采用HL和$NaHCO_3$结合生成H_2CO_3，H_2CO_3再解离出CO_2，通过CO_2含量来推算出$NaHCO_3$的含量。碱储备的单位是以每100 mL血浆中H_2CO_3能解离出的CO_2的mL数来间接表示，正常为50%～70%。

碱储备是一个很重要的生理生化指标，它能反映身体在运动时的缓冲能力，从而了解体内的代谢情况。有人测定运动员的碱储备量比未受过训练的人高10%。经常锻炼的人可使血液的缓冲能力提高，碳酸酐酶的活性增强。

（二）呼吸在维持体液酸碱平衡中的作用

血液在运输CO_2过程中，形成了H_2CO_3与$NaHCO_3$，二者是血液中的重要缓冲物质，通常H_2CO_3 /$NaHCO_3$的比值为1：20。当代谢产物中有大量酸性物质时，它们与HCO_3^-作用生成H_2CO_3，后者分解为CO_2和H_2O，使血中PCO_2上升，导致呼吸运动加强，CO_2排出量增加，因而血浆中pH值的变化不大；同样当体内碱性物质增多时，与H_2CO_3作用使血中$NaHCO_3$等盐浓度增高，于是H_2CO_3浓度和PCO_2降低，导致呼吸减弱，呼吸的减弱又使H_2CO_3浓度逐渐回升，维持了其与$NaHCO_3$的正常比值，因此对血浆PH值的影响也较小。

由此可见，如果血液酸碱度发生变化时，呼吸机能可以及时发生代偿反应。

（三）肾脏在维持体液酸碱平衡中的作用

肾脏调节体内酸碱平衡是通过肾小管功能实现的。概括地说，是通过“排氢保钠”（亦称“排酸保碱”），使血浆和尿pH值保持在一定范围内。主要过程是肾小管上皮细胞分泌的H^+与小管液中的Na^+进行交换。H^+—Na^+交换的结果保持了血浆中$NaHCO_3$ / H_2CO_3的正常比值20：1，从而使pH值稳定在一定范围内。由于H^+—Na^+在肾小管处交换是逆着浓度梯度进行的，故需要借助“泵”的力量才能完成。肾脏这种排酸保碱作用对体液酸碱平衡的调节起着重要作用。H^+—Na^+交换方式有三种表现。

1. 肾小球滤液中$NaHCO_3$的重吸收

当$NaHCO_3$通过肾小球滤过膜入小管腔时，可以解离为Na^+和HCO_3^-存在于小管液中。Na^+与肾小管细胞分泌的H^+进行交换，Na^+全部重吸收。滤液中的HCO_3^-则在小管腔内与H^+结合为H_2CO_3，然后再分解为CO_2和H_2O，CO_2弥散入小管细胞内合成新的HCO_3^-，与Na^+一起吸收回血浆，H_2O随尿排出。正常情况下，肾小管细胞分泌的H^+很多，足以和滤液中的Na^+进行交换而被全部重吸收，因此尿中一般不含有$NaHCO_3$。肾脏吸收碳酸氢盐可保持血浆中碱储备量恒定。

2. 尿的酸化

碱性磷酸盐（主要是Na_2HPO_4）和酸性磷酸盐（主要是NaH_2PO_4）也是血浆中一对较重要

的缓冲物质，正常比值为4∶1。这一对缓冲盐从肾小球滤出后，开始时仍保持原来的比值，当肾小管所分泌的H^+增加时，一部分H^+同Na_2HPO_4所解离的Na^+进行交换，使一部分Na_2HPO_4转变为NaH_2PO_4，从而使尿酸化并随尿排出。而Na^+则与HCO_3^-一起吸收至血浆结合成$NaHCO_3$。

3. 铵盐的形成

氨（NH_3）是肾小管上皮细胞的代谢产物，主要由谷氨酸脱氨生成，其次来自其他氨基酸。NH_3属于脂溶性物质，可通过细胞膜进入肾小管液中，与肾小管细胞分泌的H^+结合生成NH^{4+}，并进一步与强酸盐（NaCl、Na_2SO_4等）的负离子（Cl^-、SO_4^{2-}等）结合而成酸性的铵盐，如NH_4Cl、（NH_4）$_2SO_4$等，随尿排出。强酸盐解离后所释放的Na^+即同H^+交换进入肾小管细胞内，Na^+最终也和肾小管细胞内的HCO_3^-一起转运至血浆合成$NaHCO_3$。

由此可见，在肾小管细胞分泌H^+活动中，不仅重吸收了Na^+，而且将细胞内生成的HCO_3^-也转运入血，这一系列的生理活动对维持体内的酸碱平衡有着重要意义。

第三节　运动与心血管功能

心血管活动的调节

一、运动时心血管功能的变化

（一）运动时心率的变化

动脉血压的形成及运动的影响

静脉回心血量及其影响因素

运动可导致心率明显增高。运动时心率变化速率与幅度因运动强度和时间而异。研究表明，机体完成单一较小强度运动时，心率在运动初期出现迅速上升，达到一定水平后较长时间维持在一个波动不大的范围，提示这段时间各系统机能处于相对稳定状态。随着运动的持续，机体各系统机能平衡被破坏后，心率将出现再次增高直至达到最大心率，此次心率的升高可视为机体的运动疲劳点。机体完成单一大强度运动时，由于机体代谢水平很高，各系统机能水平不能保持在相对稳定的状态，因此心率的变化将持续增高至最大心率而不出现平台。运动心率或脉搏的变化情况可以作为评定运动强度的生理负荷指标，通常将心率从185 b/min（或190 b/min）到最大心率的运动强度称为极限强度，170～185 b/min（或189 b/min）为亚极限强度，150～169 b/min为大强度，120～149 b/min为中等强度。此外，心率亦可作为评定运动者机能状态的客观生理指标，通过测定基础脉搏（晨脉）、运动前心率、定量运动负荷后心率、最大心率及心率恢复速率等指标可在一定程度上反映机体的机能水平，亦可通过心率或脉搏来控制运动强度。

在逐级递增负荷运动中，初始阶段心率随负荷强度的增加而增长，两者呈直线关系；当负荷强度增加到一定程度时，心率增长相对落后于负荷强度的增加，心率增长趋缓，从而使心率曲线形成一个明显的拐点。这个心率拐点也称为“Conconi拐点”。心率拐点的范围为163～183 b/min。

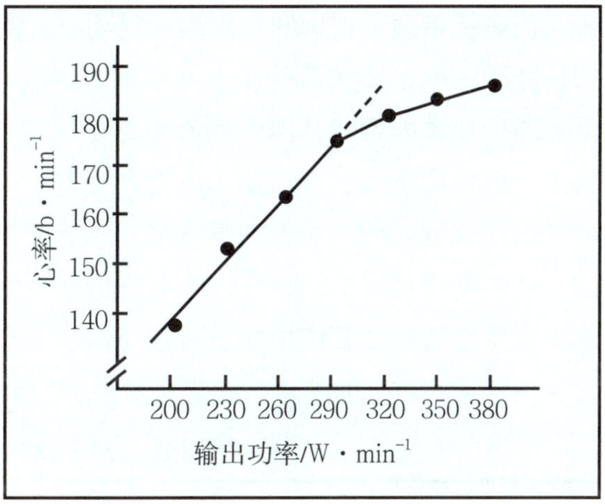

图3-2　运动时心率与输出功率的关系

在进行心率-运动强度负荷实验时并不是所有的人都会出现心率拐点。一般在受过系统训练的运动员中心率拐点出现的比例较高，在80%～100%范围。而无训练的受试者中心率拐点出现的比例较低，在50%～89%之间。训练水平高者，在大强度负荷时，其运动器官相对比心血管系统表现出更大的工作能力，从而导致了心率的增长相对落后于输出功率的增加。

心率拐点与乳酸阈具有较高的相关性。如Conconi等对210名中长跑运动员的研究结果显示，心率拐点所对应的速度与无氧阈呈高度相关（r=0.95～0.99）。德洛盖蒂（Droghetti）等对越野滑雪、自行车和竞走等项目的运动员进行研究后，发现心率拐点与乳酸拐点同步出现，两者呈高度相关（r=0.9）。

（二）运动时每搏输出量和心输出量的变化

运动可明显提高每搏输出量和心输出量。运动引起血流速度加快，静脉回心血量增加，使舒张末期心室容积提高，同时通过交感神经兴奋及儿茶酚胺分泌增加使心肌收缩力增强，减小收缩末期心室容积，二者共同作用导致每搏输出量明显增加，每搏输出量的增加和心率的加快使心输出量显著加大。

在运动时心率和心肌收缩力量都增加，但二者的增加并不始终成正比例。在极限下运动中，每搏输出量逐渐增加到最大值。当运动的强度继续增加时，它并不进一步增加，而心率的增加则一直和运动的强度成近似正比例的关系。当心率超过150～160 b/min时，心舒期缩短导致静脉回心血量减少，心肌收缩力的增强程度有限，使得每搏输出量逐渐减少。当心率超过180 b/min时，由于每搏输出量的大幅度减少，心输出量亦可能随之下降。

（三）运动时动脉血压的变化

运动导致动脉血压的收缩压显著增高，在剧烈运动时收缩压可高达190 mmHg甚至更高。不同运动形式动脉血压的舒张压变化情况不同。动力性运动时收缩压明显升高，舒张压的变化相对较小，甚至可能略有下降，主要原因是动力性运动导致心脏收缩增强，血流速度加快，使血压增高，但同时运动时交感舒血管神经兴奋使外周血管扩张，加之肌肉收缩的推挤加快静脉回流，使动静脉压力差增加，促进了动脉血外流，使得外周阻力相对下降，以上升压和降压两种因素的共同作用使得舒张压变化幅度较小。静力性运动时由于憋气使胸腔压力增大，后负荷增大，每搏输出量有所下降，心室余血量较多，静脉回流阻力亦增加，加之肌肉紧张性收缩对外周血管的静力性压迫，外周血流不畅，外周阻力显著增加，结果使收缩压的升高幅度相对较小，而舒张压十分明显地增高，对小血管造成很大的压力（表3-1）。中老年人由于血管硬化程度增加，弹性下降，脆性增加，因此在大强度静力性运动时因外周阻力过大易发生小血管的破裂，故应尽量少进行大强度静力性运动。

表3-1　不同运动形式对动脉血压的影响

运动形式	收缩压（SBP）	舒张压（DBP）	脉压差
动力性运动	↑↑	↑或↓或－	↑
静力性运动	↑	↑↑	↓

注：↑为上升，↓为下降，↑↑为显著上升，－为变化不明显。

测定清晨卧床血压和一般安静时血压对训练程度和运动疲劳的判定有重要参考价值。

随着训练水平的提高，运动员安静时的血压可略有降低。如果清晨卧床血压较同年龄组血压高15%～20%，可能是运动负荷过大或运动疲劳所致。测定定量负荷前后血压及心率的升降幅度及恢复状况可检查心血管系统机能并区别其机能反应类型，从而对心血管机能作出恰当的判断。

二、运动员心脏的特点与心脏重塑

运动员心脏

1899年瑞典医师亨森（Henshen）通过叩诊发现滑雪运动员心脏肥大，并将其称为运动员心脏（运动心脏）（Athlete's Heart）。运动心脏是指机体长期接受系统运动刺激后逐渐形成的具有明显结构功能特征的心脏。

（一）运动员心脏的特征

长期以来对运动心脏的研究从宏观水平逐步深入到心肌组织、细胞及分子水平。对运动心脏的评定由最初临床医学的否定质疑到现在运动医学的普遍肯定。与一般心脏相比，运动心脏表现出特有的结构功能特征。

1.运动性心脏肥大

长期系统的运动训练使运动员心脏发生明显增大，称为运动性心脏肥大。普通人心脏体积约为本人的拳头大小，重量为200～300 g。运动心脏通常明显超过这一重量，有的甚至超重1倍以上，以耐力性运动员和力量性运动员尤其明显，速度性运动员心脏肥大程度较小。

运动性心脏肥大表现在心腔的扩大和心肌肥厚两方面。超声心动图和影像测试等方法研究表明，长期承受耐力性运动刺激的心脏肥大以心腔内径扩大为主，心室肌的肥厚为辅；长期承受力量性运动刺激的心脏肥大则以心肌肥厚为主，其心腔内径的改变相对较小甚至无改变。

运动性心腔扩大主要是经常性的长时间耐力运动刺激使静脉回心血量增加，逐渐引起心肌纤维肌小节数量和长度增加，导致心腔由功能性扩大转化为器质性扩大。由于运动强度不是很大，其运动后负荷增加较小，心肌收缩阻力增加也较小，故心肌的肥厚程度较小。运动性心肌肥厚主要是机体在克服高阻力负荷时，肌肉收缩紧张性高，运动性憋气等因素使心脏收缩时的后负荷增加，引起每搏输出量减少，机体只能通过加强心肌的收缩力来保证心脏的供血，心肌代谢水平的增高使消耗增多，运动后合成代谢特别是心肌收缩蛋白的合成亦更加旺盛。长期训练结果，是使心肌细胞收缩蛋白数量增加，肌原纤维增多，心肌细胞增粗。

运动性心肌肥厚是心肌细胞对运动刺激的一种良好适应性反应，是一种功能性代偿，它与临床上冠心病、肺心病和风湿性心脏病后期，常出现的病理性心脏肥大明显不同。前者心肌收缩功能增强，泵血效率显著提高，每搏输出量增大，且终止运动后一段时间，肥大心脏可逐步恢复到正常状态（可重塑性）；后者心肌收缩功能减弱，每搏输出量减少，心室余血量增加，肥大一经出现将不可逆转。

2.运动性心动徐缓

具备运动心脏者普遍出现安静心率明显低于正常值的现象，称为运动性心动徐缓。在优秀耐力性运动员中特别明显，心率常降到40～50 b/min，最低者竟达21 b/min。导致运动性心动徐缓发生的原因，是安静状态心迷走神经紧张性相对增高所致。心交感神经和心迷走神经功能的动态平衡维持心率在特定水平。长期的运动训练使机体对高心率刺激逐渐产生适应，同样强度的运动刺激，其心率增加幅度降低。当机体处于安静状态时，交感神经对心迷走神经的抑制作用减弱，导致安静状态下植物性神经系统功能平衡点向副交感神经系统方面移动，使心率降低。

运动心脏安静时虽然心率较低，但由于心脏肥大而表现出较高的每搏输出量，因此安静状态下的心输出量与普通心脏无明显差异。但因其较低的心率，使得每分钟能量消耗远较普通人低，表现出安静状态下心功能出现心率低、每搏输出量高的能量节省化现象。研究发现，安静状态下运动员主要因较大的静脉回心血量而使每搏输出量增加，剧烈运动时通过增加心肌收缩力、减小收缩末期心室余血量，来保证每搏输出量不因高心率降低静脉回心血量而使每搏输出量下降；而普通人在运动中主要靠提高心肌收缩力，减小收缩末期心室余血量来增加每搏输出量。

3.心脏泵血功能改善

运动心脏与普通心脏相比，主要从以下几方面表现出心泵功能的改善。

在安静状态下，两类心脏的供血量并无显著区别，但普通心脏以较高的心率和较小的每搏输出量来保证机体供血；而运动心脏则以较低的心率及较大的每搏输出量保证供血，以较小的能量消耗保证了同样的供血量。同时，安静状态下低心率使运动心脏的心率储备增大，有助于心力储备的提高。

在以规定的强度和时间完成定量负荷运动时，运动心脏较普通心脏泵血功能变化幅度小，主要是因为运动员运动能力强，完成同样的运动更轻松，从而表现出较小的生理反应。在完成最大运动负荷时，运动员为取得更好的运动成绩，其代谢水平更高，心泵功能将表现出更高水平。普通人心脏体积较小，运动时的最大每搏输出量较小，100 mL左右，且维持最大值的时间短。而优秀运动员尤其是耐力性运动员一方面心脏扩大，舒张末期容积大；另一方面心肌收缩力较强，运动中每搏输出量可增至200 mL左右。普通人剧烈运动时的最大心输出量约为20～30 L/min，而运动员最大心输出量可超过40 L/min，可见运动心脏心泵功能的良好表现主要反映在运动过程中。

（二）运动缺氧对心脏结构、功能的影响

大量动物实验研究表明，机体完成长时间剧烈运动后，心肌会发生一系列结构和功能变化，主要表现在心电异常、心肌细胞大量线粒体出现肿胀和空泡样变性甚至解体、肌小节紊乱、细胞核固缩、细胞凋亡现象明显、自由基代谢活跃、血液心肌肌钙蛋白（cTnT、cTnI）和肌酸激酶脑型同工酶（CK-MB）明显增高等现象。上述现象表明运动导致心肌细胞出现微损伤，且这种损伤在运动后一段时间会持续加重，然后才逐渐恢复正常。在这段时间，心脏泵血功能亦会出现一定程度的降低，之后恢复正常。出现上述变化的主要原因是剧烈运动导致心肌缺血缺氧，能量供应发生障碍，心肌细胞受损。运动后恢复期，缺氧程度虽然缓解，但是在复氧过程中细胞会产生大量的氧自由基。自由基是指含有不成对电子的基团。由于失去一个电子，自由基十分活跃，要努力获得电子稳定下来，富含电子的生物膜就成为自由基攻击的主要对象，生物膜失去电子，完整性被破坏，离子代谢发生紊乱，ATP酶活性降低，能量供应出现障碍，使得心肌损伤进一步加重。随着体内消除自由基的酶和非酶物质清除自由基、恢复能量供应和细胞内外离子平衡，受损心肌得以逐渐恢复正常。

（三）运动心脏重塑的机理

有关运动心脏的发生机制更是现代运动心脏研究的热门话题。运动心脏肥大的发生已不仅仅是由于血液动力学超负荷所致的细胞体积增大及相应亚细胞结构改变的简单过程，而是在神经体液因素调节下，尤其在心脏的自分泌、旁分泌及胞内分泌机制调控下的一类结构、功能及代谢诸方面的心脏重塑 过程。

运动心脏研究近百年来，学者普遍认为运动心脏的主要表现为运动性心肌肥大，心动过缓，心搏量增加及心力储备增强。近年研究表明，运动心脏结构与功能改变不仅仅是由于心脏过载所致的血液动力学改变，而且，是在心脏自身内分泌激素与循环内分泌激素的共同调

节下发生发展的心脏重塑过程。

运动心脏自身的神经-内分泌激素通过协同作用调节心脏的收缩性，加强心肌泵功能；调节冠状血管紧张性，改善心肌营养，防止心肌缺血的发生；调节心肌自律性，维持心脏正常舒缩功能；调节心肌结构的生长、增殖，产生心肌肥大，提高有氧耐力，以适应运动中能量代谢的需求。

1. 运动心脏与病理心脏

从运动心脏和病理心脏的形态结构与功能代谢基础来看，运动心脏肥大的程度与其交感神经支配相适应；运动心肌纤维的增长与其相应的毛细血管的增长相适应，运动心肌细胞和亚细胞结构的重塑与其氧化代谢功能相适应；运动心肌收缩蛋白异型的重塑与其收缩过程相适应。这样，运动心脏的结构与功能的适应性重塑使其具备良好的功能储备，适应运动时能量代谢的需求。而病理心脏的形态结构重塑与其功能代谢不相匹配，病理心脏肥大往往是进行性增大；交感神经的增长落后于心脏肥大的增长，毛细血管的增长落后于心肌纤维的增长。心肌细胞和亚细胞结构的重塑落后于其氧化代谢的需求，心肌收缩蛋白异型的重塑落后于心肌收缩过程的需求，因而，病理心脏的发展与转归是进行性的，不可逆的。而运动心脏具有可复性，一旦停止运动训练运动性心脏肥大及其机能改变可以消退与恢复，表明了运动心脏生理性与调节性重塑的本质。

判断病理性与生理性改变的标准除了所具有的病理表现外，其改变是否可逆，即是否具有可复性是一项重要的判断指标。

2. 心血管系统释放和分泌多种激素

心血管系统释放和分泌多种激素和生物活性物质，一般归为三类：①心源性激素，如心钠素、脑钠素、内源性洋地黄素、抗心律失常肽、肾素-血管紧张素、胰岛素样生长因子等；②血管源性激素，如内皮素、内皮舒张因子、血管紧张素转换酶、血小板活化因子、内皮生长因子等；③心脏神经递质，主要有儿茶酚胺、乙酰胆碱、降钙素基因相关肽、神经肽酪氨酸、速激肽、血管活性肠肽、阿片肽等。上述神经-内分泌激素又称为心血管调节肽，对于心血管的功能代谢与生长发育起重要调节作用。研究发现，在运动性心脏重塑过程中发挥调节作用的因子有心钠素、血管紧张素Ⅱ、胰岛素样生长因子、内皮素、降钙素基因相关肽、儿茶酚胺等。

其中心钠素对机体起着重要的血液动力学功能调节作用，可以调节电解质的平衡，缓冲运动中的血压变化及维持内环境稳态。心钠素还会影响到运动心脏自身收缩性与泵功能的调节，冠状血管紧张性，心肌的营养及心肌结构的生长增殖与心肌肥大的产生，最终影响到机体的有氧耐力和运动能力。长期停训后心肌中心钠素的产生，分泌及释放水平下降也说明运动心脏的内分泌功能与停训后运动心脏形态结构的改变一致，亦具可恢复性。

3. 心肌组织的毛细血管

心肌组织供氧的毛细血管的结构与数量对于运动心肌能量代谢过程很重要。研究结果表明，耐力训练后，心脏毛细血管功能结构产生了良好的重构，心肌组织中毛细血管的数密度增加，毛细血管腔表面积密度增高，使单位体积心肌组织中氧气从血液到细胞的弥散面积增大，弥散速度加快，有利于心肌组织的氧气弥散过程，扩大了心肌组织氧气和能源物质的交换量；心肌组织中毛细血管腔体积密度的增高，使单位体积心肌组织中毛细血管容积增大，血流量增多，有利于心肌组织氧气和能源物质的供应。

完全停止训练8 wk后运动心肌组织中毛细血管数密度及其与肌纤维比值的降低，毛细血管的表面积密度和体积密度降低，说明长期停训后心肌组织中毛细血管的数量与功能结构的适应性均减退。长期停训后心肌组织中毛细血管的数量与功能结构的适应性的退化进一步说明运动心脏具有可复性。

三、运动员心电图的特点

心脏窦房结自动、有节律产生的兴奋，通过特殊传导系统按一定的途径和时程，依次传向心房肌和心室肌，引起整个心脏的兴奋，整个心房肌、心室肌形成的动作电位可经心脏周围的导电组织和体液传导到体表。通过引导电极置于肢体或躯体的一定部位记录出来的心脏电变化曲线称为心电图。心电图反映心脏兴奋的产生、传导和恢复过程中的生物电变化，它是心脏机械收缩活动的先决条件。分析研究心电图对了解心脏活动情况和诊断心脏疾病有重要的价值。

（一）正常心电图的波形及间期的意义

常规心电图的记录通过在上下肢和胸前安置的电极可以从不同角度记录到12导联心电变化情况。包括3个标准肢体导联Ⅰ、Ⅱ、Ⅲ，3个加压单极肢体导联aVR（加压右上肢导联）、aVL（加压左上肢导联）、aVF（加压左下肢导联）和6个单极胸导联V_{1-6}。其中以标准Ⅱ导联所记录的心电图最为典型，通常进行单导联心电监护时都记录此导联。以标准Ⅱ导联心电图（图3-3）为例，介绍心电图各波及间期意义。

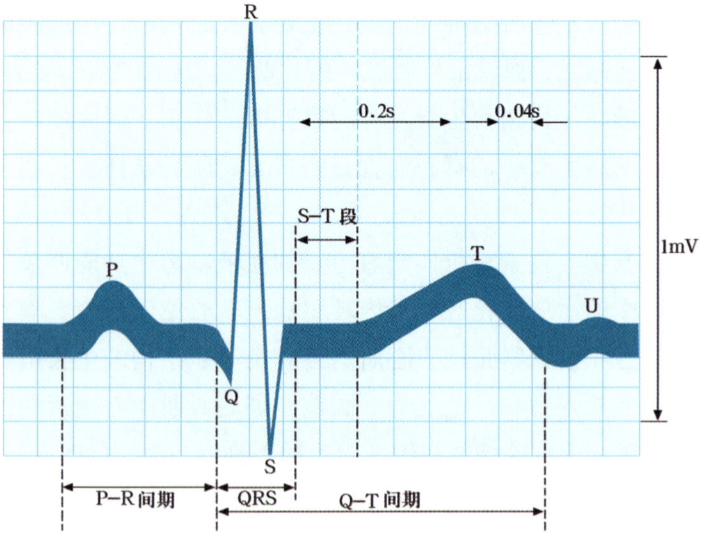

图3-3　正常人心电模式图

（1）P波：反映左右心房去极化过程电变化。历时0.08～0.11 s，波幅不超过0.25 mV。

（2）QRS波群：反映左右心室兴奋去极化过程。历时0.06～0.10 s。

（3）T波：反映左右心室复极化过程。历时0.05～0.25s，波幅为0.1～0.8 mV。

（4）U波：T波之后还可能出现的低而宽的小波。历时0.1～0.3 s，小于0.05 mV。意义和成因尚不完全清楚。

（5）P-R（或P-Q）间期：反映兴奋从窦房结传向心室肌并引起心室肌兴奋所需的时间，因此称为房室传导时间。一般为0.12～0.20 s，发生房室传导阻滞时会延长。

（6）Q-T间期：代表心室从去极化到完全复极化的时间，受心率影响较明显，心率越快，历时越短。

（7）S-T段：代表心室各部分心肌均处于去极化状态，正常时S-T段应与基线平齐，出现压低或抬高常表示心肌缺血或损伤。

心电图经常被用作运动中心脏功能的临床诊断手段。长期的运动训练可以使运动员的心电活动发生改变。研究发现，在运动员心电图中，最普遍发生的是窦性心动过缓，其次出现的房室传导阻滞多为Ⅰ度和Ⅱ度，多与运动训练的强度有关，终止训练可以减轻或消除。高水平运动员的心电图常见S－T段及J点抬高，这是典型的早期复极化现象，常在运动中消失。另外，在心电图Ⅱ、Ⅲ、AVF及V_{1-5}导联可出现T波平坦，双向或倒置改变，运动员这种S－T段及T波改变的确切机制目前还不清楚。有人认为参加训练的运动员在12导联心电图上显示的S－T段抬高，T波倒置和深Q波，R波和S波显著增加是长期剧烈的运动所引起的心脏重塑，在80%的运动员中，电压升高提示左心室肥厚，以耐力性运动员常见。随着运动强度的增加，心率加快，供应骨骼肌的血量增加，冠状动脉疾病的先兆并不会在安静时显现出来，而必须在心脏负荷增加时才会出现。运动心电图对于运动生理学的研究极为重要，因为它能提供便利的方法捕捉急性运动中心率和节律的变化。

（二）动态心电图

动态心电图或称Holter心电监测，系Holter提出并于1961年应用于临床。动态心电图检查仪器由监示记录器和分析系统两部分组成，监示记录器可记录24 h或更长时间的持续心电信息，经分析后，可发现常规心电图难以显示的一过性心电异常变化。因此在临床医学中，动态心电图可提高心律失常的检出率，在判断某些症状与心率失常的关系和冠心病的诊断等方面有重要价值。在运动训练过程中，常发生运动员心电异常现象，尤其在持续大强度运动训练时更为常见。通过动态心电图能更加可靠地检测心脏电活动情况，有助于评定运动员机能状态及科学安排训练和比赛。

（三）心电图运动负荷试验

通过运动以诱发心肌缺血，导致心电图异常，借以诊断冠心病或判断受试者心脏功能的方法，称为心电图运动负荷试验。目前，临床常用的运动负荷试验方法有跑台运动试验、二阶梯双倍运动试验和功率自行车运动试验。跑台运动试验时受试者在有一定坡度和速度的跑台上行走，运动负荷根据跑台的坡度和速度每3 min增加一次，一般从10° 的坡度和1.7 km/h的速度至22° 的坡度和6.0 km/h时的速度，共分7级。试验前进行常规12导联心电图描记，以便与监护导联心电图对照。试验过程中随时观察示波器上显示的心电图变化，如有异常应随时进行描记。在每次递增运动负荷前要先描记一次监护导联心电图，运动后即刻及2、4、6、10 min各描记一次心电图。当达到预期心率（可按195－年龄计算）或当受试者出现典型心绞痛、严重心率失常、头晕、面色苍白、步态不稳或下肢无力不能坚持运动、运动中心电图出现S－T段下降或下垂性下降大于1 mm以及在运动前S－T段原基础上下降1 mm时终止试验。跑台运动试验主要用于可疑冠心病患者的诊断，亦可用于判断受试者心脏功能。二阶梯双倍运动试验的运动负荷是在每级23 cm高的两级阶梯上往返运动，其敏感性和阳性率较低。功率自行车运动试验的运动负荷是在功率自行车上完成的。上述试验有明确的注意事项、禁忌症、预期心率及终止运动指标，通常情况下较为少用，对于冠心病运动诱发试验只能在有急救设施的医院运动实验室中进行。

（四）运动员安静心电图的常见异常情况

运动员安静心电图的常见异常情况主要有窦性心动过缓、窦性心率不齐、不完全性右束支传导阻滞、左心室高电压、早复极、过早搏动、非特异性T 波改变等。

优秀运动员的窦性心动过缓的发生率约55%，多为长期耐力训练的适应结果，是运动员心脏对长期训练产生的适应性生理变化。较慢的安静心率，在不改变心输出量的情况下，心肌的耗氧量降低，心肌出现了能量节省化，心率储备提高。

运动员窦性心率不齐发生率约43%，多属正常的生理现象，一般认为是迷走神经张力变化引起的，与窦房结产生冲动的频率发生变化有关。当运动后心率加快，大部分可以消失，转变成正常的窦性心率。在青少年运动员中，窦性心律不齐的发生也与呼吸有关，属于生理现象。但显著的窦性心率不齐与机能减退有关。

不完全性右束支传导阻滞的发生率约15%，属正常变异，或有右心肥厚和扩张可能，对运动员身体健康无不良影响，参加训练和比赛均无禁忌。运动员一度房室传导阻滞、二度Ⅰ型房室传导阻滞的发生也与运动训练所致的迷走神经张力改变有关，属生理现象。

运动员左心室高电压发生率约12%或更高。系统的运动训练可引起心脏的适应性增大，在形态上多以左心室增大、室壁增厚为特征，因而心电图上可以表现为左室高电压。

优秀运动员早复极发生率9%，多属正常变异，有时需与急性心包炎区别。

优秀运动员过早搏动发生率3.8%左右，常见的原因是过度疲劳，有的与感染、情绪因素有关。

安静和运动后脉搏和血压的测试

非特异性T 波改变发生率3.3%，可能与心脏过劳有关，需注意与心肌炎、心肌缺血或心包炎的区别。

思考题

1. 为什么在一定范围内深慢的呼吸比浅快的呼吸效果要好？
2. 运动时，机体如何调节酸碱平衡？
3. 何谓红细胞流变性？影响因素有哪些？试述运动对红细胞流变性的影响。
4. 如何应用血红蛋白指标指导科学训练？
5. 试述运动心脏的结构功能特征。

主要参考文献

[1] 王瑞元, 苏全生. 运动生理学（第2版）[M]. 北京: 人民体育出版社, 2012.

[2] 卢宁艳, 王健. 呼吸肌耐力训练研究进展[J]. 中国运动医学杂志，2004,23(6):660-662,700.

[3] 常芸. 运动员心脏的热点问题与研究进展[J]. 体育科学, 2010,30（10）:70-79.

第四章 运动与内分泌功能

本章学习提示

通过本章的学习，要求学生掌握运动引起内分泌系统变化的基本特点；了解运动与各内分泌组织、腺体的内分泌功能的相互关系；运用内分泌的知识指导运动训练。

内分泌系统是由内分泌腺和分散于某些器官组织中的内分泌细胞组成的一个重要的信息传递系统。运动会引起机体的内环境发生明显变化。作为机体重要的调控系统之一，内分泌系统也必然会充分动员起来，同神经系统、免疫系统一起，整合性地调节机体不同系统和器官的功能状态，维持机体的稳态。

第一节　运动引起内分泌系统变化的基本特点

一、运动引起激素变化的一般规律

主要内分泌腺及其功能

三大内分泌功能轴与运动

（一）激素对运动的应答反应

激素对运动的应激反应可表现为升高、降低与不确定。大多数激素对运动的反应表现为升高，如生长激素、促甲状腺激素、促肾上腺皮质激素、催乳素、内啡肽、抗利尿激素、皮质醇、醛固酮、儿茶酚胺（肾上腺素、去甲肾上腺素）、甲状腺素、三碘甲腺原氨酸、甲状旁腺素、雌激素、孕激素、睾酮、心钠素等。在各种形式的运动中，胰岛素几乎都呈现为下降。黄体生成素、卵泡刺激素等激素的变化不确定。

（二）运动引起激素变化的类型

运动引起血液中不同激素出现波动的时间不尽相同，主要有以下三种类型：

1.快速应答型

在运动开始后几分钟内激素就出现升高变化，并在短时间内达到高峰。这些激素出现变化反应快，负荷强度对它们的影响大。如儿茶酚胺、皮质醇、促肾上腺皮质激素、睾酮等。

2.缓慢应答型

运动开始后，激素会出现变化，但变化缓慢、持续时间长，激素水平随运动时间的延长而逐步升高，这种变化能持续到运动结束后。这些激素出现变化反应慢，它们的变化受运动持续时间影响大。这种应答的代表有肾素－血管紧张素－醛固酮系统激素、甲状腺素、抗利尿激素。

3.滞后应答型

运动开始阶段，激素并不立即出现明显变化，似有一停滞反应阶段，运动持续十几分钟或几十分钟后激素才会缓慢出现变化。会出现这种反应的激素有生长激素、胰高血糖素、胰岛素。由于这种激素反应只在部分人中出现，因此，还不能肯定这类反应是否就是一种激素反应的普遍现象，比如，生长激素和胰高血糖素在许多受试者表现为快速应答型反应。

（三）运动负荷与激素变化

研究表明，一些激素对运动应激的反应与运动负荷的强度有关，当运动负荷达到一定强度才能激发出激素的明显变化，这种一定负荷强度称作激素反应的阈强度，从表4-1中可以看出，雌激素和胰岛素对低强度的运动就会出现反应，雄激素出现升高反应较晚，儿茶酚胺出现反应的负荷接近无氧阈负荷。

表4-1　引起一些激素水平明显变化的运动负荷阈强度

激素	负荷阈强度(%$\dot{V}O_2max$)
去甲肾上腺素	50～70
肾上腺素	50～70
生长激素	50～60
皮质醇	60～70
雄激素	～70
雌激素	30～35
β－内非肽	60～70
促肾上腺皮质激素	60～70
胰岛素	40～70

由于受到个体差异、营养状态、激素分泌的周期性与节律性变化等因素的影响，以及机体内分泌系统对不同的运动的方式、强度、密度等反应不同，运动引起激素的变化是非常复杂的。

二、运动对激素调控及其代谢的影响

（一）反馈调节的变化

生理条件下，机体内分泌环境的相对稳定，有赖于机体通过内分泌轴的负反馈、内分泌细胞的自分泌和旁分泌等机制的调节、激素间的相互调节。当机体进行剧烈运动，或从事长期训练时，激素的调控也会发生变化。

1. 激素调节变化

运动影响激素的调节机制研究多集中在对下丘脑－垂体－靶腺轴。

在生理状态下，下丘脑－垂体－靶腺轴是调节靶腺细胞激素合成与释放的主要因素。健身活动、小负荷运动训练一般不损害下丘脑－垂体－靶腺轴的调节功能，但大负荷训练，尤其是持续较长时间的大负荷训练往往会造成丘脑－垂体－靶腺轴的功能抑制。相对而言，下丘脑－垂体－性腺轴对大负荷训练较为敏感，容易出现调节功能的降低，而下丘脑－垂体－肾上腺皮质轴的调节功能因运动而出现降低发生较晚。运动引起下丘脑－垂体－靶腺轴功能降低时，在调节过程的不同层次（下丘脑、垂体、靶腺）、不同环节（受体、激素合成与释放）出现障碍。

2. 调节物作用的变化

在生理条件下，胰岛素的分泌主要受血糖浓度的调节。然而，加尔波（Galbo）等的一项研究证明，受试者完成在长时间力竭性运动时，机体出现血糖和血胰岛素同时降低，当给受试者静脉输液补充葡萄糖，并使之处于高血糖状态时，血胰岛素仍然处于较低水平，并没有表现出明显的反馈性升高，说明生理条件下的血糖调节胰岛素分泌的作用在运动过程中发生了变化。

3. 受体的变化

糖皮质激素是应激性激素，即在运动时往往出现血液中糖皮质激素的升高。有研究证明，短时间剧烈运动或长期训练，都会导致糖皮质激素受体下调，这一现象可在白细胞、肝细胞、胸腺细胞等细胞膜观察到，而经停训几个月后，这种下调会逆转。运动往往引起血胰岛素降低，但运动训练能使胰岛素受体增加，从而会增加了外周组织对胰岛素的敏感性。

（二）激素代谢的变化

运动可使激素在血中的半衰期缩短。如：欧文（Irvine）对运动员和普通人的甲状腺素代谢进行了比较研究，发现运动员在完成运动训练时，甲状腺素（T4）的半衰期为4.12 d，而对照组T4的半衰期为6.93 d。

运动可使激素的代谢发生变化。在生理条件下，人体的尿液中几乎检测不到19-去甲基诺龙；当运动员进行剧烈运动后，尿液中会出现少量的19-去甲基诺龙。

除运动本身外，身体的健康状态、机能状态、营养状态、水合状态等许多因素都会影响到运动员的激素代谢水平。

第二节　运动与下丘脑-垂体的内分泌功能

小负荷的健身运动对下丘脑、垂体的功能会有积极的调节作用，大负荷的竞技训练会对下丘脑、垂体的功能产生负面影响，表现为激素分泌的节律紊乱，下丘脑-垂体-靶腺轴的反馈调节机制出现障碍，甚至出现下丘脑、腺体功能的一过性的下降。

一、运动与下丘脑-垂体-甲状腺轴的内分泌功能

下丘脑-垂体-甲状腺轴（Hypothalamus-pituitary-thyroid Axis，HPTh）描述的是对甲状腺功能进行调节控制的途径，下丘脑产生的促甲状腺激素释放激素（Thyrotropic Releasing Hormone，TRH）和生长抑素（Somatostatin，SS）/生长激素释放抑制激素（Growth Hormone Releasing Inhibitory Hormone，GHRIH）经下丘脑－垂体门脉系统运输至腺垂体，TRH兴奋而SS抑制垂体前叶合成和释放促甲状腺素（Thyroid Stimulating Hormone，TSH）。TSH有促进甲状腺合成和分泌甲状腺素的作用，而甲状腺素又会反过来抑制TRH和TSH的分泌，由此构成了甲状腺素合成和分泌的调节回路。（图4-1）

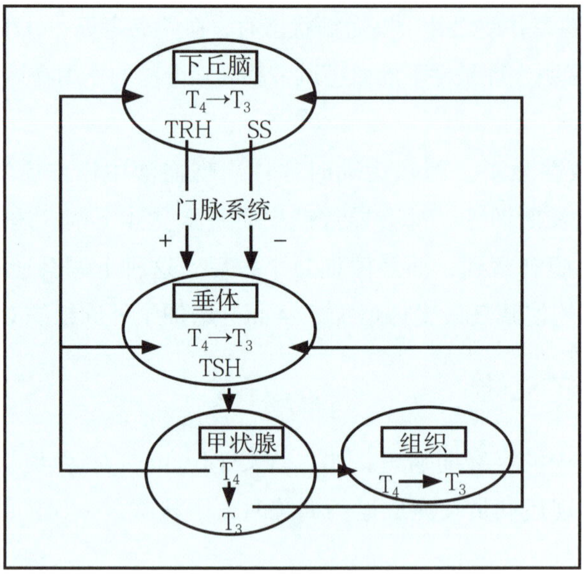

图4-1　甲状腺素合成和分泌的调节回路

（一）一次性运动与下丘脑-垂体-甲状腺轴

关于一次性运动对甲状腺激素分泌的影响，国内外大多数实验表明，不同强度的一次运动后血液循环中甲状腺激素含量增加。如让没有经过训练的受试者进行61%最大摄氧量强度的运动，血浆T4含量显著增加。非运动员以最大摄氧量强度运动至力竭，可使血浆T3、游离T4（FT4）浓度显著升高。但T4、游离T3（FT3）浓度则没有明显的改变。运动员在进行9 km越野滑雪运动后，血浆T4浓度也显著升高。优秀自行车运动员进行25 km自行车运动后，血浆T3浓度不变，而T4浓度则明显升高，动物实验也证明，一次性运动可以使未经训练的大鼠血浆中T3、T4含量明显增加。也有实验结果与此不同，如让受试者进行极限下强度运动至力竭，血浆T3、T4含量均无明显改变。但大鼠无负重游泳至力竭时虽然血浆T4含量均无明显改

变，却能引起血浆T3浓度的明显增加。在进行甲状腺激素运动性变化的研究时，要注意测定指标的选择。

一次性运动对TSH的影响除与运动强度有一定关系外，TSH的变化还与运动持续时间也有关。如普通受试者以61%最大摄氧量强度运动，在运动的10min、20min和30 min取血，没有发现血浆TSH有明显的变化。但让受试者以最大摄氧量强度运动至力竭时，则发现血浆TSH明显降低。血浆TSH在运动前的准备期中上升，运动30 min内下降，随着运动时间的延长又呈上升趋势。因此，在对HPTh轴运动性适应进行研究时，要注意运动强度、持续时间的选择。

（二）运动训练与下丘脑-垂体-甲状腺轴

甲状腺激素是维持体内多种组织器官正常功能的重要激素，尤其是这些组织器官与能量代谢、生长和神经内分泌相关的功能。由于运动训练对多个组织器官的代谢，尤其是能量代谢和生长等功能有影响，这些影响是否与甲状腺激素的调节有关，是很值得研究的。

运动训练对HPTh轴影响的研究主要集中在实验性的训练研究，以及对优秀运动员该轴功能的测定上。如对游泳运动员冬训期进行血浆多种激素，包括甲状腺激素的测定，在10 wk大强度训练，4 wk调整训练期间，甲状腺激素均无明显变化。而对优秀女运动员进行研究时发现，运动性闭经者血浆瘦素、雌激素和甲状腺素、能量摄入均显著低于月经正常者，但与训练周期没有明显的关系。这些研究说明，对专业运动员而言，其甲状腺功能更多与运动员本身的生理功能相关，而对运动训练则似乎已适应了，如果跟踪新参加专业训练的运动员，对发现该轴功能的运动训练性适应会有所帮助。有人做了这种研究，让女性受试者进行为期20 wk的训练，其中，大学女子划船队员为运动训练组，普通大学生为对照组。训练内容包括划船、跑步和力量练习。对训练期间血浆甲状腺激素浓度的变化进行测定，观察到训练组受试者中大部分在训练的第5、10 wk时，血浆FT3浓度下降，第20 wk时恢复至训练前水平，血浆TSH和瘦素的变化与FT3的变化情况相同；但该实验也观察到有受试者在训练期中血浆T4浓度始终没有明显变化的。也有动物实验对运动训练与甲状腺功能进行研究的。大鼠进行强度为20 m/min的跑台运动训练，训练期共5 wk，运动量分别为2 × 60 min、4 × 60 min、6 × 20 min、6 × 40 min和6 × 60 min。分别于训练期前、每周末进行测定，结果发现：各运动组血浆T4含量以及2 × 60 min /wk和6 × 20 min/wk组血浆T3浓度明显下降，而4 × 60 min/wk和6 × 40 min/wk运动量组大鼠血浆甲状腺激素则没有明显的变化。如果研究周期延长，可能也能观察到在运动员身上出现的随着对训练的适应，甲状腺激素变化消失的现象。

HPTh轴在训练周期中的表现说明，训练初期下丘脑-垂体-甲状腺轴应激程度可能较低，因此，对甲状腺分泌激素的促进作用减弱。这也可能是机体在进入运动训练初期时，有某种减少其他组织器官能量消耗的信号，并通过甲状腺激素分泌的减少来实现这种调节。

二、运动与下丘脑-垂体-肾上腺皮质轴的内分泌功能

下丘脑－垂体－肾上腺皮质轴（HPA轴）的动员与机体抵抗内外刺激的应答性反应有关，故亦称之为应激轴。身体运动会刺激大脑皮质；在大脑皮质作用下，HPA轴活动加强，使肾上腺皮质激素释放增加；肾上腺皮质激素作用于有关靶器官、靶组织或靶细胞，通过增强能量代谢等反应，对运动产生应激。

（一）运动强度与下丘脑-垂体-肾上腺皮质轴

有氧运动过程中，HPA轴的激活与相对的运动强度成比例，而与个体健康水平无关。较长时间次最大强度运动和短时间高强度运动都可以导致HPA轴激活，短时间高强度运动使血浆促肾上腺皮质激素水平增高的程度大于较长时间次最大强度运动，但小于递增负荷直至疲劳的运动方式。在超长距离的比赛中，可观察到血浆皮质醇水平在运动开始前升高（反映赛前紧张）或在开始后增高，并且在余后的赛事中保持高水平，并高于平常24 h的变化。运动持续时间也影响血浆皮质醇对运动的反应。例如，42 km皮划艇运动的血浆皮质醇增高程度要大于19公里皮划艇运动。在6 d的滑雪比赛中，血浆促肾上腺皮质激素水平升高并在整个赛事中保持高水平，且在开始的2 d时血浆皮质醇水平到达高峰。但是，在研究中可以观察到血浆皮质醇对运动的反应有较大的个体差异，一些心理因素也可能影响到HPA轴对运动应激的反应程度。

（二）运动类型与下丘脑-垂体-肾上腺皮质轴

不同运动类型运动后HPA轴的反应不同。一般情况下，运动后HPA轴被激活，导致血浆皮质醇含量增多，但增多幅度有差异。有报道，男子50 mi（约80km）竞走及女子手球赛后运动员血浆皮质醇水平反应性增高。赛艇和马拉松选手运动后，其血浆皮质醇水平反应性增高，但赛艇选手的增高幅度明显高于马拉松选手。与上述持续有氧运动不同的是，网球等不同强度的间歇运动却不能激活HPA轴，但在网球比赛过程中，运动员血浆皮质醇水平反应性增高，结合比赛的应激分析，这可能更多与心理因素相关而不是与运动本身相关。

抗阻力运动也可激活HPA轴，但依赖于运动强度的大小。每轮的运动持续时间、重复次数以及组间休息时间的长短是决定皮质醇反应的主要因素。在做功相同的条件下，无氧运动导致的血浆皮质醇水平增高程度比有氧运动大得多。

（三）运动者性别、年龄与下丘脑-垂体-肾上腺皮质轴

HPA轴对运动的反应与年龄无关。让男性儿童进行30 min最大摄氧量强度的运动，其血浆皮质醇反应性增高。同样，青少年的功率自行车力竭运动也可激活HPA轴；男性青少年在举重后血浆皮质醇水平也会反应性增高。男性老年人在高强度抗阻运动后血浆皮质醇水平反应

性下降，但这可能是其努力程度降低所致。在次最大强度的有氧运动中，可以观察到老年人在运动初期HPA轴即被激活并伴有交感神经系统活性明显增强，然而当运动达到相同的相对运动强度时，经过训练和未经过训练的老年实验组以及青年对照组之间，皮质醇对有氧运动的反应相似。而且，在健康老年人和青年人之间，耐力训练对HPA轴活性的影响是相似的。

有关不同性别运动员运动时HPA轴的反应研究报道并不多。健康女性安静状态下的血皮质醇水平和皮质醇对运动的反应与月经周期无关。不同性别运动员在跑台上进行30 min80%最大摄氧量运动，其血浆ACTH和皮质醇水平相似。然而，所需激活HPA轴的抗阻运动的强度却表现为女性高于男性。一项研究显示，马拉松女选手和男选手相比，其ACTH基础水平较低，且在马拉松运动以及递增负荷运动后，其ACTH浓度升高较多。另一项研究表明血浆皮质醇水平对耐力运动的反应不受性别影响。马拉松赛后男选手和女选手HPA轴活性恢复正常的时间是相似的。

三、运动与下丘脑-垂体-性腺轴的内分泌功能

下丘脑－垂体－性腺轴（卵巢和睾丸）三级结构形成一个机能中心，主要功能是使机体的生殖功能活动维持正常，称下丘脑－垂体－性腺轴。适宜负荷的运动或健身锻炼不会对下丘脑－垂体－性腺轴功能产生不利的影响，长期大负荷的运动训练会抑制下丘脑－垂体－性腺轴功能，可表现为训练后的恢复减缓；如果在一些长期限制热量摄入的女运动员，还会表现为发育推迟，月经紊乱，骨质疏松，影响身体健康。

（一）运动与雄激素

运动员有一个平衡的内分泌环境，是维持其良好竞技状态的重要前提和保障，而运动员自身血睾酮水平的高低又是反映内分泌功能状态的一个重要标志。

自20世纪70年代以来，血睾酮（雄激素）与运动关系的研究一直是人们关注的热点。大量研究表明，运动引起血睾酮变化主要受运动的密度、负荷强度、负荷量、持续时间等因素影响。通常，一次运动首先引起血睾酮升高，随运动时间延长会升高到峰值，随后便下降，如果运动继续，血睾酮会明显低于运动前的水平，即适宜的训练或锻炼使安静状态下血睾酮有所升高或不变，长期大运动量训练或过度训练常常使血睾酮下降。

研究发现，尽管运动引起的血睾酮升高甚至过度分泌与HPG轴的调控关系不大，很可能是通过睾丸间质细胞β_2受体调节所致，但HPG轴能够调节睾酮分泌与合成的作用并没有消失。在HPG轴功能没有被抑制时，机体可通过它的反馈调节使降低的血睾酮回升；相反，出现了HPG轴功能抑制，降低的血睾酮就不可能通过HPG轴的反馈调节而回复。

虽然一些研究显示雄性动物的攻击性与其血睾酮呈正相关，机体运动能力与血睾酮呈较高度正相关，但体能与血睾酮的变化有时也会出现分离现象。当出现了血睾酮与运动能力的

分离现象，尤其是当血睾酮水平持续不高而竞技状态还不算太差，甚至运动能力还处在比较高的水平时，更应该引起高度重视。此时如不及时调整，反而继续加大运动量，必将导致运动能力下降，甚至导致过度训练。

睾酮是较高层次的调节代谢的激素，从睾酮的升降到引起合成代谢的改变，乃至表现出体能的变化需要一段时间，即此时的机能状态如何并非完全取决于此刻的血睾酮水平高低，因此，仅依据血睾酮值预测运动能力是不全面的。

（二）运动与雌激素

雌激素的主要生物作用是刺激雌性生殖器官的生长发育，刺激雌性副性腺的发育。此外，雌激素对神经系统和代谢机能也有明显作用。

女运动员黄体期运动能力明显强于月经期或其他时期，是激素水平较高、交感神经兴奋性增强及能量代谢等多种因素共同作用的结果。根据目前的研究结果可以认为，雌激素的作用是多途径和多环节的，提示我们监测雌激素水平的变化，有助于间接对运动员进行机能评价，在进行训练和比赛时，结合利用雌激素分泌状态对提高女运动员运动能力，预防运动损伤无疑具有良好的作用。

第三节　运动与心脏的内分泌功能

目前研究发现心血管内分泌功能主要包括三类：①心源性激素，如心钠素、脑钠素、内源性洋地黄素、抗心律失常肽、肾素－血管紧张素、胰岛素样生长因子等；②血管源性激素，如内皮素、内皮舒张因子、血管紧张素转换酶、血小板活化因子、内皮生长因子等；③心脏神经递质，主要有儿茶酚胺、乙酰胆碱、降钙素基因相关肽、神经肽酪氨酸、速激肽、血管活性肠肽、阿片肽等。上述神经-内分泌激素又称为心血管调节肽，对于心血管的功能代谢与生长发育起重要调节作用。

一、运动与心钠素

大量报道证明，心钠素（Atrial Natriuretic Peptide，ANP）属于快速反应型激素，在运动中发挥着重要的作用，与其他体液调节激素共同维持运动中水和电解质的平衡，确保机体的生理功能正常进行。

运动导致的心钠素增加与运动强度有关，而且也受时间的影响。血浆心钠素是一种快反应激素，运动早期心率增加、血压升高、血液循环加速、回心血量增加、心房肌受到牵张，刺激心钠素的释放，因此，在急性运动尤其是中等强度急性运动早期就可以观察到血浆心钠素水平明显增加，且训练水平越高血浆心钠素水平增加得越明显。运动训练对安静时血浆心钠素水平影响是一种长期渐进的效应。常年参加运动训练的运动员安静时血浆心钠素水平低于对照个体。

心钠素信使核糖核酸（mRNA）是合成ANP翻译转录的模板，因此心钠素信使核糖核酸含量的提高是心钠素合成增多的前提条件。耐力性运动可引起心脏基因表达的改变。刘伟等认为心钠素分泌与运动负荷有一定的非线性关系，提示合理的运动负荷存在着一个适宜的强度范围。在超负荷运动及高度应激状态下会表现出心房心钠素信使核糖核酸基因转录水平提高，心室心钠素信使核糖核酸基因转录水平下降，伴有心肌纤维断裂，线粒体空泡化，提示超负荷运动会对心脏造成损害。

二、运动与脑钠素

脑钠素（Brain Natriuretic Peptide，BNP）最早是由日本学者须籐（Sudoh）等从猪脑中提取的一种血管活性多肽。其主要由心室分泌，广泛分布于心、脑、肺、肾。BNP具有利尿、利钠、扩张血管、降压和减缓心肌重构的作用，在心血管病、肺部疾病、糖尿病心肌病等的诊断、治疗和预后的预测等方面都具有重要意义及广泛应用前景。

影响BNP释放的因素有很多，其中最有效的刺激就是容量负荷引起的心室压力改变及室壁张力的增加。目前对BNP的研究主要集中在临床应用上，它参与了病理性心脏肥大的发生发展过程，在心肌肥厚和心力衰竭方面具有极高的诊断价值和药用价值。而BNP基因表达与运动性心肌肥大有何关系，报道不多。

三、运动与血管紧张素

当机体循环血量减少或肾血流量减少时，可促进肾小球旁器的球旁细胞分泌肾素，进入血液后，促使由肝生成的血管紧张素原水解为血管紧张素Ⅰ（AngⅠ）。AngⅠ随血液流经肺循环时，受肺所含的转化酶作用，被水解为8肽的血管紧张素Ⅱ（AngⅡ）。

肾素-血管紧张素系统（renin-angiotensin system，RAS）对调节心血管功能发挥着重要作用。其中AngⅡ能使全身小动脉收缩而升高血压，此外，还可促进肾上腺皮质分泌醛固酮，醛固酮作用于肾小管，起保钠、保水、排钾作用，引起血量增多。

现已确认血管和心脏中存在独立而完整的RAS。目前认为心脏局部RAS系统包括肾素、ACE、AngⅠ、AngⅡ及AngⅡ受体（angiotensin receptor，ATR），以旁分泌、自分泌的形式在心血管局部区域发挥作用，并在局部灭活。局部的RAS与全身的RAS既有所依赖又相对独立，共同协调维持血管张力，调节血压和血流量，并作用于心脏局部，调节冠脉循环，增强心肌的收缩力和冠脉的紧张度。

良好的心血管功能特别是动脉和心脏的顺应性是优秀耐力运动员成功的关键。近年来，发现在各种应激反应中，AngⅡ的浓度均有明显增加。运动训练可以导致心室肌中AngⅡ的含量增加，这一变化与运动性心肌肥大的程度呈正相关。进一步的研究认为，AngⅡ可刺激心肌细胞原癌基因（c-fos）、ANP、肌球蛋白α重链基因表达增强；在运动性肥大心脏，心肌c-fos 基因表达具有运动后即刻明显增强的波动性，心钠素基因—过性表达增强，肌球蛋白α重链基因表达增强等，使心肌细胞向“收缩表型”转变，心肌收缩性提高，被认为是“生理性心脏重塑”。

第四节　运动与胰岛的内分泌功能

一、运动与胰岛素

（一）运动时的胰岛素反应

血浆胰岛素半衰期只有6～8 min。进行短时间运动，当运动强度超过50%$\dot{V}O_2max$，血浆胰岛素浓度降低，降低程度与运动强度大小尤其是持续时间长短呈负相关。中等强度以上水平运动时，胰岛素分泌对血糖浓度升高的敏感性降低，甚至在血糖浓度升高很明显时血浆胰岛素浓度仍然降低。加尔波（Galbo）等证明，在长时间精疲力竭运动的后期出现血糖降低时以静脉输给葡萄糖达到高血糖状态，血浆胰岛素浓度仍然处于低水平状态，去甲肾上腺素浓度仍然是高水平状态。胰岛素浓度大幅度降低常见于连续2～3 h达到精疲力竭的跑后，血浆胰岛素浓度可降低至静息值一半以下。

年龄与胰岛素分泌机能之间的关系较复杂。弗里斯（Frish）将5000名大学毕业生到70岁仍存活者，分成两组：第一组终身进行体育锻炼，第二组不经常参加体育活动。至70岁，第二组发生非胰岛素依赖性糖尿病者比第一组高出3.4倍。运动可以改善机体胰岛素调节糖代谢的动力学平衡，但主要依赖于每一次急性运动的直接作用，其改善程度又取决于运动强度和持续时间。

（二）运动中胰岛素分泌的调节

葡萄糖是刺激胰岛素分泌最主要的因素。在运动过程中，随着运动强度的加大，葡萄糖的代谢率也增大。循环胰岛素浓度的减少将导致内源性能量的动员，血糖浓度增加。血糖浓度升高时，迅速引起胰岛素的分泌。胰岛素可使全身各种组织加速摄取、储存和利用葡萄糖，特别是肝脏、肌肉和脂肪组织，使血糖水平下降。

（三）运动对胰岛素敏感性的影响

运动训练可以使机体对胰岛素的敏感性增加，即经训练后对同一水平血糖调节只需较少量的胰岛素。运动训练改变机体胰岛素的敏感性及葡萄糖耐量主要依赖于每一次急性运动的直接作用，其改善程度取决于运动强度和持续时间。对于停训后胰岛素敏感性增强的持续时间，不同学者的研究结果不完全一致。

坚持适当的运动可以取得以下效果：① 提高胰岛素的敏感性，降低血糖；② 在控制饮食的情况下，使体重维持在理想范围；③ 降低血循环极低密度脂蛋白与低密度脂蛋白胆固醇、甘油三酯及胰岛素水平，有利于防止心血管并发症；④ 减少胰岛素注射量或口服药剂量；⑤增强工作能力和自信心。因此，目前对于糖尿病的治疗措施除营养、药物治疗外，适当的运动也是重要的治疗手段。

胰岛素在能量平衡和体重调节方面起重要作用。据测定，一个脂肪细胞大约含有1万个胰岛素受体分子。长期外周使用胰岛素所引起体脂增加与肝脏、骨骼肌及脂肪细胞膜上的胰岛素受体数量减少、功能降低有关，所以肥胖者常伴有高胰岛素血症和高血糖症，出现胰岛素抵抗。一般认为，耐力训练通过增加能量消耗，造成体内能量负平衡，来达到降低体脂的目的。运动时除能量消耗增多外，也与能量代谢有关的激素都在一定程度上发生变化有关，血浆胰岛素也不例外。肥胖者经过系统的有氧耐力训练可以使血浆胰岛素浓度降低一半之多，并且与葡萄糖耐量试验的改善相耦联。

二、运动与胰高血糖素

胰高血糖素是由29个氨基酸组成的直链多肽，是由一个大的蛋白质前身物质分裂而来，其分子量为3485。

短时间静力性运动血浆胰高血糖素浓度不变。短时间动力性运动血浆胰高血糖素浓度降低，降低程度与运动强度大小呈负相关，如果运动持续数分钟以上即不再出现降低。这可能与运动时血液重新分配使流向内脏区的血流量减少，影响了胰高血糖素从胰岛中运出。进行长时间运动时血浆胰高血糖素浓度逐渐升高，其特点同胰岛素，在运动开始后经历一段滞后期，胰高血糖素浓度才升高，其滞后时间取决于运动强度大小。进行60% $\dot{V}O_2max$强度运动，滞后时间大约为45 min；50% $\dot{V}O_2max$运动，滞后60 min；30% $\dot{V}O_2max$运动，滞后120 min。

长时间运动血浆胰高血糖素浓度可比静息值增加30%～300%，其机制为胰A细胞分泌胰高血糖素增多，并非因肝、肾组织对胰高血糖素清除率减少。耐力训练可以使静息时机体血浆胰高血糖素基础浓度减少。在完成同一绝对甚至相对运动负荷，有训练的机体血浆胰高血糖素反应比未经训练的机体显著减小，这与血糖和胰岛素的浓度变化较小有关。大强度耐力训练约3 wk就会发生运动时胰高血糖素反应减弱的现象。

第五节　运动与其他腺体或组织的内分泌功能

一、运动与肌源性白细胞介素-6

IL-6（白细胞介素-6）是一种抗炎症因子，人们在研究各种免疫因子对运动的反应时，发现IL-6对运动的反应是最明显的，剧烈运动后，IL-6在血液中的浓度与安静时相比，可以上升100倍以上。由于运动时的IL-6主要来源为骨骼肌，因此IL-6又可称为肌因子。

（一）运动负荷

较多的学者研究了长时间、大或中等强度耐力运动后，血液中IL-6变化的规律，发现在运动后期IL-6才开始大量出现，并且IL-6增加的程度与运动强度有关。从哥本哈根马拉松赛的资料中发现，运动强度和IL-6的增加存在相关关系。然而，短时间、大强度运动后IL-6变化规律还很少研究，尼尔森（Nielsen）等发现在做最大划船运动6 min后，IL-6浓度增加两倍。尽管这些资料认为运动强度对IL-6的释放具有重要作用，这些结果可能与运动形式不同而导致的肌肉募集有关。尼尔森（Nielsen）的实验采取划船这种典型的上下肢肌肉群募集的运动方式，支持肌肉募集的数量对IL-6释放的重要意义。有两个实验分别采用跑步和骑自行车的运动方式，运动强度达到每个人乳酸阈强度，因此在比较这两种形式的运动中，“代谢负荷”基本相似，结果表明，涉及更多肌肉参与的跑步比自行车所释放的IL-6要多，证明肌肉募集的数量在IL-6释放中具有重要的作用。

（二）收缩方式

肌肉收缩类型的不同对IL-6释放的时间过程具有很重要的作用。在长时间（1 h）、间歇性单腿伸膝离心运动和持续半小时的双腿伸膝离心运动中，运动停止后，IL-6的释放还没有达到峰值。相反，在跑步、骑自行车或向心性伸膝运动中，在运动停止，机体逐渐恢复以前，IL-6就达到峰值。因此，很明显，由向心收缩和与肌肉损伤有关的离心收缩引起的IL-6释放的动力学是不一样的。实际上，布鲁斯加德（Bruunsgaard）等使用离心收缩形式，发现IL-6的释放和运动强度、持续时间无关，而与传统的肌肉损伤标志物CK有关。因为这些发现，人们普遍认为IL-6对运动的反应代表运动引起的肌肉损伤，因此运动引起的IL-6增加是工作肌局部损伤引起的免疫反应。尽管早期的研究结果得出这样的结论，更多最新的实验表明IL-6和CK水平不存在相关关系。有人研究了血浆IL-6、CK、肌球蛋白重链在健康的青年和老年人离心收缩5 d后的水平，尽管IL-6和肌球蛋白重链明显增加，但是IL-6的水平在各个组都恢复到安静时的水平（约5pg/mL），这些结果显示，肌肉运动中IL-6的大量增加，而CK并未增加或仅有少量增加，说明它是与机械收缩有关而不是与肌肉损伤有关。很可能的是，长时间运动后IL-6大量或中等程度的增加不依赖于肌肉损伤，而肌肉损伤本身伴随机械修复及巨噬细胞浸润而产生IL-6，由肌肉损伤导致的IL-6产生出现较晚，并且比由肌肉收缩所引起的IL-6产生的量要小得多。

（三）其他

除了运动强度、持续时间、运动方式，人们认为运动引起的IL-6增加和交感肾上腺反应有关。一个动物实验发现应激状况下肾上腺素的增加是造成IL-6分泌的原因之一。然而近来的资料显示，模仿跑步2.5 h后肾上腺素的增加，给受试者注射肾上腺素，肾上腺素增加30倍，而IL-6仅仅增加4倍。当我们用补充碳水化合物或以额外热刺激减弱或增强肾上腺素反应时，IL-6的释放没有发生变化。因此，交感肾上腺反应在IL-6的释放中仅仅起了很小的作用。以前，人们还发现，运动后IL-6的增加和血乳酸有关。然而，近年来的研究发现，由线粒体肌病而造成高血乳酸水平的病人，服用DCA（增加丙酮酸脱氢酶的活性的一种药物）15 d后，服用组与未服用组均完成相同的运动，结果发现，DCA降低安静时血乳酸水平，增加血浆IL-6浓度，并且仅仅在服用组，运动后IL-6显著增加，说明IL-6产生不是高血乳酸水平的直接结果。

总之，运动引起的IL-6增加和运动强度、持续时间、肌肉募集的数量及个人的耐力水平有关，向心收缩与离心收缩引起的IL-6增加和达到峰值的时间过程存在很大差异。并且，与前人所想象不一样的是，肾上腺反应和血乳酸水平与运动中IL-6的释放没有直接或很大的关系。

二、运动与瘦素

瘦素（leptin）是由肥胖基因编码的一种多肽激素，由167个氨基酸残基组成，分子量为16kDa，具有强亲水性。人血浆瘦素水平升高与人体脂肪重量成正比。瘦素具有广泛的生物学效应，其主要功能是对能量平衡及体重进行调节。瘦素及其受体基因突变可导致病态肥胖。在一项为期24 wk的研究中，每日皮下注射瘦素可使体重有不同程度的减轻。近年来研究发现，肥胖者体内瘦素转运至大脑的能力下降，从而造成肥胖者的瘦素抵抗。

运动员的瘦素水平普遍低于普通人。其原因可能是运动员体脂含量较低，或与运动员长期进行运动锻炼引起的复杂的内分泌适应有关。有学者认为血瘦素可以作为运动负荷和运动员机能监控的指标，如爱沙尼亚学者朱丽梅（Jurimae）通过对女赛艇运动员进行长时间观察，发现长期大强度的运动会引起血瘦素水平下降，提出可以用血瘦素水平来监控能量消耗和随后的恢复情况。血瘦素对运动量十分敏感，高的运动量引起瘦素浓度的下降。这表明可以使用血瘦素作为评定训练量的敏感指标。

三、运动与肿瘤坏死因子

肿瘤坏死因子主要由活化的巨噬细胞、自然杀伤（NK）细胞及T淋巴细胞产生。1985年沙拉比（Shalaby）把巨噬细胞产生的TNF命名为TNF-α，把T淋巴细胞产生的淋巴毒素（Lymphotoxin，LT)命名为TNF-β。虽然TNF-α与TNF-β仅有约30%的同源性，但它们却拥有共同的受体。TNF α的生物学活性占TNF总活性的70%～95%，因此目前常说的TNF多指TNF-α。

TNF主要功能是激活其他细胞因子和调节细胞的分化、增殖、坏死或凋亡，TNF对脂肪代谢也有重要的作用，是肥胖向胰岛素抵抗发展过程中的重要影响因素。

运动中TNF-α释放源并没有完全搞清楚。肌肉组织中的脂肪细胞可能是TNF-α释放的部位。TNF-α表达增加已经在大鼠脂肪细胞中证实。另外，运动造成的损伤也许会激活巨噬细胞释放TNF-α。运动训练能够改变循环血中的TNF-α浓度，急性运动提高TNF-α水平。在人类的损伤性运动中，TNF-α与骨骼肌中PI3K（磷脂酰肌醇-3激酶，一种增加蛋白质合成及刺激肌肉生长的信号因子）活力下降之间存在非常高的相关性。

在肥胖者中脂肪组织中的TNF-α水平与糖摄入呈相反的关系。肥胖者与糖尿病者的骨骼肌中也存在TNF-α表达，而且TNF-α水平与胰岛素敏感性有关。TNF-α可能通过下调胰岛素受体和胰岛素受体底物1的合成，抑制胰岛素刺激的葡萄糖转运，抑制过氧化物酶体增殖体激活受体γ(PPAR γ)的合成或功能而介导胰岛素抵抗。

思考题

1. 运动引起的激素变化有哪些类型?
2. 中枢神经递质对长期运动训练表现出哪些适应性变化?
3. 运动中调整血睾酮的因素有哪些?
4. 心脏的内分泌功能具有哪些特点?
5. 运动影响胰岛素敏感性的可能机制是什么?

主要参考文献

[1] 谢敏豪,冯炜权,严翊. 运动内分泌学[M]. 北京: 北京体育大学出版社, 2008.
[2] 冯炜权. 运动生物化学研究进展[M]. 北京: 北京体育大学出版社, 2006,
[3] 程治平.内分泌生理学[M]. 北京：人民卫生出版社, 1984.
[4] 杨锡让. 实用运动生理学[M]. 修订本. 北京：北京体育大学出版社, 1998.

第五章
运动与免疫机能

本章学习提示

通过本章的学习，要求学生掌握免疫系统组成与功能及分泌型免疫因子的作用，了解运动与免疫细胞之间的关系，以及运动在各个水平对免疫系统的调节作用。

早在1901年，拉腊比（Larrabee）就发现参加波士顿马拉松赛的运动员血液中嗜中性粒细胞显著增多，并且观察到超出生理极限的运动会使体内出现大量白细胞解体的炎症类型，首次提出了过度运动、免疫及感染三者的关系。此后，学者们又提出了长时间耐力运动后机体会出现至少几小时的免疫抑制的“开窗” 期的概念。在此期间，机体免疫力下降，细菌、病毒可能会有一个立足点，使感染疾病的风险增加。这是一些运动员在大运动量训练期间或激烈的比赛后容易感染疾病，以至于影响正常的运动训练和比赛成绩的重要原因。人体免疫力与运动的关系已越来越受到人们的重视。

第一节　免疫学基础概述

免疫（immune）是机体识别自身与非己抗原，对自身抗原形成天然免疫耐受，对非己抗原产生排异作用的一种生理功能。

一、免疫系统的组成与功能

免疫系统由主宰或执行机体免疫功能的器官、细胞和分子所组成的一个系统。（表5-1）

表5-1　免疫系统的组成

免疫器官		免疫细胞	免疫分子	
中枢	周围		模型分子	分泌型分子
法式囊（禽类）	脾	造血干细胞系	T细胞抗原识别受体	免疫球蛋白
胸腺	淋巴结	淋巴细胞系	B细胞抗原识别受体	补体
骨髓	黏膜免疫系统	单核吞噬细胞系	白细胞分化抗原（CD抗原）	细胞因子
	皮肤免疫系统	其他免疫细胞(粒细胞、红细胞等)	主要组织相容性抗原	
			其他受体分子	

免疫器官根据它们的作用，可分为中枢免疫器官和周围免疫器官。禽类的法式囊（腔上囊）、哺乳类动物及人的胸腺和骨髓属于中枢免疫器官。骨髓是造血干细胞和B细胞发育分化的场所，法式囊是禽类B细胞发育分化的器官。胸腺是T细胞发育分化的器官。脾和全身淋巴结是周围免疫器官，它们是成熟B细胞和T细胞定居的部位，也是发生免疫应答的场所。此外，黏膜免疫系统和皮肤免疫系统也是重要的局部免疫组织。

免疫细胞广义的概念可包括造血干细胞、淋巴细胞系、单核吞噬细胞系、粒细胞系、红细胞、肥大细胞和血小板等。

免疫分子可包括免疫细胞膜分子，如抗原识别受体、CD抗原（Cluster of Differentiation）、主要组织相容性抗原及一些其他受体分子等。也包括由免疫细胞和非免疫细胞合成和分泌的分子，如免疫球蛋白分子、补体（Complement，C）分子及细胞因子等。

免疫系统具有免疫防御、免疫自稳和免疫监视三方面功能（表5-2），免疫系统中各组成部分的存在和功能正常是维持机体免疫功能稳定性的基本保证。正常情况下，免疫功能对机体有益，可产生抗感染、抗肿瘤等维持机体生理平衡和稳定的免疫保护作用。在一定条件下，任何一方异常，均可导致免疫功能的紊乱或不全，产生对机体有害的反应和结果，可引发超敏反应、自身免疫性疾病和肿瘤等。

表5-2 免疫系统三大功能的生理和病理表现

功能	生理性（有利）	病理性（有害）
免疫防御	清除病原微生物及其他抗原性异物	超敏反应（过度），免疫缺陷病（不足）
免疫自稳	清除损伤或衰老的细胞	自身免疫性疾病
免疫监视	清除衰变或畸变细胞，防止肿瘤发生；破坏病毒感染的细胞	肿瘤发生，病毒持续感染

二、抗原

抗原是一类能刺激机体免疫系统产生免疫应答而生成抗体或致敏淋巴细胞等免疫应答产物，并能与之在体内或/和体外发生特异性结合的物质。

抗原通常具有两种性能：免疫原性和免疫反应性。免疫原性指抗原刺激机体免疫系统使之产生免疫应答产物（抗体或致敏淋巴细胞）的性能；免疫反应性指抗原能与免疫应答产物（抗体或致敏淋巴细胞）特异性结合，发生免疫反应的性能。

有些抗原能刺激机体发生病理性免疫应答，即产生超敏反应，此类抗原被称为变应原。在某些特定条件下，抗原也可诱导机体对该抗原表现出特异性无应答状态，即产生免疫耐受性，此类抗原被称为耐受原。

（一）抗原的免疫原性

某些物质是否具有免疫原性，一方面取决物质本身的性质，另一方面取决于机体对该种物质的应答性。自然界物质种类繁多，它们能否成为抗原与下列因素有关。

1. 异物性

某种物质，若其化学结构与寄主的自身成分相异或机体的免疫细胞从未与它接触过，这种物质称为异物。异物性是抗原物质的首要性质。免疫应答就其本质而言，就是识别异物和排斥异物的应答，故激发免疫应答的抗原一般是异物性物质，异物性物质包括以下几类。

（1）异种物质

异种蛋白质、各种微生物及其代谢产物，对人体而言均属异种物质，具有强免疫原性。通常种属关系越远，免疫原性越强。例如，鸭血清蛋白对鸡是弱抗原，对家兔则是强抗原。

（2）同种异体物质

高等动物同种属不同个体之间，由于遗传基因不同，其相同组织或细胞表面的化学结构也有差异。因此，同种异体物质也可以是抗原物质。例如，人类红细胞表面的A、B、O血型物质和人体内有核细胞表面的主要组织相容性抗原均属此类抗原。若在不同血型个体之间输血或不同个体之间进行器官移植，将会引起溶血性输血反应和移植排斥反应。

（3）改变和隐蔽的自身物质

自身组织成分通常对机体没有免疫原性，但在外伤、感染、电离辐射、药物等作用下，自身组织结构发生改变或与免疫系统隔绝的自身物质（即隐蔽的自身抗原）释放，也可被免疫系统视为“非己”抗原，刺激机体产生免疫应答。

2. 一定理化性状

抗原均为有机物，但有机物成为抗原必须具备一定的理化性质。

（1）大分子物质

作为完全抗原的物质，其分子量一般在10 kDa以上。在一定范围内，分子量越大，则抗原性越强。一个蛋白质分子一般至少由100个以上氨基酸组成，多为大分子胶体，且具有复杂的化学结构，因此是良好的抗原。若将蛋白质水解成小分子多肽、氨基酸，则可使其抗原性减弱或消失。分子量在5 kDa以下的肽类一般无抗原性。

（2）化学组成和结构

抗原物质的化学组成和结构可决定其免疫原性。例如，凡含有芳香族氨基酸（尤其是酪氨酸等）的蛋白质，其免疫原性较强；某些多糖的抗原性是由单糖的数目和类型所决定的；核酸的免疫原性很弱，但与蛋白质载体连接后则可刺激机体产生抗体；脂类则一般无免疫原性。

（3）物理状态

一般聚合状态的抗原性物质较其单体的免疫原性强，颗粒性抗原的免疫原性比可溶性抗原的强。因此，对一些抗原性弱的物质，可采用使其聚合或吸附在一些大分子颗粒表面的方式，增强其免疫原性。

3. 免疫途径

具备上述条件的抗原性物质须经非消化道途径进入机体（如皮内、皮下、肌肉注射、喷雾吸入、混入伤口等）才能产生良好的免疫效果，经口服则易被消化、降解而丧失其免疫原性。

4. 机体应答性

抗原性物质能否产生免疫原性与机体的应答能力有关。机体对某种物质的应答能力受遗传基因的控制。

上述因素中，前两种是决定某一物质能否成为抗原的基本条件，后两种则是与机体有关的内在因素。

（二）抗原的特异性

所谓特异性是指物质之间的相互吻合性或针对性、专一性。抗原的特异性既表现在免疫原性的特异性，也表现在免疫反应性的特异性。前者是指某一特定抗原只能激发机体产生特定的免疫应答，即产生针对该抗原的特异性抗体或致敏淋巴细胞，后者是指某一特定抗原只能与相应的抗体或致敏淋巴细胞特异性结合而出现反应。

特异性是免疫应答最重要的特点，也是免疫学诊断和防治的理论依据。根据抗原－抗体反应具有特异性这一特点，可借助免疫学手段区分某些甚至用精细的化学方法都难以区分的物质之间的细微差异。决定抗原特异性的物质基础是抗原分子中的抗原决定簇。

1. 抗原特异性的分子基础——抗原决定簇

抗原决定簇指抗原分子中决定抗原特异性的特殊化学基团。抗原通过抗原决定簇与相应淋巴细胞表面的抗原受体结合，从而激活淋巴细胞，引起免疫应答；抗原决定簇与相应抗体或致敏淋巴细胞发生特异性结合而发挥免疫效应。因此，抗原决定簇是被免疫细胞识别的靶结构，也是免疫反应具有特异性的物质基础。抗原决定簇的性质、数目和空间结构决定着抗原的特异性。

每种决定簇仅具有一种特异性，一种抗原分子可具有一种或多种不同的抗原决定簇。抗原分子表面能与抗体结合的决定簇的总数称为抗原结合价。大多数天然抗原分子结构十分复杂，分子表面带有多个相同和不同的抗原决定簇，是多价抗原。位于抗原表面的决定簇易被相应淋巴细胞所识别，即具有易接近性，可直接启动免疫应答，因此称为功能性决定簇。存在于抗原分子内部的决定簇无触发免疫应答的功能，称为隐蔽性决定簇。若通过理化因素处理抗原，使其结构发生改变，内部的隐蔽性决定簇被暴露，可能成为新的功能性决定簇。例如，烧伤、感染或射线等因素可使自身组织发生变性，变性的自身抗原可能导致自身免疫病。

2. 交叉反应

天然抗原表面常带有多种抗原决定簇，每种决定簇都能刺激机体产生一种特异性抗体。因此，复杂抗原能使机体产生多种特异性抗体。若两种不同的微生物抗原具有相同或相似的抗原决定簇，则称为共同抗原或交叉反应抗

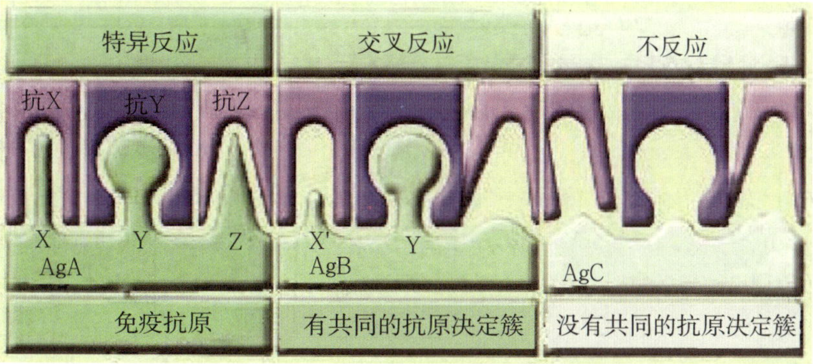

图5-1　交叉反应与特异反应、不反应

原。若甲、乙两菌间具有共同抗原，由甲菌刺激机体产生的抗体，可以与乙菌中的相应决定簇结合，此即交叉反应。（图5-1）

交叉反应不仅在两种抗原决定簇构型完全相同时发生，还可在两种抗原决定簇构型相似的情况下发生，即一个决定簇的相应抗体，也可与构型相似的另一决定簇发生交叉反应，但由于两者之间并不完全吻合，所以其结合力相对较弱。

三、抗体

抗体（Antibody）指机体的免疫系统在抗原刺激下，由B淋巴细胞或记忆细胞增殖分化成的浆细胞所产生的，可与相应抗原发生特异性结合的免疫球蛋白（Immunoglobulin，Ig）。主要分布在血清中，也分布于组织液及外分泌液中。

（一）Ig分子的基本结构

Ig分子的基本结构是由4条多肽链组成的，包括2条较大的相同的重链（Heavy Chain,H链）和2条较小的相同的轻链（Light Chain,L链），轻链与重链之间是由二硫键连接形成Ig分子单体，分为氨基端（N端）、羧基端（C端）。（图5-2）

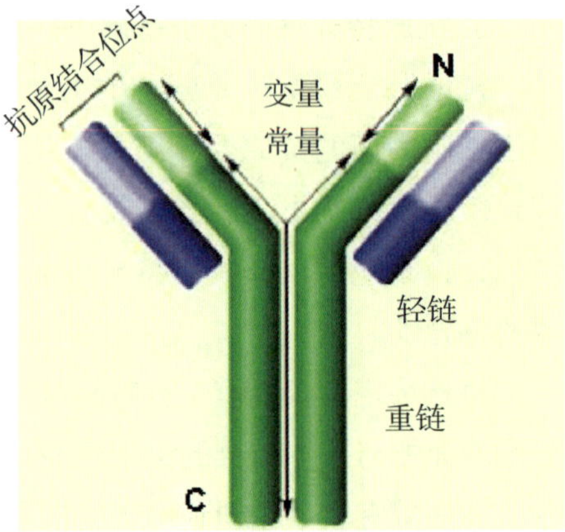

图5-2　Ig分子基本结构

每条H链有3个恒定区（CH1、CH2、CH3）（H链C端3/4～4/5处）和1个可变区（VH）（H链N端1/5～1/4处）。每个L链有1个可变区（VL）（L链N端 1/2处）和1个恒定区（CL）（L链C端1/2处），通常不含碳水化合物。H链和L链的可变区形成抗原结合部位。不同H链和L链组成完整的Ig分子分别称为IgM、IgG、IgA、IgD和IgE。

IgG、IgD、IgE及血清型IgA均为单体。分泌型IgA（Secretory IgA，SIgA）为双体，即2个单体IgA由J链（Joining Chain，J链，由浆细胞合成的富含半胱氨酸的一条多肽链）相连，加上1个分泌片组成。IgM为五聚体，即5个单体IgM由1条J链相连而成。（图5-3）

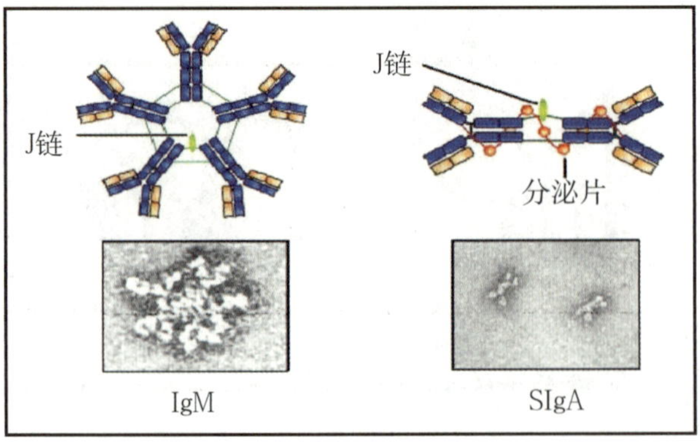

图5-3　IgM和SIgA结构示意图

（二）Ig分子的生物学功能

1. 特异性结合抗原

Ig分子最显著的生物学特点就是能够特异性地与抗原结合。这种特异性结合抗原特性是由其V区的空间构型决定的，从而在体内介导多种生理和病理效应，在体外引起抗原–抗体反应。

2. 活化补体

Ig与抗原结合后，即形成免疫复合物。人类IgG包括4个亚类IgG1、IgG2、IgG3、IgG4，其中IgG1、IgG2、IgG3和IgM可通过经典途径活化补体。当抗原与相应抗体结合后，IgG的CH2和IgM的CH3暴露出结合补体C1q的结合点，开始活化补体。凝聚的IgG4、IgA、IgE等可以通过旁路途径活化补体。

3. 结合Fc受体

Ig能够通过IgFc段与多种表面具有相应Fc受体（FcR）的细胞结合，从而产生如调理作用（图5–4）、抗体依赖性细胞介导的细胞毒作用（Antibody Dependent Cell – mediated Cytotoxicity，ADCC）（图5–5）和引起超敏反应等多种生物效应。

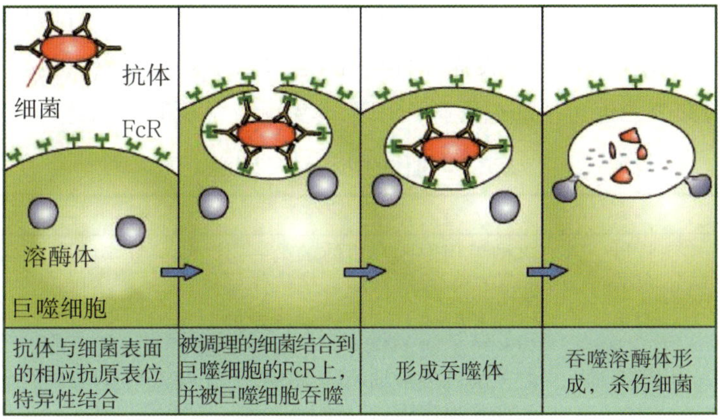

图5–4　抗体介导的调理作用

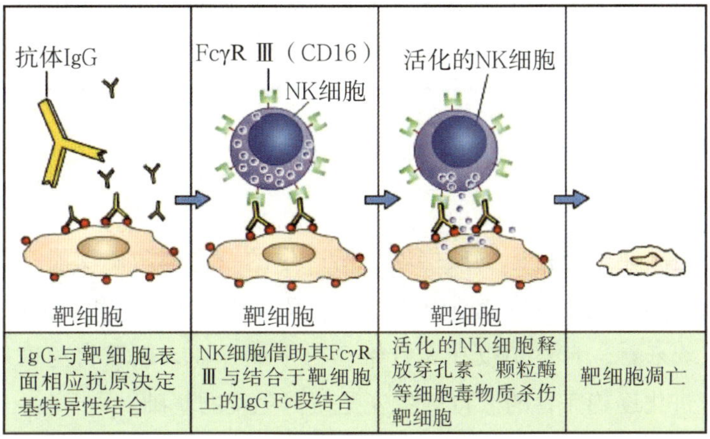

图5–5　NK细胞介导的ADCC作用

4. 通过胎盘

IgG是唯一可通过胎盘从母体转移给胎儿的Ig。胎儿和新生儿抗感染免疫作用主要依赖于来自母体的IgG。

5. SIgA的黏膜抗感染作用

SIgA在黏膜表面有非常重要的效应功能，黏膜表面是大部分生物病原的入侵门户。由于外分泌液中SIgA含量多，又不易被一般蛋白酶破坏，因此成为机体抗感染的一道重要的免疫“屏障”。

四、自然免疫和获得免疫

机体保护自己不受外来侵害主要通过两大类机制，即自然免疫和获得免疫。

（一）自然免疫

自然免疫又称先天免疫或非特异性免疫，是机体在种系发育和进化过程中形成的免疫防御功能。其特点是作用范围广，不针对特定抗原；先天获得，出生后即具备。自然免疫中，机体阻止病原体入侵或及时清除入侵病原体防止其扩散，构成了广义的防御性屏障，既有一般的机械性阻挡和抑菌，也包括通过吞噬作用和炎症反应构筑的功能性防御屏障。（表5-3）

表5-3 机体的防御性天然屏障

类型		机 制
体表屏障	皮肤 黏膜	机械阻挡作用，机体的第一道防线；分泌抑菌、杀菌物质（如乳酸、脂肪酸）；正常菌群拮抗作用
生理屏障	温度 低pH值 化学介质	体温和发热对病原体生长起抑制作用 胃酸可杀死大部分入侵的微生物 溶菌酶可裂解细菌的细胞壁，干扰素具有抗病毒活性，补体具有杀伤和促吞噬作用
吞噬屏障		各种细胞对外来大分子的胞吞和分解作用，特定细胞（单核、巨噬、中性粒细胞）对完整微生物的吞噬杀伤和消化
炎症屏障		组织损伤和感染使带有抗菌活性的血清蛋白自血管渗出，吞噬细胞向感染部位聚集

（二）获得免疫

获得免疫指出生后通过与抗原物质接触后所产生的一系列防御功能。获得免疫对诱发的抗原有特异性，又称为特异性免疫或适应免疫，它又包括体液免疫和细胞免疫。

从生物进化系统来看，自然免疫在无脊椎动物中就存在，而获得免疫是在脊椎动物中才有的，而且是随着进化逐趋完善的。自然免疫是获得免疫的基础。

五、体液免疫和细胞免疫

（一）体液免疫

机体B细胞可识别抗原转变成浆细胞，成熟的浆细胞能合成大量抗体。B细胞分泌的抗体分布在血浆、淋巴液和组织液等体液内，因此将B细胞介导的免疫应答称为体液免疫。

免疫应答最终效应是将侵入机体的非己细胞或分子加以清除，即排异效应。但抗体分子本身只具有识别作用，并不具有杀伤或排异作用，它需借助机体的其他免疫细胞或分子的协助达到排斥作用。

（二）细胞免疫

T细胞受到抗原刺激后，增殖、分化、转化为致敏T细胞（也称效应T细胞）。当相同抗原再次进入机体时，致敏T细胞（效应T细胞）对抗原的直接杀伤作用及致敏T细胞所释放的细胞因子的协同杀伤作用，统称为细胞免疫。根据功能不同T细胞可主要分为三类：细胞毒性T细胞、辅助性T细胞和抑制性T细胞。

第二节 运动与分泌型免疫分子

一、运动与细胞因子

细胞因子作为细胞间的信号传递分子，是由免疫细胞或非免疫细胞合成分泌的能调节细胞生理功能、介导炎症反应、参与免疫应答和组织修复等多种生物学效应的小分子多肽或糖蛋白。

运动中和运动后骨骼肌细胞损伤后内部的炎症可能引起促炎性细胞因子的释放。损伤的骨骼肌纤维中的结构蛋白质被水解，释放出蛋白质水解片段，穿过细胞膜作用于白细胞和其他细胞（如成纤维细胞），可起动这些细胞释放细胞因子。在动物实验中，通过电刺激大鼠的一条后腿让其做向心或离心收缩运动，另一条腿休息，结果无论向心或离心收缩都可提高运动肌IL-6mRNA水平，而非运动腿IL-6mRNA水平没有提高，表明IL-6 mRNA产生来自运动肌，并且不一定与肌肉损伤有关。

（一）运动影响细胞因子释放的可能机制

1. 激素

运动将影响应激激素的释放，进而会影响细胞因子的释放。

2. 温度

体内发热会受到一些细胞因子的调节。在温度和调节发热的一些细胞因子的产生之间可能存在负反馈机制。

3. 内毒素

内毒素是存在于病原体如细菌内的天然化合物，具有潜在的毒性。内毒素是细菌的结构成分，活的细菌不分泌可溶性的内毒素，当细菌被溶解时才释放出来。当内毒素通过肠黏膜进入循环，它可触发某些细胞因子释放的反应。

81％长跑运动员比赛后血浆内毒素水平出现超标。参加铁人三项的运动员68％为轻度内毒素血症（5～15 pg/mL）。剧烈运动引起的内毒素血症可能也是对细胞因子产生影响的一个原因。

（二）对运动性免疫功能低下监控的应用

辅助性T细胞（Th细胞）根据分泌细胞因子的不同可分为两个亚型。Th1细胞主要分泌白细胞介素2（IL-2）、干扰素-γ（IFN-γ）等介导细胞免疫功能，Th2细胞主要分泌白细胞介素4（IL-4）、白细胞介素10（IL-10）等介导体液免疫功能。Th1和Th2细胞为一对重要的调节细胞，同时，Th1和Th2细胞互为抑制细胞（图5-6），Th1和Th2细胞的相互平衡与否直接影响机体的免疫功能。

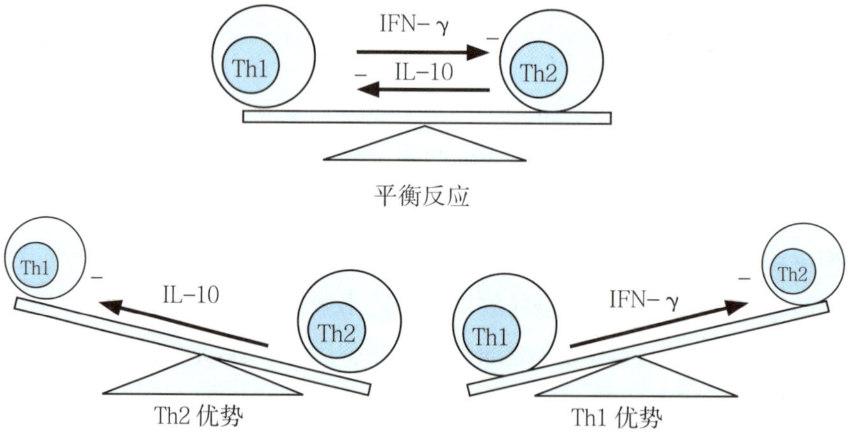

图5-6 Th1和Th2细胞的相互平衡

近年来的研究发现，运动导致的免疫功能下降可能是Th2细胞的上调和Th1淋巴细胞的抑制，因此Th1 型细胞因子（INF-γ、IL-2）、Th2 型细胞因子（IL-4、IL-10）分泌和过度训练后“感染机会窗”的关系已引起体育科学工作者的关注。我国学者采用荧光定量PCR技术，直接检测外周血INF-γ、IL-2、IL-4、IL-10细胞因子mRNA表达以及INF-γ/IL-4 比值，观察Th1/Th2比值是否向Th2漂移，监控运动机体的免疫稳态状况。

二、运动与免疫球蛋白

（一）运动对血清Ig的影响

适当的耐力训练使血清免疫球蛋白水平提高或不发生变化，而伴随着心理和环境应激情况下的剧烈运动可以逆转这些免疫指标变化。游泳运动员在集训期血清IgG、IgA、IgM处于正常值低限。超长马拉松运动使血清免疫球蛋白呈持续抑制状态长达2 d。

大强度运动可导致的单核－巨噬细胞在外周血中大量募集，它们分泌的前列腺素E2可刺激增强T抑制细胞分泌T细胞抑制因子，抑制T细胞活性。由于B细胞的功能及免疫球蛋白的产生需T细胞辅助，因而此种负调节可连锁反应，最终抑制B细胞功能，使免疫球蛋白生成减少。这可能也是运动员在训练和赛后易感染疾病的原因之一。

（二）运动对SIgA 的影响

黏膜是多种疾病微生物的入侵门户，机体约有80%的感染发生在黏膜上，皮肤黏膜免疫系统是防止病原体入侵机体的第一道防线。SIgA存在于鼻咽、口腔、呼吸道、眼睛、小肠等表面黏膜上，是防止局部感染的主要抗体。SIgA水平与呼吸道抗感染能力密切相关。

通常运动对安静时唾液SIgA的影响不大，但连续从事高强度运动或超长运动则会降低运动员安静时SIgA水平，使其明显低于非运动员。安静时或运动后SIgA水平降低可能是发生上呼吸道感染的先兆。

每一超长运动都会导致免疫功能短暂地、显著性地降低，持续时间一般为3～72 h。在这一免疫改变的“开窗”阶段，细菌和病毒可在体内获得一个立足点，增加感染的机会，运动员重复进行用力运动时，上呼吸道感染发生率可能会增加。局部SIgA 水平的变化对决定感染的最终结果起着重要作用。

第三节　运动与免疫细胞

免疫细胞是机体免疫系统的重要组成部分，它们行使着免疫防御、免疫稳定及免疫监视三大功能。免疫细胞的作用具有双重性，即既维持机体正常免疫功能，在某些条件下，又可导致免疫性损伤。

一、运动与外周血白细胞

外周血白细胞是无色有核的血细胞，在血液中一般呈球形。人体外周血中的白细胞包括粒细胞、淋巴细胞、单核细胞，根据形态差异可分为颗粒和无颗粒两大类。颗粒白细胞（粒细胞）中含有特殊染色颗粒，用瑞氏染料染色可分辨出3种颗粒白细胞，即嗜中性粒细胞、嗜酸性粒细胞和嗜碱性粒细胞。无颗粒白细胞包括单核细胞和淋巴细胞，是人体免疫机能的主要执行者之一。各类白细胞具有不同的防御保护作用。

（一）安静时外周血白细胞总数及其分类

外周血白细胞总数及其分类的百分比是相对稳定的。正常人每升血液中白细胞总数约$4\times10^9\sim11\times10^9$个。各种白细胞的百分比为：中性粒细胞50%~70%，嗜酸性粒细胞1%~4%，嗜碱性粒细胞0%~1%，淋巴细胞20%~40%，单核细胞为1%~7%。机体发生炎症或其他疾病都可引起白细胞总数及白细胞分类的百分比发生变化，因此临床上检查白细胞总数及白细胞分类计数是辅助诊断的一种重要方法。在正常生理情况下，外周血中白细胞数量可有个体差异，一日之间也可有波动，下午较早晨为高。饱食、情绪激动、剧烈运动、高温或严寒、新生儿等都可使白细胞一过性增高。

（二）运动对白细胞总数及白细胞分类的影响

1. 运动引起外周血白细胞化

1893年，德国学者舒尔茨（Schultz・G.）首先报道运动会引起白细胞数的变化，其变化程度取决于运动强度和时间。急性运动后机体免疫系统反应的一个重要特征是外周血中白细胞化，表明机体对运动应激的一种炎性反应。

2. 白细胞数目双峰状变化曲线

有研究报道，运动诱发的白细胞总数增多变化曲线可呈双峰状。运动几分钟内白细胞就开始增多，随着运动负荷的增加，其数量逐渐上升，运动停止后10 min白细胞数量开始下降，30 min时基本恢复到运动前水平，2~3 h后再次升高，24 h完全恢复正常。

3. 白细胞分类的连续动员

短时间无氧运动可引起白细胞分类的连续动员，出现中性粒细胞、NK细胞、B细胞和T细胞的升高不同步的现象。

4. 长期训练的影响

一次运动引起循环血白细胞总数及其白细胞分类百分比变化是暂时的，通常运动后12~24 h细胞数目会回到正常水平。

一般中等强度的长期训练对白细胞计数及其分类的影响不大。但长时间进行大强度运动训练，一些运动员可出现白细胞数目降低。例如，4 wk大强度训练造成过度训练症状，跑步者外周血白细胞数目可出现持续下降（从5.4×10^9降至4.2×10^9个/L），接近临床正常值（$4\times10^9\sim11\times10^9$个/L）下限。

二、运动与淋巴细胞

淋巴细胞（Lymphocyte）是免疫系统中重要的免疫细胞，是构成免疫器官的基本单位，在免疫应答过程中起着核心作用。淋巴细胞分为T细胞、B细胞、NK细胞、K细胞等。

（一）运动对T细胞及其亚群的影响

$CD3^+$是成熟T细胞的表面抗原标志，通常以$CD3^+$细胞水平反映总T细胞的水平。$CD4^+$细胞和$CD8^+$细胞是T细胞中功能相异的两个亚群。$CD4^+$细胞在免疫反应中主要发挥辅助和诱导作用，$CD8^+$细胞发挥杀伤和抑制作用。$CD4^+$细胞和$CD8^+$细胞相互诱导、制约，形成T细胞网络。$CD4^+/CD8^+$的正常比值为1.5～2.0。比值的减小与对非己抗原的低免疫应答有关，比值的增大与对非己抗原的高免疫应答有关。$CD4^+/CD8^+$的比值可反映机体免疫状况，在免疫反应中起关键性调节作用。

1. 运动强度和运动时间

不同负荷运动训练对$CD3^+$T细胞总数的影响不大。适量运动训练能够提高$CD4^+/CD8^+$比值，而长时间力竭性运动可导致机体免疫功能的抑制，$CD4^+/CD8^+$的比值降低。运动对淋巴细胞亚群的影响更多的是训练强度，而不是训练量。

2. 阿片肽

有文献报道β-内啡肽参与运动中T细胞亚群的调节。

3. 皮质醇

皮质醇是一类免疫抑制剂，可抑制$CD4^+$T细胞的活性，提高$CD8^+$T细胞的活性，防止免疫反应过强。

4. 谷氨酰胺

骨骼肌是谷氨酰胺产生的重要部位，运动时引起肌肉的损伤，可降低谷氨酰胺的合成，减少其对淋巴细胞的能量供应，淋巴细胞的数量和功能受到谷氨酰胺水平的影响。

5. 脂质过氧化

运动引起的氧化应激与免疫反应相互作用。力竭性运动后可引起$CD4^+/CD8^+$比值下降，同时脂质过氧化物含量提高，

（二）运动对NK细胞的影响

NK细胞是一群不依赖于抗原刺激，也不需要抗体参与就能杀伤靶细胞的淋巴细胞，自发地溶解多种肿瘤细胞和被病毒感染的细胞。人类NK细胞表达$CD2^+$、$CD16^+$和$CD56^+$等多种分化抗原。在机体免疫监视功能中，NK细胞处于抗肿瘤的第一道防线，它的数量和活性的改变在一定程度上反映机体免疫系统功能的改变。

一次运动后NK细胞的反应与运动强度及持续时间相关，但运动后NK细胞数量和活性的变

化不一定是平行的。运动强度是影响运动过程中NK细胞变化的关键因素，运动强度越大，NK细胞的变化就越明显，主要表现为外周血NK细胞数量和功能的下降。NK细胞是运动过程中反应最为明显、变化幅度最大的一类淋巴细胞，尤其是表达有$CD16^{+}$NK细胞。

三、运动与单核巨噬细胞

单核-巨噬细胞是重要的效应细胞，具有吞噬杀伤和抗肿瘤作用。血液中单核和组织中巨噬细胞也是一个重要的抗原呈递细胞，发挥着抗原加工、提呈和免疫调节作用。

（一）运动对血液单核细胞数目的影响

运动训练对受试者安静时外周血单核细胞数目影响不大。急性运动可出现外周血单核细胞数目增多现象，可能与运动引起的血浆肾上腺素水平提高有关。实验发现，注射肾上腺素也可像运动一样引起单核细胞增多。服用心得安药物能够解除运动引起的血液中的单核细胞数增加。

（二）运动对组织巨噬细胞功能的影响

由于研究运动对人体组织中巨噬细胞功能的影响很困难，目前大多数运动对巨噬细胞功能的研究都采用动物模型。巨噬细胞主要来自于脾、腹膜或肺泡。

运动对巨噬细胞功能的影响，取决于运动强度、时间、运动后样本测试的时间和抗原的浓度。

有研究报道，运动可提高腹膜巨噬细胞的功能，包括趋化性、黏附性、吞噬作用和抗肿瘤活性。这些作用的提高不是因为巨噬细胞数目的改变，而部分是由受活化的巨噬细胞中TNF-α和NO产生的增加所引起。用TNF-α抗体和NO合成抑制剂可以减弱运动引起的巨噬细胞作用。另外，也有研究报道，运动抑制腹膜巨噬细胞Ⅱ类主要组织相容性复合物（MHCⅡ）的表达，从而影响巨噬细胞的抗原呈递作用。长期训练可对一次运动刺激产生适应，与非长期训练者相比，长期训练者一次急性运动引起的腹膜巨噬细胞功能的变化较小。

运动对巨噬细胞功能的影响，受运动引起的交感神经系统和下丘脑-垂体-肾上腺轴作用的影响。另外，运动引起的体温、能量物质、内毒素血症和对前列腺素E2敏感性的改变等都可能影响巨噬细胞的功能。

四、运动与红细胞免疫功能

1953年，纳尔逊（Nelson）发现人类红细胞能黏附免疫复合物，促进吞噬细胞对其清除。1981年，美国生殖免疫学家Siegel提出了“红细胞免疫系统”概念。随后发现红细胞有许多与免疫有关的物质，数目众多，自成系统。

（一）红细胞免疫黏附功能

红细胞膜表面的Ⅰ型补体受体（CR1）/C3b受体能够黏附抗原-抗体-补体形成的免疫复合物以及抗原-补体复合物，红细胞黏附作用是红细胞免疫的生理学基础。结合免疫复合物的红细胞（RBC-IC）随血液流到肝、脾时，由于此处的巨噬细胞上CR1密度较高，可将免疫复合物（IC）从CR1密度低的红细胞膜夺取过来，使IC与红细胞分离，红细胞重新进入血循环，IC被吞噬细胞吞噬清除。虽然红细胞膜上的CR1密度不高，但红细胞数远大于白细胞数，血循环中CR1总数约95%在红细胞上，因此，血循环中IC与红细胞相遇的机会比白细胞的多500~1000倍。因此红细胞对体内循环免疫复合物（Circulation Immune Complex，CIC）的清除起重要作用。在健康状态下，人红细胞可黏附大部分CIC，从而避免IC沉积而致病。

红细胞免疫黏附能力，常用郭峰等建立的红细胞C3b受体花环试验测定的红细胞C3b受体花环率（RBC-C3bRR）反映C3b受体活性，及红细胞免疫复合物花环试验测定的红细胞免疫复合物花环率（RBC-ICR）反映循环免疫复合物的数量。临床上，若RBC-C3bRR 与RBC-ICR降低，称为原发性红细胞免疫功能低下；若RBC-C3bRR降低，RBC-ICR升高，称为继发性红细胞免疫功能低下；若RBC-C3bRR与RBC-ICR升高，称为红细胞免疫功能亢进与紊乱。

（二）运动对红细胞免疫黏附功能的影响

1. 运动负荷

短时间、中等强度的跑步运动或急性低氧训练，可引起RBC-C3bRR和RBC-ICR增高，表现为临床上的红细胞免疫黏附功能亢进。力竭性运动或4 wk高住低训可引起循环免疫复合物的长时间增高，更多的IC占据RBC-C3bRR的空位，引起继发性红细胞免疫功能下降。

2. 红细胞免疫自我调控因子

红细胞免疫促进因子和抑制因子是红细胞免疫的自我调控因子。正常情况下，血清中红细胞免疫促进因子和抑制因子处于动态平衡中。适量定量负荷后，红细胞CR1活性提高，可能与运动后红细胞免疫促进因子明显升高、红细胞免疫抑制因子明显降低有关。

3. β-内啡肽

实验证明，β-内啡肽对红细胞免疫黏附有正负调节作用，当低浓度时对红细胞起促进作用，而高浓度时则起抑制作用，并且这种作用可被纳洛酮阻断。推测β-内啡肽可能通过与红细胞膜阿片肽受体结合而改变红细胞CR1的构象，从而调节CR1的活性。适度运动可能引起β-内啡肽的轻度增高，对红细胞免疫黏附有促进作用。

4. 红细胞数量

临床上再生障碍性贫血的患者，由于患者造血功能障碍，所产生的红细胞数量少而且质量低劣，致使红细胞膜上的C3b受体生成不足，其红细胞的免疫黏附作用降低。但红细胞过多如高原红细胞增多症患者，红细胞免疫功能也降低。

5. 血乳酸浓度

受试者以85%最大摄氧量强度持续运动10 min后，血乳酸浓度明显上升，RBC-C3 bRR明显下降，二者呈负相关；而RBC-ICR明显升高，与血乳酸浓度呈正相关。运动时红细胞免疫黏附能力的变化与机体其他组织器官的功能类似，可能受到血乳酸浓度的影响。但目前尚不清楚pH值如何影响红细胞免疫功能。

6.自由基

运动可使体内脂质过氧化物增加，导致红细胞和血清中丙二醛（MDA）增多。已有实验证明，MDA可抑制红细胞C3 b受体的活性。

7.红细胞膜完整性

运动时，由于肌肉收缩、挤压、血管摩擦等因素，可引起红细胞膜通透性和细胞形态改变，导致红细胞损伤、破坏甚至溶血。细胞膜的完整性是红细胞实现其功能的必要条件。

第四节　运动与免疫调节

在免疫应答过程中，各种免疫细胞和免疫分子相互促进和制约，构成正负作用的免疫调节网络结构，并在遗传基因控制下实现免疫系统对抗原的识别和应答。免疫应答的发生、发展、强度等可受运动刺激因素影响和调节。若调节机制失控或异常，则可能出现运动性免疫功能低下或运动性免疫抑制。

一、运动与基因水平的免疫调节

主要组织相容性复合体（Major Histocompatibility Complex，MHC）是位于哺乳动物某一染色体上的一组紧密连锁的基因群。MHC基因产物能在不同细胞表面表达，通常称为MHC分子或MHC抗原，又因这些抗原在器官移植中代表供受体双方的组织相容程度，故也称为移植抗原或组织相容性抗原。20世纪60年代末确认，控制免疫应答的基因存在于MHC中，称为免疫应答基因，因此，MHC不仅与移植排斥反应有关，并且在免疫应答的启动和免疫调节中发挥重要作用。

（一）MHC对免疫应答的遗传控制

组成MHC的基因传统上分为Ⅰ类、Ⅱ类和Ⅲ类。经典的Ⅰ类和Ⅱ类基因，它们的产物具有抗原提呈功能（MHC Ⅰ类抗原识别和提呈内源性抗原肽，MHC Ⅱ类抗原识别和提呈外源性抗原肽），并显示极为丰富的多态性，直接涉及T细胞的激活和分化，参与和调控特异性免疫应答。Ⅲ类基因包括传统的Ⅲ类基因，如补体基因等，以及新近确认的多种免疫功能相关基因，如肿瘤坏死因子基因家族等。此类基因产物一般不能与抗原肽形成复合物，因此不能直接提呈抗原。

由于T细胞只能识别经过加工并被MHC分子提呈的肽，所以抗原加工和提呈是T细胞识别和监视非己抗原的前提。从某种意义上来说，只有能被提呈的抗原才有可能被T细胞识别并启动免疫应答。T细胞通过其特异性的T细胞抗原受体对MHC-肽复合物的特异性识别是极其灵敏的，由此而实现免疫监视作用。

MHC Ⅱ类分子主要表达于单核-巨噬细胞、树突状细胞、B细胞等抗原提呈细胞（Antigen-Presenting Cell，APC）表面以及活化的T细胞上（主要是活化的抑制性T细胞）（图5-7）。MHC Ⅱ类分子主要呈递外源性抗原，如将细菌、毒素蛋白给$CD4^{+}$T细胞。由于个体的免疫遗传背景不同，个体对特定抗原刺激产生应答的能力也不同。因此，MHC基因表达与否、表达的水平及其类别，直接决定免疫应答是否发生及产生应答的水平。

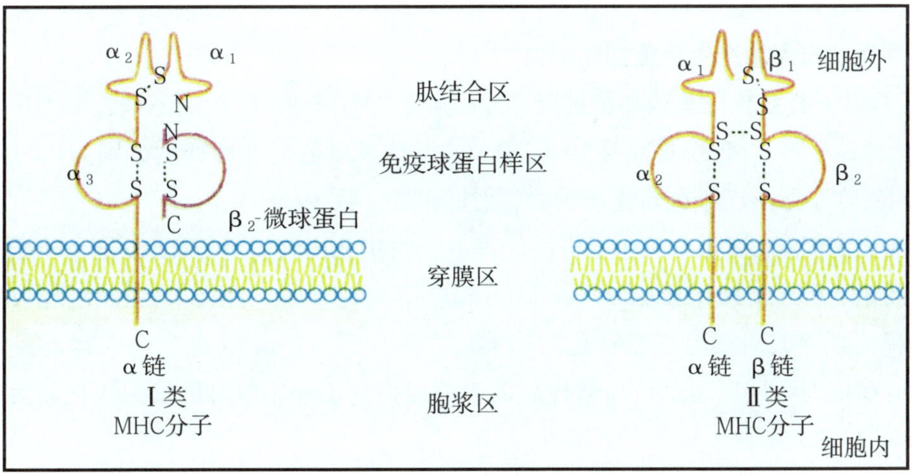

图5-7 MHC Ⅰ类和Ⅱ类分子

（二）MHC基因表达与运动性免疫力低下

研究表明，每天2～4 h，连续7 d的力竭性运动可显著性地抑制鼠MHC Ⅱ基因在巨噬细胞表面的表达。研究认为可能是由过度运动引起体内皮质醇水平升高，造成MHC Ⅱ基因在巨噬细胞表面的表达迟缓，影响巨噬细胞对T细胞的抗原提呈作用及对抗原刺激的应答能力。

最近，医学发现，体内还存在一种控制抑制作用的基因，称为Is基因。它位于小鼠MHC Ⅱ类基因区域内。某些小鼠对特定抗原的无应答性，就是Is基因调控的结果。此基因控制MHC Ⅱ类分子β链的合成，通过形成某种特定构型的Ⅱ类分子可控制对抑制性T细胞的激活。目前有学者认为运动后免疫力低下与抑制性T细胞过度激活有关。过度训练后抑制性T细胞过度激活，可以控制运动后因自身抗原暴露或释放所造成的自身免疫损伤。但抑制性T细胞过度激活，影响了其他亚型T细胞、NK细胞和巨噬细胞的功能，结果导致运动后免疫抑制。

从本质上讲，基因水平的调节是其他免疫调节机制的基础。从基因水平揭示运动后免疫抑制的机制仍有许多工作要做。

二、运动与免疫抑制蛋白途径

（一）免疫抑制蛋白概述

免疫抑制蛋白质，也称免疫抑制因子、神经免疫蛋白、应激免疫抑制蛋白等。在应激条件下（包括损伤性和非损伤性应激），机体会产生相应的应答反应，启动一些平时不十分活跃的调节机制。这种抑制因子往往是在应激刺激下，通过神经内分泌的介导作用由外周T细胞产生，具有明显抑制丝裂原刀豆素A和脂多糖诱导的淋巴细胞转化、抑制T细胞释放IL-2、降低应激动物的血压等作用。

（二）运动与免疫抑制蛋白

1. 剧烈运动与人体产生免疫抑制蛋白

8名优秀男子公路自行车运动员进行18 d大负荷（180千米/天）的冬训，取大运动量训练期前（C）、后（S）、训练期结束10 d（R）的运动员血清，在稀释度分别为1：16、1：32时，测定对正常小鼠淋巴细胞转化影响的放射性强度计数（cpm）值。

运动员血清经Sep-Pak C18柱层析法处理后，收集流出液。经Zorbax GF-250凝胶过滤柱进行高压液相层析（流速1 mL/min，每管0.5 mL），冷冻干燥，用RPMI-1640复溶，按1：16的比例稀释，观察其对淋巴细胞转化的影响。在第18管（9 min）时，与大运动量训练期前相比，大运动量训练期后运动员血清样品能显著地抑制正常小鼠淋巴细胞转化的活性。（图5-8）

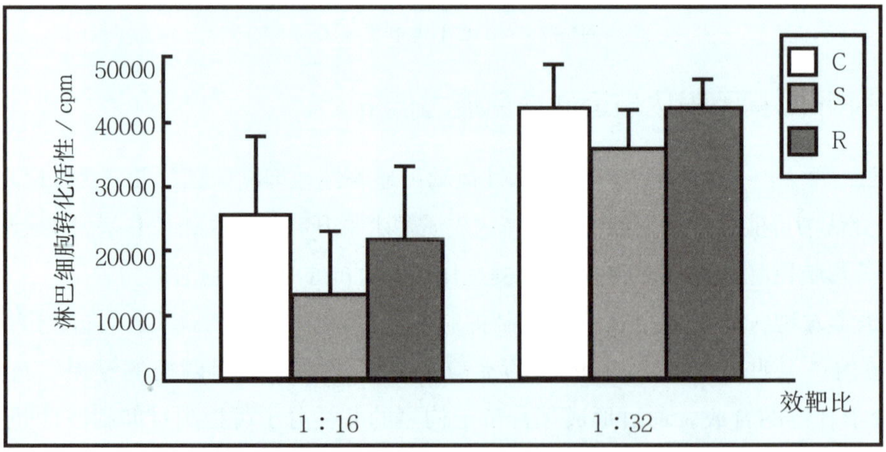

图5-8　运动员血清对正常淋巴细胞转化的影响

注：S与C组相比$P<0.01$，S与R相比$P<0.05$

以标准品分子量的常用对数为纵坐标；以洗脱体积/外水体积（Ve/Vo）为横坐标，做出标准曲线，根据标准曲线公式，得出第18管的分子量是140 kDa的免疫抑制蛋白。

2. 大负荷运动与小鼠产生免疫抑制蛋白

小鼠一次大负荷游泳运动也可产生分子量为140 kDa的免疫抑制蛋白，这种大分子量的免疫抑制因子可能是动物界普遍存在的免疫调节物质。

（三）运动机体的精神状态与免疫抑制蛋白产生

随后，实验证实了运动机体的精神状态与免疫抑制蛋白产生的关系。人的精神性应激与非损伤性应激十分相似，免疫抑制蛋白可能是精神应激时机体免疫功能降低、抵抗力下降的一种物质基础。由应激产生的免疫抑制因子与机体的抵抗力有平行关系，血清中这种抑制因子的产生可作为一个窗口反映机体抵抗力的变化。从事竞技体育的运动员，不仅有着巨大的体力负荷，而且承受着强烈的精神刺激，免疫抑制蛋白可能是机体在应激状态下出现的保护性抑制蛋白，它在运动应激时出现的意义值得思考和进一步研究。

三、运动与神经内分泌的免疫调节

免疫系统是机体主要的防御和自稳系统，但机体是一个有机的整体，免疫系统在行使其功能时，必然受到其他系统的影响和调节，其中影响最大的是神经系统和内分泌系统。

（一）神经内分泌对免疫应答的调节

1.免疫系统的神经支配

现已知道，胸腺、骨髓、脾脏和淋巴结等免疫器官都由神经支配，神经纤维是经血管进入免疫器官的。例如，胸腺作为中枢免疫器官受到交感神经、副交感神经和膈神经的支配。交感神经在一定程度上能抑制T细胞的增殖、成熟和T细胞表面标志的表达，而副交感神经的作用却相反，有增强免疫器官机能的作用。

2.免疫细胞上的神经递质受体和激素受体

免疫细胞表面和细胞内都存在神经递质和激素受体。神经系统和内分泌系统通过这些受体作用于免疫细胞，从而对免疫应答进行正向调节或负向调节。（表5-4）

糖皮质激素是一种被研究较多的免疫抑制剂，且已广泛用于临床自身免疫病的治疗。一般认为糖皮质激素主要抑制Thl，但人们对糖皮质激素对细胞免疫抑制的机制并不十分清楚，可能的机制之一是因为它能抑制APC细胞表达MHCⅡ类分子，抑制巨噬细胞表达IL-1和TNF-α。此外，它也能抑制T细胞表达IL-2及IL-2受体。

一般认为雌激素对免疫应答有促进作用，因此女性往往有较高的血清Ig和分泌型IgA，她们对非胸腺依赖抗原能产生较高的抗体反应，对T细胞耐受有较高的抗性，因此女性对感染的抵抗力也更强一些。但正由于这些特点，女性，尤其是育龄期妇女也往往容易得自身免疫病，临床发现口服避孕药可诱发系统性红斑狼疮。

表5-4　神经-内分泌因子及其免疫调节特性

神经-内分泌因子	效　应	受到影响的免疫反应
糖皮质激素（皮质醇）	抑制	抗体产生、NK细胞活化、细胞因子产生
儿茶酚胺（肾上腺素）	抑制	丝裂原刺激淋巴细胞的增殖反应
乙酰胆碱	增强	骨髓中淋巴细胞和巨噬细胞数目
β-内啡肽	增强/抑制	抗体产生、巨噬细胞和T细胞活化
脑啡肽	增强/抑制	T细胞活化（低剂量增强，高剂量抑制）
催乳素	增强	巨噬细胞活化、IL-12产生
生长激素	增强	抗体产生、巨噬细胞活化、IL-12调节
血管活性肠多肽	抑制/增强	细胞因子产生
褪黑素	增强	混合淋巴细胞反应、抗体产生
促肾上腺皮质激素	增强/抑制	细胞因子产生、NK细胞活化、抗体产生、巨噬细胞活化
生长激素释放抑制因子	抑制/增强	空斑形成数目、对丝裂原的反应性
性激素	抑制/增强	淋巴细胞转化、混合淋巴细胞反应

除了通过神经递质和激素直接作用于免疫系统外，神经系统和内分泌系统还能直接产生免疫应答中常见的细胞因子，如IL-1、IL-2、IL-6、TNF-α和IFN等，作用于免疫系统，对免疫应答起调节作用。

（二）免疫系统对神经系统和内分泌系统的调节

神经系统和内分泌系统不能直接感知抗原物质的刺激，但免疫系统能识别抗原。免疫系统通过免疫应答产生的各种生物活性分子，可以向神经、内分泌系统传递信息。神经、内分泌系统感受到这些信息后会做出反应，并通过释放递质和分泌激素，反过来作用于免疫系统，引起各种免疫功能的改变。因此，有人将淋巴细胞称为“巡逻的神经细胞”。

1.免疫细胞产生内分泌激素

免疫细胞本身可以产生和释放内分泌激素，影响神经内分泌功能。目前已发现免疫细胞合成的神经递质和激素达10余种。（表5-5）

表5-5　免疫细胞合成的神经递质和激素

名称	产生细胞	名称	产生细胞
ACTH	淋巴细胞、巨噬细胞	生长抑制素	单核细胞、肥大细胞、多形核白细胞
内啡肽	淋巴细胞、巨噬细胞	脑啡肽	辅助性T细胞
生长激素	淋巴细胞	精氨酸	胸腺上皮细胞
催乳素	淋巴细胞	催产素	胸腺上皮细胞
绒毛膜促性腺素	T细胞	神经垂体激素	胸腺上皮细胞
血管活性肠肽	单核细胞、肥大细胞、多形核白细胞	运载蛋白	T细胞

2.免疫细胞产生细胞因子

免疫细胞产生的淋巴因子和单核因子除可对自身活动进行调节外，还可作用到神经、内分泌系统，从而影响全身各系统的功能活动，如IL-2能抑制乙酰胆碱释放，TNF-α可以促进星形胶质细胞表达脑啡肽。此外，细胞因子能影响神经生长因子的表达，并影响神经元的生长和分化。细胞因子对激素的分泌也可产生各种影响，有的促进激素的合成和分泌，有的则起抑制作用。细胞因子之所以能作用于神经、内分泌系统，是因为神经、内分泌组织上都有细胞因子受体，且分布广泛。

神经、内分泌系统和免疫系统的相互作用十分复杂，它们相互影响，互为因果，形成一个网络。网络中任何一个环节的变化，都会引发连锁反应。

（三）运动与神经内分泌的免疫调节

运动对免疫功能的急性效应与神经内分泌的变化有关，运动中激素的释放量、激素受体数量和受体敏感性的变化，都可能引起机体免疫功能的改变。

1.运动与儿茶酚胺

儿茶酚胺（Catecholamine）包括肾上腺素、去甲肾上腺素和多巴胺。运动时，肾上腺素主要来自肾上腺髓质，去甲肾上腺素主要从交感神经末梢释放。

运动应激时肾上腺素和去甲肾上腺素随运动时间呈线性相关，与运动强度呈指数相关。在任意运动强度下，有训练者都比无训练者的儿茶酚胺释放量少。

淋巴细胞上有β-肾上腺素能受体，血浆肾上腺素可直接影响淋巴细胞活性。NK细胞上β-肾上腺素能受体最多，$CD4^+$细胞最少，而B细胞和$CD8^+$细胞上β-肾上腺素能受体数目介于NK和$CD4^+$之间，因而，NK细胞对运动反应灵敏可能与此有关。运动后NK细胞和单核细胞的迅速增加是因为血流量和儿茶酚胺的增加。

2.运动与皮质醇

皮质醇是由肾上腺皮质分泌的一种激素。体内外实验证实皮质醇激素是一种免疫抑制剂。体内注射皮质醇会引起一系列免疫抑制。

一次递增负荷至疲劳的运动后即刻NK细胞活性、IL-2活性和β-内啡肽血浆水平显著下降，而血浆皮质醇水平明显上升，并与NK细胞活性呈显著负相关，24 h后各指标基本恢复至运动前水平。中等强度运动前、运动后即刻、运动后3 h和运动后24 h，血浆皮质醇的变化与IL-2活性的变化相反，皮质醇在一定程度上对IL-2的分泌起抑制作用，当皮质醇浓度降低时，这种抑制作用减弱，IL-2活性增强。

除此以外，人们还观察到运动中血皮质醇的浓度和白细胞数目的关系。长时间运动，外周血淋巴细胞和单核细胞数目减少以及中性粒细胞数目增多的外周血象的变化，与皮质类固醇的过度分泌有关，也可能是运动引起体内多种激素变化结果的综合效应。

3.运动与β-内啡肽

1979年，发现人淋巴细胞上有β-内啡肽（β-endorphin，β-EP）受体，而后发现在人的补体上也有同样的受体，近年来又发现红细胞膜上也有β-EP受体、肾上腺素β受体、胰岛素受体等，从而使其接受神经内分泌的调控。

应激状态下释放的内源性阿片肽可抑制免疫系统。经足底电击应激刺激后，出现镇痛以及自然杀伤细胞功能的抑制，这两种反应都可被阿片受体拮抗剂纳曲酮所对抗。β-EP抑制淋巴细胞转化，可能是通过结合抑制性T淋巴细胞（Ts）上相应阿片受体，加强Ts的活性从而抑制免疫功能；也可能通过抑制淋巴细胞IL-2和IL-2受体表达而抑制淋巴细胞转化。脑室注射β-EP后脾脏儿茶酚胺水平增高，可能是β-EP激活了交感神经系统从而抑制了免疫功能。

但在离体实验中，内源性阿片肽通常表现为促进免疫反应。β-EP和人外周血单核细胞或NK细胞共同孵育，能够提高NK活性10%～15%。β-EP可促进NK细胞产生γ-干扰素。将β-EP与巨噬细胞体外孵育20 h后，β-EP可明显促进巨噬细胞释放IL-1。

β-EP对免疫功能的调节作用复杂，离体与在体研究结果不一致，不同生理状态下的作用也有差异。虽然就β-EP对免疫功能的调节作用研究还不够深入，但已经通过内源性阿片肽把中枢神经系统和免疫系统联系起来，这对运动免疫学研究具有重要的意义。

4.运动与人生长激素

人生长激素（human growth hormone，HGH）为垂体前叶分泌的一种多肽激素，它不仅对机体的生长有重要作用，还是腺垂体激素中极重要的免疫调节因子。HGH既可借助受体直接影响免疫细胞的功能，也可由胰岛素样生长因子（IGF）的介导而间接作用于免疫细胞。HGH诱导IGF的生成，而IGF-1受体分布于所有外周血单核细胞膜上，即HGH可影响免疫系统的各个环节，增强免疫力。HGH缺乏与淋巴器官的形态学异常有关，给予HGH后可恢复其免疫功能，可见HGH是免疫系统正常发展的重要因素。重组HGH可直接刺激B细胞增殖及分泌免疫球蛋白，因而有人提出应用HGH治疗免疫功能低下、抗衰老等。

在运动中HGH的反应与运动强度的关系比与运动时间或运动量的关系更密切。对人静脉注射一定剂量的HGH后，没发现运动引起NK细胞活性、细胞因子产生及淋巴细胞作用加强，但引起中性粒细胞显著性增多。HGH可能主要对中性粒细胞的募集起作用，而对运动引起的淋巴细胞募集作用不大。

思考题

1. 免疫系统的三大功能是什么?
2. 什么是自然免疫和获得免疫?
3. 免疫球蛋白的主要生物学功能是什么?
4. 何为抗原? 交叉反应指什么?
5. 运动诱发白细胞化的特点和可能机制有哪些?
6. 运动主要影响淋巴细胞的哪些方面?
7. 红细胞免疫功能与运动关系如何?
8. 试分析运动对基因水平免疫调节的影响。
9. 运动引起的免疫抑制蛋白途径的可能机制有哪些?
10. 运动性肌肉损伤与细胞因子释放的可能关系是什么?

主要参考文献

[1] 周光炎.免疫学原理[M]. 上海: 科学技术出版社, 2007.

[2] 安云庆,姚智.医学免疫学[M]. 2版. 北京: 北京大学医学出版社, 2009.

[3] 龚非力.医学免疫学[M]. 3版. 北京:科学出版社, 2012.

[4] 张缨.实用运动免疫学[M]. 北京: 北京体育大学出版社, 2005.

[5] NIEMAN D C,PEDERSEN B K. Nutrition and Exercise Immunology[M]. Boca Raton: CRC Press,2000.

第六章
运动中的神经调控

本章学习提示

通过本章的学习，要求学生掌握神经系统活动的基本方式和基本过程；了解脊髓、脑干和大脑皮质对骨骼肌活动的三级调控，以及小脑和基底神经节对运动的监控；能够根据运动技能形成各阶段的生理特点，指导体育教学和运动训练；能够应用脑电图和其他生物电方法监控运动负荷、评价身体机能状态，更好地指导运动实践。

身体所有活动都受神经系统的调控，肌肉运动主要由脊髓、脑干和大脑皮质三级调控，并由小脑和基底神经节进行监控，使人体运动功能和植物性神经系统的功能整合协调一致，从而对体内外环境变化做出迅速而完善的适应性反应，满足生理活动的需要，维持整个机体的正常生命活动。大脑就像一台计算器，整合所有传入的信号，选择最合适的反应，然后指导身体各部位做出恰当的动作。骨骼肌一旦失去神经系统的支配，就会发生麻痹。

第一节　神经肌肉控制

神经系统对肌肉运动的调控同样遵循神经调节最基本的作用方式，即反射。内外环境的各种变化最终引起动作反应的结构基础是反射弧。比如，当手指碰到一个热炉时是如何通过手部肌肉收缩以移开手指的？当一个人决定起跑时，腿部肌肉是如何在支撑身体的同时又能够让身体向前移动？为完成这些动作，感觉和运动相互联系起来，这个过程又可称为感觉–运动整合，如图6–1所示。身体要能够对感觉刺激有所反应，神经系统的感觉和运动部分必须按照图6–1的顺序一起运作：

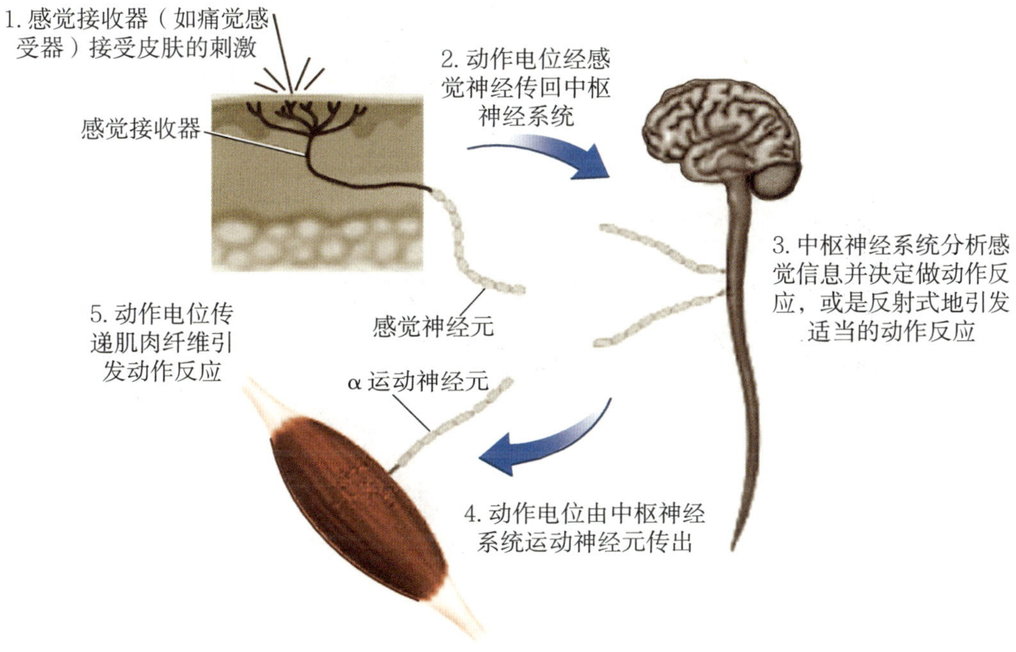

图6–1　感觉–运动整合过程

（1）感受器接受刺激（如灼烧）。

（2）感受器产生动作电位通过感觉神经传到中枢神经系统。

（3）中枢神经系统分析整合所有感觉，然后决定如何反应以及反射性地引起躯体运动。

（4）动作电位从中枢神经系统传递至α运动神经元。

（5）动作电位从神经元传至肌肉，产生反应。

这个运作过程也即一个完整的反射弧。

一、感觉输入

所有感觉和身体的生理状态由分布于全身的感受器所感知，感受器受到刺激后产生动作电位，经由感觉神经传递至脊髓，脊髓本身可能会引发局部的反应或者将动作电位传递至上一位脊髓或脑，在脑部的感觉路径可能终止于脑干、小脑、下丘脑或是大脑复杂感觉的区域。这些区域负责全身所有感觉输入及分析综合，并与运动神经系统连接，因此可称为整合中枢。图6-2显示了不同感受器接受刺激后的传入路径，会传递至脊髓或者脑部不同区域，这些整合中枢功能并不完全相同。

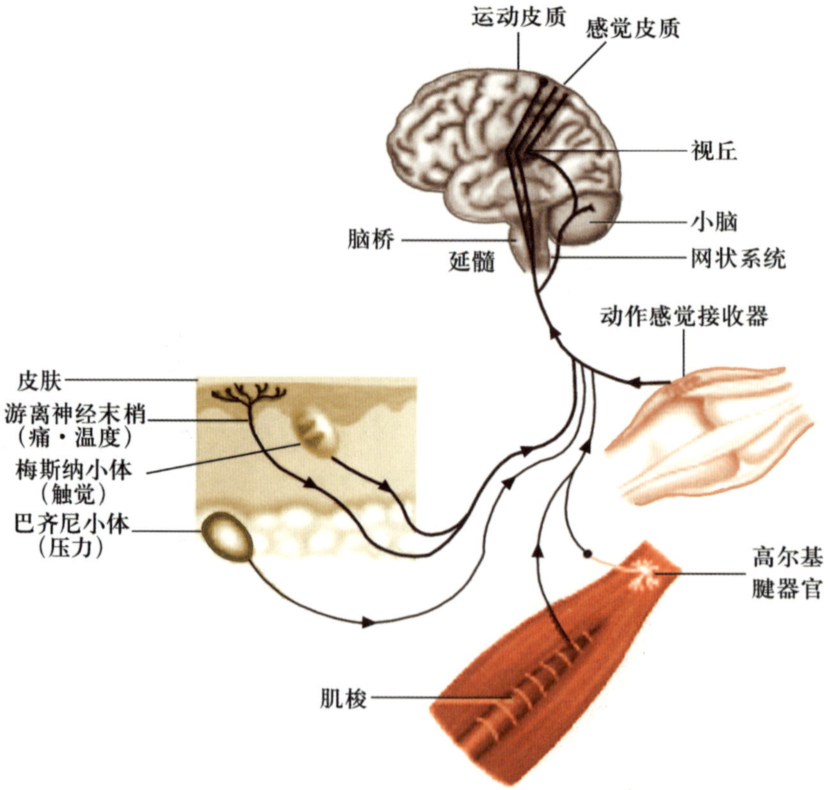

图6-2　感受器及其信号传递至脊髓和大脑的路径

（1）感觉刺激终止于脊髓并在此部位整合，这种反应通常是简单的动作反应，也是最简单的整合，属于单突触反射。

（2）感觉刺激终止于脑干，通常引发下意识的运动反应，它比简单的脊髓反射高级且较为复杂些。例如，坐、站立或是移动时的姿势反射，就需要这个层级的感觉输入。

（3）感觉刺激终止于小脑时，通常也是引发下意识的动作反应。小脑的功能是在协调参与动作所有肌肉的收缩，使动作连贯。人体精细或者粗大动作的协调都由小脑和基底核负责，如果没有小脑的控制，所有的动作会失控或者不协调。

（4）终止于下丘脑的感觉信号则开始进入有意识的层面，这时大脑开始可以分辨不同的感觉。

（5）只有当感觉信号进入到大脑皮层才能清楚地感知到各种感觉发生的位置。位于中央沟后方顶叶皮层的初级感觉皮层区接受来自皮肤的一般感觉以及肌肉、肌腱和关节的本体感觉，而且身体的所有感觉都分布在大脑皮层相应的区域。由此，传导路径可以随时感知身体任意部位的刺激并精确定位。因此，大脑皮层的这部分功能可以使人体感知周围环境的变化。

二、动作控制

当感觉信息抵达上述中枢神经部位时，便会产生动作反应。产生动作反应的起点大致有下面3个地方：①脊髓；②脑干；③大脑皮层运动区。脊髓引发的动作反应比较简单，而大脑引发的动作反应则为需要经过思考后的比较复杂的动作反应。至此，感觉与运动两个系统就在感觉-运动中枢整合。其中，最简单的反应就是反射。反射作为神经活动的基本方式，分为非条件反射和条件反射两类。非条件反射是人或动物在长期的种系发展中形成的，它的建立可无须大脑皮层的参与，通过皮层下各级中枢即可形成，包括防御反射、食物反射、性反射等，如上述的手指碰到热炉时的防御伤害反射。而条件反射须通过后天学习和训练而形成，是反射的高级形式，在运动技能形成中将详细探讨。无论非条件反射还是条件反射，其反射活动的完成均须完整的反射弧。

三、反射活动

当一个人不经意将手放在热炉上时会发生什么反应呢？首先，手部皮肤的热感受器和痛觉感受器接受到信号后就会产生动作电位，动作电位传递并终止于脊髓，然后经由中间神经元将动作电位传递至运动神经，直达效应器肌肉，控制手部肌肉使手及时收回。这个反应不需要经过大脑的思考即可完成。

动作反射好比是程序化的反应：任何时候感觉神经接受到刺激，身体便会产生反应，而且每次都一样。如上述例子，当手碰到热或者冷的东西时，手上的温度感受器就会感受到刺激引发动作反射将手收回；另外，当手碰到热或者尖锐的物体时，手部痛觉感受器便会产生痛觉将手收回。在大脑感知到这些刺激时，手回缩的动作反射几乎已经完成（当动作电位传到脊髓时，通常也会上传到大脑皮质感觉区）。大部分的神经反射都非常快速，而动作反射则是速度最快的，因为神经的传递未到达大脑时，反射活动已经产生。反射活动通常只是单一反应，不需要考虑其他任何变化。

神经系统视动作复杂程度，利用不同部位对感觉刺激做出反应。大部分简单反射是由脊髓控制，而复杂的反射与动作则由大脑控制。

脊髓是实现躯体运动的最低级中枢。脊髓神经元由感觉传入神经元、各类中间神经元及运动神经元组成。（图6-3）

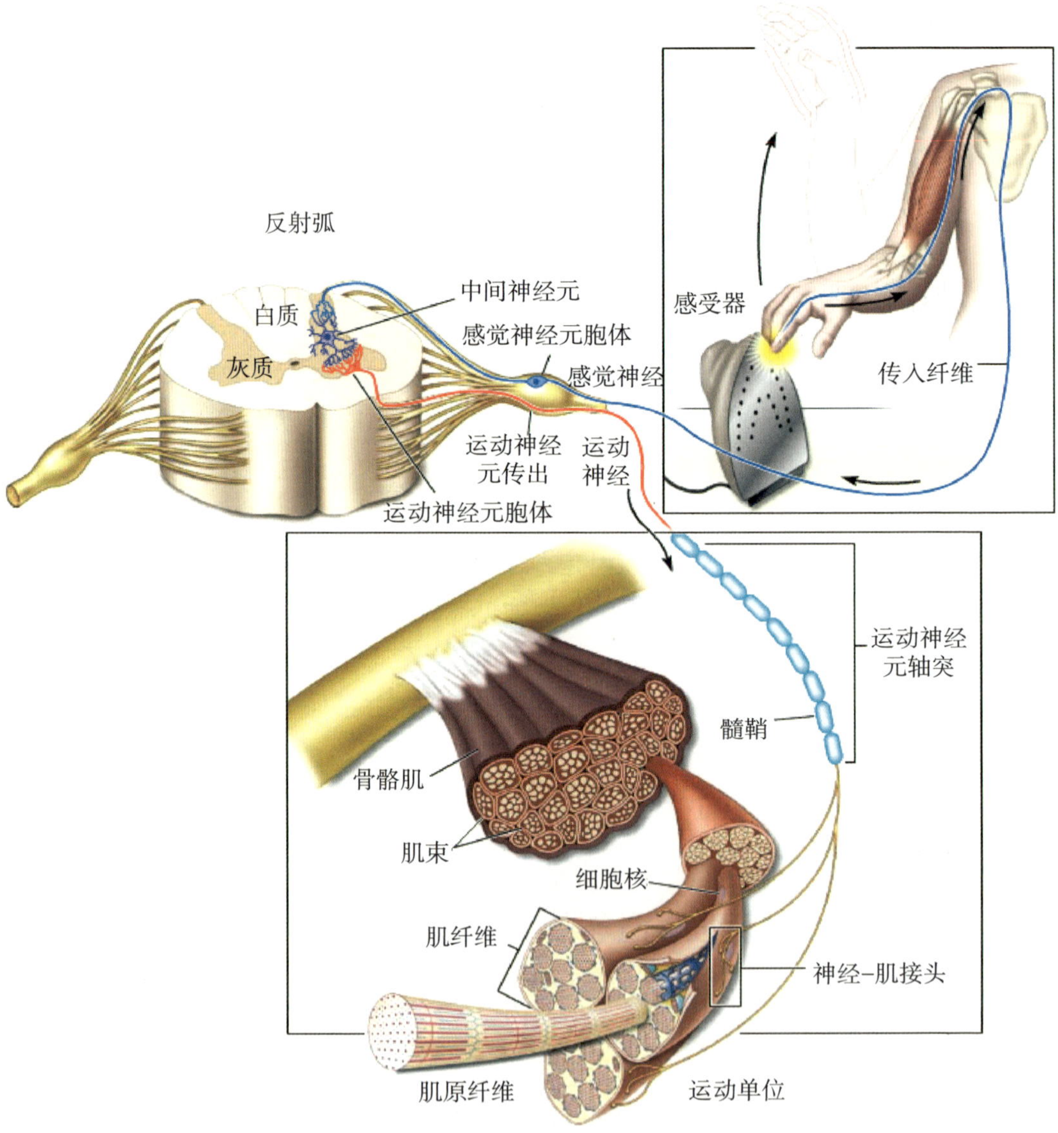

图6-3　反射弧的组成与反射过程

脊髓前角运动神经元支配骨骼肌，兴奋时产生肌肉收缩，它们是各种形式躯体运动的最后公路。当脊髓与高位中枢的联系被切断后（脊髓休克），仍可产生一些反射活动，如四足脊髓动物甚至还可以表现一定程度的行走运动（虽然不同动物恢复时间不同）。这说明有些反射性运动的中枢位于脊髓水平，如牵张反射。但在正常情况下，所有脊髓反射都接受高级中枢的下行调控。

（一）脊髓的运动神经元

在脊髓灰质前角存在大量的运动神经元，即α、β和γ运动神经元。脊髓α运动神经元接受从脑干到大脑皮质各级高位中枢发出的下传信息，也接受来自躯干四肢和头面部皮肤、肌肉和关节等处的外周传入信息，产生一定的反射传出冲动，直达所支配的骨骼肌，因此它们是躯体运动反射的最后公路（final common path）。作为运动传出最后公路的脊髓运动神经元，许多来自高位中枢和外周的各种神经冲动都在此发生整合，最终发出一定形式和频率的冲动到达效应器官。会聚到运动神经元的各种神经冲动可能起以下作用：①引发随意运动；②调节姿势，为运动提供一个合适而又稳定的背景和基础；③协调不同肌群的活动，使运动得以平稳和精确地进行。

（二）脊髓反射

中枢神经系统可通过调节骨骼肌的紧张度或产生相应的运动，以保持或改正躯体在空间的姿势，这种反射称为姿势反射（postural reflex）。脊髓能完成的姿势反射有对侧伸肌反射和牵张反射等。

1. 屈肌反射和对侧伸肌反射

脊椎动物在受到伤害性刺激时，受刺激的一侧肢体关节的屈肌收缩而伸肌弛缓，肢体屈曲，称为屈肌反射（flexor reflex）。该反射具有保护意义，但不属于姿势反射。若加大刺激强度，则可在同侧肢体发生屈曲的基础上出现对侧肢体伸展，这一反射称为对侧伸肌反射（crossed extensor reflex）。对侧伸肌反射是一种姿势反射，在保持躯体平衡中具有重要意义。

2. 牵张反射

牵张反射（stretch reflex）是指骨骼肌受外力牵拉时引起受牵拉的同一肌肉收缩的反射活动。牵张反射有腱反射和肌紧张两种类型。

（1）腱反射（tendon reflex）是指快速牵拉肌腱时发生的牵张反射。例如，当叩击髌骨下方的股四头肌肌腱时，可引起股四头肌发生一次收缩，这称为膝跳反射。属于腱反射的还有跟腱反射和肘反射等。腱反射的传入纤维直径较粗，为12～20 μm，传导速度较快，可达90 m/s以上，反射的潜伏期很短，约0.7 ms，只够一次突触接替的时间，因此，腱反射是单突触反射。（图6-4）

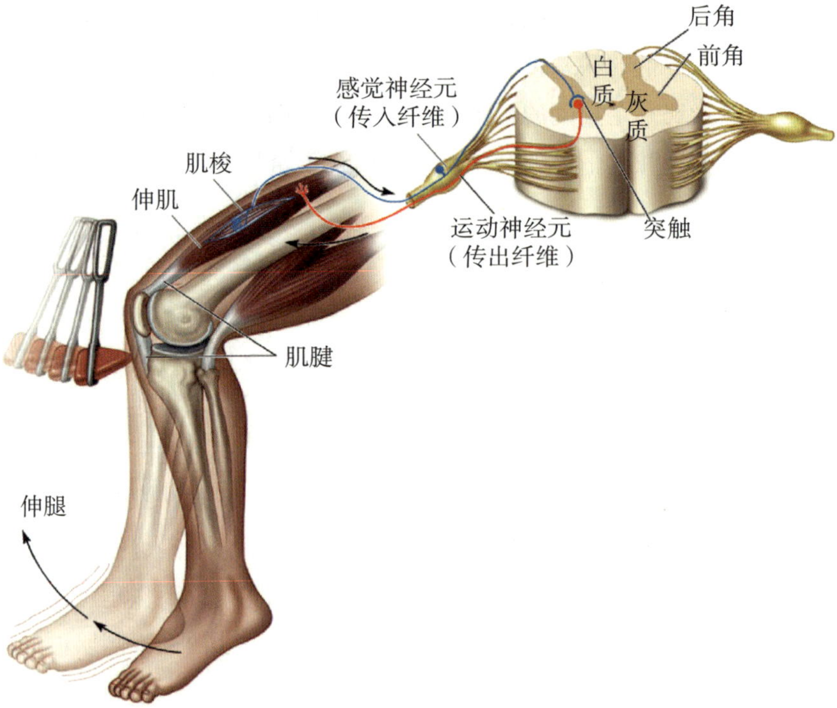

图6-4　腱反射（膝跳反射）过程示意图

（2）肌紧张（muscle tonus）是指缓慢持续牵拉肌腱时发生的牵张反射，其表现为受牵拉的肌肉发生紧张性收缩，阻止被拉长。肌紧张是维持躯体姿势最基本的反射，是姿势反射的基础。例如，人体取直立姿势时，由于重力的作用，头部将向前倾，胸和腰将不能挺直，髋关节和膝关节也将屈曲，但由于骶棘肌、颈部及下肢的伸肌群的肌紧张加强，就能抬头、挺胸、伸腰、直腿，从而保持直立的姿势。肌紧张中枢的突触接替不止一个，因而为多突触反射。肌紧张的收缩力量并不大，只是抵抗肌肉被牵拉，表现为同一肌肉的不同运动单位进行交替性的收缩，而不是同步收缩，因此不表现为明显的动作，并且能持久地进行而不易发生疲劳。

伸肌和屈肌都有牵张反射，对人类来说，伸肌是抗重力肌，所以脊髓的牵张反射主要表现在伸肌。临床上常通过检查腱反射来了解神经系统的功能状态。腱反射减弱或消退提示反射弧损害或中断；而腱反射亢进则提示高位中枢有病变，因为牵张反射受高位中枢的调节。

腱反射和肌紧张的感受器是肌梭，肌梭（muscle spindLes）是与反射有关的特化的肌肉结构，肌梭一般位于骨骼肌肌纤维之间，肌梭外有一结缔组织囊，囊内所含肌纤维称为梭内肌纤维（intrafusal fiber），囊外一般肌纤维则称为梭外肌纤维（extrafusal fiber）。肌梭与梭外肌纤维呈并联关系。一个肌梭由4～20个较小的、已经特化的肌纤维（梭内肌纤维）和感觉神经末梢组成，梭内肌纤维的收缩成分位于两端，而感觉神经末梢位于中间，两者呈串联关系。肌梭的外围由结缔组织所形成的鞘状构造所包围，并连到梭外肌纤维的肌内膜上。梭内肌纤维是由一条特殊的运动神经γ运动神经元所控制，而肌梭外的骨骼肌纤维则由α运动神经元所控制。因为梭内肌纤维中央部位肌动蛋白和肌凝蛋白细丝比较少，因此无法收缩而只能拉伸。由于肌梭和梭外肌纤维相连，当梭外肌纤维收缩时，肌梭也跟着拉长。

肌梭外周有感觉神经末梢缠绕，当肌梭拉长时，此感觉神经便将信号传往脊髓，直至中枢神经系统，以感知肌肉的长度。在脊髓中，此感觉神经元和α运动神经元相连，当肌肉拉长时，引发肌肉反射性收缩以避免肌肉过度拉伸。

以下用一实例来说明这一反射：当一个人肘关节弯曲，掌面朝上，手指伸展时，另一个人突然将一个重物放在手掌上，此时前臂开始下沉，手肘关节屈肌（肱二头肌）会被拉长，其肌梭也被拉长。在此状态下，感觉神经将信号传至脊髓，脊髓激活控制肱二头肌的α运动神经元，肱二头肌接着收缩产生力量以对抗肌肉被拉长的状态。γ运动神经元会使梭内肌纤维兴奋，使其能预先稍被拉长，虽然其中段无收缩功能，但其两端可以收缩，所以当γ运动神经元刺激梭内肌纤维时，中段部分则被拉长。梭内肌纤维这种预先被拉长的状态会使得肌梭对于肌肉的伸展特别敏感。

肌梭也辅助正常的肌肉功能。当α运动神经元刺激梭外肌纤维收缩时，γ运动神经元也兴奋，使梭内肌纤维两端收缩、中段伸展，经由感觉神经传递至脊髓，再次刺激α运动神经元，使肌肉收缩力量增加。因此，经由肌梭这样的刺激机制，肌肉收缩力量增强。

肌梭经由感觉神经传递到脊髓的信号还会进一步传递至中枢神经系统更高层的部位，使大脑随时能感知肌肉的长度及长度变化速率。这些信号对于维持肌肉张力和身体姿势以及动作执行非常重要。肌梭的功能就像自动回馈机制中的伺服器（servo-mechamism），随时可以修正没有按照计划执行的动作。在肌梭修正错误动作的同时，大脑也会接收到错误动作的信号。

除肌梭外，还有一种称为腱器官（tendon organ）的牵张感受装置，又称腱梭，是囊状的感受器，其中有小束的肌腱纤维穿过，分布于肌腱胶原纤维之间，与梭外肌纤维呈串联关系，如图6-2所示。其传入神经是Ib类纤维。每一个腱梭有5～25条肌纤维与之连接，肌梭主要感受肌肉长度的变化，其传入冲动对同一肌肉的α运动神经元起兴奋作用；而腱器官主要感受肌肉肌腱连接处的张力，其传入冲动对同一肌肉的α运动神经元起抑制作用。腱梭就像肌肉中的张力计一样，随时监控肌肉张力的变化。当整块肌肉受牵拉时，由于肌组织较肌腱组织更富有弹性，牵拉所产生的张力大部分加在肌组织上，使之明显被拉长，而加在肌腱组织上的张力则较小，长度变化也不大。所以，肌肉受牵拉时肌梭首先兴奋而产生牵张反射；若加大拉力，则可兴奋腱器官而抑制牵张反射，从而避免肌肉被过度牵拉而受损。

腱梭非常敏感，即使是单根肌纤维的收缩也能感受到。其感受器基本上是抑制性的，目的在于保护肌肉避免受到伤害。当腱梭受到刺激时，它会抑制主动肌的收缩，也会刺激拮抗肌收缩。有些研究者推测，如果减少腱梭对于肌肉抑制作用的功能，会使肌肉收缩更为剧烈，这一机制也许可以在某种程度上解释在力量训练时肌肉力量增加的现象。

四、高级大脑中枢

反射是神经作用中最简单的形式，但是大部分在运动时的动作都需要更高级神经中枢的控制与协调，尤其是大脑初级运动皮层、脑干、基底神经节和小脑的调节。

（一）大脑初级运动皮层

大脑初级运动皮层主要控制精细而独立的动作，它位于额叶中央沟回区域。这里的神经细胞也称为锥细胞，可以有意识地控制骨骼肌的运动。因此，可以将大脑初级运动皮层看成是决定肌肉如何运动的部位。例如，一个棒球运动员在打击区等待投手的投球时，决定是否挥棒的念头便是在此区域产生。这个区域的神经细胞控制全身肌肉的运动，越精细的动作，在大脑皮层代表的区域越大，就会有越多的神经细胞来控制该部位的肌肉。

锥细胞的胞体位于大脑初级运动皮层，而轴突汇集成锥体外系，通常也称为皮质脊髓束，因为这些神经细胞起始于皮质并往下延伸到脊髓。这个部位主要控制大部分自主的骨骼肌运动。

在大脑初级运动皮层前面，位于额叶中央沟之前的区域称为前运动皮层，经过反复练习的或者天生的运动技能均储存于此处，可以将此区域想象成运动技能的记忆库。

（二）脑干对躯体运动的调控

脑干包括中脑、脑桥和延髓。在脑干中轴部位有许多形状和大小各异的神经元组成的脑区，其间穿行着各类走向不同的神经纤维，呈网状，所以称为脑干网状结构。脑干网状结构内有许多神经核团，它既获得来自高位中枢和脊髓各节段的传入信息，也存在直接支配某些肌肉的运动神经元，其作用特点与脊髓前角运动神经元相同。而脑干控制运动的主要功能是把高级中枢的下行运动指令与脊髓的上行信息进行整合，再通过脑干下行通路来调节运动神经元（包括脑干运动神经元）的活动，即起到承上启下的作用以实现对运动的控制。

1. 脑干网状结构对肌紧张的调节

利用脑立体定向技术刺激动物脑干网状结构的脑干中央区域，可使肌紧张加强，这一区域称为易化区。刺激延髓网状结构的腹内侧部分，可抑制肌紧张，这一区域称为抑制区。它们分别对脊髓的运动神经元具有易化与抑制作用。电刺激易化区，可使正在进行中的四肢牵张反射大大加强。而刺激抑制区时，抑制肌肉的牵张反射。从活动的强度上看，易化区活动比较强，抑制区的活动比较弱。因此，在肌紧张的平衡调节中易化区略占优势。

在正常情况下，由于大脑皮质运动区和纹状体等部位对脑干网状结构抑制区有控制作用，所以使易化与抑制作用保持着动态平衡。而当上位中枢的下行控制失去之后，这种平衡便会丧失，造成抑制区活动减弱，易化区活动加强，使伸肌紧张加强，产生僵直现象。例如，在实验室中，如果在动物中脑四叠体的上、下丘之间切断脑干，造成去大脑动物，此时动物全身伸肌的紧张性立即显现亢进，表现为四肢僵直，颈背部肌肉过度紧张，以致头尾呈背弓反张状态，这一现象称为去大脑僵直。

从牵张反射的角度来分析，肌紧张加强的机制可以有两种：一种是由于高位中枢下行信号时，直接或间接通过脊髓中间神经元提高脊髓α动神经元的活动，从而导致肌紧张加强出现僵直，这种僵直称为α僵直。另一种是由于高位中枢信号下行时，首先提高脊髓γ动神经元的活动，使肌梭的敏感性提高而传入冲动增多，转而使脊髓α动神经元的活动提高，导致肌紧张加强而出现僵直，称为γ僵直。

2. 姿势反射

人体姿势的维持是通过全身肌张力的相互协调实现的。在身体活动过程中，中枢不断地调整不同部位骨骼肌的张力，以完成各种动作，保持或变更躯体各部分的位置，这种反射活动总称姿势反射。姿势反射可分为状态反射、翻正反射、直线和旋转加减速运动反射等。

（1）状态反射

状态反射（attitudinal reflex）是头部空间位置改变时反射性地引起四肢肌张力重新调整的一种反射活动。状态反射包括迷路紧张反射和颈紧张反射。迷路紧张反射是指当头部空间位置发生改变时，内耳迷路的椭圆囊和球囊的传入冲动对躯体伸肌紧张性的调节反射。颈紧张反射是指颈部扭曲时，颈椎关节、韧带或肌肉的本体感受器受刺激后，对四肢肌肉紧张性的调节反射（图6-5）。头部后仰引起上下肢及背部伸肌紧张性加强；头部前倾引起上下肢及背部伸肌紧张性减弱，屈肌及腹肌的紧张性相对加强；头部侧倾或扭转时，引起同侧上下肢伸肌紧张性加强，对侧上下肢伸肌紧张性减弱。

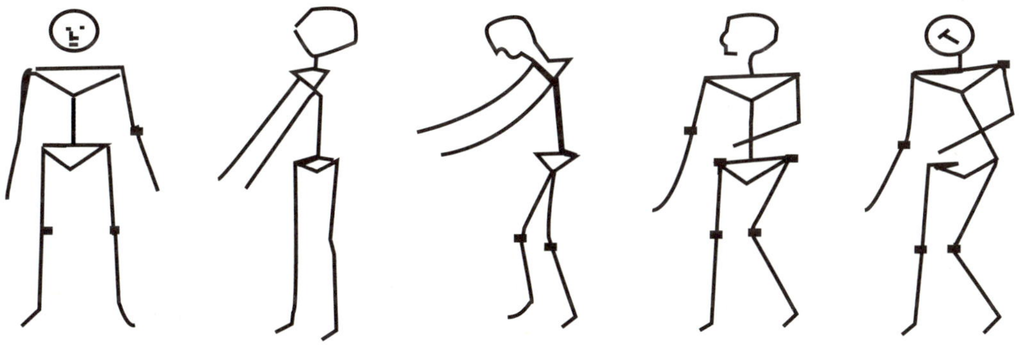

图6-5　状态反射规律示意图

在正常人体中，由于高位中枢的调节，状态反射常被抑制而不易表现出来。

状态反射在完成某些运动技能时起着重要作用。例如，在做体操的后手翻、空翻及跳马等动作时，若头部位置不正，就会使两臂用力不均衡，身体偏向一侧，常常导致动作失误或无法完成。短跑运动员起跑时，为防止身体过早直立，往往采用低头姿势。这些都是运用了状态反射的规律。但是，在运动中也有个别动作需要使身体姿势违反状态反射的规律。例如，有训练的自行车运动员在快速骑车时，做出头后仰而身体前倾的姿势。

（2）翻正反射

当人或动物处于不正常体位时，通过一系列动作将体位恢复常态的反射活动称为翻正反射（righting reflex）。例如，将动物四足朝天从空中抛下，可清楚地观察到动物在下降过程中，首先是头颈扭转，然后前肢、躯干和后肢依次扭转过来，当下降到地面时由四肢着地。翻正反射包括一系列反射活动，最先是由于头部位置不正常，视觉与内耳迷路感受刺激，从而引起头部的位置翻正。头部翻正以后，头与躯干的位置关系不正常，使颈部关节韧带或肌肉受到刺激，从而使躯干的位置也翻正。在体育运动中，很多动作是在翻正反射的基础上形成的。例如，体操运动员的空翻转体、跳水运动中转体及篮球转体过人等动作，都要先转头以带动身体，使动作迅速协调完成。

（3）旋转运动反射

人体在进行主动或被动旋转运动时，为了恢复正常体位而产生的一种反射活动，称为旋转运动反射。当身体向任何一侧倾倒时，前庭感受器将受刺激而兴奋，通过传入神经到达中脑和延髓，反射性地引起全身肌肉张力重新调整，维持身体平衡。例如，在弯道上跑步时，身体向左侧倾斜，将反射性地引起躯干右侧肌张力增加，以保持身体姿势。

（4）直线运动反射

人体在主动或被动地进行直线加、减速运动时，即发生肌张力重新调配恢复常态现象，这种反射称为直线运动反射，它包括升降反射和着地反射。人体沿垂直方向直线加速或减速运动时，耳石受到刺激，反射性地引起肌张力重新调整的活动称作升降反射。人体从高处跳下时，在着地的一刹那，上肢紧张性加强而下肢两脚分开顺势弯曲，以保持身体重心减少震动，这种反射称为着地反射。例如，人从体操器械掉下来时用手撑地就是一个明显的例子。但这种着地姿势容易引起尺骨鹰嘴骨折，因而在体育运动中应克服这种先天的非条件反射，即当身体从高处落下时要做滚翻动作，才能起保护作用而避免出现伤害事故。

（三）基底神经节

大脑皮质下的基底神经节属于古老的前脑结构，是大脑皮质的一个主要传出机构。它包括纹状体、丘脑底核和黑质等。纹状体又包括尾核、壳核和苍白球。从新纹状体（尾核和壳核）到苍白球内侧部的投射途径有两条，即直接通路和间接通路。直接通路是指新纹状体直接向苍白球外侧部投射的路径，其递质是γ-氨基丁酸（γ-aminobutyric acid，GABA）；间接通路则为先后经过苍白球外侧部和丘脑底核两次中继后到达苍白球内侧部的多突触路径。从新纹状体到苍白球外侧部，以及从苍白球外侧部再到丘脑底核的纤维递质也都是γ-氨基丁酸，而由丘脑底核到达苍白球内侧部的投射纤维则是兴奋性的，递质为谷氨酸，从黑质到达新纹状体的投射纤维递质是多巴胺，黑质多巴胺投射系统可作用于新纹状体的D1受体而增强直接通路的活动，也可以作用于其D2受体而抑制间接通路的活动。

迄今为止，关于基底神经节的功能，人们的认识仍不十分清楚。但发现它在身体执行持续而重复的动作时（如在走路时手臂的自然前后摆动）相当重要，可以控制走路及跑步这些复杂动作。初步认为，这可能与脑底核经由皮质-基底神经节-丘脑-皮质的神经回路参与运动的设计和程序编制，并将一个抽象的设计转换为一个随意运动，完成运动的计划、启动和执行，以及基底神经节对维持身体姿势、随意运动的产生和稳定、肌张力的调节、本体感受传入冲动信息的处理都有关。此外，基底神经节中某些核团还参与自主神经的调节、感觉传入、心理行为和学习记忆等功能活动。

基底神经节病损后，人或动物的运动产生严重缺陷。当基底神经节病变时可表现出两类症状：一类是具有运动过少而紧张过强的综合征，如帕金森病，病人启动运动困难，随意运动的速度变慢，运动徐缓和幅度变小，震颤麻痹。帕金森病由于黑质致密部内多巴胺能神经元大量死亡，基底神经节间接通路中纹状体GABA/ENK（enkephalin，脑啡肽）能神经元活动增强而抑制苍白球外侧部的活动，丘脑底核脱抑制而促进苍白球内侧部或（和）黑质网状部的活动，导致丘脑皮质通路的更大抑制，运动皮质易化减弱，出现运动不能和运动徐缓。另一类是具有运动过多而肌紧张不全的综合征，如舞蹈病与手足徐动症等。

（四）小脑

小脑是脑内与随意运动有关的最大结构。从种系发生上，小脑可分为原小脑、旧小脑和新小脑。小脑不仅与前庭神经核有往返纤维联系，还与脊髓、视听传入信息及大脑皮质构成突触联系。小脑在躯体运动调节中的作用表现在程序预编与实时校正，稳定作用，眼-手协调动作的校准等，对保持躯体平衡、调节肌张力、协调随意动作和参与运动学习起重要作用。

一般认为，大脑皮质运动区的运动指令发至脊髓的同时也发至小脑，而躯体在执行运动时也即时地将各种信息，经脊髓小脑束传到小脑。小脑将来自大脑皮质的运动指令与实际执行的结果进行比较、分析误差，然后通过小脑-大脑皮质联系，传回至皮质以校正运动，使运动逐步协调起来。当精巧运动逐渐熟练完善后，皮层小脑中就储存了一整套的运动程序，当大脑皮层要发动运动时，首先通过下行通路从皮层小脑中提取储存的程序，并将程序回输到大脑皮质运动区，通过锥体束发动运动。它在控制快速且复杂的肌肉运动中起重要作用，它协调肌肉在恰当的时间收缩，也接受脑部其他区域所引发的动作，协助运动的精细调节，使连续的动作可以快速地执行。小脑可以协助大脑初级运动皮层及基底神经节执行其功能，使身体动作能够连贯顺畅，否则动作会变得非常笨拙、极不协调。切除小脑能使大脑皮质运动区发起活动推迟，肌肉活动也随之延迟。当小脑损伤时，常见的症状为随意运动障碍，出现运动过度或不足、乏力、方向偏移，失去运动的稳定性，不仅表现出共济失调性震颤，还使运动学习的编程受到很大影响。

五、动作反应

感觉信息在脑中整合后做出适当的动作反应，整个过程中，最后阶段则是肌肉如何对传导到肌纤维的动作电位做出反应。

当动作电位传导到α运动神经元时，它会沿着整个神经纤维传导到神经肌肉接头处。在此，动作电位将蔓延到其所支配的所有肌纤维上。

总之，肌肉对于神经刺激的反应，要么是通过简单的反射，要么是通过更高级大脑中枢复杂的控制所做出的动作。

六、运动中的神经调控基础

（一）躯体运动的神经协调机理

运动中神经系统对人体功能需要进行必要的协调。一个随意运动，即使是最简单的随意运动，如伸手取物的动作，都需要3个复杂的过程。首先，辨认物体的形状和空间位置；其次，选择行动计划，决定身体何部位参与该动作及其运动方向；最后执行运动。运动计划制订后，命令由大脑皮质下行投射通路传送至脊髓运动神经元。该命令包括规定肌肉群（协调肌、拮抗肌）活动的时间顺序、肌肉收缩力的强度及关节伸屈的角度，如当手到达物体时，手腕、手和手指的位置如何按照物体的外形抓握它，以及肩和臂如何协调等。在运动执行过程中，因负荷和阻力变化随时调整运动参数，才能完成预定的运动。为了对运动进行精细的控制，运动的编程和执行均需要不断地接受感觉信息，与此有关的感觉信号有两类：一是视觉、听觉、皮肤感觉冲动，提供有关运动目标的空间位置、运动目标和机体自身所在位置的相互关系的信息。二是关节和肌肉、前庭器官的传入冲动，提供有关肌肉长度和张力、关节位置、身体的空间位置等信息；这些传入信息对运动计划和运动执行的反馈调节是必不可少的。

（二）躯体运动的神经整合机理

运动中，神经系统对人体功能的整合是极其复杂的过程，运动类型、过程、条件与环境不同，神经系统整合的部位、形式与机制均不同。反射性运动是不受主观意识控制、运动形式固定、反应快捷的一类运动。节律性运动是一类几乎不受主观意识控制，大多可以自动完成的运动，因为运动区能被大脑皮质运动区的意向性指令所激活，使行走等节律性运动可以随意地起动和终止。意向性运动是在运动全过程中，受主观意识支配、形式较为复杂，既可由感觉信息又可由主观意向触发的运动。

同时，神经系统借助于各种传入刺激，通过分析综合及时发出相应的指令，通过植物性神经系统对各器官系统的活动进行整合，使人体心血管、内脏、内分泌系统等各器官的活动与躯体运动相匹配，表现出同时性和继时性的协调配合。

第二节 运动技能学习与控制

学习、记忆、语言、思维、精神、情感这些人们特有的认知心理活动涉及人们一系列随意行为、心理行为和社会行为，这些高级神经精神活动机制的研究正是揭示脑活动的主题。脑的高级功能是运动动作技能的学习、记忆与控制的神经生理学基础。

影响运动技能形成与发展的因素

一、运动技能的基本概念和分类

（一）运动技能的概念

运动技能（motor learning）是指人体在运动中掌握和有效地完成专门动作的能力。这种能力包括大脑皮质主导下的不同肌群间的协调性。换言之，运动技能也就是指在准确的时间和空间内大脑精确支配肌肉收缩的能力。这需要用精确的力量和速度依一定的次序和时间去完成所需要的动作。

运动技能与平时所说的运动技术和运动技巧既有区别又有联系，其中运动技术（motor technique）是人们按身体运动的规律所确立的运动的合理手段；运动技术，如人的跑、跳、投、拉、推等基本技术，是运动技能的基本结构。运动技巧（motor skill）是技能的高级阶段，是高度自动化的技能，技巧动作的完成在时间上、空间上各方面都已达到高度熟练自动化的程度。

（二）运动技能的分类

运动技能可分为闭式运动技能和开式运动技能两类。

1. 闭式运动技能特点

闭式运动技能特点：①完成动作时，基本上不因外界环境的改变而改变自己的动作；②在运动结构上多属周期性重复动作；③完成动作时，反馈信息只来自本体感受器。多数单人项目运动属于闭式运动技能，如田径、游泳、骑自行车等项目。

2. 开式运动技能特点

开式运动技能特点：①完成动作时，往往随外界环境的改变而改变自己的动作；②在运动结构上表现出多样性或非周期性特征；③完成动作时，由多种分析器参与工作，并综合总的反馈信息。其中往往以视觉分析器起主导作用。对抗性项目属于开式运动技能，如球类、击剑、摔跤等项目，一般来说开式运动技能比闭式运动技能的动作复杂。

闭式运动技能与开式运动技能的比较见表6-1。

表6-1　闭式运动技能与开式运动技能比较

分类	闭式运动技能	开式运动技能
时序特征	严格的时序性	随外界环境改变而改变
动作结构	周期性	非周期性（多样性）
反馈信息源	本体感受器	多种分析器

二、运动技能的生理本质

运动技能是在大脑皮质指挥下由骨骼肌参与的随意运动。与本能不同，是在后天生活中学习而形成发展起来的。所谓随意运动（voluntary movement）就是指受意识支配的肌肉收缩活动。

（一）运动条件反射的形成与运动技能

人体具有许多与运动有关的简单非条件反射活动，如牵张反射、状态反射、防御反射等。人形成运动条件反射的过程是在这些非条件反射的基础上，通过视觉、听觉、触觉和本体感觉与条件刺激物多次结合，就形成了简单的运动条件反射。在大脑中，与条件反射相关的中枢之间建立起了暂时的神经联系。

人形成运动技能就是形成复杂的、连锁的、本体感受性的运动条件反射。

运动技能与一般运动条件反射的区别如下。

1. 复杂性

运动技能由多个中枢参与形成运动条件反射活动（运动中、视觉中枢、听觉中枢、皮肤感觉中枢和内脏活动中枢）。

2. 连锁性

运动技能的反射活动是一连串的，一个接一个，前一个动作的结束，便是后一动作的开始，具有严格的时序特征。

3. 本体感受性

在反射过程中，肌肉的传入冲动（本体感受性冲动）起重要作用，没有这种传入冲动，条件刺激得不到强化，这个复杂过程的条件反射就不能形成，运动技能就不能掌握。因此，形成运动技能就是建立复杂的、连锁的、本体感受性的运动条件反射。

大脑皮质运动中枢内支配的部分肌肉活动的神经元在机能上进行排列组合，兴奋和抑制在运动中枢内有顺序地、有规律地、有严格时间间隔地交替发生，形成了一个系统，成为一定的形式和格局，使条件反射系统化。大脑皮质机能的这种系统性就称为运动动力定型。因此可以更确切地说，运动技能的形成就是建立运动动力定型的结果。

运动动力定型越巩固，就越能轻松自如地完成动作；运动动力定型建立得越多，动力定型的改建就越容易，大脑皮质的机能可塑性也越高。大脑机能的可塑性表现为，在一定的条件下，新的运动动力定型可以取代旧的运动动力定型。运动实践证明，基本技术掌握得越多、越熟练，不仅学习新的运动技能越快，而且运动技术能运用自如，在实践中才会有丰富的创造力，形成独特的技术风格。

（二）运动技能的信息传递与处理

从信息处理过程来看，将人看成是信息处理器，人对外界环境的刺激发生反应，就是信息处理过程。运动技能的学习也可以看成是这样一个过程。（图6–6）

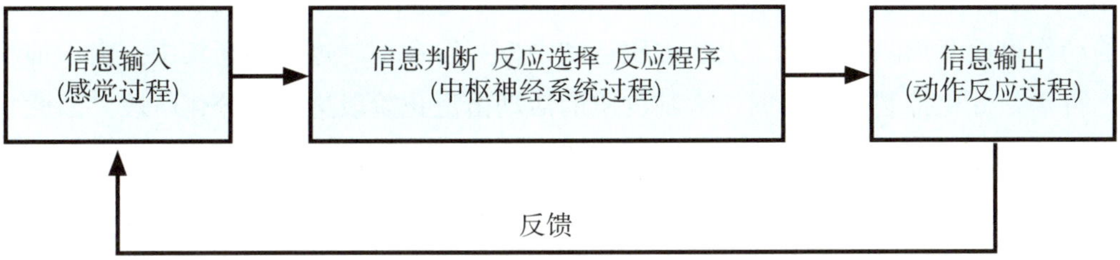

图6–6 信息的输入至输出过程模式图

形成和再现运动技能的信息源（刺激）来自体外和体内两个方面。体外信息源来自教学过程中。教师发出信息（包括信息的形式、强度、数量等）传输给学生（传输手段包括讲解、示范、录像等）；学生通过感觉器官，经大脑皮质分析综合形成初步的概念。体内信息来自大脑皮质一般解释区。大脑的一般解释区是由躯体感觉、视觉和听觉的联合区组成。一般解释区位置在颞叶后上方、角回的前方。一般解释区是动觉、视觉、听觉的汇合区，具有各种不同的感觉体验和分析能力，信号是由这里转移到脑的运动部位以控制具体的运动。

三、运动技能的学习进程

运动技能的形成，是由简单到复杂的过程，并有其建立、形成、巩固和发展的阶段性变化规律。只是每一阶段的长短，随动作的复杂程度而不同。一般说来，可划分为相互联系的3个阶段或称3个过程。

（一）泛化阶段

学习任何一个动作的初期，通过教师的讲解和示范以及自己的运动实践，学生只能获得一种感性认识，对运动技能的内在规律并不完全理解。由于人体内外界的刺激，通过感受器（特别是本体感觉）传到大脑皮质，引起大脑皮质细胞强烈兴奋，另外因为皮质内分化抑制尚未确立，所以大脑皮质中的兴奋与抑制都呈现扩散状态，使条件反射暂时联系不稳定，出现泛化现象。这个过程表现在肌肉工作的表现往往是动作僵硬，不协调，不该收缩的肌肉收缩，出现多余的动作，而且做动作很费力。这些现象是大脑皮质细胞兴奋扩散的结果。在此过程，教师应该抓住动作的主要环节和学生掌握动作中存在的主要问题进行教学，不应过多强调动作细节，而应以正确的示范和简练的讲解帮助学生掌握动作。

（二）分化阶段

在不断的练习过程中，初学者对该运动技能的内在规律有了初步的理解，一些不协调和多余的动作也逐渐消除。此时，大脑皮质运动中枢兴奋和抑制过程逐渐集中。由于抑制过程加强，特别是分化抑制得到发展，大脑皮质的活动由泛化阶段进入了分化阶段。因此，练习过程中的大部分错误动作得到纠正，学生能比较顺利地、连贯地完成完整动作技术。这时初步建立了动力定型。但定型尚不巩固，遇到新异刺激（如有外人参观或比赛等），多余动作和错误动作可能重新出现。在此过程中，教师应特别注意错误动作的纠正，让学生体会动作的细节，促进分化抑制进一步发展，使动作日趋准确。

（三）巩固与自如阶段

1. 巩固阶段

通过进一步反复练习，运动条件反射系统已经巩固，达到建立了巩固的动力定型阶段，大脑皮质的兴奋和抑制在时间和空间上更加集中和精确。此时，不仅动作准确、优美，而且某些环节的动作可出现自动化，即不必有意识去控制就能完成动作。在环境条件变化时，动作技术也不易受破坏。同时由于内脏器官的活动与动作配合协调，完成练习时也感到省力和轻松自如。

形成运动技能的3个过程是相互联系的，各过程之间并没有明显的界线。训练水平高的运动员在学习掌握新动作时，泛化过程很短，对动作的精细分化能力强，掌握运动技能快。初学者在学习新动作时，泛化过程较长、分化能力较差、掌握动作较慢。动作越复杂，泛化过程就越明显，分化的难度也就越大，形成运动技能所需要的时间就越长。

但是，动力定型发展到了巩固过程，也并非可以一劳永逸。一方面，还可在继续练习巩固的情况下精益求精，不断提高动作质量，使动力定型更加完善和巩固；另一方面，如果不再进行练习，巩固了的动力定型还会消退，动作技术越复杂，难度越大，消退得也越快。在此过程中，教师应对学生提出进一步要求，并指导学生进行技术理论学习，更有利于动力定型的巩固和动作质量的提高，促使动作达到自动化程度。

2. 动作自动化现象

随着运动技能的巩固和发展，暂时联系达到非常巩固的程度以后，动作即可出现自动化现象。所谓自动化，就是练习某一套技术动作时，可以在无意识的条件下完成。其特征是，对整个动作或者是对动作的某些环节，暂时变为无意识的。例如，走路是人类自动化的动作，在走路时可以谈话、看报，而不必有意识地想应如何迈步、如何维持身体平衡等。再如，熟练的篮球运动员在比赛时，运球等动作往往也达到自动化程度。

对自动化动作的生理机理的解释，是以巴甫洛夫所揭示的高级神经活动的基本规律为基础的。人类一切随意运动都必须在大脑皮质参与下方能实现。但是在大脑皮质参与下所实现的机体反应活动并不一定都是有意识的。换言之，在无意识完成自动化动作时，仍然要在大脑皮质参与下才能实现。在皮质参与下所实现的机体反应，有的是有意识的，有的是无意识的。

巴甫洛夫在分析有意识和无意识的生理机理时认为，只有在当时条件下具有最适宜兴奋的皮质部位所完成的活动才是有意识的。通过这种部位最容易建立新的暂时联系，也最容易形成新的分化相。当运动技能达到第三过程后，动作各环节的条件反射已逐步达到巩固阶段。凡是已巩固的动作可以由皮质被抑制的区域或兴奋较低的区域来完成。

此外，在运动技能已经巩固的时候，第一和第二信号系统之间的联系，已经成为运动动力定型的统一机能体系。第一信号系统的兴奋可以选择性地扩散到第二信号系统，所以运动员可以精确地意识到自己所完成的动作，并可以用语言将完成动作的情况表达出来。

当动作出现自动化现象时，第一信号系统的活动已经从第二信号系统的影响下相对地“解放出来”。完成自动化动作时，第一信号系统的兴奋不向第二信号系统传递，或者只是不完全地传递，这时的动作是无意识的，或是意识不完全。

自动化动作也并不是永远无意识进行的，当接受外界刺激异常时，大脑皮质的兴奋就会提高，对自动化动作又会产生意识。例如，在悬崖上行走时，步行就成为有意识的了。此外，当运动员想要体会自己动作的某环节或肢体的某部分动作时，就会对这些动作则产生意识。例如，有训练的游泳运动员在加速前进游时，若注意腿的用力，这时支配腿部肌肉的运动中枢则处于最适宜的兴奋状态，腿的动作就能意识到，而此时两臂的动作则成为无意识的。当快达到池边时，运动员开始注意手的动作，适宜的兴奋性就转移到支配手臂的相应皮质运动中枢，而腿的动作则改为无意识的了。

动作达到自动化后，第二信号系统的活动就可摆脱第一信号系统的束缚，随着外界环境的复杂化，能更灵活地调整全身活动。例如，篮球运动员对基本动作掌握熟练技巧后，根据比赛时的复杂变化，第二信号系统的活动可以专注于战略的变化。此时，运动员常能将各种已熟练的单个技术组成联合的动作，来适应当时比赛条件的要求。

要想提高运动成绩，必须使动作达到自动化程度，但不应认为动作达到自动化后，质量就能得到保证。虽然动力定型已经非常巩固，但由于进行自动化动作时，第一信号系统的活动经常不能传递到第二信号系统中去，因此，如果动作发生少许变动，也可能一时未觉察，等到觉察时，变形的动作可能已因多次重复而巩固下来。所以，动作达到自动化以后，仍应不断检查动作质量，以达到精益求精。

正如上述，在体育运动实践中，运动技能形成过程并不是截然划分的，而是逐渐过渡的，各过程的出现和持续时间的长短，受许多因素的影响，既与教学方法、训练水平有关，又与学生学习的积极性和目的性有密切关系。

四、影响运动技能学习发展的因素

（一）条件反射的抑制

运动技能的形成既然是运动条件反射的建立，必然受条件反射的抑制影响。条件反射抑制的本质也是建立条件反射（阴性条件反射）。它是后天获得的，需逐渐训练学习形成和巩固。

1.消退抑制

在条件反射形成后，如果反复应用条件刺激而不给予非条件刺激强化时，已形成的条件反射就会逐渐减弱，直至消失，这种现象称为消退抑制。运动员纠正错误动作，本质上是消退抑制。

2.分化抑制

在条件反射形成初期，一些与条件刺激相似的刺激也或多或少地产生条件反射的效应。例如，用120 b/min的节拍声音刺激与食物相结合形成的唾液分泌条件反射，若用110 b/min或130 b/min节拍音响刺激，也能引起该动物唾液分泌反应，此为条件反射的泛化。如果以后只对120 b/min节拍的音响刺激强化，而对其他刺激不予强化，最终只对120 b/min节拍音响产生分泌反应，这称为条件反射的分化。分化的结果是对强化的刺激产生反应，而对未被强化的近似刺激产生抑制，故把这种抑制称为分化抑制。在学习动作开始阶段，由于泛化现象会产生错误或多余的动作，通过对正确动作的强化（肯定）和对错误动作不强化（否定），可以加速正确动作的掌握。

3.延缓抑制

建立条件反射的过程中，给予条件刺激后，再间隔一定时间才给予非条件刺激强化，如此反复多次以后，便形成延缓条件反射。这是在反射中枢产生了一定时间的抑制过程后才发生的反应，这种抑制称为延缓抑制。

在体育运动中，有很多运动技术要求形成延缓抑制。例如，排球的扣球，过早或过迟起跳都会使扣球失误。因此，建立适合各种扣球技术的延缓抑制过程，才能形成准确的刺激-反应时空判断。

4.条件抑制

已建立起的条件反射，在条件刺激与附加刺激同时作用（复合刺激）时不予强化，只对原条件刺激单独作用时给予强化，多次重复后，对单独的条件刺激仍能产生兴奋反应，而对复合刺激则不产生兴奋反应。这种由对附加刺激不予强化而引起的抑制就称为条件抑制。例如，在球类运动中，许多限制性规则都具有条件抑制作用。

（二）大脑皮质的机能状态与运动技能形成

大脑皮质机能状态在运动技能形成过程中起着重要的作用。大脑皮质兴奋性过高或过低都会影响正常运动技能水平的发挥。21世纪初期美国的耶克斯（Yekes）和多德森（Dougdsen）发现应激水平与运动技能水平之间呈倒U形关系。适度的应激水平可使运动技能的发挥达到最高水平。

疲劳可以导致应激水平的降低，赛前紧张可以导致应激水平的升高。通过调整赛前状态和准备活动可以使应激水平达到最佳状态。

（三）身体素质对运动技能发展的影响

体育运动的发展和提高，要求人们有良好的身体素质和运动技术水平。身体素质的发展，在于人体机能能力的不断扩大和增强，而运动技能水平的提高，在于运动技术的不断改进和创新，这就对运动员身体素质的要求也越来越高。身体素质与运动技能的是相辅相成的，身体素质是运动技能的基础，身体素质的提高为进一步改善运动技能打下良好的基础；随着运动技能水平的提高，身体素质也会得到发展。

从运动技能形成的生理依据来看，协调素质、柔韧素质、力量素质、平衡素质、灵敏素质等与运动技能的关系密切。

协调素质是指人体各肌肉群同步活动的能力，如伸肌和屈肌、上肢与下肢、躯干和肢体等。协调素质的作用是可以保证在完成运动技能时，动作省力、流畅、准确、快速、优美的效果。例如，拳击、球类、柔道等项目，协调素质好的运动员出手快、反应快、发力快，动作如闪电；而体操、体育舞蹈等项目，协调素质好的运动员会表现出动作张弛有致、舒展优美的特点。

柔韧素质是完成大幅度运动技能和快速运动技能的先决条件，能否完成大幅度运动技能取决于关节活动范围的大小，这是柔韧素质的首要决定因素。如果柔韧素质不好首先会导致不利于学习某些动作，甚至达不到动作技能的基本要求，如体操、武术、跨栏跑等；其次在学习动作时容易受伤；另外也会限制技能的发展前途，如无法更好地在艺术体操、花样滑冰、花样游泳、自由体操等项目表演中完成更大幅度、更轻松、更具表现力的动作。

完成任何技术动作，无论从动作开始、动作过程到最后动作完成，保持身体平衡都是基本的前提条件。平衡素质受前庭器官、视觉、肌肉本体感觉及肌肉力量等因素影响。在运动技能中既有单双足站立、手倒立等静态的平衡，也有溜冰、游泳、跨栏、跳高过杆等动态平衡，还有体操、武术的落地生根般的技巧性平衡。

灵敏素质是指运动员迅速改变体位、转换动作和随机应变的能力。对于对抗性项目来说，灵敏素质是一项相当重要的运动能力，甚至是决定胜负的关键，如足、篮球的带球过人，拳击、跆拳道的躲闪等。灵敏素质主要是由神经系统机能，尤其是兴奋与抑制转换的能力决定的，同时其他身体素质，如力量、速度、柔韧等也影响着身体快速改变体位和转换动作的能力。

（四）感觉机能与反馈对运动技能发展的影响

1. 感觉机能在运动技能形成中的作用

运动技能的形成过程，就是在多种感觉机能的参与下，同大脑皮质动觉细胞建立暂时性神经联系的过程。特别是本体感觉，对形成运动技能具有特殊意义。人体各种感觉都可使肌肉产生正确的肌肉感觉，没有正确的肌肉感觉就不可能形成运动技能。所以在运动实践中只有勤学苦练，反复实践，才能建立精确的分化，区别正确动作和错误动作的肌肉感觉，才能巩固正确动作，消除错误动作。

视觉在学习某些运动项目的技能中起着主导作用，如球类运动、射击等运动项目。就是在一些人们认为视觉不起主要作用的项目中，实际上视觉也在起着主导作用。例如，先让受试者睁眼做单腿站立，可以看到受试者能保持的时间较长。然后，让受试者闭眼再做同样的动作，发现受试者只能维持很短的时间。这就说明视觉在影响着肌肉的调节平衡能力。同样，视觉在肌肉的协调活动、准确性、韵律感等方面也起着不可忽视的作用。视觉的主导作用，不仅要在竞赛时才想到，而是在平时训练时就应当看成为动力定型的一部分。比如，在单杠上做大回环旋转后，落地时的刹那，要想站稳，就一定要双眼看到某一固定的位置，借助视觉保持平衡。如果平时不注意这方面的练习，比赛时就很难发挥出高水平。

在体育教学和运动训练中，还应充分发挥听觉与本体感觉间的相互作用，建立正确动作的频率和节奏感。例如，中长跑运动员在练习中，常常随着有节奏的声响调节跑的频率，建立跑的正确节奏；教练员经常在跳远运动员助跑起跳练习时击掌打出合适的节奏指导运动员的动作；体操运动员常用音乐伴奏，以增强体操运动员的节奏和韵律感，加速动作的掌握。

在体育教学和训练中充分发挥位觉与本体感觉间的相互作用，也会加速运动技能的形成。随着运动技术的提高，运动员在空中完成翻腾或旋转动作时，对位觉空间三维（上下、左右、前后）的适应能力要求很高。只有本体感觉对时间和空间的感知具有精确的分化，才能在空中完成复杂的动作。例如，体操、跳水运动员为尽快掌握空中动作，往往先降低高度或用保护带，进行反复练习，使运动员体会和建立空间三维感觉，来增强位觉机能敏感性。

在体育教学和训练中也要充分发挥皮肤感觉与本体感觉间的相互作用，以建立正确的动力定型。例如，初学爬泳者下肢打水的幅度不是过大、就是过小，为了尽快掌握正确的动作幅度，可用一个限制圈控制下肢打水的幅度，通过皮肤的触觉，消除下肢动作幅度过大或过小，强化正确的本体感觉。再如，运动员推铅球时，在铅球出手的瞬间容易出现左肩后撤的错误动作。这时教师可在学生推球出手的瞬间，用手顶住学生的左肩，以帮助学生体会正确的肌肉感觉，形成正确动作。

在教学过程中，如果学生不能独立完成，教师可以用助力帮助学生完成动作，使学生获得完成动作时的肌肉感觉。有时采用减小难度的方法，如高杠上的体操动作完不成，可先在低杠上做，学生能在低杠上完成动作获得正确的肌肉感觉后，再到高杠上就容易掌握了。因此，在练习中设法使学生获得正确的肌肉感觉，对建立运动条件反射起着有力的强化作用。

如上所述，在形成运动技能时，除视觉、听觉、位觉、皮肤感觉起重要作用外，也与内脏感觉机能有着密切的联系。在完成任何动作时各感觉机能都同时起作用，只不过根据运动项目的特点，对某一种感觉机能要求更高一些。所以在运动实践中，要尽量多实践，充分发挥各感觉机能作用，以便有效地加速运动技能的形成。

2. 反馈的概念与分类

控制论创始人维纳认为：反馈是输出信息的一部分，又返回到输入信息中去，通过伺服机构调整，使再次输出的信息更为精确。通俗地讲，反馈就是效应器在反应过程中产生信息又传回控制部分，并影响控制部位的功能。（图6-7）

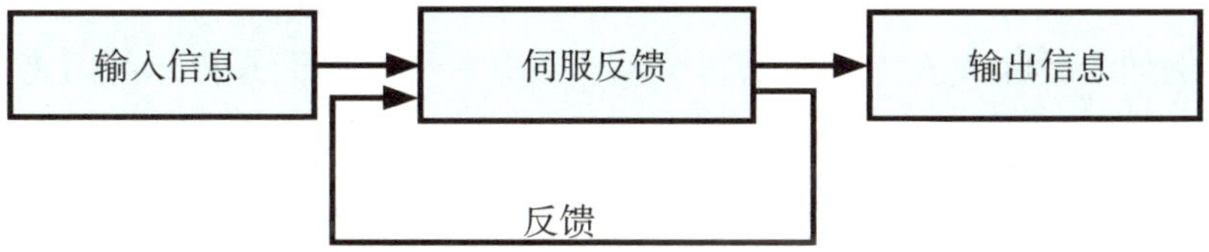

图6-7　反馈信息图

在运动技能形成的反馈通道中，小脑起着耦合器的作用，肌肉收缩时本体感受器将肌肉收缩的情况及时传向小脑，与此同时大脑皮质的指令信息也到达小脑，在小脑耦合，两种信息通过比较，了解实际完成的动作偏离目标的程度，然后由小脑红核发出信息，经丘脑外侧核，返回到大脑皮质发出指令的代表点，从而及时发出纠正动作的指令信息（图6-8）。因此，在体育教学训练中，首先必须使学生建立正确的动作概念，才有可能准确地自我纠正错误动作。

生理学根据反馈效果将反馈划分为正反馈和负反馈。正反馈的作用是通过反馈信息加强控制部位的活动，负反馈的作用是通过反馈信息抑制反馈部位的活动。在运动技能学中，根据不同信息来源又可将反馈划分为：固有反馈和非固有反馈。（图6-9）

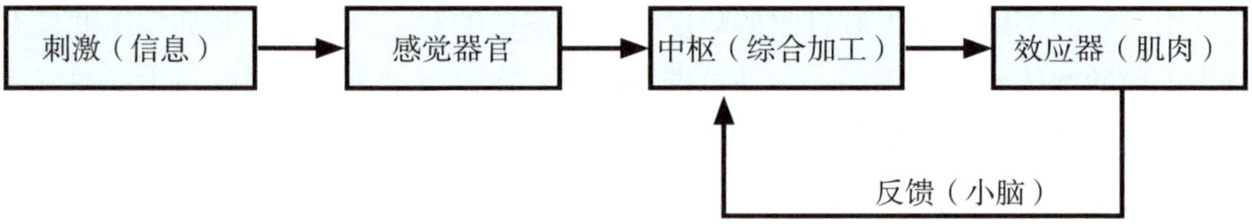

图6-8　运动技能形成的信息反馈通道

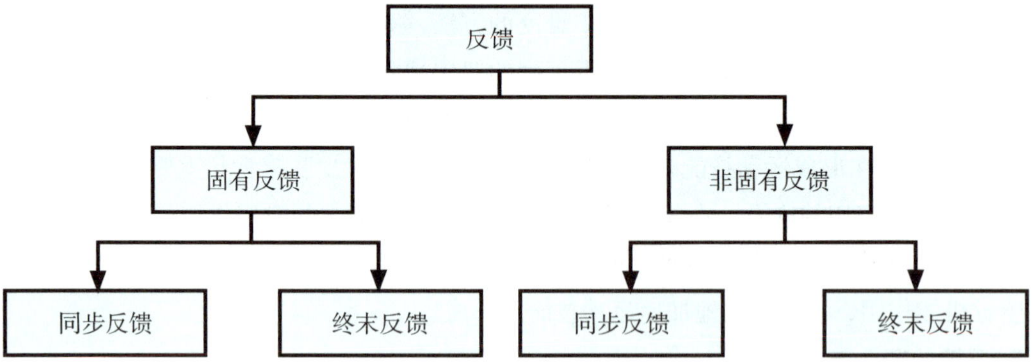

图6-9　运动技能反馈分类图

固有反馈指由所要完成动作练习本身所提供的信息的反馈。例如，篮筐、箭靶等给练习者提供瞄准信息，这是动作练习本身要求所固有的。

非固有反馈指练习者在进行练习过程中或练习后，为了更准确地完成动作，由外部提供信息的反馈。例如，教师或教练员用语言、动作或某种机械刺激来提示练习者如何完成或改进动作。这是动作练习本身非固有的反馈。

固有反馈和非固有反馈可分为同步反馈和终末反馈。同步反馈指练习者在整个练习过程中，根据各种感受器所提供的反馈信息，来决定自己的动作。例如，乒乓球练习者，根据对方来球的速度、旋转、落点等来决定自己的步伐移动与回击的方向。终末反馈指动作结束后即刻产生的反馈。例如，篮球的投篮动作，只能在完成投篮动作的一刹那，才能从投中与否中分析出用力方向、用力大小、出手角度与时间等掌握得是否准确等原因。

了解反馈分类的意义是体育教师应分清所教的某一技术主要是属于哪一类的反馈信息，采取相应的教法，去解决不同的教学、训练问题，以提高反馈信息的强化作用，来提高动作质量。

3. 反馈在运动技能发展中的作用

（1）提供信息

美国心理学家阿塔姆斯认为，反馈的主要作用是提供信息而不是强化。玛契尼克对利用反馈信息提高动作质量的看法是：最初是固有的或非固有的反馈，经过伺服机构调整以后，产生了一个新的信息，然后再通过新的信息去纠正错误动作，从而提高了动作质量，导致学习者做出正确的应答。（图6-10）

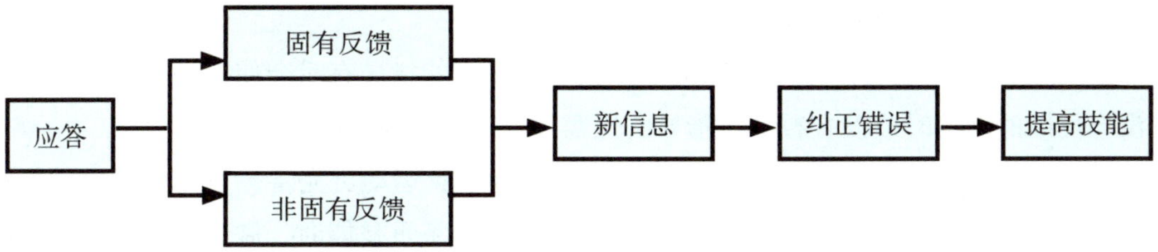

图6-10 反馈信息对提高动作技能的作用

例如，教师和教练员提供的信息反馈可以帮助学生最大限度地减少动作错误、更快地纠正错误，以形成正确、完整的动作技能。

（2）强化学习

美国心理学家茹莎认为，反馈在学习运动技能时还有强化作用。这种强化作用可以是阳性的，也可以是阴性的。阳性强化是通过一些鼓励性的语言或措施，最后达到增强或提高效果的作用。反之，阴性强化是通过一些批评性的语言或措施，达到减弱或压抑的作用（图6-11）。但不管是正反馈、负反馈或阳性强化、阴性强化，都是为达到提高运动技能的目的。

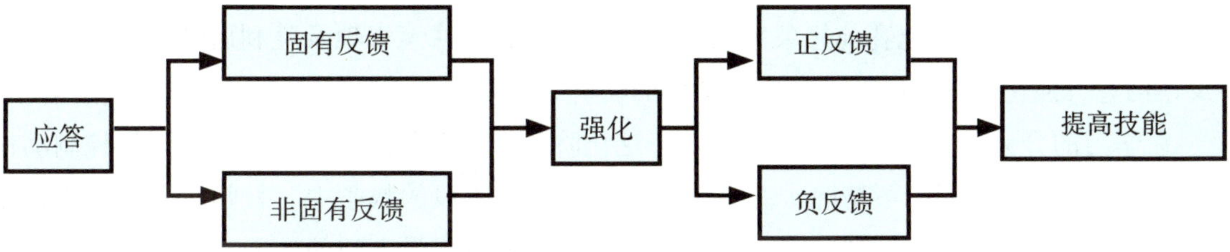

图6-11 反馈强化对提高动作技能的作用

教师或教练员可以采用语言或其他方式对学生的动作进行强化，如当学生正确地完成了网球的击球动作时，喊出“太棒了！”“好球”或冲其微笑、竖大拇指等；如果击球动作错误应指出错误所在。

进行反馈时，“间歇强化”要比每次动作练习后都提供反馈的效果好。动作练习后延迟几秒钟的强化反馈要比练习后即刻进行反馈效果好。

（3）激发动机

反馈还可以起激发动机的作用，在运动实践中通过反馈可以激发运动员的情绪，或增强运动员必胜的信心。

例如，学生取得学习上的进步或运动员取得理想成绩时，或是受到教师或教练员的鼓励时，这些反馈信息能够很好地强化他们对动作学习和取得更好成绩的动机。而如果没有这种反馈，学生的学习动机、练习效果就会下降，甚至不再努力。

（4）过量使用会产生依赖

反馈的不当使用也会产生不利影响，如教练员过多的指导有时会使运动员产生依赖，其后在没有反馈的练习时或没有教练员指导的比赛中就无法表现出应用的水平。

泰布雷（Tremblay）和普罗杜（Proteau）在研究举重运动员完善挺举动作时发现，在镜子前练习了100次的举重运动员在没有镜子的情况下操作举重技能时，膝关节角度的错误率高达50%。说明过度依赖于视觉反馈反而会影响到对肌肉本体感觉的体会和记忆。

因此在一些项目的练习上，有时也会适当限制部分视觉反馈的使用。美国参加奥运会的一些帆船竞速运动员在训练中曾采用蒙住双眼的方法，以减少对视觉的依赖，从而体会船体冲破水面的声音、对桅杆的操纵及船舵力量的感觉等。高水平的舞蹈教师也总是严格限制练习者练习时看镜子。

4. 体育教学训练中的反馈方法

教师应根据不同情况，科学地运用反馈原理来提高教学训练水平。例如，用非固有反馈改善学生的技术，用语言反馈给学生以必要的暗示，用同步反馈在练习时给以不断的强化。在闭式运动技能中使学生善于体会本体感受的反馈信息，在开式运动技能中善于利用综合的反馈信息。教师应学会在反馈原理指导下，创造出行之有效的教法。

教师应教会学生在比赛前想象完成比赛动作的过程、注意事项及胜利后的喜悦，从而产生反馈信息，强化和激发成功完成比赛动作的动机。

在学习的分化阶段，由于神经过程处于泛化阶段，内抑制尚未完全建立，因而控制动作的能力差，动作不协调、不精确，有多余动作。在这一阶段的教学中，教师应充分利用视觉的反馈作用，加强示范与模拟练习，不断强化视觉与本体感觉之间的沟通，但应注意不要过多地抓动作细节。

在学习动作的巩固阶段，肌肉运动的表象更清楚，动觉动作的控制及语言反馈信息作用加强，视觉和意识对动作的控制相对逐渐减弱。因此，在此阶段的教学训练中，应多运用语言反馈信息，以及非固有的、积累的反馈信息，强化动作与思维的沟通。

在纠正动作时，对初学者应当经常给予阳性的反馈信息，即肯定其对的或正确的一面。这实际上是在扶持正确动作的同时，通过负诱导的机制来纠正错误动作。

对于高水平运动员，因为他们对动作理解深刻，原来的动作定型巩固，所以可以直接指出其错误动作，特别是精细动作更是如此。反馈对初学者的作用是直接指导他们完成正确动作。反馈对优秀运动员的作用是直接帮助他们改进错误动作。

在每次教学训练课结束之后，要求学生去回忆，写训练日记，通过反馈和强化，可以加深对教学训练主要内容的理解，有助于提高教学训练效果。利用录像反馈方法，让学生及时分析、对比自己的动作，效果更好。

（四）运动技能的迁移

运动技能学习的迁移（transfer）是指已获得的经验对于后来学习效果的影响。以前获得的经验，对以后的学习起促进作用的称为正迁移，也称为良性迁移。例如，有短跑动作学习经验的运动员所获得的速度能力，可以“正迁移”成为跳远助跑的加速能力。以前获得的经验起妨碍作用的称为负迁移，也称为劣性迁移。在学习过程中负迁移虽然出现较为短暂，但也时有发生。例如，篮球运动员在学习推铅球时，常难以适应身体大环节带动小环节发力的沿直线推出铅球的出手动作。而以前获得的经验对以后技能的学习没有任何影响的称为零迁移。例如，学习游泳对学习跳高不会发生迁移。

对于运动技能迁移规律的认识有助于合理安排各种技能的学习顺序，强化对技能技术特征的掌握。例如，游泳教师在教学生基本的划水动作时，在下水练习之前，一般会先在陆上进行划水练习，这有利于陆上训练到水中的动作操作发生正迁移。

奥斯古（Osgood）认为，如果两种输入刺激的信息相同，反应也相同，就会出现最大的正迁移。如果两种输入刺激的信息相同，而反应不同或对抗，就会出现最大负迁移。如果两种输入刺激的信息不同，反应也不同或对调，迁移效果即为零。例如，网球和羽毛球项目，从形式看两者相似，都运用球拍打球，输入信息相同，但具体的击球动作要求不同，即输出反应不同。羽毛球要用手腕屈伸动作发力击球，而网球则手腕相对固定，用挥臂完成击球动作。习惯羽毛球动作后，初学网球容易产生负迁移，翻腕动作使击球无法控制。但从另外一个角度两种运动项目从反应与判断来球的落点、空间距离、脚步移动等方面却有共同之处，又可以形成正迁移而相互促进。

第三节　脑电图的应用

脑电活动来源于神经元的膜电位及其变化，神经冲动的传导和突触传递过程中产生的突触后电位。脑电活动有自发脑电活动和皮层诱发电位两种形式。脑电图和其他生物电等方法可对人体机能状态进行客观判断，如觉醒与睡眠的判断、疲劳状态等，在运动实践中具有重要意义。

一、脑电图及波形意义

在无明显刺激情况下，大脑皮质能经常自发地产生节律性的电位变化，这种电位变化称为自发脑电活动。将人脑的电活动经过头皮电极引导、放大并显示或记录下来的图形，称为脑电图（electroencephalogram，EEG）。在颅骨打开时直接记录到的皮层表面电位变化，称为皮层电图。脑电图记录方法与波形如下（图6-12）。

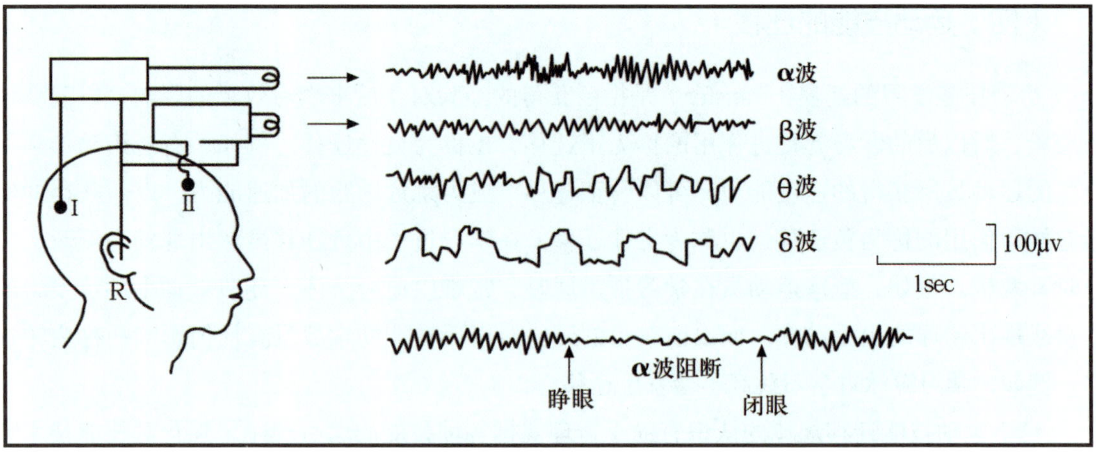

图6-12　脑电图记录方法与正常脑电图波形

注：Ⅰ为枕叶引导电极安放位置，Ⅱ为额叶引导电极安放位置，R为无关电极安放位置。

α波：频率8～13 Hz，波幅为10～100 μV，是成年人清醒安静闭目状态下的正常波形，在顶、枕区α活动最为明显，数量最多，而且波幅也最高。

β波：频率为14～30 Hz，波幅为5～25 μV，成人活动时出现，在额、颞、中央区β活动最为明显；其指数约为25％。

θ波：频率为4～7 Hz，波幅为20～100 μV，表示大脑处于深挚思维或灵感思维状态，是学龄前儿童的基本波形，成年人瞌睡状态也会出现；出现在颞叶、顶叶。

δ波：频率为0.5～3Hz，波幅为20～200 μV，表示大脑处于无梦深睡状态，是婴幼儿大脑的基本波形，在生理性慢波睡眠状态熟睡时和病理性昏迷状态也会见到，见于颞叶、枕叶。

影响脑波的因素很多。正常脑波与年龄大小有密切关系，年龄越小，快波越少，而慢波越多，且伴有基线不稳；年龄越大，则快波越多，而慢波越少。但是，在50岁以后，慢波又继续回升，且伴有不同程度的基本频率慢波化。脑波更受到意识活动、情绪表现及思维能力等精神因素的影响。

α指数（α波占全部脑波百分比，安静、闭目时为75％）可以作为情绪表现的指标。情绪稳定而思维广博的人，α指数较高；情绪不稳定而狭隘偏激的人，α指数则甚低。α波在清醒、安静并闭眼时出现，易受外界刺激干扰。在睁眼时，α波会减弱或消失，即便是在黑暗的环境中，睁眼也会如此，这一现象称为α波阻断（α-block）。当人处于“怎么”“什么”“为什么”的惊疑状态时，由于网状结构上行激活作用的增强而导致去同步化，所以α活动也会受到抑制；若外界刺激持续存在，它又可以逐渐恢复。α波的峰与两侧的谷大体上可连成等腰三角形，若峰顶向左或右移位，破坏了等腰形态，则提示中枢处于疲劳状态。α活动可以反映一个人的某些心理品质。例如，α节律优势者，易于与人合作。

β波不受睁、闭眼的影响。在睁眼视物、情绪紧张、焦虑不安、惊疑恐惧或服用安定等药物时，β波急剧增多，活动也与人的某些心理品质有关。β节律优势的人常表现为：精神紧张、情绪不稳、感情强烈、易于冲动、固执己见、不受约束、善于独立地执行任务；擅长于抽象思维，喜欢依靠“推理”解决问题，还表现出持久力差，易于疲劳的特点。

随着科学技术手段的创新，新的脑电图处理技术也不断出现。为了进一步研究脑电信号的生理、病理与心理学意义，一些学者发明了脑波处理技术，其技术的核心，是将不同的脑波信号——频率或波幅的数值变化转变为图像显示，可以比较直观地显现大脑的功能状态，如脑电地形图技术、脑涨落图（ET）和脑像图（EEQG）技术等。

二、运动员脑电图记录与分析

记录运动员的脑电图，鉴于运动员的大脑改变多属功能性变化，以及为适应运动现场的记录，采用由前至后的前额、中央、顶部及枕部左右两侧共8个导联已足够，一般应有运动区（中央区）和枕区的记录。

除记录安静时的脑电图外，运动医学实践中也常使用各种诱发方法，如下。

（一）闪光刺激

不同频率（6，8，10，12，…24和30 b/s）的闪光刺激能够使运动员产生不同节律的同步化反应。而大脑生物电的重建反应（即节律同步化）取决于皮层神经细胞的灵活性，也反映出中枢神经的功能状态。

在一般情况下，运动员只对8～16 b/s的闪光有同步化反应。然而在良好训练状态中，大多数运动员对同步化的范围可增大至24 b/s。若训练程度不足，则仅有每秒数次的同步化。过度疲劳者不出现同步化的增高，甚至降低。对闪光刺激频率同步化的增高，认为是脑神经细胞群的灵活性加强和脑干网状结构对闪光节律反应扩散作用加大引起。对节律同步化的程度是评价大脑机能的指标之一。

（二）过度换气（HV）试验

要求受试者以25～30 b/min的频率大口呼吸3 min，同时描记脑电图。过度换气会导致动脉二氧化碳分压降低。资料表明，二氧化碳分压从正常值下降1 mmHg就会使脑血管收缩而致脑血流减少，此时脑组织对短暂缺氧变得不易耐受而诱发出大量慢波。过度换气诱发的大量慢波或高波幅慢波，在过度换气停止30 s以后仍持续出现者，在临床上认为有病理意义。有实验证明，在严重低氧的情况下，运动员在脑电图上出现的慢波比平时体力锻炼少的人要少得多。

运动员脑电图中30 Hz以下的波临床意义较大，是分析的重点。一般常规测算脑电图中各波（α波，频率8～13 b/s；β波，频率14～30 b/s；θ波，频率4～7 b/s；δ波，频率1～3.9 b/s）在一定记录时间内的百分比（可以指数值表示，如a指数是评价脑功能的重要指标之一，即测定以每秒3厘米低速记录的脑电图在1 m内α波所占的百分率）及波的振幅高低、节律的调节、左右侧的对称性、各脑区出现不同时相波的规律性等，在综合诊断上并参考临床的分类法，定为正常、正常范围、边缘状态、轻度不正常、中度不正常及重度不正常诸等级。由于个人的脑电图之间存在有个体差异，因此在评定上除作横向比较外，更应着重纵向比较，即连续追踪观察。

脑电图的计算机分析技术的应用已日益广泛，这使得脑电图的分析过程更为快速、准确、客观，并能综合多种信息。脑电图的计算机分析方法很多，但其中最基本和使用最多的仍首推自功率谱（power spectrum）计算法，该法是通过对脑电波的快速傅里叶变换计算，得到其中各次谐波成分的大小，即从频域上观察脑电波的分布情况。

虽然脑电波有个体差异（正常人中有8%～16%脑电波是异常的），但每个人在标准状态下记录的脑电波在相当长的时期内是差别甚小和稳定的。尤其是运动员的脑电变化多系暂时和功能性的，通过自身对比来加以判断就更为重要。国家体育总局科研所曾采用频域差值判别法（计算本人先后对比的两次脑电波功率谱中有关参数的差值的大小）来区分运动员出现过度训练状态时的脑电图，显示了较好的效果。采用自身比较的方法是评定运动员脑电图的发展趋势。

目前，脑电图在运动训练中主要应用于：诊断脑损伤、运动负荷的监控、运动员过度训练状态的诊断、运动员选材、特殊项目（登山运动）训练监控及其他方面等。

对运动员中枢神经系统的机能评定并找出有关的客观指标的研究，近年来开展得更广泛深入了。例如，日本把登山运动员的脑电图作为神经系统的评定指标。美国使用脑电图计算机技术研究射箭运动员时，见到优秀射手在反映定位的脑区上，其脑电波幅明显增高，并与射箭的命中率及准确度有关，提出这不仅可用于选材，还认为对此脑区的加强训练，能够有益于提高瞄准的精度。

随着电子技术的发展，对运动员在训练或比赛中进行脑电图遥测记录已成为可行。国外现有成套的商品生产，我国也曾自行开发了这类仪器，并成功地用于飞行训练中的脑电图监测研究。技术上分为有线和无线记录两类，前者是由受试者自携一台微型信号放大器和盒式记录机，以直接获取其一定时间内的脑电波；而无线记录是由受试者携带一台信号无线电发射仪，由在一定距离外的管理人员接收和记录。由于运动中的强烈振动和肌电干扰等影响，运动现场遥测脑电波的应用，目前尚有一定的限制。但国外对橄榄球和拳击比赛中的遥测脑电波的记录研究已有报道。未来遥测技术在射击、骑自行车、划船、长跑、竞走、登山等项目中选材及对运动员进行实地的脑电图研究和机能诊断等将呈现广泛的应用前景。

思考题

1. 控制身体运动的脑中枢有哪些？它们各自起什么作用？
2. 牵张反射有哪些特点？举例说明它在运动中的意义。
3. 状态反射的规律是什么？举例说明它在完成一些运动技能时所起的重要作用。
4. 说明肌梭在控制肌肉收缩中的作用。
5. 说明腱梭在控制肌肉收缩中的作用。
6. 试述人体运动时神经系统对躯体运动和植物性功能的整合效应。
7. 在运动技能形成的3个阶段过程中各有什么生理特点？教学时各应注意什么？
8. 反馈对形成运动技能有哪些作用？
9. 身体素质与运动技能的发展相辅相成，谈谈运动技能的学习是如何提高身体素质的。

主要参考文献

[1] 吴立文. 临床脑电图图谱[M]. 北京:中国协和医科大学出版社, 2007.
[2] 朱大年. 生理学[M]. 北京：人民卫生出版社, 2009.

第二部分

运动训练生理学

第七章 运动时的物质和能量代谢

本章学习提示

通过本章的学习，要求学生掌握糖、脂肪、蛋白质、无机盐和水的代谢，以及磷酸原系统、酵解能系统和氧化能系统的特征及交互作用；了解运动时能量代谢的测量方法和计算方法；运用能量代谢的知识对不同运动项目的供能情况进行分析，并指导运动训练。

第一节　运动与物质代谢

运动与补糖、运动与减脂

一、糖代谢

（一）人体的糖储备及其供能形式

人体储备的糖类物质主要是由食物获得的糖原及葡萄糖。人体所需能量的70%左右是由食物中的糖类物质所提供。因此，糖类是人体基本的供能物质。食物中的糖大多是多糖或双糖，经消化道分解成单糖并被吸收入血液后，一部分合成肝糖原，一部分随血液运输到肌肉合成肌糖原储存起来，一部分被组织直接氧化利用，还有一部分维持血液中葡萄糖的浓度。因而，人体的糖以血糖、肝糖原和肌糖原的形式存在，并以血糖为中心，使之处于一种动态平衡。葡萄糖是人体内糖类的运输形式，而糖原是糖类的储存形式。

1. 糖　原

人体将过多的糖以糖原形式主要储存于肌肉和肝脏。人体肝糖原70～100 g，浓度约250 mmol/kg，肌糖原约300～400 g，浓度80～100 mmol/kg。一个70 kg体重的运动员，肌糖原储量约为420 g，肝糖原储量约为100 g左右。肌糖原既是高强度无氧运动时机体的重要能源，又是中大强度有氧运动时的主要能源。许多研究表明，糖原储量（特别是肌糖原）的增多，有助于大强度耐力项目运动成绩的提高。

2. 血　糖

血液中的葡萄糖又称血糖，正常人空腹全血血糖浓度为3.9～6.1 mmol/L（70～110 mg%）。血糖是包括大脑在内的中枢神经系统的主要能源。运动员安静状态下的血糖浓度与常人无异。血糖浓度是人体糖的分解及合成代谢保持动态平衡的标志。饥饿及长时间运动时，血糖水平下降，运动员会出现工作能力下降及疲劳的征象。肝糖原可以迅速分解以补充血糖，维持血糖的动态平衡。

（二）糖在体内的分解代谢

人体各组织细胞都能有效地进行糖的分解代谢。糖在人体的主要分解途径有两条：在不需氧的情况下进行无氧酵解和在耗氧情况下进行有氧氧化。

1. 糖酵解

糖在人体组织中，不需耗氧而分解成乳酸；或是在人体缺氧或供氧不足的情况下，糖仍能经过一定的化学变化，分解成乳酸，并释放出一部分能量的过程。该过程因与酵母菌生醇发酵的过程基本相似，因此称为糖酵解。（图7-1）

糖酵解是一系列酶促反应的过程。剧烈运动时，体内供氧不足，糖进行无氧分解，经过一系列反应生成乳酸。糖原或葡萄糖→丙酮酸→乳酸。在该过程中，每分子葡萄糖生成2分子乳酸，并释放能量。这些能量由二磷酸腺苷（ADP）接受并生成三磷酸腺苷（ATP）。糖酵解也是人体某些组织、细胞（如红细胞）正常生理情况下的主要供能途径。糖酵解过程ATP的生成量少，但酵解酶浓度高，反应速度快，在剧烈运动中可以快速提供肌肉收缩的能量。

经糖酵解产生的乳酸，一部分在供氧充分时继续氧化分解，通常发生在心脏、静息的骨骼肌或恢复时的骨骼肌；另一部分扩散进入血液，在肝脏重新转变成糖原或葡萄糖，循环利用，该过程需要氧和能量的供给。

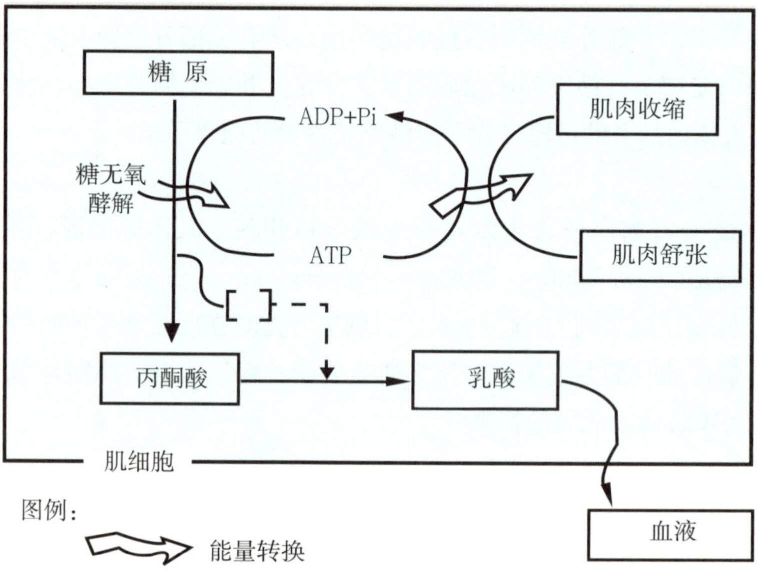

图7-1 糖酵解与乳酸生成

2. 有氧氧化

糖原或葡萄糖在耗氧条件下彻底氧化，产生二氧化碳和水的过程，称为有氧氧化。糖的有氧氧化过程可分为3个阶段：第一阶段，由糖原或葡萄糖分解为丙酮酸，该过程与糖酵解相同；第二阶段，由丙酮酸氧化生成乙酰辅酶A；第三阶段，乙酰辅酶A经三羧酸循环生成二氧化碳和水。每个阶段均有脱氢反应，脱下的氢原子与氧化合生成水的过程中，产生大量能量，用以合成ATP。

乙酰辅酶A（乙酰CoA）不仅是糖氧化分解的产物，而且可来自脂肪和蛋白质的分解代谢。因此，三羧酸循环实际上是糖、脂肪、蛋白质三大营养物质在体内氧化分解的共同途径。

糖的有氧氧化产生能量较多，1 mol葡萄糖完全氧化时，产生38 molATP，为糖酵解产能的19倍。糖的有氧氧化是机体正常生理条件下及长时间运动中供能的主要方式。

（三）运动与补糖

如前所述，肌糖原提供运动中主要的能量来源。肌糖原耗尽被认为是引起疲劳的主要原因，也是短时间高强度运动或是持续超过1 h的中等强度运动最后耗竭的主因。因此，适当补糖，有助于延缓运动性疲劳的产生，直接或间接调节机体免疫机能，并可促进运动性疲劳的恢复，以保持运动能力，提高训练效果及比赛成绩。目前大多数学者认为，超长距离的耐力项目（如公路自行车、马拉松跑）有必要进行糖的补充。

1. 补糖时间

在运动前、运动中和运动后补糖都是很重要的。目前一般认为，运动前2～4 h补糖可以增加运动开始时肌糖原的储量。在运动开始前5 min内摄取糖对提升耐力运动（超过1 h）的能力远胜于运动前2 h进食（如赛前餐）。一方面，糖从胃排空→小肠吸收→血液转运→刺激胰岛素分泌释放，需要一定的时间；另一方面，运动可引起某些激素如肾上腺素的迅速释放，从而抑制胰岛素的释放，使血糖水平升高，同时可以减少运动时肌糖原的消耗。在运动前15～45min若要吃糖类的食物务必要小心，因为可能在运动不久后会引起低血糖，而消耗肌肉的主要能源以致提早耗竭。在这段时间内补充糖类会刺激胰岛素分泌，使得运动开始时血液中胰岛素升高。升高的胰岛素会造成肌肉以不正常的高速率摄取葡萄糖，从而导致低血糖并提早疲劳。在高强度且长时间运动停止后立即补糖是很重要的，因为储存的糖在运动中已减少或已耗尽。糖原合成的速率在恢复期的前2 h是非常高的，之后逐渐减缓。

2. 补糖量

运动前或赛前补糖可采用稍高浓度的溶液（35%～40%），服用量40～50 g糖。运动中或赛中补糖应采用浓度较低的糖溶液（5%～8%），因为当摄入的饮料中糖浓度超过10%时，胃的排空速率就会明显下降。糖的补充应有规律地间歇进行，一般每20 min给15～20 g糖为宜。

3. 补糖种类

低聚糖是一种人工合成糖（目前多使用由2～10个葡萄糖单位聚合成的低聚糖），渗透压低，分子量大于葡萄糖。研究表明，浓度为25%的低聚糖的渗透压相当于5%葡萄糖的渗透压，因此可提供低渗透压高热量的液体，效果较理想。对于糖原恢复的研究发现，淀粉、蔗糖合成肌糖原的速率大于果糖，但果糖合成肝糖原的效果则比蔗糖或葡萄糖为佳。因此，补糖时应注意合理选择搭配糖的种类，同时，运动员膳食中应注意保持足够量的淀粉。

二、脂肪代谢

（一）人体的脂肪储备代谢

人体脂肪的储存量很大。一般认为，最适宜的体脂含量，男性为体重的15%～20%，女性为20%～25%。脂肪是机体的重要储能和供能物质，在休息状态下为我们提供多达70%的总能量。身体脂肪的储量远远大于糖的储量，脂肪是以潜在能量的形式存在。表7-1为体脂12%的个体的两种能源物质的储存数值。对于一个含有较多体脂的中年人，脂肪的储量将会增加一倍，而糖的储量基本不变。但脂肪不能被细胞快速利用，因为其必须从复杂的甘油三酯，分解成甘油和游离脂肪酸，只有游离脂肪酸才可被用来生成ATP。

表7-1　机体储存的能源物质和能量

	物质（克）	能量（千卡）
肝糖原	110	451
肌糖原	500	2050
体液中的葡萄糖	15	62
皮下和内脏	7800	73320
肌肉内	161	1513
总量	7961	74833

注：数据的估算是基于65 kg体重、12%体脂的个体。

脂肪在脂肪酶的作用下，分解为甘油及脂肪酸。然后再分别氧化成二氧化碳和水，同时释放出大量能量用以合成ATP。在氧供应充足时进行运动，脂肪可被大量消耗利用。例如，在持续时间超过3 h的运动中，肌糖原含量显著降低，脂肪氧化分解供能的比例加大。此外，在安静时，脂肪也是心肌、骨骼肌的主要能源。

（二）运动员的脂肪含量情况

在运动实践中，设定合适的标准体重是相当重要的，它的设定通常要依据运动员的身体成分。因此，建立好的标准体重应该要转换成每项竞技运动的体脂百分比，而且又适合同一竞技运动中的每一项目。对每一项竞技运动，应该建立最理想的相对体脂肪范围，超过此范围，运动员的运动能力就会变差。由于脂肪分布有明显的性别差异，因此标准体重就应该依性别而定。表7-2针对各项竞技运动的男子和女子提出具有代表性的相对体脂肪范围。对大部分项目来说，这些都代表着该项竞技运动优秀运动员的数据。

表7-2　不同项目运动员的体脂百分比范围

运动项目	男性	女性	运动项目	男性	女性
棒球或垒球	8~14	12~18	橄榄球	6~16	*
篮球	6~12	10~16	滑冰	5~12	8~16
健美操	5~8	6~12	滑雪	7~15	10~18
独木舟或皮艇	6~12	10~16	跳台滑雪	7~15	10~18
自行车	5~11	8~15	足球	6~14	10~18
击剑	8~12	10~16	游泳	6~12	10~18
美式足球	6~18	—	花样游泳	—	10~18
高尔夫	10~16	12~20	网球	6~14	10~20
体操	5~12	8~16	田径（田赛）	8~18	12~20
马术（骑师）	6~12	10~16	田径（径赛）	5~12	8~15
冰球或曲棍球	8~16	12~18	铁人三项	5~12	8~15
定向越野	5~12	8~16	排球	7~15	10~18
现代五项	*	8~15	举重	5~12	10~18
壁球	6~14	10~18	摔跤	5~16	—
划船	6~14	8~16			

注：*为无相关资料

（三）运动减肥

体脂的积聚是由于摄入食量高于人体所需的能量，过多的能量在体内转化成脂肪，而且机体储存脂肪的能力几乎没有限度。所以，只有设法保持摄入量与消耗量两者间的平衡，才能保持人体的正常体重。运动减肥通过增加人体肌肉的能量消耗，促进脂肪的分解氧化，降低运动后脂肪酸（脂肪分解生能的主要成分）进入脂肪组织的速度，抑制脂肪的合成而达到减肥的目的。因此，减肥的方式一是参加运动，二是控制食物摄入量，另外还要注重行为的改变。详细内容见第十七章。

三、蛋白质代谢

（一）蛋白质在体内的代谢

蛋白质是生命的物质基础，是细胞的主要构成成分。在体内的代谢过程中，每日的摄取量与消耗量基本相等。根据每日食物中摄取蛋白质的含氮量与排泄物中的含氮量，可以了解蛋白质代谢的情况。一般正常成人氮的收支保持平衡状态，称为氮平衡。儿童、少年、孕妇、病后恢复阶段及运动训练过程中，蛋白质摄入多于排出，称为氮的正平衡。饥饿、营养不良、患消耗性疾病、衰老和大运动量训练期间，机体蛋白质消耗大于摄入，称为氮的负平衡。蛋白质在体内缺乏30%以上，将会影响正常生命活动。蛋白质的摄入量至少必须与生理需要量保持平衡。

蛋白质作为能源物质氧化分解时，首先分解为氨基酸。氨基酸进而分解为相应的α-酮酸和氨。α-酮酸经过三羧酸循环彻底氧化分解为二氧化碳和水，释放出一定的能量；氨则在肝脏转变为尿素，最终经肾脏随尿排出。

实际上，无论人体处于安静或运动状态，蛋白质均不是能量的主要来源。但在某些特殊情况下，如食物中糖类供应不足，或是糖、脂肪被大量消耗后，机体才会依靠由组织蛋白分解产生氨基酸的方式供能。蛋白质的分解代谢是生命活动中蛋白质合成和分解的动态平衡过程，在长时间运动中蛋白质分解代谢增加，促进了运动后合成代谢的加强，使得肌肉质量提高，肌肉粗壮有力。因此，运动员增加食物蛋白质的摄入量，目的是增加肌肉蛋白质的数量和质量，而并非作为能源储备。

（二）蛋白质的补充

长期以来，普遍认为供给蛋白质对运动是绝对必要的。经过多年的认识，营养学家和生理学家已经反对为了增进竞技运动能力的需要而补充蛋白质。而现在一般都认为运动员对每日0.8 g/kg体重的蛋白质就足以满足艰苦训练的需求。

最近的研究显示，训练中的运动员对全身蛋白质和特定的氨基酸的需要量比那些正常活动的人更高。蛋白质在耐力和肌力训练的运动员所扮演的角色是不同的。肌力训练的人需要量高达每日1.6～1.7 g/kg体重的蛋白质，而从事耐力运动训练的运动员则需要每日1.2～1.4 g/kg体重的蛋白质。然而耐力运动对蛋白质有较大的需求是为了辅助供能之用，肌力训练需要额外的氨基酸是把它当作建筑材料以发展肌肉。

大多数的运动员每天都从食物中获取很多能量，虽然只占总热量供应的10%的蛋白质看似很少，但实际上也有可能获得过多的蛋白质。没有科学证据显示每日摄取超过1.7 g/kg体重的蛋白质可以额外的好处。事实上，一些健康风险可能与摄取过量的蛋白质有关，因为它更需要肾脏来排除没使用的氨基酸。饮食中含有10%或最高15%的蛋白质对大多数运动员足够了，除非他们的总热量摄取不足。

四、三大物质代谢的关系

糖类、脂肪、蛋白质三大营养物质在神经、激素的调控下，发挥其各自的生理作用。糖类、脂肪均是人体的重要能源物质，蛋白质在特殊情况下，也可作为能源，氧化分解提供能量，而其氧化分解途径均需经过三羧酸循环完成。同时，三大物质在一定条件下，以三羧酸循环为枢纽可以发生互相转化，如丙酮酸、乙酰辅酶A等均是糖、脂肪、蛋白质相互转化的交叉点（图7-2）。几乎所有组成蛋白质的天然氨基酸都可以通过脱氨基作用，形成的不含氮的部分进而转变成糖类；糖类代谢的中间产物可以通过氨基酸转换作用形成非必需氨基酸。同时，糖类代谢的中间产物可以转化成脂肪；脂肪分解产生的甘油，脂肪酸也可以转化成糖类。一般情况下，体内的脂肪不能转化为氨基酸；一些氨基酸可以通过不同的途径转变成甘油和脂肪酸进而合成脂肪。从它们之间的相互转化可以看出，各种物质代谢之间是相互联系的，说明人体内的物质代谢是一个完整的统一过程。

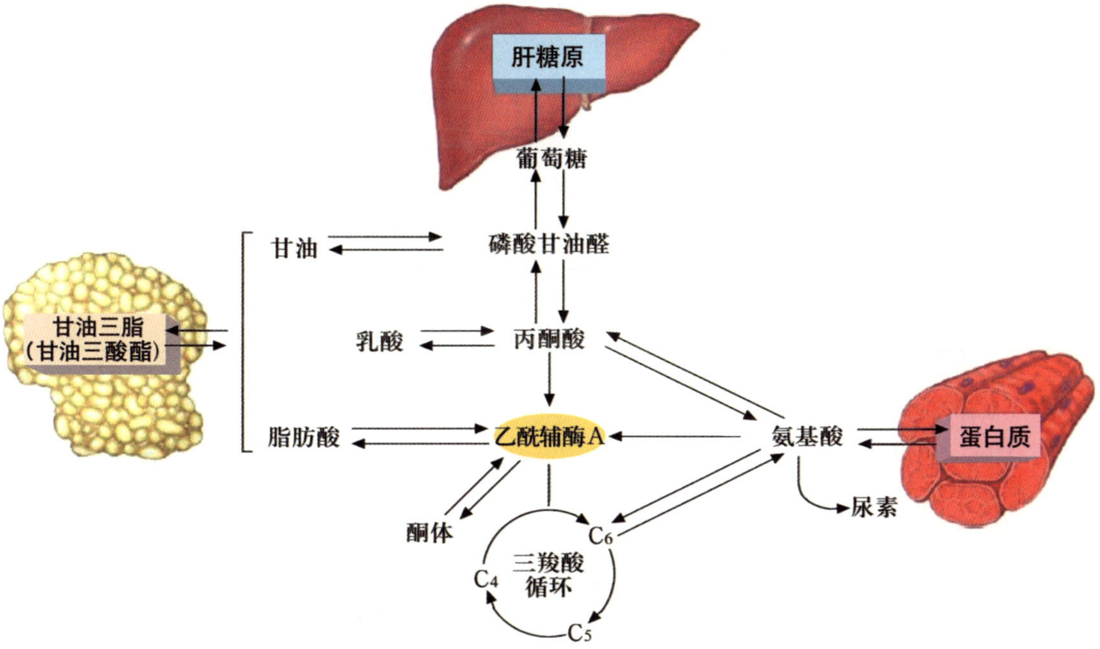

图7-2 三大物质代谢的关系示意图

五、水代谢

（一）人体的水储备及分布

水是人体重要的组成成分，是维持生命活动必需的营养物质。成人体内含水约占体重的60%，其中，细胞内液约占40%，细胞外液约占20%（血浆占5%，组织间液占15%）。水分布于各种组织器官和体液中。人体的含水量受饮水及排汗量的影响较大，还因年龄、性别而异，新生儿含水量为体重的75%～80%，随着年龄的增长，体内水分逐渐减少。

水在体内有两种存在形式：一是游离水，游离水可以自由流动，如血液、淋巴液、组织液；二是结合水，结合水与无机盐离子及蛋白质、糖原等亲水胶体颗粒结合，参与构成器官组织。游离水仅占体内水的小部分，3～4L。人体绝大部分水均以结合水的形式存在。

（二）人体的水平衡

水在人体内保持一种动态平衡状态，这是因为其来源与去路保持恒定。人体内的水有3个主要来源：①饮水，每日约1.2L。②食物摄取，每日约1L。③代谢内生水，体内物质氧化所产生，每日约0.3 L，运动时主要来自糖和脂肪的氧化分解。水在体内的排出途径包括：①通过肾脏以尿液的形式排出，每日约1.5 L。②经消化道随粪便排出，每日约0.1～0.15 L。③呼吸蒸发，每日约0.35 L。④皮肤排汗，每日排出非显性汗约0.5 L。

运动会加速机体内水的流失，冷环境中休息和长时间力竭运动时身体中水流失的情况见表7-3。运动中所产生的热主要是依赖汗液的形成和蒸发而散失。在马拉松项目比赛中，流汗及从呼吸流失的水达到身体汗水量的6%或更多，流汗增加以防止身体过热。通常，运动中汗水生产量由环境温度、承受的热辐射、湿度以及空气流动速度、身材大小及代谢速率等因素决定。这些因素影响身体热的储存以及体温。

表7-3　冷环境中休息和长时间力竭运动时身体中水流失的情况

	休息		长时间运动	
丢失途径	mL/h	百分比	mL/h	百分比
皮肤（不感蒸发）	15	15	15	1
呼吸（不感蒸发）	15	15	100	7
汗液	4	5	1200	91
尿液	58	60	10	1
粪便	4	5	—	0
总计	96	100	1325	100

（三）运动员脱水及补水

1. 脱水

脱水是指体液丢失达体重1%以上。运动员在运动训练过程中，由于气温、运动强度、运动持续时间等因素的影响，可能产生程度不同的水分丢失，称为被动脱水。而为了达到减小体重的目的，人为地造成机体脱水则称为主动脱水。运动员的主动脱水即指运动员有目的、有计划地在长期训练过程中缓慢减轻体重（主要为体脂）于较低的水平，或在赛前较短的时间内快速降低体重的过程。其实质是通过赛前慢速减体重结合快速减体重等手段，在尽量不影响运动能力和健康的前提下，最大限度地减少体脂成分、适度地减少去脂体重（主要是水）。

有研究报道，长时间运动失水量达体重的2.5%时，进行标准运动试验，运动能力可降低至对照水平的56%，可见脱水将严重影响运动能力。机体轻度脱水时（失水量为体重的2%左右），以丢失细胞外液为主，血容量减少，出现口渴、尿少、尿钾丢失；中度脱水时（失水量达体重的4%左右），细胞内外液的丢失程度相当，出现心率加快、体温升高、严重口渴、疲劳、血压下降；重度脱水时（失水量达体重的6%～10%），主要丢失细胞内液，可出现呼吸加快、肌肉抽搐，甚至昏迷，严重威胁机体健康及生命安全。

即使只是极小的变化，身体水分的含量也会降低运动能力。若没有补充足够的液体，运动员长时间活动的耐受性会呈明显下降趋势，这是因为流汗使水流失而造成的。脱水对心血管和体温调节系统所造成的伤害是完全可预期的。体液流失会减少血浆容量，这种现象会降低血压，血压降低又转而减少送往肌肉和皮肤的血流。为了克服这种现象，心跳会加快。因为较少的血液到达皮肤，散热受到阻碍，而使得身体保存较多的热。因此，当一个人脱水接近体重的2%或更多时，心跳和体温两者在运动中都会升高，且高过正常汗水量时的数值。失水量对运动能力的影响与训练水平有关。一般训练水平的运动员，在机体轻度脱水时，即可影响体温调节能力、循环机能及运动能力；而训练水平高的运动员失水量在3%～4%以内，基本不影响运动能力。

2. 补水

为改善和缓解脱水状况需要对机体进行补水。运动员的补水，应以补足丢失的水分、保持机体水平衡为原则。补水可以在比赛和训练前、中、后各阶段进行。运动前补水的目的是在运动开始之前使机体达到水分充足的状态，使机体处于正常的血浆电解质水平。如有必要，在运动前数小时开始补充饮料，确保体内水平衡。运动中水分补充需要制订个体化的补液计划，以预防过度脱水。摄入含有电解质和碳水化合物的饮料有助于保持水分和电解质平衡和维持运动能力。运动后水分补充的目标，就是要完全恢复体内的水分和电解质储备。若有脱水发生需要尽快解决脱水的问题。除非是脱水的情况严重才需从静脉给予水分补充，通过静脉补充水分并不会带来任何额外好处。

补水所采用的液体成分中应含有一定比例的糖类、无机盐类，但浓度均较低，以低渗液体为佳，并应注意少量多次。一般认为，补液中无机盐浓度不应超过20 g/L，糖的浓度不能超过25 g/L，每10～15 min饮用150～250 mL、6～12℃的低渗液体。有人建议，进行长时间耐力运动赛前1～2 h应一次性饮用500 mL液体，因为在产生口渴之前进行强制性饮水，可以减少脱水的产生；对于运动持续时间超过1 h的大强度运动，运动员应补充浓度为0.5～ 0.7 g/L含Na^+的糖盐水。而运动后液体补充量一定要大于汗液的丢失量。

六、无机盐代谢

（一）人体无机盐的种类及代谢

人体内电解质主要指无机盐类，总量超过人体体重的0.01%以上。自然界存在的92种元素中，目前在人体已检出81种。依其在体内的含量不同，可分为宏量元素和微量元素两大类。日需量大于100 mg的元素称为宏量元素，除作为机体主要构成成分的氧、碳、氢、氮（共占人体质量的96.6%）外，还包括主要电解质钾、钠、钙、镁、氯、磷、硫7种，一般以离子形式存在。它们的重要生理意义在于维持机体内的渗透平衡、酸碱平衡及电解质平衡，并成为维持神经肌肉兴奋性的主要因素。

微量元素是指在组织中存在，而表现功能小于人体质量0.01%的元素。浓度可用μg/g或μg/L来表示。世界卫生组织确认的人体必需微量元素有14种，包括锌、铜、铁、碘、硒、铬、钴、锰、钼、钒、氟、镍、锶、锡。必需微量元素是人体中的主要功能元素，其功能主要包括构成金属酶的必需成分、以激素或以维生素的必需成分或辅酶因子而发挥作用、形成具有特殊功能的金属蛋白，其生物学意义多与维生素、激素、酶等的生物学活性有关。

运动中无机盐代谢的特点：人体血浆、组织间液、细胞内液阴阳离子浓度基本相等，这种离子浓度的平衡，使各部分维持电中性。在激烈运动中，Na^+向细胞内转移，K^+则向细胞外转移，转移后的离子浓度差异，导致膜电位改变，进而影响神经肌肉传导，这通常是长时间运动中运动性疲劳产生的原因之一。另外，长时间耐力运动中运动员由于大量出汗，导致水分大量丧失的同时，也可致无机盐的大量丢失。长时间运动时，机体主要丢失细胞外液的无机盐。例如，出汗4.1 L，体重减轻5.8%，体内无机盐的丢失量为：Na^+ 5%、Cl^- 7%、K^+和Mg^{2+} 1.2%。汗液中主要的无机盐为Na^+和Cl^-，与细胞外液相似，但汗中无机盐的浓度远低于血浆（约为血浆浓度的1/3），汗液为低张溶液，汗液的丢失会使血浆渗透压升高，并影响机体的排热过程。运动员无机盐推荐量及其在运动中可能参与的作用见表7-4。

表7-4　运动员无机盐推荐量及其在运动中可能参与的作用

无机盐	推荐量（日）	作　用
钙	1000～1500 mg	肌肉收缩，肌糖原分解
磷	2～2.5 g（力量、耐力4～4.5 g）	合成ATP和CP
镁	400～500 mg	肌肉收缩
铁	20 mg（大运动量或高温25 mg）	红细胞运输氧，肌细胞内氧利用
锌	20 mg（大运动量或高温25 mg）	参与肌细胞内的能量生成
铜	1.5～3 mg	与铁一起参与氧的运输和利用
钠	<5 g（高温环境训练<8 g）	神经冲动传导，肌肉收缩，糖原储存
钾	3～4 g	神经冲动传导，肌肉收缩，糖原储存

（二）关于运动员补盐问题

一般认为，平衡膳食足以提供运动员所必需的无机盐。多数研究指出，即使是长跑运动员在热环境下每日跑27.35 km，由于大量出汗而丢失一定量的Na^+、K^+、Ca^{2+}、Fe^{2+}、Mg^{2+}、Zn^{2+}和其他微量元素，但只要摄入平衡膳食，并补充丢失的水分，仍能保持无机盐的平衡。而且，由于汗液中无机盐的浓度低于体液中的浓度，运动中没有必要补充无机盐。但是，在一些超长距离项目中，如超长马拉松跑、铁人三项比赛等，有必要适当补充无机盐。因为在这类比赛中，单纯摄入水分，可能稀释体液中的Na^+，引起低钠血症即水中毒。此外，对那些为比赛而控制饮食，以及不能从膳食中获得充足营养供给者，可以适当补充一些无机盐。无机盐的补充一般与补水同步进行。

七、维生素

（一）维生素的来源及分类

维生素（vitamin）是维持细胞正常生理功能所必需，但需要量极小的低分子有机化合物。这类物质由于体内不能合成或者合成不足，必须由食物供给。

维生素可以分为脂溶性维生素和水溶性维生素两类。脂溶性维生素包括维生素A、维生素D、维生素E、维生素K，它们是油样物质，难溶于水。水溶性维生素包括硫胺素（维生素B_1）、核黄素（维生素B_2）、尼克酸及尼克酰胺、吡哆素（维生素B_6）、遍多酸（泛酸）、生物素、叶酸、钴胺素（维生素B_{12}）、抗坏血酸（维生素C）。

（二）维生素与运动能力

大多数维生素，特别是B族维生素，作为食物氧化和能量产生过程中所需要的各种酶系统的辅助因子，能够激活能量生成过程。运动中机体对能量的需求量增大，B族维生素的作用也就更加重要。维生素A、维生素C和维生素E是作用很强的抗氧化剂，能防止细胞膜的脂质过氧化，防止红细胞膜受损，维持运动中细胞的正常功能。维生素D是钙代谢的调节剂，钙在肌肉的兴奋－收缩耦联中具有重要的中介作用，因而与运动中肌肉收缩做功密切相关。此外，维生素还能协助调节神经系统的功能，保持能量供给系统的适宜状态。维生素的生物学功能如图7–3所示。

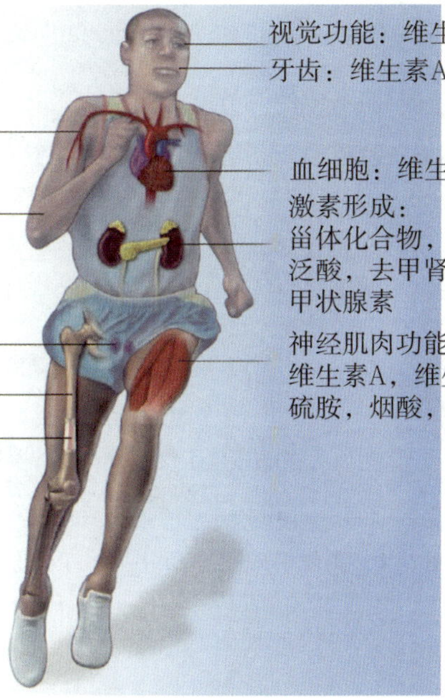

图7–3　维生素的生物学功能

第二节　运动时的能量供应

人体运动时能量的需求明显增加，这种增加受制于运动强度、运动持续时间和机体的机能状况等因素。例如，在100 m跑中，活动肌肉的能量输出超过它安静时的120倍或者更高；在低强度运动如马拉松跑中整个身体的能量需求可达到安静水平的20～30倍。这些差别主要是由于他们使用了不同的能源系统供能导致的，本节主要介绍运动时机体的能量供应问题。

一、骨骼肌收缩的直接能源

肌肉活动的直接能量来源是三磷酸腺苷，即ATP。 事实上，人体各种生理活动所需要的能量，基本上都是由ATP供给的。例如，神经冲动传导时离子的转运，腺体分泌时分泌物透过细胞膜，消化道内食物的吸收，肌肉收缩过程等均需要ATP供能（图7-4）。人体ATP最终来源于糖、脂肪、蛋白质的氧化分解。

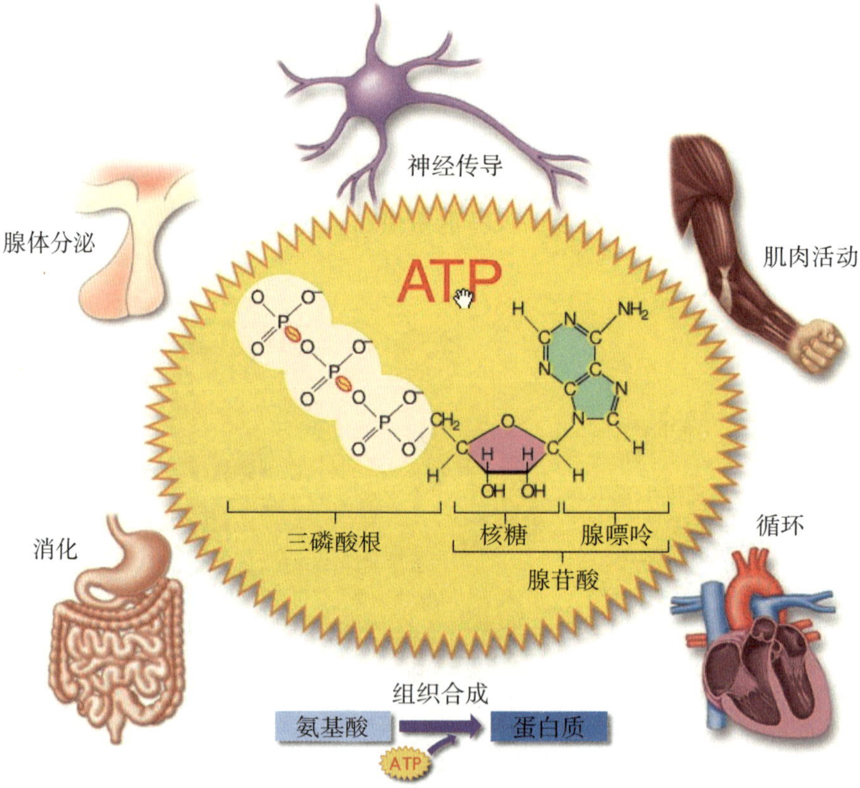

图7-4　高能磷酸化合物——ATP的分子结构及作用

（一）ATP的储备及输出功率

细胞内ATP 的浓度很低，肌肉活检测定，安静肌肉ATP含量为3～6 mmol/kg湿肌。ATP的最大输出功率达11.2 mmolATP/（kg肌肉・s）（每千克肌肉每秒动用ATP的毫摩尔数），启动极为迅速。但由于ATP储量有限，运动中ATP消耗后的补充速度成为影响运动能力的重要因素。

（二）ATP的分解供能及补充

1个ATP分子是由1个核苷（1分子核苷可以结合1分子核糖）和3个无机磷分子构成。核苷是含氮碱基，核糖含5个碳。ATP在酶的催化下，迅速分解为二磷酸腺苷（ADP）和无机磷酸，并释放出能量。

$$ATP+H_2O \rightarrow ADP+Pi$$

$$CP+ADP \rightarrow C+ATP$$

每克分子ATP可释放29.26～50.16 kJ（7～12 kcal）的能量。ATP一旦被分解，便迅速补充。这一直接补充过程由肌肉中的另一高能磷酸化合物磷酸肌酸（CP）完成。CP释出能量用以将ADP再合成为ATP，同时生成肌酸（C）。肌肉中CP的再合成则要靠三大能源物质的分解。

磷酸基结合到低能化合物ADP形成ATP的过程，称为磷酸化。ATP形成时如不需要氧，此过程称为无氧代谢；如果需要氧，此过程就称为有氧代谢。有氧条件下ADP转化为ATP的过程称为氧化磷酸化。细胞内通过ATP-CP系统、酵解能系统和氧化能系统3个不同的系统产生ATP。

二、三个能源系统的特征

人体在各种运动中所需要的能量分别由3种不同的能源系统供给，即磷酸原系统（phosphagen system）、酵解能系统（glycolytic system）和氧化能系统（aerobic system），见表7-5。

表7-5　人体三个能源系统的特征

能源系统名称	底物	储量 mmol/kg干肌	可合成ATP量 mmol/kg・s干肌	可供运动时间	供给ATP恢复的物质和代谢产物
磷酸原系统	ATP	24.6	—	6～8 s (或<10 s)	CP
	CP	76.8	100		$CP+ADP \rightarrow ATP+C$
酵解能系统	肌糖原	365	250	2～3 min	肌糖原→乳酸
氧化能系统	肌糖原	365	13000	1.5～2 h	糖$+O_2 \rightarrow CO_2+H_2O$
	脂　肪	48.6	不受限制	不限时间	脂肪$+O_2 \rightarrow CO_2+H_2O$
	蛋白质				蛋白质$+O_2 \rightarrow CO_2+H_2O+$尿素

（一）磷酸原系统

磷酸原系统又称ATP-CP系统。该系统主要是由结构中带有磷酸基团的ATP（包括ADP）、CP构成，由于在供能代谢中均发生磷酸基团的转移，故称为磷酸原系统。肌肉在运动中ATP 直接分解供能，为维持ATP水平，保持能量的连续性供应。与ATP可自由供能不同，CP分解释放的能量不能直接用于细胞的工作，而是在肌酸激酶的作用下用来重新合成ATP，以维持相对持久的能量供应。

CP在肌肉中储存量很少，15～17 mmol/kg湿肌。实际上，ATP-CP在运动中的可用量只占1%左右。ATP-CP系统作为极量运动的能源，虽然维持运动的时间仅6～8 s，但却是不可替代的快速能源。此过程非常迅速，而且不需要细胞内的特定结构即可完成，同时它不需要氧即可进行。运动训练中及恢复期，既应设法提高肌肉内ATP-CP的储备量，又要重视提高ATP再合成的速率。

ATP-CP系统在像短跑这样的大强度运动中具有重要的作用。因为体内储存的ATP和CP有限，所以当超过ATP-CP系统供能的限度后，肌肉将通过酵解能和氧化能产生ATP供能。

（二）酵解能系统

酵解能系统又称乳酸能系统。是运动中骨骼肌糖原或葡萄糖在无氧条件下酵解，生成乳酸并释放能量供肌肉利用的能源系统。该系统不能产生大量ATP，但在极量运动的能量供应中具有特殊的重要性。一般认为，在极量强度运动的开始阶段，该系统即可参与供能，在运动30 s左右供能速率达最大，其输出功率可达5.2 mmolATP/kg/s，维持运动时间1～1.5 min。

酵解能系统与ATP-CP系统共同为短时间高强度无氧运动提供能量，中长跑等运动持续时间在2 min左右的项目，主要由酵解能系统供能。而篮球、足球等非周期性项目在运动中加速、冲刺时的能量由ATP-CP及酵解能系统共同提供。

（三）氧化能系统

氧化能系统又称有氧能系统。此系统需要氧的参与，糖类、脂肪和蛋白质在氧供充分时，可以氧化分解提供大量能量。该能源系统以糖和脂肪为主，尽管其供能的最大输出功率仅达酵解能系统的1/2，但其储备量丰富，维持运动的时间较长（糖类可达1～2 h，脂肪可达更长时间）。

氧化能系统是长时间运动的主要能源。相对于无氧产生ATP，氧化能系统的动员比较慢，但其具有强大的产能能力。因此，耐力性运动中，有氧代谢是主要的供能方式，同时需要心血管系统和呼吸系统运输大量的氧到肌肉，供其所需。

三、3个能源系统间的交互作用

三大能源系统并非相互独立的，当个体从事高强度运动，从短跑（小于10 s）到耐力性运动（大于30 min），所有能源系统会共同参与机体的能量供应。通常以一个能源系统供能为主，除非出现主要供能系统向另一个系统的转换的情况，即本来为主要供能系统转换到另一个系统的情况。例如，10 s内即可完成的100m跑，ATP-CP系统为主要供能系统，但糖酵解及有氧代谢系统同时供应少部分的能量。再如，30 min内可完成的10000m跑，以有氧代谢供能为主，但ATP-CP系统和糖酵解系统也参与能量供应。

图7-5显示不同能源系统产能的速率与可获得能量的关系。ATP-CP系统能在最短时间内供能，但总产能则最低，因此该系统主要适合高强度短时间的运动供能。相反，脂肪氧化供能系统的产能速率较慢，但产能的总量却是没有限制的，因此该系统对于低强度长时间的运动具有重要的作用。

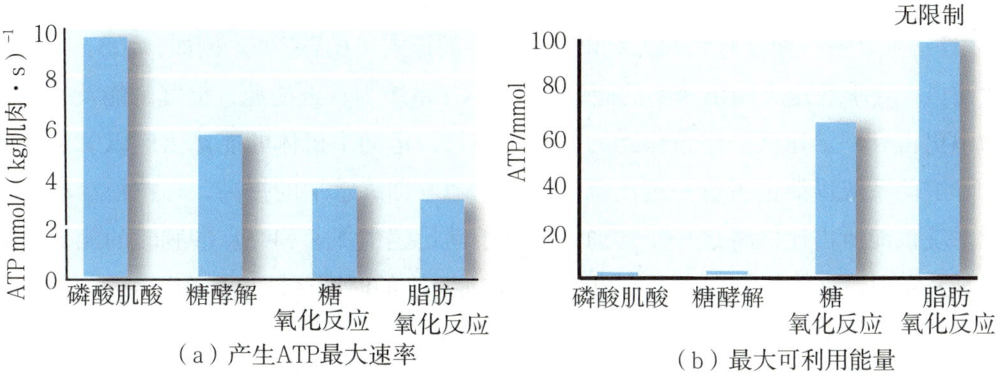

图7-5　不同能源系统产生ATP的最大速率（a）和最大可利用能量（b）

第三节　不同运动项目的供能分析

人体运动中能量输出的基本过程为无氧和有氧代谢两个过程，不同运动项目需要不同代谢过程作为其能量供应的基本保证，但一切运动过程的能量供应，都是由3个能源系统按不同比例提供，比例的大小则取决于运动的性质和特点。因此，人体不同能源系统的供能能力决定了运动能力的强弱。

人体运动时的能量供应与实例分析

一、不同运动项目的能量供应

不同运动项目具有各自不同的技术特点，决定了其能量供应具有各自的特征，但任何项目运动中不存在绝对的某一个单一能源系统的供能，而是需要3个能源系统按照不同比例配布协同供能。运动项目的能量供应之间紧密相连，形成一个连续的统一整体，称为能量连续统一体（energy continum）。能量连续统一体有两种表示形式：一种以运动时间为区分标准的形式（图7-6），另一种以有氧和无氧供能百分比的形式（图7-7）。例如，100 m跑是典型的速度性项目，要求快速高输出功率的能供，ATP-CP系统为首选能源，但酵解能及氧化能系统在运动中仍占有一定比例。马拉松跑的持续时间长，运动中机体的能量供应以氧化能系统为主，但酵解能系统供能也占有一定比例。而且，随着训练水平的提高，马拉松运动员运动中酵解能系统供能所占比例将进一步增加，有利于满足途中加速和终点冲刺时的能量需求。近年来的研究发现，人体无氧和有氧能源系统各供能50%的时间区间出现在运动1～2 min，而许多研究者认为，这个界限最可能出现在运动75 s左右。

在运动实践中，能量连续统一体提示在制订训练计划时，应着重发展在该项目运动中起主要作用的能量系统。同时，需要选择合理有效的训练计划。

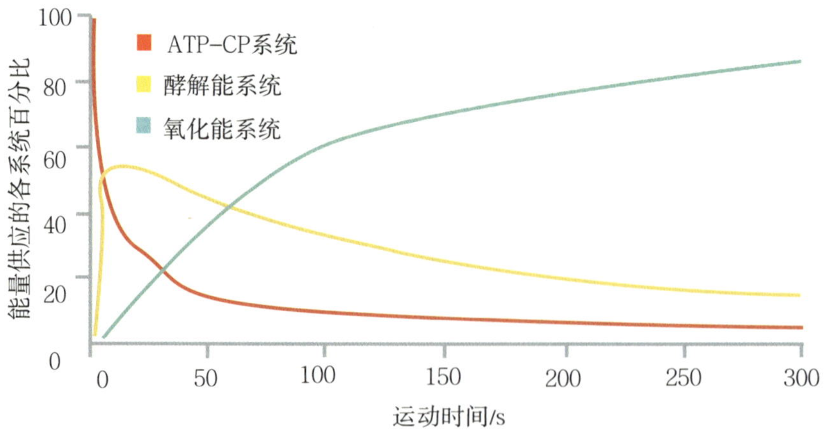

图7-6　最大运动中各能量系统随时间的变化情况

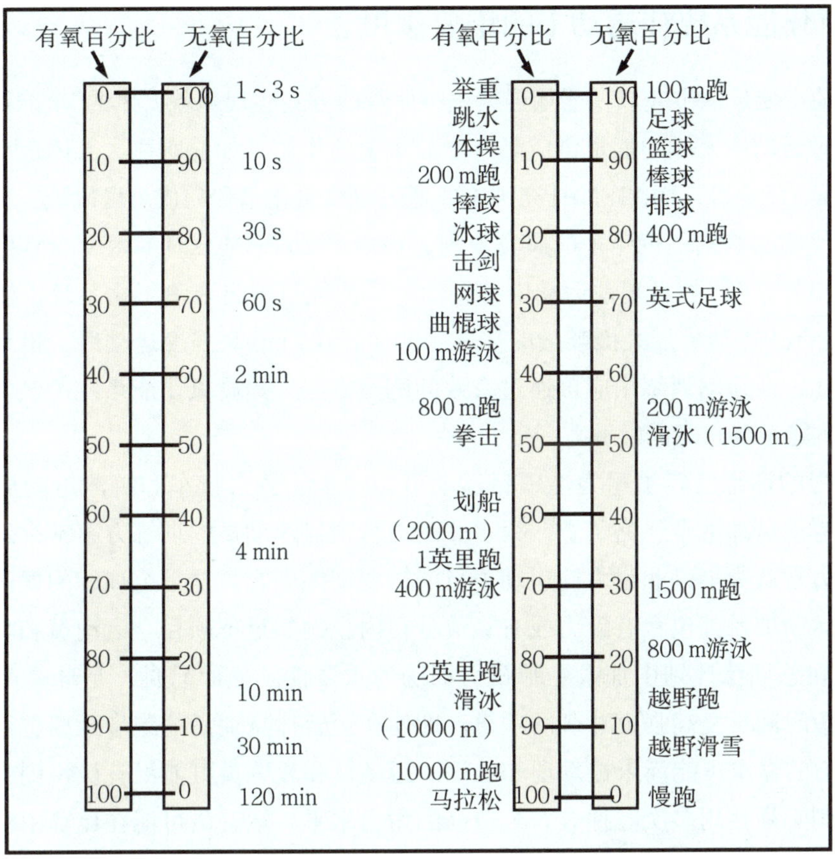

图7-7 能量连续统一体中各运动项目供能比例

二、运动中能源物质的动员

通过比较人体糖、脂肪、蛋白质三大能源物质在运动中的利用速率发现，糖的利用速率最快，是一种非常经济的能源，但能源物质的利用情况与运动强度密切相关。一般运动强度在90%～95% $\dot{V}O_2max$以上强度运动时，肌糖原利用速率最大。在65%～85% $\dot{V}O_2max$之间强度运动时，肌糖原利用情况随运动持续时间的延长而降低。30% $\dot{V}O_2max$强度运动时，肌肉主要由脂肪酸氧化供能，很少利用肌糖原。

运动开始时骨骼肌首先分解肌糖原，如100 m跑在运动开始约3～5s，肌肉便通过糖酵解方式参与供能；持续运动5～10 min后，血糖开始参与供能，当运动强度达到最大摄氧量强度时，可达安静时供能速率的50倍；运动时间继续延长，由骨骼肌、大脑等组织大量氧化分解利用血糖，而导致血糖水平降低时，肝糖原分解补充血糖，其分解速率较安静时增加5倍。脂肪在安静时即为主要供能物质，在运动达30 min左右时，其输出功率达最大。脂肪的分解利用对氧的供应有严格的要求，因此，在长时间运动中，当肌糖原大量消耗或接近耗竭，氧供充足时方大量动用。蛋白质在运动中作为能源供能时，通常发生在持续30 min以上的耐力性项目。随着运动员耐力水平的提高，可以产生肌糖原及蛋白质的节省化现象。

三、氧化能系统在运动中的重要作用

人体运动中能量的供应以“能量连续统一体”的方式实现。就人体的3个能源系统而言，氧化能系统对运动中人体的能量供应具有十分重要的作用。如前所述，人体运动中能量的直接来源是分解ATP获得，而ATP的补充则主要通过有氧氧化过程完成。可以说，人体有氧代谢过程是无氧代谢的基础。近年来的研究发现，极限运动5～240 s时间内，有氧供能系统也发挥着重要作用。在60 s的力竭性运动中有大约50％的能量来自有氧氧化系统供能，在运动后30 s，摄氧量可达运动员最大摄氧量的70％～90％，在1 min高强度运动后，摄氧量几乎达到最大值。因此，在运动训练中应该通过有效的练习方法，提高氧化能系统的供能能力，维持有氧和无氧供能系统间的良好平衡。

有氧耐力的训练已经被耐力性项目运动员如跑步、骑自行车和游泳运动员所采用，而其他项目的运动员却常常忽略了它。很多非耐力行项目运动员的训练方案常常忽视了有氧耐力因素，耐力常认为不是非耐力性运动项目的重要训练内容。这是个训练的误区，因为大部分非耐力性运动项目都包含有耐力或有氧成分在内。例如足球项目，运动员和教练员可能都没有认识到在总训练计划中加入心肺耐力训练的重要性。显而易见，足球是由无氧、爆发性所构成的短时间反复高强度冲刺的项目。即使在短暂休息期后的跑步距离也很少超过37～55 m。对耐力的需求可能尚未被发现和认识。运动员和教练员可能没有认识到在整个比赛中这种爆发冲刺必须使用多次。拥有一个较高的耐力水平，运动员可能在比赛中获得高的冲刺能力，即使在比赛的最后15 min内也会保持相当充沛的体能。

四、运动强度、时间和能量供应

健身运动的形式多种多样，运动强度均比较低，运动持续时间比较长，因而动用的能源物质也与运动的特点相适应。健身运动的强度基本处于50%～70%$\dot{V}O_2max$ 范围内，而且较理想的运动时间应在30～60 min，由于运动时可大量分解利用脂肪作为能源，健身运动在增强体质的同时也能产生减肥效果。

在安静时，大约有33%的能量来自糖、66%来自脂肪代谢。随着运动强度的增加，糖的代谢作用随着变化而增加，而脂肪的代谢作用却慢慢地下降。如图7-8所示，在运动强度的变化过程中，糖与脂肪供能的变化转换。在交叉点以后，糖的供能将慢慢超过脂肪的供能，即在交叉点时能量代谢发生了转换作用，从主要依赖脂肪供能转向主要依赖糖的主导代谢作用。我们将这种随着运动的参与，造成运动强度的增加过程，导致糖与脂肪参与比例的转换代谢现象，称之为能量交叉调控概念（cross-over concept）。理论上，这种变化会持续到最大运动强度，届时将会接近100%的能量需求来自糖代谢。这种在大运动强度转向使用更多糖供能对机体是非常有利的。脂肪所蕴藏的能量是最高的，达到9.4 kcal/g，而糖和蛋白质是一样的，为4.1 kcal/g。然而，在有氧代谢时，糖消耗1 L氧可产生更多的能量（5.0 kcal/L），而脂肪和蛋白质分别为4.7 kcal/L和4.5 kcal/L。

在进行长时间、低强度运动（如超过30 min）时，机体的供能会随着运动时间的延长逐渐从糖代谢向脂肪供能转换。在长时间运动中是什么因素控制着脂肪代谢率的呢？脂肪的代谢受脂肪分解方面的变化调节。甘油三酯在脂酶的作用下，分解为游离脂肪酸和甘油。这些脂酶一般并不活跃，在肾上腺素、去甲肾上腺素和胰高血糖素的刺激下，它的活性增加而发挥作用。在进行长时间、低强度的运动时，血液中的肾上腺素水平增加，从而使脂酶活性增加，因此产生脂解作用。脂解作用的增加会导致血液和肌肉中的游离脂肪酸增加，从而促进了脂肪代谢。一般而言，脂解作用是一个缓慢的过程，并且只有在运动几分钟以后脂肪代谢增加才开始出现。图7-9能清晰地显示这种随运动时间的变化，供能的转化情况。因此，可以提示有氧运动的持续时间是增加燃烧脂肪的重要关键因素。

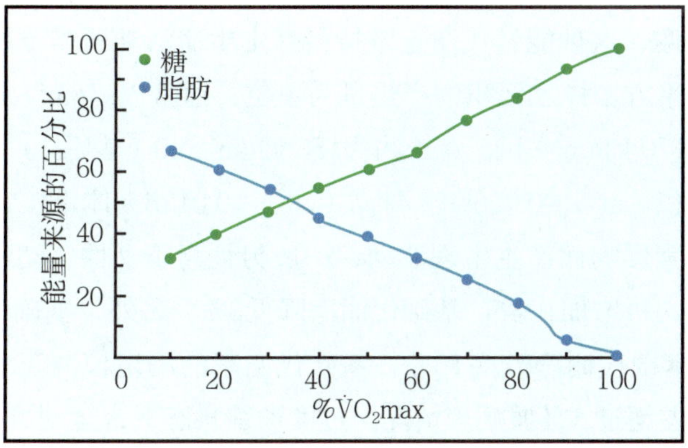

图7-8　糖和脂肪供能随运动强度变化情况

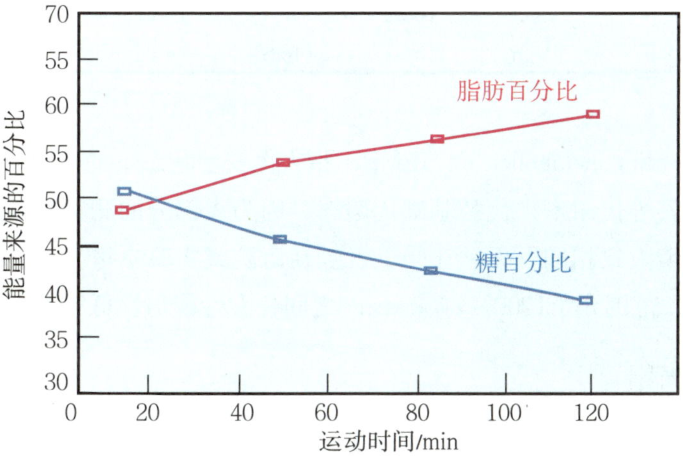

图7-9　糖和脂肪供能随运动时间变化情况

第四节　运动时能量代谢的测量与计算

人体各种能源物质分解代谢过程中所伴随的能量释放、转移和利用，称为能量代谢。能量代谢的中心环节是发生在线粒体中的氧化磷酸化。人体单位时间内所消耗的能量称为能量代谢率。

一、与能量代谢有关的几个概念

（一）基础代谢的概念

基础代谢指基础状态下的能量代谢。所谓基础状态是指人体处在清醒、安静、空腹、室温在20～25℃条件下的状态。基础代谢率是指单位时间内的基础代谢，即在基础状态下，单位时间内的能量代谢，这种能量代谢是维持最基本生命活动所需要的最低限度的能量。基础代谢率以每小时每平方米体表面积的产热量为单位，通常以kJ/(m^2·h)来表示。正常成年男子的基础代谢率约为170 kJ/(m^2·h)，女子约为155 kJ/(m^2·h)（表7–6）。国人的体表面积可根据下式计算：体表面积（m^2）=0.00659×身高（cm）+0.0126×体重（kg）−0.1603。基础代谢率受年龄、性别等因素影响而产生生理波动，一般男性高于女性，幼年高于成人，老年低于成人。20岁以后，平均每增加10岁，基础代谢率降低3%。另外，基础代谢受人体体温的影响，体温每升高1℃，基础代谢率升高13%。基础代谢率的测定值与正常值相差±10%～15%之内，均属正常。相差超过20%属病理情况。过度训练状态下，运动员基础代谢率升高。

表7–6　我国正常基础代谢率平均值〔kJ/(m^2·h)〕

年龄/y	11～15	16～17	18～19	20～30	31～40	41～50	>50
男性	195.5	193.4	166.2	157.8	158.7	154.1	149.1
女性	172.5	181.7	154.1	146.5	146.4	142.4	138.6

（引自：姚泰）

安静代谢率（resting metabolic rate，RMR）指人体安静状态下的单位时间内的能量代谢。大多数研究者利用安静代谢率来代替基础代谢率，因为大部分的测量都是紧接着基础代谢率测试之后，测量环境大致相同，无须让受试者躺在医院或实验室里。本质上，基础代谢率和安静代谢率值相同，范围介于1200～2400 kcal/d之间，女性较男性低3%左右。

（二）代谢当量

运动时的耗氧量与安静时耗氧量的比值称为代谢当量（metabolic equivalent of energy，MET），也称为梅脱。1 MET约相当于安静时1 min的能量消耗（耗氧量），即约相当于250 mL/min或3.5 mL/kg/min。2MET相当于2倍安静时的耗氧量，即500 mL/min。由于该指标是以安静时机体的能量消耗（耗氧量）为基础的，可以使不同运动方式的运动强度得以互相比较，因此，可以用于评价机体运动时的相对能量代谢水平，在运动处方的制订中具有实际应用价值。代谢当量已广泛地应用到日常的体力活动及各种项目的运动中。例如，吃饭、穿衣及在房间内走动时代谢当量一般为1～4 MET，爬楼梯、在平地步行、拖地板及打高尔夫球的代谢当量一般为4～10 MET；剧烈的体育活动如游泳、网球及足球等往往代谢当量会超过10 MET。表7-7 为不同年龄段体力活动的强度分级。

表7-7　不同年龄段体力活动的强度分级

分级	运动强度（METs）			
	年轻	中年	老年	非常老
休息	1.0	1.0	1.0	1.0
轻微活动	＜4.5	＜3.5	＜2.5	＜1.5
有点费力	＜6.5	＜5.0	＜3.5	＜2.0
中等强度	＜9.0	＜7.0	＜5.0	＜2.8
大强度	＞9.0	＞7.0	＞5.0	＞2.8
极限	13.0	10.0	7.0	4.0

二、运动时能量代谢的影响因素

（一）运动强度和持续时间

运动时能量代谢的影响因素，主要是运动强度和运动时间两个变量。在最大强度的短时间运动中，首先启动ATP-CP系统。在达到CP供能极限后，乳酸能系统启动。在中低强度的长时间运动中，前期以糖氧化供能为主，后期逐渐过渡到以脂肪氧化供能为主。在递增强度的力竭性运动中，开始阶段主要启动有氧氧化系统，随着强度的增加会启动无氧供能系统（主要为酵解能系统）。

（二）肌纤维类型

Ⅰ型肌纤维中富含线粒体，具有较高的有氧供能能力。Ⅱ型肌纤维糖酵解供能能力较强。它们参与能量代谢的水平主要取决于运动强度。在小强度运动中，首先是Ⅰ型肌纤维被动员；当强度增加时，Ⅱa型肌纤维开始动员；当接近最大强度运动时，Ⅱb型肌纤维才开始动员。

（三）训练水平

训练水平对能量代谢的影响主要表现在：一是能量利用的节省化。动用同一供能系统供能的能力高，表现为持续时间长、能量利用率高。二是体内能源物质的储量多并动用快。肌肉中CP含量和肌糖原含量等较高，最大供能的持续时间也较长。

（四）膳食

富含糖的膳食对运动能力的提高有很大帮助。人体肌肉和肝脏储存的糖原是很有限的，所以对运动员而言，将脂肪作为能源是特别重要的。任何可以让身体使用更多脂肪提供能量都有好处，特别是对耐力性项目运动员的运动能力。除此之外，维生素B1、维生素B2、烟酸、铁、镁等和能量代谢都有密切的关系。

三、能量代谢的测定原理和方法

根据热力学第一定律，能量在转化过程中，既不增加，也不减少，总能量守恒。机体的能量代谢也遵循这一规律，即在整个能量转化过程中，蕴藏在食物中的化学能（供给机体利用）与所转化成的热能及所完成的外功，按其能量来折算是完全相等的。因此，测定在一定时间内机体所消耗的食物，或测定机体所产生的热量与所做的外功，均可测算出整个机体单位时间内所消耗的能量。能量代谢的测定有直接和间接测定两种方式，而以间接测定应用较多。

（一）直接测热法

在糖和脂肪的代谢产生ATP的过程中，只有大约40%的能量被释放出来，而其余的60%的能量被转化成热量，所以估算能量产生的速率及其量的一个方法就是去测量身体所产生的热量，这种测试技术就叫作直接测热法。

这种方法于18世纪末首度由Zuntz和Hagemann提出，他们研发了热量测定仪（图7-10），是一个绝缘而密闭的房间。热量测定仪的建造和测试都比较昂贵，而且得出结果也比较慢，其优点就是能够直接测量热量，但在运动生理学领域，有许多不利因素。尽管它能够准确测试整个身体能量消耗，但是它无法跟上快速的能量消耗的改变。因此，尽管直接测热法在安静时能量代谢的测试比较有用，但它在大多数运动状态中的能量代谢测试却不适用。其次，有些运动装备如电动跑步机本身也会产生热量。另外，并非所有热量都由身体释放出来，有些热量被身体储存起来会使体温升高。最后，汗水也会影响热量的测试以及影响在计算热量测试中的一些常数。因此，这种方法在如今很少被采用，取而代之的是利用氧与二氧化碳在氧化磷酸化时的交换率来计算能量消耗，此方法既简单而且花费又少。

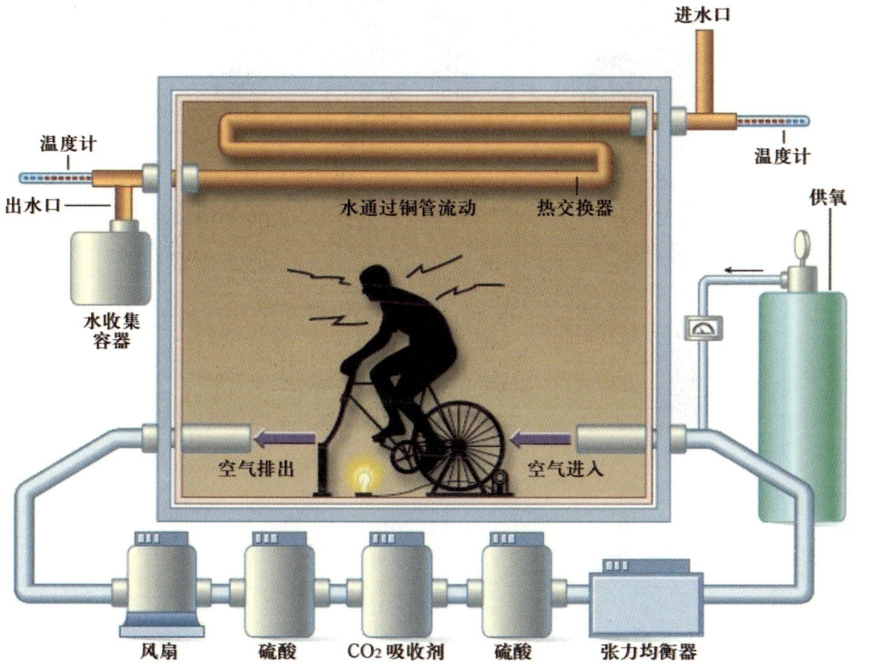

图7-10　热量测定仪示意图

（二）间接测热法

运动消耗最主要底物糖和脂肪的氧化需要消耗O_2而产生CO_2和水。正常情况下，O_2和CO_2在肺部的交换速率就等于身体组织利用O_2而释放CO_2的速率。根据这一理论，我们就可以测试呼吸气体以测量能量消耗。由于这种热量产生不是直接测试，而是通过呼吸气体中O_2和CO_2的交换率计算而来，因此这种估算总体能量消耗的测试方法称为间接测热法。

为了使氧气的消耗能够准确地反映能量的消耗，能量的产生必须几乎全部来源于氧化，如果大部分的能量由无氧代谢产生，呼吸气体的测试无法反映所有的代谢过程。因此，此项技术仅限于持续60 s及以上的稳定状态活动的能量测试，所幸这涵盖了大部分的日常活动及体育运动。

呼吸气体的交换率可以通过一段时间内进出肺部的O_2和CO_2来计算，由于O_2从吸入的肺泡气中进入血液，CO_2又从血液中加入肺泡气体，呼出的O_2浓度要低于吸入的O_2浓度，而呼出气体中CO_2的浓度高于吸入的CO_2浓度。因此，根据吸入和呼出气体中O_2和CO_2浓度的差异就可以计算出身体有多少O_2被摄取，有多少CO_2代谢出来。由于身体储氧量有限，肺部摄取的O_2可以精确反映出身体所利用的氧量。测试O_2和CO_2呼吸交换率简单且古老的方法如道格拉斯气袋和化学气体分析法可能是最准确的方法。现在多通过计算机化的气体代谢分析仪来实现，它测试呼吸气体交换率可以节省大量时间，并且可测试许多项目。图7-11是利用气体分析仪对受试者进行O_2消耗和CO_2产生的测试，这些数据可以用来计算摄氧量和呼吸交换率，因而可以计算能量消耗。

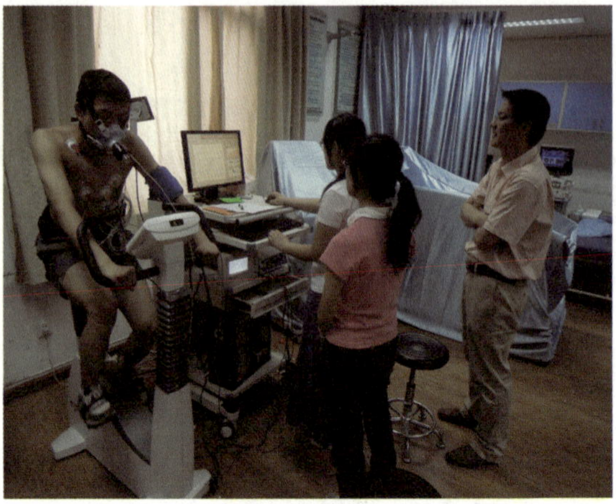

图7-11　利用气体分析仪对受试者进行测试

（三）能量代谢的同位素测定

尽管这项技术在20世纪40年代就已发布，但到80年代才开始用于人体能量消耗测试，它利用双标水来监控人体每日正常生活中的能量消耗。受试者摄入一定数量的经双重同位素标记的水——双标水（$^{2}H_{2}{}^{18}O$），重氢（^{2}H）扩散到全身的水中，而氧-18（^{18}O）则扩散到全身的水和重碳酸盐储存处（身体代谢的CO_2大部分储存于此）。这两种同位素从身体排泄的速度可以从尿液、唾液和血液样本中分析得出。此转化速度可以计算出CO_2产生量，然后再通过能量测量公式计算出能量消耗量。

因为同位素的转化速度相当慢，能量测量需要持续几周的时间，这种方法不太适用一次性运动的能量消耗的测量。不过由于其相当准确（超过98%）及低风险性，用来测量每天的能量消耗相当实用。目前，双标水法已初步应用于体育科学领域的实验室研究和场地研究中。

四、各种活动的能量消耗

不同体力活动能量消耗会随运动强度和类型而变化。目前的研究，已经使许多活动的平均能量消耗得到测量，这通常是通过监控体力活动中的氧消耗，以确定单位时间的平均摄氧量，然后将此值换算成每分钟的能量消耗量（kcal/min）。

在安静状态下，身体一般每分钟需要0.16～0.35 L的氧气以满足能量需求，这相当于0.80～1.75 kcal/min，48～105 kcal/h或者1152～2520 kcal/d。很明显，任何超过安静状态的身体活动都会增加日常的能量消耗，每天总能量消耗变化范围非常大，它受许多因素的影响，如体力活动水平（影响最大）、年龄、性别、身体体积大小、体重和身体成分。

不同竞技体育运动的能量消耗也不同。一些项目，如射箭或保龄球，其运动员运动的能量消耗比安静状态时稍多一些；而另外一些项目如短跑，需要的是能维持数秒钟的高速度能量。除了运动强度，还必须考虑运动的持续时间。举例来说，在以25 km/h的速度跑步时，每分钟消耗的能量接近29 kcal，但这种速度只能持续很短的时间。另一方面，如以11 km/h的速度慢跑时，能量消耗是14.5 kcal/min，这仅仅是以25 km/h速度跑步时能量消耗的一半。但慢跑可以持续相当长的时间，因而总的能量消耗也较多。

表7-8提供了一般男、女性从事不同体力活动时的能量消耗估算值，这些值仅仅是平均值。大部分的体力活动都需要移动身体，因此这些数值会因为先前所列举的影响因素和个人技术而使得个体差异相当大。

表7-8　各项身体活动中的能量消耗

活动项目	男性 /kcal · min^{-1}	女性 /kcal · min^{-1}	相对体重 /kcal · $(kg \cdot min)^{-1}$
篮球	8.6	6.8	0.123
自行车			
11.3 km/h	5.0	3.9	0.071
16.1 km/h	7.5	5.9	0.107
手球	11.0	8.6	0.157
跑步			
12.1 km/h	14.0	11.0	0.200
16.1 km/h	18.2	14.3	0.260
坐着	1.7	1.3	0.024
睡觉	1.2	0.9	0.017
站立	1.8	1.4	0.026
游泳（蛙泳），4.8 km/h	20.0	15.7	0.285
网球	7.1	5.5	0.101
步行，5.6 km/h	5.0	3.9	0.071
举重	8.2	6.4	0.117
摔跤	13.1	10.3	0.187

注：上列数值是以70千克男性和55千克女性计算，这些数值会因个人而异。

五、运动能量消耗的计算

运动时的能量消耗在运动生理学中特指因某项运动而引起的净能量消耗，即总能量消耗减去同一时间内安静状态下的能量消耗。在实际测量和计算中，必须考虑到不同强度运动产生的能量消耗。具体步骤包括：① 测定安静、运动、恢复期的消耗的氧和产生的二氧化碳；② 求出各阶段的呼吸商；③ 根据呼吸商，查氧热价对照表；④ 以该氧热价乘以所计算时间段内机体的总耗氧量，再减去同一时间安静状态时的能量消耗，即为该运动阶段的净能量消耗。

通过以下的例子说明：试计算某受试者完成5 min功率自行车定量负荷运动的净总能量消耗，其测试数据见表7-9。

表7-9　某受试者完成自行车定量负荷运动的净总能量消耗

时间/min	内容	耗氧量/L	CO_2产量/L
5	安静（坐在车上）	1.5	1.275
5	蹬车（定量负荷）	16.5	14.851
30	恢复（坐在车上）	14.0	12.320

（查氧热价对照表：0.83RQ→4.838，0.84RQ→4.850，0.85RQ→4.862，0.87RQ→4.887，0.9RQ→4.924）

5 min安静时的呼吸商 = CO_2呼出量 ÷ O_2耗量

= 1.275 ÷ 1.5

= 0.85

5 min安静时的能量消耗 = O_2耗量 × 氧热价

= 1.5 × 4.862

= 7.293（kcal）

5 min运动时的呼吸商 = CO_2呼出量 ÷ O_2耗量

= 14.851 ÷ 16.5

= 0.9

5 min运动时的净能量消耗 = 运动时总能量消耗 − 相同时间安静状态下的能量消耗

=（16.5 × 4.924）−（1.5 × 4.862）

= 81.246−7.293

= 73.953（kcal）

30 min恢复期内的呼吸商 = CO_2呼出量 ÷ O_2耗量

= 12.32 ÷ 14.0

= 0.88

30 min安静状态的能量消耗 = 每分钟安静状态的能量消耗 × 30

= 7.293 ÷ 5 × 30

= 43.758（kcal）

30 min恢复期的净能量消耗 = 恢复期的总能量消耗−相同时间安静的能量消耗

=（14.0 × 4.899）−（7.293 ÷ 5 × 30）

= 68.586−43.758

= 24.828（kcal）

运动总净能量消耗＝运动时净能量消耗+恢复期的净能量消耗
＝73.953＋24.828
＝98.781（kcal）
＝413.50（kJ）

因此，该运动中机体的净总能量消耗为413.50 kJ。

思考题

1.从物质和能量代谢的角度，试分析马拉松运动员运动中机体机能状态的变化及其可能机制。

2.为什么说各种项目运动中机体不存在绝对单一的某个能源系统供能？

3.结合运动实例说明运动中机体的3个能源系统是如何供能的。

4.试述能量连续统一体的概念及其在运动实践中的应用。

主要参考文献

[1] 陈吉棣. 运动营养学[M]. 北京:北京医科大学出版社, 2002.

[2] 王瑞元, 苏全生. 运动生理学[M]. 北京:人民体育出版社, 2012.

[3] 威尔莫尔,科斯蒂尔,凯尼. 运动生理学[M]. 王瑞元, 汪军,译. 北京:北京体育大学出版社, 2011.

[4] 姚泰. 生理学[M]. 北京:人民卫生出版社, 2005.

[5] BOUCHARD C. Exercise,fitness,and health:a consensus of current konwledge[M]. Champaign,IL:Human Kinetics,1990.

[6] FOSS ML,KETEYIAN S.The Physiological Basis of Exercise and Sport,6th Edition[M]. New York:McGraw Hill Higher Education,1998.

第八章
身体素质的生物学基础与评价方法

本章学习提示

通过本章的学习，要求学生掌握力量、速度、耐力、灵敏和柔韧等素质的分类，生理学基础和训练与评价方法；应用各种素质的基础理论和训练方法指导自身的体能训练和全民健身运动。

人体在运动中所表现出来的力量、速度、耐力、灵敏、柔韧等身体基本状态和功能能力，这就是身体素质。它是人体的各种与运动相关的综合功能状态，也包括运动员在其特殊运动项目中的运动能力。身体素质的发展水平不仅取决于肌肉本身的结构和功能特点，而且与肌肉工作时的能量供应、内脏器官的机能以及神经调节能力有关，即身体素质是人体各器官系统的功能在肌肉工作中的综合反映。

良好的身体素质是掌握运动技能、提高运动成绩的基础。没有良好的身体素质，就不能形成完善和高难度的运动技能。因此，在运动训练中都十分重视身体素质的训练与提高。

第一节　力量素质的生物学基础与评价方法

肌肉力量是绝大多数运动形式的基础，运动员的肌肉力量的大小与其他身体素质如速度、耐力、灵敏等密切相关。因此，力量素质是一切身体素质的基础。教练员和运动员应掌握好力量素质的生物学基础及评价方法，这对于运动训练的科学化是十分必要的。

一、力量的分类

决定肌肉力量的生物学因素

（一）绝对力量

绝对力量是一块肌肉或一组肌肉群中总的力量潜力，通常用肌肉收缩时所能克服的最大阻力负荷来表示。

绝对力量不等于最大力量。正常人只能随意调动自己力量潜力的70%左右，那些非随意支配的力量潜力只在应激状态、药物或兴奋剂的使用及非随意最大收缩（离心收缩）的状态下被动用。因此，在正常情况下，人们所表现出的最大力量与理论上的绝对力量是有差异的。通过力量训练可以降低人体的这种非随意支配的力量潜力。

（二）相对力量

相对力量是单位体重所能发挥出来的力量。通常用不同负荷条件下所发挥出的力量与体重的比值予以评定。相对力量通过计算出单位体重的肌力以排除运动员体重差异对其力量大小的影响，从而有利于在个体或群体间进行比较。

（三）速度力量

速度力量是指肌肉在运动时快速克服阻力的能力。速度力量是力量与速度有机结合的一种特殊力量素质。肌肉在运动时克服阻力的过程中，阻力越大，速度越慢。在许多运动项目中，运动员克服的阻力大多是恒定的，如田径投掷类项目的器械重量是恒定的，这些项目运动员的速度力量实际是在恒定阻力条件下所表现出来的最大“动作速度”。这类项目的速度力量训练主要是最大“动作速度”的训练。

速度力量最典型的表现形式就是通常所说的爆发力。爆发力要求运动员在运动时，在尽可能短的时间内，爆发出尽可能大的力量。

（四）力量耐力

力量耐力分为静力性力量耐力和动力性力量耐力两种。运动员在静力性工作中长时间保持相应强度的肌紧张称为静力性力量耐力，在动力性工作中多次完成相应强度的肌收缩的能力称为动力性力量耐力。

动力性力量耐力又可区分为最大力量耐力、快速力量耐力及长时间力量耐力。力量耐力是力量与耐力的复合素质，其水平取决于运动员力量素质与耐力素质的水平，须通过较长时间的肌肉用力练习来提高。

二、力量素质的生物学基础

（一）肌肉收缩的基本形式

骨骼肌收缩可分为以下几种形式：等张收缩、等动收缩、等长收缩、离心收缩和超等长收缩。（详见第二章第四节）

（二）肌肉适应性肥大的生物学基础

肌肉适应性肥大主要表现为肌纤维的增粗，也有人认为是肌纤维数目增多。不同项目肌肉增大的部位和程度不同。就其生物学基础而言，肌肉的适应性肥大一方面是指肌纤维非收缩蛋白成分的增加所致的肌肉体积增加，如线粒体、肌糖原、磷酸肌酸、肌红蛋白等数量的增加，即肌浆型功能性肥大。这种肥大可有效提高肌肉的有氧工作能力和收缩耐力，但对肌肉最大肌力作用不明显。通常较小强度长期运动会导致此类功能性肥大，肥大出现的部位主要是慢红肌和快红肌肌纤维。耐力性运动主要使慢肌产生肌浆型功能性肥大。

另一方面肌肉的适应性肥大表现在肌纤维中的收缩蛋白含量增加，肌原纤维的体积明显增加，即肌原纤维型功能性肥大，长期大负荷力量训练可使绝对肌力和相对肌力均显著提高，产生部位主要在快白肌纤维中。力量性和速度性全力运动最终主要是达到肌原纤维型适应型肥大。

肌肉适应性肥大是一种综合表现，其中既包含非收缩成分的增加，也有收缩成分的增加，同时肌外结构如毛细血管数量及体积增加等也对肌肉肥大有一定的影响。

（三）决定肌肉力量的生物学因素

决定肌肉力量的生物学因素有许多，主要有肌纤维收缩时的初长度、肌纤维的横断面积、肌纤维类型和运动单位、肌肉的收缩速度、神经系统的机能状态、年龄与性别及体重等。

1. 肌纤维收缩时的初长度

肌纤维的收缩初长度极大地影响着肌肉最大肌力。肌纤维处于一定的长度时，肌纤维收缩力最大。肌小节过短或过长都将因肌球蛋白横桥与肌动蛋白结合的数目减少而导致肌力下降。另外，肌肉被拉长后立即收缩所产生的肌力远大于肌肉先被拉长、间隔一定时间之后再收缩所产生的肌力。这是因为除肌肉处于最适初长度外，快速收缩使肌肉出现牵张反射，反射性地提高了肌肉力量。对于为什么原地下蹲后立即起跳要比先下蹲、间隔一段时间后再跳要跳得更高也就不难解释了。

2. 肌纤维的横断面积

肌肉力量的大小与肌肉的体积有关，力量训练引起的肌肉力量增加，主要是由肌纤维横断面积增加造成的。由运动训练引起的肌肉体积增加，主要是肌纤维中收缩成分增加的结果。运动后，激素和神经调节对肌肉代谢产生作用，使蛋白质合成增多，引起肌纤维中收缩成分的增加。力量训练引起的肌肉横断面增大，除蛋白质增多外，同时伴随着肌肉胶原物质的增多。

3. 肌纤维类型和运动单位

肌肉力量受肌纤维类型和运动单位大小、类型的直接影响。同样肌纤维数量的快肌纤维的收缩力明显大于慢肌纤维，因为快肌纤维内含有更多的胶原纤维，无氧代谢酶活性高，供能速率快，单位时间内可完成更多的机械功。运动单位是指一个 α 运动神经元及其所支配的骨骼肌纤维，慢肌运动单位神经元的兴奋性较高，快肌运动单位神经元的兴奋性较低。通常情况下，运动神经元支配的肌纤维数量多，产生的肌肉力量就相应增大。运动中募集的运动单位越多，产生的肌肉力量会越大。

4. 肌肉的收缩速度

肌肉力量与肌肉缩短速度之间存在着一定的关系。对于需要爆发力的运动项目而言，在训练中发展高速度下增加肌肉力量，显然要比在低速度下增加肌肉力量更为重要。因此，在训练中要注意运动负荷和运动速度适当结合。

5. 神经系统的机能状态

神经系统的机能状态主要是通过协调各肌群活动、提高中枢兴奋程度、增加肌肉同步兴奋收缩的运动单位数量来提高肌肉最大肌力。中枢神经系统的兴奋程度对提高最大肌力具有重要的作用。克服最大负荷甚至超过最大负荷的训练有助于提高中枢神经系统的兴奋性，将有效地提高肌肉最大肌力。同时，骨骼肌中的本体感受器肌梭受到牵张后反射性引起肌肉产生收缩，使肌肉力量增大。

6. 年龄与性别

人在成年之前，力量的增长很快，通常在20～30岁时达到最大，以后逐渐下降。身体发育成熟以后，只有经过超负荷训练才能使肌肉力量增加。如果不进行力量训练，随着年龄的增长，肌肉力量会同其他器官系统功能一样开始减弱。

女孩大约在10岁以前与男孩的力量增长一致。进入青春期后，力量差异随性别差异加大，由于雄性激素分泌的增多，有效地促进了男孩肌肉和骨骼体积的增大。成年女子由于性激素等原因，其肌肉发达程度远较男性差，因此肌肉平均力量大约仅为成年男子肌力的2/3，但不同肌群力量差异较大。成年男子经常参加一些能发展力量和爆发力的体育活动，使他们比成年女子更接近自己潜在的最大力量水平。

7. 体重

体重大的人一般绝对力量较大，体重较轻的人相对力量可能比体重大的人大。根据不同的运动项目，运动员要求的绝对力量和相对力量也不同，如投掷类运动项目运动员绝对力量较大，因为他们必须克服外部阻力完成技术动作，而短跑等项目需要克服体重且对速度、灵敏和协调等素质要求较高，该类项目运动员相对肌肉力量较大。

三、力量训练的基本原则及方法

（一）力量训练的基本原则

1. 超负荷原则

若要提高肌肉的最大力量，必须使肌肉克服的阻力足够大，阻力应接近（至少超过肌肉最大负荷能力2/3以上）或达到甚至略超过肌肉所能承受的最大负荷。只有力量训练的负荷逐渐增大，超过过去的负荷，才能发展力量。通常低于最大负荷80%的力量练习对提高最大肌力的作用不明显。

2. 专门性原则

从事的肌肉力量练习应与运动项目相结合。进行负重抗阻练习时，应包含直接用来完成动作的肌肉群，并尽可能地模拟实际的动作结构及动作的节奏与速度。身体部位的专门性和动作结构的专门性，有利于神经系统的协调调节能力，以及肌肉内一系列适应性生理和生化变化。

3. 渐增负荷原则

通过一段力量训练后，力量获得增长，就要及时增加负荷量，才能使肌肉力量持续提高。某一负荷最初对某一个练习者来说可能是超负荷，但随着训练水平的提高，这一负荷对他来说已经是平常负荷，不是超负荷了。此时若不增加负荷，则后面的练习将逐渐转向发展肌肉耐力而不是发展最大肌力。因此，应逐渐增大负荷，使其训练的肌肉经常处于大负荷状态，才能有效地提高最大肌力。

4. 有效运动负荷原则

当运动强度和运动量太小时，对身体机能没有明显的影响，只有足够大的运动强度和足够长的运动时间才会对身体机能产生运动痕迹和效果，长期的身体机能运动变化最终将导致身体形态结构的一系列变化。这种将导致身体产生运动痕迹和效果的最小运动强度叫做靶强度，此时的心率称为靶心率。通常每次力量训练应有不少于3组接近或达到肌肉疲劳的力量练习，才能使肌肉力量逐渐提高。

5. 负荷顺序原则

力量练习过程中要考虑前后练习动作的科学性和合理性。应遵循先练大肌肉、后练小肌肉、前后相邻运动避免使用同一肌群的原则。大肌肉相对不易疲劳，可延长练习时间，而小肌肉练习容易疲劳，将影响大肌肉练习动作的完成。前后相邻动作若使用同一肌群，由于前一动作练习已经使该肌群疲劳，所以完成后一动作时，既不能保证动作质量，又容易出现肌肉过度疲劳和肌肉损伤。

6. 合理训练间隔原则

两次训练课之间的间隔时间要适宜，下次力量训练应在上次训练出现的超量恢复期内进行，从而使运动训练效果得以积累。训练间隔时间与训练强度和训练量相关，训练强度和训练量大，间隔时间应长。训练水平不同的练习者出现超量恢复的时间不同，应根据不同情况确定训练的间隔时间。对初次参加运动的练习者，隔天训练的效果较好。一般经训练力量增加后，每两周进行一次力量训练可使已获得的力量得到保持。

（二）力量训练的基本方法

最大力量、相对力量、速度力量和力量耐力的发展，受各种不同主要因素的影响，训练过程中应根据各种力量的影响因素采取相应的方法发展不同种类的力量。各种不同力量的影响因素如图8-1所以。

1. 静力训练

为了改善肌肉力量耐力或伤后恢复初期时，静力训练是可行的，因为其肌肉收缩强度较小，而一般以改善肌肉最大力量为目的的是等长收缩训练。等长训练主要改善其训练角度±15°以内的肌力，因此若要提高全关节活动幅度的肌力，则必须每隔30°角进行训练。进行等长训练后提高肌力的训练效果容易进入停滞阶段（一般8 wk左右），对肌肉爆发力会产生不良的干扰。

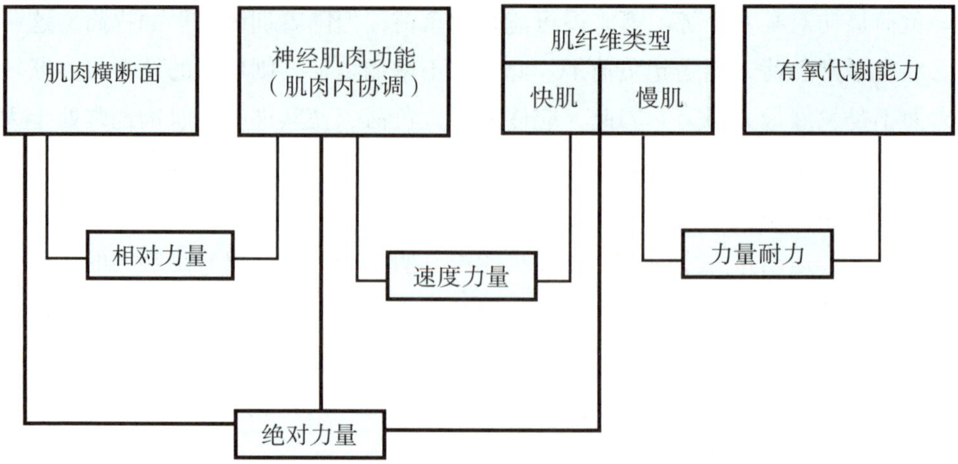

图8-1　各种不同力量的影响因素

2. 等张训练

等张训练比等长训练更易客观地评价训练负荷。逐步提高负荷，力量就可逐步增强。重复次数少而阻力大的练习，可很快提高力量，重复次数多而阻力中或小的练习，可增大肌肉体积及肌肉耐力。

3. 等速训练

等速训练是较为有效的训练方法，因为它对肌肉的刺激最深刻，并能按照专项需要，通过预定训练速度而分别训练不同类型的力量素质。在利用等速练习器进行训练时，器械所产生的阻力总是与用力的大小相适应，这种练习比较符合运动实际的需要。

3种力量训练的抗阻练习的利与弊见表8-1。

表8-1　3种力量训练的抗阻练习的利与弊

评定标准	比较级别		
	等动	等长	等张
力量增加率	优秀	差	良好
耐力增加率	优秀	差	良好
整个运动范围的力量增加	优秀	差	良好
每次训练所用的时间	良好	优秀	差
训练设备的资金消耗	差	优秀	良好
完成训练的容易性	良好	优秀	差
进展评定的容易性	差	良好	优秀
对专项运动样式的适应性	优秀	差	良好
减小肌肉疼痛的可能性	优秀	良好	差
减小肌肉损伤的可能性	优秀	良好	差
技术的提高	优秀	差	良好

4. 超等长训练

肌肉的向心收缩如果紧接在同一肌肉的离心收缩之后，会更为有力，利用这种方法进行力量训练就称为超等长训练。其目的主要是改善训练部位的爆发力，这种训练方法对肌肉的离心收缩功能有较强的刺激，加之训练负荷强度大、动作速度快、与专项动作结合好，使其受到对爆发力要求高的项目运动员的青睐。

5. 电刺激训练

电刺激训练对力量素质的改善较全面，并对肌肉损伤的防治有一定的作用，因此受到力量性项目运动员的重视。电刺激训练是以附加电流刺激替代机械运动单位发放的神经冲动，其刺激强度可引发肌肉绝对力量，通常形成的是等长收缩训练。但电刺激训练带来的效果不易迅速直接转化为练习者自身所能随意控制发挥的能力，同时如果使用过多，容易降低肌肉收缩速度。

6. 组合训练

多种力量训练方法配合进行，可满足各类力量素质改善的需要，而且增加了机体对刺激适应的难度，提高了刺激作用，从而能更快提高力量素质改善的效果。

（三）力量素质的评价方法

在运动的实践中，教练员不但需要掌握力量训练的基本原则和方法，而且要知道力量素质如何进行正确的评价，通过力量素质的评价，可以了解运动训练的效果。人们在运动实践中，一般采用实验室评价方法和运动现场评价。

1. 实验室评价方法

（1）测力计的应用

测力计多应用于静止测力中。在测试过程中，肢体肌肉或肌群进行静止收缩运动，无关节活动，一次只能测试关节某一角度的肌力。例如，采用握力测量法，在测量时，手放在体侧，用最大力量紧握握力计，握时不能挥动上肢，左右手各握3次，取最大值；背力的测定采用背力计，两手握住把柄，两膝伸直，用力向上拉，测量3次，取最大值。

（2）等速测力系统的应用

等速测力系统测试过程中，运动阻力是随关节活动而不断变化并自动调节的，因此只要肌肉进行最大收缩，就可准确测出肌肉或肌群在整个运动范围的最大肌力。通过选择不同的速度，可以测量出运动员的慢速肌力、快速肌力和耐力等。在等速测试中，峰值力矩是最常用的指标，干扰因素较少。另外，还包括最大做功、平均功率、做功疲劳等指标。

（3）肌电图的应用

当肌肉以不同的负荷进行收缩时，其肌电信号的积分值同肌力成正比关系，即肌肉产生的张力越大积分值就越大。因此可以利用肌电图来评定运动员的力量素质。研究表明，当肌肉以40%肌力以下强度收缩和60%以上强度收缩，肌力与肌电均成线性关系，但40%～60%

之间的强度，慢肌和快肌运动单位均参与活动，肌力和肌电之间的线性关系就不存在了。

同时，应用肌电图可观察肌肉用力时的同步作用和协调能力及对抗肌、左右同名肌、上下肢间的肌力对比，这对肌肉整体发展的均衡性和避免肌肉损伤是非常重要的。

（4）力量素质的生理学指标的应用

力量素质与一些生理学形态指标是密不可分的，因此通过测定一些生理学指标可以间接反应运动员的力量素质，如对皮褶厚度、肌肉围度、相对精围度（去皮褶围度）的测定。

2. 运动现场评价方法

运动现场评价方法是最为普遍、方便的方法。这种方法主要是通过运动员完成相应负荷的动作进行肌力的评价，如卧推、挺举、负重蹲起等。在测试中所给予的重量不应超过运动员关节活动中所能承受的负荷范围。一般以运动员能成功完成一次所给予的最大重量来评定最大肌力，即1RM。肌肉耐力一般使用运动员所能举起最大重量的70%进行测试，完成这个任务持续时间长表明该运动员肌肉耐力好。

第二节　速度素质的生物学基础与评价方法

在大多数体育运动项目中速度占有非常重要的地位，有些项目直接比赛速度，如各种径赛项目以及游泳、赛艇、皮划艇、自行车等都是比赛速度。速度素质是指人体进行快速运动的能力或在最短时间完成某种运动的能力。按其在运动中的表现可分为反应速度、动作速度和周期性运动的位移速度3种形式。

一、速度的分类

速度素质的生理基础与训练

（一）反应速度

反应速度是指机体对外界信号刺激作出应答的速度，它是运动员速度素质之一。体育运动中特别是在速度性项目、球类项目及拳击、击剑、摔跤和柔道等对抗性项目中，运动员的反应速度对于取得优异成绩有重要作用。通常人对简单信号的反应速度比对复杂信号的快，训练过的练习者比未训练的练习者的反应速度快，年轻人比年老人反应速度快。

（二）动作速度

人体某一部分完成特定动作的移动速度。身体组成部分的动作速度既可以相对于身体外部的参考体而言，也可以相对于身体其他部位而言。既可以是线速度，也可以是角速度。动作速度的快慢，主要取决于中枢神经系统的功能，以及引起该部位运动的肌肉力量的大小。

（三）周期性运动的位移速度

位移速度是运动员在特定方向上快速移动的能力，以单位时间里人体位移的距离为评定指标。周期性项目运动员的位移速度，主要取决于动作频率及每一个动作周期在特定运动方向上的位移幅度。

二、速度素质的生物学基础

（一）反应速度的生物学基础

反应速度的快慢与运动员反应时、中枢神经系统的机能状态、运动条件反射的巩固程度、训练水平与运动项目、遗传因素等因素有关。

1. 反应时

反应时是指对感受器施加刺激起到肌肉产生收缩前的一段时间。这个过程通过反射弧（感受器-传入神经-中枢-传出神经-效应器）的传递而完成。反应速度的高低在一定程度上取决于感受器接受刺激产生兴奋的快慢，兴奋沿神经传导速度的快慢，兴奋通过中枢神经系统的快慢，效应器接受刺激产生兴奋的快慢。传入神经和传出神经的传导速度基本上是固定的，若要提高反应速度，就应把重点放在感受器的敏感度、中枢神经系统的灵活性和兴奋性以及效应器的兴奋性上。

2. 中枢神经系统的机能状态

良好的兴奋状态及其灵活性，能够加速机体对刺激的反应，使效应器由相对安静状态或抑制状态迅速转入活动状态。运动员处于良好的赛前状态时，反应时缩短。反之，如果运动员大脑皮层的兴奋性降低或灵活性低，反应时将明显延长。

3. 运动条件反射的巩固程度

运动技能的形成其本质就是建立复杂的、连锁的、本体感受性的运动条件反射。运动技能越熟练，条件反射的程度就越巩固，且大脑皮层运动中枢内支配肌肉活动的神经元在机能上进行最优化排列组合，兴奋和抑制过程运动中枢内越来越有顺序、有规律、有严格时间间隔地交替进行，表现在肌肉上就是反应时间明显缩短，动作速度明显提高。换句话说，训练水平高的运动员反应速度比训练水平低的运动员反应速度快，运动技能熟练是其原因之一。随着运动技能的日益熟练，反应速度加快。通过训练，反应速度可以缩短11%～25%。

4. 遗传因素

反应速度受遗传因素的影响，有研究证明，反应速度的遗传相关度达0.75以上。

5. 训练水平与运动项目

训练水平高、赛前状态调整得好、准备活动做得充分、速度性项目特点强的运动员反应速度快，说明训练、赛前状态、准备活动及项目的不同均可影响反应速度的提高，这些因素可以影响感受器敏感度、中枢神经系统的灵活性和兴奋性以及效应器的兴奋性。

（二）ATP-CP系统供能是动作速度和位移速度的基础

ATP-CP供能系统是提供在无氧代谢过程中维持运动所需要的能量，它在短时间最大强度或最大用力的运动中起主要供能作用。动作速度和位移速度均是人体进行快速运动的能力或在最短时间完成某种运动的能力。因此，速度性练习是强度大、时间短的无氧训练，主要依靠ATP-CP系统提供能量，因此，ATP-CP系统供能是动作速度和位移速度的生理学基础。在速度素质的训练中应着重发展ATP-CP供能系统。ATP是将化学能转变为机械能的唯一直接能源，在进行速度性练习时，需要CP分解进而合成ATP为机体提供必需的能量。一般常用的方法是重复训练法，如短跑运动员常采用10 s以内的短距离反复疾跑来发展ATP-CP系统供能能力。

（三）动作速度的生物学基础

1. 肌肉力量

肌力越大，越能克服肌肉内部及外部阻力完成更多的工作。肌力的大小又受到如单个肌纤维的收缩力、肌肉中肌纤维的数量和体积、肌肉收缩前的初长度、中枢神经系统的机能状态等多种因素的制约。同时，肌肉收缩过程中参与肌肉能量代谢有关的重要酶的活性增加、肌毛细血管、肌纤维内肌红蛋白、肌酸、肌糖原数量的增加，均对肌肉力量的大小起到重要的作用。

2. 肌纤维的类型

肌肉中快肌纤维占优势其速度素质一般较高，快肌纤维百分比越高且快肌纤维越粗，肌肉收缩速度则越快。优秀速度性项目运动员肌肉中快肌纤维百分组成（%）及面积均较其他项目大，因此速度运动员腿部肌肉中快肌纤维较多，使之能获得较大的动作速度。快肌纤维的多少是获得该项运动优异成绩的先决条件之一。

3. 肌肉收缩时的阻力

运动员在运动过程中，当阻力固定不变时，肌肉收缩所发挥的力量越大，动作速度就越大，如果力量固定不变或已发挥出最大收缩力量时，动作速度就会随着阻力的增大而减小。

4. 肌纤维的兴奋性

肌纤维的兴奋性受许多因素影响，如刺激强度的大小、刺激时间的长短、刺激强度的变化。训练水平提高、赛前状态适宜、准备活动充分、具备良好的心理素质，均会使肌纤维的兴奋性增加，从而提高运动员的动作速度。

5. 条件反射的巩固程度

条件反射的巩固程度对动作速度的大小是十分重要的。平时在训练中掌握的技术动作越熟练，在比赛中技术动作稳定发挥，无疑可提高动作速度。

（四）位移速度的生物学基础

以跑为例，影响跑速步长、步频的主要生物学因素如图8-2所示。

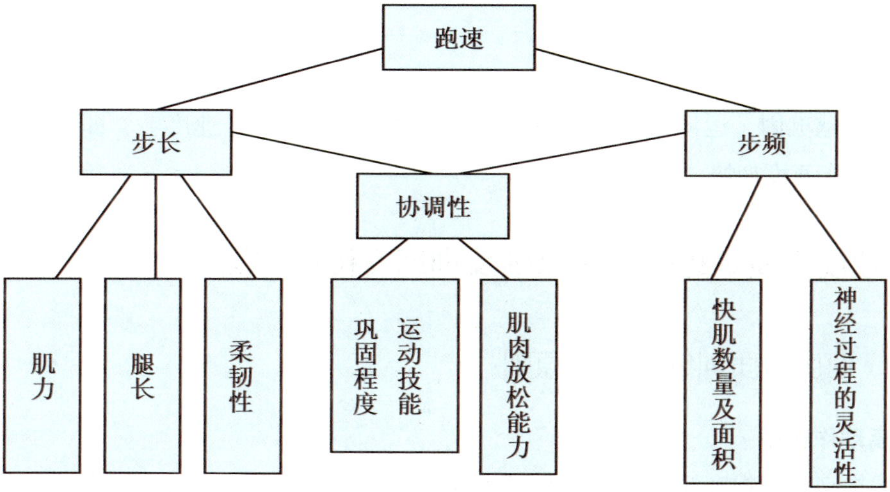

图8-2　影响步长、步频的主要生物学因素

1. 步长的影响因素

（1）腿部的肌力

腿部的肌肉力量越大，则步幅相对就越大。

（2）腿长和关节的柔韧性

腿长且髋关节柔韧性好的运动员，其步幅相对就大，而个子小的运动员步幅一定小，我国优秀的短跑运动员与国外优秀运动员相比，身高（主要是腿长）因素是影响与其竞争力的重要限制要素。

2. 步频的影响因素

（1）肌肉中快肌纤维百分比及其肥大程度

速度性项目运动员肌肉中快肌纤维百分比组成及其肥大程度均明显高于其他项目运动员，因此认为这种速度运动员腿部肌肉中快肌纤维占优势的特征，使之能获得较大的动作速度，加上神经过程灵活性的不断提高，位移速度也必将不断得到提高。

（2）神经过程的灵活性

大脑皮层运动中枢兴奋与抑制的转换速度是影响位移速度的重要因素。肌肉的收缩和放松均由运动中枢的兴奋和抑制过程来控制，如果运动中枢兴奋与抑制转换速度慢，即神经过程的灵活性较低，肌肉的收缩与放松的转换速度也必将受到影响，结果将导致位移速度降低。

3. 步长和步频的共同影响因素

（1）肌肉放松能力

肌肉放松能力表现在该收缩时肌肉收缩，该放松时肌肉就应放松，这种表现的内在机制是大脑皮质内参与肌肉运动的各个中枢间的协调性，其协调性的提高，能增加动作的速度，也能加大肌肉的收缩力量。更重要的由于各个中枢间协调性的提高，减少了因对抗肌群的紧张而产生的不必要的阻力。大量的研究发现，位移速度提高的过程中，肌肉放松能力的改善所占的比例要高于力量增加所占的比例。

（2）运动技能巩固程度

运动技能越巩固，运动员越能发挥自身的潜力，表现在动作速度上，即动作的协调性增加，进而使动作速度加快。

三、速度素质训练的基本原则及训练安排和方法

（一）速度素质训练的基本原则

1. 提高动作速率

成绩的提高是以提高步频为主还是以步幅为主，一直存在着争议。提高动作频率可借助外力如顺风跑、下坡跑等练习，或是通过各种信号让练习者迅速作出反应的练习，改善和提高神经过程的灵活性，提高神经中枢兴奋与抑制快速转换的能力，使运动员在不缩短步长的情况下增加步频。

2. 增加肌肉力量

力量素质是影响速度素质的一个重要因素。尤其对短跑运动员来说，腿部力量对增加步长是十分重要的。除负重训练外，可进行一些超等长练习（如连续单腿跳、蛙跳等练习）来发展腿部力量。腿部力量的训练应既包括使肌纤维中的线粒体数量增多、微循环得到改善的有氧代谢供能为主的训练，也包括使肌肉绝对力量增加的无氧代谢供能为主的训练，二者应紧密结合，这样使肌肉有氧和无氧代谢能力均得到增强。肌肉有氧代谢供能为主的训练主要采用40%～60%的强度多次重复负重练习，无氧代谢供能为主的训练主要采用75%～100%的大强度训练法，如深跳、负重杠铃、蹲跳等练习。

3. 着重发展无氧代谢能力

前述增加肌肉力量有氧、无氧训练兼顾，有氧训练对重复训练时的恢复有一定的作用，但要着重发展无氧代谢能力。速度训练应以强度大的无氧训练为主，约占全部训练的75%，如各种加速跑、冲刺跑能有效地发展无氧代谢能力。

4. 发展柔韧素质

柔韧素质对于快速能力的提高是一个很重要的促进因素。在图8-2中我们也可以看到柔韧性是影响步长的重要因素。同时许多专家学者也证明了柔韧性的提高可导致运动素质的增加，肌肉内协调性得到改善，从而减少了肌肉阻力，增大了肌肉合力。

5. 提高肌肉放松能力

肌肉放松能力也是提高速度素质的重要因素之一。肌肉放松能力的提高促进全身血液循环、改善肌肉内部的代谢过程，有利于ATP的再合成；同时可以减少快速收缩时肌肉的阻力，而使肌肉收缩速度和力量增加。力量练习后进行放松练习的运动员，其成绩明显提高。

6. 应用不同方式提高速度素质

长期应用同一种方式进行速度训练会使运动员形成一种定式，不易引起运动员机能能力的提高。通过多种方式进行训练不但能增加运动员完成动作的兴趣，而且对增加速度素质训练的质量十分重要。例如，转动跑道、惯性跑道、牵引机等多种装置的应用，以及各种方式短跑的交替进行均可起到良好作用。

7. 改进技术动作

只有掌握了合理正确的技术动作，轻松协调地完成动作，才能发挥出其应有的速度水平。因此，改进技术动作是提高快速能力的一个重要途径。

（二）训练安排

1. 训练时间及顺序的安排

速度素质训练在一个大周期内，一般应安排在准备期的后期和比赛期的前期，在一周中最好安排在小强度训练或调整训练后的第一天进行，在一天或一次训练课中，最好安排在运动员身心最佳、精力充沛的时刻进行。同时发展速度素质要注意年龄特征，神经系统一般在10～12岁时具有较高的灵活性，这一阶段运动员具有较强的可塑性，被称为速度素质的“敏感期”，因此这一阶段应多注意运动员的速度素质训练。

各种素质训练是相互联系的，在发展速度素质时必定会引起其他素质的变化。例如，发展速度素质时，要把力量训练放在速度训练之后进行，为发展速度素质而进行的力量训练也要采用较小负荷的力量练习（小于或等于体重），一定要保证速度快。

2. 强度的安排

训练强度是负荷的主导因素。一般采用超过自己最高速度85%～100%的速度进行训练。同时注意与次最大强度进行交替训练，这样有助于提高快速能力。若过多安排极限强度的训练，既会限制完成动作的数量，也可能导致运动疲劳发生，降低训练质量。

3. 持续时间的安排

因为速度训练均依靠人体的无氧代谢系统供能，在训练的时间安排上要针对这个供能特点选择合适的训练持续时间。速度训练时间应不超过10 s。超过了这个时间，就预示着发展的不再是速度素质，而转换为耐力素质的发展。距离一般可分为30 m、60 m、80 m。

4. 间歇时间的安排

间歇时间的安排应以运动员的工作能力得到相对完全恢复为准则，若休息时间过短，体内上一次训练产生的代谢产物来不及被清除；而休息时间过长，又会使兴奋的中枢神经系统

和动员的供能系统兴奋性降低，达不到训练效果的累积。一般间歇时间与训练的持续时间、强度相对应。（表8-2）

表8-2 速度练习的持续时间、强度、间歇

练习目的	持续时间/s	强度/%	时间间歇/s
提高绝对速度	5～10以下	95～100	40～90
	15～20	95～100	40～60
	30～40	90～95	30～45
提高出发效果	5以下	95～100	90～120
提高转身效果（游泳）	6以下	95～100	40～120
		95～100	30～90

5. 重复次数的安排

重复次数的安排，以不影响强度的保持为限。为加长训练的总时间，可适当增加训练的组数，延长组间间歇，以保持每次练习的强度。同时应结合运动员的训练水平、个人特点、训练目的来确定重复次数。

（三）发展ATP-CP供能能力的训练

速度素质是以ATP-CP供能系统为基础的，所以用于发展ATP-CP供能能力的训练均可提高速度素质。目前主要采用无氧低乳酸的间歇训练来发展该系统的供能能力。其原则是：

（1）最大速度或最大练习时间不超过10 s。

（2）每次练习的休息间歇不能短于30 s。

因短于30 s时ATP、CP在运动间歇中的恢复数量不足以维持下一次练习对于能量的需求，所以间歇时间一般选用长于30 s，以60 s或90 s的效果更好。

（3）成组练习后，组间的间歇不能短于3～4 min。

因为ATP、CP的恢复至少需要3～4 min。

同时，对于短跑项目、投掷类项目等要求速度或爆发力的项目中，运动员要在10 s内尽量以最大功率输出来完成动作，理论上其能量主要由ATP-CP系统供应，但在能量供应过程中，相邻的供能系统也参与供能，且占一定的比重。因此也要注意加强糖酵解系统供能能力的训练。

四、速度素质的评价方法

（一）实验室评价方法

1. 反应时的测定

反应时是评定运动员反应速度的简易指标。反应时是指对感受器施加刺激起到肌肉产生收缩前的一段时间。反应时越短，机体对刺激的反应越迅速，灵活性也越高。反应时与先天遗传有关，通过训练可以提高反应时。反应时的测试包括视－手反应速度、视－足反应速度等。在评定运动员的反应能力时，常采用一次性测试，反应时越短，灵活性越高，发展潜力越大。同时，反应时的测定还可以评定运动员当时的机体状态，判断神经系统疲劳程度，可为教练员制订训练计划提供依据。（表8-3）

表8-3　反应时测定与评价

所测数据与近一年本人反应时平均数之比值	提供信息内容
≤90%（0.90）	反应快，能最大限度调动机体能力，比赛出成绩
≤95%（0.95）	机体情况较好，训练比赛均适应
100%(1 ± 0.04)	保持本人技能正常水平，参考前次结果可增加运动量
≥105%（1.05）	反应时下降，了解其他测试指标，分析原因
≥110%（1.10）	结合其他测试指标，加强观察，一周或三天后补充测试

2. 应用磷酸原能商法评价其速度素质

通过测定血乳酸以及做功之间的关系来评定运动员ATP-CP供能能力，进而间接评定速度素质。具体测试方法为：先测定安静时血乳酸，然后让受试者在自行车功率计上做2～3 min准备活动后，再以100 r/min，600 W最大用力运动15 s，记录在15 s期间完成的总功，并在运动后6 min取血测定血乳酸，求出血乳酸增值，通过公式计算出磷酸原能商：

磷酸原能商=总功/血乳酸增值（15 s），求得的磷酸原能商值越大，表示ATP-CP供能能力越强，间接认为速度素质能力强。

3. 应用尿肌酐系数评定速度素质

肌酐是体内磷酸肌酸或肌肉的代谢产物，不能为人体利用，随尿液排出，称为尿肌酐。大家知道，ATP-CP供能系统是速度素质的主要生理学基础，因此应用其代谢产物进行速度素质的评定就不难理解了。

24 h内每千克体重排出的肌酐毫克数称为尿肌酐系数，正常成人尿肌酐系数范围女性为10～25，男性为18～32。运动员明显高于同龄非运动员，尤其短跑、举重、投掷等速度、力量或爆发力项目的运动员，尿肌酐系数高达36～42，并与专项运动成绩密切相关。尿肌酐系数数值高是肌肉机能好的反映，反之，可能是肌肉机能下降的表现。

4. Quebec10 s无氧功实验

先在功率自行车上骑5～10 min，做好充分的准备活动。开始实验时先让受试者以80 r/min的速度踏蹬，在2～3 s内将阻力加上（阻力为每千克体重0.09kp），发出开始命令后，让受试者尽力快骑，骑行10 s，休息10 min进行第二次10 s测试，试验结束后放松骑2～3 min。通过试验可计算最大功值、平均功值和疲劳指数（最大与最小功值之差/最大功值之比）。最大功值和平均功值越大，疲劳指数越小，说明速度素质越好。

（二）运动现场评价方法

根据速度素质训练是以ATP-CP供能系统为基础的这一特点，选择短距离冲刺跑来测定运动员的速度素质，如30 m跑等。首先是运动员间的横向比较，在一定的赛跑距离内，完成该任务的时间越短，表明运动员的速度素质越高。同时要进行运动员个体的纵向比较，在不同时期测定同一距离跑的时间，若时间缩短，表明运动员速度素质提高。

1. 10 s最大负荷测试法

根据ATP-CP系统供能特点，采用10 s以内最大负荷运动进行测试，如自行车功率计、活动跑台或30～60 m跑，也可根据运动专项进行评定。先测定安静时血乳酸值，然后进行10 s内最大负荷运动，记录完成的功率或跑速，并测定运动后的血乳酸峰值，求出运动中血乳酸增值。若完成功率大或跑速快，而血乳酸增值低者，则ATP供能能力强。

2. Margeria台阶实验

场地需要一段楼梯（每级台阶高约175 mm），同时将两个传感器的脚垫分别放置在第8和第12阶，让受试者做好充分的准备活动，站在台阶前2 m处，以最快的速度跑向台阶，每步跑两阶，必须踏在有传感器的那两阶，连续测试3次。记录两个传感器脚踏垫子的垂直高度（m）和踏过这两个传感脚踏垫的时间（s），计算非乳酸性无氧功率P。

$P=W\times D\times 9.8/T$

W=受试者体重（kg）

D=两个传感器脚踏垫子的垂直高度（m）

T=踏过两个传感脚踏垫子之间的时间（s）

计算所得的无氧功率越高，说明其速度素质越好。

第三节　耐力素质的生物学基础与评价方法

耐力素质通常理解为人体长时间进行肌肉工作的运动能力或抗疲劳的能力。从运动生理学角度，耐力素质一般分为无氧耐力和有氧耐力。其中无氧糖酵解供能能力更多的决定了机体的无氧耐力，而充分的氧供应及糖和脂肪的有氧氧化能力是影响有氧耐力的关键因素。

一、无氧耐力

无氧耐力是指人体处于氧供应不足的情况下较长时间进行肌肉活动的能力。无氧耐力有时也称为无氧能力。提高无氧耐力的训练称为无氧训练。

最大摄氧量及影响因素

乳酸阈测试方法与应用

有氧、无氧工作能力的训练

（一）无氧耐力的生物学基础

无氧耐力的提高主要依赖肌肉糖酵解能力的增强、肌肉缓冲乳酸的能力提高和脑细胞耐受血液pH值变化的能力的增强。

1. 肌肉无氧糖酵解能力

无氧耐力的主要能源靠糖酵解供给，因此糖酵解供能能力的优劣是无氧耐力强弱的主要因素。肌糖原的含量、糖酵解酶活性、快肌纤维比例等因素直接影响机体的无氧耐力。肌糖原含量高、糖酵解酶活性高、快肌纤维比例高，肌肉无氧糖酵解能力强。有学者发现，优秀赛跑运动员腿肌中快慢肌纤维百分比及乳酸脱氢酶活性随项目不同而异，长跑运动员慢肌纤维百分比高，中长跑居中，短跑最低；而乳酸脱氢酶和磷酸化酶的活性却相反，短跑运动员最高、中长跑居中、长跑最低。

2. 肌肉缓冲乳酸的能力

乳酸是一种较强的酸（pH值 = 3.5），在运动过程中糖无氧酵解代谢的产物乳酸一经产生后迅速进入血液，使血液酸性升高。但血液中存在多种缓冲物质，能够中和进入血液的酸性物质，使血液的酸碱度改变得较少，以维持人体内环境的相对稳定性。同时肝脏具有缓冲和消除乳酸的能力。机体缓冲乳酸的能力主要取决于碳酸氢钠的含量及碳酸酐酶的活性。其中，缓冲物质碳酸氢钠是最重要的一种化合物，称为“碱储备”。一些研究表明，经常进行无氧训练，可以提高“碱储备”，也可提高血液中碳酸酐酶（促进碳酸分解的酶）的活性。因而认为运动训练可以提高机体缓冲和消除乳酸的能力。

3. 脑细胞耐受血液pH值变化的能力

乳酸增多可使血液pH值降低，虽然血液中的缓冲物质能中和一部分进入血液的乳酸，但进入血液的乳酸量大，血液的pH值仍向酸性方向发展，同时氧供应不足而导致代谢产物堆积，加强了其对脑细胞工作能力的影响。另外，脑细胞自身对血液pH值的变化又十分敏感，因而造成脑细胞工作能力下降。经常进行无氧训练可提高脑细胞对这些不利因素的耐受能力，从而提高无氧运动能力。例如，短跑和短泳运动员对静脉血CO_2含量增多的耐受力比长跑和长泳运动员强，这是短跑和短泳运动员对长期无氧训练产生的适应结果。

（二）无氧耐力的评定

无氧耐力不仅对2～3 min的运动项目十分重要，而且对中长跑项目运动员也很重要，因为它是变速、冲刺的能量来源。无氧耐力的评定是以评定糖酵解代谢能力为基础的，因为无氧耐力是人体处于氧供应不足的情况下较长时间进行肌肉活动的能力，主要靠糖酵解提供能量。一般通过30～90 s的最大能力持续运动实验来完成。基本评价标准是：做功越多，运动前后血乳酸值增加越多，是糖酵解代谢供能能力强的标志。具体评价方法如下。

1.Wingate无氧试验

Wingate无氧功率测试

让受试者先做准备活动，在功率自行车上骑2～4 min，使其心率达到150～160 b/min，其中2～3次（每次持续4～8 s）为全力蹬骑。准备活动后休息3～5 min，之后进行正式实验，受试者尽力快骑，同时阻力递增，在2～4 s内达到规定负荷，之后开始计算骑行圈数，并持续做30 s最快速度蹬骑，每隔5 s记录骑速和心率。试验结束后进行2～3 min放松蹬骑。功率车阻力设置为：系数×体重（kg）（下肢蹬车时，成年男子系数为0.83，儿童和女子为0.75；用上肢摇柄时，成年男子为0.58，女子为0.50，单位为千克体重）。

通过上述实验可得到最大功值、平均功值及疲劳指数（最大功值与最低功值差/最大功值的百分比），若最大功值和平均功值大，疲劳指数小，是糖酵解能力强的表现，即表明了无氧耐力较强。Wingate无氧试验可根据不同的测试要求规定测试时间，如15 s、30 s、40 s、1 min；运动负荷设定主要在于每次功率车阻力系数的选取，该系数也可根据不同项目采用不同的系数。

2.糖酵解能商法

先测定安静时血乳酸值，然后做准备活动。正式开始试验是在自行车功率计上以100 r/min、600 W最大用力运动45 s，记录45 s完成的总功（TWP）。测定运动后6 min血乳酸值，将运动后6 min血乳酸值减去安静时血乳酸值，求出血乳酸差值，按下式计算糖酵解能商：糖酵解能商 = TWP(45 s)/45 s血乳酸差值。糖酵解能商值越大，说明糖酵解供能能力越强。

3.400 m全力跑后血乳酸值（LA400）（60 s最大负荷测试法）

60 s最大负荷测试法是评定最大糖酵解供能能力的一种方法。先测定安静时血乳酸值，然后做准备活动。进行全力跑400 m，记录成绩，且分别在运动后3 min、6 min、9 min测定血乳酸值。对测定结果的分析：安静时血乳酸值应在2 mmol/L左右；运动后3～6 min，血乳酸上升至14～18 mmol/L是糖酵解供能能力好的表现，如在10 mmol/L左右则说明糖酵解供能能力差。进行发展糖酵解能力的训练，当训练阶段结束时，全力跑400 m后血乳酸值升高，成绩也提高，是训练效果好的表现，如血乳酸值不变或升高，但成绩下降，是训练效果差或机能水平下降的表现。

4.最大氧亏积累

需氧量是指机体为维持某种生理活动所需要的氧量。正常成人安静时需氧量约为250 mL/min。运动中的每分需氧量主要受运动强度影响。运动强度越大，每分需氧量就越大。另一方面，机体单位时间内能够摄取并被利用的氧量称为摄氧量（$\dot{V}O_2$）或耗氧量。

安静状态下或低强度运动时机体代谢率低，单位时间摄氧量完全能够满足机体实际需要的氧量，这时每分摄氧量与每分需氧量相等；当能量代谢效率提高时，在一定范围内，随着运动强度的增加，每分摄氧量与每分需氧量成比例增加；但是当运动强度过高时，摄氧量常不能满足实际需要的氧量，就会出现氧的亏欠。机体特别是肌肉的代谢就会由以有氧代谢为主向以无氧代谢为主转换。

一般将运动过程中，当机体能够摄取的氧量不能满足实际需要的氧量时，造成的体内氧的亏欠称为氧亏。运动过程中，氧亏的大小约相当于机体某一运动强度时的需氧量与摄氧量的差值。氧亏可出现在短时间大强度剧烈运动中，即使氧的运输系统功能已经达到最高水平，摄氧量仍小于需氧量。与骨骼肌相比，氧运输系统的机能动员较慢，因此氧亏还会出现在运动的开始阶段和长时间运动中强度突然提高时。

最大氧亏积累一般指人体持续2～3 min极限强度运动时理论需氧量与实际耗氧量之差。最大氧亏积累是衡量机体无氧工作能力的重要指标。例如，短跑运动员的无氧工作能力和运动成绩与最大氧亏积累高度相关。

最大氧亏积累是目前检测无氧工作能力的最有效方法。研究发现，不同项目运动员最大氧亏积累的分布范围较大。其中优秀短跑运动员的最大氧亏积累值明显高于耐力性项目运动员；而对有氧和无氧代谢均有较高要求的中长跑运动员最大氧亏积累值介于以上两项目运动员之间；最大氧亏积累值与2～3 min或60 s全力运动成绩的相关系数介于0.66～0.97之间。有训练者和无训练者在接受无氧训练后最大氧亏积累明显增加。与此同时，运动成绩、机体缓冲能力等同步发生相应变化，说明最大氧亏积累对无氧训练具有较大的敏感性。

（三）无氧耐力的训练

1. 最大乳酸训练

乳酸是糖酵解的最终产物。运动中乳酸生成量越大，说明糖酵解供能的比例越大，无氧耐力素质越好，所以机体生成乳酸的最大能力和机体对它的耐受能力直接与无氧耐力运动成绩相关。

让受试者在田径场上全速跑400 m一次，跑后3～5 min采血测定血乳酸，如果测定值达到15 mmol/L，就是糖酵解系统供能能力强的表现，但在训练中应使血乳酸高于这个水平，以达到训练效果，只采用一次1 min左右的超极量负荷不可能达到高水平的血乳酸浓度。而采用1 min超极量强度跑、间歇4 min共重复5次的间歇训练，血乳酸浓度可达到很高的水平，最高值可达31.1 mmol/L。这说明1 min超极量强度间歇4 min的运动可以使身体获得最大的乳酸刺激，是提高最大乳酸能力的有效训练方法。

间歇训练法是提高无氧耐力的良好方法，其关键在于对负荷强度和适宜的休息间歇的控制。为了使运动中能产生高浓度的乳酸，练习强度和密度要大，间歇时间要短。练习时间一般应大于30 s，以1～2 min为宜。以这种练习强度和时间及间歇时间的组合，能最大限度地动用糖酵解系统供能的能力。

2. 乳酸耐受能力训练

不同训练水平和训练项目的运动员对乳酸有不同的耐受能力。耐受力高，机体不易疲劳，运动能力也随之提高。在一些运动项目中，因运动时间较长、强度较大，血乳酸会在较高水平上保持较长的时间。因此要加强乳酸耐受能力训练。乳酸耐受能力一般可以通过提高缓冲能力和肌肉中乳酸脱氢酶活性而获得。在训练中要求血乳酸浓度达到较高水平，在第一次的训练中血乳酸浓度达到12 mmol/L上下，选择适当的休息间歇，然后在重复训练时维持在这一水平上，以刺激身体对这一血乳酸水平的适应，提高缓冲能力和肌肉中乳酸脱氢酶的活性。

二、有氧耐力

有氧耐力是指人体长时间进行有氧工作（主要靠糖、脂肪有氧氧化供能）的能力。有氧耐力有时也被称作有氧能力。肌肉的有氧工作首先要求氧供充足，这涉及氧运输系统的各个环节；肌肉利用氧的能力也是决定有氧工作能力高低的关键因素，这在亚极量运动氧运输系统充分动员的情况下尤为重要。

（一）有氧耐力的生物学基础

1.最大摄氧量与有氧耐力

最大摄氧量（$\dot{V}O_2max$）是反映心肺功能的一项综合生理指标，也是衡量人体有氧耐力水平的重要指标之一。因此有必要对其进行单独分析。研究证明，有训练的耐力性项目运动员最大摄氧量大，并且最大摄氧量百分利用率也高。凡是能影响最大摄氧量的因素均能影响运动员的有氧耐力水平。影响最大摄氧量的因素有肺的通气与换气机能、血红蛋白的含量及载氧能力、心脏机能、肌肉组织利用氧的能力、遗传、年龄、性别和训练等因素。研究表明，最大摄氧量受遗传因素的影响较大。有人研究最大摄氧量的遗传度为93.5%。许多学者的研究也指出，最大摄氧量与遗传的关系十分密切，其可训练性即训练使最大摄氧量提高的可能性较小，一般为20%～25%。最大摄氧量在少儿期间随年龄增长而增加，并于青春发育期出现性别差异，男子大于女子。男子一般在18～20岁时最大摄氧量达峰值，并能保持到30岁左右；女子在14～16岁即达峰值，一般可保持到25岁左右。以后，最大摄氧量将随年龄的增加而递减。经训练最大摄氧量是可以得到一定程度的提高的。最大摄氧量的提高与运动员所从事的运动项目有密切关系。耐力性项目的运动员最大摄氧量明显高于非耐力性项目运动员和无训练者。最大摄氧量的大小与耐力训练密切相关，但由于受遗传因素限制，最大摄氧量提高幅度受到一定制约。

在运动实践中最大摄氧量指标的应用主要有以下方面。

（1）评定有氧工作能力

最大摄氧量综合反映心肺功能，其水平高低与耐力性项目的运动成绩高度相关，甚至可以根据最大摄氧量预测耐力项目的运动成绩。有研究观察到，800 m游泳成绩与最大摄氧量相关系数为-0.75，5000 m跑成绩与最大摄氧量相关系数为-0.81。某些耐力性项目教练员和运动员需要解决的重要问题之一就是如何在先天因素限制下最大限度地提高运动员的最大摄氧量。

（2）耐力性项目选材的重要生理指标

最大摄氧量有较高的遗传度，尤其与儿童青少年心肺功能高度相关，可以作为耐力项目选材的重要生理指标。

（3）制定运动强度的依据

将最大摄氧量强度作为最大有氧运动强度，然后根据训练计划制定不同最大摄氧量百分比强度，使运动负荷更客观更实用，为运动训练服务。

2.呼吸系统机能

运动中氧的提供首先要通过呼吸器官弥散入血液，因此呼吸系统的机能在一定程度上也影响着有氧耐力的提高。反映呼吸系统机能的重要指标是肺通气量，肺通气量大，吸入体内的氧必然就多。同时吸入体内的氧量的多少还与呼吸频率和呼吸深度的匹配相关，虽然肺通气量相同，但呼吸深度大、呼吸频率小更有益于运动，因为呼吸深度大吸入体内的新鲜空气更多，气体交换后进入体内的氧量更多。肺泡与血液间的气体交换是靠纯物理过程实现的，运动时深吸气导致肺泡膜变薄，肺毛细血管开放增多，肺泡与静脉血氧分压差增大，这些变化都大大促进了弥散过程的进行。

3.心脏泵血功能

强有力的心脏功能是运动中供氧充足的保证，它是有氧耐力素质的重要生理基础。优秀耐力性项目运动员在系统训练的情况下，心脏形态和机能都会发生适应性的改变，表现为左心室内腔扩张，心容积增大，安静时心率减慢、每搏输出量增加、心肌收缩力量加强。心肌有氧代谢条件改善，心力储备增大，表明心脏的工作效率得到明显的提高，这样才能适应长时间持续运动的需要。

4.血液运输氧的能力

血液中红细胞所含的血红蛋白承担着运动氧的功能。血红蛋白的数量是影响有氧耐力的一个因素。单位时间内血液循环量越多，运输氧的能力越强。因此血液运输氧的能力其实也是心脏泵血机能的另一种表现。研究表明，运动员血红蛋白量下降，往往会引起运动成绩的下降，尤其是在耐力性项目运动员中。

5.骨骼肌利用氧的能力

骨骼肌利用氧的能力与有氧耐力密切相关。肌纤维氧化酶活性是骨骼肌有氧代谢能力增加的适应性表现，同时伴有肌红蛋白、线粒体及毛细血管数量增加等。另外，肌纤维类型的百分组成及其氧化供能能力被认为是决定有氧能力的外周机制。优秀耐力性项目运动员慢肌纤维百分比高，其有氧耐力高。许多研究表明，慢肌纤维具有丰富的毛细血管分布，肌纤维中的线粒体数量多、体积大且氧化酶活性高，肌红蛋白含量也高。慢肌纤维的这些特征都有利于增加肌纤维的摄氧能力。研究发现，慢肌纤维的百分组成与最大摄氧量有密切关系。优秀的耐力专项运动员慢肌纤维百分比高并出现选择性肥大现象，使其摄氧和利用氧的能力增加。

6.能量供应能力

糖和脂肪有氧氧化为长时间运动提供大量能量，体内肌糖原的储备量及肌肉氧化脂肪酸的能力是影响有氧耐力的重要因素。系统的耐力训练可以提高有氧氧化效率、各种氧化酶的活性及机体动用脂肪供能的能力。有氧能力强的运动员动员脂肪供能的能力强，从而节省了糖原的利用。

7.神经系统的调节能力

各中枢间兴奋和抑制协调性提高使肌肉活动节律化、能量消耗节省化及吸氧量与需氧量相对平衡，从而能长时间保持运动。神经过程的相对稳定及各中枢之间的协调性是提高有氧能力的重要前提。长期进行耐力训练能提高神经过程的稳定性、改善各中枢间的协调关系，使肌肉收缩与放松更加协调，如使主动肌、对抗肌、协调肌间的配合更为完善，避免消耗不必要的能量；同时内脏器官的活动能够更好地适应使肌肉活动。

（二）有氧耐力的评定

1.最大摄氧量的评定

最大摄氧量是人体在进行有大量肌肉群参与的长时间剧烈运动中，当心肺功能和肌肉利用氧的能力达到本人极限水平时，单位时间内所能摄取的氧量。它反映了机体吸入氧、运输和利用氧的能力，是评定人体有氧工作能力的重要指标之一。

最大摄氧量直接测试法的测量与分析

（1）直接测定法

通常在实验室条件下让受试者在一定的运动器械上（如功率车、跑台、手摇功率计、攀登器、划船测功器、游泳测功器等）进行逐级递增负荷运动试验测定其摄氧量。测定最大摄氧量的判定标准是：继续运动后，摄氧量的差小于5%或150 mL/min或2 mL/（kg肌肉·min^{-1}）；呼吸商成人大于1.10，少儿大于1.00，心率大于180 b/min，血乳酸大于7～8 mmol/L；受试者已发挥最大力量并无力保持规定的负荷即达精疲力竭；继续运动时摄氧量出现下降。

最大摄氧量的直接测定对训练有素的运动员可靠，重复性好，但对于其他人群不适宜，同时测试中要充分考虑运动程序的设置、负荷安排及使用的仪器等。测试过程中随着负荷不断增加，摄氧量逐级增加并与心率呈线性关系，当强度足够大后，摄氧量不再随心率增加而出现平台，此时得到的数据就是最大摄氧量。测试仪器的选择应根据不同运动项目去选取，同时测试的起始负荷及递增时间、递增负荷要根据受试者的具体情况来确定。一般情况下可先进行预试验再设置起始负荷和级差幅度。最大摄氧量测试时间为12 min左右达到力竭，起始功率为最大功率的30%，每级递增10%～15%。

最大摄氧量大，或者最大摄氧量持续时间长，是有氧做功能力强的表现。同时因为最大摄氧量的遗传度较高，因此可作为选材的生理指标。同时，最大摄氧量还可反映运动员在不同训练状态时心肺功能的变化及运动员训练状态好坏的评定。

（2）间接测定法

① 用台阶负荷时心率和体重推测最大摄氧量

实验前称体重（kg），将心率遥测仪固定在受试者的胸部。令受试者以22.5 b/min的频率上下高40 cm的台阶5 min，记录4分30 s到第5 min的心率，然后乘以2代表台阶负荷时第5 min心率。按下列公式推算最大摄氧量：

$y=1.488+0.038x_1-0.0049x_2$(男)　$y=3.769+0.0388x_1-0.0192x_2$(女)

式中，x_1为受试者体重（kg）；x_2为台阶负荷时第5 min心率（b/min）；y为推测的最大摄氧量。

② 用极限下强度（150 W功率自行车运动）负荷时心率估测最大摄氧量

在受试者胸前安装好心率遥测仪。令受试者在功率自行车上静息片刻，并将负荷功率定在50 W。开始蹬自行车进行3 min准备活动，然后以100 W和150 W递增的定量踏车3 min，同时测量150 W负荷第3 min的心率。按下列公式推算最大摄氧量：

$\dot{V}O_2max$（L/min）=7.9297−0.0304 × HR150 W（b/min）。

③ 由12 min跑推算最大摄氧量

运动员全力连续跑12 min，测定跑的距离，参考表8－4，由12 min跑的成绩推算最大摄氧量的推算表进行推算。

表8-4　由12 min跑成绩推算最大摄氧量的推算表

12 min跑成绩/m	最大摄氧量 /mL·（kg肌肉·min）$^{-1}$	12 min跑成绩/m	最大摄氧量 /mL·（kg肌肉·min）$^{-1}$
1000	14.0	2500	45.9
1100	16.1	2600	48.0
1200	18.3	2700	50.1
1300	20.4	2800	52.3
1400	22.5	2900	54.4
1500	24.6	3000	56.5
1600	26.8	3100	58.5
1700	28.9	3200	60.8
1800	31.0	3300	62.9
1900	33.1	3400	65.0
2000	35.3	3500	67.1
2100	37.4	3600	69.3
2200	39.5	3700	71.4
2300	41.6	3800	73.5
2400	43.8	3900	75.6

2. 乳酸阈的评定

由于心肺机能动员较慢，当运动出现最大摄氧量时，骨骼肌已经以无氧代谢为主供应能量。因此，最大摄氧量不能精确反映骨骼肌的能量代谢状况；近几十年耐力性项目的竞技水平有了大幅度提高，但各项目运动员的最大摄氧量增加并不明显。同最大摄氧量相比，乳酸阈更能反映骨骼肌的能量代谢状况。

在递增负荷运动中，血乳酸浓度随运动负荷的递增而增加。当运动强度达到某一负荷时，血乳酸浓度出现急剧增加的那一点（乳酸拐点）称为乳酸阈。乳酸阈反映了骨骼肌的代谢方式由有氧代谢为主过渡到无氧代谢为主的临界点或转折点。乳酸阈所对应的运动强度为乳酸阈强度。

在运动实践中乳酸阈指标的应用主要有以下方面。

（1）评定有氧工作能力

最大摄氧量和乳酸阈都是评定有氧工作能力的重要指标，最大摄氧量主要反映心肺功能，乳酸阈主要反映骨骼肌的代谢水平。受遗传度影响，最大摄氧量的可训练性相对不高。而乳酸阈较少受遗传因素影响，其可训练性较大。即使是优秀耐力运动员，系统训练仍可以大幅度提高其个体乳酸阈。

（2）制定有氧耐力训练的适宜强度。用个体乳酸阈强度进行耐力训练，既能使呼吸和循环系统机能达到较高水平，最大限度地利用有氧供能，又能在能量代谢中使无氧代谢的比例减少到最低限度。研究表明，优秀耐力性项目运动员有较高的个体乳酸阈水平。对训练前后的纵向研究也表明，个体乳酸阈强度是发展有氧耐力的最佳强度。

乳酸阈测定方法很多，一般都是以乳酸－功率曲线为原理，采用逐级递增负荷方法测定的（图8–3、图8–4）。起始负荷和递增负荷的大小取决于运动员的性别、年龄和训练程度。根据每级血乳酸值和相应的功率（或跑速），在坐标纸上画出乳酸－功率曲线，取对应于4 mmol/L血乳酸浓度的功率值，即乳酸阈功率（或跑速）。还可以采用内插法求出乳酸阈值。

乳酸阈＝（V_2-V_1）（$4-LA_1$）× V_1/LA_2-LA_1

V_1、V_2为血乳酸接近4 mmol/L前后的两级功率或跑速，LA_1、LA_2为相应的血乳酸浓度。乳酸阈跑速越快（或功率越大），则有氧能力越强。

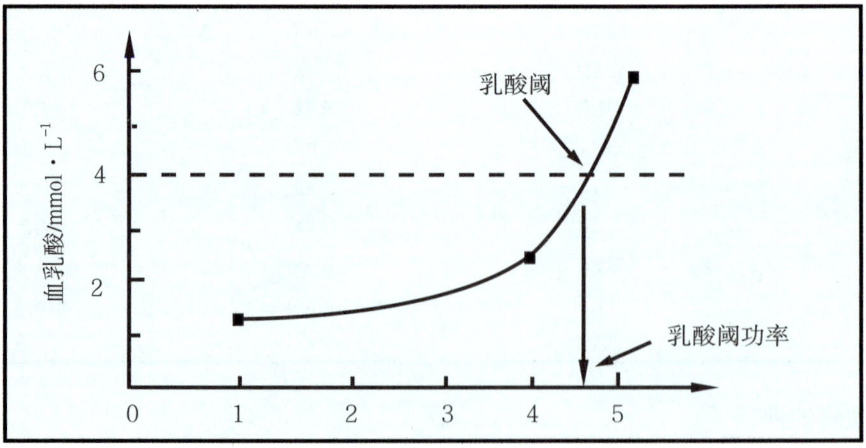

图8–3　乳酸功率曲线

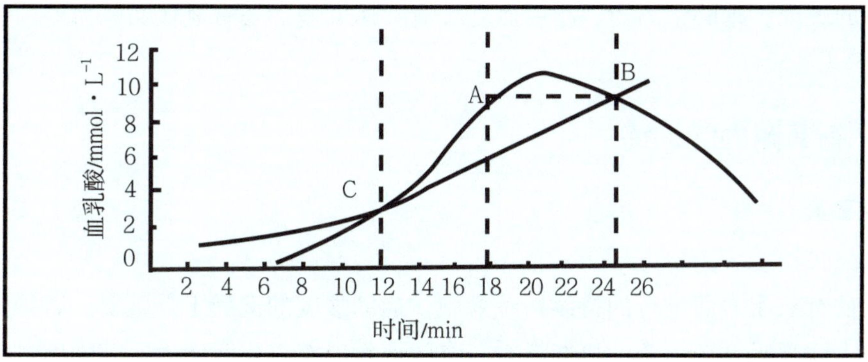

图8-4　个体乳酸阈测定示意图

在运动场上测定时可采用3～5级强度跑（表8-5）。

表8-5　田径场测定乳酸阈试验程序

性别	段落组 /m	起始速度 /m·s^{-1}	递增速度 /m·s^{-1}	末级速度 /m·s^{-1}	间歇 /min	取血
男	5×2400	3.0	0.5	5.0	2	组后第2 min末
女	5×2400	2.5	0.5	4.5	2	

作出乳酸－功率曲线找出乳酸阈跑速，或测定血乳酸接近4 mmol/L前后的两级跑速，代入公式计算乳酸阈。

3. PWC_{170}实验

PWC_{170}实验可用台阶试验法进行测定比较方便。

$W=p\times h\times n/t$（1+1/3）。

式中，W为功率（kg·m/min）；p为体重（kg）；h为台阶高度（m）；n为上下台阶次数；t为上下台阶总时间。

根据第一次负荷后心率，调整上下台阶的次数，然后进行第二次台阶试验，记录下两次的功率和心率，代入卡尔普曼公式：

$PWC_{170}=N_1+PWC_{170}$实验（N_2-N_1）[（$170-f_1$）/（f_2-f_1）]

式中，N_1为第一个负荷的功率（kg·m/min）；N_2为第二个负荷的功率（kg·m/min）；f_1为第一个负荷时的心率（b/min）；f_2为第二个负荷时的心率（b/min）；计算出数值。PWC_{170}值高，表明运动员有氧耐力好。

4. 12 min运动测试法

这是评定运动员最大有氧能力的一种测试方法。先测安静时血乳酸值，然后让受试者在做准备活动后进行12 min跑，记录12 min的最大跑距和跑后3 min、5 min、10 min、15 min血乳酸值，用跑距和血乳酸值综合评定。跑的距离长，跑后血乳酸消除速度快，是有氧代谢能力强、机能状态好的表现；跑的距离短，跑后血乳酸清除速度慢，是有氧代谢能力差、训练水平低的表现。

（三）有氧耐力的训练

1. 训练要素

（1）运动强度

在为发展有氧耐力而进行的持续性练习中，运动强度的选择十分重要。若强度过低，不能充分动员人体呼吸循环系统的机能潜力，有效地发展有氧代谢能力；若强度过大，持续时间必然缩短，供能系统向无氧代谢途径转变。一般认为，为发展有氧耐力，采用超过本人最大摄氧量的50%强度的运动，能使有氧能力显著提高。有人提出可通过控制心率来控制运动强度。为发展有氧耐力运动中心率应达到150 b/min，荷兰的卡沃南（Karvonen）提出适宜强度的公式为：安静心率＋（最高心率－安静心率）×60%。目前，个体乳酸阈强度是发展有氧耐力训练的最佳强度。

（2）运动持续时间

运动持续时间对训练效果也会产生明显的影响。一般认为，耐力训练产生效果的最低限度时间为5 min。持续时间取决于运动强度，强度较低的活动可以持续较长的时间。

2. 训练方法

（1）乳酸阈强度训练

采用乳酸阈的运动速度、功率等负荷强度来训练称为乳酸阈强度训练。乳酸阈是在递增负荷强度运动中，血乳酸浓度随运动强度增加而变化，开始缓慢上升，经过一段过渡而转变为急促地上升，一般在4 mmol/L左右出现急促上升点，这一点即为乳酸阈值，因其有个体差异，所以目前应用个体乳酸阈强度进行训练。如何确定个体乳酸阈值将在下面有所阐述。

（2）最大乳酸稳态强度训练

马拉松跑因其运动时间长，能量供应几乎完全由有氧代谢提供，运动员在运动中血乳酸浓度低于乳酸阈值。因此在运动训练中要低于这个乳酸阈值（4 mmol/L）才能适应比赛要求。对于这种训练方法，开始跑后使血乳酸值达到低于4 mmol/L的水平，并维持这个强度45 min左右，这期间血乳酸值达到一个最大的稳态水平，这是发展有氧代谢能量最大负荷强度和量度的最适宜的方法。（图8-5）

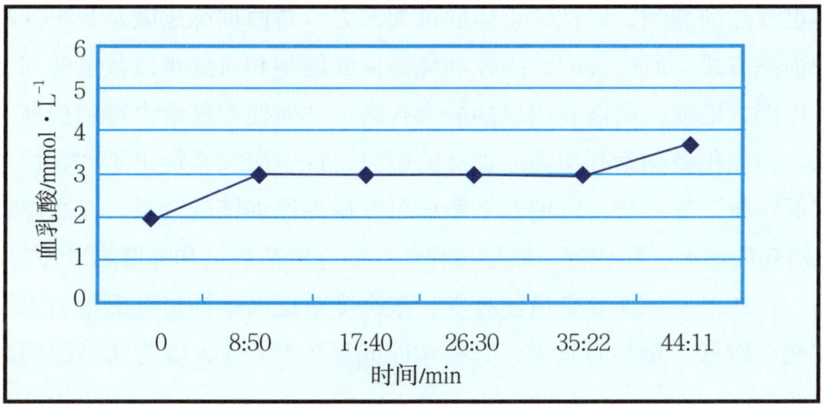

图8-5 最大乳酸稳态示意图

（3）持续训练法

持续训练法是在相对较长的时间内，选用相对稳定的运动速度（匀速），不间断地连续进行训练的方法。持续训练一般强度较低、持续时间较长且不间歇地进行训练，主要用于提高心肺功能和发展有氧代谢能力。奥斯特兰德（Åstrand）指出，对于发展有氧代谢能力来说，总的工作量远比强度更为重要。由于机体内脏器官的机能惰性较大，需在运动开始后约3 min才能发挥最高机能水平。因此，为发展有氧代谢能力而采取的训练，练习时间要在5 min以上，甚至要持续20～30 min以上。

采用持续训练法一次练习的时间相对较长，负荷的数量相对较多，负荷的强度相对较小，一般为最大强度的65%～75%。持续训练法对有机体产生的刺激较缓和，机体疲劳的产生较为缓慢，负荷后恢复较快。

长时间持续运动对人体生理机能产生诸多良好的影响。对发育期的少年运动员及训练水平低者尤其要以低强度的匀速持续训练为主。

（4）间歇训练法

间歇训练法是指在两次练习之间有适当的间歇，并在间歇期进行强度较低的练习，而不是完全休息。间歇训练由于对练习的距离、强度及每次练习的间歇时间有严格的规定，往往不等身体机能完全恢复就开始下一次练习，因此，对机体机能要求较高，能引起机体结构、机能及生物化学等方面较深刻的变化。间歇训练完成的总工作量要比持续训练法能完成的工作量大，对于发展有氧代谢能力来说，总的工作量远比强度更为重要。同时间歇训练用力较少，而呼吸、循环系统和物质代谢等功能得到较大的提高。目前在许多项目的训练中，都大量采用了间歇训练法。其方法运用成功与否的关键要根据不同年龄、不同训练水平及不同项目的特点，科学合理地安排每次练习的距离、强度及间歇时间。

（5）高原训练法

高原训练法是利用高原低压、缺氧环境激发运动员机体的补偿机制，提高氧代谢能量的训练方法。随着运动水平的不断提高，人们在谨慎加大运动负荷的同时，着眼于提高训练难度，给予机体更强烈的刺激，以调动人体的最大潜力。高原训练法就是基于这种设想逐渐开展起来的一种训练方式。研究表明，高原训练能使红细胞和血红蛋白数量增加，并使呼吸和循环系统的工作能力增强，肌肉利用氧的能力提高，从而使有氧耐力得到提高。目前，很多项目都依据项目特点积极探索利用高原训练的手段，许多研究者提出了“高住低训”“仿高原训练器”“低压舱”等方法，以便在平原即可获得高原训练的效果。在高原训练中要注意解决高原训练消耗能量大、易疲劳、恢复过程长、训练负荷数量和强度难以控制等问题。

一般认为，在2000～2500 m是最佳高度，该高度对提高运动员有氧耐力水平效果最佳。高原训练强度相对较低、量相对较大，其持续时间最少要4 wk，因为从平原到高原要有一个适应过程。

第四节　灵敏素质的生物学基础与评价方法

灵敏素质是指运动员迅速改变体位、转换动作和随机应变（特别是对抗性项目中）的能力。可以说是运动员运动技能和各种素质在运动活动中的综合表现，是一种复杂的素质。

一、灵敏素质的生物学基础

1.大脑皮层神经过程的灵活性与分析综合能力

神经过程的灵活性好，兴奋与抑制转换得快，机体在环境发生变化时能够迅速地作出判断和反应。在对抗性项目中，如球类、击剑和摔跤等，随着运动形式的变化，动作的性质及强度都将发生变化，机体必须迅速对情况作出判断。

平衡、灵敏、柔韧素质

2.感觉器官的机能状况

在完成动作过程中，需要运动员具有良好的感觉机能，表现为动作准确，变换迅速，并且在空间和时间上表现出准确的定时定向能力，这就要求各种感觉器官如视觉、听觉、位觉和本体感觉等器官具有高度的敏感性。同时，做好充分的准备活动，适度降低肌紧张度，解除肌肉活动时内在的阻力，也可以提高灵敏素质的水平。

3.运动技能的巩固程度

灵敏素质是多种运动技能和身体素质在运动中的综合表现，掌握的运动技能数量越多而且越熟练时，灵敏素质才能越充分地表现出来，使动作协调稳定且高度自动化，在活动中表现灵活而省力。

4.影响灵敏素质的其他因素

提高灵敏素质还需要有一定的力量、速度、耐力及柔韧等素质，才能真正地适应复杂的环境变化，作出准确的反应。

此外，灵敏素质还受年龄、性别、体重和疲劳等因素的影响。一般认为，少年时期灵敏素质发展最快；男孩较女孩灵活，尤其在青春期后，男孩的灵敏性更好；体重过重会影响灵敏素质的发展；身体疲劳时，爆发力、动作速度、反应速度及协调性等都下降，灵敏素质也会显著下降。

二、发展灵敏素质的训练

通过让运动员随各种信号改变动作的训练，可以提高大脑皮层神经过程的灵活性，并通过各种手段（如利用声、光等信号刺激）提高各种感觉器官的机能和加强身体素质的训练，熟练掌握多方面的运动技能，以促进灵敏素质的发展。

三、灵敏素质的测试方法

1.立卧撑测验

测定身体由站立姿势经下蹲到俯卧撑姿势，再恢复到站立姿势的变换速度。

使用仪器：秒表。

方法：由站立姿势开始，受试者听到“开始”的信号后，迅速屈膝、弯腰、下蹲、两手在足前撑地，两腿向后伸直成俯撑，然后再经过屈蹲、恢复成正常的站立姿势。共进行10 s，计算受试者完成动作的得分。

评定：以10 s内完成正确动作的次数作为测验成绩。把整个动作分为四部分，每部分计1分。

第一部分：站立—下蹲，手撑地。

第二部分：下蹲—俯撑。

第三部分：俯撑—下蹲。

第四部分：下蹲—站立。

在测验过程中，凡有在俯撑时两腿弯曲及站立时身体不直者均要扣除1分。

评定：得分越高，说明灵敏素质越好。

2.侧跨步测验

仪器：秒表，2 m长、1 m宽的场地一块。

方法：开始时两腿立于中线位置，当听到“开始”信号时，受试者向右跨步，到右脚触及端线，再收回右腿成开始姿势。然后再向左跨步到左脚触及端线，再收回左腿成开始姿势。在10 s钟内统计完成动作的得分。

评定：在中线到两侧线50 cm处各划一条标志线。（图8–6）

跨步时，脚越过标志线得1分。

触及端线得2分。

脚收回时越过标志线得3分。

回到中线得4分。

计算10 s内能得多少分。得分越高，灵敏素质越好。

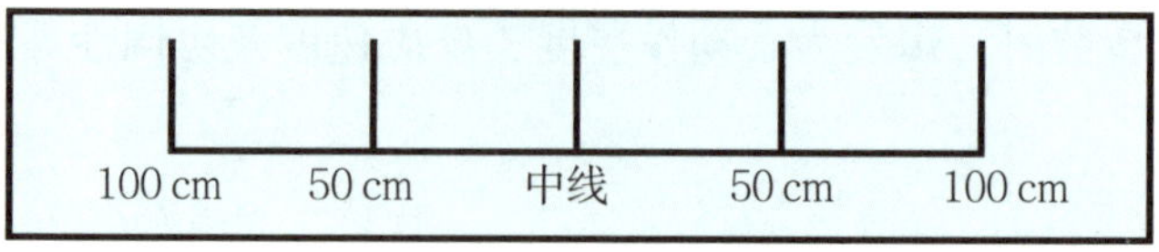

图8-6　侧跨步距离图示

3.象限双脚跳测验

仪器：秒表及一块画有“十”字线的小场地（每条线长1 m左右）。

方法：受试者听到“开始”信号后，按图8-7的顺序，做双脚同时并跳（面向一个序号），顺序是由起点—1—2—3—4—1……直到听到“停止”的信号时停止，计算10 s内跳的次数。

评定：计算在10 s内双脚准确落在象限内的次数作为所得的测验成绩，每跳一个象限可得1分，如果踏线或跳错了象限，每次扣0.5分。

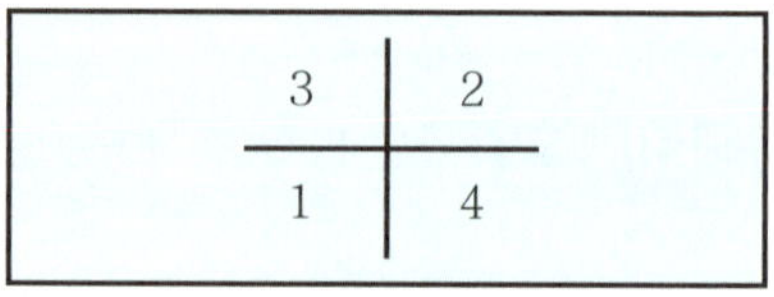

图8-7　象限双脚跳顺序图示

4. 侧滑步倒跑测验

仪器：秒表，5 m长与5 m宽的正方形场地一块。

方法：测定身体向前、向后及侧身移动的灵敏性。让受试者站在起点上，当听到“开始”信号后，沿着图8-8的顺序和动作要求迅速移动身体。

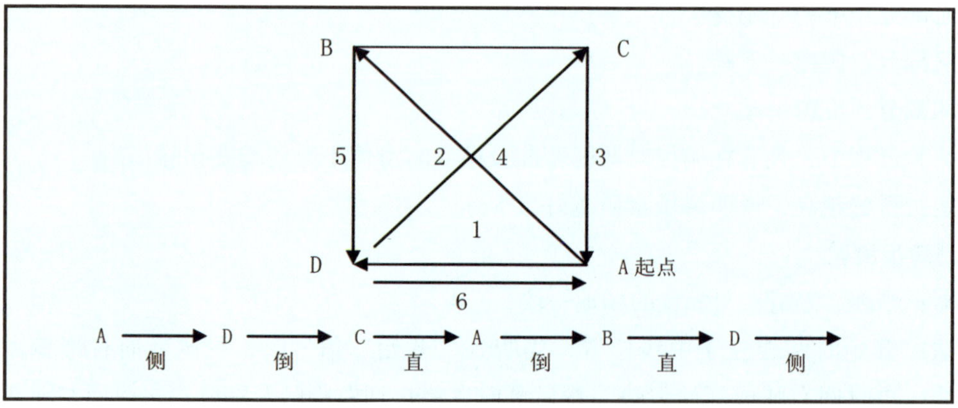

图8-8　侧滑步倒跑路线图示

评定：记录完成一圈所需的时间，但要求测试者在测跑时背部必须和跑的方向成垂直线，并不得采用交叉步跑。

第五节　柔韧素质的生物学基础与评价方法

一、柔韧素质的生物学基础

1.关节的构造及其周围组织的伸展性

关节的解剖结构特点、关节周围组织的体积以及跨关节的韧带、肌腱、肌肉和皮肤的伸展性等生理状况均与关节活动幅度的大小有关。

关节面结构是影响柔韧素质的重要因素，主要由遗传因素决定，但训练可以使关节软骨增厚。关节周围皮下脂肪含量或结缔组织过多将影响邻近关节活动幅度使柔韧素质降低。肌肉及韧带组织的伸展性取决于年龄和性别等因素，并与肌肉温度有关，做准备活动可使肌肉温度升高，降低肌肉内部的黏滞性，加大伸展性，有利于柔韧素质的提高。

2.神经系统对骨骼肌的调节能力

主动肌与对抗肌之间协调关系的改善，以及肌肉收缩与放松调节能力的提高，可以减少由于对抗肌紧张而产生的阻力，有利于增大运动幅度。此外，肌肉放松能力的提高也是扩大动作幅度、提高柔韧素质的重要因素。非条件性肌牵张反射的抑制及随意放松肌肉的能力都是扩大动作幅度的主要因素。

二、发展柔韧素质的训练

1.拉长肌肉和结缔组织的训练

拉长肌肉和结缔组织的训练有快速爆发式牵拉和缓慢牵拉练习两种方法，前者在进行牵拉练习时有疼痛感，并且在准备活动不充分时较易拉伤肌肉，如“摆腿”和“踢腿”练习；缓慢牵拉练习是使有关部位肌肉、韧带缓慢拉长至一定程度（有轻微的疼痛感觉），超过关节伸展限度的危险性较小，不易引起损伤和疼痛，并可以有意识地放松对抗肌，因此，缓慢牵拉练习锻炼效果较爆发式牵拉练习更好，如“拉韧带”“压腿”等练习。

2.柔韧练习与训练课的准备活动相结合

准备活动可以使体温升高，降低肌肉黏滞性，提高其伸展性，中枢神经系统兴奋性略微增强，此时增加柔韧练习能收到较好的效果，并可避免运动损伤。

3.提高肌肉的放松能力

主动放松肌肉的能力越好，关节活动时所受肌肉牵拉的阻力越小，关节活动幅度就越大。

4.柔韧练习与力量训练相结合

柔韧素质的提高，要有一定的肌肉力量作为基础。力量的增加可间接使柔韧素质得到提高。如体操运动员力量训练是必须的，力量训练的同时，柔韧素质也有所增长。

5.柔韧练习要注意年龄特征并要持之以恒

年龄越大，柔韧性越差。儿童少年时期关节韧带的伸展性大，此时开展柔韧素质的训练更有成效。随着年龄的增大，动作幅度减小。因此，从少儿时期开始进行系统训练，是发展柔韧素质的重要手段。成年以后，经常坚持练习，已获得的柔韧性可以保持很久。

三、柔韧素质的评价方法

1.直立体前屈测验

两膝、两脚并拢，两膝伸直保持直立，上体逐渐向前弯腰，不能抬脚跟，尽量做最大范围内的动作。

评定方法：

两手只能触及踝关节以上高度：差。

手指尖能触及脚尖：下。

指腹能触及脚尖：中。

指根能触及脚尖：良。

掌根能触及地面：优。

2.踝关节背屈测验

测试小腿三头肌和跟腱的伸展能力。

受试者面向墙站立，脚跟着地，上体前倾，要求下颌前胸及两手着墙，两膝必须伸直，脚跟不能离地，测量下颌距离地面的高度，减去脚尖至墙壁的距离，所得差数越小，则屈踝功能越好。

3.旋肩测验

测验肩关节及周围软组织的柔韧性。

两臂在胸前充分伸直，握棍，直臂由前向后旋臂，测量两手拇指之间的距离。评定方法是用两拇指之间的距离减去肩宽等于旋肩指数，该指数越小，则肩带柔韧性越好。（肩宽的测定方法是两肩峰外缘的距离）。

4.背伸测验

测验腰背肌肉和韧带的柔韧性。

受试者俯卧，两手抱颈，测试者压住受试者的臀部，让受试者尽量抬高头部，测量评定下颌距地面的高度，数值越大说明腰部的柔韧性越好。

5.小腿内外旋测验

测量小腿及踝关节周围肌肉韧带的柔韧性。

两膝固定伸直，双脚拇趾平行并拢，尽量使两脚跟向外分开，测量两脚之间后夹角的大小。夹角越大，说明踝关节柔韧性越好。

思考题

1. 决定肌肉力量的生物学因素有哪些?
2. 力量训练的原则是什么。
3. 简述反应速度和动作速度的生物学基础。
4. 位移速度的生物学基础有哪些?
5. 论述速度素质训练的基本原则。
6. 如何评价速度素质。
7. 无氧耐力的生物学基础有哪些?
8. 无氧耐力和有氧耐力训练方法有哪些?
9. 如何评价运动员无氧和有氧能力?
10. 简述灵敏素质的生物学基础。

主要参考文献

[1]王瑞元. 运动生理学[M]. 北京:人民体育出版社, 2002.

[2]杨锡让. 实用运动生理学[M]. 修订本. 北京:北京体育大学出版社, 1998.

[3]运动生理学编写组. 运动生理学[M]. 北京:人民体育出版社, 1989.

[4]冯连世, 李开刚. 运动员机能评定常用生理生化指标测试方法及应用[M]. 北京:人民体育出版社, 2002.

[5]冯美云. 运动生物化学[M]. 北京:人民体育出版社, 1999.

[6]ÅSTRAND P-O, RODAHL K.Textbook of Work Physiology[M]. New York: McGraw-Hill, 1970.

[7]王瑞元, 苏全生. 运动生理学[M]. 北京:人民体育出版社,2012.

第九章
运动过程中人体机能变化规律

本章学习提示

通过本章的学习，要求学生了解运动过程中不同阶段人体机能的变化规律，掌握“极点”“第二次呼吸”和“稳定工作状态”的生理特点和发生机制，运用运动过程中人体机能变化规律指导运动训练和科学健身。

赛前状态与准备活动

人体在进行具有一定强度和较长时间的运动过程中，由于受运动条件、运动负荷刺激和身体各器官、系统自身的生理、生化特点的影响，其生理机能会发生一系列的规律性变化，并且这种变化从正式比赛或训练前就已经发生，一直持续到运动结束后的一段时间内。按其自然发生的顺序可分为赛前状态、进入工作状态、稳定状态、疲劳及恢复过程5个阶段。研究和掌握各阶段身体机能的变化特点和规律、认识其生理机制和影响因素，对于增强运动训练效果、提高比赛成绩、促进全民健身和防止运动损伤具有重要的意义。

第一节　赛前状态与准备活动

赛前状态与准备活动是在参加正式比赛或运动训练前身体机能提前动员的两个不同阶段。前者是受运动条件刺激而引起人体生理机能发生变化的自然条件反射，后者是人为的有目的进行的身体练习。良好的赛前状态与适宜的准备活动有益于提高人体运动能力。

一、赛前状态

赛前状态是指在参加正式比赛或运动训练前，人体某些器官、系统产生的一系列条件反射性机能变化。赛前状态可发生在比赛前数天、数小时或数分钟，甚至一想起比赛就可产生赛前状态。比赛越临近、比赛规模越大，赛前状态的表现也越明显。

良好的赛前状态可预先动员人体相应器官、系统的机能，克服内脏器官的生理惰性，为即将进行的比赛或运动训练做好准备，有利于机体快速进入高水平运动状态。不良的赛前状态，将会对比赛或运动训练造成负面影响。

（一）赛前状态的生理变化

赛前状态的生理变化主要发生在神经系统、氧运输系统、物质与能量代谢等方面。主要表现为中枢神经系统兴奋性提高，内脏器官功能增强，体温上升，物质代谢活动加强，心率加快、收缩压升高、心输出量增加；呼吸频率加快、呼吸深度加大、肺通气量和吸氧量增加；物质分解代谢加快，能量代谢率提高，血糖与体温升高、肌肉颤抖，有时甚至出现紧张性出汗、尿频等现象。

赛前状态的反应程度与运动员的情绪、唤醒水平、机能状态、心理素质、训练水平、比赛经验及比赛性质、比赛规模、距离比赛的时间等因素有关，不同运动员赛前状态的反应程度也存在着不同的个体差异。一般地，比赛规模越大，离比赛时间越近，赛前状态反应越明显，如血压和脉搏的变化（图9-1、图9-2）；运动员情绪紧张、训练水平低、身体机能欠佳、比赛经验不足等也会使赛前状态反应增强。此外，运动强度越大，赛前机能反应也越大。

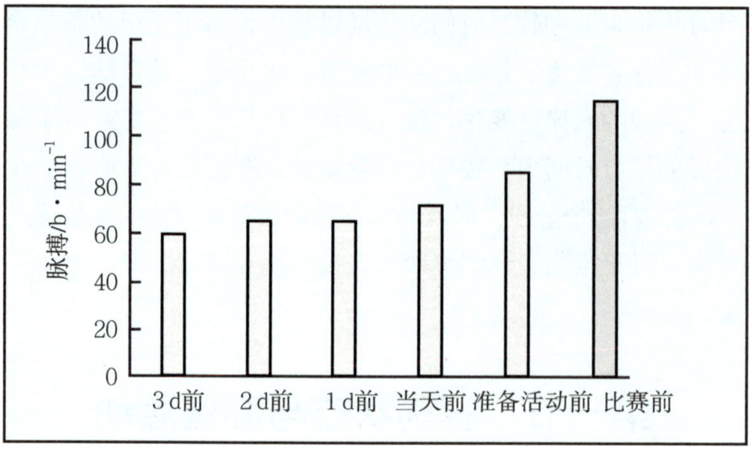

图9-1 赛前脉搏的变化

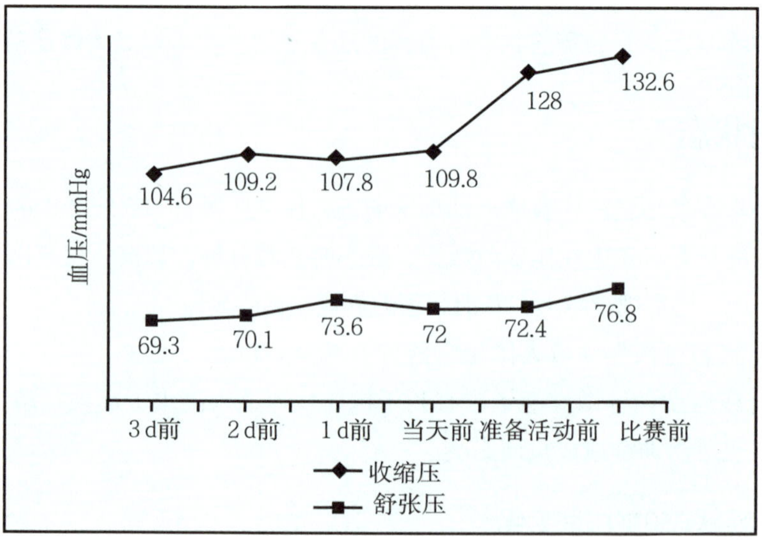

图9-2 赛前血压的变化

（二）赛前状态产生机制

赛前状态产生机制可以用条件反射机理加以解释。与比赛和训练有关的场景信息经常不断地刺激运动员，并与后来运动时身体的生理变化相结合，久而久之，这些信息就变成了条件刺激，只要相关信息出现，赛前的生理变化就以条件反射的形式表现出来。例如，日常训练或比赛过程中的场地、器材、观众、比赛对手和广播声等，都会成为产生赛前状态的刺激条件。尽管在比赛或训练前还没有进行肌肉活动，但只要接触或想到这些刺激，就可产生与运动训练或比赛时相类似的生理反应。由此可见，赛前状态是运动场景刺激与肌肉活动多次结合后，在大脑皮质中建立暂时性神经联系的结果。即在大脑皮质的主导下，通过两个信号系统的相互作用而建立的条件反射。由于这些生理变化是在日常比赛或训练的自然环境条件下形成的，因此，赛前状态的生理机理是自然条件反射。

（三）赛前状态的类型

根据赛前状态的生理反应特征可将其划分为以下3种类型。

1. 过度紧张

过度紧张的特点是中枢神经系统兴奋性过高，常表现为精神过度紧张、食欲不振、睡眠质量差、四肢乏力、全身微微颤抖、咽喉发堵、寝食不安、呼吸短促、尿频等不良反应。这样状态的运动员显得急躁，易激动，注意力不易集中，容易出现不必要的错误动作，身体机能下降，不能正常发挥运动技能水平，从而影响其竞技能力和运动成绩。过度紧张多见于初次参加比赛的年轻运动员、参加特别重大比赛的运动员或心理负担过重的运动员。

2. 赛前冷淡

赛前冷淡的特点是中枢神经系统兴奋性过低，常表现为情绪低落、全身无力、反应迟钝、肌张力下降、对比赛或训练淡漠、主观上不愿意参加比赛或运动训练等现象，从而影响人体运动能力的正常发挥。产生赛前冷淡的原因是中枢神经系统过高的持续性兴奋引起超限抑制。因此，赛前冷淡是赛前热症的继发性反应。

3. 适宜状态

适宜状态的特点是中枢神经兴奋性适度提高，植物神经和内脏器官的惰性有所克服，机体机能得到预先动员，有利于缩短进入工作状态的时间，使机体更好地发挥机能水平，以提高运动成绩。适宜状态是运动员良好的赛前状态表现，此状态多见于优秀运动员。

（四）赛前状态的调整

赛前状态的适宜生理反应对克服内脏器官惰性，提高人体运动能力具有积极的作用，其生理变化程度过弱或过强，都会有碍运动过程中身体正常生理机能的发挥，影响运动能力。赛前状态具有明显的个体差异，因而赛前状态的可塑性较强。因此，在运动实践中经常采取相应的措施来调整运动员的不良赛前状态，以增强其运动能力，具体措施如下：

（1）不断提高运动员的心理素质，让运动员端正比赛态度，正确认识和对待比赛的意义；提高运动员对比赛的认知能力和控制能力，让运动员掌握一定的心理控制手段，在平时的训练或模拟比赛中要注重自我控制能力的训练，增强其控制比赛、适应环境变化、冷静面对突发事件及自我调节的能力，以便其处于良好的竞技状态，从而更好地适应不同的竞赛条件。

（2）多组织运动员参加比赛、观看比赛或通过模拟比赛中可能出现的情景进行自我控制和适应，积累比赛经验。例如，在平时训练中可以通过模拟大型赛事中可能出现的各种情景（观众噪声、场地情景、对方支持者或球迷发出的干扰等）和比赛中可能出现的突发性事件（自己或队友受伤，裁判员误判，与对手发生冲突等）来锻炼运动员的临场应变能力、自我调控能力及保护团队整体利益的能力。

（3）根据运动员赛前状态安排适宜的准备活动，如果运动员过度紧张，可安排一些轻松缓和、节奏感强、强度小的活动或练习，也可以通过听些轻快舒缓的音乐来转移运动员高度紧张的注意力，分散因过于看重比赛成绩而带来的压力；如果运动员兴奋性过低，情绪消沉，则可安排一些活跃、强度较大、时间较长、与比赛内容比较接近的练习或活动，同时教练员和队友可以帮助运动员疏导压力，在队内为运动员提供一种幽默欢快的气氛，减少运动员因过度恐惧或过度重视而产生的精神压力。

（4）按摩对消除精神紧张或提高神经中枢的兴奋性均有一定的作用。对于赛前紧张状态，可以通过按摩头部、点按穴位、捏按四肢大肌肉群，使运动员放松精神，降低神经肌肉的兴奋性。对于赛前冷淡状态，可以通过叩击背部、快速摩擦或轻拍四肢大肌肉群，使运动员体温升高，提高其兴奋性。

（5）实现运动员的科学管理，在日常生活中加强对运动员的人文关怀，随时了解运动员的生理状况和思想状况，注重运动员赛前在生理和心理上的波动，加强思想教育和人文关怀，赛前多与运动员沟通。同时，科学安排赛前活动，严格遵守作息制度，保证充足的睡眠时间和合理的营养需要等。

二、准备活动

准备活动是指在体育课、训练和比赛基本部分之前进行的有目的、有计划的身体练习。其目的是预先动员人体的生理机能，克服内脏器官的生理惰性，缩短进入工作状态的时间，为即将进行的体育课、训练和正式比赛做好机能上的准备或强化已掌握的运动技能，以提高比赛成绩。

（一）准备活动分类

根据准备活动的目的不同，通常将准备活动分为一般性准备活动和专门性准备活动。

1. 一般性准备活动

一般性准备活动是指与正式比赛或训练动作结构及生理特点不相似的活动。例如，在比赛、训练或体育课前进行的慢跑、徒手操、跳跃、压腿和游戏等身体练习，属典型的热身运动。其目的在于提高神经系统的兴奋性、增强内分泌腺的活动，提高体温、降低肌肉的黏滞性、增强弹性、防止运动损伤，增强机体的代谢水平和各器官系统的功能等。

2. 专门性准备活动

专门性准备活动是指与正式比赛或训练的动作结构、节奏及运动强度相似的各种身体练习。如篮球运动员在比赛前进行的投篮练习、三步跑篮练习；足球运动员在比赛前进行的移动中传球、射门练习；排球运动员在赛前的跳起、扣杀练习等。专门性准备活动的目的是提高参与运动相关中枢间的协调性，强化动力定型，为正式比赛或训练做好技术和机能的准备。

为了提高神经系统的兴奋性，在运动实践中，这两种准备活动缺一不可，通过完成合理的准备活动不仅可预先动员内脏器官、增强骨骼肌的机能，而且可强化运动技能，从而缩短进入工作状态的时间，为正式比赛或训练奠定良好的生理基础。

（二）准备活动的生理作用和机制

1.准备活动的生理作用

（1）提高机体的兴奋性

准备活动可适度提高神经系统的兴奋性，增强参与运动有关中枢间的协调性和内分泌腺的活动，使神经调节与体液调节协同调控全身各脏器的机能活动，确保正式练习或比赛时的生理机能迅速达到适宜状态，从而更快地适应运动刺激，进入稳定工作状态。

（2）提高机体的有氧工作能力

准备活动可使肺通气量、吸氧量、心输出量、血流量和血流速度加大，氧运输能力增强，心肌和骨骼肌中毛细血管扩张，供血量增加，氧合血红蛋白解离加速，血液释放氧的速度加快，有利于参与运动的肌肉在单位时间内摄取更多的氧气，以增强机体在进入工作状态阶段的有氧供能能力。同时，血流速度加快，一方面有利于氧气和能源物质的供应，另一方面有利于代谢产物的消除和排泄。

（3）提高体温和代谢水平

准备活动时的身体练习，使机体耗能增加，其能耗一部分供肌肉收缩，另一部分转化为热能使体温升高。体温的适度升高进而又可提高体内代谢酶的活性，加快物质的分解速度，保证运动中肌肉活动的能量供应。据报道，体温升高1℃，细胞的新陈代谢速度约增加13%，经过准备活动后进行正式运动，待运动结束后血液中丙酮酸及乳酸含量增加较少。

（4）提高肌肉的收缩能力

准备活动适度提高了神经系统的兴奋性和体温，从而可使神经冲动的传导速度加快，肌肉的兴奋性增强，肌肉的黏滞性降低，使肌肉的收缩速度加快、收缩力量增大，并提高了肌肉及韧带的弹性和伸展性，预防运动损伤。希尔（Hill）发现哺乳动物的肌肉温度升高2℃时，肌肉收缩速度增加20%。研究表明，人体活动的最佳温度是37.2℃，而肌肉温度为38℃。

（5）提高机体的散热能力

准备活动时的身体练习可增大皮肤血流量，动员汗腺分泌活动，有利于机体散热，防止或减小正式比赛或训练时因体温过高对机体造成的不良影响，如热应激伤害等。

（6）调整赛前状态

准备活动可改善大脑皮质的兴奋状态，提高反应速度，减小不良的赛前反应，使机体在比赛前达到或处于良好的赛前状态，为正式比赛或训练做好机能上的准备。适度的肌肉活动能在中枢神经系统的相关部位留下兴奋性提高的痕迹，在这一痕迹效应的基础上进行正式练习，有利于发挥最佳机能水平。

2.准备活动的生理机制

准备活动是在比赛前进行的各种人为活动。通过预先进行的肌肉活动（即准备活动）在神经中枢的相应部位留下兴奋性提高的“痕迹”。这一痕迹效应能使中枢神经系统在正式比赛或训练时处于良好的兴奋状态，从而改善神经系统的调节能力，提高内脏器官的机能，增强能量代谢，提高运动成绩等。除此之外，在正式比赛前进行的准备活动，可以形成条件反射，强化动力定型。因此，准备活动的生理效应除痕迹效应外，还具有条件反射的作用。

（三）准备活动的生理负荷

准备活动生理负荷的大小直接影响其作用效果，构成生理负荷的主要因素包括准备活动的内容、形式、时间、强度，以及与正式训练或比赛的时间间隔等。

准备活动的强度及运动量过大往往使机体产生疲劳，降低比赛或训练时的运动能力。一般情况下，准备活动的强度为45%$\dot{V}O_2max$，心率为100～120 b/min为宜；持续时间约为10～30 min；准备活动结束到正式比赛开始间的时间间隔可根据“痕迹”在体内延续的时间长短来确定，通常两者之间的时间间隔不超过15 min，在体育教学课中以2～3 min为宜。若准备活动与正式练习之间的间隔时间过长，准备活动的痕迹效应将会消失。实验证明，准备活动后间隔45 min其痕迹效应完全消失，准备活动的内容可因运动项目、训练内容而异。此外，准备活动还受运动员的年龄、训练水平、运动项目、季节气候及赛前状态等因素的影响，如在温暖的季节里准备活动的时间可适当缩短，而在寒冷的季节里则应适当延长。

第二节　进入工作状态

在进行运动的开始阶段，人体的运动能力并不能立刻达到最高水平，而是有一个逐步提高的过程。例如，100 m赛跑在40～50 m处达到最高速度，篮球比赛中的投篮命中率往往在开赛后数分钟才达到最高水平。因此，运动开始后人体机能逐步提高的过程称为进入工作状态。长期的运动训练可提高内脏器官与骨骼肌运动高度协调和配合的能力，缩短进入工作状态的时间，从而使机体能够更快地进入最佳运动状态，提高运动成绩。

进入工作状态

一、进入工作状态产生的原因

人体机能水平的高低是决定技能能力的关键，而机能水平从运动前的正常状态上升至运动中的最高水平需要一个过程，它是由人体的物理惰性和生理惰性所决定的。物理惰性是指人体由静止到运动，或者由低速运动到高速运动时所必须克服的惯性；生理惰性是指人体生理机能逐步提高的特性，它是影响进入工作状态的主要因素，具体表现在以下方面。

（一）反射时

人体所进行的各种运动都是在中枢神经系统的控制与整合下所实现的反射活动。而完成任何一种反射活动都需要一定的时间（反射时），动作越复杂、难度越大，刺激信号通过中枢的时间越长，神经系统各中枢间机能协调所需要的时间也越长，而进入工作状态的时间就越长。

（二）内脏器官的生理惰性

人体运动时，内脏器官必须协调配合肌肉的收缩活动和机体代谢的需要，才能有利于发挥机体的运动能力。例如，运动时因肌肉收缩活动的加强而使机体所需氧气和能量供应加大、体内要清除的代谢产物增多，只有内脏器官功能水平的提高才能满足运动机体代谢的需要。但是，由于内脏器官受植物性神经的支配，而肌肉活动则受躯体运动性神经的调节，内脏器官的生理惰性远比运动器官大。这主要是由于：①与躯体运动神经相比，支配内脏器官的植物性神经传导兴奋的速度较慢；②兴奋传导途径中突触联系较多（图9–3），需时较长（神经冲动每经过一个突触需要0.3～0.5 ms）；③躯体运动器官的活动主要受神经调节，而内脏器官在产生持续性活动中，神经–体液调节的作用更为重要，即由神经系统调节内分泌腺的活动，后者释放的激素随血液循环到达所支配的器官改变其功能状态，这一调节过程比单纯的神经调节作用慢得多。因此，在体育运动的开始阶段，内脏器官的动员及其机能水平的提高远远落后于运动器官。内脏器官的生理惰性是进入工作状态滞后的最主要原因。

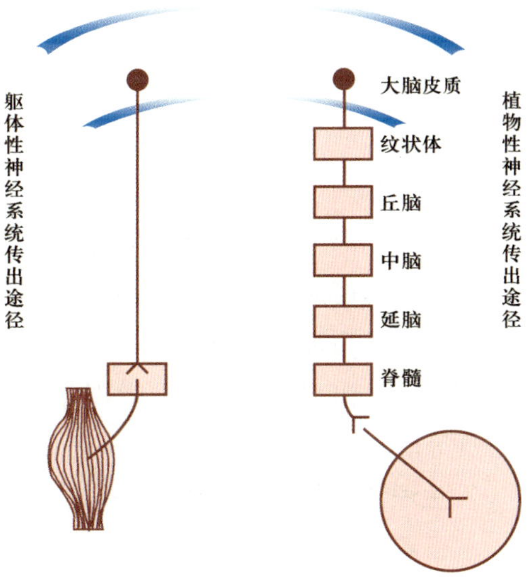

图9–3　躯体性神经系统和自主性神经系统传出途径示意图

研究表明，在不做准备活动的情况下跑1500 m，呼吸和循环系统的机能需要在运动开始后2～3 min才能达到最高水平，而骨骼肌在20～30 s内就可发挥出最大工作效率。

二、影响进入工作状态的因素

进入工作状态所需时间的长短取决于运动强度、运动性质、训练水平、赛前状态、准备活动、个人特点及当时的机能状态等因素。在适宜运动负荷下运动强度越高，进入工作状态的时间就越短，如低强度有氧运动时，达到所需的吸氧量水平大约需要7～10 min，而极限强度运动时仅需1.5～2 min；动作越复杂、活动变换越频繁，进入工作状态越慢；训练水平越高，当时的机能状态越好，进入工作状态越快；良好的赛前状态及充分的准备活动能有效地缩短进入工作状态的时间，使机体更快地发挥自身的机能水平和运动能力。据研究，儿童青少年进入工作状态的时间比成年人短；场地条件好，气候温暖适宜能激发人的运动欲望，迅速调动人的身体机能，及早适应运动的需要。

三、生理“极点”与“第二次呼吸”

生理“极点”与“第二次呼吸”是人体在进入工作状态过程中先后出现的两种截然不同的生理反应。“极点”是由内脏器官的机能水平不能满足运动器官的需要，出现暂时性的生理机能失衡所致；“第二次呼吸”则是通过自身的调整，使内脏器官与运动器官在功能上达到了高度的协调与配合，标志着进入工作状态的阶段结束。

（一）生理“极点”及其产生原因

1. 生理“极点”及其影响因素

在进行一定强度、持续时间较长的剧烈运动中，由于运动开始阶段内脏器官的功能不能满足运动器官的需要，运动者常常产生一些非常难受的生理反应，如呼吸困难、胸闷、头晕、肌肉酸软无力、动作迟缓不协调、精神低落，甚至产生停止运动的念头等，这种现象称为“极点”。

“极点”现象多出现于中长跑等强度较大、持续时间较长的运动项目。“极点”出现的早晚、生理反应程度的强弱及消失的快慢与运动强度、运动项目、训练水平、赛前状态及准备活动等因素有关。一般情况下，运动强度越大，训练水平越低，“极点”出现的越早，反应越明显，消失得也越慢；良好的赛前状态及充分的准备活动可预先动员内脏器官的活动，从而推迟“极点”的出现，减弱“极点”的反应程度。为了减轻“极点”的反应，“极点”出现时，应采取适当降低运动强度、继续坚持运动、调整呼吸节奏、加深呼气深度等措施。

2. 生理“极点”产生的原因

“极点” 是运动过程中人体暂时性的机能紊乱，其原因主要是内脏器官的活动跟不上肌肉活动的需要，出现体内氧气供应不足、大量代谢产物（如乳酸）在体内堆积、血浆pH值下降、内环境发生改变等现象。这不仅影响了神经肌肉的兴奋性，还反射性地引起呼吸和循环系统的活动紊乱。同时，机能失调的强烈刺激传入大脑皮质，使运动动力定型暂时遭到破坏，运动中枢抑制过程占优势。因此，“极点”出现时，往往表现为动作迟缓、不协调、精神低落等症状。

（二）“第二次呼吸”及其产生的原因

1. “第二次呼吸”

“极点”出现后，运动者依靠意志力和调整运动节奏继续坚持运动，不久，一些不良的生理反应便会逐渐减轻或消失，此时呼吸变得均匀自如，心率趋于平稳，动作变得轻松有力，能以较好的机能状态继续运动下去，这种状态称为“第二次呼吸”。

2. “第二次呼吸”产生的原因

“第二次呼吸”是运动中机体建立新平衡的一种表现。产生的原因是由于运动中内脏器官惰性逐步得到克服，氧供应增加，乳酸得到逐步清除；同时极点出现时，运动强度暂时性下降，使机体需氧量下降、乳酸产生减少，内环境得以改善，动力定型得到恢复。此外，“第二次呼吸”还与肾上腺素等运动应激性激素分泌量的增加有密切关系。“第二次呼吸”的出现标志着进入工作状态阶段的结束，机能水平进入一个相对稳定的状态。

第三节　稳定状态

稳定状态是指进入工作状态阶段结束后，人体各器官、系统的机能在一段时间内保持在相对稳定的状态。此时，人体生理机能与运动输出功率保持相对稳定。如心率、心输出量、呼吸频率、每分通气量、摄氧量及血压等均出现相对稳定状态。此时根据机体对氧气的供求关系，可将稳定状态分为真稳定状态和假稳定状态。

一、真稳定状态

人体在进行强度较小（亚极限强度以下的运动）、持续时间较长的运动时，进入工作状态阶段结束后，机体的摄氧量能够满足需氧量的要求，各项生理、生化指标保持相对稳定状态，这种稳定状态称为真稳定状态。其特点是摄氧量能够满足需氧量，即吸氧量和需氧量保持动态平衡（图9-4）。在真稳定状态下，运动中以有氧代谢供能为主，乳酸和氧亏产生少，血液pH值变化小，内环境保持相对稳定。此时，肺通气量、心率、血压及其他生理指标均相对稳定状态，运动持续时间相对较长，可达几十分钟或几小时。可见，真稳定状态保持时间的长短主要取决于呼吸、循环和血液对氧的摄取运输功能以及肌肉对氧的利用能力。氧运输系统的功能越强，心肌、骨骼肌利用氧的水平越高，真稳定状态保持的时间就越长。例如，优秀耐力性运动员以66% $\dot{V}O_2max$的强度进行运动可维持8 h；以47% $\dot{V}O_2max$的强度运动可维持

24 h。在超长距离跑、竞走、游泳、划船、自行车、滑雪等项目中，运动员几乎是在真稳定状态下完成整个运动过程。

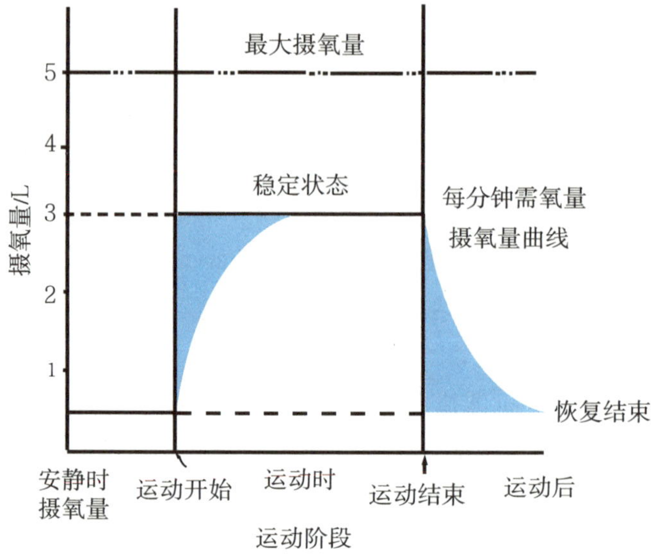

图9-4　真稳定状态示意图

二、假稳定状态

人体在进行强度较大（极限强度或亚极限强度运动），持续时间较长的运动时，进入工作状态结束后，摄氧量已经达到并稳定在最大摄氧量的水平上，但仍不能满足机体对氧的需要，氧亏不断增多，无氧酵解供能比例明显增加，乳酸的产生率大于清除率，乳酸堆积，血浆pH值下降，这种状态称为假稳定状态，其特点是需氧量大于摄氧量（图9-5）。在假稳定状态下运动时，与运动有关的生理指标基本达到并稳定在本人的极限水平，如心率可达200 b/min，心输出量达30 L，呼吸频率达60 ~ 80 b/min以上，肺通气量达120 ~ 150 L/min，收缩压达200 ~ 240 mmHg等。但是，此种状态下无氧代谢供能比例显著增加、乳酸堆积快升高，造成神经和骨骼肌机能下降，因此运动持续时间较短。

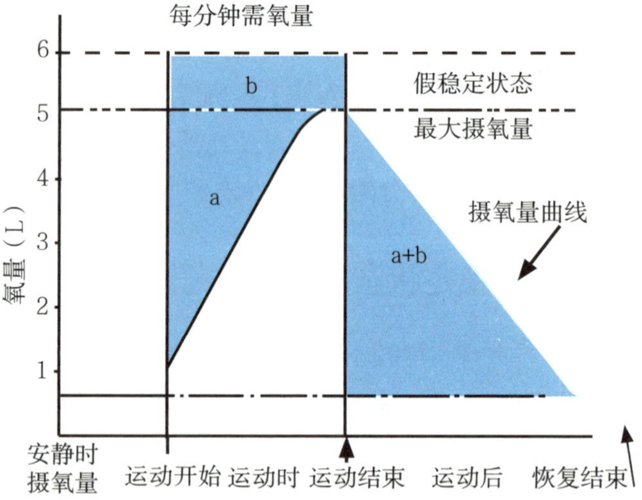

图9-5　假稳定状态示意图

三、“第一拐点”与“第二拐点”

国内学者孙学川等应用动态数学建模分析法研究表明，人体在持续较长时间的运动过程中，心血管和呼吸系统的机能变化表现出两个明显的拐点，即标志进入工作状态（动员阶段）的结束、稳定状态开始的“第一拐点”和标志稳定状态结束、人体整体工作效率明显下降、疲劳开始的“第二拐点”。（图9-6）

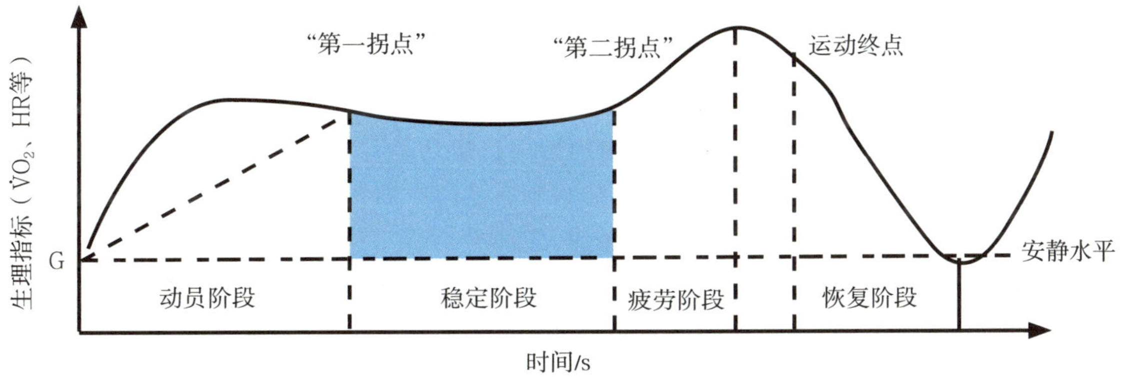

图9-6　人体运动时心肺功能变化规律曲线

当运动达到“第一拐点”时，人体各项机能均处于一种相对稳定的“高原平台”状态。在这种状态下，运动员的生理机能稳定工作时间长，说明运动潜力大，工作能力强，通常以此作为运动选材及功能评定的依据。

“第二拐点”出现时，人体内能量代谢及血液中相关化学物质含量均明显高于“第一拐点”（图9-6），即在“第二拐点”前由有氧供能为主过渡到无氧供能占优势。提示：到达“第二拐点”时，人体机能以有氧供能已经不能满足机体对能量的需求，必须启动能量输出更快的无氧代谢供能。“第二拐点”后，乳酸的堆积明显增加，心肺功能指标也明显高于起始时刻，但并没达到人体生理机能的最高水平。（表9-1）

表9-1　“第二拐点”时人体某些机能指标变化

指　标	运动起始时	“第二拐点”
血乳酸/mmol/L	1.668	5.330
cAMP/pmol/L	34.366	57.292
cGMP/pmol/L	2.223	4.756
吸氧量/L·min^{-1}	0.4362	3.455
氧脉博/mL·b^{-1}	5.97	16.33
通气量/L·min^{-1}	18.3	97.63
CO2呼出量/L·min^{-1}	0.40	3.54

“第二拐点”是人体机能工作水平再调整的关键点。因为当人体达到“第二拐点”时，整体工作效率明显下降（外功不变，整个生理功能增加），机体为保持恒定功率输出，须提高机体各机能工作“调定点”以弥补工作效率下降而出现的额外消耗。因此，把“第二拐点”定义为人体整体机能发生疲劳的起始点（疲劳发生瞬时点），此临界点之后，人体即处于疲劳状态下工作。常用“第二拐点”到运动终点的时程和积分作为评价运动员耐受疲劳能力的敏感指标。同时，利用运动员“第二拐点”的生理负荷强度为参照进行运动训练，则主要发展运动员的无氧耐力。

四、最大摄氧量平台

20世纪90年代，陆绍中等人通过对耐力性项目运动员有氧能力的系统研究，提出了最大摄氧量平台及其持续能力——最大摄氧量平台持续时间（$\dot{V}O_2max$ plateau duration，$\dot{V}O_2maxPD$）才是真正反映人体有氧能力的重要指标。

$\dot{V}O_2maxPD$是指运动过程中长时间保持高水平$\dot{V}O_2max$的能力，它反映了人体在不利的代谢环境下其机能调节系统和氧运输系统维持高水平氧供应或$\dot{V}O_2max$的能力以及机体利用氧的综合能力。在递增负荷测定$\dot{V}O_2max$的过程中，气体代谢的各项指标均随运动强度的增加而增加。当摄氧水平达到$\dot{V}O_2max$后，再增加运动强度，摄氧水平不再增加，呈平台状态，而肺通气量、呼吸商、呼吸频率等指标却会继续急剧增大。表明此时体内的代谢性质出现了突变，肺通气量与摄氧水平出现分离。根据摄氧量和肺通气量两条曲线分离的情况，以及摄氧量值与$\dot{V}O_2max$差值不超过150 mL/min的原则，确定$\dot{V}O_2max$平台的持续时间、起点和终点。把$\dot{V}O_2max$平台开始的运动强度称为$\dot{V}O_2max$的临界强度，即达到$\dot{V}O_2max$所需的最低强度。把$\dot{V}O_2max$平台结束时的运动强度称为$\dot{V}O_2max$的最高强度。在运动实践中，用$\dot{V}O_2max$的临界强度进行耐力训练可能有助于提高$\dot{V}O_2max$平台的持续时间，从而增强运动员的有氧能力。同时，常把测定$\dot{V}O_2maxPD$作为有氧耐力运动员选材的一个良好指标。研究发现，$\dot{V}O_2maxPD$与耐力性项目的运动能力密切相关，耐力跑的成绩与$\dot{V}O_2maxPD$之间相关系数为 r =0.7，而$\dot{V}O_2maxPD$与$\dot{V}O_2max$之间的相关系数很小（ r =0.3）。这表明制约$\dot{V}O_2maxPD$和$\dot{V}O_2max$的生理机制是不同的。

制约$\dot{V}O_2maxPD$最重要的生理机制是心肺功能，主要取决于心脏的泵血、血流动力学和血液携带氧气的能力。同时，外周肌肉代谢能力与平台持续时间有关，即取决于动静脉氧差和细胞呼吸功能，并与肌肉内毛细血管网开放数量、毛细血管与组织氧分压差、有关酶活性、线粒体钙代谢能力、骨骼肌纤维类型、肌肉耐酸能力、肌肉清除乳酸的能力、中枢控制有密切关系。此外，无氧供能能力和受试者的意志力也会影响平台持续的长短。

值得指出的是：研究者发现并不是所有的受试者都能出现$\dot{V}O_2max$平台，认为吸氧量的极限是存在的，但有训练者更易出现的平台现象，而无训练者在动用到最大吸氧能力之前，可能因受其他因素的影响使其达到高度疲劳，在未出现平台前不得不终止实验程序，因而不易出现平台。

第四节　疲劳状态

运动性疲劳是一种正常的生理现象，由运动负荷所引起，主要表现为运动过度而引发身体工作能力暂时性下降，是人体运动到一定阶段出现的一种正常生理现象。运动性疲劳既是机体对运动负荷所做出的一种必然性反应，又是进一步引起机体产生适应性变化的有效刺激。适度的运动性疲劳并施以合理的恢复手段能及时消除运动性疲劳，并促使机能的恢复和提高，运动员训练水平的提高就是一个“疲劳—恢复—再疲劳—再恢复”的变化过程。过度疲劳则会对机体产生不良影响，易引起各种机能障碍或运动损伤，甚至损害运动员的身体健康。因此，正确认识运动性疲劳及其产生的机制对于合理地安排运动训练、促进机能恢复及提高训练效果等具有重要的理论和实践意义。（详见第十章）

第五节　恢复过程

恢复过程（process of recovery）是指人体在健身锻炼、运动训练和竞技比赛过程中及结束后，生理机能和能源物质逐渐恢复与提高的过程。有机体对运动应激的反应与适应，是依运动的性质而发生变化的。运动负荷的强度、时间关系与机体代谢水平决定着机体重新建立稳态的能力。而这一能力在运动全过程是处于动态变化发展的。（详见第十章）

思考题

1. 赛前状态产生的机制和主要表现，如何克服不良的赛前状态？
2. 准备活动有何生理意义？
3. 简述“极点”和“第二次呼吸”产生的机制，在运动实践中如何对待“极点”和“第二次呼吸”？
4. 在运动实践中“第二拐点”和$\dot{V}O_2$maxPD有何意义？

主要参考文献

[1] 王瑞元. 运动生理学[M]. 北京: 人民体育出版社, 2002.

[2] 邓树勋, 王健. 高级运动生理学——理论与应用[M]. 北京:高等教育出版社, 2003.

[3] 邓树勋, 洪泰田, 曹志发. 运动生理学[M]. 北京: 高等教育出版社, 1999.

[4] 冯连世, 李开刚. 运动员机能评定常用生理生化指标测试方法及应用[M]. 北京: 人民体育出版社, 2002.

第十章
运动性疲劳与恢复

本章学习提示

通过本章的学习，要求学生掌握运动性疲劳的发生部位和机理，掌握疲劳的判断方法，了解疲劳恢复方法及措施，运用超量恢复的知识指导运动训练和运动健身。

运动性疲劳的产生机理

第一节　运动性疲劳

一、运动性疲劳

运动性疲劳是指由于运动过度而引发身体工作能力下降的现象，是人体运动到一定阶段出现的一种正常生理现象。自1880年莫索研究疲劳开始，距今已有120多年的历史。其间，许多学者从多种角度、采用不同手段对运动性疲劳进行了大量的研究，并先后给运动性疲劳以不同的定义。但直到1982年，在美国波士顿的第五届国际运动生物化学会议上，运动性疲劳才正式被定义为：机体不能将它的机能保持在某一特定的水平和不能维持某一特定的运动强度。该定义首次将疲劳时各组织、器官的机能水平和运动能力结合起来分析疲劳发生和发展的规律，提出了评定运动性疲劳要将生理生化指标和运动能力相结合的方法，有助于选择客观的指标和方法评价运动性疲劳，因而，得到了许多专家和学者的认可。

运动性疲劳是运动本身引起的机体工作能力暂时降低，经过适当时间休息和调整可以恢复的生理现象，是一个极其复杂的、综合的生理反应过程，对人体而言是一种保护性机制。适度的运动性疲劳并施以合理的恢复手段能及时消除运动性疲劳，并促使机能的恢复和提高，运动员训练水平的提高就是一个"疲劳—恢复—再疲劳—再恢复"的变化过程。过度疲劳则会对机体产生不良影响，引起各种机能障碍或运动损伤，甚至损害运动员的身体健康。因此，正确认识运动性疲劳及其产生的机制对于合理安排运动训练、促进机能恢复及提高训练效果等具有重要的理论和实践意义。

二、运动性疲劳的产生机理

运动性疲劳产生的机理是世界各国学者热衷研究的课题之一。自进入20世纪70年代以来，随着生物科学的迅猛发展，实验技术和手段不断更新，研究人员从不同角度对运动性疲劳进行了大量的研究，提出了许多新的理论和假说。但由于运动项目的代谢差异，以及运动性疲劳的复杂性，其产生的机理又有所不同。运动性疲劳产生机理主要有以下内容。

（一）衰竭学说

衰竭学说又称为能源耗竭学说，其认为疲劳产生的原因是能源物质耗竭造成的。研究发现，在长时间运动过程中，产生运动性疲劳的同时常常伴有糖原及高能磷酸物含量下降，补充能源物质后，运动能力又有一定程度的提高的现象，表明运动性疲劳与体内能源物质的储量有关。

伯格斯特龙研究发现，在进行短时间、大强度运动过程中，当ATP和CP的储备率小于使用率时，机体将不能维持原有的运动能力。运动至疲劳时，肌肉中ATP含量下降并不明显，但CP含量却有明显下降。此时，肌肉中CP含量仅相当于运动前的20%；在极限强度无氧运动至力竭时，CP浓度接近零。苏联学者沙波塔指出，疲劳与神经组织中高能磷酸化合物的分解和合成的平衡失调有关，兴奋性提高将导致ATP分解过程加强，若ATP的分解速度大于合成速度，神经细胞的兴奋性就会慢慢降低，机体的机能能力也会下降。另有报道指出，在进行大强度自行车运动时，疲劳反应程度与肌肉中CP下降幅度呈密切正相关。因此，ATP浓度下降不是引起短时间、大强度运动过程中运动疲劳的直接因素，CP过度消耗才是导致其产生运动性疲劳的主要原因。运动时CP含量的下降程度与运动强度有关，运动强度越大，CP含量下降的幅度越明显。

在长时间、中等强度运动过程中，血糖浓度下降往往伴随着疲劳症状。当补充糖类物质后，运动能力又有所恢复。坎农等人研究发现，当狗精疲力竭时，血糖含量下降，注射肾上腺素后狗的运动能力明显恢复（肾上腺素能促进肝糖原分解，血糖浓度升高）。高尔尼克等研究发现，以小于66% $\dot{V}O_2max$强度进行运动时，糖原消耗首先发生于慢肌纤维，当运动至3 h末时，慢肌纤维中糖原基本耗尽，但快肌纤维中尚有一定的糖原储备；以大于150% $\dot{V}O_2max$强度进行运动时，快肌纤维中糖原消耗较为明显。福克斯研究发现，人体在做单腿功率自行车运动时，运动腿肌肉至疲劳时糖原含量明显下降；非运动腿的糖原含量几乎未变，运动时间越长，疲劳症状越明显，糖原消耗也越多。可见，糖原含量与长时间、中等强度运动疲劳有密切关系。

（二）堵塞学说

堵塞学说又称为代谢产物堆积学说，它认为疲劳的产生是由于运动过程中某些代谢产物在肌肉组织中大量堆积造成的。19世纪，兰克等研究发现肌肉收缩时产生的某些代谢产物在肌组织中的堆积，可使肌肉工作能力下降，这些物质主要是二氧化碳和乳酸等；1907年，弗莱彻和霍普金斯研究发现，在肌肉疲劳的同时，出现高乳酸浓度；1925年，迈耶霍夫将离体肌肉放进碱性的任氏液中，发现其收缩能力提高、收缩时间延长。卡尔逊（Karlson）研究证实，在持续5～10 s的运动中，ATP、CP明显消耗；3～5 min后，乳酸有较多的堆积，并主要发生在快肌纤维中，运动能力可因血乳酸和肌乳酸浓度的升高而被抑制。可见，乳酸浓度升高是导致机体产生运动性疲劳的原因之一。乳酸浓度升高之所以能导致疲劳，可能与下列因素有关：①肌肉中pH值下降可抑制磷酸果糖激酶的活性，从而抑制糖酵解过程，使ATP再合成速度减慢，能量供应出现障碍；②乳酸分离的H^+与Ca^{2+}竞争肌钙蛋白上的结合位点，使肌钙蛋白对Ca^{2+}的敏感下降，影响粗、细两种微丝间的相互作用，降低肌肉收缩能力；③pH值下降可阻碍神经肌肉接点处兴奋的传递；④ H^+增加可抑制氧气和血红蛋白的结合；⑤pH值下降抑制肌浆网对Ca^{2+}的吸收，使胞浆中Ca^{2+}升高，降低肌肉收缩能力。

此外，血氨（氨是AMP经脱氨酶催化作用产生的物质）浓度升高也是影响运动性疲劳产生的重要因素。运动时体内血氨含量升高可促发糖酵解过程，使体内乳酸含量增加，H^+升高，pH值下降，从而导致机体机能下降而产生运动性疲劳。与此同时，血氨还可直接抑制骨骼肌的电生理活动，并通过血液循环作用于脑组织对中枢神经系统产生抑制效应，降低机体的机能活动。

（三）内环境稳定性失调学说

该学说认为，疲劳是由于血液中pH值下降，细胞内、外离子平衡破坏及血浆渗透压改变等因素造成的。哈佛大学疲劳研究所研究发现，高温环境下工作的工人，因泌汗过多而产生不能劳动的严重疲劳时，如果仅给予饮水则不能缓解疲劳，若饮用0.04%～0.14%氯化钠水溶液则可缓解或消除疲劳。研究发现，当机体失水量达体重5%时，肌肉工作能力将会下降20%～30%。除此之外，体内离子平衡遭到破坏，也会引起机体运动能力下降而产生运动性疲劳。运动时，K^+大量外流，导致细胞膜内、外极化状态发生改变，从而引起组织细胞兴奋性下降，机能活动减弱；体内Ca^{2+}主要存在于细胞外，细胞内含量较少。肌肉兴奋时，胞浆内Ca^{2+}升高是激发骨骼肌收缩的重要条件，但是，如果因某种因素而导致胞浆内Ca^{2+}过高或持续性增高，将会引起细胞代谢紊乱、结构破坏，从而使其机能下降而出现疲劳。

（四）保护性抑制学说

保护性抑制学说认为，无论是脑力疲劳还是体力疲劳都是大脑皮质保护性抑制发展的结果。运动时大量神经冲动传至大脑皮质相应的神经细胞，使之长期兴奋，导致消耗增多，为了避免过度消耗，当消耗到一定程度时便产生了保护性抑制。莫索等研究发现，当手指拉重物至疲劳时，若改用电刺激屈指肌，手指又能拉起重物，表明上述疲劳现象是由神经中枢抑制造成的，而并非肌肉本身所为。贝柯夫研究发现，狗拉载重小车行走30～60 min而产生疲劳时，一些条件反射量显著减少，不巩固的条件反射完全消失。雅科甫列夫研究发现，小鼠因长时间运动而出现严重疲劳时，大脑皮质运动区ATP含量明显下降，γ-氨基丁酸水平明显增高，γ-氨基丁酸水平增高意味着抑制过程加强。此外，运动过程中产生的大量5-羟色胺，也会促使大脑皮质抑制过程加强，从而导致疲劳的产生和发展。血糖浓度下降、缺氧、pH值下降、盐分丧失和渗透压升高等也可促使皮层神经细胞工作能力下降，大脑皮质产生保护性抑制，从而促进疲劳的发生和发展。

（五）突变理论

运动性疲劳是机体内部许多生理、生化变化在肌肉活动中的综合反映。突变理论是由爱德华兹（Edward ）于1982年提出的，它认为运动性疲劳是由运动过程中能量消耗、力量下降和兴奋性丧失三维空间关系改变造成的，是机体为避免能量储备进一步下降而存在的一个运动能力急剧下降的过程（图10-1）。该理论克服了以往用单一指标解释疲劳现象的不足，从能量代谢和生物电的角度揭示了肌肉力量（运动性疲劳）突然下降的原因。

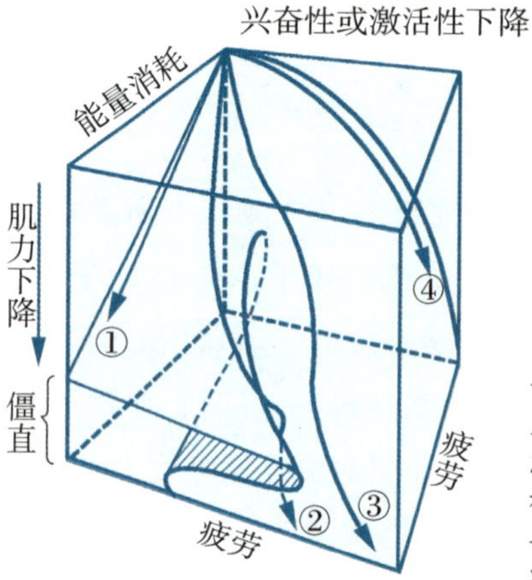

注：①单纯的能量消耗，不存在兴奋性下降时，会引起持续的肌肉强直收缩；②突变的综合性疲劳——突然丧失兴奋活动的力量；③能量消耗和兴奋性同时受损，但没有突变；④单纯的兴奋性/活动性下降，没有能量消耗。

图10-1　疲劳衰减突变过程

（六）自由基损伤学说

自由基是指外层电子轨道带有不成对电子的基团。主要包括氧自由基、羟自由基、过氧化氢及单线态氧等。由于自由基化学性质较为活泼，可与机体内糖类、核酸、蛋白质和脂类等物质发生反应，因此自由基能破坏细胞的结构，并造成细胞功能下降。例如，自由基可以与细胞膜上的不饱和脂肪酸发生脂质过氧化反应，生成对细胞具有毒性作用的过氧化物；脂质过氧化物又可自发分解形成更多的自由基，攻击其他双键，引起自由基连锁反应。同时，自由基还可直接攻击细胞膜等。

剧烈运动时，体内耗氧量增加，骨骼肌、心肌和肝脏等组织脂质过氧化反应加强，胞浆Ca^{2+}升高等原因，都可引起体内产生的自由基增加，从而导致肌浆网钙泵机能降低，肌浆中Ca^{2+}过载，肌纤维兴奋-收缩耦联机能减弱；此外，自由基攻击线粒体膜还会造成能量代谢紊乱。有研究表明，马拉松跑后机体骨骼肌线粒体氧化酶活性提高，脂质过氧化反应增强，导致氧自由基生成增多，从而促进疲劳的产生与发展。由此可见，剧烈运动过程中，体内自由基增加是造成运动性疲劳的重要原因之一。

除此之外，神经-内分泌-免疫调节网络系统机能变化也是引发运动性疲劳的重要因素。越来越多的研究证明，神经、内分泌和免疫三大系统各成体系，每个系统都能独立地对刺激产生应激，但三大调节系统又能借助某些共同的信息分子（神经肽、细胞因子和激素）通过共同交汇点的相互作用，构成完整的神经–内分泌–免疫网络。运动过程中，机体内环境的变化会通过神经系统（自主性神经）调节呼吸、循环、内分泌及免疫系统的机能；与此同时，内分泌系统机能的变化又会对神经系统和免疫系统产生影响；而免疫系统机能的变化（免疫信息分子）又能反作用于神经和内分泌系统，引起神经、内分泌系统机能下降（尤其是下丘脑–垂体–肾上腺皮质轴），影响机体的代谢活动，导致机体机能下降。综上所述，运动性疲劳的产生是一个非常复杂的过程，受多种因素的影响。运动实践中，应根据项目的特点、训练的环境及训练安排等因素进行综合分析。

三、运动性疲劳的发生部位及特征

任何运动都是在神经系统的调控下通过肌肉活动来实现的。肌肉活动能力的下降预示着运动性疲劳的产生。早在1982年爱德华兹就提出了神经–肌肉疲劳控制链（图10–2），认为从大脑皮质到肌纤维每一个环节的机能障碍，都会导致控制链断裂而降低肌肉收缩能力（即运动性疲劳）。因此，运动性疲劳可发生在从大脑皮质到肌纤维的任何部位。

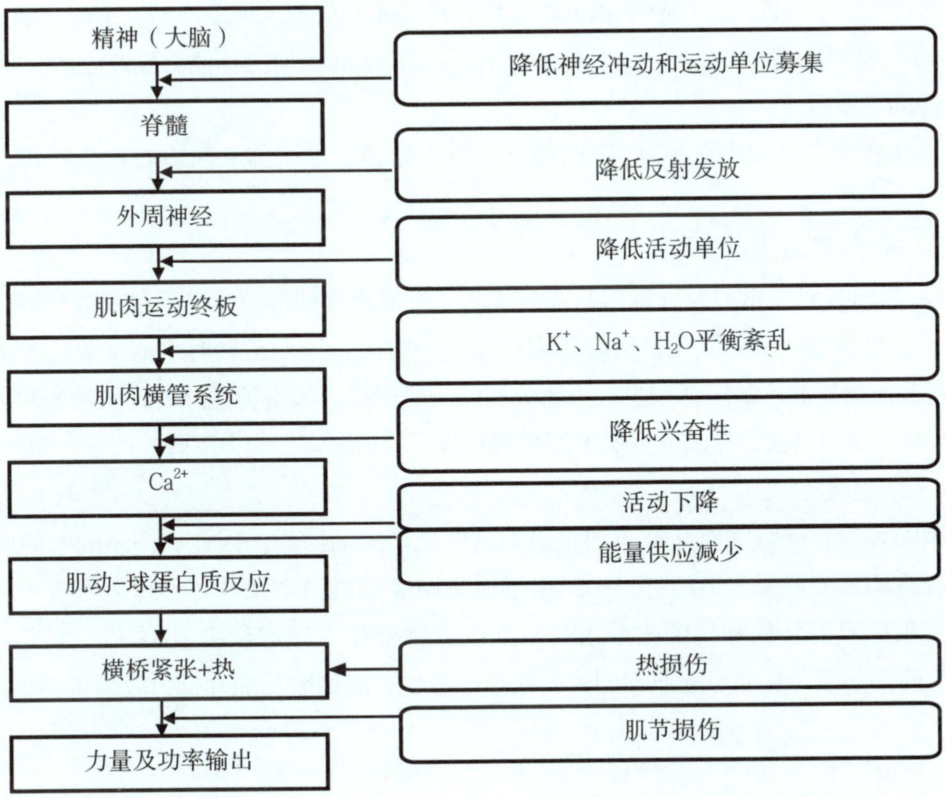

图10–2　肌肉疲劳控制链

（一）运动性疲劳的发生部位

躯体性疲劳是人体运动性疲劳的表现形式之一，可发生在脑、脊髓、外周神经、神经–肌肉接点及肌纤维内部等部位，根据其发生的部位可将其分为中枢性疲劳和外周性疲劳。

1. 中枢性疲劳

中枢性疲劳是指发生在从大脑皮质至脊髓运动神经元的疲劳。中枢神经系统作为机体产生兴奋、发放神经冲动以及调节肌肉活动的功能系统，其兴奋性降低必然会导致整个机体机能下降而出现运动性疲劳。具体表现为以下方面。

（1）脑细胞工作强度下降

长时间运动至疲劳时，大脑皮质细胞中ATP水平明显降低、ADP浓度上升、ADP/ATP比值增大，血糖含量减少，γ–氨基丁酸、5–羟色胺（5–HT）浓度显著升高，脑氨含量明显增加，琥珀酸脱氢酶活性降低等。这些因素均会降低脑细胞内ATP再合成的速率、大脑皮质细胞的兴奋性以及发放神经冲动频率，从而降低中枢神经系统的调节能力和机体的运动能力，因此脑细胞工作能力下降是导致运动性疲劳产生的重要因素，但其对于避免脑细胞过度耗损却具有积极意义。

（2）运动神经元工作能力下降

运动过程中，体内代谢产物堆积可通过传入神经元发放传入神经冲动，引起许旺氏细胞兴奋提高而抑制脊髓α运动神经元发放神经冲动，从而降低骨骼肌工作能力导致运动性疲劳。

2. 外周性疲劳

外周性疲劳主要发生在神经–肌肉接点、肌细胞膜、细胞器和肌肉收缩蛋白等部位（图10–3）。

（1）神经–肌肉接点

神经–肌肉接点是指神经纤维与肌细胞膜之间机能连接的部位，可通过释放神经递质（乙酰胆碱）引起肌细胞膜去极化，引起肌肉收缩。短时间、剧烈运动时（如举重、投掷类项目等），接头前膜释放乙酰胆碱减少，可造成神经–肌肉接点兴奋传递障碍，肌细胞膜因去极化过程减弱或不能去极化，导致骨骼肌不能兴奋和收缩，引起运动能力下降，产生运动性疲劳。

（2）细胞膜

细胞膜是细胞进行物质交换、细胞识别及信息传递的结构。因此，完整的细胞膜对于实现其机能活动至关重要。运动过程中，由于肌细胞膜受机械牵拉及各种理化因素（自由基）的影响，细胞膜的结构和功能出现了一系列的异常变化，如细胞膜上Na^+/K^+–ATP酶活性下降、细胞膜损伤等，从而引起肌细胞膜的通透性改变，肌细胞功能降低，收缩机能下降。

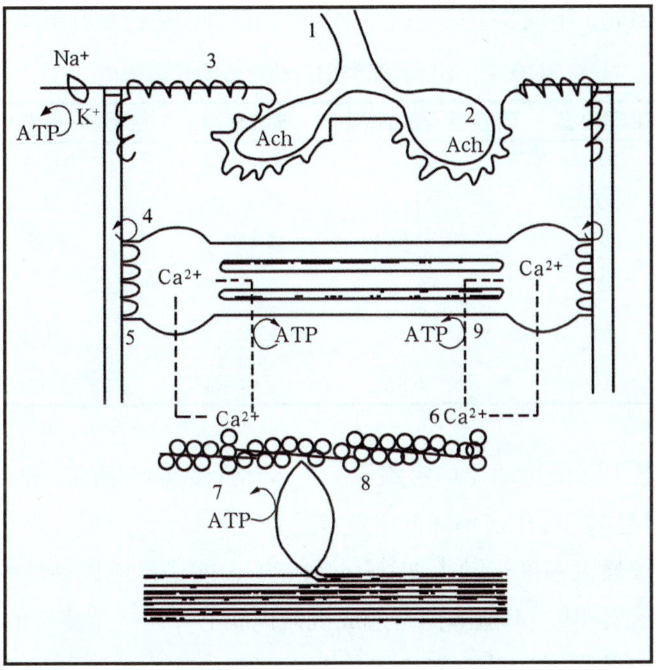

①神经-肌肉接点；②乙酰胆碱释放；③肌膜去极化障碍；④T管与肌浆网脱耦联；⑤肌浆网Ca^{2+}释放减少；⑥肌钙蛋白与Ca^{2+}结合力下降；⑦横桥被动受阻；⑧横桥解离延迟；⑨肌浆网摄Ca^{2+}能力下降

图10-3　疲劳发生在外周

（3）收缩蛋白

肌肉收缩蛋白是实现肌肉收缩的物质基础。肌肉收缩蛋白的结构、功能和数量是影响肌肉收缩能力的重要因素。研究表明，运动过程中由于受某些理化因素的影响，骨骼肌收缩蛋白的结构和功能会发生一系列异常变化，从而引起骨骼肌收缩能力降低，运动能力下降，产生运动性疲劳。例如，肌钙蛋白与钙离子亲和力下降，肌钙蛋白与原肌球蛋白相互作用降低，横桥与细肌丝结合受阻等。此外，运动还能造成肌肉收缩蛋白结构异常，如A带及I带异常，H区消失，Z线消失或加宽，肌丝卷曲、排列混乱等。这些异常变化将不可避免地造成骨骼肌机能下降，导致运动性疲劳并伴随着延迟性肌肉酸痛症状的出现。

（4）兴奋-收缩脱耦联

长时间运动可引起细胞内ATP含量减少，自由基生成增加，Ca^{2+}代谢异常，肌浆网释放和摄取Ca^{2+}能力下降等现象，从而引起骨骼肌产生兴奋-收缩脱耦联，导致运动能力下降，产生运动性疲劳。

除此之外，线粒体的结构和功能也是影响肌肉收缩能力的重要因素。当线粒体氧化磷酸化过程减弱时，肌肉收缩能力将会下降，出现疲劳。

（二）不同类型运动的疲劳特征

运动性疲劳的产生是一个极其复杂的生理过程，与运动持续时间、运动强度及代谢特征

等因素有密切关系。因此，不同类型运动过程中产生的运动性疲劳具有不同的特征。（表10–1）

表10-1　不同代谢类型运动疲劳的代谢特征

疲劳因素	磷酸原型	磷酸原-糖酵解型	糖酵解型	糖酵解-有氧代谢型	有氧代谢型
ATP下降百分比	30	90	20～30	30	不变
CP下降百分比	90以上	90	75～90	65	50
乳酸积累	少	中	最多	较多	少
肌pH值下降	少	少	6.6	6.6	少
肌糖原消耗	—	—	少	中	75%～90%以上
肌内离子变化	—	Ca^{2+}下降	Ca^{2+}下降	K^+下降,Na^+上升	离子紊乱

（1）短时间、最大强度运动（如短跑等），运动性疲劳产生的主要原因是中枢神经系统机能下降、CP耗竭引起ATP转化速率降低所致。

（2）短时间、次最大强度运动（如800 m跑等），能量供应以糖酵解系统为主，因此，肌肉和血液中乳酸大量堆积、pH值降低是造成机体机能下降而产生疲劳的主要原因。

（3）长时间、中等强度运动（如长跑等），疲劳的产生往往与肌糖原和肝糖原大量消耗、血糖浓度下降、体温升高、内环境稳定性失调、工作肌氧气供应减少及神经系统活动能力下降等因素有关。

（4）静力性运动（如马步、平衡等），中枢神经系统持续兴奋，肌肉中血液供应减少以及过度憋气导致心肺功能下降等，是导致其产生疲劳的主要原因。

此外，在进行非周期性练习过程中，其技术动作的复杂程度和变化也是影响运动性疲劳的重要因素。一些习惯性、自动化程度较高、动作节奏性较强的运动不易产生疲劳；而一些动作结构复杂、动作变换较多、精力要求高度集中的练习，则容易产生运动性疲劳。

四、运动性疲劳的判断

正确地认识和判断运动性疲劳，是实施科学训练、促进疲劳恢复及提高运动成绩的理论基础，具有重要的实践意义。由于不同形式运动具有不同的疲劳特征，因此，判断其疲劳的方法也有所差异。目前，判断运动性疲劳的方法主要有以下几种。

（一）测定肌力评价疲劳

1. 骨骼肌力量测试

运动性疲劳的评价方法

肌肉力量下降是肌肉疲劳的显著特征，也是判断运动性疲劳的重要指标。一般情况下，如果运动后肌肉力量明显下降，且不能及时恢复，可视为肌肉疲劳。在评定运动性疲劳时，应根据参与运动的主要肌群确定测试内容，如以上肢活动为主的运动，可测试其握力或屈臂力；以腰背肌活动为主的运动，可选择测试背力等。

2. 呼吸肌耐力测试

通过连续测定5次肺活量来评定。实验过程中，要求相邻两次测试之间间歇30 s，疲劳时，肺活量依次下降。

（二）测定神经系统和感觉机能判断疲劳

1. 两点辨别阈

皮肤感觉能分辨出的最小距离叫皮肤两点辨别阈。在运动训练中，当运动员身心达到疲劳状态时，可能会引起身体一些机能特别是神经系统机能状态发生紊乱，从而也会导致人体感觉机能失调。因此，根据疲劳会引起各种皮肤感觉敏感性下降的特点，可以把皮肤两点辨别阈作为监测运动员疲劳和恢复的简单无创性指标。

2. 闪光融合频率

闪光融合频率是指刚能够引起闪光融合感觉刺激的最小频率，也称为闪光融合临界频率或闪烁临界频率。它表现了视觉系统分辨时间能力的极限，通过对人的闪光融合临界频率的测定还可以了解人体的疲劳程度。运动性疲劳时，视觉机能下降，闪光融合频率阈值下降。

3. 反应时

反应时是指由刺激作用于感受器开始到效应器开始活动为止所需要的时间，包括简单反应时和选择反应时。出现运动性疲劳时，大脑皮质分析机能下降，反应时明显延长，尤其是选择反应时延长更为明显。

4. 膝跳反射阈

机体出现疲劳时，膝跳反射的敏感性降低，引起膝跳反射所需的叩击力量增加。若引起膝跳反射的最小叩击力量（一般以锤子下落角度表示）较运动前增加5°～10° 为轻度疲劳，增加 15°～30° 为中度疲劳，增加30° 以上为重度疲劳。

5. 血压体位反射

血压体位反射是反映植物性神经调节能力的指标。运动训练后，由于植物性神经调节能力下降，造成血压体位反射发生异常变化，因此，血压体位反射可作为评定心血管系统疲劳程度的依据。其具体方法是：受试者坐位静息5 min，待安静后，测定安静血压，随即让受试者保持仰卧姿势3 min；之后，使受试者恢复坐姿（推受试者背部使其被动坐起，不能让受试者自己坐起），立即测定血压，并每隔30 s测定一次，测试持续时间为2 min。如果2 min内完全恢复，即为正常；恢复一半，为轻度疲劳；完全不能恢复，可视为深度疲劳。

（三）用生物电评价疲劳

1. 肌电图

肌电图反映了肌肉兴奋时电活动变化的特征。运动过程中，肌电图变化可评定神经系统及骨骼肌的机能状态。通常评定运动疲劳的肌电图指标有平均功率频率、中位频率、电机械延迟、积分肌电和均方根振幅等。肌肉疲劳时，肌电图可表现出积分肌电幅值和均方根振幅增大，平均功率频率和中位频率降低以及电机械延迟延长等现象。而且肌电图的这些变化随运动性疲劳程度的加深而更加明显。

2. 心电图

心肌疲劳可引起心电图出现异常变化。常表现为S-T段下移，T波下降或倒置，出现肌电干扰等现象。

3. 脑电图

正常成人脑电图几乎均为α波和β波。左右脑的脑电图在波幅、波形和频率上均对称。异常脑电图主要表现为频率变慢，出现δ波、θ波或脑电频率加快，波幅增高。θ波与δ波都属于慢活动波，在正常成人睡眠期间及婴儿、儿童期可见。

研究发现，大脑皮质的疲劳状态与α、θ波有密切关系。此时，由于神经细胞抑制过程加强，因此，脑电图慢波成分增加。例如，机体处于剧烈运动后的疲劳状态时，脑电图慢波明显增多，（θ＋α）/β上升，α波节律紊乱，时慢、时快、波幅降低等。

（四）主观感觉判断疲劳

主观体力感觉等级（rating of perceived exertion，RPE）是判断疲劳的重要指标。运动时来自肌肉、呼吸和心血管方面的刺激，都会传到大脑皮质而引起感觉系统应激。大脑细胞通过对传入信息的综合分析而对其工作能力做出相应调整，如果感觉疲劳，往往会产生一种需要停止工作的预兆，因此，疲劳的主观感觉往往是真正疲劳的信号。具体测定方法是：令受试者在功率自行车或跑台上做递增负荷运动，并观察主观体力感觉等级表。受试者在运动过程中每增加一级负荷，应在主观体力感觉等级表上指出自我感觉等级，表10-2中的等级乘以10，即为受试者完成该负荷运动的心率。如果机体出现疲劳，主观体力感觉等级将相应增加。

表10-2 主观体力感觉等级表

等级	自我感觉
6	根本不费力
7	极其轻松
8	
9	很轻松
10	
11	轻松
12	
13	稍费力
14	
15	费力
16	
17	很费力
18	
19	极其费力
20	尽最大努力

（五）测定运动中心率评定疲劳

心率是评定运动性疲劳的简易指标之一。一般常用基础心率、运动后即刻心率及恢复期心率判断疲劳程度。

基础心率是指清晨、清醒、起床前静息状态下的心率。一般情况下，基础心率保持相对稳定。如果大运动量训练后，经过一昼夜恢复，基础心率较平时增加5～10 b/min以上，可认为疲劳尚未恢复，即有疲劳积累现象；如果连续几天持续增加，则表明运动量过大，疲劳较深，应调整运动量。

运动中心率呈动态变化的特点，且随运动强度的增大而增加。通常可采用遥测心率的方法测定运动中心率的变化，或用运动后即刻心率来代替运动中心率。研究证明，随着训练水平的提高，机体在完成定量负荷运动时，心率变化呈现逐渐减少的趋势。如果在一段时间内，机体从事同样负荷运动时，运动中心率增加，则表示机体机能下降，有疲劳积累现象。

定量负荷运动后，心率恢复快慢也可作为判断运动性疲劳程度的指标。如果定量负荷运动后，心率恢复时间延长，表明身体机能下降。例如，进行30 s20次深蹲的定量负荷运动，正常情况下心率可在运动后3 min内完全恢复，如果身体疲劳，恢复时间将明显延长。

（六）判断疲劳的其他指标

1. 肌肉硬度

肌肉硬度是反映肌肉放松程度的指标。当骨骼肌出现疲劳时，肌肉收缩能力和放松能力均下降，往往导致肌肉不能充分放松，硬度增加。

2. 生化指标

（1）血尿素

尿素是人体内蛋白质和氨基酸分解代谢的终产物。血尿素变化与运动负荷量有密切关系，运动负荷量越大，血尿素增加幅度越明显。若一次性大负荷训练后次日晨血尿素上升（超过8.0 mmol/L），至训练周期末尚不能恢复，表明运动量过大，有疲劳积累。

（2）血清睾酮／皮质醇比值（T/C）

若血清中T/C比值小于个体正常值，表明分解代谢大于合成代谢，机体处于尚未恢复的疲劳状态。若不能及时、有效地恢复，将会导致过度训练。目前认为该比值变化大于正常值30%是过度训练的警戒值。

（3）血乳酸

血乳酸是糖酵解的产物。当机体处于疲劳状态时，往往会出现最大乳酸水平下降、定量负荷运动后血乳酸清除时间延长等现象。

（4）尿蛋白

运动性尿蛋白属正常的生理现象，一般在24 h内可自行消失。若运动后次日晨尿蛋白含量较高或超过正常值，且呈逐日持续增加的趋势，则可视为过度疲劳或过度训练的表现。

（5）尿胆原

尿胆原是体内血红蛋白分解的代谢产物。尿胆原排泄量与运动负荷和肝功能等因素有关。运动员在进行大负荷运动时，往往会导致体内溶血增多，尿胆原排出量增加。目前认为，血红蛋白数下降，尿胆原浓度增加是运动性疲劳的表现；如果安静时尿胆原浓度高于2 mg%，且持续2～3 d以上则视为过度训练。

3. 教育学观察

教育学观察是判断运动性疲劳的方法之一。在教学或训练中应注意观察运动员的反应，如果出现烦躁不安、面色苍白、眼神无光、打哈欠、反应迟钝、协调性降低、注意力不集中和运动能力下降等现象，即使只出现部分现象，也有着运动量过大的嫌疑。在运动训练中应予以重视，及时调整运动量，做到防患于未然。

第二节　运动后的恢复

恢复过程是指人体在健身锻炼、运动训练和竞技比赛过程中及结束后，生理机能和能源物质逐渐恢复与提高的过程。机体对运动应激的反应与适应，是依运动的性质而发生变化的。运动负荷的强度、时间关系与机体代谢水平决定着机体重新建立稳态的能力。而这一能力在运动过程中是处于动态变化发展的。运动过程中消耗的物质，只有在恢复期得到完全恢复，人体机能才能得以提高；反之，将会出现过度训练或过度疲劳，导致运动能力下降，甚至出现运动性损伤。合理的膳食干预、疲劳的生理生化评估、机体营养的供应及各种营养强化剂的研制与应用，可以促进运动员的营养补充和运动后的体能恢复，为优化和提高训练效果与训练质量提供了新的空间。应该指出，运动过程与恢复过程的合理安排及良好组合是机体对运动负荷产生最佳适应性变化的前提条件，在运动训练中，恢复过程与运动过程具有同等重要的作用，充分的机能恢复是取得良好运动效果的保障。

一、恢复过程的一般规律

恢复过程可分为3个阶段，即运动时恢复阶段、运动后恢复阶段及超量恢复阶段。（图10-4）

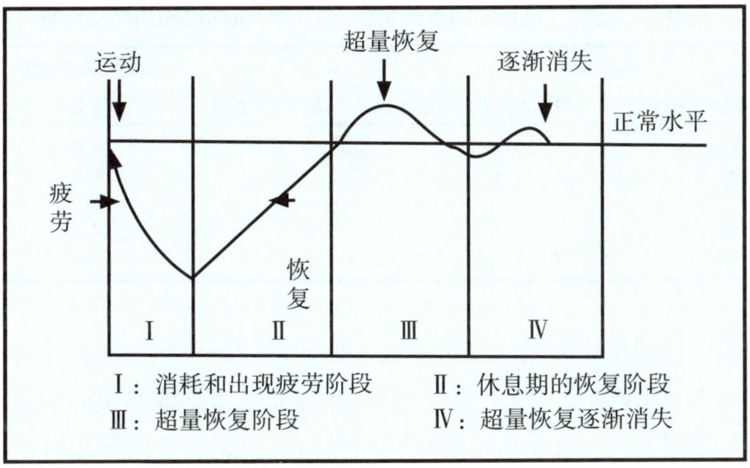

图10-4　消耗与恢复过程

（一）运动时恢复阶段

运动时能源物质消耗过程占优势，当然能源恢复过程也同时进行，在保持机体能量动态平衡的前提下，消耗量要大于恢复量。运动过程中，以ATP-CP系统和糖的有氧氧化供能系统供能时，恢复相对较快；而糖酵解供能系统，则会出现代谢产物的大量堆积，恢复速度较慢。同时，机体内可供用的糖、脂肪及其他供能物质则在不断减少。因此，在运动过程中，随着能源物质逐渐减少，代谢产物的不断堆积，各器官、系统的功能出现逐渐下降，最终不能满足运动强度的需要，出现疲劳。

（二）运动后恢复阶段

运动停止后，能量消耗逐渐减弱，但伴随着运动后过量氧耗的出现，机体能耗仍然要比安静状态下高。不过在此阶段，能源恢复过程占优势，随着能源的补给及代谢产物的不断清除，机体能源物质及各器官、系统功能逐渐恢复到运动前的水平。

（三）超量恢复阶段

运动时消耗的能源物质及各器官、系统的机能恢复得超过原有的水平，该现象称为超量恢复或超量代偿。超量恢复保持一段时间后又回到原有的水平。

超量恢复的程度及出现的时间与运动量（或消耗程度）有密切关系。在一定的范围内，运动量越大，物质消耗得越多，超量恢复越明显，但出现的时间延迟；反之，超量恢复不明显，但出现的时间较早。如果运动量过大，超过了生理范围，恢复过程将会进一步延长。（表10-3）

表10-3　动物在进行不同活动量肌肉收缩时肌糖原的消耗与恢复

组别	活动量		肌糖原/mg%		
	肌肉收缩/b·min^{-1}	持续活动时间/min	活动停止后	活动后4 h	活动后24 h
1	30	30	−140	−31	+16
2	60	15	−381	−194	+18
3	104	9	−519	—	+45
4	208	4.5	−785	−517	−49

不同能源物质出现超量恢复的快慢也不同（即运动后物质恢复具有异时性）。例如，剧烈运动后CP在20～30 s内仅恢复一半，待3～5 min时才能出现超量恢复；短时间、大强度运动后，肌糖原约在运动后15 min出现超量恢复，而蛋白质出现超量恢复相对较晚；马拉松运动后，脂肪出现恢复的时间发生在第3 d。游泳运动员在进行大运动量训练后的第1～3 d，身体机能明显下降，到第3～5 d恢复到原来水平，第5～8 d才出现超量恢复。超量恢复的异时性原理如图10-5所示。

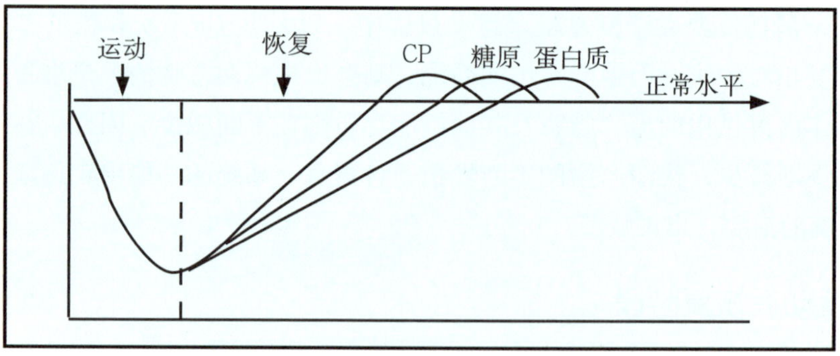

图10-5　超量恢复的异时性原理

此外，超量恢复与膳食和运动模式有密切的关系。研究发现，让受试者以75% $\dot{V}O_2max$运动强度进行单腿自行车运动，另一条腿作为安静对照。当运动至精疲力竭时，运动腿股外肌的肌糖原含量接近于零。运动结束后连续3 d食用高糖膳食而不参加任何运动，结果显示，运动腿股外肌肌糖原数量超过安静时的水平，是安静腿的两倍，而安静腿肌糖原水平仅略有波动。（图10-6）

关于超量恢复出现的原因，目前尚无明确的结论。国外有研究认为，超量恢复与运动结束后线粒体活动能力增强，能量代谢增加所引起的CP、糖原、蛋白质等物质合成速度加快有关。此外，超量恢复还与神经、激素的调节等因素有密切的关系，其机理还有待于进一步的研究。

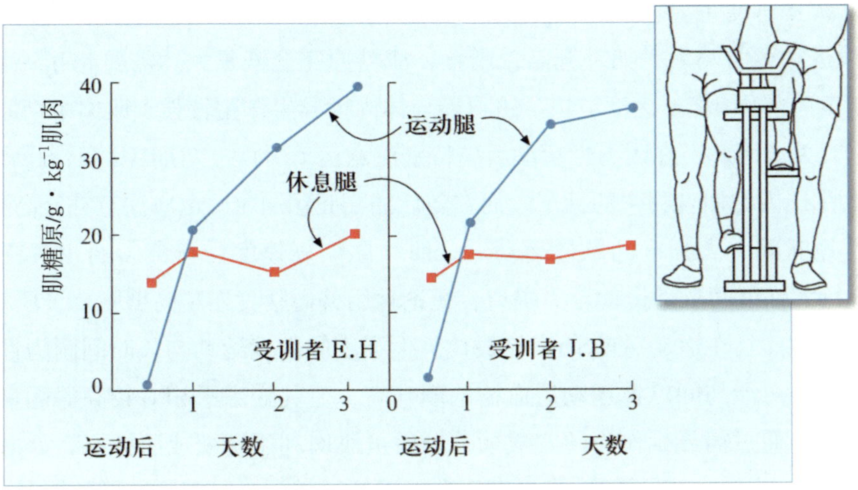

图10-6　肌糖原的填充

超量恢复是客观存在的规律。在此期间，机体具有较高的机能水平和承受负荷的能力，是运动员体能储备的最佳时期，有助于运动员取得良好的运动成绩。不同类型的运动具有不同的代谢特征，不同能源物质具有不同的恢复特征（超量恢复的快慢和程度）。因此，超量恢复原理是选择训练休息间歇、确定负荷强度和负荷量及实施合理营养补充的重要依据，在运动实践中具有重要的理论和实践意义。

二、机体能源储备的恢复

（一）ATP-CP的恢复

ATP-CP是体内恢复速度最快的能源物质，恢复一半的时间为20～30 s，基本恢复的时间为2～5 min。剧烈运动后，当ATP-CP恢复至一半以上时，机体即可维持原有的运动强度，因此两次剧烈运动的时间间隔不能短于30 s；组间休息时间间歇应控制在4～5 min为宜，以保证ATP-CP完全恢复。ATP-CP的恢复主要由有氧氧化系统提供能量（糖酵解系统也可能参与供能）。运动过程中ATP-CP消耗得越多，其恢复过程需要的氧气也越多。

（二）肌糖原储备的恢复

肌糖原是人体内糖类物质存在的形式之一，也是机体进行有氧氧化供能和糖酵解供能的能源物质。研究发现，足够的肌糖原储备量可减少运动肌对血糖的利用量，延迟血糖水平下降，延缓运动性疲劳的出现，提高机体的运动能力，因此运动后肌糖原储量的恢复状况对维持和提高机体的运动能力具有非常重要的意义。

肌糖原恢复速度主要取决于运动模式（运动强度和运动持续时间）和膳食。当机体进行2 h耐力性运动至力竭后，如补充高糖膳食，肌糖原完全恢复大约需要46 h。就恢复速度而言，运动结束后前10 h恢复速度最快，这可能与体内糖异生作用较强，肌肉中糖原合成酶活性较高等因素有关。因此，在耐力性运动后应特别注意运动后恢复初期10 h高糖膳食的补充，尤其注意运动后2 h内增加食物中的糖量，而在随后的46 h至5 d内，也应注意补充高糖膳食。

在进行短时间、大强度间歇性运动后，肌糖原恢复速度受膳食影响相对较小。研究发现，机体进行大强度间歇性运动至力竭后，无论食用普通膳食还是高糖膳食，肌糖原在24 h内都能完全恢复，而且在运动后前5 h恢复最快。大强度间歇性运动与长时间耐力性运动后肌糖原恢复的差异，可能与间歇性运动后血糖浓度升高、血乳酸水平相对较高等因素有关。较高水平的血乳酸可通过糖异生作用转变成葡萄糖后被肌肉利用转变成肌糖原，而血糖则可直接用于合成肌糖原。因此，短时间、大强度间歇性运动后膳食对肌糖原储量的恢复影响较小。

（三）氧合肌红蛋白的恢复

肌红蛋白是存在于肌肉中的一种结合蛋白，具有与氧气结合的配位点，能够接受从血红蛋白运来的氧气，并储存于肌细胞内，为肌肉组织提供氧气。运动过程中，氧合肌红蛋白大量解离释放氧气被肌组织所利用。氧合肌红蛋白恢复速度很快，运动后仅需要几秒钟即可完全恢复。氧合肌红蛋白的恢复对运动性疲劳的消除很重要。

（四）乳酸再利用

乳酸是糖酵解供能系统代谢的终末产物，因其蕴藏有大量的能量，又是有氧氧化供能系统的重要氧化基质。每分子乳酸彻底氧化可生成18个分子的ATP。乳酸作为重要的氧化基质，为肌肉的活动提供了一定的能量。与此同时，乳酸又可通过糖异生途径转变成葡萄糖而被人体有效再利用。

骨骼肌不仅是乳酸生成的主要场所，也是乳酸再利用的主要场所。布鲁克斯研究认为，肌肉收缩时产生的乳酸经由乳酸穿梭系统进行转运，约有半数以上是在工作肌不同类型的肌纤维中通过重新分配而被利用（继续氧化分解）。乳酸穿梭转运的形式有以下几种。

1.工作肌中乳酸穿梭

工作肌中乳酸穿梭，即运动过程中肌肉产生的乳酸，在不同类型的肌纤维中进行重新分配和代谢的穿梭转运形式。剧烈运动时，Ⅱb型快肌纤维中产生的乳酸通过乳酸穿梭系统不断“穿梭”进入邻近的Ⅱa型快肌纤维或Ⅰ型慢肌纤维，之后，乳酸被氧化为丙酮酸，最终通过三羧酸循环氧化为二氧化碳和水，并释放能量合成ATP，供肌肉收缩之用。

2.血管的乳酸穿梭

血管的乳酸穿梭，即运动时肌肉产生的乳酸借助肌纤维与血液中的乳酸和H^+浓度梯度，穿越肌细胞膜弥散进入毛细血管，再通过血液循环将乳酸运输到体内其他器官进行代谢的穿梭转运形式。乳酸经血液循环既可进入心肌和非运动肌被氧化利用，又能进入肝和肾脏作为糖异生的底物转变成葡萄糖或糖原。葡萄糖释入血液后又可被肌细胞利用合成肌糖原或补充血糖的消耗。

三、促进人体机能恢复的措施

竞技运动的发展对运动训练提出了更高的要求，不仅需要有科学的训练手段，而且要有合理的恢复措施，才能使人体在“疲劳—恢复—再疲劳—再恢复”的良性过程中得到发展，才能实现更高、更强、更快的目标。因此，恢复是现代运动训练中亟待解决的问题之一。世界各国体育工作者做了大量的研究，提出了许多促进机能恢复的措施，概括起来有以下内容。

促进恢复的方法与手段

（一）运动性手段

1.整理活动

整理活动是指运动后进行的各种较为轻松的身体练习，其目的是消除疲劳，促进体力恢复。实验证明，运动结束后，通过整理活动使参与运动的肌肉做一些伸展或牵拉运动，可减少肌肉的延迟性酸痛和硬度，加速肌肉机能的恢复。研究发现，剧烈运动后，进行3～5 min的整理活动能促进血液循环、加速乳酸的消除和利用。例如，在力竭性运动后，如果机体处于完全休息状态，乳酸的半时反应为25 min；但进行整理活动时，乳酸的半时反应可缩短为11 min。可见，运动结束后进行一定量的整理活动对于消除乳酸、促进机能恢复具有重要作用。

运动结束后，如果不做整理活动而骤然静止，将会影响血液循环和呼吸运动，使氧气的补充及静脉回流受阻，心输出量减少，血压下降，脑组织暂时性缺血，从而引起一系列不良反应，甚至出现“重力性休克”。此外，剧烈运动时，骨骼肌持续紧张收缩，使大量代谢产物堆积，肌肉硬度增加，导致机能下降，出现疲劳。运动结束后，通过整理活动，可减少肌肉的延迟性酸痛，有助于消除疲劳。因此，整理活动是运动训练过程的重要组成部分，应予以高度重视。

2.积极性休息

积极性休息是指运动过程中为了消除疲劳而采取的各种变换动作或运动强度的练习。积极性休息更适合于少量肌肉群参与工作所引起的局部疲劳，或运动强度较大而引起的快速疲劳。例如，长时间慢跑所导致的下肢疲劳，可通过一些轻微的上肢活动得到消除；引体向上产生的上肢疲劳，可通过慢跑活动得以消除等。谢切诺夫于1903年研究发现，右手握测力器工作至疲劳时，以左手继续工作来代替安静休息，结果显示，右手恢复得更快、更完全。谢切诺夫认为，在休息时，来自左手肌肉收缩时的传入冲动能加深支配右手的神经中枢的抑制过程，并使右手血流量增加，从而促进恢复。积极性休息与被动性休息相比较，积极性休息能使积累乳酸消除速度提高一倍。如让5名受试者以150% $\dot{V}O_2max$强度在功率自行车上进行60 s运动后，接着以30% $\dot{V}O_2max$强度踏车20 min进行积极性休息。结果显示，积极性休息者乳酸的消除速度远远快于静止休息者。有报道认为，脑力劳动者若将肌肉运动作为积极性休息，对疲劳的消除速度将会明显加快。可见，在运动训练过程中，采取调整训练内容、变换运动形式的积极性休息，对于消除疲劳、促进恢复具有重要作用。

被动性休息与积极性休息对疲劳恢复的影响参见图10-7。

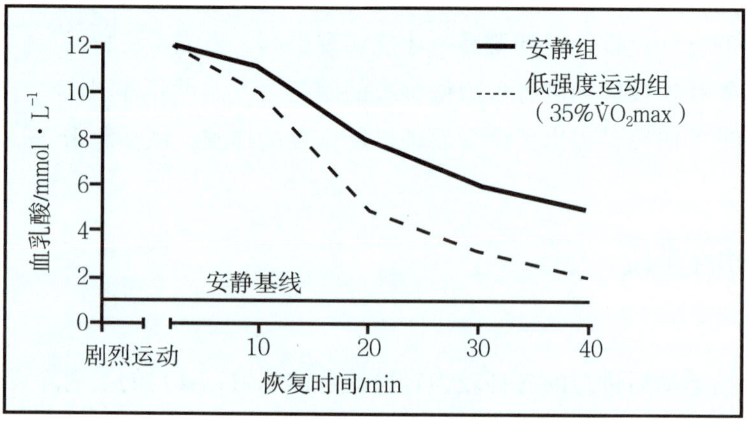

图10-7　被动性休息与积极性休息对疲劳恢复的影响示意图

（二）睡眠

睡眠是大脑皮质抑制过程的表现。睡眠时机体与外界环境之间的主动联系大大减少，全身肌肉处于放松状态，因而能量消耗较少。此时，代谢活动以合成代谢为主。所以良好的睡眠是疲劳恢复的重要措施之一。在平时训练期间，每天睡眠时间不应少于8～9 h；并应安排1～2 h的午睡；在大运动量训练（如冬训期）或比赛期间，睡眠时间也应适当延长。

为了加深睡眠和延长自然睡眠的时间，在就寝前应尽量避免外界刺激，使心理趋于平静状态；还可用频率为30～40 Hz的脉冲电流刺激太阳穴或乳突部位，操作过程中应逐步增加电流强度，直至眼睛出现闪烁感。

（三）消除疲劳的营养学手段

运动时消耗的物质需要饮食中的营养物质来补充。因此，合理安排营养（膳食）是消除疲劳、促进恢复及提高运动能力的重要手段。

在长时间运动过程中，体内糖原大量消耗，因此训练后的膳食应适当增加糖的含量。研究发现，长时间运动（连续3 d长跑）后，运动员食用高糖膳食，肌糖原可在48 h完全恢复。若食用高脂肪和高蛋白膳食，待运动结束后第5 d尚未完全恢复（图10-8）。在以力量为主的运动中，由于运动的目的是增加肌肉力量，所以运动后应多增加蛋白质的补充（如举重运动

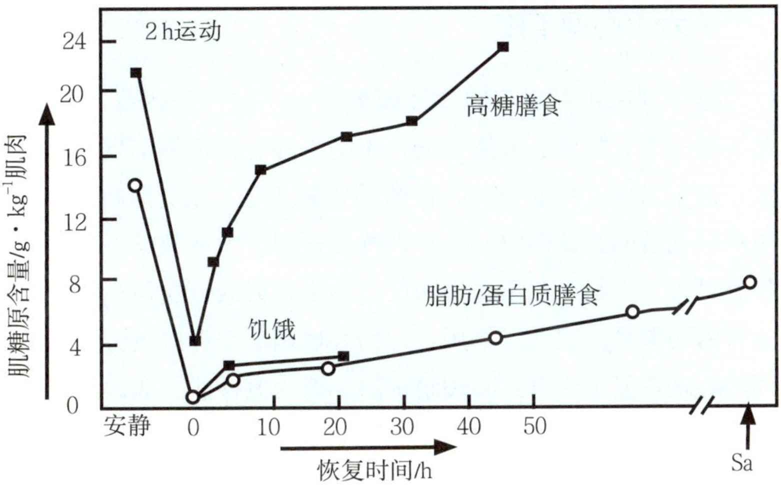

图10-8　长时间运动后膳食对肌糖原恢复速率的影响

员每日膳食中蛋白质的含量应为150 g），同时应补充一定量的无机盐和维生素。在以速度为主的运动中，应适当补充糖、蛋白质、维生素B和维生素C等营养物质。而热环境下的运动，由于机体的水分和电解质的丢失较多，因此可采取少量多次的方法补充适量的液体（如淡盐水）。此外，还应考虑运动员的年龄特点及合理的营养搭配。例如，青少年运动员在膳食中应尽可能多食用肉类、鱼类、蛋类、奶类和豆类等食物以补充机体发育过程中所需的蛋白质。大多数项目运动员膳食中蛋白质、脂肪、糖三种营养素的重量之比应为1∶1∶7，能量百分比应为9.5∶22∶68.5。运动后应多食用碱性食物，如奶类、动物血液、水果、蔬菜、豆制品等。

苏联营养学家莫·纳伏尔加夫认为，如果人体经常在机体代谢和机能状况没有充分恢复的情况下继续进行活动，会引起代谢过程紊乱，机能调节失调，运动能力下降。由此可见，根据不同项目运动员的营养、代谢特点，合理安排膳食（如食物的种类及其比例），有利于促进机能恢复和提高运动训练效果。

（四）消除疲劳的中医药手段

应用中医药调理可改善人体的代谢能力，延缓疲劳的出现，加速疲劳的消除，促进机能的恢复。目前认为，运动性疲劳的恢复应从健脾益气、补肾壮阳或补益气血方面入手，针对不同的疲劳症候，做到辨证施治，对症下药。

常用的方法有：①汤剂内服法（口服），包括服用复方中药和服用单味中药两种方法，如阿胶能够促进骨髓造血功能，增加血液中红细胞和血红蛋白含量，提高血液运输氧能力。②汤剂熏洗法（外用），如利用川芎、当归、苍术等制成的中药汤剂具有扩张外周血管，促进血液循环，提高机体运输氧能力，维持机体内环境稳定，加快疲劳恢复等作用。

（五）盐水浴

首先让运动员泡在浓度为1～3 g/L的盐水中，然后水按摩15～30 min，每周2～3次。从血乳酸浓度的变化及肌张力的恢复都可发现，这种方法有利于促进疲劳恢复。

（六）心理手段

过度训练可引起与躯体性疲劳相联系的心理疲劳，使运动员表现出主观感觉乏力、兴趣减退、意志减弱、厌倦、动机水平下降、抑郁等不良心理症状。过度训练易导致积累性疲劳，甚至出现下丘脑–垂体–性腺轴功能紊乱、免疫抑制、慢性感染及运动损伤等现象，直接影响运动员的身体健康、正常训练和比赛。大多数学者认为，神经系统功能降低、神经细胞抑制过程加强是引起不良心理反应的主要因素，这与训练负荷安排不当、恢复措施不足等因素有密切关系。因此，采用合理的心理调节是促进疲劳恢复、提高训练效果的重要手段。常用的心理恢复手段有：心理暗示法、意念放松法、肌肉放松法、呼吸调整法、音乐放松、心理调整训练法，以及赏识、激励和人文关怀等方法。

除上述几种方法外，促进运动性疲劳恢复的方法还有按摩、拔火罐、针灸、热敷、热水浴、理疗、吸氧和气功等。

思考题

1. 运动性疲劳的机理有哪些?
2. 不同类型运动的疲劳特征是什么?
3. 运动性疲劳的判断方法有哪些?
4. 运动性疲劳的恢复过程有哪些?
5. 运动性疲劳恢复的具体措施有哪些?

主要参考文献

[1]王瑞元,苏全生. 运动生理学[M]. 2版. 北京: 人民体育出版社,2012.

[2]EDWARD L. Fox: Sports Physiology[M]. Philadelphia: W.B.Saunders Company, 1979.

[3]冯连世,李开刚. 运动员机能评定常用生理生化指标测试方法及应用[M]. 北京:人民体育出版社, 2002.

[4]邓树勋, 王健. 高级运动生理学——理论与应用[M]. 北京: 高等教育出版社, 2003.

[5]冯炜权. 运动生物化学原理[M].北京: 北京体育大学出版社, 1995.

第十一章 运动机能的生理学评定

本章学习提示

通过本章的学习，要求学生掌握运动员身体机能评定的指标和方法，了解运动员身体机能的综合评定原理。

运动时人体内的一系列生理变化是机体对所承受运动负荷的客观反映，反映机体对运动训练的应激能力。训练负荷太小，运动能力提高不明显；训练负荷过大，不仅不能提高运动能力，而且会损害身体健康。因此，在运动训练中，合理运用基础理论、实验技术和测定方法评定运动员机能状态，对运动员选材、医务监督、控制训练负荷、判断运动性疲劳、防止过度疲劳和运动损伤的发生，以及有效地挖掘人体的运动潜力、提高竞技能力，均有十分重要的意义，并已经成为科学训练的重要内容。

第一节　运动员身体机能评定的概念及功能

一、运动员身体机能评定的概念

在运动训练实践过程中，采用运动人体科学理论、实验技术和方法，对运动员身体机能进行测量以评价运动员身体机能状态，分析其变化趋势，并及时向教练员反馈，这一过程称为运动员身体机能评定。其内容包括采用运动生理学、运动生物化学甚至运动心理学等的理论和方法进行运动员身体机能评定，其中利用运动生理学的理论和方法进行的运动员身体机能评定，为运动员运动机能的生理学评定。

二、运动员身体机能评定的作用

（一）运动员选材的科学依据

运动员的身体机能在很大程度上由遗传决定。机能评定工作应根据运动项目的特点，选择相应的指标进行运动员选材。教练员以此为依据，通过系统训练充分挖掘运动员的遗传潜力。

（二）客观评定运动员身体机能状态

在运动训练中，运动员的身体机能会发生相应的变化。通过对安静时、运动时和运动恢复期，各脏器、系统及血液、尿液、汗液、唾液中某些化学成分的测定和比较，可对运动员身体机能状态进行客观评定。

（三）预测运动成绩

运动员的身体机能是竞技能力的基础，通过评定运动员身体机能状态，可以准确掌握运动员的竞技能力。运动成绩是运动员竞技能力的体现，除了与技术动作、战术要求等有关外，更与运动员身体机能水平关系密切。因此，运用某些生理指标预测运动成绩，已逐渐被应用于体育科学研究和训练中。

（四）监控运动员合理膳食和营养

合理的膳食和营养能供给运动员运动训练所需的热能，提供能源物质的储备，加速代谢产物的清除，维持细胞内环境，有助于提高运动员的机能水平，增强抗疲劳能力，加速运动后的体力恢复。运动员的膳食和营养补充是否合理，可以通过一系列生理指标来评定。

第二节　运动员身体机能评定的指标及方法

一、运动系统测试指标

运动系统的测试指标包括肌肉力量、肌电图和关节的伸展度等。

二、心血管系统测试指标

心脏作为人体的动力器官，在维持正常的血液循环，确保各组织、器官的血液与营养物质的供应上发挥重要作用。而心脏生理功能的实现主要在于其能自动地、有节律地发生兴奋和舒缩活动，这就构成了心脏泵血功能的基本条件。而心脏泵血功能的强弱主要由心肌收缩性能、心脏前后负荷及心率决定。对运动员而言，良好的心脏泵血功能尤为重要。因此，运动员心血管系统的结构与功能的诊断与监护作为运动医学监督的中心环节，在运动员身体机能评定与训练监控中发挥重要作用。目前，对心血管系统机能进行评定的常用生理指标有心率、血压和心电图等。

三、呼吸系统测试指标

呼吸机能是保证机体在新陈代谢过程中实现气体交换的重要条件，呼吸机能的好坏严重影响人体的能量代谢系统，并影响人体的运动能力。呼吸系统测试指标有主要肺活量、连续肺活量、时间肺活量和最大通气量。

四、能量代谢系统测试指标

物质代谢和能量代谢是人体各种器官机能活动的基础。应用物质代谢和能量代谢的规律来掌握运动员的机能水平，指导训练，把握恢复规律，可以有效促进运动能力提高，是训练科学化的标志之一。有氧、无氧代谢是能量代谢的基本过程，可细分为三大供能系统，即ATP-CP供能系统、糖酵解供能系统和有氧代谢供能系统。不同专项运动时的能量代谢类型和供能比例都不相同，因此对3个供能系统的准确评定，将为运动员选材和训练效果的客观评估提供重要的参考依据。

（一）磷酸原代谢能力的评定

测定ATP-CP代谢能力，一般是通过10～15 s的最大能力持续运动实验来完成。基本评价标准是：无氧输出功率越高，血乳酸上升越少，ATP-CP能力越强。主要方法包括磷酸原能商法、Margeria台阶实验、Quebec10 s无氧功实验和10 s最大负荷测试法等，主要反映速度爆发力项目的运动机能能力。

（二）糖酵解代谢能力测定

测定糖酵解代谢能力，一般是通过30～90 s的最大能力持续运动实验来完成。基本评价标准是做功的量越大，运动前后血乳酸的增值越大，是糖酵解代谢供能能力强的标志。主要方法包括Wingate无氧功率试验、Quebec90 s实验、60 s最大负荷测试和无氧功跑台测试等，主要反映速度耐力性项目的运动机能能力。

（三）有氧代谢能力的评定

1. 最大摄氧量($\dot{V}O_2max$)的测定

最大摄氧量是在心肺功能和全身各器官、系统充分动员的条件下，在单位时间内机体吸收和利用的氧容量，它的意义在于反映人体最大有氧代谢能力，反映心肺功能的氧转运能力（包括心排量、血红蛋白、毛细血管密度）和肌肉对氧的吸收、利用能力（包括线粒体多少、酶活性等）。

2. PWC_{170}实验

PWC_{170}（physical work capacity）是运动员机能评定中一种常用的次极限负荷实验。它测定机体在定量负荷运动时，当身体机能动员起来并处于相对稳定状态、心率为170 b / min时，单位时间内所做功的数量。它反映了机体工作能力，尤其是耐力水平。在进行PWC_{170}试验时，要求受试者在逐渐增大的运动负荷中，进行稳定状态的练习直至到所要求的心率。在达到所要求的心率时，每分钟做功的数量（即功率）就是这一指定心率时的身体工作能力。

3. 乳酸阈的测定

在乳酸阈强度，不但血乳酸出现拐点，心率、肺通气等与代谢有关的指标也会出现拐点现象。因此，在实践中除了可直接测定血乳酸来评定乳酸阈外，也可通过测定通气量、心率等指标评定乳酸阈。乳酸阈对耐力的评定、训练强度控制方面都有重要的实用价值。最大摄氧量虽然是评定耐力的可靠指标，但随着运动员耐力不断提高，运动成绩不断刷新，运动员的最大摄氧量的提高幅度很小。运动员耐力提高不但取决于心血管系统的改善，还和骨骼肌氧化代谢能力的提高有关，即在长时间持续运动中，血乳酸没有明显堆积之前能够达到较高的摄氧能力，说明运动员的有氧代谢水平较高。目前乳酸阈可以用于评定运动员运动能力和评价训练效果，当乳酸阈负荷增大时，运动员运动能力强，反之则差。也可根据运动员的乳酸阈安排运动训练强度。

五、神经系统及感觉机能测试指标

神经系统是人体功能的主要调节系统。在神经系统直接或间接地调节和控制下，人体各器官、系统的功能才能得以相互配合、相互制约，以维持人体整体水平的协调统一，并适应身体内外环境的变化，保证生命活动的正常进行。感觉是感受器或感觉器官接受外界的刺激后通过神经冲动传到大脑皮质，并经过大脑皮质精确分析和综合后形成的。在体育运动实践中，各种运动技能的形成，以及每个动作的完成，都依赖于对内外环境变化的感受和各种感受器的相互作用。

研究表明，过度的运动训练会造成中枢神经系统抑制，出现运动疲劳，直接表现在大脑皮质持续有节律的变化（自发脑电活动）出现异常，通过大脑皮质完成的一些感觉机能下降等，因此，在运动训练实践中，常用脑电图和一些感觉机能指标从整体的角度来评定运动员中枢神经系统的疲劳与恢复情况，如两点辨别阈、闪光融合频率和主观体力感觉等级等。

六、身体形态学指标的测定

（一）体重测试

体重是反映人体骨骼、肌肉的发育程度以及肥胖程度的指标，也是反映人体体形的一项指标。通过人体体重的变化可以反映人体的营养和肌肉发育的情况，对衡量人体的生长发育和健康状况具有重要的意义。

（二）身体成分测试

人体重量由脂肪重量和去脂体重组成，对人体脂肪重量及体脂百分比的测试可以反映人体的营养状况。身体成分测试对人体的生长发育和健康状况具有重要的意义。目前，由于实验技术的飞速发展，体成分测定的研究手段较为丰富，常用的有水下称重法、皮褶厚度测量法、生物电阻抗法、体重指数法、超声测定法、核磁共振测定法、双光子X射线扫描法、血氧稀释法及呼吸商测定法等。

（三）其他形态指标测试

身高、坐高、胸围、腰围、臀围和各部位肌肉围度等其他形态指标的测量，可以反映身体形态和生长发育状况，对运动员和普通大众身体机能评定具有重要意义。

七、其他机能评定指标

在机能评定中还常通过专门仪器测试运动医学和运动生物化学方面的指标，如血乳酸、尿蛋白、血红蛋白、血尿素、睾酮等相关激素水平及与代谢有关的酶类活性。此外，尚有心理学方面的指标，如注意分配实验等，与生理学指标共同对受试者做出较全面的机能评定。

第三节　运动员身体机能的综合评定

一、运动训练对身体机能的影响

长期系统的运动训练对人体各器官、系统的形态、结构和机能水平都会产生影响，从而形成独特的运动员形态和机能特征。如果用临床医学的诊断标准来评价运动所引起的身体形态和机能变化，会得出许多不利于运动员的诊断结论，如将由运动所引起的心脏结构和机能变化称为运动员心脏综合征。而运动员形态和机能的变化是机体对运动负荷的主动适应的结果，是身体机能水平提高的表现，并提出运动员心脏、运动员血液、肌肉功能性肥大、运动性心动徐缓等针对运动员生物学特征的专业术语。长期系统运动所形成的运动员生物学特征可表现在安静状态、运动过程中和运动后的恢复期，并因其运动项目特点而表现出不同的特征。

（一）安静状态下运动员的生物学特征

运动训练对骨骼的影响主要表现在骨密度的变化。不同的运动项目由于对骨的刺激作用不同，骨密度也表现不同的变化特点。力量性运动项目运动员，如举重运动员的骨密度最高，其身体各部位的骨密度绝对值都高于其他项目运动员和普通人；而耐力性运动项目运动员的骨密度最低，有研究表明甚至低于正常人。究其原因，可能为过量运动使女子运动员血液中雌激素水平和男运动员血液中雄激素水平降低，使骨代谢过程中骨的吸收大于骨的形成，从而使骨密度降低。此外，运动员不同身体部位的骨密度也有所不同，如网球运动员持拍手的骨密度高于非持拍手，足球运动员股骨近端骨密度远高于身体其他部位。研究提示，运动可能对受刺激部位的骨骼产生局部影响。

运动对骨骼肌的影响主要表现在促进肌肉的功能性肥大和肌力增加。肌肉功能性肥大的主要机制在于，运动导致肌肉组织的卫星细胞、生长因子和RNA等细胞和物质的增加。运动对肌肉的影响是通过肌肉的物质消耗、结构损伤、修复和再生等过程，使肌肉在结构和收缩力量等方面出现适应，从而促进肌肉功能性肥大和肌肉力量增加。

运动员的血液指标与一般人相比并无明显差异，仅在某些项目运动员如耐力性项目运动员的血液中出现红细胞和血红蛋白值增加，个别酶活性高于常人的现象；而运动员在心血管形态和机能方面则表现出明显的不同于常人的特点。运动员的心脏表现为功能性肥大、心动徐缓及心血管机能改善等。

在呼吸系统方面，安静状态运动员的肺活量明显高于普通人，呼吸频率减少，呼吸深度增加，但肺通气量一般并无差异。一般人安静时的呼吸频率为12～18 b/min，呼吸深度约500 mL，而运动员可降至8～12 b/min甚至更少，呼吸深度可达1000～1500 mL。因此，虽然同样的肺通气量，由于运动员的肺泡通气量更大，其通气效率更高。

从以上介绍可见，运动员在安静状态下机能系统表现出自身特征，在总体上体现出经济实用的能量节省化现象。

（二）运动时和恢复期运动员的生物学特征

运动员在开始运动时的机能动员较无训练者快，表现在各系统的机能进入工作状态阶段时间短，极点症状反应较小，能较快地进入稳定状态；参与运动的肌群协调性和节奏感好；呼吸运动的节律和呼吸深度能很快适应运动形式。

在完成定量运动负荷时，运动员更表现出与普通人较大的机能差异。首先，完成同样的负荷，运动员肌肉活动的程度较小，主动肌、协同肌和对抗肌能较好地协同工作，因而，肌电放电节律清晰，肌电振幅和积分值较小。其次，运动员在完成定量负荷时的心肺功能变化也较小，表现在心率提高幅度和呼吸频率增加较小，但每搏输出量和呼吸深度则增加较多，这表明运动员较一般人有较高的通气和泵血效率。

在完成最大运动负荷时，机体需全力以赴去克服运动阻力，此时运动员表现出远高于普通人的机能水平。一方面肌肉的最大做功量和做功效率明显高于普通人，能克服更大的运动阻力。另一方面，作为衡量机能水平重要指标的最大摄氧量，普通人只有2～3 L/min，而优秀的耐力性项目运动员可以高达5 L/min以上，这可以保证运动员在高强度运动状态下，获得较多的氧气供机体代谢所用。在运动时，运动员的心力储备充分动员，主要表现在心率增快和心输出量增加等。

运动结束后，运动员的机能恢复比一般人快。研究表明，完成同样的运动负荷，运动员肌肉的收缩能力和心肺功能指标，如心率、心输出量、肺通气量等恢复的绝对值和相对速率都快于一般人，血乳酸消除速率也较一般人更快。

由上述可见，长期系统的运动训练使运动员机体形态和机能对运动产生适应性变化，与一般人相比，表现在安静状态机能水平较低、开始运动时机能动员较快、定量运动负荷时机能变化幅度较小、最大运动负荷时机能水平较高及运动后机能恢复较快等。

二、适宜运动量的生理学评定

运动效果的生理学评定，主要应着眼于远期效果的评定，但远期效果是日常运动训练效应的积累所产生的质的飞跃。因此，若不经常定期地检查评定，对计划与方案实行反馈调整或再调整，就不能保证获得远期效果。

运动量的安排是否得当是能否取得运动效果的前提。运动量怎样才算适宜，目前尚无衡量的标准模式。运动员的身体状况千差万别，个体间或个体在不同机能状态下，对运动量的负担能力不尽相同。评定运动量是否适宜最好通过多途径、多指标、多学科，进行同步测试，再做综合分析，至少应包括以下几方面的内容。

（一）生理指标的检查

运动训练对人体机能引起的深刻变化，即使是大运动量也必须在2～3 d之内恢复。要及时掌握恢复情况，为此，一般在早晨起床前后的基础状态下进行各种简易指标的测试（如脉搏、呼吸、血压等），至少每周周末安排一次检查。为了得到较多指标，还可以进行多次检查和一些特殊指标的测试。平常，为了简便易行也可仅查记每天的晨脉。如果运动量适宜，晨脉变化每分钟不超出正常的3～4次，血压变化范围上下在10 mmHg以内，体重减少不多于0.5 kg。数日内如有脉搏、血压明显持续上升，或肺活量、体重等明显持续下降，则说明运动量偏大，有疲劳积累的征兆。

了解高级神经活动的变化是评定适宜运动量的另一个方面，可用反应速度和建立分化抑制的准确程度来评定皮质机能的恢复情况。如反应速度不变或加快，分化能力不变或提高，视觉基强度不变或下降，说明皮质机能恢复良好；反之，则说明由于运动量偏大，运动员没有得到良好的恢复，疲劳尚未消除。此外，感官的阈限和平衡觉等机能变化，也都能反映疲劳消除的程度。

在有些运动项目中，身体局部负担很大，但整体反应并不明显。其结果往往导致局部疲劳积累，进而可造成局部肌肉出现慢性劳损。为此，可用肌电图研究肌肉活动的潜伏期，即当看到刺激信号时肌肉做快速收缩，而当收缩期间看到刺激信号时做快速放松。研究发现，未消除疲劳的肌肉，收缩和放松的潜伏期均延长，尤以后者最为突出。

运动心电图试验是近年来广泛用于判断疲劳程度的重要指标。研究表明，过度疲劳时心电图发生变化的阳性率达50%。过度疲劳时做运动试验，心肌代谢率发生异常变化，中枢神经系统机能失常，并有兴奋性增高或降低两种趋势的变化。

此外，诸如肺的最大通气量、尿的成分、气体代谢、体温等指标的变化，也都可以作为观察疲劳消除的依据。

根据上述指标的变化，一般说来，小运动量导致的疲劳，24 h之内即应消除，而大运动量后的恢复一般不宜超过3 d。

（二）运动员的自我感觉及教育学观察

疲劳程度不深时，运动员主观感觉的变化不大，食欲和睡眠也都正常，微感困倦思睡，缺乏完成训练任务后所出现的安慰感。如在此基础上继续追求大运动量，可能造成疲劳积累，久而久之，运动员即可产生许多异常感受，如食欲不振、不易入睡、多梦、乏力、易汗、心悸、自信心动摇，以及对体育场地、器材、练习信号产生厌恶感等。这就是不合理的大运动量训练所致的过度疲劳，此种现象易发生在自觉性强、意志力强的运动员身上。在检查运动员的训练日记时，应予以重视，以便做出防患于未然的调整。

在疲劳继续发展的过程中，教师或教练员还可应用教育学指标对学生或运动员进行观察，观察学生或运动员在训练过程中是否出现烦躁不安、脸色苍白、眼光无神、表情淡漠、反应迟滞、协调性差、注意力不集中以及运动成绩明显下降等现象。哪怕只有部分现象出现，也都意味着疲劳积累已经达到必须调整运动量的程度了。

思考题

1. 运动员身体机能评定的功能有哪些？
2. 运动员身体机能的生理学评定包括哪些测试指标？
3. 长期运动训练对运动员身体机能有何影响？
4. 如何对适宜运动量进行生理学评定？

主要参考文献

[1]王瑞元, 苏全生. 运动生理学[M]. 北京:人民体育出版社,2012.

[2]杨锡让, 傅浩坚. 人体运动科学：经典研究方法的发展与应用[M]. 北京:人民体育出版社,2007.

[3]冯连世, 李开刚. 运动员机能评定常用生理生化指标测试方法及应用[M].北京:人民体育出版社,2002.

第十二章
特殊环境与运动

本章学习提示

通过本章的学习，要求学生了解并掌握在低氧（高原）环境中进行运动时，机体的短期应激反应与长期高原暴露产生的适应及其机理；能够运用高原训练的知识指导科学的运动训练。同时要求学生掌握机体运动时体温调节机制，在冷热环境中运动时机体出现的反应与适应，机体在微重力环境下的反应与适应等，以及相应的健康风险。

高原训练

第一节　高原环境与运动

随海拔高度升高而降低的气压，被称作低气压环境或者简称低气压。较低的大气压力同样会导致较低的氧分压（PO_2），这会导致肺部的气体交换比较困难，氧气向组织中扩散的速度也会降低，其结果就是细胞缺氧（细胞内氧供不足）。

一、高原的自然条件

（一）高原的大气压力

空气本身具有重量，在地球上任何一点的大气压力是由这一点上面的空气的重量决定的。例如，在海平面的空气，距离大气层的顶端有38.6 km的距离，所以会产生760 mmHg的大气压力。在珠穆朗玛峰的顶端，空气产生的大气压力只有250 mmHg。

虽然气压会产生变化，但是在我们所呼吸的空气中，各种气体的含量及其比例，在不同高度会保持不变。在任何高度下，空气中各部分的比例总是氧气占20.93%，二氧化碳占0.03%，氮气占79.04%，但是这些气体的气体分压发生了变化。随着高度的上升，空气中氧分压的下降比例与大气压力的下降比例是相同的（表12-1）。氧分压的变化会显著影响到达肺内的空气的氧含量，进而影响肺泡与血液间以及血液与组织间的氧分压差。

表12-1　不同海拔高度大气压力、空气中氧含量、氧分压和气体温度变化

高度/m	0	1000	2000	3000	4000	9000
大气压力/mmHg	760	674	596	526	462	231
空气中氧含量/%	20.93	20.93	20.93	20.93	20.93	20.93
氧分压/mmHg	159	141	125	110	97	48
气体温度/℃	15	9	2	−5	−11	−43

注：从海平面到海拔9000 m的范围内，大气条件和温度的变化。注意，氧分压从海平面处的159mmHg变化为海拔9000 m处的48mmHg。

（二）高原环境下的空气温度

很显然，高原的低氧环境是影响人体机能的最大因素，但是其他环境因素也会对人体产生影响。例如，海拔高度每升高150 m，空气温度就降低1℃。珠峰上的气温大约是-40℃，而相同纬度的海平面的温度则是15℃。在低温、低湿度和强风的联合作用下，处于高原环境的人体可能会产生冻伤等与低温相关的疾病。

由于高原的寒冷环境，导致其绝对湿度也十分低，冷空气中的含水量很少。皮肤和空气之间的湿度差会促使皮肤上的水蒸气加速蒸发，并很快导致脱水。同样，通过呼吸系统的蒸发，人体也会损失不少水分，这是由于空气的干燥以及高原暴露时呼吸频率的增加导致的。

（三）高原环境下的强辐射

由于高海拔地区光线到达地面时需要穿过的大气层比较薄，这时候大气吸收的光线，尤其是紫外线就相对较少。其次，由于高海拔地区空气中含水量少，水可以吸收或反射的光线也少，所以也会增加高原环境的辐射强度。同时，在高原上常见的积雪，可以反射光线而增强辐射。由于以上种种原因，太阳的辐射率在高海拔地区会增加。

二、高原应激

下面将讨论急性高原暴露时机体的生理反应，特别是那些与运动能力或比赛水平相关的机能变化，主要涉及呼吸系统、心血管系统和代谢系统等的应激。

（一）呼吸系统对高原的反应

对于运动中的肌肉来说，充足的氧供应是其发挥运动水平的重要保障。而氧气供应是否充足，取决于机体吸入的氧气、氧气在肺部的交换、扩散至肌肉的速度及肌肉摄取氧的能力，任何一个步骤的不足都会限制运动成绩。

人体在高原暴露数秒，无论是在休息还是运动中，肺通气量都会增加。因为较低的氧分压会对主动脉弓和颈动脉窦的化学感受器产生刺激，而反射性地引起呼吸加深加快，使肺通气增加。肺通气量的增加会促使二氧化碳加速排出体外而导致呼吸性碱中毒，这种呼吸性碱中毒又会限制肺通气量的进一步增加。因而在数小时或数天后，肺通气量会保持在一个与当地的海拔高度相适应的水平上。而在高原环境下肺换气机能没有下降。高原环境下的低血氧状况是由于肺泡的低氧分压导致。在平原条件下，肺泡内的氧分压为104mmHg，这时血氧饱和度为96%～97%。在4300 m高度下，肺泡内的氧分压为46mmHg，这时血氧饱和度降低只有80%左右。所以高原条件下，氧气在血液中的运输能力会下降。但是急性高原暴露会导致过度换气，进而产生呼吸性碱中毒，血液pH值的升高，而氧离曲线会左移，结果可以稍微改善血氧饱和度，使血氧饱和度由80%上升至89%。最后组织换气也会受到影响。海平面处的动脉氧分压为100 mmHg，而机体组织内的氧分压在安静时为40 mmHg，氧分压差为60 mmHg。但是，当人移至4300 m的高原时，动脉氧分压降低为42mmHg，而组织中的氧分压降低为

27mmHg。这时氧分压差从之前的60 mmHg下降到15mmHg，而这种氧气浓度的梯度差是促使氧气从血红蛋白进入组织的动力，所以在高原环境下，机体从血液中摄取氧气的能力会显著下降。

（二）心血管系统对高原的反应

由于高原环境可以限制呼吸系统的机能，在这种情况下，心血管系统为了代偿PO_2下降的影响，其生理机能也会产生显著变化。

1. 循环血量

人体在初到高原的几个小时内，就会出现血浆量的下降现象，并且会持续下降数周后才能恢复稳定。血浆量的下降是由于呼吸系统损失了大量的水，以及排尿增多引起的。这两种作用可以使血浆量下降25%。由于血液中水分的减少，血红细胞（含有血红蛋白）的浓度升高，在心输出量一定的情况下，较高的血红细胞浓度可以运输更多的氧气。在血浆量下降的同时，血红细胞数量基本没有变化，所以会导致在高原环境下，虽然血红蛋白浓度升高，但是总循环血量却有下降。在摄入充足的水后，这种下降的血浆量就会恢复正常。

持续的高原暴露会促使肾脏分泌促红细胞生成素（EPO），这是一种促使红细胞生成的激素。EPO分泌的增多可以促使血红细胞总数的升高，并最终使总血量升高。而这种机体的适应现象，可以部分缓解高原低氧环境对机体的负面影响。然而，这种适应现象的发生过程较慢，需要数周甚至数月才能使血量达到新的水平。

2. 心输出量

当人体处于高原环境时，交感神经系统受到刺激，进而释放肾上腺素和去甲肾上腺素，它们可以显著改变心血管机能。去甲肾上腺素可以在初上高原的几天内维持在较高水平。在初到高原的数小时内，由于体液的流失，人体在非最大强度运动时，其每搏输出量降低。但是心率会急速上升，这样代偿了每搏输出量的降低，而且使心输出量有微小的升高。然而，从长远来看，这种为了使运动时组织可以得到充分的氧供，而使心脏长期处于高负荷状态下的适应，并不很经济。所以，在到高原数天后，肌肉开始提高从动脉血中摄取的氧气量（增加了动-静脉氧差），这时，无须增加较多的心输出量就可以满足氧气供应。在高原训练中，心率和每搏输出量在初到高原后6～10 d增长达到峰值，并在之后开始逐步下降。

在高原环境下，最大运动强度时的最大每搏输出量和最大心率比平原都有所下降。总血量的下降会直接导致每搏输出量的下降，另外在高原环境下，心脏的β-肾上腺素受体会减少，心脏对交感神经的刺激反应相对不敏感，这会导致最大心率下降。结果，由于最大心率和最大每搏输出量都下降，直接导致最大心输出量也下降。因此，在较高海拔地区，最大摄氧量会出现显著下降，人体的最大有氧运动能力也会降低。

（三）高原的代谢反应

在高原环境下，由于甲状腺素和儿茶酚胺分泌的增加，人体的基础代谢率也会增加。人体必需摄入更多的食物来平衡基础代谢率增加给机体带来的影响，否则体重就会降低。由于刚上高原，食欲也会受到影响，所以会导致体重下降。对于想维持体重的人群，无论休息还是运动，都需要摄入更多的碳水化合物作为能源储备。

三、高原训练与运动能力

（一）最大摄氧量与运动耐力

最大摄氧量随海拔高度的增加而降低。在大气氧分压下降至131mmHg以下之前，最大摄氧量仅出现轻度降低，这大体相当于1500～1600 m的高原。在海拔5000 m的高原，最大摄氧量的下降主要是因动脉氧分压的降低引起；海拔更高时，最大心输出量的降低是进一步限制最大摄氧量的因素。1500 m以上的高度，海拔每增高1000 m，最大摄氧量下降约8%～11%，海拔更高时，下降速率曲线变得会更为陡峭。例如，在珠穆朗玛峰高度时，最大摄氧量降低大约70%，可低至15 mL/（kg・min）。最大摄氧量的下降直接导致耐力性运动能力下降。

（二）短跑、跳跃与投掷类项目

虽然耐力性项目的运动成绩会因高原环境而急剧下降，然而中等海拔高原环境对持续时间少于1分钟的短跑类项目（如100～400 m的短跑）的运动成绩普遍无影响，有时甚至会提高运动成绩。这类项目对机体氧运输与有氧代谢能力的依赖较低，主要由ATP-CP系统和糖酵解系统提供大量能量。此外，高原上稀薄的空气环境对运动员运动时产生的空气阻力较小。1968年的墨西哥奥运会上，男子100 m、200 m、400 m、800 m、跳远与三级跳项目，女子100 m、200 m、400 m、800 m、4×100 m接力的奥运会纪录均在墨西哥城被刷新或保持。

四、高原训练的生理学适应

当人体暴露于高原环境下数天、数周、数月后，机体会逐渐适应氧分压较低的空气环境。下面将涉及一些持续高原暴露后的生理适应，包括肺、心血管与肌肉组织（细胞）水平的适应性变化。通常，这些适应性变化需要较长的时间形成（几周至几个月）。一般来说，即使中等海拔高原的完全适应也需大约3 wk的时间。高原海拔每增高600 m，平均要多1 wk的适应时间，而适应带来的所有这些有利效应，将会在回到海平面的1个月内消失。

（一）呼吸系统适应

高原环境最重要的适应之一是安静与运动时的肺通气量均增加。在海拔4000 m高度的

3～4 d内，安静时通气量的增加保持在高于海平面安静时的40%左右。亚极限强度运动时，通气量会在一个较长的时间段保持在高于海平面时的50%左右。运动中通气量的增加在高原上始终保持着较高的水平，在较高强度运动时表现得尤为明显。

（二）血液系统适应

1. EPO与红细胞变化

上高原后的前两周，循环血液中红细胞数量增加，高原缺氧环境会刺激肾脏释放EPO。当运动员登上高原后的3个小时内，血液中EPO的浓度即开始增加；在随后的2～3 d内会继续增加。EPO的释放可能也受海拔高度的影响。由EPO升高使红细胞数量增加可能存在“阈”高度，这个适宜的“阈”高度为海拔1600～2500 m。高度较低时，EPO增加不明显。同时，研究发现高原训练运动员似乎比单纯久居高原的人更能促进红细胞的生成。虽然血液中EPO浓度会在1个月内回到基线水平，但红血细胞增加在3个月或更长时间内仍很明显。另外红细胞比容（红细胞压积）也会增高。秘鲁安迪斯山脉中部（4540 m）的居民，其平均血细胞比容为60%～65%，这明显高于海平面居民的平均血细胞比容（45%～48%）。随着红细胞容量的增加，血液中血红蛋白含量也会增加。

2. 血液流变学指标

对久居高原人群的研究发现，随海拔高度的不断增加，血液具有“浓”（红细胞压积增高）、“黏”（全血黏度增高）和“聚”（红细胞电泳时间延长）的典型特点。红细胞压积最适值是50%左右。当红细胞压积大于等于60%时，血液黏滞性则呈指数增加。红细胞压积加大是对高原环境的适应，但若过分增大反而对机体不利。适宜的高原训练控制红细胞压积在最适值范围内，使红细胞携氧能力达到较佳状态，且对血液黏度也无不利影响。因此，高原训练期间机体血液流变性可能会得到改善，从而提高机体对低氧环境的耐受力。

3. 红细胞变形能力

红细胞的变形能力在很大程度上影响着组织的供氧能力。研究发现，高原训练1 wk后红细胞内的2,3-二磷酸甘油酸（2,3-DPG）开始提高，而血中2,3-二磷酸甘油酸能通过改善红细胞膜的机能状态使红细胞变形能力增强，有利于氧的释放。

4. 血乳酸变化

高原训练初期，由于高原缺氧使组织中线粒体氧化酶的活性下降，肌肉利用氧的能力降低。因此，运动中有氧代谢不能满足机体的能量需要，较多地动用了无氧代谢，产生大量乳酸，同时由于大强度运动使乳酸消除的速率减慢，乳酸浓度会升高。

研究发现，在高原适应中，运动后血乳酸和肌乳酸水平存在下降的趋势，这是机体对缺氧环境的适应，也是机体代谢能力提高的反映。这种高原适应后大肌肉群训练时最大血乳酸浓度减少的现象称为“乳酸矛盾现象”。因为高原低氧环境应该促进血乳酸的积累。另外，长期在高海拔低氧训练时，血乳酸水平降低并没有提高适应后的最大摄氧量水平或氧运输能力。换句话说，血乳酸水平降低并没有伴随有氧代谢能力的提高。乳酸下降原因，是高原训练时动员葡萄糖的儿茶酚胺含量减少，活动肌乳酸释放减少，同时提高了肌肉清除乳酸的能力，这是机体对低氧环境的适应。

总之，在海拔2000 m的高度，当运动强度与平原相同时，缺氧的程度明显加大，血乳酸浓度变化有以下特点：① 以相同强度做大强度运动时，高原的血乳酸浓度明显高于平原；② 高原训练适应后，以相同强度运动时，与初到高原相比血乳酸浓度下降；③ 高原训练能明显提高乳酸阈强度；④ 极限运动时，由于强度偏低，最大血乳酸值比平原低。

（三）心血管系统

在高原做定量负荷运动时，最初反应是心率和心输出量比平原增加，而每搏输出量没有变化。极限强度运动时，最大每搏输出量和心输出量多下降。但数天或数周后，随着血液携带氧气的能力提高，做同样的定量负荷运动时，心率和心输出量均有所下降，逐渐接近平原水平。研究发现，高原训练可提高心脏泵血功能，即左心室收缩力增强，每搏输出量、射血分数增大，心输出量增加。

在高原居住的居民的血压略高于平原居民，而且肺循环的血压较高。居住在4330 m海拔高度的秘鲁居民的肺动脉血压，比平原居民要高一倍。这种肺动脉高血压有助于改善肺组织的血液灌流和扩大肺泡的有效气体交换面积。同时由于肺血管阻力较大，右心室发生适应性变化，发生肥大。

（四）骨骼肌

高原训练对骨骼肌有较深刻的影响，主要表现在以下几个方面。

1. 骨骼肌的毛细血管和酶活性

对在2300 m高度训练的运动员进行测定，发现其骨骼肌毛细血管密度增高，糖酵解酶活性降低，氧化酶活性升高。

2. 肌红蛋白浓度

肌红蛋白是肌细胞内含铁的蛋白质，对氧的亲和力比血红蛋白大，其主要功能是储存氧气。高原适应和训练的综合因素能引起人体骨骼肌中的肌红蛋白的浓度增加，这种增加在相当程度上与高原训练时强度以及缺氧程度有关，即训练强度较高、缺氧严重时肌红蛋白增加明显。

3. 体重和体成分

长期经受高原应激，瘦体重和脂肪明显下降，下降的大小与海拔高度密切相关。研究表明，运动员在4300 m的高原上停留8 d后，体重下降3%；而在5300～8000 m的高原上停留3个月后，体重则下降15%。在高原上体重的丢失，首先是脱水，其次是脂肪的丢失和骨骼肌质量的下降。另外还发现在骨骼肌质量下降同时存在肌纤维变小的现象，这是对高原环境的有利适应，它可缩短氧气从毛细血管扩散到线粒体的距离。

此外，高原应激使食欲降低、能量摄入下降，小肠吸收率下降，基础代谢率明显升高，从而使体重下降。

（五）代谢能力

高原训练可提高机体的有氧代谢能力。高原训练可改善心脏功能，提高红细胞和血红蛋白水平，从而增强氧的运输能力；骨骼肌毛细血管密度增加，增加了肌肉的氧供应；肌纤维线粒体中氧化酶活性升高，这些因素可提高机体运输氧和利用氧的能力，提高机体有氧代谢的能力。最大摄氧量是反映运动员有氧耐力的重要生理指标。研究发现，在高原训练初期最大摄氧量下降，中后期回升，返回平原后多能超过高原训练前水平。

关于高原训练对无氧代谢影响的报道，结果不一。高原训练是否确能提高无氧代谢能力，尚需作进一步研究。

五、高原训练的要素

（一）适宜的海拔高度

从理论上讲，高原训练的高度在1000～3000 m都有效。一般认为，世居平原的运动员高原训练的最佳高度应为2000～2500 m。低于2000 m，低氧缺氧刺激较少，不利于充分挖掘机体的潜力；高于2500 m，则机体难以承受较大的训练负荷，并且不利于训练后的恢复。在2000～2500 m高度训练，红细胞压积、血红蛋白数及最大摄氧量均有显著增加。我国运动员高原训练的高度多在1890 m（昆明，中长跑、游泳、足球等）及2360 m（西宁多巴，中长跑、竞走、自行车等）。埃塞俄比亚的高原世居运动员将赛前高原训练提高到2700～3000 m。总之，适宜的高度应具备两个条件，即此高度能对机体产生深刻的缺氧刺激，同时能承受比较大的训练量和强度。

（二）适宜的训练强度

适宜的训练强度是决定高原训练成败的关键。强度过低，刺激小，难以收到成效；强度过大，刺激深，对适应和恢复不利。一般应遵循下面几个原则：① 根据运动员训练水平的高低来定，水平高的强度可大些，反之强度则适当减少；② 根据比赛的强度而定，应安排部分接近比赛强度的训练；③ 将高原训练的强度和下高原后的强度衔接起来，下高原前的阶段训练强度应提高；④ 需根据机体对高原环境的适应阶段来安排训练强度。

（三）适宜的持续时间

根据大量的高原训练实践经验得出，适宜的持续时间应为3～8 wk。因为从平原到高原会有一个适应过程，高原训练时间过短，不利于机体产生适应性变化；高原训练时间过长，则不利于机体回到平原后的适应性调整，所以安排高原训练的时间不宜很长。而且，在确定高原训练时间时，需要考虑运动项目的差异。耐力性项目应持续时间长些，而速度性项目及速度耐力性项目应稍短些。

（四）出现最佳训练效果的时间

下高原后，何时出现最佳训练效果，对此没有统一的看法。这与个体的适应能力及高原训练的负荷有密切关系。目前普遍认为，长跑和马拉松项目的最佳比赛时间为下高原后4～5 d；中长跑项目为10～14 d；短跑项目为20～26 d。我国游泳项目则多采取回到平原5～6 wk时参加比赛，以保证下高原后能有较多的时间加强速度和力量训练。高原训练的效果在下高原后可保持3～5 wk的时间。而有的资料认为可保持45～50 d。

六、高原训练实践

（一）高原训练的弊端

长期高原暴露或训练适应确实可以提高机体在平原时的最大摄氧量水平，但是这种暴露或训练通常会导致运动员脱水，血流量减少，肌肉质量下降，严重时还会导致运动员急性高原脑水肿、肺水肿甚至出现急性高山病，这些负面效应会影响运动员的健康状况以及高强度训练的耐力水平，而且高原训练也浪费大量的人力、财力和物力。因此，很难解释和讨论出高原训练对运动水平最佳化的作用价值。

（二）高原参赛准备

如果运动员平时在平原训练但比赛要在高原进行，如何进行最有效的参赛准备呢？尽管实验研究还不全面，结果尚无定论，但运动员明显有两种可行性选择。其一，到达高原后尽快参加比赛，一定要在到达后的24 h内完成比赛。这并非得益于高原习服的效应，而是因高原暴露时间较短，高山病的典型症状还未完全表现出来。最初24 h过后，因急性高原暴露出现的脱水、头痛及睡眠障碍等不良反应，运动员的身体机能常会恶化。其二，在比赛前安排至少2 wk的高原训练。但仅有2 wk的时间是不能完全完成高原适应，完全适应至少需要3～6 wk。

2006年，匹兹堡钢人队战胜印第安纳波利斯队之后，准备参加在丹佛举行的橄榄球联盟超级杯，迎战丹佛野马队。球队有两种选择，提前1 wk到达丹佛以适应高原环境，或是等到最后1 min再上高城。向运动生理学家与医疗专家咨询后，球队做出第二种选择。最后以34：17夺得冠军，球员也基本没有出现高山病。

（三）高原训练方法与手段

高原训练方法主要有高住高练法、高住低练法、低住高练法、间歇性低氧训练和模拟高原训练法等。

1.高住高练法

高住高练法（living high-training high，Hi-Hi）指在高原居住，在高原训练。不同海拔高度的高住高练所产生的训练效果有所差异，因此，在高住高练法具体应用时往往采用改变海拔高度的方法，以谋求最佳效果。例如，运动员先在海拔1500～1900 m高度训练一段时间后，再到海拔2000～2500 m高度训练，然后再回到海拔1500～1900 m高度训练，最后返回平原。高住高练法能充分利用高原低氧环境，取得低氧训练的效果。但是，因为低氧环境，训练强度达不到平原训练强度。因此，虽然在高原上居住，运动员能获得一定的生理益处，但却失去了高强度训练带来的训练适应。

2.高住低练法

高住低练法（living high-training low，Hi-Lo）是由勒文（Levine）最先提出的，就是让运动员在较高的高度（2500 m）居住，而在较低的高度（1300 m）训练。这样，既可以充分调动机体适应高原缺氧环境，挖掘本身的机能潜力，又可达到相当大的训练量和强度。此种训练法已得到国际上的认可，并已应用于高原训练实践中。

3.低住高练法

和高住低练法相反，低住高练法（living low-training high，Lo-Hi）是让运动员居住在较低的高度（1300 m或平原），在海拔较高的高度（2500 m）进行训练。既能保证运动员进行低氧训练，也能促进运动员的恢复。

4.低住低练法

低住低练法则是让运动员居住和训练都在1000 m左右的较低高度。这种方法也称为亚高原训练法。它对于准备亚高原比赛所进行的适应性训练比较有效。此外，它也可作为高住高练法之前的过渡性训练。

5.间歇性低氧训练法

间歇性低氧训练法是20多年来在俄罗斯、英国和美国等国家逐渐发展起来的一种新的仿高原训练法。是采用呼吸气体发生器吸入低于正常氧分压的气体，造成体内适度缺氧，从而导致一系列有利于提高有氧代谢能力的抗缺氧生理适应，以达到高原训练的目的。

6.模拟高原训练法

芬兰学者拉斯考（Rusko）提出“Hi-Lo”方案的“高原屋”，即让运动员生活在模拟海拔2500 m高原状态的“高原屋”中，然后在1300 m高度训练。目前这一高原训练计划已在芬兰、挪威、瑞典和中国等国家实施。日本生产使用的是可移动的帐篷，帐篷内是仿高原环境。美国发明生产了一种可调氧分压式睡舱，它可提供1名运动员在舱内休息。这些仿高原训练法，既不需要高原训练基地，又免去往返迁移，同时使运动员机能潜力得到最大的发展，以期达到高住低练的效果。

七、急性高原暴露的健康风险

在中等海拔高原环境中，除了需要应对寒冷、强风、紫外线辐射等条件外，有些人还可能会出现急性高山病，其症状包括头痛、恶心、呕吐、呼吸困难及失眠。初上高原的6～48 h开始出现上述症状，第2～3 d时最为严重。尽管没有生命危险，急性高山病还是能导致患者在几天或更长时间内身体极度不适。有时，症状还会恶化，患者可能会出现更多的致命性急性高山病，如肺水肿或高原脑水肿。

（一）急性高山病

急性高山病的发病率与高原的海拔高度、上高原的速度及个体的敏感性等有关。有关徒步旅行者与登山运动员急性高山病发病率的研究显示，海拔3000～5500 m高原的急性高山病发病率不足1%～3%，实验结果差别很大。福斯特（Forster）报道，到达夏威夷的Mauna Kea顶峰（4205 m）的攀登者中有80%出现一些急性高山病症状；海拔为2500～3500 m高度时，出现急性高山病症状的登山者多为休闲型的徒步旅行者和滑雪者，男性占7%，女性占22%，造成性别差异的原因尚不清楚。

海拔不断升高时出现的最普遍症状就是头痛。高度在2500 m以下时，头痛很少发生；但是高达3600 m时，大部分人会出现头痛症状。患者自述在高原时的头痛或是持续发生或是搏动性疼痛，清晨、运动后及饮酒可使症状加剧。关于头痛的机制还不清楚，但缺氧引起脑血管扩张进而牵拉该部位的痛觉感受器可能是头痛的原因。与中枢神经系统缺氧有关的症状还包括视敏度及夜间视力下降。在特高海拔，语言表达、逻辑思维及情绪都会受到影响。目前，还没有证据表明大脑缺氧会导致永久性的智力损伤。

急性高山病的另一个副作用是机体虽然极度疲劳但仍然无法入眠。研究表明，在高原无法达到满意的睡眠效果是因睡眠阶段被干扰所致。而且，一些人会出现呼吸中断，即潮式呼吸，妨碍他们进入或是保持睡眠状态。

运动员如何避免急性高山病？没有证据表明良好的身体健康状况能避免高山病症状。即使高原暴露前曾受过高强度耐力训练的运动员似乎对低氧效应也仅有较少的防护作用，并且一些数据表明年轻的与体能好的个体更易于出现高山病症状。

人们常采用渐进式爬升高原的方式来预防急性高山病，在几个低海拔高原停留几天，每天不超过300 m的渐进式爬升方式能使高山病的发生风险降至最低。药物乙酰唑胺与甾类如地塞米松一起使用可以防治急性高山病。当然，严重的急性高山病的有效治疗方法是退回到较低海拔的高原，但是紧急情况下高流量氧供与高压氧急救袋的使用也是非常有效的。

（二）高原肺水肿

与急性高山病不同，高海拔高原肺水肿（HAPE）是肺内液体的积聚，会对生命构成危险。引起HAPE的原因还不清楚，但可能与缺氧引起的肺血管收缩有关，肺内形成血凝块；剩余组织变得过度充盈，液体与蛋白从毛细血管内渗出。这种症状最常见于快速上升至2500 m以上的高原后未适应的人群。这种液体的积聚会阻碍肺部气体的进出运动，导致呼吸短促，持续咳嗽，胸部憋闷与过度疲劳；扰乱正常呼吸并损害血液的氧合作用，引起嘴唇与手指发绀（略带青色），精神错乱，意识丧失。高原肺水肿可通过增加氧气供给的方法进行治疗或是将患者移至低海拔高原。

（三）高原脑水肿

高原脑水肿（HACE）是颅腔内液体积聚，出现的神经学状况为精神错乱，嗜睡，共济失调（行走困难），意识逐步丧失与死亡。曾报道的病例多发生在4300 m以上的高原。引起HACE的原因还不清楚，可通过增加氧气供给，高压氧急救袋，迅速下降至低海拔高原等方法进行治疗，如果高度下降不及时，会形成永久性的损害。

八、高原环境在大众健身中的应用

高原环境除了在竞技体育训练中提高运动成绩外，在大众健身中也逐步得到科研人员的注意。例如，在减肥领域，高原低氧暴露或者训练可以降低体重，有很多科研人员和减肥爱好者利用这种有利因素进行减肥科研和实践。他们常采用低氧房训练或者低氧卧室居住来达到减肥效果，低氧训练致体重下降除了脂肪丢失外，还有很大一部分是身体水分的丢失和肌肉蛋白质的减少。这种水分的丢失会很快因为身体的代偿而得到弥补，但是肌肉蛋白质的减少对普通人群来说是一种不利因素。我们希望在低氧减肥中，脂肪含量减少而保证肌肉蛋白质含量不至于丢失，因此其减肥的具体方法还需要进一步探讨。低氧减肥机制大部分认为是低氧致机体基础代谢率增加，能量消耗增加；食欲下降导致能量摄入减少，但是低氧训练减肥的分子生物学机制还需要进一步探讨。

另外低氧房或低氧舱也为高原旅游热、登山探险提前进行高原适应提供了条件。很多旅游爱好者为了去西藏等高原地区旅游，但是为了预防急性高山病，需要在低氧房进行1 wk左右的低氧适应，这种低氧环境的适应可以为高原旅游或登山探险等提供身体基础。

第二节　高温高湿环境与运动

大强度运动时机体的应激水平通常会因外界环境而变得更加复杂。极度寒冷或酷热环境为体温调节增加很大负担。尽管在正常情况下温度调节机制非常有效，一旦处在极冷或极热环境，这些温度调节机制的作用也就非常有限。但是持续处在极端环境下数天或者数周，机体会产生适应。

热环境与运动

一、体温调节

人是恒温动物，即使环境温度改变，通过生理性调节依然能保持体温的相对恒定。尽管每天，甚至每一小时体温都在变化，但其波动范围通常不超过1℃。长时间大强度运动、感冒或极冷和极热才会导致体温偏离36.1～37.8℃的正常范围。体温反映了产热和散热的平衡，当这种平衡被打破时，体温就会改变。人体体温调节中枢位于下丘脑，可以精确控制人体温度变化。

在机体产生的能量中，只有少部分（通常少于25%）能量（ATP）用来供给肌肉收缩等生理活动，其余能量均转化为热能。所有的活性组织都能代谢产热，补偿机体向环境散发的热量以维持体温。在进行中等至大强度有氧运动时，机体体内产热通常大于散热，此时体温升高。机体向外界环境传递热量时，血液将热量从体内（深层）向与外界环境相通的皮肤（表层）传导。只有热量到达皮肤后才能通过传导、对流、辐射和蒸发4种形式将其传递到环境中去。

空气中的水汽压（悬浮在空气中的水蒸气分子压力）在蒸发散热过程中起重要作用。相对湿度是指空气中水汽压与饱和水汽压（100%湿度）的百分比，湿度增加会导致空气中有很多水分子。因此，皮肤和空气之间的水汽压梯度减小会降低蒸发皮肤水汽的能力，也就是高湿可限制汗液蒸发和热量散失，而湿度低是汗液蒸发和热量散失的理想状态。

二、热应激

热应激是指任何能使体温升高并危害内环境稳定的环境因素，当作用到人体后出现的一系列身体应激反应。

（一）心血管反应

运动能加大机体对心血管系统的生理需求，在热环境中运动时，体温调节的需要更加重了心血管系统的负担。此时，循环系统不仅为运动肌肉持续运输血液，还要为皮肤输送血液以使肌肉产生的热量及时散失。热环境中运动时，为满足这两种需求心血管系统会出现两个变化：第一，通过提高心率和心肌收缩力来进一步增加心输出量（高于冷环境下同等运动强度）；第二，血液重新分配，肠、肝脏、肾脏等器官血流量减少，而皮肤血流量增加。

体温控制中枢会指令心血管系统为皮肤输送更多血液，浅层血管舒张使更多血液流向体表。交感神经系统也作用于心脏，使心率加快、左心室搏动力度加大，心输出量增加。但是，在进行长时间恒定强度运动时，因为血液集中在机体外周，机体水分的大量流失致血浆量出现下降，静脉回心血量显著下降而致每搏输出量下降，因此不断增加的心率有利于补偿每搏输出量的降低，心输出量维持在一个较高水平不再发生变化，这时动脉血压呈现下降趋势。

（二）发汗增加

在某些情况下，环境温度会接近或超过皮肤及机体深部温度。随着环境温度的增高，辐射、对流和传导的作用越来越小，因而蒸发散热成为最重要的散热方式，蒸发散热的作用加大意味着排汗量增多。下丘脑体温调节中枢能控制汗腺活动，血液温度升高可激活下丘脑，通过交感神经将冲动传导至遍布机体表面的数量众多的小汗腺而致发汗增多。

汗液是由汗腺的卷曲部位分泌，因为血浆是汗液的分泌来源，所以刚刚分泌的汗液其电解质含量与血浆相似。但流经汗腺的非卷曲管腔时，汗液中的Na^+和Cl^-被周围组织重吸收，因此，流经汗腺导管，最后排到皮肤表面的汗液与血浆相比是低渗的（缺乏电解质）。如果汗腺的分泌速率慢，则汗液流经导管时，有足够的时间对Na^+和Cl^-进行重吸收。因而，排到皮肤的汗液只含有极少量电解质。在运动过程中排汗率较高，汗液快速流经导管，致使重吸收时间短，排出的汗液内Na^+和Cl^-含量较高。训练和反复热暴露（适应）可以提高汗腺对激素醛固酮的敏感性，导致更多的Na^+被重吸收，汗液浓度降低。但是，汗腺对K^+、Ca^{2+}和Mg^{2+}等其他电解质却没有相似的重吸收机制，因此排出的汗液及血浆中这些电解质浓度较为相近。除了热适应与有氧运动，遗传也是排汗率及汗液钠流失量的重要决定因素。

在热环境中进行高强度运动时，机体每平方米体表面积丢失的汗液要超过1 L/h。这意味着中等身材（50～75 kg）的个体在湿热环境中进行大负荷运动时，每小时的排汗量在1.6～2.0 L，占体重的2.5%～3.2%。在这种状态下，个体只进行几个小时的运动就可以导致失水量达到临界值。在长时间运动中保持较高的排汗率最终会引起血量降低。心率加快及最终的心输出量减少会使回心血量降低，反过来又会降低运动能力，尤其是影响耐力性项目的运动能力。长时间跑步，运动员汗液丢失量可达体重的6%～10%。如此严重的脱水可限制机体进一步排汗，致使运动个体容易患热病。

（三）尿量变化

运动和机体失水能刺激神经垂体释放抗利尿激素（ADH）。ADH有促进肾脏对水进行重吸收的作用，继而机体保留水分。所以，在热应激及大量排汗致使尿量减少时，机体会尽力弥补丢失的矿物质和水分。同样，热环境中运动会显著降低肾脏血流量，这对急性运动时机体保留水分也有促进作用。

（四）内分泌变化

在热环境中，垂体释放ADH以增加肾小管对水的重吸收，因而尿液浓缩，尿量减少。另外，肾上腺皮质释放醛固酮增多，也可以促进肾小管和汗腺对Na^+再吸收，降低汗液中Na^+浓度，从而有利于保持水和电解质平衡。

（五）代谢变化

在热环境进行次极限强度运动时，机体更多依赖无氧代谢，导致了乳酸过早堆积和糖原的储备量减少。乳酸堆积的可能原因：①热环境运动时，由于肝脏血流量减少，乳酸转化率下降；②用于体表散热的血流量增加，减少了肌肉的血液循环，造成了在热环境中运动时乳酸相对增多，疲劳过早出现。

（六）耐力下降

在热环境中高体温是影响耐力的主要限制因素。不管是有训练经历者或无训练经历者，在高温环境中运动时都会使耐力下降。但有氧能力水平高的人在高热环境中运动的耐力较无训练者好。

人体生活或工作的最适宜温度相当于室温18～24℃。而在剧烈运动中，环境温度会给比赛成绩带来很大的影响。一般认为，短跑、跳跃及投掷等要求短时间内发挥爆发力的项目，其适宜温度为27～28℃。马拉松等耐力性运动的适宜温度则低些，马拉松最好成绩是在气温为15℃以下时出现的。在高温下进行耐力性运动时，体温调节机制是限制竞技能力的重要因素。

三、热适应

在热环境中反复进行长时间、低强度运动能相对快速地提高机体散热能力，进而减轻生理负荷。这一过程称为热适应，是机体的血浆容量、心血管系统功能、排汗及皮肤血流量在热环境中的生理适应过程，其结果为运动时体温降低、心率减慢。在热环境中居住数月至数年，可以使机体逐渐适应热环境，称为热习服。

（一）排汗阈值下降、排汗率增加、排汗能力增强

热适应时最大排汗率由1.5 L/h增加至2.5～3 L/h，从而使散热增加。福克斯（Fox）指出，无训练经历和对热环境不适应者的排汗阈值高，在身体内部温度达到37.7℃时，排汗反应开始。既有训练经历又对热环境适应者，其排汗阈值显著下降，体内温度达到37.2℃即有排汗反应。有训练经历但对热环境尚不适应者的排汗阈值居中，在体内温度达到37.5℃时排汗反应开始。运动训练可提高排汗反应的敏感性和排汗能力。

（二）肾脏和汗腺对钠离子重吸收增加

热适应时肾脏和汗腺对Na^+重吸收增加，汗液中Na^+浓度下降。Na^+在体内保留，使血浆和细胞外液的容量增加，内环境相对稳定。

（三）心功能改善，每搏输出量增加

热适应后心功能得到改善，心率减慢，每搏输出量增加，而心输出量及动脉血压基本保持不变。同时，血流量重新分配，使皮肤血流量减少，肌肉血流量增多，提高了肌肉的工作能力。

在炎热环境中进行运动训练可加速热适应效果。热适应训练所需的时间与训练的气候条件和运动强度有关。如果运动员每天暴露在热环境中2～4 h，5～7 d就可基本适应，10 d可以完全适应。高水平运动员完全适应的时间要比无训练经历者短。在炎热环境训练期间，最初几次训练的负荷宜小，持续时间15～20 min，然后训练强度和时间可逐渐增加。

四、热病及其预防

（一）脱水

在炎热环境中剧烈运动几小时，由于大量排汗后血容量显著减少而导致脱水。脱水可引起排汗率、血浆量、心输出量、最大摄氧量、工作能力、肌肉力量和肝糖原含量等下降。当脱水量占体重的2%左右时，属于轻度脱水，以细胞外液丢失为主，此时血容量减少，心脏负担加重，可影响运动能力，将引起渴感、尿少等症状。失水量达到体重的4%左右时，为中度脱水，细胞内外液丢失量大致相等，会出现脱水综合征，表现为严重的口渴感、心率加快、体温升高、疲劳及血压下降等症状，这在足球、网球和长跑运动中极为常见。当失水量为体重6%～10%时，即为重度脱水，细胞内液丢失的比例增加，并表现为呼吸频率增加、血容量减少、恶心、食欲丧失、厌食、容易激怒、肌肉抽搐、精神活动减弱，甚至发生幻觉、谵妄和昏迷，对健康有严重的威胁。

（二）热病

1. 热痉挛

热痉挛常出现在剧烈运动中或运动后，特征是大面积的肌肉群出现严重的疼痛性痉挛。热痉挛主要发生在运动中承受最大负荷的肌群，这种“绞索”状况与运动中经常出现的小肌肉群痉挛是不同的。热痉挛主要由脱水及Na^+丢失引起，因此大量排汗并丢失很多钠盐的运动员容易发生热痉挛。具体表现为肌肉痉挛、排汗多和疲劳，但体温尚正常。在运动中和运动后饮用足量的水及从食物中摄入足量的盐，就能有效地预防热痉挛。

2. 热衰竭

热衰竭常出现在对热尚未适应的人开始进行剧烈运动时，主要是由循环系统的调节机能障碍和大量排汗导致细胞外液，尤其是血浆量减少造成的。血液滞留在扩张的体表血管中，使循环血量及心输出量显著下降。表现为虚弱、脉搏加快、直立时血压低、头痛和头晕等，

排汗可能稍减少，体温会有升高（通常低于39.5℃）。热衰竭患者的治疗方法：在阴凉环境休息，足部抬高有利于血液回流心脏。如果患者意识清醒，建议补充盐水。若患者意识丧失，可静脉注射生理盐水。

3. 中暑

中暑是最严重和复杂的热应激疾病，是由体温过高致下丘脑体温调节机能障碍而造成的。通常排汗停止，皮肤干燥而发烫，体温升高至41.5℃以上，虚脱、意识丧失，甚至导致死亡。出现中暑先兆时，应立即送医院治疗，并同时设法降低体温，包括喝冷水、去除外衣、冰敷及冷水浴等。

（三）热病的预防

预防热环境训练时热病的发生，合理补液和预防过度脱水最为重要。在运动前后通过监测体重，大致了解失水量后进行补液，每减少1公斤体重表示脱水450 mL，或在运动前20 min喝400～600 mL的冷水；在运动中少量多次的补液，每隔15～30 min补液100～300 mL，每小时的总补液量以不大于800 mL为宜；在运动后的补液也应遵循少量多次的原则，并适当补盐。在热环境运动时补液的指导方案如下：

（1）小于1 h的运动，在运动前的0～15 min补充含6%～10%糖饮料，运动中补充的液体约相当于1/2排汗量的水分（水温在5℃～15.5℃）。

（2）1～3 h运动，建议运动前饮水300～500 mL，运动中补充800～1600 mL，含6%～8%糖和12～20 mEq（毫克当量）钠盐的饮料。

（3）大于3 h运动，运动前饮水300～500 mL，运动中每小时补充含6%～8%糖和20～30 mEq钠盐的饮料500～1000 mL。

（4）恢复期中，应摄取含糖5%～10%和钠盐30～40 mEq的饮料以获得复合水。为使糖原得到快速的恢复，在运动后的最初2 h内，每小时的摄糖量应不少于50 g。

第三节　冷环境与运动

下丘脑内的体温调定点大约在37℃，每天体温的波动范围在1℃左右。皮肤或血液温度降低会反馈至温度调节中枢（POAH），激活体内的保温机制，增加热生成。为避免过度散热，机体依次应用外周血管收缩、非寒颤产热作用及寒颤等方式。通常，机体的产热与保温机制是不够的，还需要行为调节，如蜷缩身体（减少散热面积）及穿上更多的衣服来隔绝机体与外界环境之间的联系。但要注意，在冷环境中运动时，不应穿更多衣物。穿戴过多可引起机体发热并流汗，当汗液浸湿衣物时，蒸发作用会迅速带走热量，导致热量以极快的速度流失。

一、影响冷环境机体散热的因素

与热应激的情况相一致，当机体暴露在寒冷环境导致散热过多时，体温调节机能的作用是有限的。传导、对流、辐射及蒸发等在热环境中运动时的有效散热方式，在极冷环境能更快地散失机体产生的热量。

（一）体型和体成分

将机体与外界环境隔离是防止体温过低的最有效方式，表面肌肉质量和皮下脂肪是最好的隔热器。脂肪的热传导能力相对较低，因此脂肪会阻碍热量从深层组织向皮肤传导。在冷环境中，脂肪含量高的个体比其他人要有更强的保温能力。

体表面积与体重的比值同样会影响散热率。身材高、体重大的个体其体表面积与体重比值相对较小，因而此类人群对体温过低并不敏感；而儿童体表面积与体重比值要大于成人，导致儿童的散热量大。所以，在寒冷环境中儿童保持正常体温比较困难。

与男性相比，女性的脂肪量更高，但是两性之间的耐寒能力差别很小。研究显示，女性皮下脂肪增多会在浸入冷水时显出优势；但是，当男性和女性具有相近的体脂重量和体型时，在冷环境中的体温调节机能并无差别。随着年龄增长，肌肉含量有所下降，这会导致机体对体温过低更加敏感。

（二）风寒指数

与热环境相同，只有空气温度才能完全提供给个体真实的冷应激程度。风会增加对流散热，进而提高散热率。风寒指数是基于风速产生的寒冷效果指数，是风速与气温综合形成的温度指数，是指降低环境温度的能力。风寒指数增高会加大机体组织冻伤的危险。

（三）冷水中的热散失

有关机体在冷水中的相关研究要多于在冷环境中的研究。辐射和汗液蒸发是机体在冷环境中的主要散热途径，而对流是机体浸入水中的最重要散热方式。水的热传导能力是空气的26倍，这意味着冷水的对流散热能力要比冷空气快26倍。将所有的热传导机制（辐射、传导、对流和蒸发）综合后，机体在水中的散热速率要比在同样温度的空气中快4倍。

机体在32℃的水中静止不动时，体温通常能保持恒定。但是，如果水温进一步下降，会出现体温过低的现象。机体浸没在冷水中可导致散热过多，延长浸泡时间或温度极低能使体温过度降低，甚至死亡。机体浸入15℃的水中，直肠温度每小时降低2.1℃。如果水温低至4℃，直肠温度将以每小时3.2℃的速度下降。如果冷水在身边流动，对流会更快地散热。

如果机体在安静状态时代谢率降低，即使是中等凉度的水也会导致体温过低。但是在水中运动能提高代谢率，部分抵消散失的热量。例如，个体快速游泳会增加散热（因为对流），但是游泳者的代谢产热量要高于散热量。因此，竞赛或训练的水温在23.9～27.8℃范围内比较适宜。

二、冷环境中运动的生理反应

前面已经论述，机体如何适应冷环境以保持体温。现在需要考虑的是在冷环境中运动会为温度调节机能增加哪些负担，机体会有怎样的反应。

（一）肌肉的功能

低温能导致肌力下降。肌肉温度降低可改变神经系统募集肌纤维的正常模式，温度降低时，肌肉收缩的速度和功率明显下降。幸运的是，在低温情况下，机体具有减少散热的保护机制，多数深层肌肉不会出现温度过低的现象。

在冷环境中，如果穿着的衣物和运动产热能有效保持运动员体温，就不会损害有氧运动能力。然而，随着疲劳出现及肌肉运动变慢，机体产热量逐渐减小。长跑、游泳和滑冰就可能导致运动员出现此类状况。在运动初始阶段，运动员的运动频率能产生足够热量来保持体温；但是运动后期，机体能量储备减少及运动强度的下降导致代谢产热量降低。随之出现的体温过低能使运动员更加疲劳，产热量更少。此时，运动员面临着潜在危机。

冷环境影响肌肉功能的另一方面，就是手指等四肢的小块肌肉温度低时，可严重影响肌肉功能，手丧失灵活性，限制了写字及动手操作能力。

（二）代谢作用

长时间运动能使儿茶酚胺（肾上腺素和去甲肾上腺素）分泌增加，从而促进游离脂肪酸的氧化利用。但是游离脂肪酸的升高幅度却远低于在温暖环境中运动时的状况，因为冷暴露不仅使皮肤血管收缩，而且会使皮下脂肪组织的血管收缩。皮下脂肪是脂类物质的主要储存部位，因此血管收缩降低了动员游离脂肪酸的血流量。

血糖对抗寒能力和运动耐力有重要作用。例如，低血糖会抑制寒颤，进而显著降低直肠温度。虽然原因不明，但是在冷环境中机体能适度维持血糖浓度。另一方面，在冷水中肌糖原的利用程度要高于温暖环境。

三、冷环境中运动的机体适应

反复冷暴露对身体机能的改变并不像热适应那样显著或是能达到预期效果。最近，杨（Young）归纳了长期或反复冷暴露的3种温度调节适应模式。第一种为习惯化，反复冷暴露使机体的生理反应越来越不显著。第二和第三种模式包括机体代谢反应明显，以及过分的隔热反应。代谢反应包括寒颤和非寒颤产热增多，隔热反应为皮肤血管收缩程度提高。

四、在冷环境中运动的健康风险

（一）心脏呼吸系统的作用

在冷环境中过度暴露可对机体造成潜在的损伤，包括外周组织及心脏呼吸系统。体温过低导致死亡的原因是心脏骤停，但是呼吸系统功能没有丧失。温度低主要影响心脏起搏器——窦房结，导致心率逐渐降低最终骤停。

人们曾有疑问，在冷空气中进行快速深呼吸是否会损伤或冻结呼吸道。事实上，即使吸入的空气温度低于-25℃，冷空气经过口腔和气管时也会快速升温。当个体在安静状态，用鼻吸入-25℃的空气时，气体在鼻腔内流动5 cm的距离就会升温至15℃，这样就不会损伤咽喉、呼吸道或肺。运动过程中经常用口呼吸，当气温低于-12℃时，冷空气会刺激口腔、咽、呼吸道，甚至支气管。过度冷暴露同样会通过降低呼吸频率及呼吸气量来影响呼吸系统功能。

（二）体温过低的治疗

低体温程度轻时，患者安置在温暖环境，换上干衣物与暖被即可。中等以上程度的低体温患者需要简要处理，防止出现心律失常。严重体温过低的患者需要医疗设备和药物治疗。

（三）冻伤

在极冷环境中，皮肤血流量减少致使氧气和营养物质缺乏，出现组织坏死，即为冻伤。如果治疗不及时，冻伤可严重到坏疽和切除坏死组织的程度。

第四节　微重力环境与运动

航天医学是随着载人航天事业的发展而发展的，目的是研究航天过程中各种环境因素对人体的影响，探讨其机制及制定有效的对抗措施。微重力环境（失重）是航空航天中最重要的生理因素。

地球引力是以力场形式在一定空间范围起作用的。物体所受引力的大小与物体距地心距离的平方成反比，离地心距离越远，引力越小，物体重量越轻。这种部分的失重是由物体远离地心引起的，属于低重力和微重力范畴。航天器绕地球轨道飞行，此时产生的离心力与地球引力的方向相反、大小相等，因而飞行器及内部的人和物体均处于微重力或失重状态。

一、微重力环境对身体的影响

（一）肌肉

研究表明，当肢体用石膏固定或后肢悬吊后，肌肉结构和功能迅速发生变化，表现为肌肉蛋白质合成减少，肌肉萎缩。大鼠实验也证实，不活动后最初数小时，蛋白质合成率下降约35%，数天后下降约50%，肌肉萎缩可持续很长时间。同样，对人的研究发现，在卧床或下肢悬吊、肌肉失去负荷的情况下，肌肉质量和蛋白质缓慢损失。不活动与空间的微重力环境有很大的不同。不活动状态下，肌肉处于完全放松或很少的兴奋收缩状态。但在空间飞行过程中，虽然失去重力的作用，但是肌肉是被激活的、缩短的，只是在完成相同工作时，使的力非常小。研究发现，在1996年的一次历时17 d的空间飞行中，4名航天员小腿后群肌的肌纤维横断面积减小了8%～11%，但肌力变化很小。空间微重力条件下，发生萎缩的肌肉主要是在重力条件下支持动物直立的慢肌，如腓肠肌和比目鱼肌。慢肌纤维在微重力条件下也可向快肌纤维转化，从而导致慢肌减少，快肌增加。研究发现，严格的运动训练可以有效地减小肌肉体积和功能的损失、减小肌肉协调性下降。

（二）骨骼

身体大多数的长骨依赖于每天的重力负荷。人们注意到18个月或以上的外空探险将引起明显的骨骼退化和钙的丢失，这将增加返回地面时发生骨折的危险性。钙平衡研究表明，空间站中宇航员发生的钙负平衡，归因于尿和便中钙的排出增加。尿中羟脯氨酸的排出增加，说明微重力的环境下骨吸收增强。

一般认为，微重力引起承重骨的骨矿物质大约丢失4%，其丢失的幅度与处于微重力环境的时间长短有关，而且，个体差异很大。主要表现为骨细胞腔隙出现、骨质疏松，以及骨小梁数目减少等。

微重力环境下骨骼变化的机制，至今尚不十分清楚。可能是因为骨生成受阻，或骨破坏增加，或两者都存在。长期微重力环境对骨的影响情况也不清楚，如长期微重力环境下骨矿物质能否失而复得，反复处于微重力环境是否造成骨矿物质丢失效应累积，宇航员在以后的空间飞行中是否将进一步丢失骨矿物质等。然而有一点是清楚的，微重力或卧床休息引起的骨变化，是由骨失去了力学负荷所致。另外，激素的变化会导致钙、磷调节受到影响，血循环紊乱影响骨细胞的血液供应和骨的发育等。

（三）心血管系统

人体处于微重力或模拟微重力环境时发生的反应之一是血浆容量的减少。当身体处于微重力状态，由于静水压的下降，血液不再累积在下肢远端，所以引起回心血量增加，心输出量增加和动脉血压升高，肾动脉血压随之升高，引起尿量增加，血浆容量减少。由肾动脉血压升高引起尿量增加，这种对血压升高的反应被称为血压性利尿。抗利尿激素、醛固酮、血管紧张素和心房利钠素在血容量调节中也发挥作用，但是，血压性利尿对微重力状态下的血容量调节起主要的作用。当宇航员停留在微重力环境中，血容量减少对他们是有利的。但是，当他们回到静水压起作用的正常环境时，血容量的减少就成了一个严重的问题。在宇航员回到正常环境的最初数个小时内，由于血容量不足，常发生体位性低血压和眩晕。另外出现红细胞数量和质量减少，出现类似于临床贫血患者患病时的变化。

观察俄罗斯宇航员航天飞行前、飞行中的心血管功能发现，两种状态下的心率、每搏输出量、心输出量无明显差异，只是飞行中的收缩压略微升高。在对宇航员进行次极限强度的运动试验中，也未发现飞行前、飞行中心率和血压反应的差异。

如上所述，宇航员返回地面后的最初数小时内容易发生体位性低血压。然而，对4次飞行的7名宇航员返回地面后1 h所做的超声心动图显示，心率、平均动脉压、体循环阻力增加，而舒张末期容量减少。舒张末期容量的减少可一直持续到返回地面后的7～14 d。这些变化至少部分可以用血容量减少来解释。

此外，失重时体液重新分布，导致头部充血、鼻塞、静脉窦充血，脸变胖和发红，眼睛充血，头颈部静脉扩张；也可因水分丢失，使电解质平衡发生紊乱。

（四）感觉和运动功能

航天员出现视力降低、味觉受到影响，会出现不同程度的错觉等。在航天运动或作业时常出现用力过度，肌肉工作不协调，失定向，能量消耗过高，肌肉紧张度过高等现象。这种运动协调障碍通过一段时间适应，将会建立新的协调，运动系统的紊乱也会逐渐消失。这种感觉运动功能的改变主要是失重时视觉、前庭和本体感受器传入信息改变导致。

（五）内分泌系统

内分泌系统通过内分泌腺分泌的多种激素与神经系统一起调节人体的生理活动，对外界环境的变化作出有利于动物体的适应性反应。当动物进入空间环境时，外界环境发生了巨大的变化，内分泌腺体会受到影响，引起激素水平的改变。总体而言，在空间环境中，肾上腺功能增强，而性腺、甲状腺、甲状旁腺和胰岛功能减弱，这些变化可能是内分泌系统对空间环境的适应性反应，以使动物体在空间中保持较好的生理状态。当动物返回地面后，这些变化大多很快恢复至正常水平。

（六）免疫系统

在空间条件下，由于微重力和空间辐射的影响，以及睡眠紊乱，营养缺乏，宇航员免疫系统损害，功能抑制，易诱发感染及肿瘤。古塞瓦（Guseva）等研究乘坐礼炮5号的宇航员发现，其免疫系统受到明显抑制，血清抗菌活性减弱，唾液内溶菌酶含量下降，免疫球蛋白含量降低。空间微重力条件下，循环免疫细胞总数增加或无明显变化，中性粒细胞数明显增加，辅助T淋巴细胞和NK细胞数减低。脾脏中粒细胞数减少，淋巴细胞数明显增加，辅助性T淋巴细胞数减低，导致$CD4^+/CD8^+$比率下降。微重力条件下，中性粒细胞产生过氧化氢（H_2O_2）能力降低，淋巴细胞的运动能力和细胞毒性都有所减弱，而且，T淋巴细胞祖细胞数量减低，淋巴细胞的发育受到抑制。但据报道，尽管动物细胞免疫功能降低，但体液免疫的变化却不明显。空间环境中，免疫系统受到明显抑制，细胞免疫功能的降低尤其明显，这可能增加动物感染病毒和发生肿瘤的危险。

（七）体重和体成分

卧床休息和空间微重力环境可以引起体重和体成分的改变。空间飞行后宇航员的体重可减轻。1～3 d的空间飞行所致的体重减轻很大程度上是由体液丧失所致。12 d以上空间飞行的体重减轻，体液丧失起了一半的作用，另一半是由脂肪和蛋白质的丧失引起的。脂肪的丧失可能是由能量摄入不足造成的。

人长期处于微重力环境将出现一些健康问题。正如前面所述的肌肉、骨骼和心血管功能的改变，可能影响宇航员的健康。肌肉和心血管的改变似乎是短期的，他们的功能可以在几天或几个星期内恢复到空间飞行前。空间飞行造成的骨质丢失是否可以完全恢复尚不清楚。

二、微重力环境下的防护措施

为了克服失重对人体的不利影响，保证航天员的健康和飞行中高效的工作能力，目前在飞行前后采用了很多防护措施，下面简要介绍飞行中所采用的综合性防护措施。

（一）合理的作息制度

载人航天初期，由于飞行条件的限制及航天员工作和心理都处于十分紧张的状态，睡眠和休息都不好，因此航天员感觉很疲劳，工作效率降低。在以后的飞行中应考虑改进作息制度，采用基本类似于地面的作息制度和条件。为了使航天员能睡得更舒服，还研制了一种特殊的睡袋，它由双层充满空气的气囊组成，航天员在睡袋中睡觉时感到和地球上一样舒服。

（二）饮食和营养

有规律的就餐时间和富有营养、美味的食品，对于保持航天员的心理和生理健康及最佳的工作能力是十分重要的。在太空中因航天运动病，味觉功能变化及其他系统的改变，美味可口又富有营养的食物就显得更加重要了。可以改进食物的品种、增加食品的总能量、从营养的角度防止和减轻失重的影响等。

（三）药物

航天员的药箱中，除了常规治病的药物外，还针对失重所引起的各种症状而备有不同药物，譬如抗航天运动病药（抑制副交感神经和兴奋交感神经的药物）、调节心血管系统功能的药物、抗骨质疏松症药、提高工作能力的药物如苯丙胺等。

（四）体育锻炼

运动时肌肉做功增加，对肌肉和骨骼都是一种重力刺激，同时因机体耗氧量增加，加强了对心血管系统的调节，改变了血液在脏器内的分布及促进了中枢神经系统功能的协调，因此它是防止心血管功能失调、骨质脱钙、肌肉萎缩和提高工作能力的好方法。在航天中主要采用综合性的运动，包括拉力器锻炼、功率自行车、跑台运动和企鹅服等。

（五）改变体液分布的方法

失重时的体液头向分布和返回后的体液向下身分布是引起飞行中和返回后出现各种不良反应的主要因素之一。因此，采用一些方法减少飞行中的体液的头向分布和返回时的下身分布，将会减少失重的影响。目前航天中主要采用下体负压装置、下体负压裤、大腿环带阻断法和抗荷服，以及口服盐水来缓解血浆容量减少等。

（六）其他防护措施

肌肉电刺激可以维持肌肉的功能状态，促进失去活动能力肌肉的恢复，增加骨骼细胞内钙含量，促进骨形成和骨愈合。因此，适当、有目的地电刺激可以补偿航天中肌肉活动的不足，减轻失重引起的骨质疏松和肌肉萎缩，有利于血液循环及减轻疲劳和运动病症状。另外还有下肢负重加运动的方法、人工重力的方法等，但这些方法都处在研究过程中，相信不久的将来可以用于太空飞行中。

思考题

1. 试述高原环境下限制身体活动的因素。
2. 机体处于高原环境会产生哪些应激反应？
3. 高原对何种方式的运动成绩会造成不利影响？为什么？
4. 高原暴露和训练后机体会产生哪些适应性变化？
5. 急性高原暴露的健康风险有哪些？
6. 热环境中运动的健康风险有哪些？

7. 冷环境中运动的健康风险有哪些？

8. 微重力环境下运动出现哪些反应和适应？

主要参考文献

王瑞元，苏全生. 运动生理学[M].北京:人民体育出版社，2012.

第十三章 运动训练周期的生理学原理

本章学习提示

通过本章的学习，要求学生了解训练周期的划分和现代周期理论的发展与演变；掌握赛前减量训练的理论，以及赛前减量训练的安排特点和影响运动竞技成绩的原理；运用超量恢复理论和运动应激理论对运动训练进行解释和指导。

现代周期训练理论形成于20世纪60年代早期。当时，教练员认识到运动员专注于准备一个重要的比赛比平均地准备全年所有的比赛更有效。周期性是指运动专项、强度与训练量的渐进周期，以逐渐推动运动员达到竞赛水平的峰值。数据表明，使用周期训练模式的运动员要比那些进行非周期性模式训练的运动员水平更高。

周期性的训练可以明显提高与运动成绩密切相关的骨骼肌结构和代谢机能。例如，周期性的力量训练可以使所有类型的肌纤维肥大，特别是快肌纤维肥大更明显。周期性的有氧训练可以使慢肌纤维的线粒体数量和体积增加。

第一节　运动训练的周期安排及生理学原理

训练过程之所以划分周期，是为了保证运动员获得最佳竞技状态，并在重大比赛中表现出来，创造最佳运动成绩。

一、运动训练周期的划分

训练周期是指在训练实践中，运动员会经历竞技状态的获得、相对稳定和暂时消失的3个阶段，这就形成了训练周期。据此也将一个训练大周期相应地划分成准备期、竞赛期、过渡期。运动员的训练在不同的周期中表现为不同的安排特点。

（一）传统运动训练周期理论

20世纪60年代中期，苏联运动训练学者马特维耶夫（Matwejew）创建了训练周期理论。

1. 运动周期的划分

周期理论的主要思想核心是以年度为时间单位，划分出准备期、比赛期和过渡期3个训练周期，并以训练量和训练强度、一般身体训练和专项训练在不同训练周期的安排比例为特点，如在准备期以训练量和一般身体训练为主，在比赛期以训练强度和专项训练为主。全年的比赛安排呈现出单高峰的特征。

最长的训练时间被称为大周期，其持续时间从2个月到1年。其次是中周期，通常持续6～8 wk的时间。小周期，通常持续1 wk。

在训练的周期循环中，训练量和强度成反比；训练量的增加总是伴随着训练强度的减小，反之亦然。在比赛前，运动员的训练量逐渐减少而训练强度逐步提高。（图13-1）

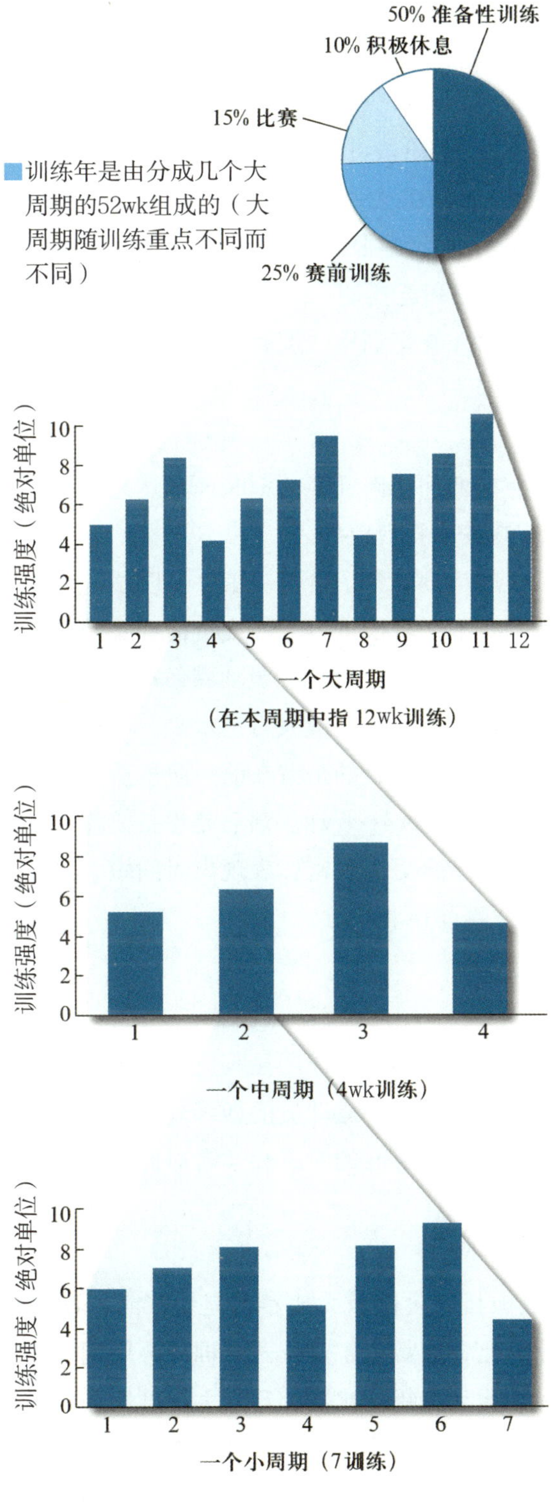

图13-1　一个周期性训练计划的结构图

2. 在一个训练循环中，各训练阶段的特点

准备期：这是年度周期中最长的阶段。在这一阶段，重点发展耐力、技术和战术，为下一次训练做准备。它通常包含3个中周期，每个中周期持续4～8 wk。在第一阶段，训练模式为负荷从中到高不断提高成绩。在第二阶段，大量应用专项训练方法，并使负荷接近运动员的个人最高水平。第三阶段，彻底从一般训练转变为专项训练，接近比赛的实际情况。在每个阶段结束时，教练员、运动员应通过实验室或现场测试监控运动能力和身体机能的发展情况。

比赛期：这个阶段由参加的比赛次数和日期而定，通常经过3个阶段：第一个阶段是参加一些小的热身赛，第二个阶段是起恢复作用的过渡期，第三阶段则是参加最重要的比赛。简单的比赛期可以持续2～3个月，而复杂的比赛期可能持续更长时间。

过渡期：这是经过了一年的艰苦训练和比赛后的恢复期，通常会持续3～6 wk。这一时间减少训练负荷，不参加比赛，是恢复并保持健康水平的时期。

3. 各种运动能力的训练及周期

（1）基础耐力训练

根据运动员的训练水平不同，基础耐力训练一般要持续6wk到3个月，主要安排在年度训练计划的准备期和转换期。最适合的训练模式是中等强度的30 min到2 h以上持续训练。随着训练水平的提高要不断地调整训练负荷量。这种训练可以提高肌肉中的糖原消耗，增加脂肪代谢，提高运动员心脏和肌肉功能的适应水平。

（2）专项耐力及专项训练

根据专项技术的复杂性和运动员的适应速度，这一阶段可能会持续2～4个月。

在这个阶段开始，训练量和训练强度逐渐增加。在这个时期，训练量最终达到中等水平，而运动强度达到运动员的乳酸阈值之上，重点进行专项所要求的主要供能系统的训练。这个时期大约持续3个月，安排在年度计划的赛前期和竞赛期。最有效的训练方法是间歇训练，以使运动员能够耐受乳酸积累。这个时期之后，要把训练强度和训练量减下来，以使运动员在比赛前达到超量恢复。

（3）力量训练

力量训练通过加强控制肌肉收缩的神经功能，增加肌肉纤维的横断面积达到提高运动员的比赛成绩的目的。其中肌肉肥大是多种训练安排的累积效应。

依据不同的训练目标，力量训练要安排到年度计划的各个阶段。第一个阶段，力量训练要满足于神经的适应性要求。力量训练要为运动员下一阶段进行大强度负荷训练做准备。在这一阶段的持续时间取决于运动员的力量水平和专项，如年轻运动员要持续8～10 wk。第二个阶段在神经适应阶段之后应为最大力量训练阶段，用于提高最大力量水平。根据运动员的情况，这一阶段持续1～3个月。第三个阶段为转换阶段，目的是将在前一阶段所获得的力量转变为专项力量，如力量耐力或爆发力。这阶段通常持续4～8 wk。最后是保持阶段，直至运动员参加比赛。这个阶段运动员的力量训练与专项结合更为紧密，表现出时间短、强度大的特点，一般不超过45 min至1 h。保持阶段安排到比赛前1 wk结束。

（二）现代训练周期划分的特点

马特维耶夫的传统训练周期理论在青少年运动员的训练中作用显著，但对于现代运动训练和竞技体育的发展趋势和特点解释不足，特别是对高水平运动员的训练规律缺乏科学的方向指导。运动训练的实践中，不少训练学和运动生理学方面的专家和学者对此产生了质疑，并提出了一些新的训练周期理论和方法。

1. 根据重大比赛来确定全年训练周期的划分

在早些年前，我国的竞赛制度是绝大多数项目的全国重大比赛都是上半年一次春季比赛，下半年一次秋季比赛，因此围绕这两次重大比赛通常全年安排两个训练大周期，称为双周期安排。而近年来，随着新赛制的实行，优秀运动员年度比赛的日程大幅度增加，在大多数运动项目中比赛涉及9～10个月以上，如高水平职业足球俱乐部的队员平均每年要参加超过50场的比赛，田径项目的许多高水平运动员一年要参加超过30场的比赛。

显然要求运动员在竞赛日程上的所有比赛中都取得优异成绩是不可能的，这样也无法保证运动员在重大比赛中取得优异成绩。因此运动员会把其中大部分比赛当作训练的一个组成部分或是以赛促练的过程，以确保在重大比赛中取得优异成绩。

2. 依据运动专项而采用不同的训练周期

随着商品经济对竞技体育的参与，全年赛事频率的增加，现代运动训练的年周期已经演变成双高峰甚至是三高峰的安排。多年的运动实践证明，运动员的年度最佳状态大都出现在第2个高峰。根据研究推测，大多数运动项目比较适合于双高峰的训练周期安排，三高峰的年训练安排在游泳、拳击等运动项目中采用，而对于那些超长距离、长时间耐力性项目和全能多项运动员则仍然依照单高峰的传统训练方式。

3. 板块结构训练

苏联训练学者维尔霍山斯基（Verchoschanskij）对马特维耶夫的训练周期理论进行改进，提出板块训练模式。相对于传统模式在准备期中平行发展多种身体素质，板块结构训练集中在3～4 wk内有选择性地确定较少的训练目标（不超过2个），使高水平运动员在相对集中的时间内，接受单一的或是两个比较大的训练刺激，并且便于在每个训练板块中通过身体素质、比赛结果和生理、生化医学指标检验训练效果。将一些对专项成绩具有关键影响和运动员相对薄弱的素质以板块的形式集中插入训练当中，在总负荷不变的情况下，增加该素质的训练负荷，通过对它的集中训练和优先的发展，实现专项成绩的突破。3～4 个这样的板块构成了单个训练阶段，同时在年训练周期中通过较高的训练负荷完成训练目标的转换，完成基础训练和专项训练的准备，完成各项赛事的检验。

在板块结构理论中，各个训练阶段都安排比赛。对高水平运动员，经常是训练的强度刺激达不到运动成绩提高所需要的应激水平，这就必须通过比赛来实现，因此以赛代练、以赛促练逐渐成为高水平运动员的一种重要训练方式。

二、运动训练周期中的超量恢复

在运动后的恢复阶段，被消耗的能源物质含量不仅能恢复到原来的水平，在一段时间内甚至出现超过原来水平，这种现象称为超量恢复。

一般认为超量恢复学说的研究始于苏联的雅姆波斯卡娅，她以不同电刺激频率使青蛙肌肉收缩相同次数后，在不同的时间测定肌糖原含量的变化，证明了：①在适宜的刺激强度下，肌肉收缩肌糖原消耗随着刺激强度增大而增加；②在恢复期中有一个阶段会出现被消耗的物质超过原来数量的恢复阶段，称为超量恢复；③超量恢复和消耗过程有关，在一定范围内，消耗越多，超量恢复越明显。

在专项训练过程中，不同的训练内容、手段、不同的负荷及其消耗的不同能量物质所产生的超量恢复的时间也不相同。一般说来，ATP、CP最快，2～3 min；肌糖原为1～46 h；蛋白质为6～48 h；脂肪最慢，需48 h以上。有氧能力的恢复时间最长，约72 h；其次是无氧能力，48～72 h；速度力量能力最短，约48 h，这与这3种训练内容的自身负荷特点有关。（表13-1）

表13-1　力竭运动后可供选择的恢复时间

恢复物质	可选取恢复时间		
	半时反应时间	最短恢复时间	最长恢复时间
ATP、CP	20 ~ 30 s	2 ~ 3 min	5 ~ 8 min
肌糖原的恢复			
间歇运动后	5h		24h
持续运动后	10h		46h
肝糖原	—		12 ~ 24h
乳酸清除			
活动性恢复	10 ~ 15 min	30 min	1 h
休息性恢复	25 min	1 h	1 h
氧储备		10 ~ 15s	1 min

超量恢复理论认为运动训练的全过程可以描述为：负荷–疲劳–恢复–超量恢复的过程。

专项成绩必须建立在通过运动负荷的长期叠加效应的基础上，只有当这种叠加效应达到一定程度时，专项成绩才能得到相应的提高。但是专项成绩不可能在机体因连续承受大负荷刺激造成极度疲劳时达到最高水平，相反，只有在经过必要的恢复、调整和减量训练，并出现超量恢复后，专项成绩才能达到最高水平。

运动负荷是以身体练习为基本手段对运动员有机体施加的训练刺激。训练中运动负荷节奏的安排是按一定规律的，运动负荷的安排也具有周期性。运动负荷不能总是停留在同一个水平上，要想不断提高运动成绩，就得不断提高运动负荷的水平，不断地打破机体对原有负荷的适应性和平衡状态，达到一个新的疲劳 - 恢复循环。然后，稳定一段时间后，再增加负荷，以此循环往复，从而进一步提高训练水平。在运动训练实践中，运动负荷增大的安排普遍采用大、中、小的组合循环方式进行，这也就形成了运动训练的周期。超量恢复理论被认为是训练周期理论的基础。

超量恢复学说一直被视为运动训练的重要理论基础而得到广泛应用，并对我国运动训练实践产生了巨大影响。但由于某些教练员在训练过程中对超量恢复理论的错误认识或不当应用，一味地增加训练负荷和强度，以追求最深层次的疲劳。这样，不仅没能取得理想的训练效果，而且致使许多有前途的运动员因过度疲劳而伤病缠身，过早地结束了运动生涯。

很多学者对超量恢复理论提出质疑，认为没有年龄、性别区别与划分；超量恢复的适应过程不可能无休止地继续下去，因此超量恢复理论对青少年运动员有指导作用，但对高水平运动员指导作用不明显；只考虑能源物质的恢复，而没有考虑神经方面的适应性过程等。

三、运动训练周期中的应激与适应

训练适应是指通过长期训练所获得的能适应比赛需要的各种机体运动能力的生物特性。运动训练就是一个不断给予运动员机体适应刺激的过程，并通过反复刺激提高运动员机体的各种生物适应性，从而提高竞技能力和运动成绩。训练适应是发展竞技状态的生物学前提。

1936年，汉斯·赛利（Hans Selye）创立了应激学说。他认为应激反应是功能活动或损伤作用下引起的所有非特异性变化的总和。引起应激的刺激称为应激源，如感染、中毒、创伤、神经紧张、剧烈运动、失水、出血、冷冻、缺氧或窒息等都是不同的应激源。机体对应激源的反应有两种表现。一种是按应激源的不同，机体产生不同的特异性反应；另一种是对任何应激源做出共同、不具有特异性的反应，这种非特异性反应总称为应激。威尔逊（Wilson）等应用塞利应激学说对由激烈运动而产生的应激及随后的适应与恢复过程进行了描述和分析，认为在激烈运动时的应激与之后的适应过程可分为3个阶段。（图13-2）

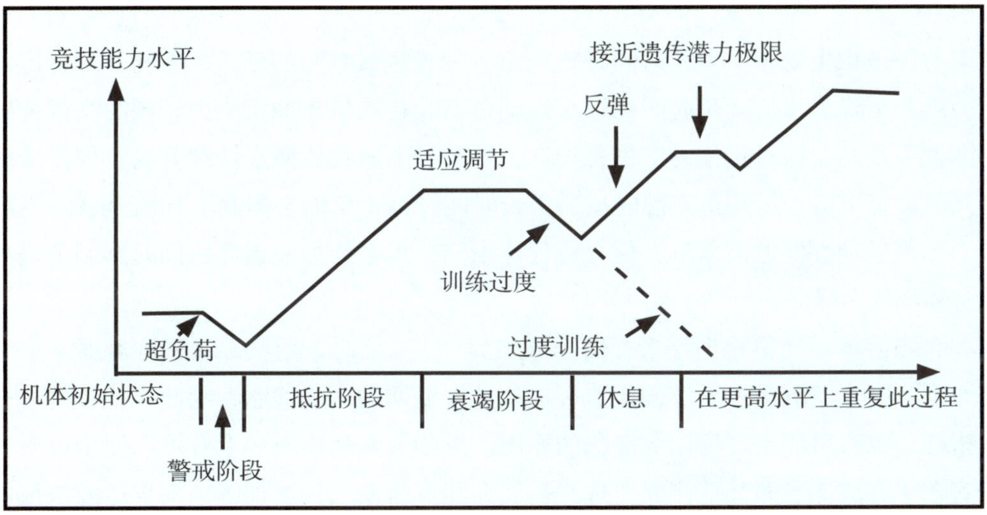

图13-2　运动员对运动应激适应过程示意图

（一）警戒反应阶段

警戒反应阶段是指运动训练的开始阶段，在激烈运动应激时，运动员的身体机能迅速动员以适应运动的需求。首先是以交感-肾上腺髓质系统兴奋为主，并伴有肾上腺皮质激素分泌增多，使心率增加、血压上升、血糖升高、身体处于最佳动员状态，这是应激时的快速反应时期，是身体对应激的最初反应，是运动员机体各系统的全面动员。此阶段时间较短，如运动员进行一次赛跑或上一次训练课时的机体反应。

（二）抵抗阶段

抵抗阶段是有机体的防御机制通过反抗而获得抵抗力，为通常所说的适应。例如，在大负荷训练期或比赛期中，激烈运动应激源持续作用于身体，在警戒阶段之后，身体进入抵抗阶段。这时以交感-肾上腺皮质激素髓质系统兴奋性为主的一些警戒反应逐步减退，随之出现肾上腺皮质激素分泌为主的反应，大约在急性应激后几分钟才发生，可以维持较长的时间，目的是实现长期的适应。这时代谢率升高，体内能源消耗增加，运动员肌糖原储量减少，自然恢复过程减慢，免疫反应减弱，胸腺、淋巴组织体积减小，此时应适时调整运动负荷，注意营养补充和睡眠等休息手段，身体才能开始出现适应，并能获得新的适应性提高——训练效果。

抵抗阶段期是训练周期中十分敏感的时期，因为在这一阶段后期防御潜力可能降低，不恰当的超负荷训练会导致机能下降，这一阶段是身体机能评定的重点。

（三）衰竭阶段

衰竭阶段是指生物体反对长时间特定刺激，随着刺激时间的延长，生物体对特定刺激的反应能力就会下降。当持续长时间的过大运动负荷会耗竭机体的抵抗力，同时出现神经内分泌和代谢调节紊乱。这时机体力求恢复稳态，出现肾上腺皮质激素持续升高，但皮质醇受体亲和力及其数量下降，运动员安静时皮质醇长时间过高，反而会抑制下丘脑-垂体-性腺轴分泌机能，出现运动性低血清睾酮，使合成代谢下降，运动能力减退等；同时抑制免疫功能，运动员身体抵抗力降低。

例如，当游泳运动员将训练量提高至原来的1.5～2倍时，甲状腺激素浓度通常会下降，皮质醇浓度升高。睾酮和皮质醇的比值可以调节恢复期的合成代谢，因此该比值的改变是一个重要指标，也有可能是过度训练症状的原因。睾酮下降和皮质醇上升可以使蛋白质在细胞中的分解多于合成。然而其他研究发现，虽然在超负荷期和过度训练早期皮质醇浓度增加，但是出现过度训练症状之后，无论休息或运动，皮质醇浓度均会减少。

过度训练的运动员血液中尿素浓度通常较高，由于尿素是依靠蛋白质分解产生的，这表明此时蛋白质分解作用加强，这就是过度训练使得运动员体重下降的原因。

在运动训练中，依据塞利的一般适应理论，在运动训练过程中，要经常变化训练刺激，否则就会使运动员有机体由于适应了长时间单调的训练刺激进而产生运动员的竞技能力水平发展停滞现象。在训练过程中，训练课之间、小周期之间等都要安排充分的休息，使有机体能够达到充分适应，控制其不要发展到衰竭阶段。通过控制训练不断在警戒和抵抗阶段循环，运动员机体将达到一个新的动态平衡状态，机体的各项机能能力将处于一个更高的水平。随着循环的累积，适应效应的总和不断加大，机体的机能水平将逐步接近自身遗传潜力极限。

有学者根据各器官系统的适应形成在时间顺序上的不同，将适应的过程划分为4个阶段并为各阶段的实现给予了明确的时间期限：①肌肉运动支配程序的改变（7～10 d）；②能量储备能力的增加（10～20 d）；③神经肌肉系统结构和调节的最优化（20～30 d）；④各系统之间的协调配合得到改善（30～40 d）。

应激理论作为运动训练的理论基础之一，主要是从神经内分泌系统的角度研究运动员在运动负荷刺激下有机体机能的变化规律。运动员对运动负荷适应、机能水平提高就是处于警戒阶段和抵抗阶段，如果进入衰竭阶段就是过度训练了。因此，应激理论对运动训练的提示在于，在训练过程的安排与组织上，既要保证获得最大的训练效果，又要避免由于安排不当而造成过度训练。

第二节　赛前减量训练的生理学原理

在训练过程中运动员机能状态是呈周期性变化的，教练员和运动员也都希望把成绩的高峰安排在重要比赛中，因此教练员如何安排运动员在比赛前的训练就显得十分重要了，但这也是教练员和运动员在训练中最难掌握的问题之一。有时训练负荷过大过多，运动员成绩高峰在比赛前过早出现；有时比赛前训练强度不够，运动员在比赛中感觉有劲使不出来；有时运动员因为伤病休养一段时间后参加比赛，运动成绩却达到历史最好。

大多数情况下，经过严格的准备期训练之后，在参加比赛前要有一个减少训练量的时期，以使运动员的机能状态得以提高，这种恢复性赛前训练称为赛前减量训练。训练学理论一般也称这一阶段的训练为比赛期的赛前诱导周或比赛前期。这一时期训练的一般原则为：在赛前训练中应以保持强度为主，训练量适量减少。训练量的下降将会给予由运动而产生的组织损伤适当的修复时间，并且使得身体获得完全的能量补充。对赛前减量后机能变化规律的了解和认识有助于我们对其进行有效的控制。赛前减量方法的应用已在游泳、田径和自行车等项目上取得明显的效果。

一、赛前减量训练效果

（一）耐力性项目的赛前减量

很多运动员对于在比赛前减掉25%以上的周训练量是很犹豫的，担心辛辛苦苦取得的机体适应会在减量训练中失去。最大摄氧量的提升的确需要相当量的训练。但是一旦最大摄氧量提升以后，少量的训练即可使运动水平保持在最高状态。事实上，最大摄氧量可以在训练频率减少2/3的情况下仍然能够维持相当的水平。甚至在很多研究中，停训1 wk的时间内也不会引起一些相关运动能力的降低。

与完全停训不同，适当的赛前减量训练不会对运动员的竞技能力有任何损失，而是明显增进运动员运动能力。胡迈德（Houmard）报告，在周训练量减少70%～80%的情况下，运动员的有氧运动能力，如$\dot{V}O_2max$和最快跑速可以保持10～28 d不降低。亚极限强度测试所反映的运动员机能指标，如跑的经济性和运动后血乳酸浓度，也可以在减少训练量70%～90%后的可保持状态或提高6～21 d。谢普利（Shepley）等发现高训练强度、小训练量的7 d赛前减量训练后，跑步至疲劳的时间明显延长。

游泳运动员也表现出相似的特点。穆吉卡（Mujika）等发现当游泳运动员3 wk内减少训练量10%～40%时，训练量的减少与成绩的提高之间有很好的相关。即在3 wk的时间内谁游得越少（一定范围内），则谁在减量训练后的比赛中就成绩越好。

（二）速度性项目和力量性项目中的赛前减量

不仅耐力性项目运动员赛前减量可以提高运动能力，速度性项目和力量性项目运动员同样可以从赛前减量中获益。

派克（Pyke）等研究了澳大利亚国家队5名优秀追逐赛自行车运动员和1名速度赛运动员在赛前减量训练中专项运动能力和生理、心理方面的变化情况。当公路训练量减少20%后，经过4～10 d，大部分运动员在功率自行车上模拟追逐赛测验成绩明显增加（3.1%～4.2%）。

吉巴拉（Gibala）等检测了8名有训练的男性受试者3 wk标准练习后肘屈肌的随意收缩力量。实验的赛前减量分为两种模式，一种是进行10 d完全休息期的减量方式，另一种是10 d高训练强度且小训练量（减到38%）的减量方式。实验结果表明两种减量方式都可以至少在8 d内提高肌肉低速收缩力量。当然减少训练量而保持训练强度的训练安排要比完全停止训练的安排有更好的效果。

二、减量训练效果的影响因素

（一）减量训练期的时间

关于减量训练的时间长短，各种报道的结果不同，一般认为1～3 wk效果较好。减量时间过短则成绩或运动能力增长效果不明显，减量时间过长则的确会对运动员的专项运动能力产生负面的影响。

霍普（Hooper）等报道减量训练1 wk后没有观察到100 m和400 m游泳成绩的明显提高。而运动员在赛前2 wk的减量训练后游泳成绩明显提高。游泳运动员经21 d的赛前减量训练后，在游泳凳和游泳池中测验的肌肉功率分别增加17%～13%，游泳成绩提高4%。

麦康奈尔（McConell）等研究了长跑运动员经过4 wk减量减强度训练后的生理变化，发现由于体脂的增加，平均体重增加0.8 kg。虽然不影响亚极限强度运动时的能量消耗和最大摄氧量的绝对值，但运动成绩下降，同时运动员的情绪状态在减量期向消极转化。

减量训练时间的确定要综合考虑训练期运动员机体疲劳程度、减量训练的负荷安排、专项运动特点有关等因素，如疲劳程度较深，可适当延长减量训练时间，减量训练中要有高强度的专项练习等。例如，一般水平的运动员在减量期成绩变化明显；而训练年限较长、专项经验很多的运动员，对减量训练的反应较小，各测试指标变化不大；训练年限较短，训练期过度疲劳的运动员，7 d的减量训练仍使其留有消极影响。

（二）减量训练的负荷强度和训练量

1. 赛前减量训练课内容的安排要以专项练习为主要手段

胡迈德（Houmard）等观察了有良好训练的中长跑运动员进行为期7 d的系统减量训练。一组为快跑训练，一组以慢跑为主，另一组在功率自行车上进行练习。结果快跑组在5 km跑时间和跑的经济性方面均优于另两组。说明减量期的训练应以专项练习为主。

2. 减量期的训练量要小，训练强度应保持同减量前相当的水平

高强度的训练对于保持前期训练获得的适应可能是非常必要的，因为这样可以抵消训练量减少而产生的运动能力损失。

谢普利（Shepley）等对长跑运动员进行为期1 wk的赛前减量。结果减量90%组的耐力（保持一定跑速的持续时间）提高了22%。在减量66%组的耐力提高6%。停训组则下降3%。

3. 频次减少1/3～2/3

希克森（Hickson）等证明对短期训练的受试者（自行车和跑步），减少训练量或频率的1/3或2/3而保持强度，则超过15 wk不会影响受试者的最大摄氧量。而保持训练量和频率但减少训练强度，最大摄氧量和耐力成绩在5～10 wk内下降。

（三）赛前减量训练的减量方式

在减量期训练负荷应该是逐渐减少而不是突然减少。巴尼斯特（Banister）等指导两组铁人三项运动员进行了10 d的赛前减量训练。以指数形式减少训练组（在几天时间内日训练量为逐渐减少）比以阶梯形式减少的训练组（日训练量突然下落并在其后保持固定），其在固定自行车测验中的成绩更优。其结果支持了当比赛临近时，训练量应逐渐减少的观点。一般认为2 wk的赛前减量，训练量呈指数形式减少41%～60%是达到最佳状态的有效策略。

三、赛前减量提高成绩机制

（一）减量训练过程中有氧工作能力的变化

耐力性项目运动员的最大运动能力（以最大摄氧量、最大心率、最大速度等为代表）在周训练量减少70%～80%时仍能保持10～28 d；血液测试（肌酸激酶、血红蛋白、血球压积、血容量）在减量训练后发生积极性变化或保持不变，糖原储备和肌肉氧化能力也具有相同的规律。在6～21 d时间内周训练量减少70%～90%，训练频率减少不超过20%，则运动员的成绩

可以保持或提高。

一般认为以高运动强度、小运动量进行赛前减量的运动员，可以从这种训练安排中获得较多的益处，其生理机制表现在：腿部的肌肉糖原储备得以恢复或提高，血液血红细胞密度增加，血容量增加，腿部肌肉的酶活性增加。

内亚里（Neary）等研究了赛前减量期训练量对耐力性自行车运动员代谢和成绩参数的影响。结果减量4～8 d组和停训4 d组的肌糖原水平、肌肉氧化酶活性和蛋白质含量增加，而不减量组的这些指标下降。同样，减量4～8 d组的最大摄氧量、在通气阈时的输出功显著增加，而不减量组的这些指标下降。这说明减量期肌肉氧化酶活性和肌糖原水平发生了适应性改变，这种适应可以影响到耐力性自行车运动员实验室测试成绩。

（二）减量训练过程对神经肌肉特性的影响

力量练习可以使肌肉力量增加，从而提高专项运动能力，但大量的力量训练所引起的疲劳又会对运动成绩产生不利的影响。短时间的减量训练可以使运动员从过度疲劳中恢复过来，对较好地发挥运动成绩有利。肌力和爆发力在赛前减量的恢复与肌肉收缩机制是相关联的。减量训练也会促使由激烈运动而产生的任何肌肉损伤进行修复，并且给予能量储存恢复的时间。在减量训练期力量的增长可能在神经和肌肉水平上都有提高。

哈基宁（Hakkinen）等研究发现在减量训练期运动员的积分肌电（IEMG）表现出神经活性的增加。特拉普（Trappe）等研究了游泳运动员赛前减量训练后肌纤维的做功能力变化。对肌纤维的分析表明，减量后Ⅰ型肌纤维面积和收缩功率没有变化，Ⅱa型肌纤维面积增加11%，功率增加近2.5倍。据此认为Ⅱa型肌纤维对赛前减量的反应比I型肌更为明显。鲁登（Luden）等也发现赛前减量增加了MHC-Ⅱa纤维的重塑，并且对有氧能力无不良影响。

（三）减量训练过程中内分泌机能的变化

一般认为血清总睾酮（TT）水平代表机体的合成代谢的水平，血清皮质醇（C）代表机体的分解代谢的水平，而TT/C的比值则能较好地反映出机体是合成代谢抑或是分解代谢占优势。穆吉卡（Mujika）等研究调查了8名高水平游泳运动员冬训练期间12 wk高强度训练和4 wk赛前减量训练的激素水平和比赛成绩之间的关系。结果在训练中和赛前减量期成绩的变化同TT/C比率变化相关（分别为r = 0.86和 r = 0.81）。减少训练量提高了机体合成代谢激素水平，增加了机体的能量储备，改善了机体的应激状态。

（四）减量训练过程对心理状态变化的影响

运动成绩的提高与减量训练后赛前心理状态的改善有关。霍普（Hooper）等在游泳运动员的赛前减量训练实验中监测了心理学指标的变化。结果表明减量1 wk后运动员的情绪状态测量的紧张、压抑和气愤等明显改善。心理指标的变化表现出与生理测试指标变化的一致性，情绪状态同运动成绩的相关密切。

思考题

1. 传统理论是如何划分训练周期的？现代训练周期理论有何发展？
2. 应用超量恢复理论解释运动能力的提高机理。
3. 使用应激理论解释运动适应的机制。
4. 影响减量训练效果的因素有哪些？
5. 试述赛前减量训练提高运动能力的生理机制。

主要参考文献

[1]BOMPA T D. *Periodization: theory and methodology of training*[M]. Champaign: 4th ed. Human Kinetics. 1999.

[2]冯连世, 冯美云, 冯炜权. 优秀运动员身体机能评定方法[M]. 北京:人民体育出版社, 2003.

第三部分

运动健身生理学

第十四章
儿童青少年的生长发育与体育运动

本章学习提示

通过本章的学习，要求学生了解生长、发育相关概念，以及儿童青少年的生长发育规律；掌握影响儿童青少年生长发育的因素及体质发育特点和儿童青少年生理机能的变化规律；应用所了解和掌握的理论和知识指导儿童青少年的体育教学和运动训练。

儿童青少年生长发育与体育运动

儿童青少年的机体处于异常活跃的生长发育期，在这段时期内身体的运动器官、内脏、神经和内分泌系统都会产生巨大的改变，这段时期也是机体的生理机能和运动能力逐步完善并出现巅峰状态的时间。目前世界范围内的趋势是，竞技体育运动员取得最佳的运动成绩的年龄越来越小，很多项目的世界冠军的年纪往往只有十几岁。一方面我们惊叹运动员可以在如此年轻的年龄就开发出了如此巨大的运动潜能，但在另一方面我们更应该考虑对于身体器官处于强烈生长期的他们，采用针对成人制定的训练方法和手段是否合适。鉴于儿童青少年与成人机体的巨大区别，只有针对他们在这段特殊时期的生长发育特点制订体育运动计划，才能够在不影响机体生长发育的前提下提高他们的运动水平。

第一节　生长、发育和成熟

生长、发育和成熟是3个描述不同程度和阶段身体变化的概念，机体从怀孕期直至成年，这3种变化始终贯穿其中。生长是随着身体内细胞的增殖、长大和细胞间质的增加，出现的组织、器官和身体形态的重量增长和尺寸增加。发育，从微观上看，表现在细胞和组织的形态与功能的变化，从宏观上看，表现在器官功能的改善，生理、心理机能和智力的持续发展方面。生长与发育在机体成长的过程中总是相互伴随、相互依存的，虽然二者的内涵不同，但我们在描述机体的成长过程中，并不严格区分这两个概念。通常所说的“发育”，常常指的是生长和发育的综合过程。

成熟指的是机体的生长和发育基本完成，机体的形态、生理和心理机能达到了比较完备的阶段，器官的功能变得健全，各个系统达到成年人的水平的阶段。成熟的到来意味着生长发育的结束和机能的完善，所以成熟的标志往往用各器官和系统的形态和功能变化来表示，如人体中各块骨的完全骨化标志着骨骼的成熟，健全的具有生育能力的性器官标志着生殖系统的成熟。要注意的是，身体的各个系统的生长发育速度和成熟的时间并不相同，神经系统的发育出现最早，而生殖系统的发育和成熟最晚，在儿童青少年的不同阶段，各个器官并不是同步均衡发展的。这种生长发育的不平衡性，说明儿童青少年并不是简单的成人的缩小版，不同年龄段的儿童青少年无论是在呼吸、循环、力量、有氧能力或无氧能力等方面会有不同的特点，不同阶段的儿童青少年的运动训练，应充分考虑到这些特点的作用。

机体吸收外部的养料，用于细胞和组织的生长发育，称为同化作用；机体的细胞组织衰老和死亡后，变为废物排出体外的过程称为异化作用。在体内，同化和异化的过程是永远同时存在的一对矛盾。在儿童青少年阶段，同化作用超过异化作用，机体生长发育；在成人阶段，同化和异化达到平衡状态；而在老年时期异化占主要作用，机体逐渐衰老。

第二节 儿童青少年的生长发育规律

从婴儿出生到25岁左右发育至成年人，人体的形态和机能会出现巨大的变化，体重可增加20～30倍，身高增加3～4倍，体力和智力得到极大的提高。在这段很长的时间内产生的巨大变化，会受到各种因素的干扰，并会存在阶段性和个体差异的特点，掌握其中的内在规律，对于全面客观地了解生长发育的过程来说是必需的。

一、生长发育的年龄阶段划分

综合不同时期机体的生理和心理特点，可以将儿童青少年的年龄划分为6个阶段：

婴儿期：出生后28天～1。

幼儿期：2～3岁。

学龄前儿童：4～6岁。

学龄儿童：7～12岁。

少年：13～17岁。

青年：18～25岁。

这里的“学龄儿童”就是我们通常所指的“儿童”。儿童时期是小学时期，少年时期是中学时期，我们一般将从7岁至17岁的这段时间统称为“儿童青少年”时期。在儿童青少年时期，机体经历了生长发育速度十分迅速的“青春发育期”，各器官和系统的机能水平在这段时期结束时已经与成人相差无几，心理和智力水平显著提高，并逐渐由家庭和学校教育走向社会实践。同时，这段时间往往是青少年接受运动训练和提高运动成绩的黄金时期，如何处理训练强度与生长发育要求的相互关系对于儿童青少年成熟后的机体状态是至关重要的。

应当注意的是，由于个体差异存在，以上的6个生长发育阶段的划分时间点并不是绝对值，而是常常呈融合、交错的现象。近年来，我国儿童青少年的生长发育出现了提前的趋势，某一阶段的特点常常会提前1～2年出现。

二、儿童青少年生长发育的一般规律

从婴儿出生到25岁左右发育至成年人，机体出现了重大的变化。在这25年左右的时间内，机体内持续进行着生长发育的过程，然而这个过程并非是一个简单的匀速增长的过程，而是一个既连续，又分阶段，在很多方面呈现不同步和不均衡性发展的发育过程。

（一）生长发育是一个由量变到质变的复杂过程

人体的生长发育是从婴儿、幼儿、少年、青年到成年发育成熟的完整过程，并在老年逐步衰老。在从最初的单细胞受精卵直至发育成为成熟的成年人的过程中，细胞的增殖和分化一直在持续的进行。正是细胞繁殖的一点一滴地积累，最后生长成为一个完整的机体。这种数量、体积和重量的逐步积累，就是生长发育的量变过程。但在生长发育过程中，不仅身高体重在增加，而且器官在逐步分化，功能逐步成熟。例如，消化系统从婴幼儿逐步发育至儿童青少年阶段后，不仅仅是表现为尺寸和重量的增长（如进食量的增长和消化系统可吸收的营养物质的增长），而且表现为功能的飞跃（婴幼儿时期的消化系统，只能接受奶和流食等简单易吸收的食物；而少年时期的消化系统则可以接收绝大部分种类的食物）。再如，大脑的发育，并不是仅仅是简单的条件反射和记忆的积累的过程，随着大脑体积的增长和内部结构的复杂化，幼儿可以逐步脱离仅能利用视觉、听觉和触觉等第一信号系统来认识世界，而逐渐进入利用语言文字的第二信号系统来进行推理和逻辑性思维。条件反射和记忆的积累是大脑发育的量变过程，而一旦第二信号系统形成，大脑的发育就迎来了一次质变的过程。

运动器官的发育同样具有从量变的积累走向质变的功能飞跃的过程。例如，幼儿的骨骼在发育过程中逐渐地加长加粗，矿物质的构成比例也逐渐增多，骨的硬度和承重能力进一步增加，直至成年阶段，长骨的骨骺处完全骨化，完成质变过程。与成年人相比，儿童青少年的骨骼并不是简单地缩小尺寸而已，其内部成分和机械性质都有本质区别。在儿童青少年的运动训练中，就要求我们考虑到这种质的区别。例如，一旦不考虑儿童骨骼的发育特点，提前使儿童的骨骼承受了过大的训练负荷，很有可能引起骨骺过早地完成骨化，缩短骨骼的生长进程，影响儿童的身高发育。

（二）生长发育的连续性和阶段性

前文已经提到，生长发育是一个由量变到质变的过程。然而在质变之后，又会继续积累新的量变，并进一步引发新质变，这种连续性的特点在机体成熟之前始终贯穿于生长发育的过程之中。例如，在腕骨的生长过程中，骨的生长始终进行，直至8块骨完全骨化完成，发育停止，这是一个连续性的过程。但是同时8块骨的骨化时间又不是同步的，头状骨、钩状骨、三角骨骨化中心出现较早，大小多角骨和豆骨则较晚。提示：在这种量变到质变的变化过程是呈阶段性的。

在生长发育的过程中，看不出朝夕的变化，但是却表现出阶段性的特点。例如，在运动器官和神经系统的生长发育过程中，身高体重不断增长，动作技能不断完善，从整体上看是一个连续的过程。但是在不同的年龄段，生长发育却显示出了不同的特征。新生儿的肌肉几乎是强直的，动作很不协调。1 岁以后婴儿学会走路，这时也能进行一些其他的随意活动。6岁儿童能随心所欲地控制他自己的肌肉，但是精细的肌肉动作只有10岁以后才能够具备。所以生长发育在不同的年龄段有不同的特点，但这些特点是相互衔接、逐渐过渡的。

（三）生长发育的不平衡性

儿童青少年的生长发育从整体角度看是呈阶段性连续发展的，但其发育过程中的各个方面往往会呈现不平衡性，如不同时期的发育速度、身体不同部位的发育情况、身体各个器官系统的发育以及不同性别的发育都呈现不平衡性。

1. 不同时期生长发育速度的不平衡

儿童青少年的生长发育，在不同时期的速度并不相同，而是有时快、有时慢，呈波浪式发展。以身高和体重为例，从胎儿到成熟，机体的发育会出现两个突增阶段：第一次突增是胎儿时期，为第一个生长发育高峰；出生后生长的速度逐渐变慢，一直到10～12岁，又出现一个突增期，即第二个生长发育高峰。

以身高和体重为例，在怀孕的中期（4～7个月），胎儿的身长发育最快，可增长27.5 cm左右；体重在怀孕晚期（7～9个月）增长最快，3个月体重可增长2300 g；初生的婴身高约为50 cm，而在出生后第一年身高就增长了50%，达到75 cm；初生婴儿体重为3～3.5 kg，而在一岁末就增加了200%，达到10 kg左右。在 1 岁以后，身高和体重的增长逐渐变缓，从1岁到学龄开始时（7岁），身高仅增长约50%，达到115 cm，体重增加约100%，达到20 kg左右。从青春期开始，身高和体重再一次高速增长，直至完全发育成熟为止。

2. 身体各个部位生长发育的不平衡性

在发育过程中，身体各部位的生长并不是均衡的，而又是互相联系与影响的。在早期透视身体最大的部分，初生婴儿约占1/4，以后头部的大小逐渐减小，6岁时约占1/6，成人的头部约占全身的1/8；躯干的比例在发育过程中比较恒定，占全身的45%～50%；上肢在出生时占全身的10%，成年后仍大体维持这个比例；但下肢在出生时占全身的15%，到成年时约占30%。7岁前上下肢长度差不多，但进入青春期后，下肢的生长发育速度明显加快，并大幅超过上肢。在整个发育过程中，头部增大约1倍，躯干增大约2倍，上肢增大约3倍，下肢增长约4倍。

3. 身体各器官系统生长发育的不平衡性

机体的各个器官系统的发育也呈现不平衡性。神经系统的发育最早，而生殖系统的发育最晚。在脑的生长发育过程中，婴儿的脑重为380 g，只有成人的25%（成人脑重1450 g），到6岁时，脑的重量已经达到成年人的90%。随着脑的发育，神经系统的功能也迅速发展，如语言的发展和肌肉活动的调节等。人体是一个有机的统一整体，神经系统担负着调节机体内的各项生理机能的任务，是机体日常活动的基础和控制中枢，所以其发育的出现时间最早。而当儿童青少年的机体发育达到了一定程度，身体的组织器官已经可以为除生存之外的繁殖下一代提供初步的保证之后，机体的发育就将进入青春发育期。青春发育期一般开始于10～12岁，在此之前生殖系统基本不发育，而进入青春发育期后，生殖系统开始快速发育，机体的生殖机能日益完备。

淋巴系统的发育较为特殊。在10岁之前，由于少儿的各个组织器官发育并未完成，机体的各项机能均较为低下，会伴随着身体对疾病的抵抗能力也较低的现象，这个时期，淋巴系统快速发展，帮助机体抵抗外界的病原。在12岁时，淋巴系统的发育程度达到了顶峰，是成年人的200%左右。12岁至发育成熟的阶段内，由于身体的抗病机能大大增强，较高机能的淋巴系统反而会造成“浪费”的现象，淋巴系统会出现以胸腺萎缩为主要代表的消退现象，直至20岁以后达到与成年人基本相当的水平。

4. 不同性别的儿童青少年生长发育的不平衡性

不同的性别之间的发育也不同步，这主要表现在女孩在10岁之后提前进入青春期和14~15岁后男孩发育程度的反超现象。在青春期之前，男女之间的发育速度基本相同，性别的差异不明显。但由于女孩进入青春期的时间往往较男孩提前2年左右，伴随着青春发育期的到来，身高和体重会出现第二次突增，此时女孩的发育程度超过男孩，之后随着男孩进入青春期，其发育程度又再一次超越女孩。由于男、女生的青春发育期往往处于小学到中学的过渡时期，此时的发育高峰的交叉现象往往会对青少年的生理和心理造成一定的影响，了解这些规律对于保健工作、体育教学和训练都具有一定的意义。

三、影响儿童青少年生长发育的因素

不同个体儿童青少年之间，其生长发育的差异十分明显，造成这种差异的原因，除了机体自身的遗传因素之外，也有外界各种因素如营养、疾病、体育运动等。遗传因素是决定生长发育的主体，但其他外界因素也能够影响机体的正常发育。下面将简述影响生长发育的重要因素。

（一）营养

营养是生长发育的物质基础，儿童青少年在迅速成长发育的阶段，必须由外界吸收足够的各种营养素，尤其是足够的热量和优质蛋白、足够的铁和钙、各种维生素以及适宜的微量元素作为生长发育的物质基础。生长发育阶段要保证同化作用超过异化作用，必须有充分的营养物质供应。儿童青少年运动员处于生长发育阶段，体育锻炼、运动训练又要消耗较多的能量，因此，要特别注意营养物质的补充。研究表明，营养对儿童生长发育无论在形态、功能、心理、免疫力和智力等方面都会产生一时性和永久性的影响。营养丰富又平衡的膳食能促进生长发育；反之，营养素缺乏的膳食不仅会影响发育，而且会导致疾病，影响学习和劳动能力。例如，锌缺乏时，可造成机体和骨骼生长发育不良，腺功能衰退，还能导致胚胎畸形；缺钙会影响骨骼和牙齿的发育，使身材矮小，并容易引起抽筋和过敏性疾病；而铁、碘、锌、维生素A等缺乏，导致孩子从幼儿至学龄时期的智力发育及学习能力的不足。供给含钙食物和补充维生素D，可预防佝偻病（软骨病）。添加牛奶或豆汁等对生长发育可起到良好的作用。

（二）疾病

急性疾病影响儿童青少年生长发育最为明显，如急性肠胃疾病对消化吸收起到很大破坏作用，致使儿童体重减轻。有的传染性疾病（如病毒性脑炎）由于严重的病理变化，使大脑皮质的功能失常，以致出现动作迟缓和语言发育推迟等严重的后遗症。严重的慢性病、流行病和地方病，对儿童青少年生长发育的影响更大。目前，近视眼、沙眼、龋齿、结核及蛔虫等疾病，在儿童青少年中的患病率相当高；缺铁性贫血、维生素A缺乏症普遍存在。甲状腺素缺少会导致呆小症；生长激素分泌不足，会产生垂体矮小症。风湿病、肝炎、肾炎、慢性扁桃腺炎和地方性甲状腺肿也是影响儿童少年健康成长的常见病。

（三）气候和季节

气温高低等自然环境条件，对儿童青少年的身体发育有一定的影响。一般说来，生活在气温较高的热带和温带地区的儿童青少年，性成熟期较早出现，身体发育水平略低一点；而生活在气温较低的寒冷地区的儿童青少年，则性成熟期较晚一点，身体发育水平也略高一点。例如，在我国北方和南方地区的儿童青少年，在身体发育方面存在着地区差别。

1979年、1985年全国学生体质调研数据绘制的身高和体重分布状况图清晰地揭示了生活在北方地区城市的儿童青少年身高较高、体重较大，而南方则相对较矮，其中17岁年龄组学生中，北京身材最高，男为173.13 cm，女为161.08 cm；上海是中等水平，男171.25 cm，女159.87 cm；广东较矮，男168.56 cm，女157.50 cm。1991年全国学生体质检测，根据身高的高低可将我国分为3个地区，即高身高地区，大致分布在东北、华北；低身高地区，大致分布在西南、华南地区；其他为中等地区。

在同一地区春、夏、秋、冬各个季节对发育也是有影响的。一般来说，春季身高增长最快，秋季体重增长最快。有研究发现，在身高增长较快的月份，新的骨化中心出现要多于身高增长较慢的月份，因而认为，寒冷刺激与甲状腺功能增强有关。

（四）社会因素

社会因素对儿童青少年生长发育的影响是综合性的。其中，主要的决定因素是经济发展的情况，以及与之有关的营养、居住、医疗和体育等条件。在同样经济条件下，家庭中子女的多少对生长发育的影响很大。多子女的家庭，儿童青少年的生长发育都会受到明显的影响。

环境污染也是影响儿童青少年生长发育重要的社会因素。主要是噪声、中毒、感染和创伤等，尤以噪声危害严重，它使柯蒂氏器内听毛细胞受破坏，长期持久可致永久性损害。家庭吸烟环境也严重影响儿童青少年健康与发育，研究表明，家中吸烟成人越多、吸烟数量越大、儿童青少年健康越差。食物污染及有害物质也会影响儿童青少年的生长发育。近年来的一项调查表明，上海约有3万名性早熟儿童，性早熟拖垮了孩子的身高，主要是受食物中催长剂等的影响。含高糖、高脂和高热量的快餐也不利于儿童青少年身体健康。如今看电视、上网成为多数小孩放学回家后的主要活动，这也是儿童青少年体质下降的原因之一，这种普遍的社会现象是随着工业迅速发展引起的社会文明病。

（五）体育运动

体育运动是影响儿童青少年生长发育的重要因素。儿童青少年时期的体育运动有利于骨骼肌系统和心血管系统的发育，保持能量平衡和健康体重。儿童青少年时期肥胖易延续至成年之后。有研究表明，儿童青少年时期肥胖者成年后出现肥胖的概率为同一时期非肥胖者的2倍。因此，儿童青少年时期进行体力活动在某种程度上是防止成年后肥胖的有效措施。儿童青少年时期的有氧运动可有效降低高血压、高血脂等心血管疾病和2型糖尿病的患病风险，减少焦虑、紧张、抑郁和自负等多种不利状况，促进心理健康。在青春期内，无论男孩还是女孩的骨密度均大幅增加，在20～30岁期间达到骨量峰值，这对于今后预防骨质疏松症等疾病十分重要。但需要注意的是，体操、舞蹈、球类、登山等有氧运动项目有利于促进骨密度增加，游泳等低冲击性项目对改善骨量作用不大。另外，儿童青少年进行体育运动还可以增加社会适应能力、提高自信心和认知能力，促进全面身心健康，形成终身体育的生活方式。

四、青春发育期

青春发育期，即青春期是由儿童青少年时期过渡到成人的一个迅速发育的阶段，以生长突增为青春发育期开始的标志，以性成熟为结束。青春发育期可分为3个阶段，见表14-1。

表14-1 人体青春发育期的3个阶段及发育特点

	前期	中期	后期
女孩	10～12岁	13～16岁	17～23岁
男孩	12～14岁	14～17岁	18～24岁
特点	以身体形态发育突增现象为主。是人体成熟前的一个迅速生长阶段，也称为生长加速期	以第二性征发育为主，又称为性成熟期，此阶段形态的发育速度减慢	身体发育到完全成熟阶段

在这个时期内，人的身体逐渐发育成熟。身体各个部分都有很大变化，特别是身体的形态功能、内分泌、生殖器官和性的特征等方面的突变最为显著，所以青春期是人体发育的重要阶段。应当注意青春期的正常发育，为青年一代打好健康的基础。

第三节　儿童青少年的体质发育特点

一、身高和体重

人在1～2岁的两年里身高增长非常快。事实上，孩子在2岁时身高就达到了成年高度的50%。此后，在整个儿童期身高以渐进降低的速率不断生长。因此，变化的速率存在一个下降现象。就在青春期前，身高的变化速率显著加快，其后伴以生长速率指数级降低，直至某个年龄身高不再增长，女孩的这个平均年龄大概是16岁，而男孩子大概是18岁。一些男孩子直到20岁才会长到最终身高。女孩子身高生长速率的顶峰出现在12岁，男孩子出现在14岁。身高的增长率变化（图14–1）。体重增长速率的高峰大约比身高的稍晚一些，女孩子的出现在12.5岁、男孩子的出现在14.5岁。

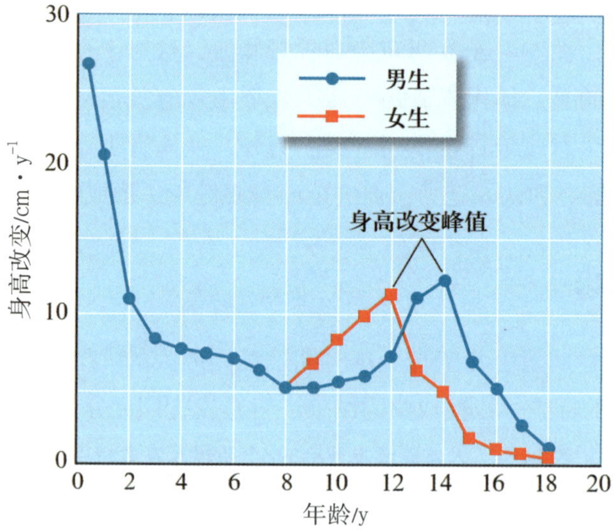

图14–1　身高增长随年龄的变化

二、骨骼

骨骼、关节、软骨和韧带构成了人体的结构支撑。骨骼为肌肉提供了附着点、保护体内的软组织器官，并且作为人体钙磷的储存库，部分骨骼还参与血细胞的形成。在胎儿发育的早期，骨骼源于软骨而发生。像头颅的一些扁骨源于纤维膜化骨，但大多数的骨却源于透明软骨化骨。在胎儿发育阶段以及出生后最初的14～22年的时间里，纤维膜和软骨组织通过骨化过程而转变成骨头，或者通过骨形成过程而成骨。体内不同骨完全骨化的平均年龄差别很大，但是骨头一般在10岁前开始融合、20岁完成全部融合。平均来讲，女孩子达到骨的全部成熟比男孩子早几年。

成熟长骨结构复杂。骨是需要必要营养的活性组织，因此骨的血液供应丰富。骨由遍布基质中的细胞组成，或呈格子状排列，其间主要存积了磷酸钙、碳酸钙等石灰盐而成为硬的高密度物质。基于此，钙是必不可少的营养，特别是在骨头的生长期和年老时候随年龄增长，骨矿物质丢失而变得脆且易碎。骨头也是钙的储存库，当血液钙水平高时，过剩的钙可以在骨头存积下来；当血钙水平太低的时候，骨头可以再吸收，或者分解，向血液中释放钙。当发生损伤或者骨头应对过多的压力时，更多的钙会存积下来。所以，在生命的整个过程中，骨头是一直在变化的。

负重运动对于骨的正常生长是必需的。虽然运动对于骨的生长影响甚微，但是确实能通过在骨基质中存积更多矿物盐而增加骨的围度和密度——这可以加强骨的承受力。证据初步显示青春期前的几年时间可能是通过运动刺激来塑造骨骼的最好时机。

三、肌肉

从出生到青春期，随着体重的增加人体的肌肉量也平稳地增多。男孩出生时骨骼肌占体重的25%，而长到20～30岁时就占到了40%～45%甚至更多。这种变化的主要发生在青春期肌肉生长速度高峰的时候。这个高峰是对突然发生的、几乎10倍增长的睾酮分泌量的回应。女孩在青春期时没有经历这样快速的肌肉生长过程，可是她们的肌肉量也持续地增加到其青年期成人体重的30%～35%，尽管比男孩子要慢很多。速度差的主要归因是青春期时激素差别。随着年龄增加，由于肌肉流失和脂肪累积，男女的肌肉体重百分比都降低了。

肌肉质量随年龄的增长基本上是已有肌纤维肥大（肌肉大小增加）的结果，而没有或很少有肌肉增生的作用（肌纤维数量增加）——肌浆型肥大。肌纤维肥大是肌丝、肌原纤维增加的结果。随着年轻人骨骼的长长，肌肉长度增长既是肌节数目增多的结果（在肌肉和肌腱交界的部位长出新的肌节），也是原有肌节长度增加的结果。女性在16～20岁达到肌肉量的高峰，而男性在18～25岁，除非由于运动、饮食或二者兼有的原因使肌肉量有更大的增长。

四、脂肪

脂肪细胞的形成和脂肪存积在胎儿发育早期即开始了，并且这个过程从此便绵延不绝。在人从出生到死亡间的任何年龄，每个脂肪细胞的大小都能增长。早期关于脂肪细胞和脂肪量发展变化的研究显示，脂肪细胞的数量在生命早期就固定了。这使很多科学家相信在发育的早期保持较低的总体脂量将能减少发育过程中脂肪细胞的总数，极大降低到成年人时发生肥胖的可能性。但是，后续的研究显示脂肪细胞数量可以终生不断增加。因此，终生保持良好的膳食和运动习惯就显得非常重要了。

随着生长和年龄增大身体脂肪的存积量取决于：饮食、运动习惯、遗传。遗传因素是不变的，但饮食和运动是可以变化的，或者增加或者减少体脂的存量。人出生时，体重的10%～12%是脂肪。生理成熟的时候，男性的脂肪量达到总体重的15%，而女性大概是25%。这种性别方面的差异基本上是由激素差别造成的，如肌肉比重不同一样。当女孩到了青春期，雌激素水平增高促进了体脂的存积。图14-2描述了8～20岁男女生体脂百分比、脂肪量、去脂体重的变化。这个阶段脂肪量和去脂体重都增加是很重要的，因此绝对脂肪量的增加并不一定意味着脂肪相对量的增多。

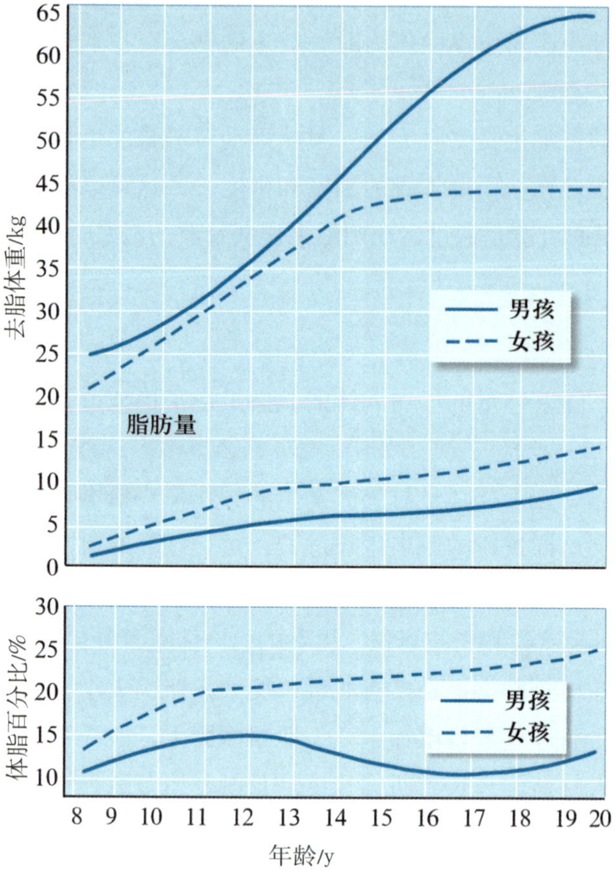

图14-2　8～20岁男女变化图

五、神经系统

随着青少年神经系统的不断发育，其平衡能力、灵活性和协调性逐渐提高。神经纤维的髓鞘必须全部形成，才能够有快速反应和技巧性动作，因为如果神经纤维没有髓鞘或者髓鞘不完整的话，神经冲动沿着神经纤维的传导就相当地慢。大脑皮质神经元的髓鞘形成在儿童期迅速发生，可以一直持续至超出青春期。尽管练习一个动作或技巧在一定程度上可以提高技能，但是动作或者技巧的完满发展要靠神经系统的全部成熟（和髓鞘形成）。力量的发展也受神经髓鞘形成的影响。

六、心血管机能

在静息状态下和亚极限运动状态下，儿童青少年的血压在20岁之前呈现渐进性升高直至成人水平，在此期间血压在总体上低于成人水平。血压与体型密切相关。身材高大的人血压通常较高，因此儿童青少年血压较低的一部分原因是体型较小。另外，由于儿童青少年血管的外周阻力较小，在身体活动时集中至骨骼肌的血液多于成年人，这也是造成儿童青少年血压低的原因。

心输出量是指每分钟一侧心室射入至动脉的血量，等于每搏输出量和心率的乘积。儿童青少年的心脏较小，总血容量低，无论静息状态还是运动状态，其总心输出量都低于成年人。在一定强度的亚极限负荷运动时，由于耗氧量绝对值是相等的，儿童青少年的心脏出现代偿性反应，心率高于成年人的心率。随着儿童青少年年龄的增加，心脏大小和血容量同身材一起增长。因此随着身材增大，每搏输出量增加，心脏输出功率也增加。

然而儿童青少年在亚极限状态下，虽然心率较高，但仍无法完全弥补每搏输出量较低的不足。所以，在一定的运动负荷强度运动时，儿童青少年的心输出量略低于成年人。亚极限运动时，运动肌群的血流量增加，为了保证足够的摄氧量，儿童青少年的动脉-静脉血氧含量差增大，可进一步弥补较低的每搏输出量。

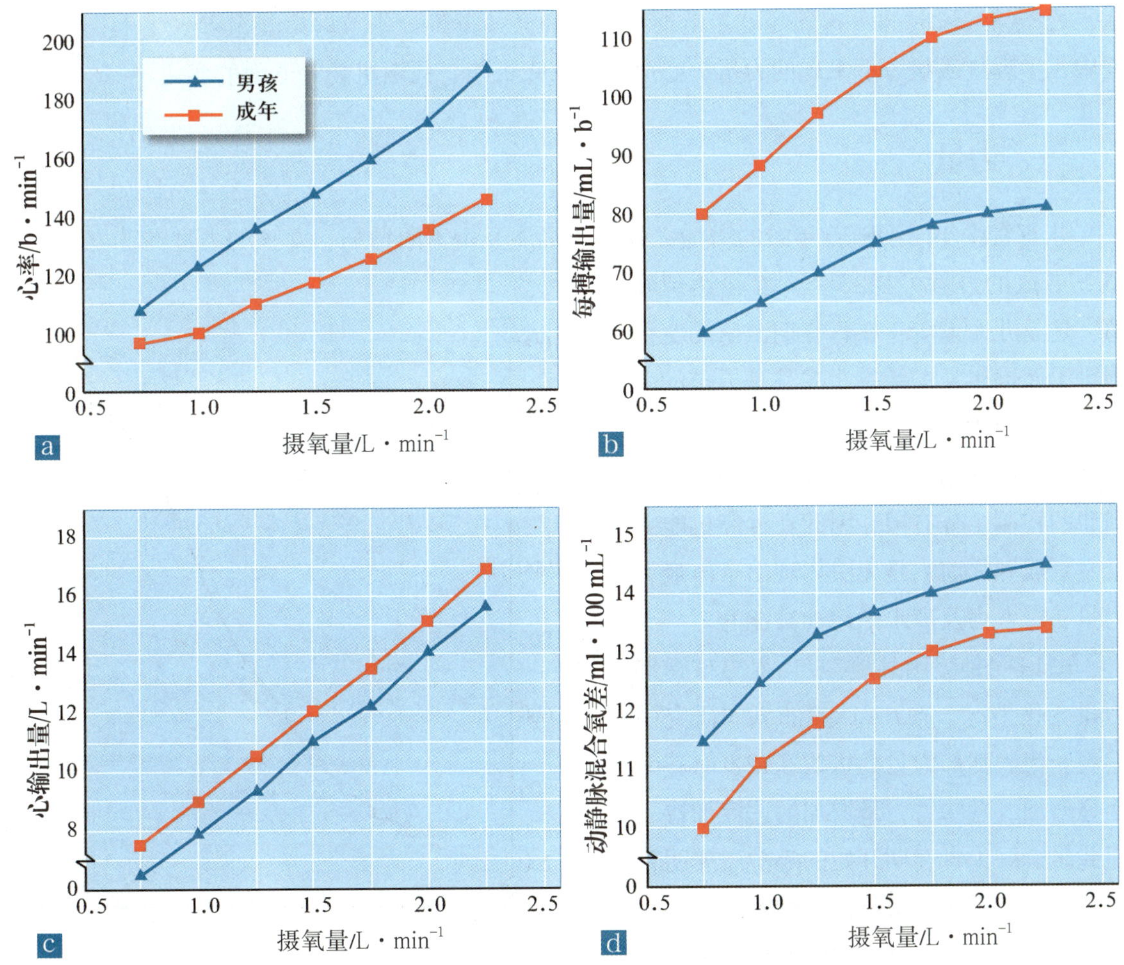

图14-3　同样摄氧量的情况下12岁男孩和成年人的亚极限心率、每搏输出量、心输出量、动脉-静脉血氧含量差

儿童青少年的最大心率高于成年人的水平，但却随着儿童青少年年龄的增加呈线性下降趋势。不足10岁的儿童的最大心率可超过220 b/min，而20岁时的青少年最大心率约为195 b/min。随着年龄的不断增加，横向研究结果表明最大心率以每年略低于1 b/min的速度下降。纵向研究显示，最大心率每年下降0.5 b/min。

在最大强度运动中，儿童青少年同样由于心脏较小和血容量较少，而使每搏输出量受限，单一的增加最大心率并不能完全弥补上述问题。与成年人相比，儿童青少年的心输出量较低，氧运输能力不及成年人，这限制了儿童青少年在运动负荷较高时的运动能力。但在移动自身体重等相对负荷较高的情况下运动时，儿童青少年最大心输出量较低的限制就不那么明显。

第四节　儿童青少年的身体素质发育特点

人体的各个生理系统在完全成熟时，人体所有系统的生理机能都会逐步提高，达到最高水平后维持一段时间，直到随着年龄继续增加而开始下降。本节讨论儿童青少年生长发育过程中，生理应激状态下出现的力量、心血管和呼吸机能、代谢机能等方面的变化。

一、力量

儿童青少年时期随着年龄的增加，骨骼肌机能开始不断增强。女孩的力量在20岁达到峰值，男孩的力量可在20～30岁间达到峰值。这是儿童青少年在青春期激素的变化促进了肌肉生长的结果，尤其是男孩的力量增加得更为明显。但由于性成熟前很多运动神经的髓鞘未彻底形成，神经对于骨骼肌的控制十分有限，因此在神经机能完全发育成熟之前，是无法体现出个体最大力量、爆发力及高水平运动技能的。

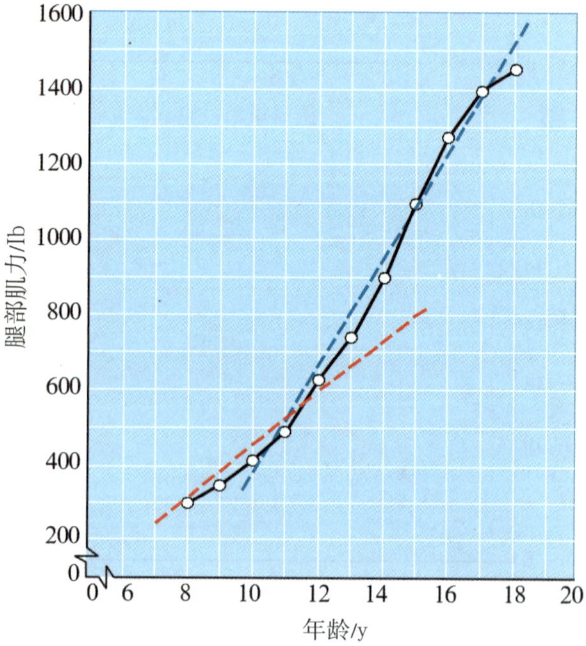

图14-4　7～18岁男孩腿部力量变化图

图14-4是美国某地7～18岁男孩腿部力量变化情况。在7～18岁的纵向研究中发现，代表腿部力量的折线在12岁时斜率明显增加，意味着力量增加的速度加快，而此时恰好为青春期开始的年龄，表明青春期开始时男孩力量迅速地增加。对同样年龄跨度的女孩进行类似的研究则未得到上述结果，发现女孩的力量增加得更为缓

慢，其青春期时力量增加得速度也没有出现明显的变化。

多年来，对青春期之前或青春期的儿童青少年进行肌肉力量和耐力训练的做法始终备受争议。很多人认为儿童青少年进行负重训练会致使运动损伤，甚至影响生长发育过程。但有学者推测，青春期之前男孩的雄激素水平较低，抗阻训练可能对肌肉影响较小，甚至没有影响。

动物实验结果表明，大负荷抗阻训练可以使骨骼更加坚硬、结实。但人类可能无法承受施加于动物的负荷，所以并不能证明大负荷抗阻训练对人具有良好的作用。有研究发现，青春期之前或青春期儿童青少年进行抗阻训练时，发生运动损伤的风险并不高。相反，抗阻训练可加强关节周围的肌肉力量，还可能起到预防损伤的保护作用。目前，值得推荐的方法是，为儿童青少年制订抗阻训练的运动处方，按照运动处方进行训练。诸多针对儿童青少年进行抗阻训练的研究发现，抗阻训练中合理的运动强度和运动量，对肌肉力量的提高非常有效。而且，儿童青少年力量增加百分比与成年人相似。

影响力量变化的因素包括动作技巧协调性、运动单位的动员程度、神经肌肉适应等。在青春期之前，力量的增加与肌肉体积的变化之间关系不大，可能为上述因素变化所致。青春期力量的增加主要源于神经适应和肌肉大小、特异紧张状态的增强。在训练计划及运动处方中，7岁以下需要了解并进行负重运动，理解训练阶段的概念，掌握运动技巧，进行基本体操或双人活动，进行轻度的抗阻运动，维持小运动量。8～10岁逐渐增加更多运动项目，进行运动机能训练，逐渐给予运动负荷，保持简单动作，略微增加运动量，监控运动的耐受程度。11～13岁学习全部的基本运动技术，逐渐增加各个项目的负荷，逐步学习更高难度的技术，保持之前的运动负荷，进行青少年适应的抗阻训练，学习并掌握运动项目的特异性，逐渐增加运动量。14～15岁进行青少年适应的抗阻训练，学习并掌握运动项目的特异性，强调运动技术、技巧，逐渐增加运动量。16岁以上掌握全部背景知识、训练经验，尝试进行初步的成年人训练计划，根据个体情况调整运动量。需要强调的是，任何儿童青少年进行抗阻训练计划必须由专业人士进行指导。

二、速度

速度素质包括反应速度、动作速度和位移速度。目前认为，速度素质发展的敏感期是7～12岁，这是提高短跑成绩的黄金时期，抓住这一有利阶段对儿童青少年进行科学的教学和训练，对挖掘未来速度的潜力有较大的影响，如果在7～11岁时不予以训练，再提高步频几乎是不可能的。

反应速度作为速度素质的一种，其发展时期也较早，儿童青少年8～12岁反应速度大幅度提高。国外的神经生理学研究结果认为，人的反应速度是天生的，是一个纯生理过程，这个生理过程主要是由先天遗传决定的，在以后的训练中很难提高，训练只能把获得的遗传因素巩固下来。但是，注意力的集中和对信号反应的动作熟练程度也会影响反应速度，所以，后天训练仍是必要的，特别是对注意力的培养及对动作熟练程度的训练，对提高反应速度很关键。反应速度在9～12岁时提高最为显著，应抓紧这个时期的反应速度训练。

动作速度和位移速度主要是依靠后天训练来提高的。速度的发展与动作频率有着密切的联系。儿童从7岁起步频有较快的自然增长，13岁后下降，故7～13岁是训练动作频率的敏感期，在此阶段可对儿童青少年进行提高步频的训练。

三、耐力

（一）有氧耐力

在不同程度的运动中，心血管和呼吸机能适应性变化的目的是保证骨骼肌运动时氧的供应。儿童青少年在生长过程中随着年龄增加心血管和呼吸机能的提高，表明有氧能力增强。1938年，鲁滨逊（Robinson）通过对6～91岁男性进行研究发现最大摄氧量的峰值出现在17～21岁之间，然后随着年龄呈线性下降。后续其他研究也证实了上述观点。针对女性的研究也发现类似的趋势，但女性的最大摄氧量开始下降的年龄比男性早，通常在12～15岁便开始下降，其原因可能是女性更早地倾向于静坐少动的生活方式。最大摄氧量随年龄而变化，可以用每分钟多少升氧气来表述，也可以用单位体重来表述的最大摄氧量mL（kg・min），见图14-5。

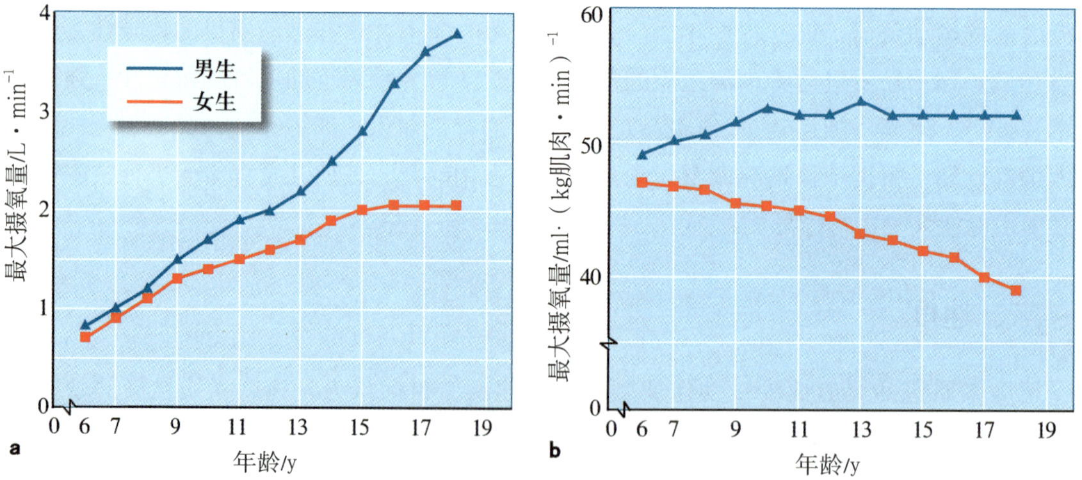

图14-5 最大摄氧量绝对值和相对值随年龄变化的趋势

男孩从6岁到成年期最大摄氧量的值几乎没有什么变化。而女孩从6～13岁几乎没有变化，但在13岁之后，女孩的有氧能力开始逐渐降低。绝对值的变化可能无法准确反映儿童青少年生长过程中运动能力的变化，以及循环系统的发育状况，因此多用体重变化反映心脏呼吸机能和代谢系统的变化，即最大摄氧量的相对值。

虽然用相对值表示最大摄氧量有诸多优势，但不应该用体重去衡量身材不一致的儿童青少年的最大摄氧量。首先，尽管用相对体重表示的最大摄氧量，随年龄保持稳定或者有所下降，但是耐力性运动能力却平稳增加。虽然14岁的男孩和5岁的男孩用相对体重表示的最大摄氧量是相似的，但14岁的男孩的跑速要比5岁男孩快一倍。其次，随着耐力训练，儿童青少年最大摄氧量的增加幅度较成年人小，但儿童青少年运动能力提高的幅度却相对较大。因此，对于不同身材的儿童青少年来说最大摄氧量并不是计算有氧能力最适宜的指标。

青春期之前的儿童能否通过有氧训练来促进循环系统机能发展，也是具有争议的内容。早期的研究结果表明，儿童进行运动训练后无法改变其最大摄氧量，但运动能力却显著提高。近期研究发现，青春期之前的儿童训练后有氧能力小幅度提高，提高5%～15%，但提高的幅度却不及青少年和成人的15%～25%。目前尚不清楚是什么原因使得儿童青少年在青春期时便出现了最大摄氧量的变化。在此阶段，每搏输出量是有氧运动能力的主要限制因素，有氧能力的增长更依赖于心脏的生长。

（二）无氧耐力

儿童青少年进行无氧运动的能力是有限的。在最大极限运动时，儿童青少年肌肉或血液中乳酸浓度都未达到成年人的水平，表明儿童青少年的糖酵解能力较低。乳酸水平较低意味着无氧糖酵解过程中重要的限速酶——磷酸果糖激酶的浓度较低。儿童青少年的乳酸脱氢酶活性似乎也较低。用最大摄氧量来反映有氧无氧代谢情况时发现，影响儿童青少年乳酸阈的因素除上述酶的原因外，还有ATP-CP系统供能情况。儿童青少年的乳酸阈接近甚至略高于有训练的成年人，而且儿童青少年在安静情况下的ATP-CP水平与成人的水平相近，表明儿童青少年在15s以内的运动项目中是极具竞争力的。因此，在15 s～2 min无氧糖酵解供能的运动项目中，儿童青少年的能力相对较弱。儿童青少年在最大运动或力竭性运动中呼吸商不高，很少达到1.1，有时候低于1，但成年人的呼吸商通常达到1.1，甚至高于1.15，这表明在相同耗氧量的情况下儿童青少年体内产生的CO_2较少，提示体内乳酸的缓冲较少。

儿童青少年在温盖特无氧功率测试中，平均无氧功率值和最大无氧功率值与成人相比都较低。图14-6表明不同年龄人群进行同样功率测试的结果，发现9～10岁组的无氧功率明显低于14～15岁组、21岁成人组，在此范围内随着年龄增长，无氧功率不断增加。

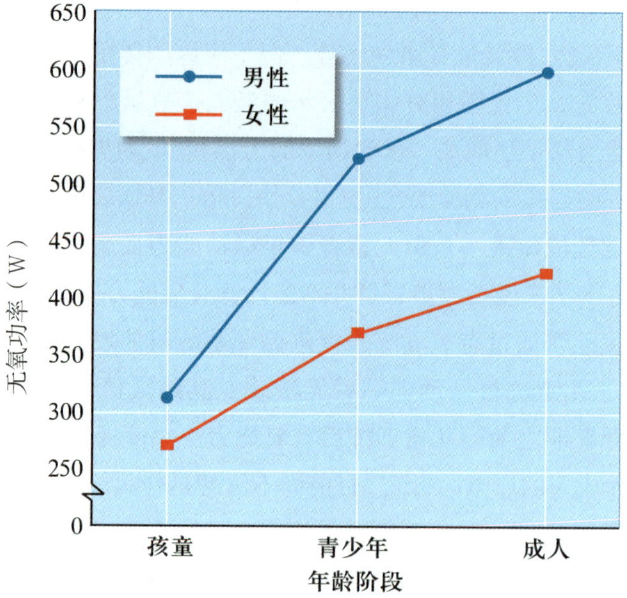

图14-6　9～10岁组、14～15岁组、21岁成人组的无氧功率峰值

另有学者用18岁成人的数据作为标准，总结9～16岁不同性别儿童青少年有氧、无氧运动能力发育的特征。发现男孩的有氧能力保持稳定，女孩在12～16岁出现有氧能力下降。参考成年人的数据后，提出9～12岁女孩的有氧能力高于18岁的女孩。无论是男孩还是女孩，从9～15岁，无氧运动能力都在增长。

无氧训练可显著改善儿童青少年无氧能力。通过训练，儿童青少年安静时CP、ATP-CP和糖原水平增加，磷酸果糖激酶活性提高，最大血乳酸水平提高，通气阈是乳酸阈的非创伤性表示方法，研究发现10～14岁男孩耐力训练可以提高通气阈。提高儿童青少年有氧和无氧能力的训练方案，其训练原则要减少运动伤害和过度训练发生，并使儿童青少年保持对运动的兴趣。

四、柔韧

柔韧是指关节全方位的运动能力。柔韧主要受关节特点、肌肉和结缔组织弹性等因素影响。柔韧涉及肢体的弯曲、扭转、拉伸等多种动作，低强度肌肉拉伸、体操和瑜伽等项目均可发展柔韧素质。进行提高柔韧素质的练习首先要有耐心，达到练习效果通常需要几周甚至是几个月的时间，而且不应进行高难度动作，以防止运动损伤。要坚持从儿童青少年时期开始进行定期练习，养成良好的运动习惯。每次进行拉伸练习时，需要通过准备活动适度提高体温，以增加肌肉和关节的伸展性和弹性，降低黏滞性。

需要强调的是，男孩和女孩的柔韧性由于生理结构的差异而不同，女孩的柔韧性相对更好。在生长发育阶段较为常见的现象是，当骨骼发育的速度比肌肉和肌腱更快时，柔韧性可能会大幅度下降，需要安排针对性的练习。

五、协调

协调是指脑和神经共同调控运动系统实现精确运动的能力。协调运动包括平衡木行走和单腿站立等全身运动的平衡能力，舞蹈、体育舞蹈等有节奏的运动，如何学习翻滚、舞步等动觉意识和空间协调运动，拍球、踢球、运球等眼与手、眼与脚的配合活动。

由于大多数儿童青少年对于协调练习比较感兴趣，因此协调练习可以作为儿童青少年发展运动技能的主要手段，但当儿童青少年沉浸在协调训练中时，需要注意观察周围环境和人群的情况，避免摔倒等意外发生。而且每个孩子的学习能力不同，其掌握运动技能的速度也有差别，要注意因材施教。

第五节　儿童青少年体育教学的注意事项

一、骨骼与关节

（一）骨骼

儿童青少年软骨成分较多，水分和有机物质多，无机盐少。骨密质较差，骨富于弹性而坚固不足，不易完全骨折而易于发生弯曲和变形。随着年龄增长，骨的无机盐增多、水分减少、坚固性增强而韧性减低，直到20～25岁骨化完成后，骨停止生长，身高也不再增长，但骨的内部构造仍在变化，下肢骨在16～17岁以后骨化迅速，而脊柱椎体到20～22岁才完成骨化。常用骨龄作为选材的指标，通常以腕骨的骨龄来预测身高，作为运动员选材依据之一。

（二）关节

儿童青少年关节面软骨相对较厚，关节囊及韧带的伸展性大，关节周围的肌肉细长，关节活动范围大于成人，牢固性相对较差，在外力作用下较易脱位。这些特点在体育教学与训练中应加以注意。

根据儿童青少年骨骼和关节的特点，在体育教学或训练中，应注意下列问题。

1. 注意养成正确的身体姿势和全面的身体锻炼

儿童青少年骨骼承受压力和肌肉拉力功能比成人差，如果长期处于不良身体姿势状态下，其骨易弯曲变形，其中常见的是脊柱的变形。据调查，小学生中脊柱变形者占受检人数的20.9%，而脊柱侧凸又占脊柱变形者的80.8%。因此，体育教师必须教育儿童青少年养成坐、立、走等正确的身体姿势，注意各种姿势的轮换。对一些单侧活动较多的肢体，要注意加强对侧肢体的锻炼，防止脊柱弯曲变形或肢体发育不均衡。

2. 力量训练时注意负荷重量

儿童青少年骨化过程完成较晚，骺软骨承受压力的功能比成人差。如果负重过大、静力性动作过多或剧烈地震动，容易造成脊柱弯曲、骨盆和腿部畸形，也会使骨化过程过早完成或骺软骨的损伤，影响骨的生长发育。15岁以后，进行较大负重的力量练习，应以动力性练习为主。进行必要的静力性练习时，也要控制时间动静结合，同时不宜在过硬的场地上经常用力踏跳等。

3. 应预防关节损伤的发生

儿童青少年可充分发展关节柔韧性，但也要重视发展关节的牢固性，以防关节损伤。在运动中，如发现儿童青少年出现腰、膝及肘部疼痛，应引起重视，并及早进行诊断，做出适当的处理。

二、肌肉

儿童青少年的肌肉中水分多，蛋白质、脂肪和无机盐类少，收缩功能较弱，耐力差，易疲劳。随着年龄增长，肌肉中的有机物增多、水分减少，肌肉重量不断增加，肌力也相应增强。

儿童青少年肌肉的生长发育不均衡，生长发育的顺序为躯干肌先于四肢肌，屈肌先于伸肌，上肢肌先于下肢肌，大块肌肉先于小肌肉。肌力的逐年增长也是不均匀的，在生长加速期，肌肉主要向纵向发展，长度增加较快，但仍落后于骨骼增长，所以肌肉收缩力量和耐力都较差。生长加速期结束后，身高的增长缓慢，肌肉横向发展较快，这时肌纤维明显增粗，肌力显著增加。女孩在15～17岁、男孩在18～19岁肌力增长最为明显。全身整体肌肉力量男性在25岁、女性在20岁左右达到峰值。肌力可保持到30～35岁才开始减退。

根据儿童青少年肌肉发育的特点，在体育教学和运动训练中应注意以下几点。

1. 根据年龄特点安排运动负荷

在10岁以前肌肉生长和肌肉力量的增长速度较慢，不宜进行负重练习，可采用抗体重练习，如徒手跑、跳等。在12～13岁肌肉体积和力量增长速度加快，可增加一些抗阻力（如拉橡皮筋）或哑铃等的力量练习。15～18岁，肌肉体积和力量增长的速度最快，在练习中，可以增加阻力或负重，以有效地发展肌肉力量。

力量练习时，应以动力性力量练习为主，辅以适宜的静力性练习。负荷不宜过大，组数不宜过多，练习结束后，注意做好放松活动。

2. 根据肌力发展规律安排训练

由于儿童青少年肌肉的生长发育不均衡，在运动训练中，应注意全面身体训练，在注意发展大肌群（如腹背肌肉等）的同时，也要注意发展小肌肉群的力量和耐力。在身高增长加速时，肌肉的长度增加较快，肌肉收缩力量和耐力都较差，宜采用伸长肢体练习，弹跳和支撑自身重量的力量练习，重负荷力量练习宜少采用。生长加速期结束后，身高的增长缓慢、肌纤维增粗速度加快，肌力显著增加，可以适当增加力量性练习。

三、循环机能

儿童青少年的血液总量比成人少，但按体重的百分比来看，相对值则略高于成人。成人的血量占体重的7%～8%，新生儿血量约占体重的15%，1周岁时约为11%，以后随年龄的增长血液总量占体重的百分比逐渐下降，15岁左右达到成人水平。新生儿的红细胞为每立方毫米550万个，血红蛋白含量为每100 mL血15～23 g，以后逐渐减少；儿童时期红细胞和血红蛋白一直保持较低水平，到了青春期逐渐上升而接近成年人水平。

新生儿白细胞是成人的2倍，数天后很快减少。随着年龄的增长，白细胞总数逐渐减少，各类细胞的比例也有改变，至15岁时接近常人水平。9～10岁以前中性粒细胞比例较低，且发育不成熟，所以，这个年龄段易患传染病。

儿童青少年心肌纤维较细，心脏的容积和重量均小于成人，心肌收缩力弱、每搏输出量和每分输出量比成人少，但相对值（即按体重的比值）却大于成人，这说明儿童青少年的心脏在胜任短时间的紧张的肌肉活动方面具有一定的潜力。心脏的重量随年龄逐渐增大，到青春期时心脏已达到成人水平。儿童青少年心脏发育及神经调节还不够完善，而新陈代谢又比较旺盛，交感神经兴奋占优势，因而心率较快，出现心脏功能性收缩期杂音较多见，占儿童青少年的40%～60%。随着年龄的增长心率逐渐减慢，20岁左右趋于稳定。儿童青少年心脏收缩力弱，血管壁弹性好，血管口径相对较成人大，外周阻力较小，因此儿童青少年的血压较低。青春发育期后，心脏发育速度增快，血管发育处于落后状态，同时由于性腺、甲状腺等分泌旺盛，血压明显升高，一些人甚至出现暂时偏高的现象，称为“青春期高血压”。一般多见于身体发育良好，身高增长迅速的青少年，表现为收缩压较高，但一般不超过150 mmHg，并有起伏，而舒张压在正常范围。据统计，青春期高血压始发年龄为11～12岁，随年龄增长而增多。高峰年龄为15～16岁，以后逐渐减少。

年龄不同，运动时心血管功能反应不同；心血管功能的发育不一样，对运动的反应也不相同。儿童青少年时期交感神经调节占优势，心肌发育不十分完善，运动时主要靠加快心率来增加心输出量以适应需要。

根据儿童青少年血液循环系统的特点，体育教学和锻炼时应注意以下几点。

1. 合理安排运动负荷

儿童青少年的心血管能承受一定量的运动，但负荷量不宜过大，一般儿童青少年对强度较大且持续时间较短的运动，如60 m、100 m和200 m跑，各种活动性游戏，徒手操及哑铃等力量性练习，以及短距离游泳和跳水活动等有一定程度的适应。而对一些长时间紧张性运动、重量过大的力量练习及对身体消耗过大的耐力性练习等，则不宜过多采用。

同时要注意循序渐进和区别对待。同年龄的儿童青少年，个子高大的，心脏的负担量相对较大；性成熟发育迟缓的，其心脏的发育也较迟缓，在运动负荷方面应注意区别对待。

在体育锻炼中尽量减少“憋气”、紧张性和静力性练习，以免造成心肌过度疲劳。例如，举重“憋气”时，胸腔和腹腔内压力加大，回心血量减少，心脏输出血量减少，对心脏本身的血液供应也会减少。“憋气”后，反射性地使呼气加深，这时胸内压和腹内压突然降低，回心血量增多，使心脏负担加大。此外，倒立和背桥等动作由于头部朝下，头部血液回流困难，使心脏处在正常位置时的阻力加大，增加了心脏的负担。因此，对儿童青少年来说，过多及过长时间从事这类练习是不适宜的，但可以进行一些匀速的低强度的耐力训练，对发展心肺功能是必要的。

2. 正确对待“青春期高血压”

对出现青春期高血压的学生，如经常参加运动，且运动后又无不适反应者，可以照常参加体育活动，但活动量不可过大。需定期检查，并加强医务监督。

四、呼吸系统

儿童青少年胸廓狭小、呼吸肌力较弱且呼吸表浅，新陈代谢旺盛，因而呼吸频率快，肺活量、肺通气量较成人小。随年龄增大呼吸深度增大，呼吸频率逐渐减少而肺活量逐渐增大。儿童青少年肺通气量绝对值小，但每千克体重相对值较大。由于呼吸肌较弱、调节功能不完善，在运动时主要靠加快呼吸频率来增加肺通气量，而呼吸深度增加很少。

由于儿童青少年氧运输系统的功能不如成人，在进行剧烈运动时，他们的最大通气量和最大摄氧量较低，有氧能力和无氧能力都比成人低。因此，他们对强度较大而持续时间较长的运动适应能力较低，容易疲劳。

根据儿童青少年呼吸系统的特点，在体育运动中应该注意以下几点。

1. 呼吸道卫生

儿童青少年的呼吸道比成人狭小，呼吸道的上皮较薄而血管丰富，容易感染引起呼吸道发炎。因此，应教育儿童青少年，在平时要用鼻呼吸。在运动时，仅用鼻呼吸不能满足身体的需要，可用口鼻同时呼吸。

2. 呼吸与运动动作的配合

一般来说，肢体伸展的动作便于吸气，而肢体屈曲的动作便于呼气；在胸廓肩带需要固定的动作便于腹式呼吸，而腹肌用力和收缩的动作便于胸式呼吸；爆发用力和上下肢体大幅度活动的动作有时必须在吸气中进行或暂时屏息甚至憋气；周期性运动项目，如跑、游泳和划船等，呼吸必须有一定节奏，长跑采取两步一呼、两步一吸，或三步一呼、三步一吸等。人体呼吸运动受大脑皮质调节，教会儿童青少年在运动中掌握适宜的呼吸方式，使他们在运动中学会呼吸与运动动作配合，学会有意识地加深呼吸。

3. 多采用发展有氧代谢为主的练习

在体育锻炼中，要采取积极手段提高其呼吸功能。据研究，游泳、划船、长跑和篮球等项目能有效地增大肺活量，提高呼吸功能。随着年龄的增长及青春发育期呼吸肌的发展，儿童青少年有氧代谢能力逐渐提高，也可适当安排一些稍短的长跑练习。

五、神经系统

儿童青少年神经系统的兴奋和抑制过程发展不均衡，神经活动过程不稳定，6～12岁兴奋过程明显占优势，兴奋容易扩散，表现为活泼好动，注意力不易集中，做动作时不协调、不准确，易出现多余动作。年龄越小，皮质抑制过程越弱，而且不完善，分化能力也就差。8岁以前精确分化能力很差，错误动作多；8岁以后皮质细胞的分化能力逐渐完善，并接近成人；13～14岁时皮质抑制调节机制达到一定强度，分析综合能力明显提高，能较快地建立各种条件反射，但由于分化能力尚不完善，又受到小肌肉群发育较晚的影响，所以掌握复杂精细的动作困难；14～16岁时，反应潜伏期缩短，分化能力显著提高。女孩的分化抑制发展较早，能够掌握复杂的高难动作，在体操、花样滑冰和技巧项目中表现较为突出。儿童时期神经细胞工作耐力差，容易疲劳，但由于神经过程有较大的可塑性，疲劳消除较快，重新恢复也快。

在儿童时期，神经活动中第一信号系统占主导地位，对形象具体的信号容易建立条件反射，而第二信号系统相对较弱，抽象的语言、思维能力差，分析综合能力发展还不完善；9～16岁时第二信号系统功能进一步发展，联想、推理、抽象概括的思维活动逐渐提高；16～18岁时第二信号系统功能已发展到相当的水平，两个信号系统的相互关系更加完善，分析综合能力显著提高。

根据儿童中枢神经系统的特点，在体育教学与训练时应注意：

（1）体育课内容要生动、有趣，可穿插游戏和竞赛，尽量避免单调及静力性活动；要注意安排短暂休息，使学生情绪饱满，精力旺盛，不易疲劳。

（2）在教学中既要注意采用直观形象的教法（如示范动作、图表、模型等），又要注意培养和发展他们的思维能力。

思考题

1. 试述儿童青少年生长发育的一般规律。
2. 影响儿童青少年生长发育的因素有哪些?
3. 青春发育期是怎样划分的?
4. 试述根据儿童青少年骨与关节与肌肉的生理学特点, 如何进行体育教学与运动训练。
5. 试述根据儿童青少年心肺功能特点，如何进行体育教学与运动训练。
6. 试述根据儿童青少年的神经系统生理学特点, 如何进行体育教学与运动训练。
7. 儿童青少年身体素质发展有哪些特点?
8. 青春性高血压的特点是什么? 在体育教学中应如何对待?

主要参考文献

[1] 王瑞元. 运动生理学[M].北京:人民体育出版社, 2002.
[2] 邓树勋, 王健, 乔德才. 运动生理学 [M].北京:高等教育出版社,2005.
[3] WILMORE J H, COSTIL D L, KENNEY WL. Physiology of Sport and Exercise[M]. Champaign: Human Kinetics Publishers,2004.
[4] 杨锡让. 实用运动生理学[M].北京:北京体育大学出版社, 2007.
[5] 王瑞元, 苏全生. 运动生理学[M].北京:人民体育出版社, 2011.

第十五章 女性的生理特点与体育运动

本章学习提示

通过本章的学习，要求学生了解并掌握女性生长发育特点，尤其是青春期、妊娠期、老年期女性的生理特点以及运动健身过程中应注意的问题；能够应用运动生理学的基本理论和知识指导女性科学地运动健身。

女性的生理特点与体育运动

自从1900年在巴黎的第二届奥运会上出现了7名女性参加网球比赛、10名女性参加高尔夫球比赛，越来越多的女性参加到了奥运会及其他体育竞技中来。以奥运会为例，1964年的东京奥运会，683名女性参与了7个运动项目；到2004年雅典奥运会，4525名女性参加了23项比赛。同时，参加休闲体育的女性人数也大大增加。随着社会的飞速发展，在蓬勃开展的全民健身活动中也有了更多的女性参加，不同年龄段的女性成为如火如荼健身锻炼大军的必然组成部分。女性经常参加体育锻炼，不仅可以促进身体的生长发育、增进健康、提高身体各器官和系统的功能水平，从而更好地胜任对身体要求较高的工作任务，而且可以使身体各部的肌肉得到协调均匀的发展。特别是通过体育锻炼能使腹肌、腰背肌和骨盆底肌的肌肉力量得到增强，这对于女性妊娠期的身体健康和顺利分娩都有很大好处。对女性进行运动锻炼或训练指导时，在运动项目的选择和运动量的安排上，必须考虑到女性的解剖生理特点，同时要注意女性经期以及更年期、老年期等特殊情况。

第一节　女性不同阶段的生理特点

女性从胎儿形成到衰老是连续的生理过程，也是下丘脑-垂体-卵巢轴功能发育、成熟和衰退的过程。根据女性一生的年龄和生殖内分泌变化，划分为胎儿期、新生儿期、儿童期（幼儿期）、青春期、生育期（性成熟期）、围绝经期和绝经后期，这些阶段之间是一个渐进的过程，各时期间并无明显的分界线，其间年龄的变化与遗传、环境等诸多因素有关。

一、女性生长发育的一般特点

关于人生长发育、成熟、衰老等过程共性的理论知识在有关的著作、章节（如本书第十三章）中已有许多的系统论述，本部分仅讨论有关女性在青春期、老年期主要生理特点的内容。

女性在9～10岁开始出现身高、体重超过尚未进入青春期的同龄男性，女孩进入青春期的时间一般较男性早两年，结束也早两年。12～13岁以后，男孩开始迅速发育，其身高、体重、肌肉力量和运动能力又迅速赶上并超过同龄女孩。此后，女性除骨盆较宽、皮下脂肪较多外，其余多项形态和机能指标均落后于同龄男性。在体型方面，女性肩部较窄、骨盆较宽、下肢较短、躯干相对较长，这种体型使身体重心较低，有利于维持平衡，对完成下肢的平衡动作较为有利，但对跳跃及速度的发挥不利。一般体质状况下，女性体内的脂肪约占体重的28%、男性约占18%，女性皮下脂肪较多，使身体显得丰满。女性皮下脂肪虽然较厚，但下腹部对冷的刺激很敏感，因此在冬季锻炼及月经期时，要注意下腹部的保暖。

女性在青春发育后至绝经期前，一般情况下每月均有一次月经，同时伴有局部和全身性的变化。对女性进行体育健身指导或运动训练时，在运动项目的选择和运动量的安排上，必须考虑到女性的解剖生理特点，同时要注意女性经期的体育卫生。

女性在围绝经期、老年期的生理特点请参阅有关章节。

二、女性器官、系统的生理特点与运动

（一）运动系统

1. 骨骼

女性的骨骼细小，骨密质的厚度较薄，骨骼内水分及脂肪的含量相对较多，无机盐含量较少，女性全身骨骼的重量较男性约轻20%，女性骨骼的抗压弯能力也仅为男性的2/3。

女性的脊柱椎间软骨较厚，各关节的关节囊及韧带的弹性及伸展性也较好，因此，女性身体的柔韧性及关节的灵活性都较男性好，但女性身体的柔韧性也会随年龄的增长而降低，在体育教学和训练中，应注意保持和发展其柔韧性。测试数据显示，像网球、乒乓球经过长期训练，其执拍手臂的肌肉力量、骨密度都产生非常良好的适应性变化。

对于习惯于久坐的文静年轻女孩而言，饮食中的蛋白质和能量对骨密度有独立的影响，而在积极参加运动的女孩中没有发现这些影响，可以推测，在积极参加运动的个体中，运动因素就可以起到强烈的效果，单纯的营养因素在机体获得合理的峰值骨量方面还不能起到这样的重要作用。

有研究表明，女运动员所接受的训练是她们的骨密度高于对照组的原因，而不是由于饮食的不同造成的这种骨密度的不同。与运动相关的身体灵活性训练能提供有力的刺激以促进骨的生长，而单一的营养素作用却不能提供这种刺激。有专家指出，在营养状况适当情况下，锻炼得越多则骨骼将会生长得越好。

应力性骨折是指骨骼系统长期反复受到次极限强度冲击而导致的骨折。足球运动员下肢应力性骨折最常见，其中胫骨应力性骨折（49.1%）最多，其余依次为跗骨（25.3%）等。训练方法和装备不当以及生物力学动作不正确，均有可能导致应力性骨折。由于月经异常、进食障碍常与低雌激素、低骨密度有关，统称“女运动员三联征”，骨密度降低会增加应力性骨折的发生率，因此，应注意询问应力性骨折或过度使用损伤的女运动员的月经史及她们对自身形象的认识。

水平相近的滑雪运动爱好者男女性的损伤发生率相差不大，但是女性膝关节损伤，尤其是前交叉韧带（ACL）损伤的发病率比男性高2倍，其原因尚不清楚，可能与女性的解剖结构、生物力学机制不同以及滑雪装备有关。

2. 肌肉

就成年人而言，女性的肌肉重量占体重的比例较男性小（女性约35%，男性约40%），而且肌肉所含水分及脂肪较多，含糖量较少，这使得女性的肌肉力量比男性弱（肌肉力量比同龄男性小20%～25%），且容易疲劳。女性肩带部位和前臂肌肉力量较差，加上肩部较窄，所以做悬垂、支撑及负重等动作较为困难。

运动中许多损伤的发生其重要的因素之一是骨骼肌力量不足。男女篮球运动员在损伤发生率以及严重程度上无太大差异。一般而言，无论男女在参加比赛时，都会消耗大量体力，也就更容易引起运动损伤。根据美国大学生体育联合会NCAA统计的1991—1992年的女篮赛季显示，约77%的急性骨骼肌系统损伤需要医生处理，大约60%的损伤发生在训练中。以往的研究结果表明，尽管比赛的强度要超过训练，但训练时间要远远多于比赛时间，因此，训练中发生损伤的机会更多。运动员在损伤发生机制方面，接触性损伤（36%）和非接触性损伤（28%）的发生率没有明显差异。最容易发生损伤的部位为踝与膝，约占所有损伤的45%。

（二）心血管系统

就成年人而言，女性心脏体积较小，心脏重量较男性少10%～15%，心脏容积也比男性的小，女性心脏容积为455～500 mL，男性为600～700 mL。因此，一般情况下，女性每搏心输出量也较男性少10%左右。

由于女性心肌收缩力量较弱，调节心脏的神经中枢兴奋性较高，所以心搏频率较男性快2～3b / min。运动时，女性主要是靠加快心搏频率来增加心脏每搏输出量，因此，她们心脏储备力量（心输出量的扩大范围）也低于男性。

女性血压较男性低10%左右，运动时升高幅度较小，运动后血压恢复的时间也较长。此外，女性全身血量、血液内的红细胞及血红蛋白含量都低于男性，因此，女性血液运输氧和二氧化碳的能力都不及男性。

男女之间竞技运动成绩的差异，是反映了生物学上的差别，还是教育以及社会和文化限制等因素作用于年轻女孩子的结果呢？或是因为女性心脏和血容量比较小对运动成绩有很大的影响？单就体能类项目而言，无论短跑、长跑，还是短距离游泳、长距离游泳，男女在相同距离相同运动技术动作类别项目上的成绩，都显示出差别，从跳高、跳远、投掷的距离以及网球运动员击打的网球最快飞行速度等方面也都证明着速度爆发力的客观差别。特别是在有氧耐力性项目方面，除了运动员肌纤维类型差别之外，心血管系统的功能无疑是制约有氧耐力性运动机能的一个重要因素。虽然，2012年伦敦奥运会上中国女运动员叶诗文在400 m混合泳比赛中勇夺金牌，其最后50 m的冲刺快得让世界震惊，速度甚至超过了这个项目的男性冠军罗切特；综合考虑这样的耐力性项目和水环境这样的特殊介质，加上女性体脂百分比高、浮力优势等因素，让人对男女耐力性项目运动成绩有更多的思考。但是，普遍存在的大量运动成绩的客观差别，说明男女心脏功能存在着必然的“泵功能”的重要差异。

从体质健康的角度看，当前流行病学事实显示，冠心病是女性死亡的一个主要原因，在许多国家冠心病夺走女性的生命比死于各种类型的肿瘤、意外事故和糖尿病的总和还多。美国优秀女性短跑运动员乔伊纳在1988年汉城奥运会上勇夺女性100 m、200 m和4 × 100 m接力三枚金牌；她还创造了100 m10 '49"、200 m 21 ' 34"两项世界纪录，曾堪称20世纪“世界第一女飞人”。乔伊纳不幸于1998年9月21日去世，年仅38岁，国际体坛为之唏嘘不已，而她的死因到现在都还未有非常明确的说法。1986年1月年仅31岁的美国排球名将海曼在赛场上猝死，后来检查发现就是马凡氏综合征。

病案资料统计显示，女性发生二尖瓣脱垂的概率大于男性，其特点是心脏的症状多种多样，有些人有胸痛和室性心律失常，但是大多数二尖瓣脱垂的运动员没有任何症状，多数体征是从心脏听诊发现的；其他症状和体征包括胸痛、心悸、眩晕、心电图异常、房性或室性心律失常、体循环栓塞、二尖瓣关闭不全、晕厥甚至猝死。

参加体育运动前必须进行心血管系统的体检，医学检查主要是要发现实际上存在的问题。体检须注意是否有马凡氏综合征的胸壁或骨骼的异常状况，包括漏斗胸、长手臂、细长指（趾）和视力异常。心脏检查要强调脉搏、听诊和血压。另外，相关的病史询问也必不可少，如是否在参加运动时晕倒过、是否曾经因为眩晕、胸痛或心慌而被迫停止运动、是否有心律不齐、家族中是否有50岁前心脏猝死的情况等。

多数危险因素对男女是同等重要的，但是，口服避孕药和绝经后的激素替代疗法这两个因素可能只单独影响到女性的心血管系统。1992年美国心脏联合会宣布，缺乏体力活动是冠心病的主要危险因素。体力活动，特别是耐力训练对血脂水平具有良好的作用。

（三）呼吸系统

女性胸廓和肺脏的容积都较小。成年男性肺总容量为3.61 ~ 9.41 L，而成年女性仅为2.81 ~ 6.81 L，加上女性呼吸肌力量较弱，胸廓活动度较小，因此，女性的肺通气功能和换气功能都较低，表现为女性的呼吸频率较快，肺通气量和肺活量小于男性（表15-1）。此外，由于女性的心脏血管系统功能也不及男性，故女性安静时和最大体力负荷时的吸氧量也小于男性。这些都限制了女性在运动中氧的供应能力，从而使她们的运动能力及耐力都不及男性。

表15-1　男、女呼吸机能的比较

指标	呼吸频率 /b · min^{-1}	肺通气量 /L · min^{-1}	肺活量 /mL	氧吸收量 /mL · min^{-1}	最大体力负荷时氧吸收量 /L · min^{-1}
男	16 ~ 18	5 ~ 7	3500 ~ 4000	180 ~ 250	4 ~ 5
女	18 ~ 20	8 ~ 6	2500 ~ 3500	150 ~ 160	3 ~ 4

（四）生殖系统

女性生殖系统分为外生殖器与内生殖器两部分。内生殖器包括阴道、子宫、输卵管和卵巢。内生殖器都位于盆腔内，子宫呈倒置的扁梨状，约2寸长，位于小腹盆腔的中央，宫体前倾前屈，子宫颈外口接近坐骨棘水平。子宫的正常位置是依靠子宫韧带、子宫附近的器官和腹腔、盆腔内一定的压力来维持的。由于女性腹腔和盆腔内向下压力的方向与骨盆出口平面几乎垂直，而骨盆底的出口较大，由骨盆底肌（会阴部肌肉）、筋膜及皮肤等封闭，所以骨盆底肌将承受较大的腹压。倘若骨盆底肌不够紧张有力，就会造成子宫位置改变，严重时，有可能影响日后的生育。子宫从正常位置沿阴道下降，子宫颈外口达坐骨棘水平以下，甚至子宫全部脱出于阴道口外，称为子宫脱垂。子宫脱垂常伴有阴道前、后壁膨出。本病主要病因是盆底支持组织的损伤、薄弱。解放前在我国子宫脱垂为常见女性病之一。如今，在女性劳动力较强的山区、丘陵地带仍有发生，多见于已婚多产者，也可见于营养不良、腹压增加的人。目前本病的治疗采用子宫托疗法和手术疗法，疗效好。腹壁肌肉、骨盆底肌和横膈膜三者对保持一定的腹腔、盆腔内压力有重要的作用。体育锻炼可使女性的骨盆底肌与腹肌变得强而有力、弹性好、紧张性正常，可维持和承受足够的腹压，这对于维持子宫及其他生殖器官的正常位置是很重要的。腹肌与骨盆底肌力量的简易而有效的锻炼方法有仰卧举腿、仰卧起坐、前后踢腿、摆腿以及大腿绕环等。

在女性所患癌症中，近1/3的是乳腺癌。有研究发现，曾经参加大学代表队训练，在家庭或校内坚持运动至少1年的女性，或曾被认为是著名运动员的女性，显现出体力活动对防止乳腺癌的防护性效果。经过对年龄、乳腺癌的家族史、月经初潮的年龄、妊娠次数、口服避孕药的使用、绝经期的雌激素的使用、吸烟和身体成分的对照后发现，与运动员比较，非运动员乳腺癌的相对危险因素是1.86[95%可信度范围（CI）为1.0～3.47]。伯恩施坦等提出了体力活动具有防护乳腺癌作用令人瞩目的证据，还报道称，一生参加体力活动（在预防乳腺癌方面）具有保护性的作用。

三、女性运动能力的特点

青春发育期后，由于男女少年在身体形态与生理机能及素质方面逐渐出现明显的差别，而且女少年开始有月经来潮，因此表现出明显的性别特点，在运动中要注意区别对待。

（1）女生跑的速度、跳的高度及负重的重量一般低于男性。女性使用的运动器械应按规定较男性的轻些，并应按国家规定的女性运动项目开展体育运动。

（2）女性心血管、呼吸系统机能较差，运动量的承受量较男性要相对小。

（3）女性肩部较窄、臂力较弱，做悬垂、支撑及大幅度摆动动作较为吃力。

（4）女性身体重心较低、平衡能力较强、柔韧性较好，适宜进行平衡木、体操等专项活动。

（5）女性力量弱，应加强肩带肌、腹肌、腰背肌和骨盆底肌的锻炼。

第二节　月经周期、妊娠与运动锻炼

一、月经周期

卵巢具有生殖和内分泌功能，表现为排卵和分泌女性激素。在垂体、卵巢内分泌周期性变化的影响下，子宫内膜出现周期性的增殖、血管增生和腺体分泌。此时，卵细胞若未受精，由于卵巢黄体逐渐萎缩、退化，增生的子宫内膜逐渐坏死、脱落并引起出血，血液及破碎的子宫内膜碎片经阴道排出体外，即为月经。月经时卵巢的周期顺序变化为卵泡发育、成熟、排卵、黄体形成和黄体退化。黄体衰退后月经来潮，卵巢内又开始新的周期变化。卵巢主要合成和分泌雌激素和孕激素及少量雄激素。这些激素也随卵巢周期改变而变化。子宫内膜的周期性变化为增生期、分泌期、月经前期和月经期。

正常情况下，经期时间为2～7 d，多数为3～5 d。经量平均约50 mL，少至10 mL，多至100 mL。一般月经第2～3 d出血量多。经血一般为暗红色，呈碱性，除血液外，还夹有子宫内膜碎片。经期部分人可有下腹部及乳房胀感、腰酸等现象，少数人有头痛、失眠、疲倦或嗜睡、情绪波动及便秘或腹泻等全身反应。这些反应大都与大脑皮层的兴奋性变化有关，仍属于正常生理范围。

第一次月经来潮，称为月经初潮，一般在12～15岁，初潮年龄一般受遗传、营养、健康与社会环境等因素的影响。对青少年女性进行运动员选材时，常根据月经初潮的早晚作为判断其发育“早熟”与“晚熟”的条件之一。通常把月经来潮的第一天到下一次月经来潮的第一天为止，称为一个月经周期。月经周期一般平均为28天，不同的人可能略有差异，即使同一人，其前后各次月经周期的时间长短也不尽相同，一般月经周期在21～35天之内，可视为正常。女性到45～50岁时，卵巢逐渐萎缩，内分泌功能下降，可使月经周期发生紊乱，这个时期称为更年期。之后月经周期停止，即进入绝经期。

月经是一种正常生理现象，女性月经初潮后，由于内分泌机能尚不稳定，月经周期开始显得不规则，1～2年以后逐渐接近28～30 d行经一次。如果月经周期长期不规则，时间过长或过短，经量多或少至闭经，全身反应严重时，应予重视并及时进行检查治疗。

二、月经周期中运动能力的变化

月经是女性正常生理现象，在月经期间，总的来说人体一般不出现明显的生理机能变化。因此，月经正常的女性在月经期间，可以参加适当的体育活动，如做广播操，打乒乓球、羽毛球或排球等活动。通过这些活动，不仅可以改善盆腔的血液循环，减轻盆腔的充血现象，运动时腹肌与骨盆底肌的收缩与放松活动对子宫所起的柔和的按摩作用，还有助于经血的排出。此外，丰富多彩的体育活动还可以调节大脑皮层的兴奋和抑制过程，从而减轻全身的不适反应。

女性月经周期对运动能力的影响早已引起注意。有人认为女性的最大运动能力与月经周期密切有关，但存在不同的报道结果。有人认为女性在月经后、排卵前期能力最佳，而月经前或黄体退行期最大能力下降。还有人认为，黄体期比排卵期能力更好，也有人报道月经周期对最大运动能力无何影响。可见，至今难以对月经周期和最大运动能力之间的关系作出确切的结论。但月经期毕竟是一个特殊时期，月经期出血量的多少、激素变化、情绪对运动训练，乃至对人体的其他功能都有程度不同的影响，表现出一些生理差异。

（1）一般人在月经期间，身体的反应能力、适应能力和肌肉力量会有所降低，神经调节的准确性及灵活性也有所下降，因此，月经期间运动量的安排要适当减少，活动时间不宜过长。月经期间一般不宜参加比赛，因为比赛时，活动强度较大，精神过于紧张，体力及神经系统都不能适应，易导致卵巢功能失调引起经血过多或月经紊乱。对于月经初潮的青少年女性，由于她们的性腺内分泌周期尚不稳定，运动量的掌握更要慎重，不宜过大，要循序渐进，使她们逐步养成经期锻炼的习惯。

（2）月经期间因为经期子宫内膜脱落后，子宫内形成较大的创面，子宫颈口略为开大，宫腔与阴道口位置对直，此时，人体全身与局部对病菌侵袭的抵抗力下降。这一时期不宜游泳，避免寒冷刺激，特别是下腹部不应受凉，冷水浴锻炼也应暂停。

（3）月经期间应避免做剧烈的、大强度的或震动大的跑跳动作（如疾跑、跨跳、腾跃、跳高、跳远等），以及使腹内压明显增高的屏气和静力性动作（如推铅球、后倒成桥、收腹、倒立、俯卧撑等），以免子宫受到过大的震动或由于腹内压过于增高而使子宫受压、受推，造成经血过多或引起子宫位置的改变。日常应对青少年女性加强腰、腹肌和骨盆底肌的锻炼，这样既可防止在运动中发生子宫位置的变化，又可预防在经期发生疼痛等不适反应，对其成年后的正常分娩也有好处。

（4）对于月经期每日经血量有别，在经血量的高峰日应适当减少运动量，还应注意少安排一些增大腹压过猛的动作。研究表明月经期的第一天和第二天经血量最多，占整个月经期经血量的76.9%，这为经期训练的负荷量和负荷强度的安排提供了参考依据。

三、痛经现象

痛经是指月经期前后或行经期间出现下腹剧烈疼痛、腰酸，甚至恶心、呕吐的现象，是女性的常见病。通俗地讲，就是月经期间发生剧烈的小肚子痛、月经过后自然消失的现象。多数痛经出现在月经时，部分人发生在月经前几天。月经来潮后腹痛加重，月经后一切正常。

痛经可分为原发性痛经和继发性痛经。原发性痛经是周期性月经期痛但没有器质性疾病，而继发性痛经常见于内异症、肌瘤、盆腔炎症性疾病、子宫腺肌病、子宫内膜息肉和月经流出道梗阻。因此，继发性痛经常伴有其他妇科症状，如排尿困难、异常出血、子宫肌瘤或不孕。原发性痛经与继发性痛经相比，更常在月经来潮后即开始。而疼痛的特点没有什么不同，原发性痛经的诊断只有在排除了器质性病变后才可做出。

原发性痛经最常见于20～30多岁的女性，然后随着年龄的增长发生率逐渐下降，而继发性痛经逐渐增多。从世界范围的总数报道痛经的发生率约为17%。原发性痛经的发生与年龄、种族和社会经济地位无关。但是月经初潮时间早、月经周期长、吸烟和体重指数（BMI）大则疼痛越重且持续时间更长。

痛经的确切病因至今尚不明确，没有一个理论能全面解释此症候群。原发性痛经的高危因素常见的有青春期、压力性焦虑、体重指数大于30 kg/m²、与饮食紊乱相关的抑郁、家族史、初潮早、月经量过多、不规则子宫出血、未产妇、吸烟等10多个因素。精神因素可能也是痛经的原因之一，包括母亲对女儿的影响。女孩最好在月经初潮前能够了解月经的相关信息，这些信息可以由父母、教师或医生来传达。来自学习或社会方面的焦虑情绪可能也是原因之一。同时，有报道称约50%患者仅用安慰剂即可缓解症状。

（一）有痛经现象的女性应注意事项

（1）月经来潮前3～5 d内饮食以清淡食物为主。应进食易于消化吸收的食物，不宜过饱，尤其应避免进食生冷食品。生冷食品能刺激子宫、输卵管收缩，从而诱发或加重痛经。

（2）月经来潮，则更应避免一切生冷及不易消化和刺激性食物，如辣椒、生葱、生蒜、胡椒、烈性酒等。此期间病人可适当吃些有酸味的食品，如食醋食品有缓解疼痛的作用。

（3）痛经者无论在经前或经后，都应保持大便通畅。尽可能多吃些蜂蜜、香蕉、芹菜、白薯等。因便秘可诱发痛经和增加疼痛感。

（4）痛经患者平时饮食应多样化，不可偏食，应经常食用些具有理气活血作用的蔬菜水果，如荠菜、洋兰根、香菜、胡萝卜、橘子、佛手、生姜等。身体虚弱、气血不足者，宜常吃补气、补血、补肝肾的食物，如鸡、鸭、鱼、鸡蛋、牛奶、动物肝肾、鱼类、豆类等。

（5）加强锻炼，增强体质。避免重体力劳动及剧烈运动。

（二）痛经的护理方法

1.注意并讲究经期卫生，经前期及经期少吃生冷和辛辣等刺激性强的食物。

2.平时要加强体育锻炼，尤其是体质虚弱者，还应注意改善营养状态。

3.消除对月经的紧张、恐惧心理，解除思想顾虑，心情要愉快。可以适当参加劳动和运动，但要注意休息。

在痛经的治疗方面，美国家庭医生推荐治疗的方法包括口服非甾体抗炎药（如布洛芬、萘普生等），补充鱼油、维生素B以及低脂肪饮食等；而一般治疗措施为平日注意锻炼身体，增强体质，做好经期心理、卫生宣教工作，痛经时卧床休息，可以热敷下腹部。

四、运动性月经失调

大多数运动项目对女性的月经周期没有影响，但大强度、长时间的剧烈运动则易引起运动员月经失调，表现为周期延长或缩短、月经过多或过少，甚至闭经。运动性月经失调的发生与运动负荷、体脂含量、运动项目、饮食营养和应激等因素有关。适当的脂肪组织（约为体重的20%）是维持正常月经周期的条件之一，合理的饮食是预防月经紊乱的措施之一。

五、妊娠期运动能力

当前，国际运动医学界对女性参加竞技体育运动的适应能力及其参加竞技运动之后对身体的长期影响给与了很大的关注。特别是近些年来女性体育运动发展迅速，新兴的运动项目不断增多，女性参加体育运动的禁区不断被突破，且运动成绩提高得也较快。由此，对女运动员的生育能力、妊娠与分娩等方面可能产生的生理学和医学问题引起了人们更多的注意。

（一）概述

妊娠期是女性的生理过程，由于妊娠期母体变化较大，体型、体重的改变及腹压的增加产生瘀血现象，都增加了心脏血管及呼吸系统的负担。因此，重视妊娠期的运动影响及体育卫生，确保孕妇健康和胎儿的正常发育，保持妊娠运动员的身体机能和运动能力的恢复都是重要的。

在妊娠初期有些运动员照常参加训练，运动成绩可不下降，但在妊娠初期3个月应注意勿过多运动，以免造成流产或影响胎儿和日后的分娩。国外学者报道，有些运动员由于身体状况良好，在妊娠的头一个月仍从事体育活动，甚至参加比赛。虽有少数国家纪录和世界纪录是由妊娠女性创造的，但这并不说明妊娠期能提高成绩，更不意味着妊娠期参加比赛是无害的。一般认为妊娠后应停止参加比赛，不宜进行大运动负荷的训练，因其可造成胎盘与子宫内膜分离，形成“胎盘早期剥离”或“胎盘剥离不全”，甚至可危及孕妇和胎儿的生命。

一般认为妊娠期可进行散步、体操等一般训练，不宜进行剧烈运动或参加比赛。妊娠期应从事放松盆底肌肉的练习。运动员由于盆底肌肉收缩力过强（特别是体操和技巧运动员），可能分娩时造成难产。并应增加腹肌、会阴部肌肉、背部肌肉和呼吸肌的力量。

妊娠期应注意避免过劳，改善睡眠、调节消化功能，增进食欲，提高心脏血管和呼吸系统的功能，消除瘀血和水肿现象。一般在妊娠5～6个月时，应注意背肌练习及正确呼吸的练习。妊娠8～9个月时，应加强下肢活动以促进下肢及盆腔的血液和淋巴循环。妊娠期可做些保健体操、医疗体操及散步活动。运动量的大小因人而异，运动中应注意保护、避免跳跃、速度、力量、耐力及灵敏性的运动项目。对妊娠出现病理现象者，应禁止一切体育活动并同时进行适当的治疗。

对于妊娠期照常训练和比赛问题，应是因人而异、区别对待。国外有人曾报道，妊娠最初3～4个月的高级运动员仍可参加比赛。在正常妊娠期和哺育期，最大摄氧量和耐力能力一般是不受影响的。

（二）妊娠的生理影响

妊娠带来的生理学和解剖学变化，是由卵激素和胎盘激素引起和保持的。事实上身体所有系统的功能，为了满足胎儿生长的各种需要都发生了相应的变化（表15-2）。对于耐力训练最重要的变化包括糖（碳水化合物）代谢、心脏与循环系统功能、呼吸与酸碱平衡，以及热调节。

表15-2 在妊娠后期可能影响耐力成绩的由妊娠引起的变化

变 化	基本机理	对耐力成绩的影响
安静状态代谢速率增加	胎儿的能量需要	可用于肌肉收缩的能量减少
增加呼吸时的膈肌运动	呼吸容量储备减少	最大呼吸能力有可能减小
最大心率减小	对大负荷练习的交感肾上腺性反应迟钝	
安静状态心率增加	安静状态副交感心脏调节程度减小	最大心率储备减小
母体体重增加	胎儿生长增加了母体的肥胖程度	增加了维持重量运动中的能量消耗
大负荷练习后的血乳酸降低	胰岛素抵抗，母体血量增加稀释乳酸；胎盘和胎儿利用乳酸	利用碳水化合物和在大负荷练习中生成乳酸的能力可能减小

1.糖代谢

在妊娠的第一阶段（被认为是合成代谢阶段），胰脏分泌胰岛素的增加造成母体肥胖度的增加。在妊娠的第二阶段，由于胎盘激素在体内循环的作用，机体对胰岛素敏感度的增加。这依次又造成了母体脂肪代谢的增加和对于糖（碳水化合物）的节省，保护胎儿更加接近母体的血液葡萄糖储备库。这对胎儿的生长是非常重要的，因为葡萄糖是胎儿主要的能源。

2.心脏和血液循环

孕激素能够造成母体心血管系统显著变化。这些变化包括所有心房、心室和主动脉直径的增大，静脉容量血管的增大和小动脉阻力血管的增大。这些变化还伴随着40%～50%血液总量的逐渐增加，以及安静状态和标准次最大强度运动状态每搏输出量和心输出量的增加。

3.呼吸和酸碱平衡

妊娠的解剖学变化是趋向于膈肌中央部位的升高，减少了呼吸容量储备和总肺容量。然而，呼吸能力却有所增强，尽管总肺容量适当减少，也没有出现明显的肺活量变化。

由于血液循环中黄体酮增加的影响，妊娠女性表现出呼吸敏感性的显著增加。在安静状态下，主要是由于潮气量增加的结果，造成每分钟肺通气量的增加，从大约6 L/min增加到大约9 L/min。这种情况依次导致了动脉氧压力的增加和二氧化碳压力的减小。伴随着补偿二氧化碳压力的减小，肾脏排泄碳酸氢盐，也造成了部分的补偿状态下呼吸性碱中毒。在胎儿的心血管系统产生功能之前，这些变化能够帮助促进母体和胎儿的气体交换。呼吸困难是一种常在报告中出现的妊娠期主观症状，可能与以上报告的通气功能要求有关。

4.热调节

到了妊娠后期，母体内中心温度与非妊娠状态（例如37.55℃）相比大约增加了5℃。胎儿的体温大约是39.5℃，从理论上说，如果母体内中心温度增加得过高，胎儿很可能从母体得到热量，而不是散失热量。伴随妊娠期的不断发展，孕妇体重/体表面积比率的逐渐增加，母体散热就更加困难。然而，这种情况可以通过增加末梢血管舒张和降低排汗阈值的方式得到补偿。

（三）妊娠对运动成绩的影响

妊娠对耐力成绩的影响在很大程度上取决于练习方式是否负重（如走、跑与蹬固定位置的自行车）。

无论何时，只要练习中出现显著的负重情况，成绩就会相应地下降，主要原因是移动质量增加的身体需要额外的能量。随着妊娠时间的延长，反映每千克体重有氧能力的指标（相对最大摄氧量）值也随之下降。

有关绝对最大摄氧量指标变化的研究报告结果多种多样，与非妊娠状态相比，有下降、不变和增加多种情况。产生这些矛盾结果的原因可能与受试者妊娠前的有氧能力水平差异，以及产后身体活动方式的变化有关。非常强健的女性容易在妊娠期间降低她们的运动水平，以保持舒适和保证胎儿的安全。相反，妊娠前健康和素质水平很低的女性，可能由于妊娠使日常生活的活动要负担更大的体重，而使身体状况得到改善。

1.对剧烈练习的生理反应

为了母亲和胎儿的安全，对于母体进行最大负荷和接近最大负荷练习，观察生理反应的研究非常少见。与前面的观察结果相同，研究报告中训练对于最大摄氧量的影响效果也说法不一。对于身体动作机械效率（如对外做功的单位最大摄氧量消耗或能量消耗）的影响效果很小或根本没有影响。然而，随着妊娠时间的延长，安静状态下氧的消耗量增加。因此，在妊娠后期提供给身体对外做功的能量略微下降。

根据身体姿势，在安静状态和标准次最大负荷稳态练习过程中，心率和每搏输出量在妊娠期都有所增加。然而，有些研究报告指出，在递增负荷练习的测试中，最大心率出现中度的下降。这种观察效果与交感神经系统对大负荷练习的反应迟钝、安静状态心率增高所造成的心力储备下降等因素有关。

最近的研究报告支持这样的观点，妊娠或妊娠时间不会改变呼吸有氧阈。然而，一些对于妊娠后期的研究报告表明，在递增负荷练习测试的最大负荷峰值和（或）练习后最大乳酸浓度峰值出现时，呼吸交换率下降。导致这些结果的原因可能为：碳水化合物代谢水平和产生乳酸能力的下降、肝糖原分解迟缓导致的葡萄糖利用水平下降、母体血量增加造成的乳酸稀释、胎儿和胎盘利用乳酸作为代谢能源，或者是这些因素的联合作用。

在安静状态、大负荷练习测试之中和之后，健康、积极的妊娠女性与非妊娠女性相比，都保持了更低的血浆氢离子浓度。练习引起的变化程度与非妊娠状态时相似，而在最大负荷练习测试时达到的最高值，也许仍然不足以逆转母体和胎儿体内氢离子的梯度。

2.妊娠对有氧训练反应的影响

妊娠和有氧能力锻炼都是导致显著结构和机能变化的有利因素。

妊娠和有规律的训练都具有增加血量和左心室质量的作用。然而，妊娠的作用要大得多，甚至可以掩盖训练对于这些变量的作用。训练引起的安静和运动状态每搏输出量的变化取决于血量和静脉回流量的增加。因此，妊娠也能够掩盖有氧能力对于每搏输出量的影响。

妊娠期间内分泌的影响，不但减弱了副交感神经的调节作用，还超过了通过日常训练提高后的安静状态下副交感神经的调节水平。训练造成的心率下降是在标准的次最大负荷练习中观察到的，随着练习强度的增加变得更加明显。

身体训练通常会减少皮下脂肪堆积，而妊娠在第一和第二阶段却可以引起脂肪堆积的增加。中等负荷练习在妊娠早期不能防止脂肪堆积的增加，这可以帮助保持妊娠后期的母体能量储备，主要原因是身体练习减弱了在妊娠后期发生的妊娠性胰岛素障碍。这种效果还有助于预防和治疗妊娠性糖尿病。

从新陈代谢的观点出发，身体训练的一般作用（加强脂肪和碳水化合物的利用、在标准次最大负荷练习中减少了二氧化碳的排出和呼吸交换率）已经被健康的妊娠女性记录下来。二氧化碳排出量的减少，可能会减弱肺通气能力，避免与呼吸敏感性有关的妊娠性疾病。由于呼吸用力的感知觉减弱，这种效果可能有助于防止或治疗妊娠期间的呼吸困难。

3.胎儿对母亲剧烈练习的反应

胎儿对于母体进行剧烈练习反应的情况通过使用安全的无损伤方法可以获得（常常使用超声诊断技术），最重要的指标包括胎儿心率特征、胎儿动作、胎儿心率反应性。

对于母体进行剧烈练习需要关心的最重要问题是，母亲的许多血流被重新分配而离开子宫，流向母体正在收缩的骨骼肌。有关研究，包括实验室动物实验，都表明，这种效果的程度与运动强度和持续时间成正比。然而，还有一些保障胎儿氧合作用的保护性机制，它们包括由训练引起的血红素浓度增加、利于子宫肌膜上子宫子叶的血液分配、胎儿动静脉氧吸取的增加。

胎儿心动过缓（胎儿心率< 120 b/min）是一种保护性反射，有助于保存氧。它与胎儿的血液分配有关，在胎儿缺氧时有助于重要器官的氧利用。

胎儿对母体运动最常见的反应是胎儿心率基线的上升，并且常常伴随暂时性胎儿心率反应性的降低（如与胎儿动作有关的胎儿心率加速）。在健康和正常参与运动的女性中，与轻度和中度负荷运动有关的暂时性胎儿心动过缓的情况非常少见。对于最大负荷和接近最大负荷练习测试的原始记录表明在进行这些练习期间和之后，与中、小负荷的练习相比，都有很高的胎儿心动过缓发生率（总发生率为10%～15%）。

在正常妊娠的健康女性中，胎儿心动过缓通常是暂时的，而且绝大多数常常是在练习后被立即观察到的。最有可能的原因是，当骨骼肌血管床处于舒张状态时造成母体静脉回流血量的减少，进而导致了子宫血流量的暂时减少。决定由运动引起的胎儿心动过缓的因素可能包括母体特征（年龄和身体健康水平等）、妊娠阶段、运动形式、参与运动的肌肉质量，以及练习强度和持续时间的交互影响。

4.运动对妊娠的影响

大量的文献资料都集中于耐力练习和胎儿生长的交互作用。早期的调查报告指出，娱乐性项目运动员持续参加大负荷练习会造成婴儿出生时体重的显著减少。与之平行的对于新生儿形态测量学研究进一步表明，这是由于胎儿肥胖程度减少造成的。后续的研究报道了有规律的耐力练习，依据运动强度和母体身体健康水平不同，所产生的不同效果。

如果按照加拿大运动生理学会（canadian society for exercise physiology，CSEP）1996年发布的标准进行中等负荷的有氧身体训练，不会造成对胎儿显著的影响。其他的调查，包括对于参加更加剧烈练习孕妇的报告指出，与接受不参加运动控制的孕妇样本相比，婴儿出生时的体重要大。这可能是由于胎盘生长增强造成的。最后，还有一些研究对参加非常剧烈运动的孕妇进行了调查，结果出现了显著的胎盘生长发育延迟现象。因此，现有的研究资料都说明了运动处方剂量与生理反应之间的一种复杂关系。某些形式的运动对正常妊娠是很安全的，主要运用上肢的运动，避免躯干的机械应力在妊娠时是最安全的。与运用身体的下部比较，这种类型的运动极少引起胎儿的痛苦，而仍然能使心血管系统得到锻炼。只有很少的研究涉及女运动员的分娩情况。许多个案研究报告指出，孕妇在妊娠期间坚持跑步或慢跑，对于妊娠和分娩有积极的作用。然而，由于样本量较小，总体上说，这些报告还不能为妊娠的耐力性项目运动员提供有力的科学基础。

其他研究报告的内容包括了对于田径人群分娩结果的回顾性调查。1962年，艾德里（Erdelyi）对172名匈牙利妊娠运动员的分娩结果，与150名非运动员的受控对照组进行比较。2/3的运动员在妊娠的前3～4个月都坚持训练，但在妊娠后期参加训练人数的比例没有报告。与对照组相比，运动员出现采用剖腹产、先兆流产、血毒症的情况要少得多，分娩过程需要的时间也较短。有报告150名保加利亚妊娠运动员的生产情况，包括27名在1952—1972年之间参加过奥运会的女运动员、59名“运动健将”和64名“一级运动员”，其中大部分运动员（分别是63%、76%和77%）在妊娠期间坚持训练。绝大多数参加奥运会运动员的（70.4%）妊娠和分娩完全正常，其他运动员只出现了轻微的并发症。然而，运动健将们则出现了较高的“会阴紊乱”、外阴切开、周壁切开和剖腹产的发生率。

重视妊娠期的运动影响及体育卫生，确保孕妇健康和胎儿的正常发育，保持妊娠运动员的身体机能和运动能力的恢复都是重要的。

妊娠期有一些运动禁忌证，分为绝对禁忌证和相对禁忌证。一般认为妊娠期可进行散步、体操等一般训练，不宜进行剧烈运动或参加比赛。妊娠期应从事放松盆底肌肉的练习。

妊娠期应注意避免过劳，改善睡眠、调节消化功能，增进食欲，提高心脏血管和呼吸系统的功能，消除瘀血和水肿现象。妊娠期可做些保健体操、医疗体操及散步活动。运动量的大小因人而异，运动中应注意保护、避免跳跃、速度、力量、耐力及灵敏性的运动项目。

第三节　老年女性骨质疏松症与运动

骨质疏松症是影响人类最重要的10种疾病之一，其发病与人们生活方式有密切的关系。随着人们生活水平的改善，体力劳动减少，以及不良生活习惯，如抽烟、喝酒、日照时间减少、生活没有规律和不良的饮食习惯等，导致在各年龄段骨质疏松症发生率明显增加。据美国1984年的一次调查，50岁以上的女性许多患有髋、脊椎或长骨的骨质疏松症。白人女性骨质疏松症的发病率更高，60～65岁白人女性中占25%～50%。我国的骨质疏松症发病率在20%～40%，而骨质疏松症最严重的后果是骨折。

一、骨质疏松症概念

（一）定义

无论是男性还是女性一般在30～35岁到达一生中所获得的最高骨量，称为峰值骨量。此后会逐渐减少，正常的骨量减少称为骨贫或骨质缺乏。而多种原因造成的快速骨量丢失和病变称为骨质疏松症。“骨质疏松症”概念最早是1885年由欧洲病理学家波梅（Pomme）提出的，其意为骨质减少的疾病，组织上可见布满了孔隙的骨骼，呈中空孔隙现象。

1993年，在香港召开的第四届国际骨质疏松大会将骨质疏松症定义为，一种以全身性的骨量减少及骨组织显微结构破坏为特征，并引起骨的脆性增加，骨的强度降低，在无创伤、轻度和中度创伤的情况下，骨折危险度增加的疾病，此时骨矿物质与骨基质等比例减少。

（二）骨质疏松症的分类

骨质疏松症主要分为原发性骨质疏松症和继发性骨质疏松症、特发性骨质疏松症。原发性骨质疏松症是随着年龄的增长必然发生的一种生理性退行性病变，又分为Ⅰ型（绝经后骨质疏松症）和Ⅱ型（老年性的骨质疏松症）。继发性骨质疏松症是由其他疾病或药物等一些因素诱发的骨量减少症。特发性骨质疏松症多见于8～14岁的青少年或成人，多半有遗传家族史，女性妊娠及哺乳期所发生的骨质疏松也列入此类。前两者常见，后者少见。原发性骨质疏松症在3类骨质疏松症中发病率最高，对人类危害最大。Ⅰ型骨质疏松症主要发生在50～70岁人群，女男比例为6∶1，主要致病因素为雌激素减少。

（三）骨质疏松症的特点

1.骨量减少

骨量减少包括骨矿物质和骨基质等比例减少。

2.骨微结构退变

骨微结构退变由骨组织吸收和形成失衡等原因所致，表现为骨小梁结构破坏、变细和断裂。

3.骨的脆性增加

骨脆性增加引起骨力学强度下降，易发生微细骨折或完全骨折。

4.伴随老年性疾病

骨钙溶出，脊柱压缩性骨折，并伴随发生老年高血脂、骨质增生、高血压、糖尿病等一些老年性疾病。

二、骨质疏松症发生的影响因素

骨质疏松症的致病因素有内分泌因素、营养因素、运动因素、年龄因素等，下面主要介绍老年女性发生骨质疏松症相关的常见因素。

（一）内分泌因素

人体多种激素与骨质疏松症发生有关，例如性激素、钙调激素、甲状腺素、生长激素、胰岛素等。下面主要谈性激素的因素。

雌激素对骨量的调节作用有以下几方面：①促进CT的分泌；②抑制骨吸收；③促进肾25-羟Ⅰα羟化酶的活性，使1,25-（OH）$_2$D$_3$生成增加促进肠钙吸收；④抑制PTH分泌，减少骨吸收；⑤雌二醇可使内源性NO增加。绝经后女性，雌激素分泌快速降低，骨代谢相关的组织器官功能衰退，骨代谢的调节作用减弱，破骨细胞的吸收增加，成骨细胞合成功能衰减，骨形成和骨吸收两者之间的动态平衡遭到破坏，表现为胶原纤维变细，排列紊乱，骨小梁萎缩、数量减少，哈佛系统再造活跃，软骨弹性降低、磨损加剧，导致骨质流失。因此，雌激素分泌下降是女性绝经后骨质疏松症高发的主要原因。

绝经后的数年内，骨钙的急速丢失可以用雌激素疗法来缓解和预防。雌激素的补充剂量为0.625 mg的结合型雌激素，或25 μg的乙炔基雌二醇。有研究发现在成骨样细胞中存在雌激素的受体，这说明雌激素可以直接作用于骨质的转换，雌激素也作用于增强钙的吸收，估计它是作用于1,25-（OH）$_2$D$_3$而引起的。

雄激素的主要作用是促进蛋白合成，对骨基质合成有促进作用，调节骨吸收和骨形成的平衡。中老年人骨矿物质丢失量与血清性激素含量呈负相关。

（二）运动因素

制动是骨量丧失的重要原因，骨量丧失的部位主要是负重部位，且骨松质明显多于骨皮质。制动初期，骨松质每月丧失骨量4%～8%，骨皮质0.5%～1%，大约6个月后，骨量丧失才达到稳定状态。尤其是老年人的制动可造成明显危害，其制动1 wk所丧失的骨量和一般骨质疏松症1年丧失的骨量相似。当然，运动不足也可发生骨质疏松症。特别是户外运动减少，一方面将抑制成骨细胞的活性，影响骨骼的再造；另一方面接受紫外线的机会减少，会使维生素D合成降低，影响肠道对钙的吸收，使骨质变得疏松。因此，运动减少是导致骨质疏松症的一个重要原因。运动可以减少钙从骨骼中丢失的速度，持之以恒地进行适宜运动不但能使骨骼避免过快的钙丢失，而且可以减少一些过多的体脂和体重、减轻骨的压力和负载。工业发达国家骨质疏松症发病率在工业化过程中升高，其中一个原因是运动相对地减少，包括正常的体力活动减少。我国农业人口骨折的机会相对低于工业人口，包括女性，这与下地劳动和日照有关。有研究报道，从事较高负荷的运动对骨骼的结构具有更积极的价值，肌肉应对相对高负荷的运动，对于骨骼健康而言，其效果优于低负荷运动。

（三）年龄与性别

一般情况下，人体90%的骨量累积在20岁前完成，10%在20～30岁之间完成，并在30岁左右达到骨峰值，40岁以后逐渐减少。女性绝经、男性60岁以后，骨量减少开始明显。在骨骼达到骨密度峰值以前，骨代谢非常旺盛，摄入的钙会很快被吸收进入骨骼中沉淀，骨骼生成迅速，骨钙含量高，骨骼最为强壮。骨密度峰值越高，老年后发生骨质疏松症的风险就越小，发病年龄越迟。

三、骨质疏松症的预防

（一）防治骨质疏松症的原则

老年女性骨质疏松症的发生取决于年轻时的骨峰值及此后的骨丢失率。研究报道年轻时经常运动的人，年老时骨量仍保持较高水平，发生骨质疏松的概率较低。因此，防治可从提高骨峰值、减少骨丢失率、增加骨量3个方面来着手。

1.提高骨峰值

在青春发育期注意合理营养及钙摄入量，坚持运动，有足够的日照及避免吸烟、饮酒、喝浓咖啡等不良习惯。日本在20世纪末期就推行中小学女生每天多喝一袋牛奶的做法，对于提高素质具有积极的意义。

2.减少骨丢失率

雌激素替代治疗，提高钙摄入量；服用双磷酸盐类、维生素D类。

3.增加骨量

服用药物（如氟化物），使用时必须配用足够的钙剂，甲状旁腺激素，同化类固醇等。其中最主要的是适当运动，可以刺激骨骼的成骨过程；同时，运动可增强平衡机能及肌肉张力，从而减少跌倒的发生。

（二）骨质疏松症的运动防治

早在400多年前，人们就认识到运动即适当的体力活动对骨有益。1683年，伽利略最先发现运动产生的机械力与骨量的关系，以及体重与骨骼大小的关系。1892年，一位德国解剖学家认识到作用于骨的机械应力变化影响骨骼力量。1989年世界卫生组织明确提出防止骨质疏松症的三大原则：补钙、运动疗法和饮食调节。1992年，北京国际骨质疏松症会议再次肯定了这三大防治措施。由此可见，运动疗法是防治骨质疏松症的重要方法之一。但不同运动方式对骨强度的影响不同。

1.运动方式

（1）高冲击力运动

目前研究认为高冲击力运动，如跳跃是预防和治疗骨质疏松的理想运动方式。这是由于一次跳跃可以产生两次快速的应力方向逆转（起跳和脚着地），而且中等高度的跳跃可产生相当于体重2～5倍的地面反作用力，可强有力地刺激骨的形成。跳跃运动简单易行，通常2 min内即可进行50次跳跃运动，日常生活中随时可以进行。

（2）中冲击力运动

跑步是一种全身性运动项目，跑步时，蹬地肌肉强烈收缩的牵拉力及地面爆发力向上的反作用力作用于下肢骨骼，使其骨骼产生足够的适应性改变。跑步还能促进全身血液循环，提高心血管系统的功能，以改善骨组织的代谢。

交谊舞运动是一项以下肢活动为主的负重（自身体重）运动，交谊舞运动的强度较低，适合于中老年人或部分体弱有病者参加。另外，此项运动的娱乐性较强，参加者不易感到疲劳和枯燥，能持续较长时间。一些研究表明，交谊舞运动在一定程度上有益于减缓中老年人的骨密度下降。

（3）低冲击力运动

以往人们受沃尔夫（Wolff）定律影响，认为游泳作为一种非负重运动，对骨量影响不大。但近年来的研究表明，游泳不仅能促进生长期骨量的积累，而且对防治伴随增龄发生的骨丢失有积极作用。游泳运动也是一项全身性运动，游泳时可通过全身骨骼肌的活动和水的压力产生对骨的机械应力，刺激成骨细胞活性，对促进成年后的骨改造，进而促进骨形成增加和骨矿物沉积，减缓伴随年龄增长而发生的骨丢失，也可刺激性激素等一些激素的释放，调节骨代谢。此外，游泳还可促进钙、磷等元素的吸收，增加骨血流量，进而促使骨形成增加，提高骨量储备，起到防止骨丢失和骨质疏松的作用。Melton等将老年切除卵巢的雌性大鼠随机分为游泳组和不运动组。6 wk游泳后，游泳组大鼠股骨密度明显高于不运动组。表明游泳能够减缓卵巢切除大鼠股骨的骨量丢失。邵志宏等也报道，长期游泳（>4年）的老年人的桡骨骨密比同龄对照组高，而且泳龄越长，骨密度越高。因而老年人，尤其合并有冠心病、高血压，不适合进行高冲击力运动者，可采取游泳运动。

步行可促进体内新陈代谢，是老年人锻炼最简便、安全的运动，如果锻炼得法，其效果可与慢跑相同。研究表明快步走可增强髋部和脊椎骨骼骨量，能避免或减缓骨损失。但也有研究认为，步行对绝经后女性脊柱骨密度的保持无意义。因此，步行对骨质疏松症的改善与年龄、性别，以及步行的运动强度有很大关系。

2.运动防治骨质疏松症的机制

（1）运动对骨的机械应力效应

弗罗斯特（Frost）等研究推测，在骨细胞及骨祖细胞中存在一种机械刺激的感应传感器，运动的机械刺激借助于这个传感器，可促进骨祖细胞的增殖和分化，对骨的形成起到促进作用。近年来，人们又发现机体在外力作用下改变成骨细胞外周基质，以适应机械应激需要的能力，而骨组织中整合素受体可将机械刺激传入靶细胞，使得骨细胞和骨结构的功能相应改变，在应力集中区域骨量增加。这也是骨骼对运动负荷产生的适应性改变，即所谓的磨合、塑形现象。骨量的多少受着个体活动水平的调控，运动不足时骨量减少，运动足够时骨量增加。

（2）运动提高性激素效应

性激素与骨代谢关系密切，因为骨细胞是性激素的靶细胞，睾酮与雌二醇能促进成骨细胞的活性、促进骨胶原和骨基质的形成，增加碱性磷酸酶的分泌，有利于机体内有机磷转化为无机磷，与钙离子复合，沉积于骨小梁的外周，骨基质总量增加，骨盐沉积保留，从而提高骨密度，同时雌激素还能抑制骨丢失。一旦二者分泌不足，骨密度就随之下降，导致骨质疏松。

研究表明体育锻炼能促进睾酮及雌激素的分泌，防止骨质疏松的发生。适度中等强度的运动训练，特别是各种力量性训练，可以使血雌二醇、睾酮、碱性磷酸酶、骨钙素水平明显升高，从而刺激成骨细胞的增殖，促进新骨形成，使骨密度增加。但是，长期进行大强度的运动训练，特别是过度的耐力性运动训练反而导致机体内雌激素和雄激素水平下降。

（3）运动对钙和钙调激素的影响

钙是骨骼系统的重要营养和组成元素，钙调激素是与骨质疏松症密切相关的激素。研究表明，运动可调节钙调激素的分泌，促进钙的吸收，减少随增龄而发生的骨量丢失，起到预防老年性骨质疏松的作用。

在适宜运动的前提下，加强钙的补充也是重要内容。为了避免骨质疏松的发生，第一个要考虑的是使膳食钙达到推荐的供给量，特别是对于青春期到40岁前后的女性，即骨密度高峰期的女性，摄入足够的钙质，尤其重要。补充钙的制剂是一种方法，但饮用牛奶不仅可以取得生物价值大的钙质，而且可以获得其他营养素。一般的牛奶中含有3.5%的牛奶蛋白，这些牛奶蛋白由几种成分组成，2.9%为酪蛋白，约0.6%为乳清蛋白。主要的乳清蛋白是酸性的，它包括α-乳球蛋白、β-乳球蛋白和血清蛋白，牛奶中的牛奶碱性蛋白（MBP）是乳清蛋白中的一小部分。牛奶碱性蛋白中的蛋白有碱性的等电点，含有促进骨形成抑制骨吸收的成分，它有很强的刺激骨形成和抑制骨吸收的作用。过胖的人可以采用脱脂乳。有些蔬菜如西兰花含有良好的钙源。根据2002年我国营养调查的结果显示，我国广大人民的营养状况有明显改善，但是在矿物质方面以钙缺乏最为显著，平均钙摄入量388.8 mg，仅达我国膳食营养素推荐量的48%左右。我国儿童的佝偻病多发，老年女性的骨质疏松症也较为严重，这都与钙的摄入不足有关。

思考题

1. 女性生长发育有哪些主要分期及主要生理学特点？
2. 简述女性运动系统、心血管系统的主要生理学特点与运动训练的关系。
3. 适当的体育锻炼对人峰值骨量有什么影响？其主要原因是什么？
4. 如何预防老年女性骨质疏松症？
5. 痛经的常见主要原因是什么？
6. 妊娠期体育锻炼需要注意哪些主要事项？

参考文献

[1] 王瑞元，苏全生. 运动生理学[M].北京：人民体育出版社，2012.
[2] 德林克沃特. 女子与体育运动[M]. 高崇玄，译审. 北京：人民体育出版社，2004.
[3] 杨锡让. 实用运动生理学[M]. 修订本. 北京：北京体育大学出版社，1999.
[4] 邓树勋，王健，乔德才.运动生理学 [M].北京：高等教育出版社，2005.

第十六章 老年人的生理特点与体育运动

本章学习提示

通过本章的学习，要求学生了解衰老的定义和与衰老过程相关的一些概念，以及衰老的机理与研究现状；掌握衰老和运动干预对老年人心血管系统及运动系统的影响。

衰老与运动

在绝大部分有记载的历史中，“长寿”这一概念指的只是少数人，特别是那些年过九旬的老人。而在新千年里，人们似乎得重新定义“长寿”的真正含义，活到100岁将不再被视为怪异或者奇迹。不断变动的人口统计学提示中国老龄化进程的加快，老年人口的相对数和绝对数都不断增加，预计到2050年，80岁以及高龄人口将达到9448万，占老年人口的21.78%。这些人口统计数据不仅展现了人口动态变化，还暗示在未来20年内将会发生年龄层的转移。研究老年人的健康，重视加强老年保健措施，早期预防、延缓衰老过程已成为重要的研究课题。

第一节　衰老的概念与机理

一、衰老的概念与老年人划分标准

衰老又称老化，是生物体自成熟期开始，随增龄发生的、渐进的、受遗传因素影响的、全身复杂的形态结构与生理功能不可逆的退行性变化，具有普遍性、内因性、进行性、累积性及有害性的特点。衰老是生物体生命过程中不可避免的阶段。

衰老过程是同一生物种属随年龄发生的普遍现象，主要是由内在因素而不是单纯由外部环境因素造成的结果，同时它是一逐渐进展发生的不可逆的过程，并且对机体造成功能的减退和器官形态结构的改变，乃至死亡的有害结果。这种变化或结果往往发生在生殖成熟期后，具有累积性的特点，与时间有关但并不是单纯的时间依赖性关系，一些伴随时间发生的变化不一定是衰老的表现或结果。人类的衰老变化是循序渐进的，它受到先天遗传因素和后天环境因素等多方面的影响。因此每个老年人的个体差异很大，机体不同的器官其衰老的速度也不同。一个人的年龄或衰老程度主要受实际年龄、生理年龄、心理年龄等多方面的影响。实际年龄是一种不以人类意志为转移的客观现象，年复一年地增加；生理年龄、心理年龄会受到人体组织结构、生理功能、心理状态等因素的影响。因此，不能划定一个年龄作为所有器官衰老的起点。一般来说，现划定60岁以上为老年人。世界卫生组织对老年人的划分标准，见表16-1。

表16-1　世界卫生组织提出老年人划分标准

年　龄(岁)	称　呼
<44	青年人
45～59	中年人
60～74	年轻的老年人
75以上	老年人
90以上	长寿老人

二、衰老的机理

衰老机制的探索既是一个古老的问题，又是一个崭新的科学领域。在漫长的医学历史发展过程中，前后提出过数百个有关衰老机制的假说。公元前4世纪，希波克拉底就开始思考衰老的成因，古代医学家和哲学家提出温热学说、“火”的学说、“灯油”耗竭说、自家中毒学说等来解释衰老的原因，这些观点一直持续至20世纪初期。至20世纪40年代衰老机制的研究才进入生理、生化等细胞水平和分子水平，特别是近几十年来，随着现代遗传学、分子生物学、细胞生物学和分子免疫学等边缘学科的飞速发展，人们对衰老的机理有了深层次的认识，在大量实验证据的基础上提出了许多新的学说。

（一）随机理论

有4个学说体现了衰老发生的随机性，即自由基学说、交联学说、错误成灾学说、耗尽学说。其中多数学者认可的是自由基学说。交联学说与自由基学说在一定程度上有交叉，自由基增多是造成大分子交联的重要诱因。

1. 自由基学说

自由基学说又称氧化损伤学说，是德纳姆·哈曼（Denhan Harman）在1956年提出的，认为细胞正常代谢过程中产生的活性氧基团或分子（reactive oxygen species，ROS）的积累所引发的氧化损伤，最终导致衰老，即生物体的衰老过程是机体的组织细胞不断产生的自由基积累的结果。自由基在机体内有很强的氧化反应能力，且易产生连锁反应，对蛋白质、核酸、脂质等产生伤害作用，从而导致机体的衰老。环境中氧自由基也可损伤蛋白质、DNA、生物膜、线粒体等加快人体的衰老进程。

正常细胞内存在清除自由基的防御系统，包括酶系统，如超氧化物歧化酶、过氧化氢酶、谷胱甘肽过氧化物酶；非酶系统，如维生素E、醌类物质等电子受体。大量实验证明，超氧化物歧化酶与抗氧化酶的活性升高能延缓机体的衰老。例如，索哈尔（Sohal）等将超氧化物歧化酶与过氧化氢酶基因导入果蝇，使转基因株比野生型这两种酶基因多一个拷贝，结果转基因株中酶活性显著升高，平均年龄和最高寿限均有所延长。

但是，由于自由基是生物体代谢的中间产物，它不可能成为衰老发生的始发原因，因此自由基学说仍存在局限性，尚未说明导致老化过程中自由基产生增加或清除能力下降的原因，不能解释永生细胞不衰老以及生殖细胞为何能世代相传维持种系等问题。

2. 交联学说

交联学说（cross linkage theroy）由比约克斯滕（Bjorksten）于1963年提出的，后经韦尔扎尔（Verzar）加以发展。其主要论点是：机体中蛋白质、核酸等大分子可以通过共价键结合，形成巨大分子。一方面，交联使蛋白质和核酸无法行使其正常的生理功能；另一方面，这些巨大分子难以被酶解，堆积在细胞内，干扰细胞的其他功能正常进行，这类交联物质的聚积导致细胞的衰老。交联反应可发生在细胞核内的DNA上，也可以发生在细胞外的蛋白胶原纤维中。该学说与自由基学说有类似之处，亦不能解释衰老发生的根本机制。

3. 错误成灾学说

错误成灾学说（error catastrophe theroy）是由奥格尔（Orgel）提出的，认为细胞在合成结构蛋白过程中，即在DNA复制、转录和翻译中完全有可能随机地发生错误，包括掺入氨基酸的种类或氨基酸的排列位置的错误。这种误差可能不断扩大，最终导致细胞衰老、死亡。例如，DNA转录成mRNA的过程发生微小的差异，带有该微小差异的mRNA会进一步翻译出偏离的蛋白质，该蛋白质如果属于DNA聚合酶或RNA聚合酶，则会合成差异程度更大的DNA，如此的差错经过每一次信息传递都扩大一些，形成恶性循环，使细胞内积累越来越多的差错分子，最终造成灾难，影响细胞的正常功能，致使细胞衰老、死亡。刘易斯（Lewis）和塔兰特（Tarrant）发表了他们认为支持该学说的资料：合成生物大分子所需的酶存在年龄依赖性变化，如小鼠肝DNA多聚酶、人体成纤维细胞DNA多聚酶，合成的正确性都随着年龄的增加而降低；同时DNA的修复能力也下降。

然而，与之不符的结果是在亚致死浓度的氨基酸类似物中生长的二倍体细胞寿命并不缩短。古普塔（Gupta）也发现诱变剂连续处理几个周期，并不会缩短体外培养的成纤维细胞的寿命；另外，肿瘤细胞系可以无限制地传代而保存下来，似乎也与差误假说不符。

4. 耗尽学说

1982年德国生物学家奥古斯特·魏斯曼（August Weismann）提出耗尽学说（wear and tear theroy），认为，机体的细胞、器官可能因过度使用或滥用而损伤，环境因素、食物、紫外线照射或其他物理因素、运动压力等，均可导致肝脏、胃、肾、皮肤等器官的损耗，此种损耗可表现在细胞水平。年轻的个体可以修复这种损耗，而年老个体缺乏此种修复功能。

（二）系统理论

系统理论（systemic theroies）总结和综合了与衰老密切相关的两大系统的研究成果，神经内分泌系统和免疫系统。

1. 神经内分泌学说

神经内分泌学说（the neuroendocrine theroy）认为下丘脑、垂体、肾上腺好似机体的“生物钟”，是调节衰老过程的主要场所。衰老时下丘脑、垂体的衰退会影响到其他内分泌腺的功能，由于下丘脑的机能状态反映了机体激素的整体水平，而激素对修复和调节机体功能有非常重要的作用，相关激素水平的下降，将导致全身功能的退行性变化。

在老化过程中，内分泌系统的功能改变主要包括：①靶细胞受体减少且反应性减退；②激素降解率减低，使得血液中该激素浓度相应升高，通过反馈机制导致该激素分泌减少；③酶合成的神经内分泌调节功能减退。上述变化都可能加速全身的衰老过程。

2. 衰老的免疫学说

衰老的免疫学说（the immune theroy）可以分为两种观点：第一，免疫功能的衰退是造成机体衰老的原因；第二，自身免疫学说认为自身免疫在导致衰老的过程中起着决定性的作用，衰老并非是细胞死亡和丢失的被动过程，而是积极的自身破坏过程。

迄今的研究表明机体在衰老的过程中伴有免疫功能的退化，主要体现在3个方面。

（1）个体水平

对外源性抗原的免疫应答降低，而对自身抗原的免疫应答增强。据Whittingham报告，用抗原免疫后，老年人抗体效价比年轻人的下降显著。此外随衰老程度的增加，自身抗体的检出率升高；同时细胞免疫功能也随增龄而降低。

（2）器官和组织水平

人类的胸腺出生后随着年龄的增长逐渐变大，在13～14岁时达到顶峰，之后开始萎缩，功能退化，25岁以后明显缩小。新生动物切除胸腺后即丧失免疫功能，年轻动物切除胸腺后，免疫功能逐渐衰退，抗体形成及移植物抗宿主反应下降。

（3）细胞和分子水平

老年动物和人的T细胞功能下降，数量也减少，细胞因子的分泌有明显的改变；在T细胞的增殖中IL-2和IL-2受体很重要，老年人IL-2产生减少，IL-2受体特别是高亲和性受体也减少。以上这些免疫系统的退行性改变极大程度上表现为机体的衰老性变化。

也有一些相反的证据不支持免疫系统控制衰老的学说。裸鼠是一种先天性无胸腺的小鼠，其T细胞免疫功能极度缺乏，以至于可以接受同种异体甚至异种移植物。这种小鼠如果饲养在普通条件下早期即死亡，但是在无菌条件下饲养，其寿命不低于正常鼠。而切除胸腺的新生小鼠在通常的饲养条件下，往往死于3月龄左右，若将其置于无菌的环境下，大多数可以活得更长久。可见免疫系统虽然可以对生存期有影响，但并非决定因素。

（三）细胞理论

细胞理论以细胞为单位，认为单个细胞内部成分DNA的改变，是衰老发生的诱因。包括体细胞突变和DNA损伤学说、程序衰老学说、线粒体DNA突变、端粒学说。

1. 体细胞突变和DNA损伤学说

体细胞突变和DNA损伤学说（somatic mutation and dna damage theory）认为在生物体的一

生中，各种诱发的和自发的突变破坏了细胞原有的基因和染色体结构，当这种突变积累到一定程度时，引起细胞形态变化及细胞功能下降或丧失，达到临界值后，细胞即发生死亡。即突变造成的细胞形态与功能失调是人体衰老的重要原因。

支持该学说的证据有：X线照射能够加速小鼠的老化，寿命短的小鼠染色体畸变率较寿命长的小鼠高；老年人染色体畸变率较高。

然而，该学说也有解释不了的事实，如衰老究竟是损伤增加还是染色体修复能力降低，该学说无法解释；衰老是突变造成的，转化细胞虽然发生突变，却能在体外持续生长。

2. 程序衰老学说

程序衰老学说（programmed theroy）认同衰老同发育、生长及成熟相似，都是由某种遗传程序规定的、按时表达出来的生命现象，好像有个“生物钟”支配着生命现象的依次发生和终止。实验证明这个“生物钟”在细胞核内，即核内DNA控制着个体的衰老程序。核内存在有诱导衰老的衰老基因和编码阻遏物的阻遏基因，一定量的阻遏蛋白可抑制衰老基因的表达，其中阻遏基因的拷贝数是一定的，随细胞分裂次数的增加，其拷贝量逐渐减少，年老的细胞内阻遏蛋白的拷贝数极低，不足以抑制衰老基因的表达，因此衰老基因表达，诱导细胞衰老。近来有实验室证明衰老细胞的细胞膜上存在某种DNA抑制因子，可抑制年轻的DNA合成。

一些细胞凋亡学说认为细胞凋亡（Apoptosis）即程序化细胞死亡（Programmed Cell Death, PCD），是一个主动的、有控的细胞正常的生理过程，在调节机体细胞群的数量和保持细胞质量过程中起着重要作用，认为细胞的衰老性死亡就是细胞凋亡，是由一些凋亡相关基因调控进行的。

3. 线粒体DNA突变学说

线粒体DNA突变学说（mtDna mutation theroy）是由卡明斯（Cummings）等提出的。20世纪80年代，卡明斯等曾提出线粒体DNA（mitochondrial DNA，mtDNA）中存在着衰老DNA的假说，但此后无突破性进展。与核DNA相比，mtDNA有如下特殊性：①mtDNA为裸露的环状DNA，无组蛋白保护，且缺乏有效的修复系统，因此，其突变率远高于核DNA（约为其的10~100倍），并且在细胞内不断积累；②mtDNA具有极其经济的基因排列，既无内含子又有部分区域基因重复使用，因此任何突变都可能成为造成重要功能缺陷的病理性突变。由于mtDNA参与线粒体呼吸电子传递链中某些成员的编码，其突变可导致呼吸链有关的酶出现异常，从而影响细胞的能量供应及维持细胞正常代谢。

近年的研究结果进一步证明随着年龄的增大，mtDNA的突变积累增多。mtDNA突变不仅导致衰老，还可引发多种疾病，目前的研究表明mtDNA的突变与许多老年退行性疾病密切相关。帕金森病（Parkinson’s disease，PD）、Alzheimer病（AD）和遗传性舞蹈病（Huntington’s disease，HD）是中枢神经系统退行性疾病，均有不同程度的mtDNA突变。其中帕金森病是一组以运动失调为主的临床综合征，其黑质纹状体内多巴胺神经元变性是主要病理特征。研究发现帕金森病患者脑细胞呼吸链复合物I活性下降，黑质尤为明显，其复合物` I 的mtDNA编码亚单位减少。患者mtDNA有5.0 kb片段缺失，发生率约为对照组的10倍。在心血管疾病方面，已经发现扩张性心肌病和肥厚性心肌病均存在mtDNA片段缺失和点突变，有的甚至可见多个片段缺失，缺失常位于ATPase6和D环区的7.4kb片段缺失，研究提示mtDNA片段的缺失与衰老、心肌缺血、老年心衰等老年性心脏疾病的发生有关。

4. 端粒学说

端粒（telomere）是真核生物染色体末端的一种特殊结构，由简单串联重复序列和相关蛋白组成，具有维持染色体结构完整性作用。端粒酶（telomerase）是一种反转录酶，由RNA和蛋白质组成。端粒酶RNA是合成端粒DNA的模板，而端粒酶的反转录酶亚基可催化端粒DNA的合成，合成的端粒重复序列加到染色体的末端。如果没有端粒酶或端粒酶活性低，端粒DNA在细胞分裂过程中不能为DNA聚合酶完全复制，因而随细胞分裂的不断进行而逐渐缩短。

人的染色体端粒由TTAGGG/CCCTAA重复序列组成。在生殖细胞中，由于存在端粒酶的活性，所以端粒保持在15 kb的长度；而体细胞中不存在端粒酶活性，端粒短很多。端粒学说（the telomere theroy）认为随着细胞的每次分裂，端粒就会不断缩短，当端粒长度缩短到一定阈值，细胞停止分裂，导致衰老与死亡。

大量实验说明端粒和端粒酶活性与细胞衰老及永生有关。哈雷（Harley）等测定了不同年龄供体的人体成纤维细胞的端粒长度，发现端粒的长度随着年龄增加而下降。在体外培养的成纤维细胞中，端粒的长度随分裂次数的增加而缩短。另外，已经发现永生细胞以及恶性肿瘤等细胞隐匿有端粒酶活性，因此这些细胞的端粒长度被维持，从而具有超乎寻常的持续性增殖能力。

但端粒学说还不能解释一些问题。体细胞端粒长度与有丝分裂能力成正比，这一点实验已经证实了，而不同的体细胞其有丝分裂能力是不尽相同的，胃肠黏膜细胞的分裂增殖速度就比较快，神经细胞分裂的速度就比较慢。曾有人就不同年龄供体角膜内皮细胞的端粒长度进行研究发现角膜内皮细胞内端粒长度长期维持在一个较高水平，而端粒酶却不表达。另外，Kippling发现，鼠的端粒比人类长近5～10倍，寿命却比人类短得多。这些都提示体细胞端粒长度与个体的寿命及不同组织器官的衰老并非一致。端粒长度由端粒酶控制，何种因素影响和控制端粒酶仍不清楚。生殖细胞内端粒酶活性较高，什么原因导致体细胞中没有较高的端粒酶活性也不清楚。看来端粒的长度缩短是衰老的原因还是结果尚需进一步研究。

（四）基因调节理论

基因调节学说（gene regulation theroy）认为，衰老是由于在生物体分化生长过程中某些基因发生了有顺序的激活和阻遏：负责分化生长期的基因产物刺激负责生殖期的基因，而生殖期的某些基因产物转而阻遏分化生长所需的某些基因。连续生殖又可使某些因子耗尽引起某些基因关闭，最终导致功能减退；物种的发育期、生殖期、及衰老期的长短取决于被顺序地激活和阻遏的若干套特殊的基因，这些时期的持续时间在一定限度内可以改变，并可受内在因素及一些外在因素如营养等的影响，于是形成了同一物种不同个体间寿命的不同。

分化，发育及生殖、衰老原本是整个生命事件不可分割的阶段，将基因孤立划分为分化生长期和生殖期基因，未必恰当。这些基因各自负责一定时期的功能，两者的基因产物又互相影响，并影响寿命的长短，这一点解释不了许多新生期表达的基因在老年时仍然在表达。生殖细胞的不老性也难用该学说来解释。

（五）长寿基因和衰老基因

长寿基因和衰老基因，泛指那些具有引起或延缓衰老作用的基因，又可称之为衰老相关基因。首先在线虫（caenorhabditis elegans）的发育程序的研究中发现一些基因与线虫的发育方向和寿命的延长有关，如daf基因等；在酵母中发现一种sgsl突变体，其寿命明显短于野生型，表明sgsl基因的缺陷或丧失明显影响寿命。

在人类细胞衰老基因研究方面，近年也取得了较大进展。以细胞融合技术将永生化细胞与正常细胞融合，发现永生化细胞存在衰老相关基因的隐性缺陷。同时研究表明，至少有四组基因属于衰老相关基因（senescence associated gene，SAG），如DNA合成抑制蛋白（senescent cell-derived inhibitor of DNA synthesis）的基因，在人衰老成纤维细胞中的表达比在年轻细胞中的高。

Werner早老综合征（Werner's Syndrome, WS）是一种常染色体隐性遗传性疾病，取自WS病人的细胞在体外培养，分裂代数较正常人的细胞少很多。该病与一种称为WRN的基因突变有关，WRN基因与酵母sgsl同源，结果表明WRN基因和sgsl基因是保证细胞正常生命周期所必需的，一旦发生突变，就会引起衰老的提前发生和寿命的缩短。

另外，研究表明长寿老人都具有一种重要的遗传长寿体质，调查中发现长寿家庭与其后代子孙间的纵向关系可归纳为：多代连续长寿、隔代遗传和两代连续长寿3种模式。20世纪90年代以来纷纷报道人的1、4、7号染色体与X染色体存在衰老相关基因。

（六）衰老的共同机制

综上所述，到目前为止，有关衰老机制的理论很多，且有一定的实验基础，但都是从一个侧面或不同的生物种属来解释衰老这一复杂现象，都有其局限性。这可以从两方面来解释：首先，不同生物种属的生命过程与其繁衍后代的能力有关。海弗利克（Hayflick）认为自然选择本身可能产生了保证生物在完成繁衍后代（包括性成熟和生殖）这一任务之前的“长寿”机制。其次，机体的衰老过程是体内、外环境各因素间不断相互作用、相互影响的综合性结果，其诱因是多方面的，其作用机制也是多方面的。因此，衰老可能是多因素、多机理综合作用的结果。

第二节　老年人的生理特点

在衰老过程中，有许多显而易见的生理学改变。随年龄的增长，肾脏功能下降，心指数下降，神经传导速度下降，并伴随感觉（听觉、视觉、味觉、触觉、嗅觉）准确性下降。同时关节炎发作。在激素平衡紊乱时，最明显的结果就是女性绝经期的出现，这使骨质疏松的发生率提高。

一、神经系统

伴随着衰老，神经系统发生了许多重要的改变，其中包括功能能力和认知能力的改变。30岁时，脑部就已开始组织的丢失，从30岁到90岁，脑的重量可减少约10%。大脑皮质平均组织丢失估计为14%，海马可达35%，大脑白质则为26%。有报道称，在额叶、顶叶和颞叶有极高的丢失。衰老时也观察到脑内特定酶、受体和神经递质的下降。此外，神经细胞在衰老的神经系统中也出现了树突及突触联系的丢失伴随着微观的改变，如脂褐素的沉积和神经原纤维缠结。脊髓中的细胞数目也会随着衰老而降低可达37%。但是，绝大多数老年人的智力足以维持他们独立的生活方式，由此看来，神经系统的功能还是有显著富余的。

同时衰老过程中伴随着姿势控制系统的退化，老年人脑干和小脑中细胞数量的减少，中枢肾上腺素能系统发生退行性变化，神经系统内的去甲肾上腺素水平逐渐降低，小脑皮质β-肾上腺素能受体密度降低，加上外周本体感受器机能下降，限制了精确地控制身体运动的能力，导致平衡能力和运动协调性减退，可能有些时候，这些退行性改变显得微不足道，但是这些缺失累加在一起，就将增加不正确或不足量应答的风险并随后带来协调能力的丢失，使老年人跌倒风险增加。

在外周神经系统，由于脱髓鞘作用，神经传导时间随着衰老而下降，使神经系统的反应时增加，启动运动的时间增加，表现为单纯反应时和复杂反应时变慢，运动时延长。例如，65岁的老年人反应时比20岁年轻人延长了50%，但外周神经功能改变并不明显。

二、感觉系统

老年人存在多种感觉系统功能的下降，最常见的改变之一就是视觉灵敏性的下降。眼部的一些改变在30岁时就已出现，等到50岁时，绝大多数人都至少在部分时间里需要佩戴眼镜。随着衰老，可以观察到眼部发生显著的结构改变，角膜形状从原先的肾形变得更加平整，致使光线发散的增加导致视觉模糊；虹膜肌力的下降导致瞳孔变小，对光的反应减慢，在黑暗环境中扩大的速度也减慢，使得从暗处走到明处或由明处到暗处时视物更加困难；晶状体变厚并呈现淡黄色以致抵达视觉感受器的信号减少。其他与运动有关的视觉改变包括空间辨别能力的下降，双眼向上凝视受限以及追踪物体的能力下降。

另一个为人们熟知的衰老征象就是听力的丢失，它通常比视觉改变更晚出现。听觉感受器和相关的神经通路均出现功能下降，听力的受损使人丢失了辨别区分声音的能力。30%的65～74岁的老人均不同程度地受听力丢失的影响，而在75～80岁的老人中可达50%有听力受损。听力受损引起有效的交流能力下降并可能导致自卑和抑郁。此外，前庭器官也会发生形态学的改变，这使得对空间方向的探查能力下降。

嗅觉和味觉感受器也同样受到了影响，味觉和嗅觉是在我们出生时就已经非常敏感的化学性感受。但是，从40岁开始，味觉和嗅觉便开始减退。等到60岁的时候，这些衰退的感觉会使食物清淡无味，胃口也随之急剧下降。超过70%的老年人有潜在的味觉和嗅觉敏感性的丢失。这种丢失平均在70～80岁时变得显著。而这些感觉的丢失可能引起胃口下降以及营养状态变差。

三、运动系统

（一）骨骼肌

骨骼肌随着衰老发生的改变最明显的就是骨骼肌中横截面的下降和横截面中收缩组织量的减少。肌纤维功能、运动单位动员性质、骨骼肌的有氧能力等方面也会发生改变。老年人由于肌肉质量的丢失，取而代之的是不断增加的脂肪组织，使其力量变弱，肌纤维体积下降，快肌纤维数目下降。研究发现，从70岁开始，骨骼肌中可兴奋运动单位数目呈现显著的下降。应用现代放射技术对不同年龄健康人群的肌肉横断面进行准确的测试，发现与年轻人相比，老年人大腿肌肉体积有显著的下降（25%～35%），但是，上肢肌肉的萎缩并未达到相同的程度。这种区域性的差异提示腿部肌肉出现了废用性肌萎缩（如老年人停止了对这些肌肉的锻炼），在已有的资料中，老年病学家关注较多的是股四头肌的股外侧肌。尸检的一项研究发现，肌纤维总数随着年龄的增长而大量减少，以至于80岁老人肌纤维数比年轻人减少了50%。关于肌纤维萎缩的证据只是发生在Ⅱ型快肌纤维，在Ⅰ型并未观察到此现象，目前尚不清楚为什么Ⅱ型肌纤维易受年龄相关的退化的影响。这种生理学改变在体弱的老年人中表现得比健康老年人更为显著。

肌纤维和运动单位的改变还导致肌肉收缩变慢。收缩减慢降低了老年肌肉在保护性反射（如当受到冲击或需要阶段反应时）下迅速发力的能力。这些因素又通常伴有神经肌肉系统的其他改变，从而导致其功能缺陷的扩大。例如，如果一个老年人站上一个障碍物，他的运动觉和痛觉紧张度会更低，神经冲动在肌肉反射环路中传递得将会更慢。信号到达骨骼肌后，储备力矩的实际生成也会减慢并且可能不能够及时产生以防止身体失衡。此外，肌肉的反应与拮抗肌中结缔组织逐渐增加的被动抵抗有关，它是阻碍快速伸展及老年人，特别是老年女性关节转动的一个因素。

（二）关节

随着年龄增长，关节的稳定性和活动性逐渐变差。衰老常伴有胶原纤维降解，关节软骨厚度减小及钙化、弹性丧失，滑膜面纤维化、关节面退化。骨关节的变性会使关节僵硬，活动范围受限制。但老人的骨关节炎是衰老的结果还是反复损伤（引起病理性）的结果尚未清楚。

（三）骨骼

骨质疏松是老年人中较普遍发生的现象，尤其是绝经后的女性更普遍。患有骨质疏松症的人极易发生骨折。据第14届国际老年学术会议（1989）报道，绝经后的女性至少有1/4人发生骨质疏松，70岁以后其中40%发生过骨折。骨质疏松症发生是一个渐进的过程。女性约从30岁开始骨中矿物质逐渐丢失，而男性约从50岁才开始。麦卡阿特尔报道，60岁以上的老年人由于骨矿物质的丢失及多孔疏松，会导致骨质量减少30%～50%。随着年龄增长，骨质疏松引起骨密度和抗张强度下降，使骨折发病率也随之升高。脊柱、髋部、腕部是骨折的易发部位，而髋部骨折在老年人尤为多见。同时由于脊柱侧弯、驼背或者扁平足的存在，老年人体型也会变得更矮。

老年人骨质疏松的原因尚未完全清楚，可能与性别、性激素分泌水平降低、消化功能低下导致钙吸收障碍、运动减少、吸烟、酒精、咖啡因及遗传等综合因素有关。这些因素可能引起负钙平衡，使骨中的矿物质含量减少。

四、心血管系统

在20世纪70年代之前，人们大多根据尸检数据认为心脏的体积随着年龄增长而减小。尽管这一定程度上在病理学角度能够成立，但超声心动图、放射性核素显影等技术的推广和纵向研究提示心脏的质量可能随着年龄的增长而增加。人们观察到在健康人群中，随着衰老的发生，左心室会由于心肌的肥大而增厚。这是心肌对衰老时血管硬化（外周血管阻力增加）带来的更高工作负荷的一种适应。这是因为：①肌质网上钙泵蛋白对钙的重摄取变慢；②心肌肌球蛋白重链的位置改变；③动作电位延长。这些改变使老年人心肌在收缩后放松较为缓慢，从而增加了心律失常和纤维性室颤的风险。脂肪和胶原蛋白的过度沉积也能增加血管硬度，降低心肌的顺应性。衰老时，心脏的调控系统也会发生改变。目前已经观察到衰老时窦房结起搏细胞数目及房室结、房室束和蒲肯野氏网络中细胞的下降。随年龄增长，静息时心率的变化很小，而最大心率却下降。25岁的青年最大心率（最大心率＝220−年龄）为195 b/min，而65岁老人则下降到155～160 b/min。

年龄增长还会使血管壁的结构发生变化，血管壁变得更僵硬，使血管的承受能力减弱。这些变化通常发生在大血管中，如主动脉和颈动脉。同时血管的内皮细胞功能下降。以上这些变化最终引起衰老时心血管疾病和高血压的发生率增加。同时由于脑动脉硬化和椎动脉血流受阻，老年人中有15%～24%的人会出现体位性低血压。

衰老还使氧运输和氧摄取的能力都下降。最大摄氧量约在20多岁开始，以每年0.4～0.5 mL/kg速率递减，到65岁时下降近30%～40%。

研究证实，缺乏体育活动与衰老本身都能导致老年人心血管机能下降。适宜的有氧运动能改善心血管机能。耐力训练可使老人的心脏机能和肌肉的有氧代谢能力提高。进行耐力训练后，老年男女的最大摄氧量分别增加了19%和22%，增加程度与年轻人相似。

五、呼吸系统

随着衰老的发生，肺泡和毛细血管的数目会逐渐减少。同时，由于肺泡内胶原蛋白的改变导致肺泡弹性减弱，剩余肺泡的体积将会显著增大。较大的肺动脉也被发现存在增厚的现象。此外随年龄增加呼吸肌日趋萎缩，肋骨钙化，肺组织的纤维组织增多，弹性降低，肺泡萎缩，胸廓的活动幅度减少，致使呼吸机能下降。

静态和动态的肺功能指标随着年龄的增长而衰退。肺活量、最大通气量、时间肺活量等机能指标呈现进行性下降，肺泡内二氧化碳分压增加，动脉血氧饱和度下降，这将导致呼吸肌的工作量将增加近20%。有资料表明，老年男女的1 s钟用力呼气量分别以每年大约32 mL和25 mL的速度下降。老年男性第1 s时间肺活量从正常的82%下降到75%左右，女性则从86%下降至略少于80%，因此随衰老发生残气量能增加30%～50%。但65岁的健康老人仍具有相当程度的肺通气储备。到70岁时，肺活量能下降40%～50%，当然就会使得氧气摄入下降。

体育锻炼能保持肺组织的弹性，提高呼吸肌的收缩力，加强胸廓的活动幅度，改善肺脏的通气和换气功能，增加吸氧能力，从而提高全身各内脏器官的新陈代谢。经常参加体育锻炼能预防老年人慢性支气管炎和肺部其他疾病。

六、消化系统

老年人胃肠黏膜变薄，胃肠道的腺体和黏膜上的绒毛逐渐萎缩，肌纤维萎缩而弹性降低，肝脏和胰腺重量减轻，功能减退。因此，老年人容易出现胃肠扩张、下垂、消化不良和便秘现象。另外，老年人胃肠道的分泌能力减弱，各种消化酶的分泌随着年龄增长而减少，胃液量和酸度也逐渐下降，易产生贫血。加之牙齿的丧失，可使咀嚼能力降低，加重胃肠的负担。

经常参加体育锻炼，可以加强消化系统的功能，使胃肠道蠕动加强，改善血液循环，增加消化液的分泌，加速营养物质的吸收，推迟消化道的老化，减少萎缩性胃炎、慢性胃肠炎、便秘、腹泻及胃肠癌肿的发病率。据报道，长期锻炼的老人唾液中淀粉酶含量和活性比不经常锻炼的人要高。体育锻炼还能改善和提高肝脏的功能。

七、血液系统

随着年龄的增长，老年人血液出现浓、黏、聚、凝的状态，临床上称之为高黏滞血症。高黏滞血症可使微循环的血管形态、血液流变发生异常，直接影响到组织、器官的生理功能。

血液的黏稠度主要取决于红细胞的压积、血浆黏度与红细胞的变形能力。随年龄增长，老年人的纤维蛋白原增加，而纤溶能力下降，使血浆黏度增加。另外，机体造血机能下降会使血液中年轻的红细胞数量减少，衰老的红细胞数量增加，过氧化脂质在体内不断积聚以及血管的硬化等因素都引起血液黏度升高。红细胞变形能力是影响血黏度和血流阻力的重要因素。随着衰老过程的发展，红细胞膜弹性下降、血沉增加，导致变形能力下降。血液黏度的升高和红细胞的变形能力下降，使血液的流变性降低，循环阻力增加，心脏负担加重。因此，心输出量、有氧能力及清除代谢产物等机能都将减弱，这成为诱发心血管疾病的主要因素。

研究表明，长期运动锻炼使纤溶能力增强，对于增强血液的流动性，降低血黏度有重要作用。老年人长期进行冬泳、门球、太极拳、长跑、散步和舞蹈等锻炼均可对血液流变学指标产生良性影响。这对改善老人高黏血症及预防心血管疾病有一定的意义。

八、免疫系统

随着年龄的增长，免疫系统的功能显著降低。表现在免疫细胞数量的减少和活性的下降、T细胞增殖反应、IL-2水平、受体表达、信号传送及细胞毒作用等下降。尤其是T细胞功能受到的影响更明显，功能性T细胞数量下降及T细胞亚群比值发生了改变。60岁以上的老年人外周血中T细胞的数量可降至青年时期的70%左右。这是由于胸腺随着年龄的增长发生退化所引起的。白细胞介素-2对辅助性T细胞（$CD4^+$）和抑制性T细胞（$CD8^+$）的增殖、分化有重要作用。衰老过程使IL-2受体的数量、亲和力、表达等下降。IL-2的减少对机体免疫反应有负面影响，使T细胞信号传送减少，钙调节障碍。由于免疫系统功能衰退，直接影响老年人的身体健康。

适宜而持久的体育锻炼可以促进免疫系统的功能，延缓免疫器官的衰老。有研究报道，老年运动员或老年长跑锻炼者（10年以上），安静时血浆IL-1活性显著高于不运动组，外周血白细胞糖皮质激素受体（Glucocorticoid Receptor，GR）低于不运动组，且GR与IL-1呈负相关。动物实验也显示，大鼠每天低强度跑台训练30 min，训练3个月后，T细胞、NK细胞抗体水平及其功能都比同龄对照组大鼠明显升高，胸腺和脾脏重量明显增加。由此表明，持久而适宜的体育锻炼可以延缓机体免疫功能的衰老。

九、抗氧化系统

衰老机理的“自由基学说”认为人体衰老与脂质过氧化物积累对细胞、组织损害有关。通常认为，过氧化脂质含量表示自由基损伤的程度，而超氧化物歧化酶活性反映身体内自由基清除系统的功能状况。人体各组织中的过氧化脂质随年龄增长而升高，而细胞内的超氧化物歧化酶随年龄增长而逐渐下降。

最近大量动物实验或人体研究表明，适宜的体育锻炼可以加强机体对自由基的清除，提高抗氧化能力，延缓了衰老。研究报道，长期坚持健身跑的老年人，红细胞超氧化物歧化酶活性显著高于不运动组，而血浆丙二醇（MDA）含量明显低于不运动组。由此提示，适宜的运动使体内自由基生成与清除达到了动态平衡，减少和阻止自由基对组织细胞的损伤，延缓了人体衰老。拉达克（Radak）的实验小组研究证明规律运动训练使机体对一些氧化损伤产生了系统性的适应，使体内抗氧化物和一些基本的氧化损伤修复酶的活性增加，对氧化攻击抵抗能力的增强，表现为大鼠的认知功能增强，脑的氧化损伤降低；脑组织中与年龄相关的红细胞聚集减轻，蛋白酶体复合物的活性增加。

十、体成分和体重

随年龄的增长机体会趋于变矮和变胖。身高降低大多发生在35～40岁之间，女性在40～50岁，男性则在50～60岁。60～80岁身高的下降速度加快，每10年降低2 cm。身高降低主要是由老龄化早期椎间盘的挤压和骨质疏松导致身体不正确的姿势造成的。体重增加通常发生在25～45岁，而且主要是因为体力活动减少和热量摄入过多。体重增加伴有体脂增加和去脂体重下降。男女老年人的体脂平均值一般分别约为26%（男青年为15%）和38%（女青年为25%）。过了45岁，体重大约将在10～15年内维持稳定，然后随着身体骨钙的流失以及肌肉质量的减少而减轻。很多过了65～70岁的人都感到食欲不振，因此不能摄取足够的热量来维持体重。

大约从40岁开始，男性和女性的瘦体重会逐步减少。老年人的瘦体重较年轻人小，老年男性的瘦体重为47～53 kg（青年男性为56～59 kg），女性为31～41 kg（青年女性为38～42 kg）。肌肉和骨量的减少是瘦体重减少的原因，而肌肉重量的减少是主要原因，因为肌肉占瘦体重的50%左右。肌肉减少症就是指与衰老过程有关的肌肉重量的流失。骨质丢失指衰老过程中比骨质疏松症相对较少的骨量流失。女性在30～35岁，男性在45～50岁，骨矿物质含量开始显著减少。在整个生命周期中，骨不断地由成骨细胞的形成和破骨细胞的吸收相互作用而成。在生命的早期，吸收率低于合成率，所以骨质增加。随着衰老的进展，吸收率超过合成率，从而导致骨量的减少。肌肉和骨量的减少至少有一部分原因可归因于体力活动的减少，尤其是负重运动的缺乏。因年轻时骨矿物质含量不足体重的4%，故瘦体重减少过程中，骨质流失的影响要小于肌肉流失。

有氧运动可有效地氧化体内脂肪而使体脂下降，而对去脂体重的影响较小。抗阻运动对减少体脂重和增加瘦体重均有良好效果。老年人抗阻运动后，会引起骨骼肌产生适应性肥大、质量增加，而骨骼肌中约73%是水，所以表现为瘦体重增加。

十一、血脂代谢

血液中脂质水平增高称为高脂血症，它是动脉粥样硬化（CHD）的启动因素。动脉粥样硬化是常见的老年性疾病。体内的胆固醇（TC）、甘油三酯（TG）及载脂蛋白等的代谢与动脉粥样硬化密切相关。高密度脂蛋白-胆固醇（HDL-C）具有促进外周组织胆固醇消除的作用，其增高有助于减少患动脉粥样硬化的风险。低密度脂蛋白-胆固醇（LDL-C）和血清总胆固醇（VLD-C）的作用是将全身脂肪转向细胞，包括血管内皮细胞。当低密度脂蛋白-胆固醇被氧化时，容易形成动脉血块及脂肪斑块而导致动脉粥样硬化。所以低密度脂蛋白-胆固醇和极低密度脂蛋白-胆固醇（VLDL-C）水平增高可增加CHD的发病率。

中等强度有氧运动能有效地改善脂蛋白和载脂蛋白的代谢。长期坚持健身跑、太极拳、太极剑、步行、健身舞锻炼可有效提高高密度脂蛋白-胆固醇水平，降低血清甘油三酯、低密度脂蛋白-胆固醇、极低密度脂蛋白-胆固醇及载脂蛋白水平。而抗阻练习对血中胆固醇、甘油三酯以及脂蛋白的水平影响不大。

摄入低胆固醇的食物（如大豆蛋白）能改善血胆固醇状况。维生素C、维生素E及β-胡萝卜素能够阻止低密度脂蛋白-胆固醇的氧化。有人还认为，葡萄酒中某些成分可以抑制低密度脂蛋白-胆固醇的氧化，从而抑制脂斑的形成，降低正常人患动脉粥样硬化的风险。

第三节　老年人心血管机能特点与锻炼

衰老对个体带来的危害，主要体现在两个方面。首先，随着时间的延长衰老增加了个体死亡的可能性；其次，衰老降低了机体抵抗内外损害的能力而更容易产生老年相关疾病，如心脏病、关节炎、骨质疏松、肿瘤、老年性痴呆等。随增龄心血管系统发生的一系列功能和（或）结构的改变导致运动能力的显著下降，并增加了多种心血管疾病的风险，包括诸如冠状动脉疾病，脑血管疾病，外周血管疾病以及充血性心力衰竭等。总的说来，男性患心血管疾病的风险要高于女性。但随着年龄的增加，女性也会有较高的心血管疾病风险。年龄是一个独立的危险因素，同时也暗示着高血压或高血脂的发生。值得注意的是，许多伴随衰老而来的心血管损害（如内皮功能的下降）实际是由于体育活动的减少所致，并能通过活跃的生活方式而延缓或者缓解。

一、年龄增长对血管系统的影响

年龄增长对血管系统有3个基本影响：第一，血管壁的结构发生变化，血管壁变得更僵硬，使得它们的承受能力减弱。这通常发生在大血管中，如主动脉和颈动脉。第二，随着衰老的发生，还存在着血管内皮细胞功能的下降。第三，交感神经兴奋性的增加，这一增高的交感水平受到压力、体重（肥胖）和一些基因的影响。

（一）血管硬化

随着衰老的进展，主要的血管，如大动脉，变得更僵硬也更长。现在的证据表明，大血管变僵硬主要有两个因素：组成血管壁的结构物质增厚以及平滑肌交感紧张性增强，即血管增厚是由于内皮和结缔组织细胞被破坏以及结缔组织的数量增加。值得注意的是，这种血管的生长是沿着血管壁的独立排列，血管内壁的增厚是衰老的单独影响而不是与年龄相关的疾病所致。与年龄相关的血管重构与由于血压升高所致的血管重构并非相同的类型，因为原发性高血压通常在早年发生。在后者中，血管壁虽然增厚，但是管径减小（内向重构），这一现象通过提高周围张力以保护血管。在与年龄相关的血管重构中，血管管径通常是增加的，血管壁也变厚变硬。这一过程并非由于动脉粥样硬化，而是与血管壁组成结构的改变有关，致使胶原蛋白和弹性纤维达到更高水平的平衡。

（二）内皮功能与衰老

动脉粥样硬化的风险通常伴有冠状动脉内皮依赖型血管扩张受损，这一反应与前臂内皮调控减弱有关。因此，在前臂短期缺血后1 min左右，分支动脉直径的改变量常被用作评价冠状动脉内皮功能的指标。内皮机能障碍是心血管疾病最早的表征之一，年龄和内皮功能减退之间存在着极强的相关性，特别是在45岁以后并伴有其他心血管危险因素的情况下。因此，年龄很可能对内皮功能有着直接的负面影响，从而导致心血管疾病的危险。但是，一些研究明确显示，年龄相关的内皮功能障碍具有高度的可变性，它是由静坐少动的生活方式引起的，而非年龄的单独作用。内皮功能有赖于健康的生活方式，这一结论是通过长期的知识积累总结出来的。因为活跃的人群与静坐少动的人群相比，由于高血压、慢性阻塞性肺部疾病、糖尿病、吸烟、肥胖或高胆固醇产生的死亡危险因素大量减少，甚至前臂内皮功能减弱的极度肥胖的儿童也能通过运动训练得到改善。

（三）交感神经系统活性的增强

自主神经系统在维持心率、心输出量、血压和血管结构的正常功能方面发挥着重要作用。对诸如站起动作之类的简单刺激产生不适当的交感性反应时，会引起血压降低和头晕。另一方面，过高的交感神经活性将导致外周血管阻力增加，心血管组织的重构，如果这种情况长时间存在，最终将导致高血压。血浆去甲肾上腺素浓缩水平和交感神经活动随着衰老而增加，这种现象在女性中表现更为明显。因此，升高的交感神经活动已被定义为与年龄相关的心血管疾病的一个重要的危险因素，它能对血管和心脏功能产生有害影响。在其他紊乱中，神经活动基线水平的升高被认为是由血管，心脏损伤以及多种形式的慢性高血压引起；这些就是心血管疾病的主要危险因素。

随着年龄的增长，副交感神经系统的分泌物也会发生改变，这对心血管系统（尤其是心脏）的总体健康水平同样重要。副交感系统对维持心跳的正常节律十分重要。也有证据表明，心肌细胞自身的节律调控能力也随着年龄而改变。

至于交感性物质增多而副交感性物质减少的原因目前仍未明了。在心脏、动脉和颈动脉都存在着抑制性受体，当压力增高时，它们能抑制交感神经活动和心率。因此，有些人已经调查了这些压力反射控制的改变是否受到年龄的影响，从而导致衰老时交感神经兴奋水平升高而副交感神经系统水平下降。但是，并没有发生与年龄相关的压力反射功能下降。同时，对于年龄相关的自主神经系统改变目前无法做出解释。因此，有人提出是中枢神经系统导致交感神经活动增强。但是，目前还未有针对这一假说的直接测试，涉及局部控制中心的具体细节尚未确定。

（四）血管重构与收缩期高血压

衰老血管的增厚与变硬与血压有很大的关系。正常情况下，大血管拥有一定程度的弹性（由于弹性成分的存在）。因此，它们能吸收心脏将血液射入血管时伴随而来的一部分能量。由于部分能量的吸收，收缩压就不会过高。同样地，在心动周期的收缩期吸收到的能量在舒张期被释放，将舒张压维持在较高水平，推动血液持续流动，这是正常的情况。但是，在僵硬的血管中，收缩期吸收能量的能力被减弱了。这使得收缩压超出正常水平。与此同时，舒张压将会低于正常值，因为在舒张期弹性血管的回弹量减少。安静和中等强度运动时，老年人收缩压比年轻人高40 mmHg。此外，左心房的容积也会略微增加。

收缩压升高而舒张压降低导致了脉压（收缩压–舒张压）的增大。高收缩压并伴有脉压增大的现象称为收缩性高血压。收缩性高血压是心血管疾病的主要危险因素之一，并与死亡率高度相关。

血管硬度也受神经递质的影响，这些递质由支配血管平滑肌的交感神经元释放。骨骼肌中基本的交感神经递质有ATP，去甲肾上腺素（NE）和神经肽Y（NPY）。正如已经说过的，交感神经活动随着衰老而增强。因此，随着衰老，肌肉中血流的减少也与交感神经活动的升高直接相关。

交感性物质的增多既可能直接引起动脉紧张性状况，也能使衰老血管中发生结构性改变。最近的证据显示，交感神经元释放的NE和NPY能作为生长因子，使血管增厚，但是必须是在递质的释放缓慢长期地增加和内皮层受损或出现功能障碍这两个条件共存时，而衰老恰好提供了这两种情况的共存。

总之，兴奋性增高的交感神经系统以及血管内皮功能的影响，增大了年龄对血管承受力的独立影响。同时，硬化的血管通过提高收缩压，对心脏功能提出更高的要求，最终导致收缩期高血压和心血管组织疾病。积极的生活方式，包括合理饮食和运动，能够最大地减少年龄带来的不利影响。

二、运动对老年人心血管机能的影响

随着衰老的发生，运动能力和四肢血流都会发生改变。在静坐少动的老人中，存在着运动能力和血流的下降。静坐少动的成人可以通过运动锻炼提高最大摄氧量和血管舒张度而获益。最大摄氧量是评价心血管健康的一个常用指标，通过Fick公式计算。Fick公式描述了心输出量、摄氧量及之间的关系：$\dot{V}O_2max$=心输出量×（动-静脉氧浓度差）。

（一）最大摄氧量

最大摄氧量从30岁到65岁的线性丢失已在多种测量中表现出来。（表16-2）

表16-2　男子年龄增长时机能能力和身体成分的变化

指标	年龄/y	
	20y	60y
最大摄氧量/mL·（kg肌肉·min）$^{-1}$	39	29
最大心率/b·min^{-1}	194	162
安静时心率/b·min^{-1}	63	62
最大每搏输出量/mL	115	100
最大动静脉氧差/mL·min^{-1}	150	140
最大心输出量/L·min^{-1}	22	16
安静时收缩压/mmHg	121	131
安静时舒张压/mmHg	80	81
肺总容量/L	6.7	6.5
潮气量/L	5.1	4.4
肺余气量/L	1.5	2.0
脂肪百分比/%	20.1	22.3

由于随年龄的增加，心输出量、动-静脉氧浓度差下降及肌肉质量的丢失，使最大摄氧量在静坐少动人群中，25岁以后每10年，其最大摄氧量都会下降大约10%，而进行力竭性运动时，静坐少动者无论是20岁还是80岁，都比同年龄组运动者心率输出量低30%。另外，心肌的舒张时间将会延长，其对儿茶酚胺的敏感性也会降低导致最大心率下降30%～50%。

抛开已发现的衰老的影响，虽然肌肉的质量随着衰老而下降，但心血管功能似乎足以支持肌肉的工作，因此，尽管随着衰老，人们的绝对运动能力有所丢失，但是机体保存了能够维持相对高强度有氧运动的能力。

因为训练可以提高心输出量和肌肉的氧摄取能力，尤其对心输出量改善较大，所以训练可以提高老年人的最大摄氧量。由于最大心率在训练后大体上保持不变，每搏输出量就成为关键的改善变量。在中等强度运动中，老年人的最大摄氧量能额外增加20%～30%（图16-1）。它与在更年轻的群体中观察到的增加具有可比性。这一点非常重要，因为无论是在健康的老人还是心血管疾病患者中，运动能力都是死亡的强烈征兆。事实上，一旦数据由于衰老而调整，峰值运动能力将成为比高血压、吸烟和糖尿病更强有力的死亡风险预兆。研究发现，如果坚持体育活动，体成分又保持不变的话，最大摄氧量递减率为每年0.25 mL/kg。无训练者的最大摄氧量递减率是有训练者的2倍。所以过于肥胖或活动少的人将会加快最大摄氧量的下降速率。

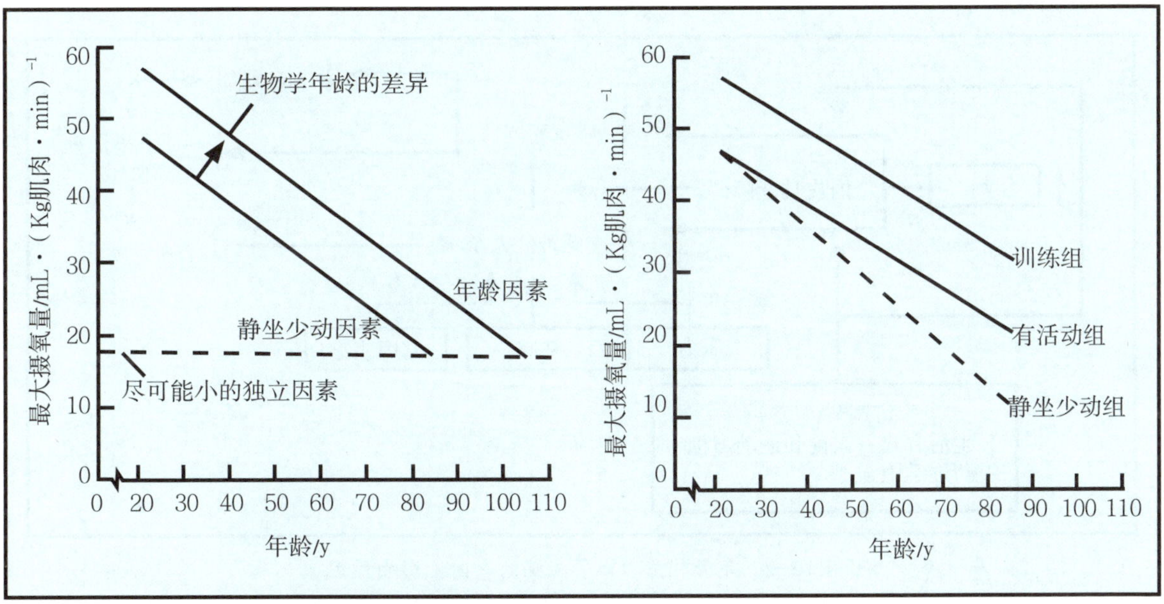

图16-1　增龄和身体活动水平对有氧能力的影响（有氧能力随年龄增加而下降，但任何年龄阶段，均可以将身体活动保持在一个较高的适应水平）

（二）血管功能

正如以上所述运动时心输出量随着衰老而下降，类似的大多数证据都表明，衰老骨骼肌的血流在安静时也有所减少。但是，关于衰老是否在本质上影响到运动时血液流动的争论仍在继续。据观察，引起运动时血流改变的因素可能包括骨骼肌中血管扩张能力下降，或者伴随衰老而来的不活跃状态导致有效血管数目下降，抑或两者皆有。因此，有研究者正在研究衰老人群中血管的扩张能力。其中最大反应性充血测试的方法是关于血管扩张能力的简单测试，这项测试需测定经过一段时间（如3～10 min）局部缺血后，检测血流对肌肉的反应。通过这项测试得出的结论是老年人短时间的前臂缺血时的最大反应性充血下降，但这并不是完全与年龄相关。相反，这种下降是由于活动水平的下降。因此，血管适应逐渐增加需氧量的能力并不受年龄的影响。经常性的中等强度体育活动能阻止内皮功能随着衰老而下降并提高血管的舒张性。但是，目前尚不清楚经常性的体育活动是如何影响交感性物质的水平。有氧运动除了能增加心血管健康外，还能延缓与衰老有关的改变过程。老年人额叶、顶叶和颞叶组织丢失量的下降也与有氧健康相关。心血管健康能影响皮层结构、血流或者脑内神经递质的活性。

如图16-2所示，生活方式对年龄相关心血管疾病多因素本质的影响可见，运动习惯是一个可调节因素，活跃的生活方式对心血管健康的好处是毋庸置疑的。布斯（Booth）等提出“身体的不活跃是许多重要慢性疾病过程的一部分”。如今面临的挑战是，闲暇时参与严格意义上的规律性体育活动的人群，从在20岁以下人群时的30%～45%下降至75岁人群时的15%～25%。

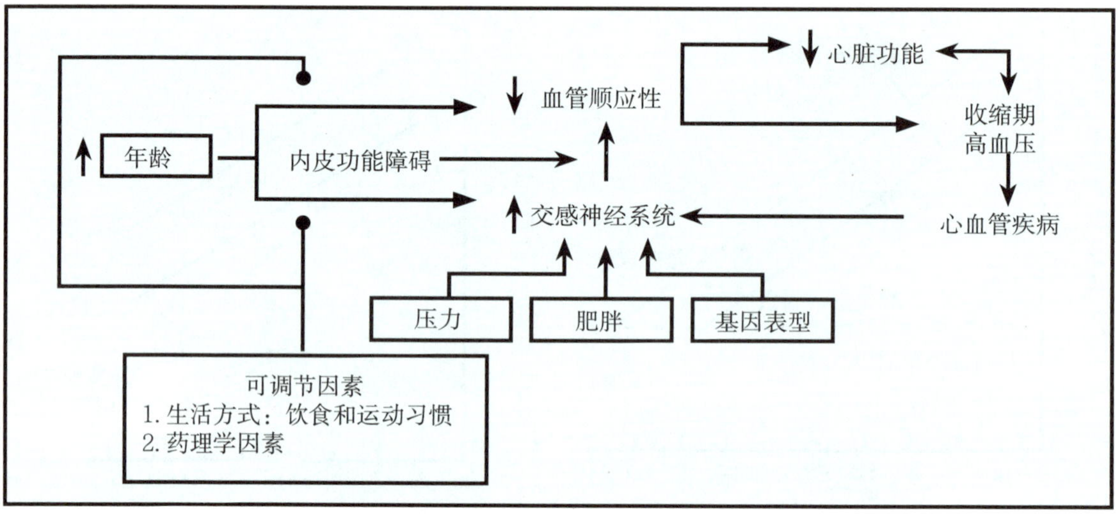

图16-2　年龄相关心血管疾病的多因素影响作用

（注：末端是圆头的线条表示的是能够减轻衰老对心血管损害的因素）

有氧运动无疑对老年人的最大和次大强度运动产生积极影响。在最大强度运动中，通气量、摄氧量、心输出量以及氧容量在训练后均发现有所增加。次大强度的有氧训练同样有助于降低通气量、心率、射血量和血压。这些改变能使日常生活活动显著受益。它们能提高自理能力和总体健康；提高心血管状况和总体耐力；增加肌肉力量和耐力；维持或提高柔韧性、协调性和平衡性；使社交和生活乐趣最大化；提高体重控制和营养摄入；有助消化、减少便秘，促进放松，缓解焦虑、失眠和抑郁，维持活力。

三、运动建议

（一）运动前准备

运动对老年人来说受益最大的器官是心肺功能系统。运动中注意解释要清晰缓慢，用简单的语言重复并大声发布指令，多做示范动作，鼓励社交，合适情况下增加音乐背景，减少分心的事物，不鼓励不适当的竞争，鼓励自主安排运动。从运动的安全性出发，建议穿合适的鞋，选择合适运动（根据健康水平、疾病而定），允许自由退出，评估从垫子或地板上起、坐的难易程度，时刻准备应对紧急事件应急反应的演练等。

（二）耐力训练

无论对于年轻人还是老人都推荐进行经常性的体育活动。加拿大运动生理学会和美国运动医学会已经为老年人耐力训练提供了详细的专门的运动处方指南。

1999年，加拿大运动生理学会组织推出了《加拿大老年人健康生活的体育活动指南》。该指南建议老年人每周四至七天参加耐力活动（如步行、游泳、跳舞、滑冰、滑雪、骑车、登山）。参与者每次持续运动时间不少于10 min，每天需累计运动30 ~ 60 min。重要的安全考虑包括从舒适的活动开始逐渐过渡到较高要求的活动，穿舒适的衣物和鞋，进行冬季项目时选择抓冰牢靠的鞋。除了CSEP所列举的，ACSM建议训练强度应高于最大摄氧量水平的55%，或者心率储备（最大心率与安静心率之差）的40%。对于感到不适的运动者，可选取较小强度的运动。

衰老对心脏和血管系统有着极大的影响。这些改变导致运动能力的显著下降并增加了多种心血管疾病的风险。但许多伴随衰老而来的心血管损害（如内皮功能的下降）实际是由于体育活动的减少所致，并能通过活跃的生活方式而延缓或者缓解。

第四节　老年人的骨骼肌退化与锻炼

随着医学的进步，人的寿命将会持续延长，但是人们晚年的生活质量却在下降。丧失基本日常生活能力是生活质量下降的直接原因，而肌肉力量的下降更是影响了机体的许多功能。因此，无论从生物学还是康复方面来说，肌肉萎缩都将是其研究方向。衰老导致的可见肌力下降通常是由于老年人活动减少导致肌纤维废用性萎缩，因为伴随着衰老，爆发性运动做得相应减少，首先出现快肌纤维的减少。第二个致使快肌纤维比例下降的原因是快速运动神经单元相对于快肌纤维的选择性丢失，而这些萎缩的快肌纤维能够通过慢速运动单元再生（侧索生芽）。虽然这些与力量生成有关的慢肌纤维的比例显著增多，但是，衰老肌肉抗疲劳的能力并未增强。其中的原因目前还不清楚，但可能是由缺乏训练导致了衰老骨骼肌能力的下降。衰老引起的骨骼肌生理学的改变包括收缩力的下降（肌肉横截面减小）、肌萎缩（脂肪和结缔组织等非肌肉组织增加）、酶改变（影响肌肉功能表现）以及各种神经肌肉疾病的易感性增加。

一、运动对肌肉收缩力的影响

老年人骨骼肌生理学的这些改变使得肌肉弹性和力量下降，而抗阻训练则成为应对衰老引起的肌肉功能衰退的极佳方式。适宜的运动处方显著影响老年人力量并最终提高生活质量。研究表明，经常性的运动（包括适宜强度的力量和耐力训练）能减轻骨骼肌中衰老所引起的一些生理改变。这无疑为老年人维持独立生活提供了希望。

在不活动的人群中，肌纤维体积在20岁达到最大后，开始随着年龄而下降。经常锻炼的人能始终保持较大比例的纤维体积，直至60岁左右。需要强调的是，只有经常参与运动的肌肉才能维持原有体积。因此，一个人衰老并丢失全部的肌肉重量，其中有两个原因：肌纤维（主要是快肌纤维）的数量下降以及单个纤维（这种丢失仍主要见于动力肌的快肌纤维）体积的下降。有研究称，大部分的体积下降发生在60～80岁之间。其根本机制主要有两个方面：①制动以及不活跃的生活方式；②对力量、速度和持续时间的功能需求发生改变。迄今为止，还没有科学证据表明衰老时肌纤维的丢失是可逆转的。但是，丢失的比例是可以减少的，特别是在进行力量训练之后的快肌纤维。现在人们都普遍认为即使是90多岁的老人也能通过举重训练增加肌纤维体积。此外，渐进性训练似乎对90多岁老人骨骼肌的影响与对25岁年轻人的影响是一样的。

二、运动对骨骼肌内毛细血管系统的影响

关于衰老和运动对骨骼肌内毛细血管系统的研究相对较少。研究发现缺乏规律性运动时肌纤维体积和肌纤维数目均会下降，所以推测将血液和营养物质输送至肌肉的毛细血管的数目也应该会降低。现实的情况的确如此，科根（Coggan）及其同事收集的资料（表16-3）与预料的一样，展示了每条肌纤维中毛细血管密度、毛细血管-肌纤维比例和每条肌纤维中毛细血管数目的下降。奇利贝克（Chilibeck）及其同事在运动与衰老对骨骼肌毛细血管的影响方面进行的研究发现经常锻炼的人，毛细血管密度（单位横截面内的毛细血管数目）未发生改变，从而证实了常规性耐力训练的益处。

表16-3　骨骼肌内的毛细血管在不同年龄男性和女性中分布概况

项目	年轻男性	老年男性	年轻女性	老年女性	年龄作用	性别作用
毛细血管密度/mm^2	308 ± 16	228 ± 13	328 ± 19	248 ± 12	$P<0.001$	$P>0.05$
毛细血管与肌纤维比率	1.72 ± 0.14	1.39 ± 0.13	1.56 ± 0.15	0.94 ± 0.07	$P<0.001$	$P<0.01$
毛细血管数目	4.39 ± 0.28	3.55 ± 0.30	3.96 ± 0.35	2.67 ± 0.16	$P<0.001$	$P<0.05$

三、运动对骨骼肌代谢酶活性的影响

衰老时在肌纤维中通常还有着其他未被注意的改变，如ATP酶活性的下降；运动神经元数目的下降；收缩长度的增加，肌肉兴奋阈降低，快肌紧张性增加，新的轴突神经分支，神经传导下降等。研究发现通过运动训练，大多数酶的浓度或活性（或者两者均有）都有所提高。这一发现非常重要，因为这些酶的活性决定着能量代谢率，甚至老年人有效的能量总量。机体的系统很少有独立工作的。底物需要运送至肌肉，代谢废物需要被运走、清除或者转化为有用的物质。例如，在长时间运动中，运动的持续时间与相应代谢路径中酶的活性，心血管系统运输氧的能力以及肌肉利用氧的能力密切相关。酶的活性有一定的特异性并且与运动形式和酶的作用高度相关，即有氧训练主要影响有氧代谢相关的酶，无氧代谢主要影响与无氧代谢有关的酶，表16-4总结了衰老和耐力性运动对骨骼肌代谢酶活性的影响。在三羧酸循环和糖酵解途径中有两个酶研究得最多，它们是磷酸果糖激酶和琥珀酸脱氢酶。衰老和运动对它们的影响值得关注，在图16-3中可以看到，耐力性运动能使SDH曲线右移，这是训练效果的一个指标，但是最终衰老的影响会占上风。但对PFK来说，耐力性训练几乎不能改变衰老带来的影响。

表16-4　衰老和耐力性运动对骨骼肌代谢酶活性的影响

酶	年龄/岁	性别	年龄作用	耐力运动作用
Ca^{2+}ATP酶	60～79	男	降低	降低或不变
Hexokinase	60～79	男	降低	不变
PFK	60～79	男，女	增高、不变或降低	不变
LDH	60～79	男，女	降低	增高、不变或降低
SDH	60～79	男，女	降低	增高
CS	60～79	男，女	降低	不变
CPK	60～79	男，女	降低	不变或增高

注：Hexokinase为己糖激酶，PFK(Phosphofructokinase)为磷酸果糖激酶，LDH（Lactate Dehydrogenase）为乳酸脱氢酶，SDH（Succinodehydrogenase）为琥珀酸脱氢酶，CS（Citrate Synthase）为柠檬酸合酶，CPK(Creatine Phosphate Kinase）为肌酸磷酸激酶。

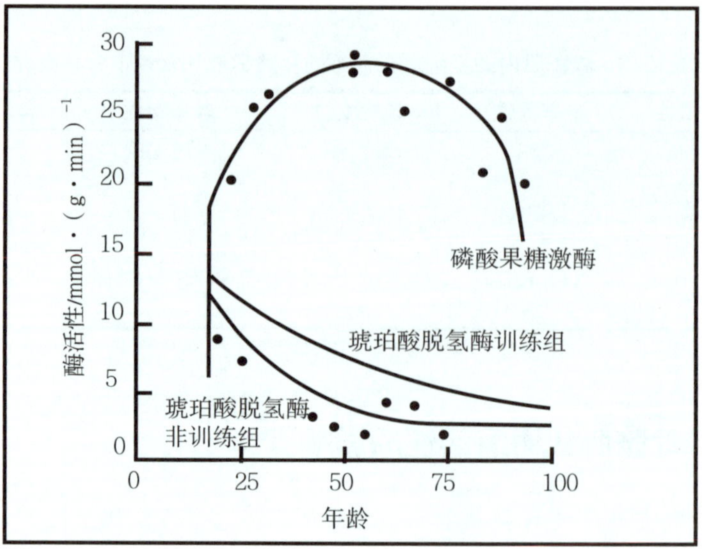

图16-3　年龄和耐力训练对琥珀酸脱氢酶和磷酸果糖激酶活性的影响

四、运动建议

经常参加体育锻炼，对骨、关节和肌肉都有良好作用。很多研究表明规律运动可以明显阻止与年龄相关的各种肌肉组织的变化。据研究报道，60岁的老人进行16周以上的适度力量运动，可以使肌力增加45%，股骨骨密度增加3.8%，脊柱骨密度增加2%，骨钙素增加19%，磷酸化酶增加26%。通过运动使关节润滑，骨质增强，骨密度及骨小梁分布适度，骨与关节的强度和柔韧性提高，增强抗骨折和应变能力，推迟和延缓骨质疏松的发生，保持身体的灵活性和应激性，有助于体力活动的保持。

1998年，美国运动医学会《50岁以上人群的负重训练指南》建议老年人基础训练的指标如下：

（1）每组重复10～15次，每天练习8～10组，每周练习2～3次，前8 wk采用最小抗阻练习。

（2）在运动过程中始终保持正常的呼吸模式。

（3）增加重复次数；随后增加举起的重物质量。

（4）如果一个重量你不能重复8次，则不选择该重量。

（5）所有的运动都应在自身控制的情况下完成。用2 s举起重物并用4 s将其放下。

（6）在无痛范围内进行训练。不要为了增强手臂或腿部的肌力而固定住关节。

（7）如果你有关节炎，不要在疼痛或炎症时期进行任何运动。

（8）避免过度训练。

（9）为了能获得较好的效果，每周应至少进行两次力量训练。

（10）在每个训练期，同一个动作不应连续两次。

（11）全年都应进行规律性的抗阻训练。

（12）如果要从训练计划中抽出部分时间，应缓慢地回归到日常生活中。

（13）当停练一段时间后又继续训练时，阻力不应超过原先训练量的50%，之后再逐渐增加阻力。

思考题

1.怎样认识人体衰老产生的机制?

2.衰老过程中,身高、体重和身体成分会发生怎样的变化?发生这些变化的主要原因是什么?这些变化对最大摄氧量有怎样的影响?

3.试述老年人心脏结构和功能的变化。

4.试述老年人安静时心率和搏出量的变化特点。

5.解释为什么与年龄相关的交感神经系统活性增强被认为是心血管疾病的危险因素之一。

6.骨骼肌纤维的体积和质量随增龄发生什么样的变化?运动又对该变化有何影响?

7.叙述老年人在力量和有氧耐力方面的可塑性。

8.为什么运动可以有效地防止和治疗老年人骨质疏松症?

第十七章 运动促进健康的生理学

本章学习提示

通过本章学习，要求学生了解合理运动促进机体健康的生理学机制，运动处方制订的生理学依据和主要内容，以及参加运动者的相关危险因素和危险分层；了解心血管疾病的主要形式，高血压、冠心病和中风的主要危险因素，糖尿病饮食调控与运动防治的机理，以及肥胖的病因学以及发病机理；运动用运动促进健康的理论与方法指导大众科学健身。

第一节　运动促进健康的生理学原理与运动处方

美国著名运动流行病学专家史蒂文・布莱尔（Steven Blair）指出：缺乏运动和体力活动将成为21世纪最大的公共卫生问题。研究表明，久坐的生活方式和严重的运动不足是导致身体素质明显下降、人体抵抗能力减弱、患病危险概率增加的重要因素。2007年，美国运动医学会和美国医学会共同发起了以增加体力活动和适当运动促进健康为核心的“Exercise is Medicine（EIM，运动是良医）”全球项目，提倡每周3～5 d，每天累积至少30 min以上的中高强度运动可以促进健康，降低患病率和死亡率。

一、运动促进身体健康的生理学原理

目前，大量的研究结果均指出体力活动不足是冠心病、高血压、脑血管病、2型糖尿病、肥胖、骨质疏松、恶性肿瘤、焦虑与抑郁等疾病的重要危险因素。规律的体力活动或运动能明显改善机体的健康状况，对机体带来的益处主要表现在以下几个方面的影响。

（一）运动对心血管系统的影响

规律的体力活动或运动可通过改善中枢和外周的适应能力来增加最大摄氧量；提高心肌供氧量、降低心肌耗氧量；降低运动时心率和血压上升的幅度；减少运动时心绞痛、ST段压低等缺血现象的出现；增加骨骼肌毛细血管密度等。

1. 提高心脏泵血功能

通过运动心脏的容积增大，心肌收缩能力增加，从而提高了心脏的泵血功能。主要表现为心脏的每搏输出量增加，安静时心率降低以及同等负荷下心率的下降。

心脏的血液供应与身体其他部位不同。只有在心脏的舒张期，血液才能经过冠状动脉流入心脏。由于一个心动周期中，心脏收缩期所需的时间相对稳定（心室收缩约为0.3 s），舒张期的时间随心率的加快而明显缩短。所以当心率加快时，心肌可能得到的供血时间减少，氧气供应也随之减少。通过锻炼，提高了心脏泵血功能，即使同样强度的活动时，心脏搏动频率较低，心肌可得到较长时间的血供，这将有利于改善心肌的血液循环和氧气的供应。

2. 促进侧支循环的形成，增加冠状动脉血流

侧支循环的建立是机体适应心肌缺血的自身保护防御措施之一。相关的动物研究结果表明长期高强度运动能够促进心肌冠状动脉侧支循环的建立，增加缺血区域的血液供应，提高心肌供氧量。励建安等对新西兰兔实施腓肠肌等长收缩训练和外周袖带加压缺血两种生理性缺血训练，促进了冠状动脉狭窄模型心脏的侧支循环建立，减少发生心肌梗死时心肌缺血坏死的面积。

运动对冠状动脉血流的直接影响，主要是由于运动引起心肌代谢加强、耗氧量增加而刺激心肌血流量增加，继而引起冠状动脉舒张。运动时心肌代谢产物增多，如腺苷、二氧化碳、乳酸、H^+等，也可以使冠状动脉血管扩张和血流量增加。此外，运动时主动脉压的升高可使大量的血液流入冠状动脉。

3. 减少冠状动脉管壁胆固醇的沉积

冠状动脉管壁胆固醇的沉积会导致血管的狭窄，影响相应心肌的血流灌注。由于运动对机体脂质代谢有良好的调节作用，可使血液中低密度脂蛋白胆固醇（low-density lipoprotein，LDL）下降，高密度脂蛋白胆固醇（high density lipoprotein，HDL）升高，减少胆固醇在冠状动脉管壁上的沉积，从而缓解了动脉粥样硬化的进展，改善心肌血液供应。

4. 外周的节省化现象

通过运动，骨骼肌的有氧代谢能力增强，如肌肉中毛细血管的数量增加，管径增粗，骨骼肌细胞中线粒体的质和量提高，氧化酶的活性增强，骨骼肌的机械效率提高，出现了运动节省化现象，即在完成同样运动负荷时，肌肉对血液供应的需求量下降，从而减轻心脏的负荷，使心肌耗氧量降低。运动使外周肌肉内的毛细血管开放的数量和直径增加，提高骨骼肌对氧的摄取能力，减少在次极量和极量运动时肌肉对血流量的需求，降低心脏做功的负荷。

5. 减轻心脏的后负荷

通过运动，机体的交感神经兴奋性下降，血液中儿茶酚胺浓度降低，动脉管壁的紧张度随之下降，血压下降，从而减轻心脏的后负荷。同时使安静和次极量运动时心率变慢。

对于中老年人，长期参加体育活动可以使小动脉管壁的弹性不随年龄的增加而减弱，保持较好的弹性，加上安静时交感神经的紧张性减弱，外周血管阻力较小，使安静时血压处于相对较低的水平。

（二）运动对呼吸系统的影响

运动时机体为适应代谢的要求，需要消耗更多的氧和排出更多的二氧化碳，通气功能会发生相应的变化。具体表现为呼吸加深加快，潮气量从安静时的500 mL上升到2000 mL以上，呼吸频率随运动强度而增加，可由每分钟16～18次增加到40～60次。由于潮气量与呼吸频率的变化，运动时的每分通气量可从安静时的6～8 L增加到80～150 L，较安静状态增加10～12倍。

肺换气过程中，人体各器官组织代谢的加强，使流向肺部的静脉血中氧分压比安静时低，从而使呼吸膜两侧的氧分压差增大，氧在肺部的扩散速率增大；血液中儿茶酚胺含量增多，呼吸细支气管扩张，通气肺泡的数量增多；肺泡毛细血管前括约肌扩张，开放的肺毛细血管增多，呼吸膜的表面积增大；右心室泵血量的增加也使肺血量增多，使得通气/血流比值仍维持在0.84左右。不参加体育锻炼的人，20岁以后，肺换气功能将逐渐下降，而经常参加体育锻炼的人，肺换气功能降低的趋势将推迟。

耐力项目的运动是治疗、康复某些慢性呼吸系统疾病（如哮喘、慢性阻塞性肺疾病等）十分有效的方法。如游泳对改善哮喘特别有帮助，一方面是因为游泳需要掌握调节呼吸的方法；另一方面是由于游泳需要在潮湿的环境中进行运动，而周围潮湿的空气相对于其他干燥的运动环境而言，更有助于减少黏液分泌，降低运动性支气管痉挛发生的可能性。

（三）运动对消化系统的影响

低强度运动对胃酸分泌或胃排空有轻微影响，运动强度增加时胃酸分泌减少。但患有慢性十二指肠球部溃疡者按年龄预计50%最大强度进行运动时，无论在运动中或恢复期均出现高酸性反应，可能是自主神经反应异常所致。中等至大强度运动可延缓胃的排空，特别在饱食、高渗性饮食和高脂饮食后尤为明显。但有研究发现，进行间歇、长时间的踏车运动可加速胃排空。

过去认为运动时胃肠血液循环减少，因而降低胃肠吸收功能，但在实际观察中未能证实。因为只有血流量下降超过50%时，才有吸收功能下降，而一般运动中血流重新分布时，胃肠的血流量仅下降40%。运动中肝血流量可下降80%以上，长时间运动后可使谷丙转氨酶、胆红素、碱性磷酸酶升高，但要与肝病相区别。运动有利于脂肪代谢、胆汁合成和排出。此外，运动还可降低肌肉中的胆固醇，增加粪便中胆固醇的排出。运动还可减少胆石症的发生。

经常从事适量的体育锻炼，对胃肠道功能有着良好的促进作用。然而，在一些大强度的运动训练及比赛中，运动员经常会出现腹泻、腹痛、呕吐、恶心和吐酸水等胃肠症状，运动医学中将这种由运动引起的胃肠系统功能紊乱现象称为运动性胃肠综合征。其发病率与从事的运动项目、运动强度和运动持续时间等因素有关。其发病机制可能是胃肠道血流量、流动力的改变，机械性震动及神经、内分泌、免疫功能的变化。

（四）运动对泌尿系统的影响

正常安静时，心排血量的20%通过肾小球滤过。在运动时肾血流量减少，剧烈运动时可减至安静时的50%甚至更低。在仰卧位剧烈运动后肾血流量在1 h内恢复。虽然运动时肾血流量减少，但肾小球滤过率仅下降30%，因此滤过分数反而增高近20%，这可能是由出球小动脉收缩所致。

适宜的有氧运动对肾有良好影响。有研究证明，长期低强度游泳运动对预防老年大鼠高脂饮食性肾超微结构损伤有更好的保护作用，其机制可能与运动调节血脂、提高胰岛素敏感性、增强抗氧化能力有关。大强度过量运动、在身体功能状况不良的情况下运动可出现运动性血尿或运动性蛋白尿。

（五）运动对神经系统功能的影响

运动能够影响中枢神经系统（central nervous system，CNS）某些神经元的生理活动，包括多巴胺能神经元、去甲肾上腺素能神经元、5-羟色胺能神经元、谷氨酸能神经元和γ-氨基丁酸能神经元等。其中有研究表明运动通过影响下丘脑的GABA能神经元，增强其对交感神经的抑制，从而降低高血压大鼠的血压水平。运动时5-羟色胺增多可能是导致中枢疲劳的因素之一，脑氨的增多对中枢神经具有毒性作用；运动还能改变海马区众多基因的表达水平，促进神经组织再生与结构变化。长期运动可以提高中枢神经系统的兴奋或抑制能力，提高运动员的反应速度、神经动员能力及精确动作的神经控制能力。

CNS中的神经胶质细胞对维持神经元良好的活动环境、保证神经元正常功能的实现起着非常重要的作用。长期大强度耐力训练后神经胶质细胞的凋亡数目增加，可能是随着运动强度的增加，神经冲动的传入、传出增加，神经递质释放增多引起的“兴奋毒性”；也可能是能源物质（血糖）大量消耗、ATP 合成减少引起的“能量耗竭”；还可能是氧自由基增多和抗氧化能力减弱引起“氧化-抗氧化失衡”。由于神经胶质细胞具有再生能力，运动训练后恢复期内是否会出现“超量再生”，从而增强对运动中损伤神经元的修复，提高神经元生理功能的结论还不确定。假设存在神经胶质细胞运动后的“超量再生”规律，那么长时间大强度运动后安排足够的恢复时间对CNS 功能具有重要意义。

运动对自主神经系统的结构和功能也会产生明显有益的影响。自主神经又称植物神经，主要包括交感神经和副交感神经。由于生理或病理原因，导致原来建立的交感神经和副交感神经之间“协调-对抗”平衡发生改变，也就是自主神经功能失调，会引起高血压、糖尿病、肥胖症、冠心病等慢性疾病的发生。研究表明长期规律的中等强度运动可以增强下丘脑室旁核内的GABA抑制功能，减弱安静状态下的交感神经紧张性，同时明显提高副交感神经调节能力。随着年龄的增长，交感和副交感神经调节能力均降低，其中交感神经调节能力下降速度会更快，然而经常参加运动可以缓解上述变化。

（六）运动对内分泌系统功能的影响

内分泌系统是机体重要的调节系统，它们通过分泌激素调节机体功能。运动能引起内分泌系统发生明显的变化。激素对运动的应激反应可表现为升高、降低和不确定。大多数激素表现为升高，如生长激素、促甲状腺激素、促肾上腺皮质激素、催乳素、内啡肽、抗利尿激素、皮质醇、醛固酮、儿茶酚胺（肾上腺素、去甲肾上腺素）、甲状腺素、三碘甲腺原氨酸、甲状旁腺素、孕激素、睾酮、心房钠尿素等。在各种形式的运动中，胰岛素几乎都呈现为下降。黄体生成素、卵泡刺激素等激素的变化不确定。

运动伴随激素的变化会导致激素受体的亲和力与数量发生变化，出现受体上调或下调。而激素发挥其生物学效应需要通过细胞受体的介导，当受体的亲和力和/或数量发生了改变后，必然影响到激素的生物效应。例如，运动是提高胰岛素受体敏感性的主要措施。

糖是肌肉活动的主要能量来源。运动时肝糖原分解，进入血液，使血糖升高。血液将血糖运送到肌肉，合成肌糖原，供给肌肉活动所需要的能量。运动时糖的消耗量大大提高，可使血糖水平下降。耐力锻炼对糖尿病的防治作用，更重要的是提高胰岛素受体的敏感性，减轻胰岛素抵抗作用。运动的降糖作用是胰岛素所不能替代的。

胰岛素起着促进糖原合成、抑制糖原分解的作用。运动时胰岛素的分泌受到抑制，血浆胰岛素浓度下降，同时胰高血糖素分泌增加。其结果是有助于肝糖原分解，满足肌肉收缩的需要，同时抑制非运动组织糖原的合成，减少其对糖的消耗。运动促进肌肉局部血流增加，但血浆胰岛素浓度较低，因此强化了胰岛素与肌细胞膜上受体的结合能力，即提高了胰岛素受体的敏感性。结果为在血浆胰岛素浓度较低的情况下，血液中的葡萄糖就能进入肌细胞，供肌肉收缩利用。

经常进行锻炼，胰岛素受体敏感性提高，能使肌肉在血浆胰岛素浓度降低的情况下，加强对葡萄糖的摄取和利用。这正是运动治疗糖尿病的机制。运动促进脂肪的利用，减轻肥胖，提高肌细胞对胰岛素的敏感性，便于糖的利用，纠正胰岛素相对不足带来的糖代谢紊乱，对于非胰岛素依赖的2型糖尿病患者来说，是一种极有意义的病因治疗。

（七）运动对免疫系统功能的影响

运动对免疫系统功能的影响与运动强度、持续时间、运动方式、运动量密切相关。适量运动能够提高机体免疫功能、降低感染的机会和严重程度，大强度运动则会出现免疫抑制现象。运动对机体免疫细胞的影响, 主要包括T淋巴细胞、NK 细胞、中性粒细胞、巨噬细胞和B淋巴细胞分化的免疫球蛋白。

研究表明，中等强度运动时T淋巴细胞及其亚群会产生积极免疫应答，提高机体免疫力、促进健康，而长时间耐力运动或极量强度训练会抑制机体免疫功能，减少循环血液中淋巴细胞数量、改变淋巴细胞亚型。NK细胞又称自然杀伤细胞，是运动过程中反应最明显且变化幅度最大的淋巴细胞，长时间的耐力性训练导致外周血中NK细胞数量减少, 甚至低于运动前水平并伴随NK细胞功能的下降，这种变化一般可持续到运动结束后2～4 h。而短时间较大强度运动后即刻，NK细胞数量和活性却明显升高, 但两者的升高并不完全一致。

中性粒细胞是机体非特异性免疫功能重要组成部分，占外周血白细胞总数的50%～70%。研究表明，短时间运动、高强度的比赛（如足球）都可引起机体中性粒细胞数量的急剧升高，同时中性粒细胞功能也随之提高，如趋化作用、吞噬作用和杀菌作用。而20 km耐力运动后，中性粒细胞的杀菌能力下降, 运动后3天才恢复正常。上述研究结果提示不同运动项目对中性粒细胞的影响不一样，具体机制有待更多的研究证实。

免疫球蛋白可分为IgA、IgM、IgG、IgE 和IgD, 其中研究最多的是IgG、IgA和IgM。研究表明大强度训练6周后，血液中IgG浓度明显下降，IgA 和IgM 浓度也有下降但不明显。这表明长时间、大强度训练会使血清免疫球蛋白的含量减少，导致免疫功能下降；而短时间、大强度的运动实验证明，运动后机体免疫球蛋白含量增加，而这种增加与血液浓度变化有关。另有研究表明，规律的中等强度太极拳运动可增加血清免疫球蛋白IgA、IgM 和IgG 的含量，从而增强机体免疫功能。

总之，运动对免疫细胞的影响具有双向性。长时间、大强度或耐力性运动可抑制免疫细胞功能，使免疫细胞数量减少，进而降低免疫系统的功能；而急性短时间运动后，免疫细胞数量会增多，在一定程度上增强机体免疫功能。因此，健身时对运动方式的选择非常重要，建议尽量选择较短时间的中等或高强度运动方式，避免长时间剧烈运动，以增强机体免疫功能、促进健康。

（八）运动对血液系统的影响

运动时，潴留于肝、肺、腹腔静脉等处的储存血量被动员，循环血量增加。长时间从事耐力运动，人体血容量增加，主要包括血浆容量和红细胞容量都增加，但是血浆容量增加相对于红细胞容量增加更显著，所以红细胞压积减少，单位容积中的红细胞数和血红蛋白含量减少，血液相对稀释。

运动加快了对衰老红细胞的凋亡，以更年轻、成熟的红细胞代替，从而降低红细胞膜的脆性、增加其弹性。红细胞变形能力增加和血液相对稀释使红细胞压积减少，这两个因素都可使血液的黏度下降，从而改善血液流变性。

血浆黏度下降的另一个重要原因是大多数血浆不对称蛋白质也得到了稀释。这些不对称蛋白质对血黏度影响最大，在这些蛋白得到了稀释后血黏度较容易出现下降。血黏度下降的生理意义在于改善了血液的流变特性，使静脉血栓的发生率明显减少，有利于血液对各器官及工作肌灌注，改善微循环，增强血液的携氧能力和运输营养物质的能力，也加快对代谢物的排出。

血小板聚集和冠状动脉血栓形成对冠心病的发生起着非常重要的作用。大量研究结果显示运动对机体凝血、纤溶和血小板激活等均有明显影响。短时大强度运动能够使血小板数量增加、活性升高，有促进血栓形成的不良作用；相反长时间运动能降低血小板的作用。同时运动可以刺激组织释放纤维蛋白溶酶，能激活纤维性蛋白的溶解作用，因而运动具有抗血栓形成作用。适当参加体育锻炼能中等程度地增加纤维蛋白溶解作用。这种纤溶能力增加并不完全表现为“亢进”，而是具有双向性调整作用，即对纤溶能力不足的通过运动可调整为增加，而对于过分“亢进”的，通过运动又可调整为正常。

（九）运动对糖脂代谢的影响

短期和长期规律的中等强度运动均能降低血糖水平，其主要原因是运动使肌肉收缩强度和血流量增多，骨骼肌对葡萄糖的利用增加，改善了胰岛素敏感性从而促进葡萄糖的吸收与利用。运动对血糖的短时改善作用与肌肉摄取、利用葡萄糖的能力增加有关，据研究肌肉运动时利用葡萄糖的能力比不运动时增加7～20倍。在一项急性运动对血糖的研究中发现，2 h的血糖水平与体力活动水平呈负相关，最大摄氧量是决定葡萄糖耐量的重要因素，其次是每天能量消耗的水平。近年来有关运动对糖代谢调节的机理进行了深入研究，认为骨骼肌胞浆内的葡萄糖转运蛋白4（GLUT4）池有两种类型：一种为胰岛素敏感性，另一种为运动敏感性。由运动引起的GLUT4细胞膜转位增多可以不需要胰岛素作介导，通过作用于运动敏感池使转位增多，而GLUT4表达的增加有利于提高葡萄糖的转运。

大量流行病学研究证实，血脂异常是动脉粥样硬化及其相关慢性疾病（如冠心病）的重要危险因素。血清胆固醇每降低1%，冠心病的危险性可减少2%。耐力运动对机体血脂代谢紊乱有良好的调节作用，如血浆HDL-C浓度增高，TG、TC、LDL-C浓度降低，而且此种有益的效果在运动3～6 wk即可出现。中等强度运动能增加机体能量消耗，提高肌肉脂蛋白酶的活性，加速脂肪分解，使脂肪氧化能力增加10倍，尤其是肌肉和脂肪组织动员三酰甘油产生游离脂肪酸，降低了三酰甘油的浓度。同时，糖代谢的改善也间接改善了脂代谢紊乱。

二、运动处方的生理学基础

（一）运动处方基本原理

运动处方（exercise prescription）最早是在20世纪50年代由美国生理学家卡波维奇提出的。从20世纪60年代以来，随着康复医学的发展及对冠心病等康复训练的开展，运动处方开始受到重视。1969年世界卫生组织开始使用运动处方术语，从而在国际上得到认可。

运动处方是由医师、康复治疗师、社会体育指导员或体育工作者对患者、运动员或健身锻炼者，根据医学检查资料（包括运动试验和体质测试），按照年龄、性别、健康状况、身体锻炼习惯等，用处方的形式制订出系统化、个性化的健身方案。它是指导人们有目的、有计划、科学地进行运动的一种重要方法。

一个系统的、个体化运动处方的基本成分应包括运动方式、运动强度、每次运动持续时间、运动频率和注意事项。2000年后，健身专家在运动处方的要素中又增加了“能量消耗”，因此对所有不同年龄、不同身体状态的人群来说，无论有无疾病或危险因素的存在，这六大要素都是构成运动处方的基本成分。

（二）运动处方的组成

1. 运动的目标

运动的目标是多种多样的，制订运动处方时，基于个人的兴趣和健身的需要，其目标应有所侧重，对每个特殊的个体都应有特殊而明确的目标。

预防慢性病（运动不足型疾病）的发生、改善慢性病患者的健康状况是全民健身的最基本目标。运动处方的基本目标有：促进生长发育、防治某些疾病、保持健康、延缓衰老、增强体质、提高工作效率、丰富文化娱乐生活，调节心理状态，提高生活质量、学习掌握运动技能和方法。

在制订运动处方之前，首先应该明确运动的目标。耐力运动处方的主要目标可以是提高心肺机能、减肥、调节血脂、防治动脉粥样硬化、控制和降低血压、降低血糖或减缓胰岛素抵抗等；力量和柔韧性运动处方的目标可以是增强某块肌肉或某一肌群的力量、增加某一部位的肌肉体积、增加某些关节的活动范围、增加胰岛素的敏感性、防治骨质疏松和关节疾病等；在康复锻炼运动处方中，首先要考虑康复锻炼的最终目标，如达到可使用辅助器具行走、恢复正常步态、恢复正常生活能力和劳动能力、恢复参加训练和比赛的能力等。在近期目标中，应规定当前康复锻炼的具体目标，如增加某个或某些关节活动范围至多少、增加某块或某一肌群的肌肉力量、增加步行的距离等。

2. 运动处方的内容

运动处方的内容包括运动方式、运动强度、运动持续时间、运动频率和运动中应注意的问题及能量消耗目标。

（1）运动方式（mode of exercise）

为提高心肺机能，多采取有氧耐力运动，如健步走、慢跑、骑自行车、登山、游泳、肢体的功能锻炼，可采用力量练习、柔韧性练习、医疗体操、水中运动方式。

（2）运动强度（intensity）

在有氧运动中，运动强度取决于走或跑的速度、蹬车的功率、登山时的坡度等。在力量和柔韧性练习中，运动强度取决于给予助力或阻力的负荷重量。运动强度制定得是否恰当，关系到锻炼的效果和锻炼者的安全。应该按照个人的特点，确定锻炼时应达到的强度和安全范围。

（3）运动持续时间（duration）

在耐力运动处方中，主要采用“持续训练法”，应该规定有氧运动持续的时间。在力量运动处方和柔韧运动处方中，则需要规定完成每个动作的重复次数、每组练习所需要的时间、共需要完成几组、两组的间隔时间等。

（4）运动频率（frequency）

运动频率指每周锻炼的次数。应该根据锻炼目标确定运动频率。每周进行3～5次、每次

30～60 min中等强度的有氧运动，即可达到维持心肺适能的目的，每日锻炼1次可以收到更佳的健身效果。对某些疾病患者，可以适当增加锻炼次数，如对于糖尿病患者，如每天两次在餐后1h各锻炼20～30 min，可以对血糖调节产生良好的作用。每周进行2～3次力量练习，两次练习之间休息24～48h，可以使机体得到“超量恢复”，收到更好的锻炼效果。

（5）注意事项

为了保证安全，根据健身者的具体情况，提出锻炼时应当注意的事项，如锻炼时心率不应超过靶心率、对患有慢性疾病的患者注意监测疾病状态、进行力量练习时注意预防意外事故等。

（6）能量消耗目标

对于初始锻炼者来说，每周体育锻炼的能量消耗目标是1000 kcal，以后努力达到2000 kcal/wk。

在运动处方的组成中运动的强度、时间和频率决定了运动总量。世界卫生组织推荐成年人每天至少进行30 min中等强度的体力活动，但是研究发现全球大约只有40%的人达到此项标准。

1978年，美国运动医学会推荐的体力活动量是最早的、具有较强代表性。主要内容是：为了拥有、维持健康的心血管功能和理想的身体成分，成年人应该进行每周3～5次，每次15～60 min，达到60%～90%最大心率的运动强度，节奏较强的大肌群有氧运动，如跑步、游泳、滑冰等耐力性运动。1995年2月，美国疾病控制与预防中心和美国运动医学会又发表文章提出：成年人每周最好每天，或每周3～5天，每次至少30 min或每次10 min以上，累计每天至少30 min的有规律中等强度体力活动。2011年世界卫生组织针对18～64岁健康人群制定了更详细的全球体力活动指南，详见表17-1。

表17-1 世界卫生组织为促进健康推荐的体力活动量

5～17岁
1.至少60 min/天的中-高强度体力活动（MVPA） 2.超过60 min/天的体力活动（PA）将会带来更多的健康益处 3.每天的PA大部分应该从事有氧运动，高强度体力活动（VPA）应该每周至少3次
18～64岁
1.至少150 min/周的中等强度有氧运动，或75 min/周的VPA，或是MPA和VPA相组合的运动 2.为了获得更多的健康益处，中等强度体力活动（MPA）和VPA应该分别增加至300 min/周和150 min/周 3.有氧运动每次至少持续10 min 4.每周至少2天或以上进行主要大肌肉群的力量练习
65岁及以上
1.至少150 min/周的中等强度有氧运动，或75 min/周的VPA，或是MPA和VPA相组合的运动 2.为了获得更多的健康益处，MPA和VPA应该分别增加至300 min/周和150 min/周 3.有氧运动每次至少持续10 min 4.移动能力较差的人应该每周进行3天及以上的平衡练习以提高平衡能力、防止跌倒 5.每周至少2天或以上进行主要大肌肉群的力量练习 6.不能达到上述PA推荐量的人应在自己的能力和条件允许情况下，尽可能多地进行PA

（三）运动处方制订的科学依据

由于运动者可能存在心血管疾病的危险因素，越是静坐少动的人群存在的危险因素可能越多，但是很多人并不知道自己的健康状态，因此在制订运动处方之前，应该充分考虑不同个体的健康状态、是否服用某些药物、隐含的心血管疾病危险因素、生活方式特点、运动目标、运动现状等因素。这些因素对确定运动处方的主要内容产生明显的影响。

1. 全面了解运动者的健康状态

可采用调查问卷的方式全面了解锻炼者的病史及生活习惯。主要内容包括：

心血管、肺部和代谢性疾病的主要症状和体征：①因心肌缺血引起的胸颈部疼痛或不适；②休息或中等体力活动时呼吸困难；③头晕或晕厥；④端坐呼吸或突发性夜间呼吸困难；⑤脚踝水肿；⑥心悸或心动过速；⑦间歇性跛行；⑧已知的心脏杂音；⑨异常疲劳等。

心血管、肺部和代谢性疾病的主要医学诊断：冠心病、心绞痛、心肌梗死、末梢动脉疾病、中风（脑卒中）或一过性脑缺血、冠状动脉支架植入、冠状动脉搭桥、高血压、高血压性心脏病、风湿性心脏病、慢性心瓣膜病、瓣膜置换术、心脏起搏器或（和）去纤颤器置入、哮喘、肺气肿、支气管炎等肺部疾病、肺心病、糖尿病、深部静脉血栓或栓塞等。

有无心脏病、肺部疾病、代谢疾病、中风和猝死的家族史；有无新的医学诊断或外科手术的现病史；有无关节炎、关节肿胀或者其他引起行走或测试中移动困难的问题；有无吸烟、饮酒或其他特殊嗜好。

2. 运动者的生活方式特点及运动的现状

应该了解锻炼者生活中体力活动状态和参加健身锻炼的情况，为确定运动处方中的运动量提供重要依据。

可以通过问卷或当面咨询了解锻炼者生活中体力活动状态。对健身锻炼情况的了解应包括：①参加锻炼时的运动方式、运动频率、每次锻炼的时间、运动中的主观感觉、有无运动强度的控制和监测以及有无运动性伤病的发生；②是否进行过健身测试和相关测试的结果与评价。

3. 运动者的危险分层

对锻炼者进行危险分层的主要目的是：①锻炼者是否有参加运动负荷试验或健身活动的禁忌证；②识别在运动负荷试验或健身活动中由于年龄、症状及其他可能增加疾病危险性的因素；③识别患有临床疾病、应该在医务监督下进行健身锻炼的个体；④发现有特殊需要的个体。

危险分层的主要依据是心血管疾病的危险因素，心血管、肺部和代谢性疾病的主要症状、体征，以及已经明确诊断的心血管、肺部和代谢性疾病。

心血管疾病的危险因素是指动脉粥样硬化疾病的主要危险因素，每个危险因素及诊断标准见表17-2。

表17-2 心血管疾病的危险因素

	影响因素	标　准
负面影响	家族史	在一级亲属（父母、兄弟姐妹及子女）中，男性亲属在55岁之前、女性亲属在65岁之前发生心血管事件
	吸烟	现行吸烟者或戒烟6个月以内
	高血压	收缩压（SBP）≥140 mmHg或/和舒张压（DBP）≥90 mmHg,至少在两个不同时间测量后确定
	糖调节受损	空腹血糖≥ 6.1 mmol/L (110 mg/dL)，或者餐后两小时血糖≥ 7.8 mmol/L (140 mg/dL)，分别在两个不同的时间测试后确定
	脂代谢紊乱	低密度脂蛋白胆固醇（LDL-C）>130 mg/dL(3.4 mmol/L)、高密度脂蛋白胆固醇（HDL-C）< 40 mg/dL(1.03 mmol/L)、甘油三酯（TG）>150 mg/dL(1.7 mmol/L)、总胆固醇（TC）>220 mg/dL(5.7 mmol/L)，或者服用降脂药物者，有上述情况之一者 TC>220 mg/dL(5.7 mmol/L)的影响大于LDL-C>130 mg/dL(3.4 mmol/L)
	肥胖	BMI≥28 kg/m^2 或者腰围：女性≥80 cm，男性≥85 cm
	静坐少动的生活方式	每周参加（累计）中等强度体育活动时间少于150 min，或者每周用于体育活动的能量消耗少于1000 kcal
正面影响	高HDL-C健身活动	≥60 mg/dL(1.6 mmol/L) 每天或每周大多数日子进行（累计）30 min以上的体育活动

总的危险因素判定包括负面和正面因素，依据两者之和得出判定结果。例如HDL-C较高，可以从总的负面因素中减去一个危险因素，基本危险分层见表17-3。

表17-3 基本危险分层

影响因素	危险分层	
	男性<45岁女性<55岁	男性≥45岁女性≥55岁
无症状，或一个危险因素	低危	中危
≥两个危险因素	中危	中危
患有心、肺或代谢性疾病中的一个，或一个以上心、肺、代谢疾病症状或体征	高危	高危

在危险分层的基础上进一步确定医学检查和运动中医务监督的必要性，见表17-4和表17-5。

表17-4 健身前进行医学检查的必要性

	低度危险	中度危险	高度危险
中等强度运动	不必要	不必要	建议检查
较大强度运动	不必要	建议检查	建议检查

表17-5 健身测试中进行医务监督的必要性

	低度危险	中度危险	高度危险
次大强度测试	不必要	不必要	需要
最大强度测试	不必要	需要	需要

4. 制订运动处方前的相关测试

（1）安静状态下的指标

应测试运动者安静状态下的心血管机能，如心率、血压和ECG，以及常用血液指标，如血常规、血糖、血脂等。

（2）心肺耐力测试与评价

一个理想的运动处方应当建立在对个体运动负荷试验反应的客观评价基础之上，包括运动中的心率、血压、ECG、RPE和在递增运动负荷试验（graded exercise test，GXT）中直接或间接测量的$\dot{V}O_2max$。

（3）身体形态和体成分测试与评价

对于BMI等于或大于24 kg/m^2的锻炼者应进行身体形态（如腰、臀等部位围度）和体成分评价，以判断超重和肥胖程度，以及与相关疾病的关系。

（4）肌肉和柔韧适能的测试与评价

为了有针对性地制订运动处方，应对锻炼者进行肌肉力量、耐力和柔韧性的测试与评价。

第二节 心血管疾病与体育锻炼

心血管疾病是当今世界上威胁全球人类健康和生命的头号杀手。在我国，心血管病的发病率和死亡率亦居各种疾病之首，并且近年来发病呈现明显的年轻化趋势。心血管疾病不仅给患者本人，而且给其家庭和社会都带来了极大的痛苦和沉重的经济负担。因此，其防治已成为医学领域的研究热点。虽然心血管疾病的发生是环境、遗传、生活方式等众多因素共同作用的结果，但是缺乏必要的体育锻炼是共同的基本诱因之一。

一、心血管疾病的形式

心血管疾病也叫循环系统疾病，是心脏和血管系统病变的统称，其形式多种多样，主要包括高血压、冠心病、脑中风、心律失常、（充血性）心力衰竭、周围血管病、心脏瓣膜病、心肌疾病以及先天性心脏病等。

（一）高血压

随着社会的发展，人群中高血压的患病率在不断增长，随着人口老龄化和肥胖的增加，高血压病已成为当今社会危害人类身体健康且致残率高的常见心血管疾病之一，其与心脑血管疾病的相关性已被公认。高血压是以血压升高为主要临床表现的一种疾病，是多种心血管疾病的重要病因和危险因素，影响心脏的结构与功能，最终导致功能性衰竭，迄今仍是心血管疾病死亡的主要原因。处在生长发育阶段的儿童和少年，由于其心血管系统的发育尚不完善，因此很难确定他们是否为高血压。临床医学规定，在这些群体中，高出其年龄段90或95个百分点的血压水平为高血压。对于18岁以上的成年人，常用的高血压的诊断标准为：在未使用抗高血压药物的情况下，收缩压≥140 mmHg和/或舒张压≥90 mmHg；既往有高血压病史，目前正在使用抗高压药物，其血压虽未达到上述水平者，亦被诊断为高血压。世界卫生组织、国际高血压协会制定了收缩压（动脉压力的最高值）和舒张压（动脉压力的最低值）的分级标准。在此基础上，2005年《中国高血压防治指南》修订版中把血压分为正常、正常高值及高血压。（表17-6）

表17-6　血压水平的定义和分类

类别	收缩压/mmHg	舒张压/mmHg
正常血压	<120	<80
正常高值	120～139	80～89
高血压：	≥140	≥90
1级高血压（轻度）	140～159	90～99
2级高血压（中度）	160～179	100～109
3级高血压（重度）	≥180	≥110
单纯收缩期高血压	≥140	<90

由于高血压患者心脏需要比正常时更大的压力才能将血液从心室中运输出去，因此工作负荷增加，同时高血压增加主动脉和小动脉压力负荷，这就引起心脏出现病理性肥大，主动脉和小动脉受损，并发生血管硬化和弹性减小。最后导致动脉硬化、冠心病、心力衰竭等一系列的并发症。

（二）冠状动脉粥样硬化性心脏病

冠状动脉粥样硬化性心脏病是指冠状动脉粥样硬化使血管腔狭窄或阻塞或（和）因冠状动脉功能性改变（痉挛）导致心肌缺血缺氧或坏死而引起的心脏病，统称为冠状动脉性心脏病，简称冠心病，也称缺血性心脏病。冠状动脉粥样硬化性心脏病是动脉粥样硬化导致器官病变的最常见类型，也是严重危害人类健康的常见疾病。本病出现症状可能致残、致死，其后果多发生于40岁以后，且男性发病较女性早。在欧美发达国家比较常见，美国约有700万人患本病，每年约50余万人死于本病，占人口死亡数的1/3～1/2，占心脏病死亡数的50%～75%。在我国，本病虽不如欧美多见，但近年来呈现增长趋势。

由于病理解剖和病理生理变化的不同，本病分为以下临床类型。

1. 稳定型心绞痛

稳定型心绞痛也称稳定型劳力性心绞痛，是在冠状动脉固定性严重狭窄的基础上，由于心肌负荷的增加而引起心肌急剧的、暂时的缺血与缺氧的临床综合征。其特点为阵发性的前胸压榨性疼痛或憋闷感觉，主要位于胸骨后部，可放射至心前区和左上肢尺侧，常发生在劳力负荷增加时，持续数分钟，休息或用硝酸酯制剂后消失。

2. 心肌梗死

心肌梗死即心肌缺血性坏死，是在冠状动脉病变的基础上，发生的冠状动脉血供急剧减少或中断，使相应的心肌严重而持久的急性缺血导致心肌坏死。急性心肌梗死（ami）临床表现为持久的胸骨后剧烈疼痛、发热、白细胞计数和血清心肌坏死标记物增高及心电图进行性改变；可发生心律失常、休克或心力衰竭，属急性冠脉综合征（acs）的严重类型。本病在欧美国家比较常见。

3. 无症状性心肌缺血

无症状性心肌缺血是指无临床症状，但客观检查有心肌缺血表现的冠心病，亦称隐匿型冠心病。患者存在冠状动脉粥样硬化，但病变较轻或有较好的侧支循环，或患者痛阈较高因而无疼痛感。其心肌缺血的心电图表现可见于静息时、增加心脏负荷时，或者仅仅在24 h的动态观察中间断出现（无痛性心肌缺血）。

4. 缺血性心肌病型冠心病

缺血性心肌病型冠心病的病理基础是心肌纤维化（或称硬化）。主要是由于心肌的血供长期不足，心肌组织发生营养障碍和萎缩，或大面积心肌梗死后，纤维组织增生引起。其临床特点是心脏逐渐扩大，发生心律失常和心力衰竭。因此与扩张型心肌病颇为相似，故被称为缺血性心肌病。

5. 猝　死

猝死指自然发生、出乎意料的突然死亡。世界卫生组织规定发病后6 h内死亡者为猝死，多数作者主张定为1 h，但也有人将发病后24 h内死亡者归入猝死的范畴。各种心脏病都可导致猝死，但心脏病的猝死中有一半以上是由冠心病引起的。猝死作为冠心病的一种类型，受到医学界的高度重视。猝死型冠心病以隆冬为多发季节，患者年龄多不太大，在家、工作或公共场所中突然发病，心脏骤停而迅速死亡。半数患者生前无任何症状。对于死亡患者而言，难以了解其发病前短时间内有无先兆症状；存活患者存在先兆症状，常为非特异性而且是较轻的症状，如疲劳、胸痛或情绪改变等，因而未引起患者的警惕和医师的注意。实际上也有一些患者平素“健康”，但夜间死于睡眠之中，翌晨才被发现。部分患者则有心肌梗死的先兆症状。

动脉粥样硬化的早期病变是脂质条纹病变，常在青年人中发生。脂质条纹病变的危险性在于它有可能会发展成为斑块。动脉粥样硬化症在很大程度上是由于遗传与不良的生活方式所引起的，包括吸烟、饮食不当、缺乏体育活动及精神压力太大。

（三）脑中风

脑中风也叫脑卒中，是一种突然起病的脑血液循环障碍性疾病，又叫脑血管意外。是指脑血管疾病的病人，因各种诱发因素引起脑内动脉狭窄，闭塞或破裂，而造成的急性脑血液循环障碍，临床上表现为一过性或永久性脑功能障碍的症状和体征。脑卒中分为缺血性脑卒中和出血性脑卒中。大多数脑中风是由于通向大脑的动脉突然堵塞及缺血性脑中风所致，也有一些脑中风是由于血管突然破裂导致脑组织内出血即出血性脑中风而引起。

1. 缺血性脑卒中

缺血性脑卒中是指突然发生的脑组织局部供血动脉血流灌注减少或血流完全中断，停止供血、供氧、供糖等，使该局部脑组织崩解破坏。缺血性脑卒中包括短暂性脑缺血发作、动脉粥样硬化性血栓性脑梗塞、腔隙性脑梗塞及脑栓塞。缺血性脑卒中的主要原因为：①动脉粥样硬化所致血栓栓塞；②心脏来源的栓子所致脑栓塞；③各种原因引起的血管炎、血管损伤以及外伤等。缺血性脑卒中一般在夜间睡眠中发病，常为次晨起床时发现肢体无力或偏瘫，多无意识障碍，血压可正常或偏高，可有动脉硬化史。缺血性脑卒中占脑卒中病人总数的60%～70%，主要包括脑血栓形成和脑栓塞。脑血栓形成是在颅内外供应脑部的动脉壁病变（通常是脑动脉粥样硬化）的基础上形成血栓（即血凝块），血栓逐渐扩大，最终导致动脉完全闭塞，引起该动脉供血范围内的脑组织缺血、缺氧而发生梗塞性坏死，从而引发相应的神经系统的症状和体征。脑栓塞是指来自身体其他部位的栓子（一种不溶性物质，如脂肪球、纤维块、血凝块等）经血循环流入脑血管而导致脑动脉阻塞，从而引起相应供血区的脑组织缺血、缺氧及功能障碍。

2. 出血性脑卒中

出血性脑卒中是脑中风的另一种主要形式。出血又可分为脑出血和蛛网膜下腔出血。脑出血又称脑溢血，是脑动脉在大脑中破裂（非外伤因素所致）引起的脑组织内出血。蛛网膜下腔出血是由于大脑表面的血管破裂，血液直接流入蛛网膜下腔（位于脑颅骨和脑组织之间）——称为原发性蛛网膜下腔出血；或是由于脑组织内出血，血液穿破脑组织而流入脑室及蛛网膜下腔——称为继发性蛛网膜下腔出血。发生这两种情况，由于血液在破损的位置流出血管，使得能够流过缺口继续前进的血液减少，从而引起该血管供血部位的脑组织出现供血障碍。同时，当血液流至血管外时，还会对脆弱的脑组织产生压力，从而造成脑组织的功能障碍。

脑中风在全球范围是排第三位的死因，占所有死亡的12%。是亚洲第二号杀手，其发病率、死亡率和致残率都相当高，是一类严重危害人类健康的疾病。在我国，它的发病率为185～219例/10万/年。发病随年龄增长，约72%的首次中风发作发生在65岁以上的老年人。患病率为429～620例/10万。以我国总人口12亿计算，则脑中风病人有515万～744万人，数字相当惊人。脑中风的死亡率为116～142例/10万人/年，在不少地区为第一死因。脑中风后存活的病人，60%～80%有不同程度的残疾，严重者将影响其正常生活，而且有脑中风病史的病人，有1/4～3/4可能在2～5年内复发。

（四）心律失常

心脏冲动的频率、节律、起源部位、传导速度与激动次序的异常，称为心律失常又称心律紊乱，是一种相当常见的临床表现和心电图改变。正常情况下由窦房结发放冲动通过结间束及心房肌使心房除极的同时，再经过房室间的正常通道—房室结缓慢地传入房室束、两侧束支、蒲氏纤维，最后到达心室肌，使心室除极，心脏收缩。如果心脏内的激动起源或者激动传导速度不正常，或者各部分的激动顺序发生紊乱，引起整个或部分心脏的活动变得过快、过慢或不规则，引起心脏跳动的速率或节律发生改变，即可称为心律失常。所以心脏冲动的频率、节律、起源部位、传导速度与激动次序的任何一环节发生异常都可导致心律失常。

心律失常可按其发作时心率的快慢分为快速性心律失常和缓慢性心律失常两大类，这也是临床上常用的分类方法。

1. 快速性心律失常

快速性心律失常的主要形式有：过早搏动，又称期前收缩；心动过速、扑动和颤动。过早搏动是指由异位起搏点（指窦房结以外的起搏点）发出的过早冲动而引起的心脏搏动，是最常见的一种心律失常。心动过速是指快速的心跳连续出现3次或更多次，心率超过100次/min。扑动是指心房或心室快而微弱无效地收缩，颤动则是指心房或心室各部分肌纤维发生更快而不协调的乱颤。心房和心室均可发生扑动和颤动，其中心室扑动和心室颤动是最严重的心律失常，心室颤动常常是心脏病和其他疾病的临终表现，也是猝死的常见表现之一。

2. 缓慢性心律失常

缓慢性心律失常的主要形式有：窦性缓慢性心律失常、房室交界性心律、房室传导阻滞和心室内传导阻滞。窦性缓慢性心律失常又包括窦性心动过缓，即窦房结在一个或多个心动周期中不产生冲动，以致不能引起心房和整个心脏产生收缩；窦房阻滞即窦房结产生的冲动部分不能或全部不能到达心房，从而引起心房和心室停搏（即停跳）。房室交界性心律是指由房室交界组织发放的冲动来控制心脏收缩，其节律较慢，一般在40～50 b/min之间。房室传导阻滞是指由起搏点发放的冲动在房室传导过程中被异常地延迟或阻滞，按阻滞程度可分为Ⅰ度、Ⅱ度和Ⅲ度（完全性）房室传导阻滞。

正常心律是血液循环正常进行的基础，而心律失常影响血液循环。不过，正常的心脏，有很好的代偿和调节能力，能使心脏血液的排出量维持在正常范围内，维持正常血液循环状态，使血压保持在正常或接近正常范围。

但如果心脏有病变，心房收缩功能失常，或心房和心室收缩过程改变，便失去了代偿和调节能力，可使心排血量下降30%左右，使血压下降及血液循环障碍，从而引起病人心悸、胸闷、无力等症状。通常认为，心律失常的严重程度常与心脏病的性质及病情的轻重程度有关。严重的器质性心脏病，心律失常发生率相对较高，常表现出严重的恶性心律失常，是引发心脏猝死的主要原因。

（五）充血性心力衰竭

充血性心力衰竭也称慢性心功能不全，是指多种因素引起的心脏损害，导致心排血量减少和心室充盈压升高，以组织血液灌注不足及肺循环和体循环瘀血为主要特征的综合征。此时心脏收缩力量减弱，心排出量减少，导致动脉系统供血不足，静脉系统瘀血，具体表现为水肿、呼吸困难、心率加快、肝脾肿大、颈静脉怒张、食欲减退等症状和体征。常是各种心血管疾病的最终结局。

心力衰竭的基本病因包括心脏收缩期负荷过重、心脏舒张期负荷过重、心肌收缩功能受损、心肌舒张功能受损、心排血量增加，在冠心病、瓣膜病、心肌病和高血压病中最常见。

（六）其他心血管疾病

其他心血管疾病包括周围血管病、心脏瓣膜病、心肌疾病以及先天性心脏病等。

二、心血管疾病的危险因素

据世界卫生组织预测，至2020年，非传染性疾病将占我国死亡原因的79%，其中心血管疾病将占首位。多年来，科学家们一直试图确定高血压、冠心病和中风的根本病因何在。尽管这几种心血管疾病的病因和发病机制尚未完全阐明，但大量的流行病学调查和研究表明，某些危险因素的存在使得这几种心血管疾病的发病率大大提高。所谓危险因素，是指那些能够引起疾病发生的因素。理解疾病的危险因素可以使我们更有效地采取措施，包括开展体育活动来预防心血管疾病。研究资料表明，心血管病的发生发展是由多种相关危险因素相互作用、相互促进的结果，高血压、血脂异常、糖尿病和吸烟、肥胖是目前公认主要的心血管危险因素（表17-7和图17-1），不仅因为这些因素独立地影响心血管病（CVD）发生发展，而且这些因素之间也存在广泛联系和相互影响，确定危险因素是一个重要的环节，可为治疗干预提供方向和目标。

表17-7　心血管病危险因素分类

主要（传统）危险因素	潜在危险因素	社会经济心理行为因素
1.年龄	1.超重/肥胖	1. 教育程度
2.家族史	2.血清TG升高	2. 经济收入
3.男性	3.胰岛素抵抗和糖代谢异常（IFG、IGT）	3. 职业及其变动
4.高血压	4.血清Lp(a)升高	4. 不健康饮食
5.吸烟*	5.血管内皮功能受损	5. 缺乏体力活动
6. 血清TC升高	6.凝血因子升高	6. 过量饮酒
7. 血清LDL-C升高	7.慢性炎症（hsCRP升高）	7. 精神紧张（压力）
8. 血清HDL-C降低	8.氧化应激	8. 某些精神疾病
9. 糖尿病	9.血浆HCY升高	
10.肾功能受损	10.睡眠呼吸障碍	

注：*吸烟是一种行为，但因研究较早，习惯上将它归为传统因素。TC=总胆固醇；LDL-C=低密度脂蛋白胆固醇，HDL-C=高密度脂蛋白胆固醇，TG=甘油三酯，Lp(a)=载脂蛋白a，hsCRP=高敏C反应蛋白，HCY=同型半胱氨酸，IFG=空腹血糖受损，IGT=糖耐量受损(引自《中国心血管疾病预防指南》吴兆苏)

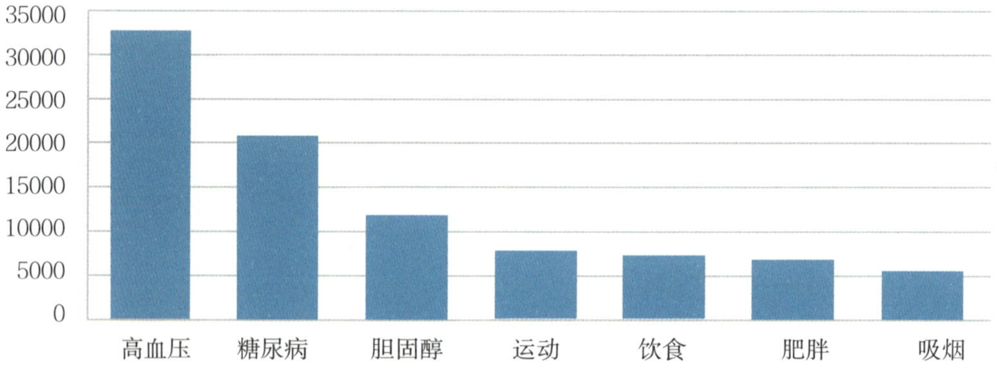

图17-1　MEDLINE收录的心血管疾病危险因素相关数量的研究（截至2007年12月）

（一）高血压的危险因素

导致高血压发生的危险因素可以分为两类：一类是人类无法控制的危险因素，另一类是可以通过改变生活方式等来加以控制的危险因素。

1. 不能控制的危险因素

（1）遗传因素

即家族性高血压病史，在高血压患者中有家族性病史者达95%。

（2）年龄因素

高血压的发病率随着年龄的增加而升高。20岁以下发病率为3.11%，20～29岁为3.91%，30～39岁为4.95%，40～49岁为8.60%，50～59岁为11.38%，60～69岁为17.23%。

（3）种族因素

非洲和西班牙祖籍的人易患高血压。

2. 能够控制的危险因素

（1）胰岛素抵抗。

（2）体重超重和肥胖症。据报道，以BMI大于25 kg/m^2为标准，我国城市男女体重超重率分别为31.72%和40.79%，而北京市35～ 59岁中年人群超重率为50% ～ 60%。中心性肥胖已被认为是代谢综合征的主要病理基础和重要诊断指标，常与高血糖、血脂代谢紊乱、高血压、动脉粥样硬化等同时出现。现一般认为代谢综合征（MS）的患病率升高主要是因为“肥胖的流行”，并将腹部肥胖列为MS诊断标准的首位。

（3）饮食（高钠摄入）。

（4）口服避孕药。口服避孕药（OC）主要由合成的外源性雌激素和孕激素组成，OC能够通过降低HDL-C、升高血压、增加LDL-C、血糖及一些凝血因素从而促进动脉粥样硬化的发展和冠心病的发病风险，所以需要慎用外源性雌激素。

（5）缺乏运动。

（6）精神紧张与压力。

（7）中度以上饮酒。

（8）膳食高盐、低钾、低钙、低动物蛋白质。膳食高盐是我国人群高血压发病的重要危险因素，而低钾、低钙及低动物蛋白质的膳食结构又加重了钠对高血压的不良影响。

（二）冠心病的危险因素

冠心病的死亡率在20世纪初期一直呈上升趋势，至60 年代达到顶峰，此后便下降。造成这种趋势的原因较多，也包括人群年龄分布改变、死亡原因改变、诊断及报告方式改变。

冠心病的危险因素，与高血压的危险因素一样，也可以分为能够控制的和不能控制的两类。

1. 无法控制的危险因素

（1）遗传因素

即家族性病史。家族中有在较年轻时患冠心病者，其近亲得病的机会可比无这种情况的家族的人高5倍。

（2）性别因素

男性多发，男女比例约为2∶1。研究表明，心血管病发病率、病死率男性均高于女性；女性在绝经前冠心病的发病率明显较男性低，心血管病发病年龄女性比男性晚10年左右；但70～79岁后发病率接近男性。性别的差异可能主要是与女性的内源性雌激素（有保护心血管作用）有关，也可能与男性不良生活习惯较多有关。

（3）年龄因素

40岁以上的中老年人多发。另有统计数据表明：年龄每增加16岁，成人患心血管病的可能性就增加2倍。由此可以看出，年龄与心血管病关系十分密切。

2. 能够控制的危险因素

（1）高血脂

高血脂是冠心病的首要危险因素。血脂包括胆固醇、甘油三酯、磷脂和脂肪酸四种成分。前两者增高可引发冠心病，尤其是高胆固醇血症可以说是罪魁祸首。它们可以分为乳糜微粒、高密度脂蛋白（high-density lipoprotein，HDL）、低密度脂蛋白（low-density lipoprotein，LDL）和极低密度脂蛋白（very-low-density lipoprotein，VLDL）4种储运形式，后两者负责将胆固醇运输到组织中，它们可经损伤的冠脉内膜渗入、停留在冠脉壁，导致冠脉粥样硬化；而负责把组织器官中的多余胆固醇运回肝脏代谢处理的高密度脂蛋白可抑制这一过程，因而有预防和减轻冠心病的作用，被称为抗动脉粥样硬化的脂蛋白，是冠心病的保护因子。已经确认，血清胆固醇水平升高是心血管病独立的重要危险因素，我国人群血清胆固醇平均水平在3.90～4.68 mmol/L，超过4.68 mmol/L会增加缺血性心血管病风险，低于3.9 mmol/L会增加出血性脑卒中发病风险。

近20年的研究肯定了总胆固醇（TC）和HDL比值（TC/HDL）的升高为动脉粥样硬化和冠心病危险性的有效指标。TC/HDL比值男性最好小于4.5，女性最好小于3.5。如果TC/HDL比值大于5，则冠心病的危险性大大增加。

（2）高血压

高血压可造成冠脉内膜损伤，是重要的冠心病易患因素。我国高血压者的患病率较正常血压者高4倍，而冠心病患者中50%～70%有高血压，这说明防治高血压对预防冠心病很重要。

（3）吸烟

吸烟者的心脏病的发病率更高。危险度随着吸烟量的增加而增加。吸烟可直接造成冠脉痉挛，并使血液中一氧化碳含量增高引起缺氧可造成冠脉粥样硬化，其与前两者并列为冠心病三大易患因素。因此，预防冠心病必须戒烟。吸烟者比不吸烟者的发病率和死亡率高2～6倍。

（4）过量饮酒

酒精对心脑血管病是双向影响，低量饮酒有一定抑制动脉硬化作用，但过量饮酒对心血管系统损害的表现为直接升压、心率增加，心脏负荷和氧耗增加，且饮酒越多升压作用越强。饮酒的标准：低饮为12～23 g酒精/天，中饮为24～47 g酒精/天，高饮为≥48 g酒精/天。饮酒一般原则：过量饮酒（或酗酒）者一定要减量或戒酒，低中量饮酒者如无其他疾病不一定要改变，不提倡用饮酒作为预防心血管病的方法。

（5）糖尿病

由于糖尿病发生冠心病的危险性高、常与多项冠心病危险因素相伴随，且发生心肌梗死后近期和远期的死亡率非常高，故称糖尿病为冠心病的等危症。糖尿病患者的发病率较无糖尿病者的高2倍。

（6）不合理饮食

常进食高热能高脂肪食物者，易患冠心病。不合理饮食通过导致肥胖、高血脂、高血压、高血糖而增加心血管病的风险。“肥胖主要是吃出来的”已达成共识，总热量过多、高脂高糖等不平衡饮食是主要原因。摄盐量高可引起高血压早已证实，目前国内外大多数研究者认为，高钠低钙、高肉类、高动物油的过多摄入是促进高血压、动脉硬化的因素。高脂高能量的过多摄入是高血脂的重要原因，肉类摄入过多和蔬菜水果摄入过少是糖尿病重要危险因素，肉类摄入过多还是高半胱氨酸血症的重要因素。

（7）肥胖

肥胖者易患冠心病。

（8）精神紧张与压力

精神紧张与压力大者易患冠心病。

（9）缺乏体力活动

缺乏体力活动是肥胖、高血压、糖尿病的重要危险因素，增加心血管病的发病风险。资料显示，静坐生活方式、体力活动不足者与活动充足者比较，高血压发病风险分别增加1.3和0.8倍，糖尿病发病风险分别增加1.6和0.4倍。缺乏运动者易患糖尿病。

（10）新出现的冠心病危险因素

血浆载脂蛋白α升高、同型半胱氨酸血症以及发现促血栓形成、促炎症因素、空腹血糖异常和亚临床动脉粥样硬化性疾病的证据。

（11）心理行为因素

心理应激、抑郁、缺乏社会支持与冠心病关系越来越受到人们的关注。其中应激可能是间接危险因素，可使大脑皮层及丘脑下部兴奋， 促使儿茶酚胺等血管活性物质分泌增加，引起全身血管收缩、心跳加快、血压升高。新研究表明应激增加同型半胱氨酸水平。多个研究发现抑郁是冠心病危险因素，但个人行为特征如A型行为与冠心病发病、死亡关系更密切。研究发现有限的社会支持和心脏病的早期死亡有关，而增加社会支持可降低心脏病患者发生死亡的风险。临床实践还证明，许多高血压、冠心病等患者的发病，是由于长期精神过度紧张、焦虑所引起的。而一些经常急躁易怒、逞强好胜及性格孤僻、多疑善感的人，诱发脑血管病者要比一般人高得多。

（三）中风的危险因素

中风的危险因素也可以分为人类能够控制的和不能控制的两类。

1. 无法控制的危险因素

（1）先天性异常

即先天性动脉瘤或先天性血管畸形。先天性异常是脑出血，尤其是蛛网膜下腔出血的常见原因。

（2）年龄因素

中风的发病率随年龄的增加而升高。

2. 能够控制的危险因素

（1）高血压、动脉硬化（尤其是动脉粥样硬化）

高血压和动脉硬化同时存在，是脑血栓形成、脑出血及蛛网膜下腔出血的常见原因。

（2）心脏病

风湿性心脏病、细菌性心内膜炎、冠心病等是脑栓塞的常见原因。

（3）高血脂

（4）糖尿病

（5）吸烟

（6）其他：如口服避孕药。

三、运动与改善心血管疾病机理

科学研究与实践告诉我们，拥有一个健康的心脏是全身健康的重要前提和根本保证。仅仅生命在于运动还不够，必须是生命在于科学地运动。科学而适度的运动才能使自己的心血管系统保持健康。

（一）运动与高血压

国内外的治疗经验都已肯定，体育运动可以有效降低血压、调整神经系统功能、改善血液循环、减少药物使用量及靶器官损害、提高体力活动能力和生活质量，是高血压病治疗的有效辅助疗法。

1. 流行病学的证据

有关体力活动与高血压之间的关系的流行病学研究并不多。在一项社区健康研究计划中，有1700位健康男性（年龄16岁以上）完成问卷与访谈，提供他们日常的能量消耗、能量消耗的最大值及花费在体力活动上的时间。无论年龄大小，从事较多体力活动的人群其收缩压和舒张压均显著较低。达拉斯的Cooper诊所曾以近3000名成年男性和超过3900名成年女性为研究对象，比较其体适能水平和安静血压之间的关系，也有类似结果。体能好的个体显示有较低的收缩压和舒张压。低体能水平与高体能水平的人比较，在形成高血压上有1.5倍的相对风险。

2. 高血压的运动疗法

人们不断研究治疗高血压病的有效方法，有人提出将非药物疗法作为治疗高血压的首选方法，而非药物疗法中的运动疗法则被认为是治疗高血压方案中的一个重要组成部分。

（1）运动后低血压反应及其机制

运动后低血压反应是指人体运动后的恢复期内，动脉血压低于运动前安静状态的生理现象，这一现象已被国外的许多研究所证实。Cleroux等发现，13例原发性高血压患者以50%最大摄氧量强度进行30 min直立位自行车运动后，在3 h内，其收缩压下降了（11.27 ± 3.00）mmHg，舒张压下降了（3.76 ± 0.75）mmHg，而心输出量则增加了31 ±（1 ~ 8）%。运动后低血压反应的可能机制有：①运动后交感神经兴奋降低，其对心肌的正性肌力作用减弱，使心率下降，心肌收缩力减少；②心肌收缩力下降，回心血量减少，导致搏出量下降；③运动后外周血管舒张，而“肌肉泵”的作用解除，使外周阻力减小，回心血量下降；另外，体液因素也可能起一定作用。

（2）长期运动使血压下降的机制

长期、规律性运动（尤指有氧运动）可使基础血压下降，其可能机制主要包括：

① 中枢神经调节：运动训练可以调节大脑皮层及皮质下运动中枢，使其紧张度趋于正常，促使血压下降；且运动训练可调节植物神经功能，降低交感神经兴奋性，提高迷走神经兴奋性，缓解小动脉痉挛，降低血压。

② 调整激素分泌水平：使升高血压的激素分泌下降，如儿茶酚胺类、5-羟色胺水平下降。同时使降血压的激素增加，如前列腺素和血浆心钠素分泌增加。

③ 调整血管内皮细胞生成的活性物质：如血浆内皮素和一氧化氮水平。内皮素是血管内皮细胞分泌的最强的缩血管活性物质之一，一氧化氮是一种很强的舒血管物质。长期有氧运动可增加一氧化氮的分泌，抑制内皮素的分泌，有利于降低血管紧张度，降低外周阻力。

④ 血管结构适应性改变：血管重塑是高血压的一项基本病理变化，在高血压发展过程中，可进一步导致心、脑、肾等靶器官的损害。有资料表明运动训练后肌肉的血管会发生结构性的改变，其中包括血管长度的延长、血管横截面积或血管直径的增大和血管生成。这种结构性改变可以改善高血压病理性血管重塑，可以提高总的阻力血管管腔横截面积，通过降低外周阻力而起到降压作用，但这种改善的效果和预后还有待进一步研究。

⑤ 改善高血压发病的危险因素：运动疗法对高血压病的主要危险因素有一定的消除作用。运动训练可以改善血液循环，控制体重，降低血脂，促进机体代谢，提高机体应激处理能力，改善不良情绪，促进心理建设。

（二）运动与冠心病

如前所述，血脂异常、肥胖、吸烟、高血压、糖尿病等是冠心病的主要危险因素。这些危险因素直接损害冠状动脉的内膜，引起血管内膜损伤，在损伤部位血小板凝集成斑块，严重者形成血栓，这种斑块或血栓可导致心绞痛、心肌梗塞的发生，而心肌梗塞的严重并发症则是心源性休克、心功能不全、心律失常，甚至是心脏破裂而死亡。

运动可以对抗这些危险因素，例如运动可降低血浆脂蛋白水平，增高血浆HDL，减轻体重；运动可作用于血管内膜，增加NO依赖性冠脉扩张的幅度；降低血小板凝集性，促纤维蛋白溶解；增强副交感神经的活动，降低交感神经的兴奋性，增强心肌细胞电生理稳定性。

一项回顾了1995年以来33项以英文发表文献的研究分析发现，进行150 min/周的中等强度闲暇时间体力活动（2008年美国联邦指南建议的最小量）的个体与那些报告无闲暇时间体力活动的个体相比，冠心病风险降低14%；每周进行300 min中等强度闲暇时间体力活动（2008年美国联邦指南建议的额外获益运动量）的个体风险降低达20%。体力活动水平更高的个体，相对危险度亦轻度降低。即使运动量低于指南推荐最小量的个体，其CHD风险仍然显著降低。性别之间存在显著的交互作用，女性的相关性较男性更强。

（三）运动与中风

有关运动与中风的研究相对于大量的运动与高血压、冠心病的研究而言较少且开始得较晚。三十多年前才有描述运动与中风关系的第一篇文章发表。该研究对哈佛大学的男毕业生进行了纵向追踪调查，研究结果揭示了大学期间的运动与大学毕业后中风发生危险性呈负相关。

英国最近公布了运动与中风的科研报告：参试者为7735名中年男性，他们进行有规律的中等强度的体育锻炼，这些活动包括散步、慢跑、爬楼梯、健身操、休闲游等，结果显示，参与者中风和心梗危险都有所降低，但剧烈的运动并不能提供更多的保护作用。

另一项研究在21823名男性医生中进行，结果发现，每次锻炼强度达到微微出汗者，预防中风的效果更佳。如果挑战极限，搞得大汗淋漓，气喘吁吁，腰酸腿软，那可能是运动过头了。过于剧烈的运动甚至会诱发心肌梗塞、脑出血等意外。

运动预防中风的机制是多方面的，例如提高机体免疫力，预防感冒等呼吸道疾病；全身肌肉活动，消耗脂肪，减轻肥胖者体重，保持匀称的身材；调理血压、血糖与血脂，延缓动脉硬化；促进新陈代谢，增加心肌和大脑的血流量，改善它们的供氧状况；提升体内“好胆固醇”（高密度脂蛋白），清除滞留在动脉壁上的粥样硬化颗粒，维护心脑血管内皮层表面光滑度，有助于血液畅通无阻，防止血栓形成。

（四）运动与慢性心力衰竭

心力衰竭是各心脏疾患的终末期表现，也是全球引起死亡的主要原因。对慢性心力衰竭患者实施运动锻炼在发达国家已开展多年，运动锻炼可提高周围血管对扩血管药物的反应，进而增加运动时肌肉的血流量。随运动量增多，可改善骨骼肌功能紊乱，呼吸困难的感觉下降，改变极量运动时氧摄取量（$\dot{V}O_2$）峰值、运动时间、工作负荷峰值，从而增加无氧代谢的域值。

下面是运动锻炼在慢性心力衰竭中的作用。

1. 对交感神经系统的影响

慢性心力衰竭常伴随着自主神经系统活动的改变。Coats等用心率变异、心电图自动回归功率谱分析及放射性核素标记的去甲肾上腺素在全身分布的方法， 研究了17例进行耐力锻炼的慢性心力衰竭患者的自主神经张力。每种方法均显示：交感神经活动减弱，而迷走神经活动增加，从而减少了猝死的发生，并有可能改善预后。对周围循环的影响: 交感神经紧张度增加以及刺激肾素–血管紧张素–醛固酮系统可引起慢性心衰患者局部血流重新分布，即肌肉血流量减少。Hornig等最近的研究表明：慢性心力衰竭患者，其因血管扩张受损导致的血流量的减少可通过局部锻炼而恢复，其原因可能是内皮细胞释放一氧化氮增加所致。用血管紧张素转化酶抑制剂（ACEI）短期治疗不影响运动肌肉的血流量，然而长期应用ACEI可以改善其血流量和代谢状况，从而提高运动效能。这种效果随着时间推移逐渐出现。运动锻炼可以提高周围血管对扩血管药物的反应，进而增加运动时肌肉的血流量，使运动量增多。

2. 对骨骼肌的影响

有相当一部分慢性心力衰竭患者的劳累性乏力与骨骼肌功能紊乱有关。骨骼肌结构和功能的变化是导致肌肉强度减弱、耐力运动受限、早期劳累性发作的主要原因。心衰患者所出现的骨骼肌形态改变有：肌群减少、肌纤维形态变迁，由以有氧代谢为主的肌纤维（Ⅰ型和Ⅱa型）转变为以无氧代谢为主的肌纤维（Ⅱb型），且线粒体变小，数目减少。与骨骼肌工作能力减弱有关的代谢改变特征有：①氧化能力减弱，从而早期出现低效能的无氧途径；②合成代谢减弱， 出现胰岛素抵抗和脂肪代谢异常；③分解代谢增加（细胞因子产生），从而引起严重的肌肉消瘦。这些变化并不是慢性心力衰竭患者所特有的，在被限制活动及长期卧床休息的患者亦可见到这些变化，这表明限制运动对体格健康有很大影响。经耐力和局部锻炼后，慢性心力衰竭患者的骨骼肌出现了相应的变化。

3. 对呼吸功能的影响

有关肺功能各因素是决定慢性心衰患者运动耐受性的重要因素。这些因素包括肺血流动力学（受慢性肺水肿而影响）、气道功能、弥散功能、支气管反应性、呼吸肌强度、通气血流比值。运动时呼吸困难是慢性心衰常见的现象，此时，不伴有动脉血O_2分压降低和CO_2分压的改变。Piepoli等研究显示：经耐力锻炼后，在次极量运动时，每分钟换气量下降。Sullivan

及Davery等报道经锻炼后，在次极量运动时CO_2及乳酸产生减少，呼吸交换率降低，每分钟换气量下降。这些均提示运动时呼气储量变大，从而解释了为什么经锻炼后，呼吸困难的感觉会下降。目前尚不能肯定的是，这种有益于换气的效果是否表明肌肉的工作效能进一步提高。

四、心血管疾病的体育锻炼原则

科学的体育锻炼对于预防和降低心血管疾病的发病率有着积极的作用，其原则主要包括以下几方面。

（一）健康筛查和风险评估

在体育锻炼中存在着急性运动损伤的风险，且较高强度的运动也会使猝死和心肌梗死的风险增加。筛查的目的在于：有医学禁忌证者在其症状减弱或得到控制前进行鉴别和排除；鉴别有一种或者多种临床疾病或状况者，嘱咐其参加有医疗监督的运动计划；探查由于年龄、症状或危险因素等增加疾病风险的原因，并让此类人群在开始运动前或在增加运动的频率、强度、持续时间前进行医学评估和运动测试；对可能影响运动测试或计划的其他特殊需要进行鉴别。风险评估是基于筛查结果所得出的分类，便于运动专家制定合理的运动处方。

有心血管疾病的人在开始一个体育项目锻炼之前，最好请医务人员及相关的国民体质监测部门的运动医学专家做必要的身体检查。尤其需要对心血管功能进行系统检查，以及对运动能力进行测定，基于检查结果对这些准备参加运动的人群进行分类评估，以便专家根据其身体状况制定有效的运动处方。

（二）运动方式的选择——注重有氧运动

在运动方式上，心血管疾病患者不宜进行强度较大的运动，宜选择柔和连贯、缓慢均匀并带有节奏的活动，例如太极拳、按摩、散步、快步走等中、低强度的运动。

人体在有氧运动的过程中，血液连续不断地将吸入的氧供给进行工作的肌肉。肌肉摄取的氧越多，有氧耐力越好，遍布其中的毛细血管网增加，使肌肉在相同的条件下能做更多的功。轻快地步行、慢跑、骑自行车、越野滑雪和游泳等运动项目皆属比较有效的有氧运动。

（三）保持适宜的运动强度，循序渐进

有心血管疾病风险的人群在开始锻炼时，运动量和强度应较小，以后可随着身体适应能力的提高逐渐增加强度和量。有氧运动一般采用60%最大心率的运动强度。例如，开始运动时采取慢走，之后逐渐提高速度。往往通过心率变化告知运动者运动强度的变化，且施加的负荷应该在最大心率允许的范围之内。运动时心率达到最大心率的70%～85%时能够达到锻炼效果。该时段的心率叫作“靶区域”。为了达到显著的锻炼效果，每周至少应进行3次心率维持在“靶区域”水平的运动，持续时间为20～30 min，间隔不宜超过两天。

（四）合理安排锻炼时间和频率

少数研究揭示每天进行5～10 min的运动就可引起心血管机能得到改善，但大多数研究则表明，每天20～30 min的运动是引起心血管机能改善的适应量。对于仅考虑运动持续时间而不结合适宜的运动强度的锻炼计划是不科学的。

运动频率是运动处方的一个重要组成成分，但相对而言，在运动处方中，运动强度和运动持续时间更为重要。大量的研究表明，适宜的运动频率为每周3～5天。就获得健康收益而言，每周3～5 d的运动已足以达到运动锻炼的目的，当然，每周6～7天的运动将会获益更多。但需要注意的是，开始锻炼时，运动频率应限制在每周3～4天，当机体的运动耐受能力逐渐提高时，再增加到每周5天或6～7天。

（五）注意呼吸，避免长时间静止站立和屏气用力

呼吸时要自然，不宜长时间憋气，尤其是动脉硬化的老年人，更应减少能引起血压骤然升高的活动，避免心脏病发作或脑溢血的危险。

（六）运动时自我监控运动强度

运动锻炼过程中，心血管疾病患者还应学会自己掌握和监控运动强度，最简便的方法是自测脉搏。以每分钟脉搏180次作为健康中老年人的最高心率，根据运动后所达到的最大心率的百分比来确定活动的强度。中、低强度运动时心率应在最大心率的60%以下，即低于108 b/min。另外，运动中也可根据自我感觉来监测运动量，即运动时微微出汗即可，要避免大汗淋漓，不宜过于疲惫。若运动中突然感觉到胸闷气短，应立即停止运动，并及时就诊。

表17-8、表17-9可作为问卷调查表等基本信息。

表17-8 健康筛查调查问卷信息表

问卷编号：______________

姓　　名：______________

<table>
<tr><td rowspan="5">基本信息</td><td>出生日期</td><td></td><td>职业</td><td></td></tr>
<tr><td>身高</td><td></td><td>体重</td><td></td></tr>
<tr><td>联系方式</td><td></td><td>邮箱</td><td></td></tr>
<tr><td>血压</td><td></td><td>血糖</td><td></td></tr>
<tr><td>血脂</td><td colspan="3">血清总胆固醇______ mg/dL
低密度脂蛋白胆固醇______ mg/dL
高密度脂蛋白胆固醇______ mg/dL</td></tr>
<tr><td rowspan="2">患病情况</td><td>家族史</td><td colspan="3">1.心肌梗死
2.冠状动脉血管重建
3.父亲或其他男性一级亲属（儿子、兄弟）在55岁以前突然死亡
4.母亲或其他女性一级亲属（女儿、姐妹）在65岁以前突然死亡</td></tr>
<tr><td>疾病史</td><td colspan="3">1.高血压（__年病史　是　否服药）
2.高脂血症（__年病史　是　否服药）
3.糖尿病（__年病史　是　否服药）
4.心肺疾病（胸闷、心绞痛症状、轻微运动时气短、端坐呼吸、心悸、心脏杂音、平时活动异常疲劳（__年病史 是 否服药）</td></tr>
<tr><td rowspan="3">饮食情况</td><td colspan="4">1.您平均每周早餐的次数是：7次　　5～6次　　2～4次　　1次</td></tr>
<tr><td colspan="4">2.您平常对食物的喜好：咸　辣　甜　生　冷　烫　油腻</td></tr>
<tr><td colspan="4">3.您吃饭时的不良习惯：吃饭时喝水　吃得过饱　吃得过快　晚饭过晚</td></tr>
<tr><td rowspan="6">运动锻炼情况</td><td colspan="4">1.您平均每天的工作时间是：<4 h　　4～8 h　　>8 h</td></tr>
<tr><td colspan="4">2.您最常用的出行方式：很少出行　专车　公交（地铁）　自行车　步行</td></tr>
<tr><td colspan="4">3.您平均每周劳动或锻炼的时间：<100 min　100～300 min　>300 min</td></tr>
<tr><td colspan="4">4.您一般劳动或锻炼的强度：极轻　轻度　中度　重度</td></tr>
<tr><td colspan="4">5.您有运动损伤的部位：</td></tr>
<tr><td colspan="4">6.您有何程度的运动损伤：没有　极轻　轻度　中度　重度（若“没有”不填下题）</td></tr>
<tr><td rowspan="4">吸烟情况</td><td colspan="4">1.您当前吸烟情况是：从不　偶尔　戒烟　吸烟（若“从不”后两题不填）</td></tr>
<tr><td colspan="4">2.您平均每天吸烟的支数：<5支　　5～20支　　>20支</td></tr>
<tr><td colspan="4">3.您总共吸烟的年数：　<5年　　5～20年　　>20年</td></tr>
<tr><td colspan="4">4.平均每周被动吸烟的时间是：没有　1～2天　3～5天　6～7天</td></tr>
<tr><td rowspan="4">饮酒情况</td><td colspan="4">1.您当前饮酒情况是：从不　偶尔　戒酒　饮酒（若“从不”不填下三题）</td></tr>
<tr><td colspan="4">2.您最常饮酒的类型：白酒　啤酒　红酒　其他</td></tr>
<tr><td colspan="4">3.您总共饮酒的年数：<5年　　5～20年　　>20年</td></tr>
<tr><td colspan="4">4.您平均每天饮酒的两数：<2两　　2～8两　　>8两</td></tr>
<tr><td rowspan="4">精神压力</td><td colspan="4">1.您感觉健康状况同上一年相比：明显提高　有提高　差不多　下降　明显下降</td></tr>
<tr><td colspan="4">2.近两年您感觉到精神压力：几乎没有　有一点　较明显　很大</td></tr>
<tr><td colspan="4">3.您精神压力最主要来源于：工作　经济　社交　意外　健康　其他</td></tr>
<tr><td colspan="4">4.你感觉自己的睡眠充足程度是：充足　一般　不足　严重不足</td></tr>
</table>

表17-9 身体状况安全问卷（PAR-Q问卷）调查

问卷编号：__________

您的基本信息：

姓名：__________ 出生日期：__________

职业：__________ 工作单位：__________

性别：__________ 联系电话：__________

邮箱：__________

PAR-Q（Physical Activity Readiness Questionnaire）是目前国际上流行的，主要应用于受试者进行体育运动、体能测试或运动机能负荷试验前，其目的是了解受试者身体健康和体力活动的基本情况，以增加健身的安全性。请如实回答，选择“是”或“否”，并如实记录（“√”），不能出现空项。

是	否	
☐	☐	医生是否告诉过您仅能参加医生推荐的体育活动?
☐	☐	医生是否告诉过您患有心脏病?
☐	☐	医生是否告诉过您的血压超过160/100 mmHg?
☐	☐	近6个月来，当您进行体力活动或运动时，是否有过胸痛或严重憋气的感觉?
☐	☐	近6个月来，当您进行体力活动或运动时，是否曾因为头晕失去平衡或跌倒?或发生晕厥?
☐	☐	您是否存在因体力活动或运动加重的骨、关节疼痛，或功能障碍?
☐	☐	您是否知道有其他原因使您不能参加体力活动?

注意事项：

（1）本问卷适用于15～69岁人群。

（2）如果您目前有身体不适:例如发烧、感冒或其他不适，您应该暂停任何运动项目。

（3）如果您怀孕了，或者在6周以内生过孩子，请在医生建议下进行运动。

（4）如果在健身过程中，出现上述身体情况变化，请停止运动并告知我们。

第三节 糖尿病与体育锻炼

一、糖尿病概述

糖尿病（Diabetes Mellitus）是一种体内胰岛素相对或绝对不足或胰岛素本身存在结构上的缺陷而引起的碳水化合物、脂肪和蛋白质代谢紊乱的一种慢性疾病，其主要特点是高血糖、糖尿。中华医学会于2007—2008年的流行病学调查结果显示，我国糖尿病的患病率已与中等发达国家的水平相当。随着糖尿病患病率的不断上升，它对我国国民体质健康造成的影响日益严重，是需要进行慢性病健康管理的主要病种之一。

（一）糖尿病的分类

1. 原发性糖尿病

（1）原发性糖尿病（即日常所说的糖尿病）

① 胰岛素依赖型

胰岛素依赖型糖尿病又称1型糖尿病，占糖尿病的10%左右，多发病于青少年或成年早期，胰岛B细胞明显减少，血中胰岛素降低或绝对缺乏，引起血糖升高和糖尿。

② 非胰岛素依赖型

非胰岛素依赖型糖尿病又称2型糖尿病，占糖尿病的90%左右，多在成年发病，年龄在45岁以上且脂肪多集中在腹部的中心性肥胖者易患。胰岛B细胞数目正常或轻度减少，血中胰岛素多为正常甚至增多，一般可以不依赖胰岛素治疗。此型糖尿病多有家族发病特点。

2. 继发性糖尿病

继发性糖尿病是指由某些已知病因造成的胰岛功能下降、分泌不足所致的糖尿病，如炎症、肿瘤，手术或某些内分泌疾病所致的糖尿病。

3. 妊娠糖尿病

妊娠糖尿病（GDM）见于妊娠期女性。怀孕时，体内产生多种促进胎儿生长发育的激素可能会导致母体组织细胞对胰岛素不敏感，或使母体组织细胞对胰岛素产生阻抗而使血糖升高，继而引起妊娠糖尿病。GDM与2型糖尿病更接近故日后再次罹患2型糖尿病的可能性较大，有认为二者的基因可能彼此相关。

（二）糖尿病的发病机理

1. 1型糖尿病

目前认为1型糖尿病是在遗传易感性的基础上由病毒感染等诱发的针对B细胞的一种自身免疫系统缺陷性疾病。人类染色体研究中已知1型病者第六对染色体短臂上白细胞配伍定型

（HLA）等位点上出现频率增减，提示遗传属易感性倾向而非疾病本身，若侵入这类患者体内的抗原化学构象与B细胞相似，吞噬细胞即紧密结合Ⅱ类MHC，在白介素Ⅰ和Ⅱ的配合下和T细胞识别后，即同时会攻击酷似外来抗原的B细胞。此型患者常可查出如谷氨酸脱羧酶抗体（GAD抗体）、胰岛细胞抗体（ICA抗体）等可以损伤B细胞的异常自身抗体。

2. 2型糖尿病

对于2型糖尿病的病因，多认为是基因缺陷基础上组织细胞对胰岛素缺乏敏感性甚至抗拒所造成。2型患者可以通过以下3个水平表现其胰岛素抵抗性。

（1）胰岛素受体前水平

由于生物合成中胰岛素基因突变的原因，造成胰岛素结构异常和生物活性降低。如1979年Tager等发现B链上第24和第25个氨基酸的变化；后又有研究发现由于连接肽上第65个氨基酸（精氨酸）为组氨酸所置换，以致胰岛素异常导致糖尿病。

（2）胰岛素受体水平

胰岛素受体基因突变使受体与胰岛素的亲和力下降；胰岛素受体是由两个α亚基和两个β亚基组成的大分子跨膜糖蛋白，胰岛素与细胞α亚基特异性结合后使之发生构型改变，导致位于细胞内β亚基的酪氨酸激酶活化，从而逐步启动胰岛素效应，研究表明已有30种以上胰岛素受体基因点状突变或片段缺失导致严重的胰岛素抵抗。

（3）受体后水平

医学教育网的资料表明胰岛素需依赖葡萄糖转动体GLUT4及许多关键酶如葡萄糖激酶等的活性，当这些关键酶发生某些基因突变，或出现基因连锁不平衡，则会导致胰岛素抵抗。GLUT4转运葡萄糖依赖于胰岛素，胰岛素会激活GLUT4并使其通过向细胞膜转位而起到将葡萄糖转入胞内的作用，已发现肥胖症和2型糖尿病患者的脂肪细胞内GLUT4基因表达降低，出现胰岛素作用减弱甚至抵抗现象。国内学者吴毅等通过大鼠糖尿病运动模型实验研究发现运动能使大鼠骨骼肌细胞膜葡萄糖转运蛋白GLUT4增多，提高葡萄糖利用率，改善胰岛素抵抗。以上水平中，后二者多见。

此外，对2型糖尿病的发病机理，氧化应激学说认为早期的胰岛素代偿性分泌增加会抵消胰岛素敏感度下降作用而使血糖浓度一段时间内暂时正常，随着二者作用的变化会使血糖逐渐升高，体内高血糖和高游离脂肪酸（FFA）状态会刺激自由基大量生成，启动氧化应激反应。氧化应激信号通路的激活会导致胰岛素抵抗加重、胰岛素分泌受损加强，并引发血管病变。同时，由于胰岛B细胞内抗氧化酶水平较低， 自由基可直接损伤B细胞核和线粒体膜，抑制其功能、促进其凋亡，并通过影响胰岛素信号转导通路的间接方式抑制B细胞内胰岛素生成。

（三）糖尿病的症状

糖尿病人的早期常出现头晕、体力下降、视力模糊、手脚发抖，常感饥饿等症状，后期较常见明显的三多一少症状即：多食、多饮、多尿、体重少。

血液中高浓度的葡萄糖促使肾脏大量排尿以降低血糖水平，导致每日糖丢失量达500 g以上，水分丢失达3～5 L，机体常处于能量不足的饥饿状态和缺水的口渴状态，因而食欲增加、饮水量增多，即多饮多食多尿的“三多”症状。而且，由于多食又会刺激胰岛素分泌增多而加强饥饿感；由于细胞内失水刺激口渴中枢而更增加饮水；由于肾小管重吸收不利使尿糖大量滤出形成渗透性利尿而更加失水。同时，由于不能充分利用葡萄糖，机体会代偿性调动蛋白质和脂肪加速分解，导致“一少”即体重减少。

（四）糖尿病的诊断

中华医学会糖尿病学分会建议在我国人群中采用世界卫生组织WHO（1999年）糖尿病诊断标准，即糖尿病症状＋任意时间血浆葡萄糖水平≥11.1 mmol/L 或空腹血浆葡萄糖（FPG）水平≥7.0 mmol/L 或葡萄糖耐量试验（oral glucose tolerance test, OGTT）试验中，2 h血浆葡萄糖水平≥11.1 mmol/L 。

其中空腹指8～14h内无任何热量摄入；任意时间指1天内任何时间，与上次进餐时间及食物摄入量无关；OGTT 是指以75 g无水葡萄糖为负荷量，溶于水内口服（如为含1分子水的葡萄糖则为82.5 g）。国内亦用100 g富强面粉制成的馒头，其中约含糖75 g，于10 min内吃完。

糖基化血红蛋白（HbA1c）是葡萄糖与血红蛋白非酶促反应结合的产物，反应不可逆。HbA1c水平稳定，可反映取血前2个月的平均血糖水平，是判断血糖控制状态非常有价值的指标。如果被其他试验（空腹血糖试验或口服葡萄糖耐量试验）确认，可以将HbA1c达到6.5%或更高作为糖尿病的诊断依据。世界卫生组织已建议条件成熟地区采用该方法诊断糖尿病。

（五）糖尿病的危害

糖类作为最主要的供能物质，提供机体总需能量的70%以上，胰岛素不足或胰岛素识别的敏感度降低使吸收入体内的葡萄糖不易被机体组织尤其是肌组织利用，也不易被肝脏摄取和转化为肝糖原储存。高浓度的血糖超过肾小管的重吸收能力时（肾糖阈为8.9～10 mmol/L），葡萄糖会从尿液流失。

糖利用的降低及胰岛素的相对不足促使脂肪分解加快，储存减少，出现血液中游离脂肪酸、低密脂蛋白、甘油三酯等增高，高密脂蛋白降低等脂肪代谢紊乱症状。同时，脂肪过度分解产生的过量酮体会造成酮血症，甚至导致酮症酸中毒和昏迷。此外，糖代谢紊乱亦影响到蛋白质的正常代谢，使蛋白质处于分解增加合成减少的负氮平衡状态，导致肌肉萎缩、肌力下降、免疫力低下状态；同时，由于蛋白质分解的产物是合成糖和酮体的原料之一，这种状况又会加剧高血糖和酮症酸中毒。

由于葡萄糖的流失，机体会“调节性”地多饮、多食、多尿而体重减少，同时可使一些组织或器官发生形态结构改变和功能障碍。例如，有研究表明，糖尿病患者除了“三多一少”还常有“一松”的症状，即骨质疏松症（女性多见，约占糖尿病患者总数的24%～52%）。由于血糖、尿糖的增加，发生渗透性利尿，流失大量钙质，加之降钙素、维生素受糖影响而有不同程度代谢失调，进而影响骨的正常代谢，促发骨质疏松和骨关节病。

因此，高血糖对人体重要的器官和组织如心血管、肾脏、眼底、神经系统等均会产生较大的损害作用：糖尿病在早期就能造成心肌的损害，糖尿病加厚血管内膜或使管壁发生粥样硬化，发生在冠脉或脑部动脉则会导致冠心病和脑卒中等；糖尿病使肾脏机能下降导致肾病发生，而后者可引起血压的病理变化；糖尿病使视网膜血管破坏或增生，导致血液渗到眼底或血供不足，造成视力下降甚至失明；糖尿病会使感觉机能减弱影响肌肉控制力和多种控制机能。

（六）糖尿病人的饮食

不健康的饮食如常吃油炸食物、较甜蔬菜水果、轻微或严重的饮食紊乱及不良生活习惯如压力、吸烟等被认为是引起糖尿病的重要危险因素。

饮食疗法是糖尿病治疗过程中的基石，轻度糖尿病患者通过饮食疗法就可以控制病情，中度患者也只有在饮食疗法的基础上，配合降糖药物，才会更好地控制病情。对于糖尿病的饮食疗法，国内外文献大多从三种基本营养素摄入来进行分析，这为不同患者制定不同的饮食方案提供了较为方便的依据。

糖类：占每餐摄入总热量的 50%～60%，每克糖产生约4 kcal 热量。糖类是机体能量主要来源。供给适量的碳水化合物可以减少体内蛋白质、脂肪的分解，有利于健康。主食提倡食用粗制大米、面和适量杂粮。易于使血糖迅速升高的食物如白糖、红糖、冰糖、葡萄糖、麦芽糖、蜂蜜、巧克力、奶糖、水果糖、蜜饯、水果罐头、汽水、果汁、甜饮料、果酱、冰淇淋、甜饼干、蛋糕、甜面包及糖制糕点等不宜食用。

蛋白质量：一般占每餐摄入总热量的 15%～20%，儿童、孕妇、消瘦者可增至每日每千克体重1.5～2 g。每克蛋白质产生约4 kcal 热量。糖尿病人蛋白质的供给要充足，当肾功能正常时，膳食蛋白质应与正常人相近，成人每日每千克理想体重 0.8～1.2 g，建议多选用大豆及其制品。因这类食品除富含蛋白质、无机盐、维生素之外，在豆油中还有较多的不饱和脂肪酸，既能降低血胆固醇，又能降低血三酰甘油，所含的谷固醇也有降脂作用，对防止动脉粥样硬化有利。动物蛋白质每日摄取量应占总量的1/3，以保证机体内必需氨基酸的供给。肾病者 0.6～0.8 g。

脂肪量：占每餐摄入总热量的 30%，每克脂肪产生约9 kcal热量。食用含有不饱和脂肪酸的植物油，有降低血脂的作用。限制富含饱和脂肪酸的动物性脂肪，目的是防止或者延缓心脑血管并发症的发生和发展。另外要控制胆固醇的摄入，如动物内脏和蛋黄等。肥胖者予以低脂饮食，每天不应超过40 g。

此外，为了减轻胰腺负担，改善细胞对胰岛素的敏感性，应该合理控制每日总能量的摄入。每日摄入总热量应控制在恰好能满足其每日活动所需热量的范围内，而每日所需热量是根据标准体重[身高（cm）-105]和每日每公斤体重消耗的热量来进行计算的。根据病人的标准体重、体重指数（BMI）、工作强度，并结合病情和营养状况确定每日热能供给量。

二、运动防治糖尿病

对不同类型的糖尿病患者，合理的体育锻炼均能增强体质，起到防治作用。我国是最早提出运动治疗糖尿病的国家，隋代《诸病源候论》中提到，“消渴病”应该“先行百步，多者千之，然后食之”。

根据美国糖尿病协会 2009 糖尿病诊疗指南，运动干预是生活方式干预的关键一环，对于2型糖尿病患者，锻炼是更为有效和重要的防治手段，能预防其发生和发展，是治疗不可缺少的组成部分；对1型糖尿病患者，锻炼也能在多方面干预病情。

（一）运动防治的生理学原理

糖为肌肉运动的主要能源物质之一。经常的耐力运动可增强细胞的胰岛素受体功能，改善组织与胰岛素的结合能力，加强对葡萄糖的利用以便能在胰岛素较低时尝试较正常的血糖代谢，增强胰岛素的作用，这对非胰岛素依赖型糖尿病（即2型糖尿病）患者来说具有病因治疗的重要意义。大量研究表明，运动能提高胰岛素的敏感性，使肌细胞内葡萄糖转运磷酸化作用加强，肌糖原合成增加。

运动可改善脂质代谢进而改善糖尿病血脂异常。运动可加强机体摄取和利用游离脂肪酸，提高脂蛋白脂肪酸的活性，提高高密度脂蛋白胆固醇，降低低密度脂蛋白胆固醇，达到促进脂肪利用的效果。通常2型糖尿病患者会伴随肥胖症状，因为当体内血糖水平高而细胞内葡萄糖水平很低时，皮层饥饿中枢会被激活而过度饮食导致肥胖，大量的研究表明运动对患糖尿病伴肥胖者起到良好的减重作用。

对于1型糖尿病患者，由于注射的外源胰岛素的量恰为身体所需，通常不会过度肥胖，但同样由于运动的诸多良好作用使体质得到增强，病情得到改善。运动对糖尿病性心血管疾病等起到有效的防治作用。Shao等的研究表明，由链脲毒素所致的糖尿病小鼠左心室压力峰值，B2组（Ⅰ型患者运动组）仅高于A2（对照组正常训练组），明显低于A1组（正常静坐组）和B1组（Ⅰ型患者静坐组）。由此可见，运动训练降低了1型糖尿病人患心动过速、高血压等心脏并发症的风险，见图17-2。

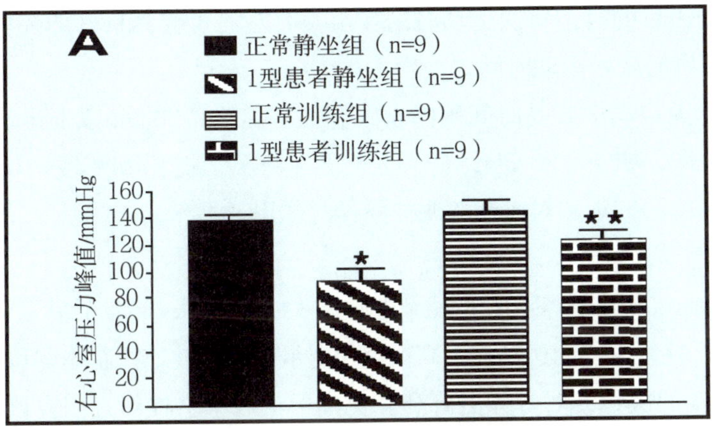

图17-2 运动对1型糖尿病小鼠左心室压力峰值的影响

此外，运动能降低糖尿病肾病并发症风险。研究发现，长期高血糖所致的糖基化终末产物（AGEs）的形成与堆积是糖尿病肾病（DN）的发病机制之一。AGEs通过与其特异性受体（RAGE）结合，激活多种信号通路，诱导细胞功能紊乱，参与了DN的发生发展。可溶性糖基化终末产物受体（sRAGE）是RAGE的内源分泌型，可与RAGE竞争结合其配体，抑制RAGE诱导的细胞信号传导途径，对DN的进展有保护作用。

（二）糖尿病患者的运动原则

1. 全身性动力性有氧运动

全身性动力性有氧运动起到较好效果。有氧运动能够增加脂肪代谢，并优化身体对葡萄糖的使用。鉴于运动强度和持续时间的不同，体内脂肪和糖的消耗比例不同，中低强度的运动，脂肪的供能比例较高；强度较高的运动，糖的供能比例较高，从而有效地消耗葡萄糖。

（1）运动强度

首先注意，运动强度的控制也要遵循循序渐进的原则，对没有锻炼习惯或锻炼非常少的人，尤其要遵循这一原则从低强度开始锻炼计划，可以借助适当延长运动时间达到锻炼效果。强度大小因人而异，跨度大小在40%～90%$\dot{V}O_2max$，通常的心率范围在40%～90%HRmax。中低强度运动时，心率控制在个人最大心率40%～60%；较大强度运动可使心率达到本人最大心率的60%～90%。对于健康程度较差几乎完全没有锻炼史的个体，起始运动强度要足够低，随着体能的恢复，逐渐增加运动强度，当心率增加超过安静心率20～30次/min以上，就能收到显著的健康促进效果。不提倡过于剧烈的运动，因为这可使患者体内的血糖和升糖激素水平升高。

（2）运动时间

对肥胖的2型糖尿病患者，运动持续时间应较长，每次应在50 min左右，可同时达到减重效果。以控制血糖为目的时，每次运动时间在半小时左右可起到良好的控糖效果。包括运动前准备活动及运动后的放松运动时间。

对身体较弱、无运动史或受时间等因素限制而不能维持30 min以上运动者，可以进行间歇运动或分时段锻炼，如一次20 min，分为上、下午两次，或者每次至少10 min，每周至少累计150 min，这对体能的增加和对血糖的调控同样起作用。

（3）运动频率

每周3～4次30 min以上中等强度的锻炼能够有效控制血糖，运动后胰岛素敏感度改善可维持12～24 h。此外，持续这样的运动能提高基础代谢水平，有效地控制体重和增强体质。

增加1周内运动的次数，对身体更有利。美国运动医学会提倡人们应该利用1周里的大多数天数进行锻炼。Nagawa在进行利用正常葡萄糖高胰岛素钳夹技术测定糖尿病大鼠胰岛素敏感性的研究中发现，运动的效果能持续 2天。古德伊尔（Goodyear）认为运动间隔延长3～4天以上，则运动提升的胰岛素敏感效应将降低，运动效果下降。

（4）运动方式

糖尿病患者进行有氧运动的方式有很多，如走路、慢跑、游泳、骑车、打高尔夫球、太极拳等多种运动方式。其中太极拳由于其刚柔并济的特点，尤其受到中老年患者的青睐，很多学者的研究表明太极拳运动对2型糖尿病患者的康复起到有效的作用。此外，八段锦能很好地降低2型糖尿病患者运动后糖化血红蛋白的含量。

2. 力量训练

辅助的大肌肉群力量训练是有必要的，主要采用抗阻运动，侧重于力量耐力练习，通常：8～12次/组，3组/次，2次/wk。力量练习增加肌肉体积的同时能增加血糖的消耗和胰岛素受体的敏感性。

有氧运动和力量锻炼相结合会对糖尿病起到良好的运动防治效果。美国一些主要机构的建议见表17-10。

表17-10　主要机构对有氧运动和力量锻炼的建议

推荐机构	有氧锻炼			抗阻锻炼		
	频度	强度	时间	频度	种类数	组数、组次数
ACSM (1998年)	3～5次/wk	50%～80%$\dot{V}O_2max$ 40%～80%HRmax	30～ 60 min/次	2次/wk	8～10	1组、10～15次/组
AHA（1995年）	≥3次/wk	50%～60%$\dot{V}O_2max$; HRmax	≥30 min/次	2～3次/wk	8～10	1组、10～15次/组
AACVPR (1999年)	3～5次/wk	HRmax	30～45 min/次	2～3次/wk	包括所有大肌群	1组10～15次/组

续表

推荐机构	有氧锻炼			抗阻锻炼		
	频度	强度	时间	频度	种类数	组数、组次数
CDA	≥3d/wk不连续运动			3次/wk	8	最初1组，10～15次/组
（2003年）		中等或大强度	（累计）≥150 min/周			渐增至3组，8～12次/组
ACSM	≥3d/wk不连续运动		初10～15 min，渐增至30 min			≥1组
（2000年）		40%～70%$\dot{V}O_2max$	或分为3×10 min≥	2次/wk	8 ～10	每组10～15次
ADA		55%～79%$\dot{V}O_2max$	20～60 min/次		大强度力量运动针对年轻和长期糖尿病患者	
（2004年）	3～5次/周	40% ～74%HRmax			中低强度适应所有糖尿病患者	

注：ACSM为美国运动医学会，AHA为美国心脏协会，AACVPR为美国心血管康复协会，CDA为加拿大糖尿病协会，ADA为美国糖尿病协会。

（三）运动风险

体育运动是糖尿病早期患者的有效治疗手段，但病情较重且伴有并发症的患者一定要在专业指导下科学地进行运动锻炼以将风险降到最低。运动锻炼的常见风险见下：

1. 运动后高血糖

2型糖尿病人此类风险更大。由于胰岛素分泌不足或细胞对胰岛素敏感度下降，即使血糖超过13.9 mmol/L，机体对其利用率却降低而仍然会动员肝脏分解肝糖原入血。而运动应激可使胰岛素分泌减少，胰高血糖素和儿茶酚胺类等激素水平升高，肝糖输出增加但葡萄糖的利用却减少，会导致血糖过度增高，病情加重。

2. 运动后低血糖

1型糖尿病人出现低血糖症的风险比2型糖尿病人要大得多，因为1型患者调控血糖的机制可能受损，很难通过对血糖水平有拮抗或协同作用的不同类激素水平的相互影响而使血糖水平正常，其体内血糖水平更依赖于外源性胰岛素的补充。恰当的胰岛素补充量是非常重要的，假如补充的胰岛素超过机体所需水平，加之运动增多糖需求，从而增加了1型糖尿病人出现低血糖的风险。血糖水平太低会引发低血糖症，出现无力、眩晕、发抖、出冷、视觉模糊等症状，甚至可能意识丧失或死亡。

3. 运动后迟发性低血糖

迟发性低血糖是一般发生在锻炼之后6～15 h（有的甚至长达30 h）的一种现象。博格豪特（Borghouts）的研究认为一次急性运动后胰岛素敏感性的增加在运动后16 h才开始。由于运动中肝糖原和肌糖原分解增多，运动后出现合成增加以补充消耗，这一补充过程会在运动后持续较长时间使血糖降低。某些使用胰岛素的患者，甚至会在1～2天之后才出现低血糖反应。为避免迟发性低血糖症发生，应在锻炼后有规律地进食和监测血糖。此外，增加运动强度时尤其注意监测血糖水平。

4. 运动导致并发症加重

剧烈运动会使并发症加重，如运动导致血流的重新分配使肾血流量减少而加重糖尿病性肾病。此外，糖尿病患者并发的心血管疾患是一个应当给予高度重视的问题。2型糖尿病人重大心血管疾病的风险因素比非糖尿病人要增加将近4倍。伴有心血管病的中老年糖尿病人应严谨地在医师指导下进行运动，且应先进行相关的运动负荷测试以评定机体机能能力，选择适当的运动形式、运动强度和时间以确保安全有效，切忌自作主张，盲目运动。建议以下患者开始一项锻炼之前应先进行运动负荷测试：①年龄在35岁以上；②患1型糖尿病已超过15年；③患2型糖尿病已超过10年；④患糖尿病者伴随心血管疾病或有心血管病隐患。

第四节　单纯性肥胖与体育锻炼

一、肥胖概述

2002年的《中国居民营养与健康状况调查》显示，超重和肥胖患病率呈明显上升趋势。我国成人超重率为22.8%，肥胖率为7.1%，估计人数分别为2.0亿和6000多万；大城市成人超重率与肥胖患病率分别高达30.0%和12.3%，儿童肥胖率已达8.1%。肥胖的原因颇多，但直接原因是摄取过多的热量，长期超过正常人所需要的热量，因而以脂肪的形式储存在体内各部，尤其储存于下腹部与臀部，使体重超过正常人的标准。由于缺乏导致肥胖的生理、病理机制及正确减肥方法的知识，采用一些不够科学的方法，盲目地追求形体美，有时欲速而不达或者事倍功半，或导致诱发一些疾病，损害健康。

（一）超重与肥胖

超重是指超过正常或标准的体重，正常或标准体重是根据个人的身高和体型而定的。而肥胖指的是身体脂肪含量过多的一种状态。这也表示身体脂肪的真正含量及其在总体重中的百分比也即体脂百分比超过正常上限，一般认为男性体脂百分比超过25%，女性超过35%为肥胖。这两个概念是并不完全一致的，超重不一定代表身体脂肪含量超标，也有可能是身体瘦体重增加导致。对身体健康有影响、导致慢性疾病的因素是身体脂肪含量增多而并不是体重的增加。

（二）肥胖的病因学

人类肥胖的病因迄今尚未阐明，有若干因素需要考虑，如遗传因素、神经系统因素、饮食生活习惯、代谢紊乱，特别是能量供需失调，以及内分泌调节功能失常等。

1. 遗传因素

肥胖常与遗传有关。据统计，双亲体重正常其子女肥胖发生率为10%；双亲中一人肥胖，子女肥胖发病率50%；双亲均肥胖，子女肥胖发病率高达70% 。同卵孪生儿在同一环境成长，其体重近似；即使在不同环境成长，其体重差别也小于异卵孪生子之间的差别。肥胖患者不但肥胖具有遗传性，而且脂肪分布的部位及骨骼状态也有遗传性。肥胖的遗传倾向还表现在脂肪细胞数目和（或）细胞体积增大等方面。

对肥胖相关基因或者蛋白质研究是现在肥胖病因学研究热点。例如，OB基因以及其产生的瘦素（leptin）蛋白、神经肽Y（NPY）、解耦联蛋白（UCP）、脑肠肽（Ghrelin）、胆囊收缩素（CCK）等一直是研究热点。最近科学家还发现了FTO基因、KLF14基因和IKKe等。虽然与肥胖有关的基因和蛋白质不断被发现，但是迄今为止，还不能靠某一基因和蛋白质来解决所有肥胖问题。据最新研究表明，肥胖是一种多基因遗传病，与肥胖相关的基因或染色体区域已达200多个，遗传对肥胖的“贡献率”占到40%～60%即一半左右的肥胖是由遗传基因决定的。这些基因和蛋白质在人体神经内分泌系统形成一个网络，单独控制某一基因和蛋白质的表达无法达到减肥效果，需要对整个网络系统进行控制和调节才可能真正解决肥胖问题。

2. 饮食、生活习惯及社会环境因素

肥胖者往往有饮食增多史，食量较大，喜食甜食或每餐中间加食引起能量过剩；有睡前进食及晚餐多食的习惯。体力活动过少或因病卧床休息，热量消耗少而引起肥胖。

社会环境改变和肥胖发生有一定关系：随着生活水平提高，人们热量摄取增多、体力消耗过少导致肥胖；另外肥胖与家庭教育有关，研究发现独生子女或一家中最小子女容易肥胖，其主要原因是错误认为婴儿喂养越胖越好，小孩从哺乳期就营养过度；过分溺爱，养成不良习惯，如零食尤其是糖果甜食太多；不必要的营养药物刺激食欲，增大食量等。现公认儿童营养过度是造成儿童及成年后肥胖的主要原因。

科学家认为有规律的饮食习惯或更有益于人体健康，在什么时候吃比吃什么更重要。有些专家认为预防肥胖和糖尿病可以让孩子从喝白水做起。在肥胖的环境社会因素方面还有许多不同学说，如炎症学说认为慢性炎症可以导致肥胖、糖尿病、冠心病等代谢综合征，因为他们发现肥胖人群体内炎症因子增多；化学污染学说认为化学污染是导致肥胖症原因之一，因为化学污染致内分泌紊乱而导致肥胖；病毒学说认为“病毒感染”是引起肥胖的原因之一，今后可以发展病毒疫苗来预防肥胖；精神因素学说认为当精神过度紧张而肾上腺素使神经受刺激伴随交感神经兴奋时，食欲受抑制；当迷走神经兴奋而胰岛素分泌增多时，食欲亢进；等等。

3. 遗传与环境的相互作用

肥胖是一种复杂的疾病，与遗传和环境因素相关。一种理论认为主要的驱动因素是环境，而另一种理论认为遗传是主要影响因素，但不同的生活习惯可以放大或减弱基因对人体

健康的影响。美国研究人员发现，久坐可以“放大”肥胖基因的“功效”，而每天步行一小段时间可抵消肥胖基因对健康的作用。在一项7740名女性和4564名男性参与、历时两年的调查型试验中，坚持每天步行后，至少一半有肥胖遗传因素的人身体质量指数（BMI）不同程度地下降。哈佛大学公共卫生学院的研究者发现大量饮用含糖饮料可增加高身体质量指数的遗传易感性，增加肥胖风险。

肥胖的原因是很复杂的，其实每个人都有自己特有的肥胖原因，认识到这一点对于治疗肥胖是很重要的。只认为肥胖是由贪吃引起的，这种想法是不全面的，会对饮食减肥者造成误导。事实上，有研究表明，部分肥胖者饮食摄入比同年龄、性别的正常体重者要少，但其体力活动更少一些。

（三）与超重和肥胖有关的健康问题

从总体上讲，超重和肥胖与死亡率的增加呈显著相关关系，与其有关的高死亡率疾病主要有：心脏病、高血压、2型糖尿病、某些癌症、胆囊疾病、骨关节炎等。

二、常用的身体成分测试方法

1992年Wang（王）等提出了身体成分五层次的模型框架图，将身体成分分为原子水平、分子水平、细胞水平、组织系统水平和整体水平5个层次，高层次的组成部分由低层次的组成部分所构成，见图17-3所示。一些常用身体成分测试方法如下。

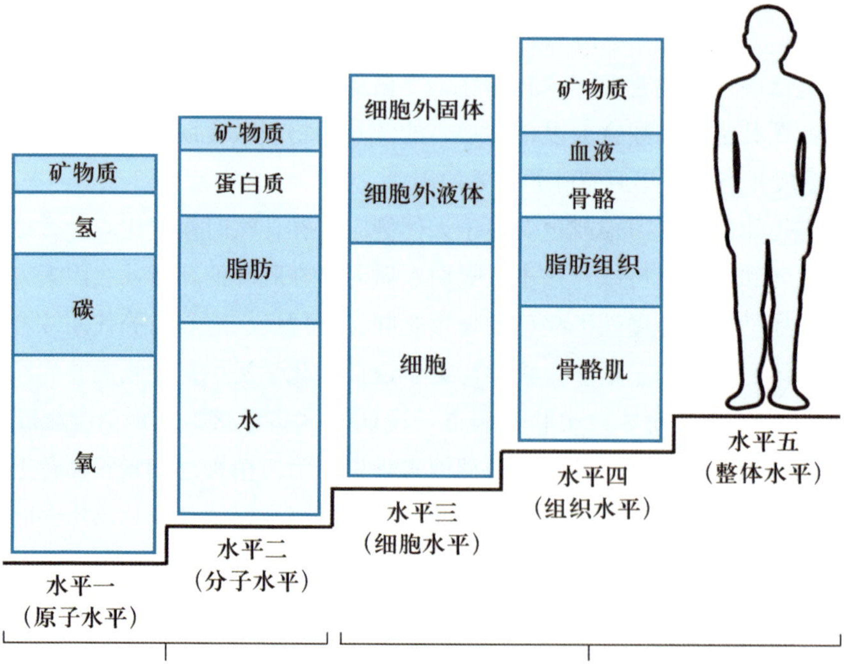

图17-3　人体身体成分五层次模型图

（一）形态学测定

1. 直接测量皮褶厚度

肩胛下区皮褶厚度男性为9.1～14.3mm，平均13.1mm；女性为9～12mm，平均11.5mm，如超过14mm可诊断肥胖；三角肌区男性为7.9～17.8mm，平均12.3mm；女性为13～25mm，平均为18.1mm，如男性超过23mm，女性超过30 mm为肥胖。

2. 由皮褶厚度计算体脂百分比

全身均匀性肥胖者皮下脂肪的厚度与肥胖程度相关，测皮下脂肪的厚度在一定程度上反映身体脂肪的含量。以皮褶厚度数值推测身体密度的公式很多，选择推测公式应考虑到受试者的年龄、性别、身体形态特点。这种测试方法简单实用，可了解体内脂肪分布，是监测身体成分的常用方法。

测定部位：肩胛下，肱三头肌，髂前上棘，腹部，大腿，胸部，腋部。以皮褶厚度推测瘦体重和体脂百分比的公式较多，现举例如下：

Brozek公式　脂肪%=[4.570/Db−4.142]×100

Siri公式　脂肪%=[4.95/Db−4.50]×100

其中Db为身体密度，可采用以下方法推测：

（A）日本长岭铃木公式

	男性	女性
9～11岁	Db=1.0879−0.0015X	Db=1.0794−0.00142X
12～14岁	Db=1.0868−0.00131X	Db=1.0888−0.00153X
15～18岁	Db=1.0977−0.00146X	Db=1.0931−0.00160X
成年人	Db=1.0913−0.00116X	Db=1.0897−0.00133X

（X=肱三头肌皮褶+肩胛下皮褶）

（B）美国Pollock公式

青年男性　Db=1.09716−0.00065X1−0.00055X2−0.008X3

青年女性　Db=1.0852−0.0008X2−0.0011X3

中年男性　Db=1.0766−0.00098X1−0.0007X3

中年女性　Db=1.0754−0.0012X4−0.0007X3

（X=皮皱厚度，X1=胸部，X2=肩胛下，X3=大腿，X4=腋部）

3. 测量腰围、臀围判断肥胖

腰围是诊断中心型肥胖的重要指标，并与多种慢性代谢性疾病密切相关。男性≥85 cm，女性≥80 cm为肥胖。腰臀比：男性WHR≥0.90，女性WHR≥0.85为肥胖。英国有研究人员指出，用腰围身高比预测肥胖风险比单纯腰围预测更为精准。

4. 标准体重法

标准体重（kg）＝身高（cm）－100，本公式适用于身高155 cm以下者；

标准体重（kg）＝［身高（cm）－100］×0.9本公式适用于身高155 cm以上者。

超过10%为超重或过重，超过标准体重20%为肥胖。

5. 体重质量指数（BMI）

BMI=体重/身高^2（kg/m^2）

2001年6月，我国将超重的BMI临界值定为24，肥胖点定为28。世界卫生组织及英、美国家为男性＞27，女性＞25即诊断肥胖。世界卫生组织对成年人的BMI分级标准见表17-11。

表17-11　世界卫生组织对成年人的BMI分级标准

分类	BMI	发病危险
体重过低	＜18.5	高
正常范围	18.5～24.9	平均水平
超重	＞25	
肥胖前期	25～29.9	增高
1°肥胖	30～34.9	中等
2°肥胖	35～39.9	严重
3°肥胖	＞40	极为严重

BMI的应用有其优缺点。优点：体重指数法是进行国际通用大样本测试身体成分的有效方法，简便实用，一般用来评估肥胖在不同人口的发生率。缺点：BMI不能评定体脂分布变化，如皮下脂肪或者腹部脂肪，另外由BMI所评定的超重和肥胖，未区分肌肉和脂肪组织，因此，其不能用来代表身体脂肪含量。有研究人员指出，BMI会漏诊近4成肥胖患者，特别是老年人因为身体肌肉质量的下降，BMI值会偏低而漏诊。

（二）稀释方法测定身体成分

将一定剂量（C_1V_1）的放射性同位素标记的水（如^3H_2O）或稳定同位素标记的水（如^2H_2O）通过静脉注射或口服导入受试者体内，经过一段时间的平衡，标记的水分子均匀地稀释到全身的水中；抽取受试者的血液样品，测定血浆中的标记水的浓度（C_2），可以计算出全身水的容积（V_2），即$V_2=C_1V_1/C_2$。由全身水含量可以推测人体脂肪含量。

该方法理论基础坚实，准确性较高。但是测试不够快速，有时需要抽取血液样品，某些标记物（如^2H_2O）具有放射性。

（三）生物阻抗分析法

生物阻抗分析法（BIA）由美国国家健康研究所的营养中心组织相关人员共同开发的，指测量电流通过身体的脂肪和非脂肪组织时的差别来计算身体成分。非脂肪组织比脂肪组织具有更高的电荷容量，更易于导电，富含电解质的液体对于电流的生物阻抗程度较低；而脂质和骨矿物质对于电流的阻抗程度较高。多数身体成分研究方法存在着运行费用昂贵和操作难度大的特点，而生物阻抗分析法具有运行成本低和易于操作的特点，可以用于临床和大规模测试。但是该方法也有较大的局限性：如该测试理论基于身体是一个均匀的导体，而且各肢体横截面积相等，这些都不符合实际情况，因而测试有一定误差。

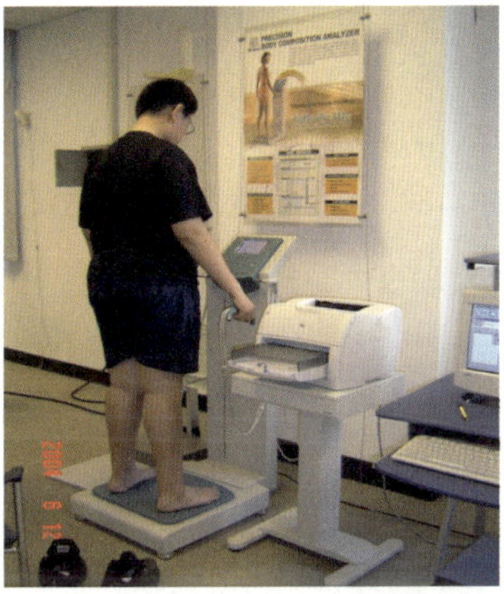
图17-4　Inbody测试身体成分图

（四）身体密度和体积测定法

1. 水下称重法

水下称重法曾是身体成分测量的黄金标准。其主要通过对受试者身体密度和比重进行测量，从而推算出身体的脂肪重量和去脂体重，此方法是基于对尸体瘦体重和脂肪组织的比率进行测量通过分析而得出的。此测量方法非常精确，但需要特殊的仪器设备，不易普及，结果受肺残气和胃内气体量影响。

依据阿基米德原理，人体是由各种组织构成的，各组织所占百分比不同人体的密度就不同。当人体全部或部分沉入液体（水）中，它受到的浮力就等于所排出液体（水）的重量，只要测定浮力的大小就可算出人体的体积，通过体重可得出人体密度，再由密度推算出体脂百分比。由于人体内含有一定的残余气量，所以计算体积时应将其减去（图17-5）。

2. 排空气体积描记法

排空气体积描记法是身体成分水下称重法的替代方法，受试者不需要沉浸于水中，而是进入一个封闭的舱内。此测试系统包括两个室，一个是受试者测定室，一个是参考体积室。受试者进入测定室后，关闭门并使其保持密封状态，里面压力逐渐上升，中间的横膈膜随着两边体积的变化而发生振动，由于指定温度下压力与体积存在固定比例关系，进而可以推算出受试者的体积。（图17-6）

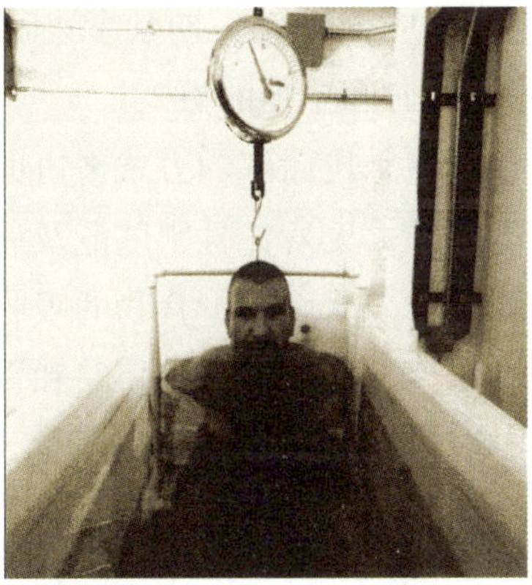
图17-5　水下称重法

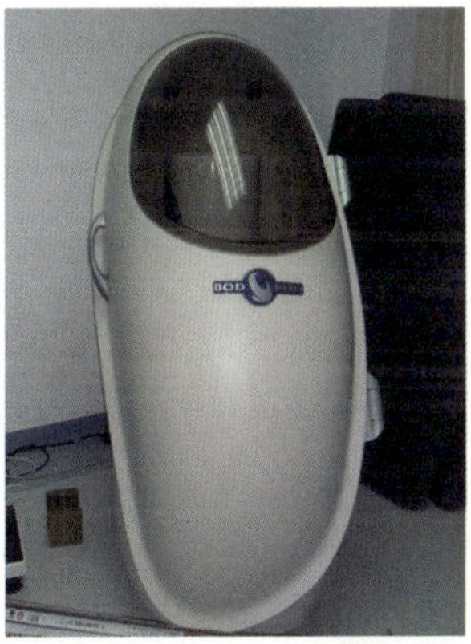
图17-6　排空气体积描记法

（五）双能-X射线吸收光测定法

此方法是利用双能X-射线的衰减与元素的类型和比例有一定关系，原子数目少的元素（如碳、氢）减少光子能量程度小，而原子数目多的元素（如钙、磷）则可以对光子能量表现明显的减弱作用。并且，光子能量衰减的程度可以用特征性衰减系数（μ/ρ）来表示，每一种元素具有一个特定的特征性衰减系数。当X射线或光子源置于某一物体的一侧，而另一侧射线或光子强度与物体的厚度、密度、化学组成有关系。这种衰减效果是非线性的，对于一个匀质物体而言，这种衰减效果可以用指数方程来表示。双光子能量X射线法，其准确度更高，而且可以测定躯干各个部位的骨矿含量、骨密度和脂肪百分比，放射性低，无须受试者高度配合，测定快捷，而且适用的受试者范围广，但由于其测定费用高，在应用上有一定局限。

三、运动减肥方法

（一）减肥方法概述

从理论上讲，控制体重似乎是一件很简单的事。为了控制体重，以食物形式摄入的能量必须与身体所消耗的总能量相等，身体能在一定范围内维持热量摄入和支出之间的平衡，但一旦这个平衡被打破，体重就会减少或增加。

一般来说，每周减重不应超过0.45～0.9 kg，在没有直接医疗监督时不应尝试更大程度的减重。虽然每周仅减重0.45 kg脂肪，但是在一年内也可以减重23.4 kg，因此减重应该作为一个长期计划来实施。研究和实践证明迅速减重通常只是暂时现象，失去的体重经常会迅速反弹，这是由于迅速减重经常是体内水分大量流失的结果，而人体的自我保护机制会保持体内液体的平衡。所以，丢失水分最终会重新补充回来。因此，如果想减重9 kg脂肪，建议至少要安排2.5～5个月达到目标。

减肥饮食最重要的是要摄入低热量的同时满足身体营养需求且均衡的饮食。一般来说，正确的饮食习惯可以部分解决体重问题。因此，不应该采取长期禁食来达到快速减肥的效果，人们应该学会长期改变饮食习惯，尤其是减少脂肪和单糖的摄入。

激素和药品一般是通过降低病人食欲和增加其静息代谢率的方式来协助病人减重。外科手术同样可用于治疗过度肥胖，但仅作为其他治疗方式无效，且肥胖危及病人生命的最后的方法。肠改道手术是通过手术的方法减少小肠的长度，从而减少食物的吸收，虽然这种方法曾经一度流行，但因为其潜在的危害，现在很少使用。目前，胃肠短路和胃束带手术是最常见的方法，但手术前后仍具有一定的风险性，仅限肥胖高危患者使用。

（二）体力活动在控制体重方面所起到的作用

不运动和吃的过多在导致肥胖方面发挥了同等重要的作用。因此，提高体力活动的水平对于减肥和控制体重来说，都是重要的因素。

1. 运动对于身体成分的改变

运动能改变人体的身体成分。许多人认为体力活动对于改变身体起很少的作用或根本不起作用，即使是高强度的锻炼也只消耗很少的热量，不能大幅度减重。然而，许多研究证实，运动的效果可以适度地促进身体成分的转变。

许多研究表明，将有氧运动和抗阻训练相结合，给体重和身体成分带来以下明显的变化。如总体重下降，身体脂肪和相对体脂量减少和瘦体重质量不变或增加。综合数百份有氧运动对身体成分影响的研究表明，进行一年的有氧运动，每周3次，每次30～45 min，运动强度达到55%～75%$\dot{V}O_2max$，身体总体重会减少3.2 kg，脂肪减少5.2 kg，增加2 kg瘦体重。而且，相对体脂量减少近6%（例如，身体脂肪量会从30%下降到24%）。

2. 身体成分改变的机制

运动改变身体成分的几种可能的机制如下。

（1）运动和食欲

在剧烈运动后的几个小时内，运动都是一种温和的食物抑制剂。运动导致儿茶酚胺（肾上腺素和去甲肾上腺素）增加，可能会抑制食欲。高强度的运动或在湿热条件下进行的几乎任何运动都会导致体温增加，同样可能会抑制食欲。根据经验，气温高或生病体温升高时，饮食量会减少。这也可以解释，温度高时若进行大量的跑步练习会导致几乎没有食欲，然而进行大量的游泳练习会导致食欲增加。因为在游泳池中，水温低于体温，而导致游泳后体温出现下降。

在运动的初期阶段，也就是身体应激阶段，机体摄食量一般不会随着能量消耗增加而增加，这时可以导致能量负平衡；而在经过一段时间的锻炼后，摄食量会逐渐增加以满足运动中能量的消耗，这是身体对长期运动能量消耗增加的适应现象。这个理论可以解释肥胖人群在运动减肥初期往往效果较好，而在中后期效果比较差。也可以解释运动员在长期的训练中虽然运动强度较大，但是其体重在一段时间之内一般可以保持比较稳定的现象。

（2）运动和静息代谢率

静息代谢率占每天总热量消耗的60%～75%。例如，一个25岁的人，每天的总热量摄入量是2700 kcal，他的静息代谢率（RMR）占总热量摄入的60%（0.60 × 2700=1620 kcal），静息代谢率仅增加1%，每天就会额外消耗16 kcal，每年就会额外消耗5810 kcal。仅静息代谢率的小幅增长就会导致每年减肥0.8 kg。

静息代谢率与身体的瘦体重密切相关（非脂肪的组织新陈代谢活跃）。所以逐步开始使用抗阻练习来增加瘦体重，以增加静息代谢率。

（3）运动和体脂肪的动员

运动时，脂肪酸被动员而提供能量。研究表明，运动时脂肪组织对交感神经系统或儿茶酚胺增加程度的敏感性提高，从而加速体脂的动员。

3. 运动强度与能量消耗

运动能量消耗主要来源于糖、脂肪和蛋白质，一般运动能量消耗以糖为主，运动强度越大，机体消耗糖所占比例也越大。进行高强度的有氧运动时，糖提供身体90%或更多地能量，而只有当运动强度较小时，动员脂肪比例才增加。在20世纪80年代末，各专业机构都建议进行低强度的有氧运动来加快减脂。他们认为低强度的有氧运动会使身体将更多的脂肪作为能量来源，加快脂肪消耗。但事实上，在进行低强度的有氧运动时，虽然身体将更多的以脂肪作为能量，但利用身体脂肪所消耗的总热量不一定最多。在特定时间段内，与高强度的有氧运动相比，低强度的有氧运动所消耗的热量会更少一些。因此，在身体能承受范围内，高强度有氧运动减肥效果可能较低强度有氧运动效果更好。（表17-12）

表17-12　一次持续30 min不同强度有氧锻炼糖和脂肪的消耗

运动强度 %$\dot{V}O_2max$	平均摄氧量 /L·min^{-1}	平均呼吸交换率	糖消耗%	脂肪消耗%	30 min糖消耗量/Kcal	30 min脂肪消耗量/Kcal	30 min总消耗量/Kcal
低，50%	1.50	0.85	50	50	110	110	220
高，75%	2.25	0.90	67	33	222	110	332

注：研究对象是一位健康但不经常锻炼的23岁女性（$\dot{V}O_2max$=3.0 L/min）

思考题

1. 简述运动促进健康的生理学机制。
2. 运动处方制订的意义和主要组成。
3. 运动处方制订前应做哪些相关测试？
4. 高血压、冠心病的危险因素包括哪些？
5. 长期运动锻炼促使血压下降的机制有哪些？
6. 糖尿病患者应如何结合有氧运动合理地进行力量练习？
7. 糖尿病患者的运动风险有哪些？应如何规避？
8. 试述判断肥胖的方法，并说明其优缺点。
9. 运动是如何影响食欲和摄食量的？

主要参考文献

[1] 李玲. 心血管疾病的危险因素与干预策略[J]. 中华全科医学. 2010, 8(12) : 1602-1604.

[2] 曾柏生, 宋彩珍, 黄叔怀. 运动防治高血压、冠心病和心力衰竭的作用及其机制的研究进展[J]. 中国临床康复, 2002(7) : 1010-1011.

[3] 美国运动医学学会. ACSM运动测试与运动处方指南[M].王正珍, 译. 8版. 北京 : 人民卫生出版社, 2010.

[4] 方琼英，张秀玲. 糖尿病现状与健康教育[J]. 全科护理，2012，10(5)：1337-1339.

中英文名词

中文名称	英文名称
PWC_{170}实验	physical work capacity, PWC_{170}
β-内啡肽	β-endorphin, β-ep
γ-氨基丁酸	γ-aminobutyric acid, GABA
安静代谢率	resting metabolic rate, RMR
白细胞	white blood cell, WBC
不完全强直收缩	incomplete tetanus
超等长收缩	plyometric contraction
超量恢复	over-recovery
充血性心力衰竭	congestive heart failure, CHF
促甲状腺激素	thyroid-stimulating hormone, TSH
促甲状腺激素释放激素	thyrotropic releasing hormone, TRH
促甲状腺素	thyroid stimulating hormone, TSH
促肾上腺皮质激素	adrenocorticotrophin, ACTH
猝死	sudden death
催乳素	prolactin, PRL
代谢当量	metabolic equivalent of energy, met
单收缩	single twitch
氮平衡	nitrogen balance
等动收缩	isokinetic contraction
等张收缩	isotonic contraction
等长收缩	isometric contraction
低密度脂蛋白胆固醇	low-density lipoprotein, LDL
低住高练法	living low-training high, Lo-Hi
抵抗阶段	resistance stage
第二次呼吸	second wind
递增运动负荷试验	graded exercise test, GXT
动作速度	movement speed
对侧伸肌反射	crossed extensor reflex
多巴胺	dopamine, DA
儿茶酚胺	catecholamine
儿童青少年时期	the child and young period
二磷酸腺苷	adenosine diphosphate, ADP
翻正反射	righting reflex
反应时	reaction time
反应速度	reaction speed
肥胖基因	obese gene,ob
分泌型IgA	secretory iga, SIgA
浮克曼管	volkmann canal
高密度脂蛋白胆固醇	high density lipoprotein, HDL

中文名称	英文名称
高血糖症	hyperglycemia
高血压	hypertension
高胰岛素血症	hyperinsulinemia
高住低练法	living high-training low, Hi-Lo
高住高练法	living high-training high, Hi-Hi
个体乳酸阈	individual lactic acid threshold, ILAT
谷氨酸	glutamate, GLU
骨单位	osteon
骨的塑造	modeling
骨骼肌收缩的滑行学说	sliding-filament theory
骨骼肌延迟性酸痛	delayed-onset muscular soreness, DOMS
骨基质	bonematrix
骨结构单位	bone structure unit, BSU
骨密质	compact bone
骨软化	osteomalacia
骨松质	spongy bone
骨再造	remodeling
骨再造成单位	bone remodeling unit, BRU
骨质减少	osteopenia
骨质疏松症	osteoporosis
冠状动脉粥样硬化性心脏病	coronary atherosclerotic heart disease
哈佛疲劳实验室	harvard fatigue laboratory
哈弗氏管	haversian canal
耗氧量	oxygen consumption
横桥	cross-bridge
横小管系统	transverse tabular system, T-system
红细胞	red blood cell, RBC
后破骨细胞	post-osteoclast
呼吸	respiratory
恢复过程	process of recovery
基础代谢	basal metabolism
基础代谢率	basal metabolic rate, BMR
基底神经节	basal ganglia
肌电图	electromyogram, EMG
肌动蛋白	actin
积分肌电	integral electromyographic, IEMG
肌钙蛋白	troponin
肌紧张	muscle tonus
肌球蛋白	myosin
肌球蛋白轻链	myosin light chain, MLC
肌球蛋白重链	myosin heavy chain, MHC
肌肉减少	sarcopenia

中文名称	英文名称
肌肉痉挛学说	muscle spasm theory
肌肉损伤学说	muscle damage theory
肌梭	muscle spindLes
肌细胞	muscle cell
肌纤维	muscle fiber
肌小节	sarcomere
肌原纤维	myofibril
肌质网	sarcoplasmic reticulum，SR
极低密度脂蛋白	very-low-density lipoprotein, VLDL
极点	extreme
急性炎症学说	acute inflammation theory
脊髓休克	spinal shock
甲状旁腺素	parathyroid hormone，PTH
间骨板	interstitial lamella
间歇性低氧训练法	intermittent hypoxic training, IHT
腱反射	tendon reflex
腱器官	tendon organ
降钙素	calcitonin，CT
酵解能系统	glycolytic system
紧张性运动单位	tonic motor unit
进入工作状态	gradually entering the best working state
警戒反应阶段	alarm reaction stage
静息代谢率	RMR
均方根振幅	root mean square, RMS
开窗理论	open windows
抗利尿激素	antidiuretic hormone, ADH
抗体	antibody
抗体依赖性细胞介导的细胞毒作用	antibody dependent cell – mediated cytotoxicity, ADCC
抗原	antigen
抗原提呈细胞	antigenpresenting cell, APC
快肌纤维	fast-twitch, FT
快缩、糖酵解型	fast glycolytic, FG
快缩、氧化、糖酵解型	fast oxidative glycolytic, FOG
离心收缩	eccentric contraction
淋巴细胞	lymphocyte
磷酸肌酸	creatine phosphate, CP
磷酸原系统	phosphagen system
灵敏	agility
玛加利亚-卡拉门台阶实验	margaria kalamen power / staircase test
麦克阿特尔症	mcardLe disease
慢肌纤维	slow-twitch, ST

中文名称	英文名称
慢缩、氧化型	slow oxidative, SO
每搏输出量	stroke volume
免疫	immune
免疫球蛋白	Immunoglobulin, Ig
脑电图	electroencephalogram, EEG
脑钠素	Brain Natriuretic Peptide, BNP
脑中风	stroke
内啡肽	endorphin
内环骨板层	inner circumferential lamellae
内皮细胞	endothelial cell
能量代谢	energy metabolism
能量交叉调控概念	cross−over concept
能量连续统一体	energy continuum
偶联	coupling
皮质醇	cortisol
平均功率频率	mean power frequency, MPF
破骨细胞激活因子	osteoclast activating factor
葡萄糖	glucose
葡萄糖耐量	glucose tolerance
牵张反射	stretch reflex
青春发育期	adolescence
清亮区	clear zone
屈肌反射	flexor reflex
去大脑僵直	decerebrate rigidity
缺血性心肌病	ischemic cardiomyopathy
人生长激素	human growth hormone, hGH
人体生理学	human physiology
肉芽组织	granulation tissue
乳酸	lactic acid
乳酸矛盾现象	lactate paradox
乳酸阈	lactate threshold, LT
撒扎特纵跳试验	sargent jump test
赛前状态	pre−competitions state
三联管	triad
三磷酸腺苷	adenosine triphosphate, ATP
三羧酸循环	tricarboxylic acid cycle
闪光融合频率	flicker fusion frequency, FFF
摄氧量	oxygen uptake, vo_2
肾素-血管紧张素系统	renin−angiotensin system, RAS
生理学	physiology
生物分子	biomolecule
生物阻抗分析法	BIA

中文名称	英文名称
生长激素释放抑制激素	growth hormone releasing inhibitory hormone, GHRIH
生长抑素	somatostatin, SS
食物特殊热动力作用	TEM
衰竭阶段	exhaustion stage
衰老	senescence or aging
双能-X射线吸收光测定法	DEXA
随意运动	voluntary movement
糖尿病	diabetes mellitus
糖皮质激素	glucocorticoid
糖原	glycogen
体重指数	body mass index, BMI
停训	detraining
通气阈	ventilatory threshold, VT
外环骨板层	outer circumferential lamellae
完全强直收缩	complete tetanus
位移速度	displacement speed
温盖特实验	wingate test
稳定型心绞痛	stable angina
稳定状态	stable sport state
无氧酵解	glycolysis
无氧耐力	anaerobic endurance
无症状性心肌缺血	silent myocardial ischemia
吸收腔	resorption bay
细肌丝	thin filament
下丘脑-垂体-甲状腺轴	hypothalamus-pituitary-thyroid axis, HTPh
先天性心脏病	congenital heart disease
向心收缩	concentric contraction
心电图	electrocardiogram,ECG
心肌梗死	myocardial infarction， MI
心肌疾病	cardiomyopathy
心律失常	cardiac arrhythmias
心钠素	atrial natriuretic polypeptide
心输出量	cardiac output
心血管疾病	cardiovascular disease, CVD
心脏瓣膜病	valvular heart disease
心脏重塑	cardiac remodeling
兴奋-收缩偶联	excitation-contraction coupling
需氧量	oxygen requirement
血管紧张素Ⅱ	ang Ⅱ
血管重构	blood vessel remodel
血红蛋白	hemoglobin, Hb
血肿	haematoma

中文名称	英文名称
延迟性骨骼肌纤维超微结构改变	delayed onset muscle ultrastrcture change, DOMUC
氧化能系统	aerobic system
氧亏	oxygen deficit
氧债	oxygen debt
有氧耐力	aerobic endurance
有氧氧化	aerobic oxidation
原肌球蛋白	tropomyosin
圆锥状吸收腔	cutting cone
运动处方	exercise prescription
运动单位	motor unit, MU
运动单位动员	motor unit involvement, mui
运动单位募集	motor unit recruitment
运动后过量氧耗	excess post–exercise oxygen consumption, EPOC
运动技能	motor learning
运动技巧	motor skill
运动技术	motor technique
运动节省化	exercise economy
运动能量消耗	TEA
运动生理学	exercise physiology
运动性肌肉损伤	exercise–induced muscle damage, EIMD
运动性疲劳	exercise–induced fatigue
运动性月经失调	athletic menstrual irregularity, AMI
运动性运动单位	kinetic motor unit
运动员心脏	athlete' s heart
孕激素	progestogen
黏合线	cement line
质膜凹陷	coated pits
质膜突起	coated patches
终末池	terminal cistern
中枢神经系统	central nervous system, CNS
中心频率	median frequency, FC
中央管	central canal
周围血管病	peripheral vascular disease
皱褶缘	ruffled border
主观体力感觉等级	rating of perceived exertion, RPE
主要组织相容性复合体	major histocompatibility complex, MHC
状态反射	attitudinal reflex
准备活动	warm–up
姿势反射	postural reflex
自功率谱	power spectrum
纵小管系统	longitudinal tubular system
最大耗氧量	maximal oxygen consumption

中文名称	英文名称
最大摄氧量	maximal oxygen uptake, VO_2max
最大摄氧量百分比	percent of maximum oxygen uptake
最大摄氧量平台持续时间	VO_2max plateau duration, VO_2maxPD
最大氧亏积累	maximal accumulated oxygen deficit, MAOD

策划编辑：佟　晖
责任编辑：佟　晖
责任校对：未　茗
版式设计：佟　晖

图书在版编目（CIP）数据

运动生理学 /《运动生理学》编写组编. -- 2版. -- 北京：北京体育大学出版社, 2021.3（2025.1重印）
高等教育体育学精品教材
ISBN 978-7-5644-2314-8

Ⅰ. ①运… Ⅱ. ①运… Ⅲ. ①运动生理学－高等学校－教材 Ⅳ. ①G804.2

中国版本图书馆CIP数据核字(2021)第029271号

运动生理学（第二版）
YUNDONG SHENGLIXUE（DI-ER BAN）　　**《运动生理学》编写组　编**

出版发行：北京体育大学出版社
地　　址：北京海淀区农大南路1号院2号楼2层办公B-212
邮　　编：100084
网　　址：http：//cbs.bsu.edu.cn
发 行 部：010-62989320
邮 购 部：北京体育大学出版社读者服务部 010-62989432
印　　刷：北京瑞禾彩色印刷有限公司
开　　本：787mm × 1092mm　　1/16
成品尺寸：185mm × 260mm
印　　张：27.75
字　　数：675千字
版　　次：2013年8月第1版　　2021年3月第2版
印　　次：2025年1月第4次印刷
定　　价：84.00元